जीवन का रंगमंच

जीवन का रंगमंच

अमरीश पुरी

सहलेखिका

ज्योति सभरवाल

अनुवाद

नीरू

वाणी प्रकाशन

वाणी प्रकाशन

4695, 21-ए, दरियागंज, नयी दिल्ली 110 002

फ़ोन : +91 11 23273167 फ़ैक्स : +91 11 23275710

शाखाएँ

अशोक राजपथ, पटना 800 004, बिहार

कॉफ़ी हाउस कैम्पस, महात्मा गांधी मार्ग, इलाहाबाद 211 001, उत्तर प्रदेश

महात्मा गांधी अन्तरराष्ट्रीय हिन्दी विश्वविद्यालय, वर्धा 442 001, महाराष्ट्र

www.vaniprakashan.com
marketing@vaniprakashan.in
sales@vaniprakashan.in

Jeewan Ka Rangmanch
by Amrish Puri
Co-Author : Jyoti Sabharwal
Translated by Neeru

Picture Courtesy : Publisher is highly thankful to the photographers for landing their photographs for making this book possible.

ISBN : 978-93-5229-138-0
Autobiography of Amrish Puri

पेपरबैक प्रथम संस्करण 2010
पेपरबैक द्वितीय संस्करण 2012
पेपरबैक तृतीय संस्करण 2023

मूल्य : ₹ 425

आर. टेक ऑफ़सेट प्रिंटर्स, दिल्ली-110 032 में मुद्रित

वाणी प्रकाशन का लोगो मक़बूल फ़िदा हुसेन की कूची से

समर्पण

सिनेमा एक कला नहीं है जो जीवन का
फिल्मांकन करती है। सिनेमा कला
और ज़िन्दगी के बीच
'कुछ' है।

—ज्याँ लक गोदार

प्राक्कथन

अनुवाद की विधा को लेकर सदा एक उलझन बनी रही कि अनुवाद कला है अथवा विज्ञान। अब तक चूँकि अधिकतर वैज्ञानिक साहित्य का अनुवाद करने का ही अवसर मिला तो लगता था कि अनुवाद किसी विज्ञान से कमतर नहीं है। यह भी लगता रहा कि जिन्होंने विज्ञान विषयों का अध्ययन किया हो, वे विज्ञान के बेहतर अनुवादक हो सकते हैं।

अभी यह द्वंद्व जारी ही था कि वाणी प्रकाशन के सौजन्य से सिनेमा जगत के विख्यात खलनायक अमरीश पुरी की आत्मकथा को अनुवाद करने का अवसर मिला, जो स्वयं में एक अनुभव था। अनुवाद विधा कितनी गहन, कितनी परतों को समेटे है, यह अहसास इस अनुवाद को करते हुए ही हुआ। कक्षाओं में पढ़ाया जाने वाला अनुवाद का सैद्धान्तिक पक्ष कितना खोखला और उथला लगने लगा। यह भी अहसास हुआ कि अनुवादक से प्रत्येक उस विषय का विशेषज्ञ होना अपेक्षित होता है, जिसका वह अनुवाद करता है। सिनेमा जगत से चूँकि अब तक मेरा सिनेमा के दर्शक होने जितना भी नाता नहीं रहा था अतः मुझे सिनेमा जगत का ककहरा सीखने से प्रारम्भ करना था।

थियेटर ने अमरीश पुरी की अभिनय पाठशाला की भूमिका निभाई थी। सो सिनेमा जगत से पहले अनुवादक को नाट्य जगत की अपनी जानकारी को भी माँजना पड़ा। लबोलबाब यह कि अमरीश जी के सीखने के साथ-साथ अनुवादक को भी एक-एक कथा आगे बढ़ते रहने का अवसर मिला। उनके साथ चलते-चलते अमरीश जी की आँखों से सब देखती रही। जहाँ कहीं अमरीश जी ने फ्रेंच भाषा का प्रयोग किया तो अनुवादक को फ्रेंच ज्ञानी की खोज करनी पड़ी। अमरीश जी दक्षिण भारतीय फ़िल्मों में पहुँचे तो अनुवादक को दक्षिण भारतीय फ़िल्म उद्योग के जानकार को खोजना पड़ा। न जाने कितनी दोपहरें फोन पर मुम्बई से ही मुम्बई फ़िल्म उद्योग की जानकारी हासिल करते गुज़रीं।

उस सबका परिणाम जैसा भी बन पड़ा, आपके सामने है। अनुवादक ने चूँकि अमरीश पुरी जी की आँखों से देखा है, तो कहीं तो अन्तर रह ही गया होगा। परन्तु उनके लेखन को मेरी श्रद्धांजलि यही है कि अब अनुवादक में अभिनय की उत्कट अभिलाषा जाग्रत हो गई है। यह अनुवाद किसी एक पाठक में भी वैसी कामना जाग्रत कर पाए तो सोचूँगी कि प्रयास सार्थक हुआ।

—नीरू

भूमिका

अनेकानेक मोगैम्बो

स्मृतियाँ, संस्मरण–यही यादें बनाते हैं! और जब व्यक्ति एक महान कलाकार के साथ सीधे संवाद के विषय में सोचता-विचारता है तो आपको एहसास होता है कि कितने महत्त्वपूर्ण थे वे क्षण जब आपको एक सफल व्यक्ति, एक शानदार अभिनेता, अमरीश पुरी के विचारों की अद्‌भुत जानकारी मिली, उन्होंने अपने विशेष कार्यक्षेत्र में एक पृथक्‌ अमिट छाप छोड़ी है।

मुझे 1990 में उनके साथ मेरी पहली भेंट की याद आती है जब मैंने 'इण्डिया टुडे' की वीडियो समाचार पत्रिका 'न्यूज़ट्रेक' की वरिष्ठ कर्मी के रूप में पत्रिका के लिए इण्टरव्यू करने के उद्देश्य से अमरीश पुरी से सम्पर्क किया था। उन्होंने फोन लिया पर साफ-साफ कहा कि "मैं टेलीविज़न के लिए इण्टरव्यू नहीं देता और कभी दिया तो इसके लिए भारी फीस वसूल करूँगा।" यह बहुत स्वाभाविक था क्योंकि वे कोई हँसी-मज़ाक नहीं कर थे और उन्होंने फीस की यह शर्त मुझे निरुत्साहित करने के लिए रखी थी। उन्होंने बतलाया था कि उनके नाना-नानी सभरवाल थे, अतः दिमाग के घोड़े तेजी से दौड़ाते हुए मैंने अपना पत्ता फेंकते हुए कहा, "जो व्यक्ति आपसे इण्टरव्यू करना चाहता है वह सभरवाल है और यह समाचार पत्रिका पुरियों की है, सो आप 'न' कर ही नहीं सकते।" हाँ, इसका अपेक्षित प्रभाव पड़ा, तार जुड़ गये और उन्होंने अपनी सहमति देते हुए कहा, "कल आप स्टूडियो में, जहाँ मेरी शूटिंग चल रही है, अपने क्रू के साथ आ जाइए।" सेट पर उनकी बुलन्द आवाज़ झझकोर देने वाली थी, उनके विविधमुखी अभिनय में चार चाँद लगाती हुई।

और बुरे व्यक्ति का अभिनय करने सम्बन्धी उनके उत्तर लाजवाब थे, निश्चित ही समाज के प्रति एक दायित्व भावना है और ऐसे चरित्र युवाओं को कुछ गलत सन्देश दे सकते हैं। परन्तु तब ऐसी भूमिकाएँ करना स्वीकार करके और अपनी जेबें भरकर मैं भी उसका भागीदार बन जाता हूँ, तो मैं क्या करूँ? मैं एक अभिनेता हूँ। यह मेरा व्यवसाय है और मैं किसी भी प्रकार से समाज-सुधारक नहीं हूँ। मैं अपनी रोज़ी-रोटी कमा रहा हूँ। कई बार मुझे अनुचित का अभिनय करना पड़ता है। परन्तु एक बार जब मैं इसे अपने कैरियर का भाग स्वीकार कर लेता हूँ तो मैं पूरी निष्ठा से अभिनय करता हूँ। मुझे इससे बहुत परेशानी नहीं होती क्योंकि आखिरकार यह मात्र मनोरंजन ही तो है।

बारह वर्ष बाद वर्ष 2002 में जब मैंने उनके जीवन को एक संस्मरण पुस्तक के रूप में

संकलित करने के लिए उनसे सम्पर्क किया तो उन्होंने बहुत स्पष्ट रूप से बताया कि उनसे एकमात्र टेलीविज़न इण्टरव्यू लेने में सफल रहने के कारण मैं उन्हें याद हूँ। अब मैं प्रकाशन के क्षेत्र में आ चुकी थी। वे चकित थे कि क्या उनका जीवन पुस्तक रूप में सँजोये जाने योग्य है। मैंने उत्तर दिया, "थियेटर और सिनेमा में आपका शानदार, अनुपम रंगकर्म महत्त्वाकांक्षी अभिनेताओं के लिए मार्गदर्शक बन जायेगा। अभिनेता, व्यक्तित्व, आवाज़, लहज़ा, स्वर नियन्त्रण, अभिव्यक्ति और खलनायकों व चरित्र अभिनेताओं के गुणों की चर्चा तक अभिनेता की परिभाषा करते हुए इसने वास्तव में पुस्तकाकार प्राप्त कर लिया। हमने परस्पर सहमति से इसका शीर्षक 'द ऐक्ट ऑफ लाइफ़' निश्चित किया क्योंकि उनका दृढ़ विश्वास था कि जीवन में केवल सूक्ष्म अवलोकन ही एक असाधारण अभिनेता बनाता है और यहीं पर वास्तविक एवं फिल्मी दुनिया का संगम होता है।

इन तीन वर्षों के दौरान दिल्ली और मुम्बई के बीच आना-जाना लगा रहा। पुस्तक के साथ उनका पूर्णतः संकोच रहित और गहरा जुड़ाव प्रशंसनीय था परन्तु कभी-कभी वे इसके परिणाम के प्रति आशंकित हो जाते थे, "मैं चिन्तित हूँ कि पाठकों की कैसी प्रतिक्रिया होगी।" अत्यधिक व्यवस्थित होने के प्रति सतर्कता और सर्वोत्तम से किंचित भी कम न होने के प्रयास ने उन्हें एक भिन्न ही अभिनेता बना दिया। उनकी निजी सुहृदयता, मेहमाननवाज़ी और विनम्रता ने भी उन्हें उतना ही प्रिय बना दिया। जब मैंने दिसम्बर 2004 में उनसे बात की तो उन्होंने बस इतना ही पूछा, "क्या आत्मकथा में मेरी बातों में सुसंगति है?" हमने समस्त अध्याय और चित्र निश्चित कर लिये थे, उन्होंने मुखपृष्ठ के लिए चुने गये चित्रों के लिए भी अपनी सहमति दे दी थी। वे प्रायः कहते थे, "मैं काम करते हुए मृत्यु को प्राप्त करना चाहता हूँ।" और अब उनके ये शब्द पूर्णतः भविष्यवाणी प्रतीत होते हैं क्योंकि एक माह बाद, 12 जनवरी, 2005 को वे अलविदा कह गये। उन्होंने कुछ अधूरा नहीं छोड़ा। हम बहुत प्रसन्नता से पुस्तक के विमोचन के लिए जा रहे थे परन्तु उनके भाग्य में इसे देखना नहीं लिखा था। यह और भी बड़ी विडम्बना थी क्योंकि उनका विधाता पर महान विश्वास था। ऐसा है जीवन, बिलकुल अप्रत्याशित। इन प्रकाशित शब्दों में उनकी आत्मा व्याप्त है। आशा की जा सकती है कि जब वे इन शब्दों में वर्णित अपनी जीवन यात्रा के वर्णन का विमोचन देखेंगे तो उन्हें सन्तोष का अनुभव होगा कि उनके मिशन को भलीभाँति पूरा किया गया, चाहे वे स्वयं उपस्थित नहीं थे।

वे अद्भुत अभिनेता थे—व्यक्तित्व और शैली में भी। थियेटर की हस्ती, जिन्होंने उसके अर्थ को पारिभाषित किया। बड़े पर्दे पर अपने नए स्वरूप में उच्च कुशलता लिए। ईर्ष्याजनक शीघ्रता से एक चरित्र से दूसरे चरित्र में पहुँच जाने में सिद्धहस्त। नेगेटिव और पोज़िटिव भूमिकाओं को एकसमान कुशलता से करते हुए उन्होंने कला और व्यावसायिक सिनेमा—दोनों को दक्षता से निभाया। और जब मि. इण्डिया में लम्बे, महत्त्वाकांक्षी मोगैम्बो ने अपनी आँखों को गोल-गोल घुमाया और उन अमर शब्दों का गर्जन किया तो पुरी भारतीय सिनेमा के शायद सर्वाधिक दुर्भावनापूर्ण चरित्र अभिनेता बन गये। और इस सबके अन्त में वे उन सब पर ज़रूर

हँसे होंगे जिन्होंने उनके चेहरे को 'कठोर और अपरिष्कृत' कहकर अस्वीकर कर दिया था। जैसा कि उन्होंने एक बार कहा था, "यह तुलनात्मक शब्दावली है। आपका दर्शक आपको कैसे देखता है, यह इस पर निर्भर है। उदाहरण के लिए अर्नल्ड श्वार्ज़नैगर को लें, मेरे विचार से वह इस धरती पर कठोरतम चेहरा है, फिर भी वह एक अत्यन्त सफल नायक रहा है। चेहरा, आप जो करते हैं, उसके अनुसार आकार, रूपरेखा और लोगों की स्वीकृति प्राप्त कर लेता है। सफल चेहरा, वह सुन्दर हो या न हो, प्रत्येक व्यक्ति द्वारा देखा जायेगा। मैं जब तक इसे अपनी परीक्षा के रूप में मान सकता हूँ, मैं काम करना ज़ारी रखूँगा।"

उनके समकालीन निश्चित रूप से उनके इस दावे की गवाही देते हैं। बम्बई की नाट्य अकादमी में, जहाँ उन्होंने 1961 में थियेटर के प्रारम्भिक पाठ पढ़े, प्रिंसिपल अब्राहिम एल्काज़ी ने पहली परीक्षा में ऐसा ही पाया :

> *"उसने अपनी उपस्थिति से अपनी कक्षा के सामान्य स्वरूप को ऊँचा उठा दिया है और अन्य विद्यार्थियों के समक्ष थियेटर के कार्यकर्त्ता से अपेक्षित एटिट्यूड का उदाहरण प्रस्तुत किया है। मैं उसे सहर्ष छात्रवृत्ति प्रदान करता हूँ।"*

दूसरी परीक्षा में उन्होंने पुरी की रिपोर्ट में टिप्पणी की :

> *"एक व्यक्ति और रंगमंच के कार्यकर्त्ता के रूप में वह आज भारतीय रंगमंच के लिए आवश्यक लोगों के वर्ग का एक उदाहरण है। मैं उसे सहर्ष डिप्लोमा (प्रथम श्रेणी) और अभिनय के लिए पुरस्कार प्रदान करता हूँ।"*

सत्यदेव दुबे, जिनके प्रति पुरी का अपने मार्गदर्शक एवं थियेटर गुरु के रूप में अथाह सम्मान था, याद करते हुए कहते हैं, "अमरीश ने जब तक फिल्मों में दृढ़ता से अपने पाँव नहीं जमा लिए, नौकरी नहीं छोड़ी परन्तु इस दौरान वह मेरे थियेटर का सदा एक प्रमुख आधार था। यह उसके लिए आसान नहीं था, लेकिन अमरीश अपने समय को व्यवस्थित करना जानता था। समय की दृष्टि से थियेटर की अपेक्षाएँ बहुत अधिक होती हैं। पारिवारिक दायित्व भी थे और बढ़ते परिवार के लिए कुछ अतिरिक्त पैसा बना लेने की आवश्यकता भी थी। थियेटर उसे बिल्कुल भी पैसा नहीं देता था। केवल एक बार जब 'थियेटर यूनिट' को अनुदान मिला तो अमरीश को नकद भुगतान नहीं किया गया परन्तु उसे एक साइड कार खरीद कर दी गयी जो उसकी मोटरसाइकिल के साथ जोड़ी गयी। यह याद रखना महत्त्वपूर्ण है कि अमरीश ने आधुनिक रंगमंच की समस्त प्रमुख भूमिकाओं को निभाया है। अन्त में जब फिल्मों के प्रति अपनी प्रतिबद्धता के चलते जब उसने नाटकों में काम करना कम कर दिया, वह 'हिन्दी थियेटर' में पहले ही अखिल भारतीय स्तर पर किसी भी अभिनेता से अधिक योगदान दे चुका था। फिल्मों में काम करते हुए भी अमरीश उन नाटकों में, जिनमें वह अभिनय कर रहा था और जिनमें अभिनय नहीं भी कर रहा था, वित्तीय योगदान दे रहा था। इससे भी अधिक उल्लेखनीय सत्य यह है कि अमरीश में युवा अभिनेताओं के प्रति कभी कोई विद्वेष नहीं था।

और वह उन्हें पूरी सहायता करता चाहे उसकी साइडकार हो या फिर बाद में अम्बैसडर हो, अभिनेता सदा उससे लिफ्ट की अपेक्षा करते। सुलभा देशपांडे और विशेष रूप से सुनीला प्रधान अमरीश की साइडकार के कारण ही थियेटर को कुछ अतिरिक्त समय दे सकीं।''

दुबे को अमरीश की जिस विशेषता ने सर्वाधिक प्रभावित किया, वह थी उनकी निष्ठा। "मेरे और जिन अभिनेताओं के साथ उसने काम किया, उनके प्रति तो उसकी निष्ठा थी ही, वह उन लेखकों के प्रति भी ईमानदार था जिनके नाटकों में उसने काम किया। डॉ. धर्मवीर भारती, कांति मधिया, मोहन राकेश, विजय तेन्दुलकर, बादल सरकार, गिरीश कर्नाड, ज्ञानदेवो अग्निहोत्री, मोहित चट्टोपाध्याय, डॉ. शंकर शेष, डॉ. वसन्त देव, महेश एल्कुचवार ऐसे ही कुछ नाम हैं। उनकी यह निष्ठा श्याम और नीरा बेनेगल जैसे लोगों तक भी व्याप्त थी, जिन्होंने मिलकर उसके सारे नाटक देखे थे। यह सब उसके व्यवहार और कार्यों से स्पष्ट झलकता था।" अमरीश पुरी, अभिनेता के सम्बन्ध में दुबे कहते हैं, "यह तथ्य सर्वविदित है कि खलनायक के रूप में उसका आधिपत्य था। परन्तु इस बात का एहसास नहीं किया जाता है कि अपनी समस्त खलनायक की और चरित्र भूमिकाओं में उन्होंने जिस निष्ठा, कठोर परिश्रम और ईमानदारी से काम किया, उसकी तुलना केवल दिलीप कुमार, अमिताभ बच्चन, आमिर खान अथवा शाहरुख खान से की जा सकती है। इससे तात्पर्य समानान्तर सिनेमा के उनके समकक्ष गौरव, नसीरुद्दीन शाह और ओमपुरी का कम करके आँकना नहीं है।"

दुबे ऐसी ही एक अन्य 'बहुत विनम्र होने की' विशेषता पर भी अपने विचार व्यक्त करते हैं। वे कहते हैं, "कोई अन्य कलाकार शायद मुझसे उस स्तर की डाँट-फटकार मिलने का दावा नहीं कर सकता जो अमरीश को मुझसे मिली। इससे वह कभी निरुत्साहित नहीं हुआ, उसके आत्मसम्मान को ठेस नहीं पहुँची। मेरे सहित सब उसकी समर्पण की भावना से प्रभावित थे। वे इससे चकित थे और इससे उनका अमरीश के प्रति आदर बढ़ा ही। मैंने अपनी एक वर्कशॉप में कहा था कि महिलाओं में अपनी समर्पण की भावना के कारण सीखने की क्षमता अपेक्षाकृत अधिक होती है। मैंने आगे यह भी जोड़ दिया कि अमरीश थियेटर में मुझे अब तक मिली सर्वश्रेष्ठ महिला है। क्योंकि उसमें समर्पण की अतुलनीय भावना है। धर्मयुग में अपने एक लेख में मैंने अमरीश की तुलना खदान श्रमिक से की है, जो हीरा मिलने तक लगातार खुदाई करता रहता है। उसी की इसी विशेषता से मुझे उस पर 2003 में जीवनीपरक नाटक 'बस इत्ता सा' लिखने की प्रेरणा मिली। उसने इस अवसर पर थियेटर को अपनी अंतिम श्रद्धांजलि दी।"

और विजय तेन्दुलकर, जिनकी पुरी 'नाटककारों' के राजा कहकर प्रशंसा करते हैं, इस प्रशंसा के उत्तर में कहते हैं, "मैंने अमरीश को जब पहली बार मंच पर देखा तो मुझे उसके काम करने की गति ने आकृष्ट किया। उसकी आवाज़ ने वास्तव में मुझे बहुत प्रभावित किया था, यह रंगमंच के बहुत अनुकूल थी। फिर उसकी ईमानदारी थी, मैंने देखा कि वह एक गंभीर अभिनेता था। और 'सखाराम बाइण्डर' नाटक में विशेष रूप से बाइण्डर की भूमिका, चूँकि यह मेरी अपनी ही कृति थी, इसे मंच पर जैसे अभिनीत किया गया, वह बहुत रुचिकर था। उसने इसे बेहतरीन ढंग से निभाया...उसने मुख्यतः एक बहुत ही नाटकीय

बिन्दु पर जिस गहराई से अभिनय किया, अपनी आत्मा ही उसमें डाल दी थी अमरीश ने, यह अमरीश पुरी नहीं था अपितु पात्र था...मैंने नाटक को दो बार देखा और दोनों ही बार उसने ठीक प्रारम्भ से अन्त तक पूर्णतः एक समान अभिनय किया। नाटक में उसका चरित्र अतिरिक्त आयाम लिये हुए था। विशेष रूप से मैंने जब दूसरी बार नाटक देखा तो मुझे एहसास हुआ कि अमरीश ने कुछ अनुमान लगाकर, हिसाब-किताब बिठाकर नहीं किया था। उसका अभिनय यांत्रिक भी नहीं था। वह एक बुद्धिजीवी प्रकार का अभिनेता था। वह जीवन को, मानव मस्तिष्क को, जो अधिक शरारती है, समझता था। इसे कमज़ोरी अथवा ताकत भी समझा जा सकता है। परन्तु जो भावपूर्ण ढंग से अभिनय करता है, वही उच्चतर शिखर पर पहुँचता है। मुझे उसका 'आधे-अधूरे' अच्छी तरह से याद है। उसकी 'सूरज का सातवाँ घोड़ा' जैसी कुछ फिल्में भी जो मैंने देखी हैं, वे ऐसे क्षण उपस्थित कर देता है जो आप पर अपनी छाप छोड़ जाते हैं और व्यावहारिक भूमिकाओं में भी वह स्वयं अपने लिए विशेष क्षण सृजित करता हुआ इतना स्वाभाविक अभिनय करता, उसे सदैव अच्छे नाटक और अवसर मिलते। हमें यह नहीं भूलना चाहिए कि थियेटर ने उसे तराशा। थियेटर में तराशे हुए लोग फिल्मों में जिस प्रकार अभिनय करते हैं, वह सीधे फिल्मों में आने वाले लोगों की तुलना में निश्चित ही भिन्न होता है। थियेटर में मैं कह सकता हूँ कि वह एक चमकता सितारा था।" अमरीश के व्यक्तित्व, आवाज़ और बोध सहित कुछ अभिनेताओं में उन जैसी सम्भावनाएँ हैं। उनका प्रदर्शन शिक्षाप्रद होता था, जो आजकल नदारद है। फिल्म में भी अभिनेता को अपने विचारानुसार चरित्र को प्रदर्शित करने की स्वतंत्रता नहीं होती। जब भी मैंने अपनी लिखी फिल्मों और नाटकों को देखा तो अमरीश को सदैव अपनी अपेक्षाओं के अनुसार पाया। उनके दृश्य में प्रवेश करते ही सब परिवर्तित हो जाता था। मैं यदि उसे कोई चरित्र निभाने के लिए कहता तो मैं पूरी तरह से आश्वस्त होता था कि वह इसे सही करेगा। वह स्वयं ही नाटकीय परिस्थिति उत्पन्न कर लेता था। मुझे लगता था कि वह ऐसा दर्शकों की बजाय स्वयं अपने लिए करता था। मेरे विचार से अमरीश के लिए रूपान्तरण अमिताभ बच्चन के विपरीत आसान रहा था, जो रंगरूट था। अमरीश पहले नाटकों में काम कर चुका था, गंभीर भूमिकाएँ कर चुका था और फिर वह बच्चों जैसी भूमिकाओं पर आया था। प्रारम्भ में ऐसा करना मुश्किल रहा होगा परन्तु उसने उन्हें करने में भी आनन्द पाया और अपनी स्वयं की जगह बनायी। अभिनेता के लिए पात्र के खोल में प्रवेश करना अनिवार्य होता है, चाहे यह चरित्र एक आयामी ही क्यों न हो। मेरे विचार में उसने जैसे अपने हेयर स्टाइल बदले, वैसा करना उसके लिए ज़रूरी था। यदि आप वास्तविक अमरीश पुरी को देखें तो वह स्क्रीन पर दिखाई देने वाले अमरीश पुरी से पूरी तरह भिन्न है। अमरीश के रूप में शायद वह न चलता परन्तु क्योंकि वह चरित्र में ढल जाता था, तो वह चल निकला। उसमें एक वास्तविकता का तत्त्व था। उसकी सूक्ष्म दृष्टि इतनी मज़बूत थी कि वह उसे भूमिका में ढाल सकता था। सो यह वह था—अमरीश ने खलनायक के चरित्र को बदल दिया। उसने नेगेटिव भूमिकाओं के परम्परागत लहज़े को ही बदल दिया। किसी ने उसकी सहायता नहीं की।

वह निपट अकेला था। यह थी उनकी सफलता।

पुरी ने गिरिश कर्नाड को 'दार्शनिक नाटककार' का उपनाम दिया। वे 1963 में उसके साथ अपनी पहली भेंट को याद करते हैं, तब मुझ पर अमरीश का जो प्रभाव था—जो बाद में शायद एक लम्बे, शान्त और इतने विनम्र व्यक्ति का था कि उनकी असाधारण गहराई लिये हुए आवाज़ भी आकृष्ट नहीं कर पाती थी। वह जब रिहर्सल नहीं कर रहा होता था तो वह ग्रुप से बाहर बहुत विनम्रता से टहलता रहता, सत्यदेव दुबे उसे प्रशिक्षित, निर्देशित करते, डाँटते-फटकारते। फिर सत्यदेव दुबे ने हिन्दी में मेरे नाटक 'ययाति' का निर्देशन किया और अमरीश को मुख्य भूमिका में लिया। मैं मद्रास में रहता था और मेरी एक मित्र, जिसके साथ मेरी उन दिनों बोलचाल नहीं थी, ने बम्बई से मुझे फोन करके बताया कि उसने नाटक देखा है और मुझसे इसे ज़रूर देखने के लिए कहा। उन दिनों जब तक बहुत संकट न हो, कोई ट्रंक काल नहीं करता था। अतः मैं बम्बई गया और वहाँ नाटक देखा। यह दुबे के बेहतरीन नाटकों में से एक था और निश्चित ही इस नाटक की सर्वश्रेष्ठ प्रस्तुति थी और आश्चर्यजनक ढंग से ऊर्जावान कलाकारों में अमरीश सबसे अधिक सुदृढ़ और ओजपूर्ण दिखाई देते। मैंने तब से अनेक विख्यात अभिनेताओं को यह नाटक करते देखा है। परन्तु मेरी दृष्टि में उनकी प्रस्तुति पूर्ण प्रस्तुति रही है। वे मंच पर गूँजती आवाज़ के साथ सत्ता लोलुप और निष्ठुर राजा के चरित्र को प्रस्तुत करते एक बलिष्ठ कलाकार नहीं थे अपितु अमरीश एक ऐसे व्यक्ति थे जिन्होंने अपनी अनवरत कामना को व्यक्त करने वाली आवाज़ और देहयष्टि का सप्रयास विकास किया। उनका दैहिक गठन दर्शनीय थी, जिसने 'ययाति' के प्रारम्भ में उसकी ज़ोरदार सफलता को सुदृढ़ कर दिया और इस प्रकार से विश्व को अपने भविष्य की योजनाओं के प्रति चुपचाप नतमस्तक होने की अपील की।

अतः जब कर्नाड कन्नड़ फिल्म 'काडू' का निर्देशन करने लगे तो यह अनिवार्य था कि वे तुरन्त अमरीश के विषय में सोचते। "मैं जानता था कि वह फिल्मों में आने का इच्छुक था—उसके दो बड़े भाई पहले ही हिन्दी फिल्मों में काम कर रहे थे। मदन पुरी को उल्लेखनीय सफलता मिली थी। परन्तु अमरीश दोयम दर्जे के गुण्डे की भूमिका करने से आगे नहीं बढ़ पाए थे। और सत्यदेव को बहुत निराशा होती जब अमरीश, 'विदेश में शूटिंग' के झाँसे में आ जाते और तीसरे दर्जे की भूमिका स्वीकार कर लेते। अन्त में सदैव ऐसा होता कि यूनिट उन्हें छोड़कर विदेश में शूटिंग के लिए रवाना हो जाती। अतः वास्तव में 'काडू' में जमींदार चन्द्र गौड़ा की भूमिका उनकी पहली महत्त्वपूर्ण भूमिका थी। जैसे ही शूटिंग प्रारम्भ हुई, दो बातें तुरन्त स्पष्ट हो गयीं। अमरीश में अथाह एकाग्रता थी। एक बार बता दिये जाने पर कि क्या करना है, वे उस एक्शन को रिहर्सल के दौरान हर बात पूर्णतः अपेक्षानुसार बेहतरीन करते। फिल्म की सुन्दर फोटोग्राफी करने वाले गोविन्द निहलानी उसे देख बहुत प्रसन्न होते। फिर उसे कन्नड़ भाषा न आने की निराशा को झेलना पड़ा। वे कुछ ही पंक्तियों के संवाद को याद करने का घण्टों प्रयत्न करते और जैसे ही कैमरा चालू होता, वे हताश होकर माथे पर हाथ मारते। मुझे पूरी फिल्म में उनके संवादों को कम करके लगभग आधा दर्जन

लाइनों का करना पड़ा और इससे वे वास्तव में एक मूक पात्र बन गये। अमरीश ने उस मौन में स्वयं को झोंक दिया। क्रोध में उनकी चमकती आँखों में अकस्मात छा जाने वाला निस्तेज, परेशानी में उनकी देह का धीरे-धीरे, अचेतन ही कुण्डलित होना अथवा भीतरी तूफ़ान को व्यक्त करने वाली उनकी पूर्ण जड़ता ने कन्नड़ फिल्म समीक्षकों और दर्शकों में सनसनी मचा दी थी। 'काडू' बॉक्स ऑफिस पर बड़ी हिट हुई। बापू और रमन्ना की तेलुगु जोड़ी अपनी हिन्दी फिल्म 'हम पांच' की योजना बना रही थी। वे 'काडू' की शूटिंग पर आये और अमरीश को अभिनय करते देख, अपनी फिल्म में ले लिया। अमरीश का चमकता कैरियर शुरू हो गया था।

'काडू' को श्रेष्ठ निर्देशन का फिल्म फेयर अवार्ड मिला परन्तु कर्नाड बम्बई नहीं जा सके। "अतः मैंने अमरीश से मेरी ओर से अवार्ड लेने के लिए कहा। समारोह के बाद अमरीश ने मुझे फोन करके पूछा कि क्या वे इस ट्रॉफी को अपने पास रख सकते हैं क्योंकि यह फिल्म उनके लिए शुभ साबित हुई है। यह ट्रॉफी अब तक उनके पास है।" तब से अमरीश का कैरियर दो समानान्तर धाराओं में चलता रहा। वे निरंकुश, घमंडी और प्रायः खलनायक की भूमिकाओं को करते हुए कमर्शियल हिन्दी सिनेमा के सर्वोच्च सितारे के रूप में उभरे। श्याम बेनेगल और गोविन्द निहलानी जैसे अधिक 'कलात्मक' निर्देशकों के साथ उन्होंने अनेक प्रकार के पात्रों को गहरी संवेदना से निभाया। पहले वर्ग में उन्होंने अपनी प्राकृतिक विशेषताओं—अपने कद, मांसल देह और गहरी आवाज़ को अपने लिए काम करने दिया। जब आप एक साथ 25 फिल्मों में काम कर रह हों और अनेक फिल्मों में पहले बोले जा चुके संवादों में कुछ विश्वसनीयता लाने का प्रयास कर रहे हों तो यह भावनात्मक ऊर्जा को बचाए रखने की स्वाभाविक विधि थी। परन्तु जब भली-भाँति तैयार किये गये चरित्र को निभाना होता तो वे अपनी अद्भुत प्रभावशाली देहयष्टि की सीमाओं से प्रयत्नपूर्वक ऊपर उठकर उन्हें निभाये जा रहे चरित्र के मनोवैज्ञानिक ढाँचे में ढालने का प्रयास करते।

सत्यदेव दुबे द्वारा निर्देशित मेरे नाटक 'हयवदन' में उन्होंने एक युवा व्यक्ति की भूमिका की है जिसे अपने शरीर को (अथवा सिर, यह इस पर निर्भर करता है कि आप इसे कैसे देखते हैं) एक छरहरे बदन वाले व्यक्ति (अमोल पालेकर) से बदलना था। मैंने सदैव यह महसूस किया कि अमरीश ने इस कला के साँचे, जिस पर उसे अपने पूर्ण कैरियर में निर्भर रहना था, पर परिश्रम किया था। परन्तु वे बहुत विनम्र, शान्त, अभिनेता बने रहे, जैसा कि मैं उन्हें पहली बार मिला था। उनके समान सफल कैरियर के बाद तो कोई पाखण्डी व्यक्ति ही ऐसा कर सकता है। वे फिर भी विनम्र एवं स्नेहशील बने रहे। जब भी वे बंगलौर में होते तो मुझे अथवा मेरी पत्नी सरस को फोन करना न भूलते। हम कभी बम्बई जाते तो हमें अपने घर आमंत्रित करना न भूलते। वे विरले ही मिलने वाले मित्र थे।"

जहाँ तक श्याम बेनेगल का सम्बन्ध है, पुरी उन्हें 'चलता-फिरता विश्वकोष' कहते थे और वे श्याम के समानान्तर सिनेमा का पर्याय बन गये। बेनेगल बताते है, "मैं उसके नाटक देखा करता था, उसे 'निशान्त' में लेने से पहले मैं उसे एक मित्र के रूप में जानता था। उस समय

अमरीश 'थियेटर यूनिट' का एक महत्त्वपूर्ण कलाकार था। उसने उन दिनों किये गये समस्त नाटकों में असाधारण भूमिकाएँ की थीं। उसने कुछ फिल्मों में भी काम किया था, जिसे नोटिस नहीं किया गया था। न जाने क्यों फिल्म 'रेश्मा और शेरा' में भी उस पर ध्यान नहीं दिया गया। मैंने गिरीश की फिल्म में उसकी भूमिका देखी थी। परन्तु इस फिल्म का दर्शक वर्ग बहुत सीमित था। उसकी उपस्थिति बहुत प्रभावशाली थी। सभी अभिनेता सदा ऐसे नहीं होते। जब मैं 'निशान्त' फिल्म कर रहा था तो वह भूमिका के लिए बहुत उपयुक्त विकल्प था। मैं एक बहुत प्रभावशाली व्यक्ति चाहता था। उसकी उपस्थिति बहुत प्रभावोत्पादक थी। उसकी चाल-ढाल और बोलने का ढंग भी अच्छा था। वह अधिकार व्यक्त करने का कोई प्रयास किये बिना संवाद बोल सकता था। उसका एक प्रभुत्व था जो पर्दे पर उभर कर आया। उसने इतने अच्छे ढंग से काम किया कि उसे तराशने की वास्तव में बहुत आवश्यकता नहीं पड़ी। उसने असाधारण अभिनय किया और व्यापक स्तर पर इस बात को अनुभव किया गया। जैसा कि हम जानते हैं कि केवल मुख्य धारा की फिल्में ही एक विशेष प्रकार की सार्वजनिक छवि से जुड़ी रहती हैं। अतः इससे तात्पर्य था कि वह अधिकतम फिल्मों में लगभग ऐसी भूमिकाओं तक ही सीमित रहेगा। परन्तु उसने सबको गलत प्रमाणित करते हुए विभिन्न फिल्मों में भिन्न-भिन्न भूमिकाएँ करनी प्रारम्भ कर दीं। वह अनेक प्रकार की विविध भूमिकाएँ कर रहा था। हालाँकि वह बहुत लोकप्रिय हो गया था परन्तु उसने थियेटर में काम करना जारी रखा। क्षेत्रीय फिल्मों में भी अमरीश ने शानदार अभिनय किया। अचानक ही वह खिलने लगा था जो कि उसके कैरियर के प्रारम्भ में नहीं हुआ था।''

इसके बाद कोई भी भूमिका होती, बेनेगल उसे उसमें लेते। ''यह आवश्यक नहीं था कि वे उसे जैसी उसकी छवि बन गयी थी, वैसी ही भूमिका में लेते, अपितु उससे भिन्न भूमिकाएँ भी देते। उसने 'मण्डी' में एक फकीर की भूमिका की तथा एक और उत्कृष्ट प्रदर्शन किया। प्रत्येक व्यक्ति दूसरे से भिन्न होता है। अभिनेता से केवल भूमिका की समझ नहीं अपितु अनेक अन्य अपेक्षाएँ भी होती हैं। अनुभव उनमें से एक है। आप भूमिका के इतिहास को समझते हैं जिससे कि आप जान सकें कि निर्देशक के मस्तिष्क में भी घूम रहा यह खाका आगे कैसे बढ़ेगा? परन्तु चरित्र की सूक्ष्मताएँ अभिनेता को प्रदर्शित करनी होती हैं। अमरीश यह विस्तृत व सूक्ष्म प्रस्तुति देने में पूर्णतः समर्थ था। इसके अतिरिक्त प्रतिभा अथवा तत्काल बुद्धि की भी आवश्यकता होती है, जो उसमें थी। यह बहुत सूक्ष्म भी हो सकती है। उसमें ये अद्‌भुत गुण थे। सबसे बड़ी विशेषता उसमें यह थी कि वह पूर्णतः केन्द्रित था। कुछ भी उसकी एकाग्रता को भंग नहीं कर सकता था। मैं अभिनेताओं के इस गुण का बड़ा प्रशंसक हूँ। ऐसा करना उसकी विवशता भी थी क्योंकि हमारी फिल्मों की शूटिंग निरन्तर चलती रहती है। बीच में कोई अन्तराल अथवा 'गैप' नहीं थे। उसे अपने निजी जीवन के अनुशासन से भी बहुत सहायता मिली। वह एक ऐसा अभिनेता था जो कोई परेशानी खड़ी नहीं करता था।"

बेनेगल का विश्वास है कि पुरी के अभिनय की गुणवत्ता ने अन्य अभिनेताओं को, जो

स्वयं के विषय में विश्वस्त नहीं थे, एक प्रकार की प्रेरणा दी। "एक जब हम 'सरदारी बेगम' की शूटिंग कर रहे थे तो हमारे साथ एक युवा अभिनेत्री, स्मृति मिश्रा थी। वह बहुत घबराई हुई थी और सही अभिनय नहीं कर पा रही थी। मुझे वास्तव में उस पर बहुत गुस्सा आया और मैं उस पर चिल्ला रहा था। अमरीश ने उसे बहुत हौसला दिया और आत्मविश्वास बढ़ाया। उसका युवा अभिनेताओं के साथ बहुत बढ़िया तालमेल होता था। वह सदा दूसरों की सहायता करता। यह कहना कठिन है कि उसकी कौन-सी भूमिका सर्वोत्तम थी क्योंकि वह बार-बार ज़ोरदार अभिनय कर रहा था। यह सच है कि आप केन्द्रीय पात्र की अच्छी भूमिका की कल्पना तभी कर पाते हैं जब आपके सामने उतनी ही अच्छी प्रस्तुतियाँ हों। और मैं इस बिन्दु पर अमरीश से सहमत हूँ क्योंकि यदि अन्य भूमिकाएँ कमज़ोर रही हों तो आपको अच्छे परिणाम नहीं मिलते। मैं अभिनेता को चरित्र अभिनेता अथवा नायक के रूप में पृथक् करके नहीं देखता। एक अभिनेता अभिनेता होता है और वे सब चरित्रों को निभा रहे होते हैं। वे लोगों की भाँति आपके मस्तिष्क में दर्ज हो जाते हैं और आपके साथ बने रहते हैं। यह इस तरह से है मानों अनेक लोग आपको प्रभावित कर रहे हों और आप पर वह प्रभाव तभी पड़ता है जब आप उन्हें पूर्णता में देख रहे हों। चरित्र अभिनेता से तात्पर्य है कि वह दर्शकों के दिमाग में कैसा प्रभाव उत्पन्न करता है। आप अपने मस्तिष्क में उस व्यक्ति का जो व्यक्तित्व देखते हैं, वह पात्र की धूसर छायाएँ लिए होता है। इसी प्रकार कोई धारणा तभी बनायी जा सकती है, जब चरित्र सम्पूर्ण हो। दूसरे शब्दों में चरित्र एवं विवरण की एक समान पृष्ठभूमि हो। चुनौती प्रस्तुति में निहित होती है। जैसे अमरीश ने 'बॉस : द फॉरगोटन हीरो' में इराकी की सैनिक एक छोटी-सी भूमिका की जिसने दूसरे विश्व युद्ध में लड़ाई की थी। दुर्भाग्य से कुछ अन्य अंशों के साथ इस अंश को भी काट देना पड़ा क्योंकि फिल्म अस्वाभाविक रूप से लम्बी हो गयी थी। परन्तु अब उसे टी.वी सीरीज़ में परिवर्तित किया जा रहा है और मैं उसके भाग को इसमें शामिल कर सकूँगा।"

गोविन्द निहलानी के साथ पुरी का सम्बन्ध 1960 के दशक के अंतिम वर्षों में थियेटर के दिनों से है। दोनों ने सत्यदेव दुबे के साथ काम किया था। "मैं लाइट और साउण्ड का काम सँभालता हुआ मंच के पीछे हुआ करता था और वहीं से हमने एक-दूसरे को जाना। अमरीश के साथ मेरा सम्बन्ध एक निर्देशक अथवा अभिनेता के रूप में शुरू नहीं हुआ अपितु तब से है जब वे अभिनेता बन चुके थे और फिर जैसे काम आगे बढ़ता रहा, दुबे साहब ने हममें एक दृढ जुड़ाव की भावना उत्पन्न करने में सहायता की। हमने 'आधे-अधूरे' नाटक किया। मुझ पर अमरीश की इस तरह की छाप थी कि वे "एक बहुत-बहुत अनुभूतिपूर्ण अभिनय करने के अतिरिक्त कुछ गहन, यादगार क्षण सृजित कर देते थे, जहाँ सब कुछ थम-सा जाता था।

"मुझे एक अन्य नाटक 'पगला घोड़ा' भी याद है, जिसमें चार लोग परस्पर विचार-विमर्श कर रहे थे। जब 'सुर' की बात आती है तो दुबे साहब ने इसमें लाजवाब काम किया है। यद्यपि 'संवाद' अच्छे नहीं हैं परन्तु 'सुर' है। इस नाटक के अन्त में एक दृश्य हुआ करता था जिसमें अमरीश को गीत गाना था। वास्तव में यह गीत दुबे साहब ने जोड़ा था। दृश्य

से ठीक पहले वे हॉल के एयर कंडीशनर बन्द कर देते। फिर ए. सी. की क्योंकि कोई आवाज़ नहीं होती थी, अमरीश के गाने के समय हॉल में खामोशी छा जाती, पूरा सन्नाटा होता और आप अंतिम सीट पर भी गाने की आवाज़ सुन सकते थे। मैं हॉल में घुस जाता और अंतिम कुर्सी पर बैठकर उनका गाना सुनता। एक और नाटक था कवि प्रो. वसन्त देव का लिखा 'अरण्य'। यह नाटक कृष्ण पर आधारित है जिसका विभिन्न पात्रों ने वर्णन किया है। यह नाटक काव्य रूप में था। पहला पद्यांश कृष्ण के पिता नन्द का है। वे बच्चे से स्नेह करते हैं परन्तु कृष्ण के कारण उनका अपनी पत्नी से सम्बन्ध प्रभावित होता है। सम्पूर्ण अभिनय पूर्ण खामोशी में किया गया है। अमरीश "वर्ष, माह, दिन, घण्टे..." जैसे शब्दों से प्रारम्भ करते हैं और बस इतना कहते हैं "गिनता रहता हूँ...अपने अधिकार क्षेत्र में कृष्ण के आ जाने के बाद वे अपनी जिन्दगी का वर्णन कर रहे हैं। मंच पर कुछ नहीं है और वे बस वहाँ बैठे हैं और कोमलता से शब्द बोल रहे हैं। फिर जब वे अपने संवाद बोलने लगते हैं तो समय रुक जाता है। एक गंभीर गहन बिन्दु पर चोट करने की विशेषता तभी आ पाती है जब आप अनुभव करते हैं कि समय का व्यतीत होना थम गया है। जिस क्षण वे शुरू करते हैं, समस्त हलचल रुक जाती है। नाटक में केवल एक क्रिया है कि लाठी गिर जाती है और अमरीश उसे उठाकर जाने लगते हैं।"

निहलानी 'शान्तता! कोर्ट चालू आहे' में पुरी की भूमिका को याद करते हैं। यह पहली फिल्म थी जो उन दोनों ने इकट्ठे की थी। ''इसके निर्देशक दुबे साहब थे और हम दोनों सह-निर्माता थे। कैमरा संचालन भी मैंने किया था। दुबे साहब ने अमरीश के लिए विशेष रूप से एक दृश्य बनाया, उनकी भूमिका एक अन्धे गायक की थी। यह एक छोटी-सी भूमिका थी और उन्हें एक चलती गाड़ी में गाना था। इसका उद्देश्य बम्बई से किसी अन्य स्थान की यात्रा कर रहे लोगों को प्रभावित करना था। वास्तव में यह एक थियेटर ग्रुप था जो नाटक के मंचन के लिए कहीं जा रहा था। इस ग्रुप में एक महिला थी। यह भूमिका 'सुलभा देशपांडे' ने की है और एक विचित्र, भयानक सी घटना घट जाती है। यह दृश्य आधे मिनट से अधिक नहीं चला होगा परन्तु अमरीश ने क्या लाजवाब अभिनय किया था। उसमें क्षण को पकड़ लेने की अद्‌भुत क्षमता थी। वह क्षण तभी घटित होता है कि भूमिका को कैसे निभाया जाता है। और उस क्षण में बिना तैयारी किये, बिना रिसर्हल किये, बिना विचार-मनन किये हुए होने अर्थात् आकस्मिकता की विशेषता है क्योंकि इस दृश्य की वैसी योजना नहीं बनायी गयी थी। जब आप उस बिन्दु पर पहुँचते हैं तो यह अभूतपूर्व ढंग से हो जाता है। वह क्षण कभी भी आ सकता है और आप उसे महसूस कर सकते हैं।"

तात्कालिकता एवं स्वाभाविकता में बहुत सुंदर अन्तर करते हुए निहलानी कहते हैं, "स्वाभाविकता सामान्यतः उसे कहते हैं जब कुछ बिना योजना के होता है, जिसका आप पहले से प्रयास नहीं करते। एक अच्छा अभिनेता दस बार रिहर्सल करके भी दृश्य को ऐसे प्रस्तुत कर सकता है कि लगता ही नहीं कि रिहर्सल की हो। परन्तु तात्कालिकता से तात्पर्य है कि एक निश्चित सांचे में कुछ नया करना तथा यह सोच-विचार के एक निश्चित गुण पर

आधारित होती है। तात्कालिकता के लिए हम सर्वाधिक उपयुक्त उपमा संगीत से दे सकते हैं जहाँ गाने को एक भिन्नता, एक व्यापकता दी जा सकती है परन्तु आप उसकी आत्मा से बाहर नहीं जाते। यह अन्तर है, यह रूपान्तरण की प्रक्रिया है। अन्ततः अभिनेता ही उस सुन्दर क्षण और भावनात्मक आवेश का सृजक होता है। कैमरा, चूँकि मानवीय त्रुटियों की क्षतिपूर्ति नहीं कर सकता, यह केवल बढ़ा सकता है अथवा अभिनेता की सहायता कर सकता है। मेरे विचार में कैमरा केवल तकनीक का माध्यम नहीं है। यह अनिवार्य रूप से चरित्रों से जुड़ा रहता है। आप कथा को माध्यम के द्वारा जैसे सम्प्रेषित करते हैं—वह भी स्वयं में एक सन्देश बन जाता है। परन्तु उस स्थिति में अभिनेता माध्यम का एक भाग है। अमरीश ने मेरे साथ कभी उस प्रकार की भूमिकाएँ नहीं कीं जो उन्हें उनके भव्य व्यक्तित्व एवं रूपाकार के कारण करने के लिए कहा जाता था। उन्हें अच्छाई के ब्रांड के साथ बुराई के ब्रांड के रूप में रखा जाता। यदि आपको अमिताभ बच्चन के सामने एक खलनायक रखना होता था तो वह अमरीश पुरी होता था। मेरे साथ उनकी भूमिकाएँ भिन्न होती थीं और मैं उनके भीतर से बेहतरीन को निकाल सका। मेरे लिए अमरीश शुभंकर थे और उन्हें मेरी फिल्मों में होना ही होता था। मैंने सदा यह सुनिश्चित करने का प्रयास किया कि वे सदा उनमें हों।"

निहलानी अपनी फिल्म 'पार्टी' से जुड़ी एक और घटना को याद करते हैं। "फिल्म में दो पात्र थे। एक लेखक का था और दूसरा ख़ामोश व्यक्ति का था। अतः मैं चाहता था कि अमरीश खामोश दर्शक की भूमिका करें। उन्होंने दुबे साहब से कहा, "क्या मूर्खता है। आप या तो मुझे लेखक की भूमिका दें,ड नहीं तो भूल जायें।" उन्होंने ये बात दुबे साहब से इसलिए कही क्योंकि वे सोचते थे कि मैं दुबे साहब को इनकार नहीं करूँगा। परन्तु इधर मैं इस भूमिका में अमरीश की कल्पना नहीं कर सकता था, सो मैंने उनसे कहा कि वे वही भूमिका कर सकें तो ठीक है। परन्तु उन्हें मेरी फिल्म में होना ही था। अतः मैंने उन्हें बताया कि मैं उनकी एक फोटो टाँग कर उस पर माला पहन दूँगा और उसे अपनी फिल्म की हिरोइन के पति के रूप में दिखा दूँगा। उन्होंने महसूस किया कि यह कैसे सम्भव था और वे ये भूमिका करने पर सहमत हो गये। यह आकर्षण की भावना थी और आप जानते थे कि वे आवश्यकता पड़ने पर उपस्थित होंगे। मेरे विचार में प्रत्येक पीढ़ी में अपने आयु वर्ग में वैसे सम्बन्ध होते हैं। मैं अमरीश से उनके प्रशंसक और पारिवारिक मित्र की भाँति अधिक जुड़ा था, उनके साथ काम तो बहुत बाद में किया। परन्तु कोई भी निर्देश तो व्यावसायिक स्तर पर दिये जाने होते हैं और एक गरिमा को बनाये रखना होता है। जब भी आप एक अभिनेता को कोई दृश्य देते हैं तो वह उस पर अपनी ही शैली और दृष्टि के अनुसार विचार करता है। परन्तु अमरीश के साथ काम करते हुए हम भूमिका के स्वरूप पर चर्चा करते और वे अपने संवाद बोल देते। हमने कभी निष्कर्ष पर पहुँचने के लिए लम्बी-लम्बी चर्चाएँ नहीं कीं। इससे हम बेहतरीन प्रस्तुतियाँ दे सके और मैंने उन्हें जो करने के लिए कहा, उसे उन्होंने कभी कम करके नहीं किया। मैं उन्हें बता देता कि कब भावनाओं की आवश्यकता है और कब नहीं।

'तमस' में अमरीश के अभिनय की बात करते हुए निहलानी कहते हैं, "वे उस टेलीफिल्म

में विशेष रूप से लाजवाब थे। उसमें उन्होंने एक बुज़ुर्ग सिख, एक समुदाय के मुखिया की भूमिका की थी जिसमें योद्धा की भावना भी है। एक दृश्य में जब वह पात्र अपने पोते और बहू के साथ बैठा है और पुत्र मौजूद नहीं है, उस दृश्य को जिस तरह से किया गया है, मैं नहीं सोचता कि कोई और वैसा कर सकता था। शुरू से ही मैंने इस भूमिका में अमरीश की कल्पना की थी और इसलिए यह उसी प्रकार से लिखी गयी थी। उस दृश्य में वे 'गुरु ग्रन्थ साहिब' से कुछ पंक्तियाँ पढ़ने का प्रयत्न करते हैं जिनमें बच्चे की रक्षा की कामना की गयी है। फिर इसमें एक 'अरदास' और 'सत्संग' में भक्तों को सम्बोधित करने का दृश्य भी है। हालाँकि उन्हें उन पंक्तियों को याद करने में थोड़ा समय लगा परन्तु उनकी याद्दाश्त आश्चर्यजनक थी। एक बार वे कुछ याद कर लेते तो वह उन्हें सदा याद रहता इन्हें याद करने में उन्हें इसलिए समय लगा कि वे हमेशा शूटिंग कर रहे होते थे। मैं यह भली-भाँति जानता था कि और यह भी समझता था कि मैंने उन्हें बहुम कम समय दिया है। उन्हें केवल दो दिन का समय दिया गया था। बाद में उन्होंने मुझे बताया कि वे अपनी लाइनें याद नहीं कर पाए हैं। उन्होंने 'अरदास' तो याद कर ली थी परन्तु 'सत्संग' में भाषण की लाइनें याद नहीं हुई थीं। तब हमने एक बोर्ड लगाया जिस पर वह पैरा लिखा जा सकता था। उन्होंने स्वयं अपनी लिखावट में उर्दू में वह पैरा लिखा। बोर्ड को हमने विभिन्न कैमरों की स्थिति के अनुसार लगा दिया था और उन्होंने एक बार में ही वह शॉट दे दिया। ऐसा करके वे मानसिक स्तर पर आश्वस्त हो गये थे कि लाइन भूल जाने पर वे इसे बोर्ड से देख सकते हैं। मैं तो यह कहूँगा कि यदि आप एक ऐसा कलाकार चाहते हैं, जो उसे दिये गये दृश्य विवरण के आधार पर और कुछ अपने प्रयास से पात्र को जीवन्त बनाने में सक्षम हो तो थियेटर के कलाकार शीघ्र समझते हैं। उनमें अधिक आत्मविश्वास होता है और उससे निर्देशक को आवश्यकतानुसार ढालने का अवसर मिल जाता है क्योंकि यह अपेक्षाकृत आसान होता है।"

हिन्दी फिल्मों के शोमैन सुभाष घई पुरी को 1977 में मिले, जब वे 'विश्वात्मा' के सैट पर अपने भाई मदन पुरी से मिलने आये थे। मैंने एक विशाल, लंबा व्यक्ति देखा और फिर मदन साहब ने मेरा उनसे परिचय करवाया। मुझे उनका व्यक्तित्व बहुत प्रभावशाली लगा और उनका चेहरा एक अभिनेता के चेहरे के समान प्रतीत हुआ। मुझे बताया गया कि वे नाटकों में काम कर रहे थे। जब मैंने उनसे पूछा कि वे फिल्मों में उतना काम क्यों नहीं कर रहे तो उन्होंने कहा कि उनका मानना है कि फिल्में निर्देशकों का माध्यम हैं, उनमें अभिनेताओं को बहुत कुछ करने का अवसर नहीं मिलता। उन्होंने यह भी कहा कि थियेटर की तुलना में फिल्में बहुत तड़क-भड़क लिए होती हैं और उनका स्वरूप भी बहुत स्पष्ट नहीं होता। मैं उनके विचार समझ गया क्योंकि मैं स्वयं भी स्टेज का कलाकार रहा हूँ। मैं रोहतक में अपने कॉलेज के दिनों में नाटक लिखा करता था, उनमें अभिनय और निर्देशन किया करता था। बाद में मैंने पुणे फिल्म इंस्टिट्यूट से कोर्स किया। इसलिए मैं यह भी जानता था कि यदि अमरीश को बड़ा दर्शक वर्ग मिले तो इसकी व्यापक पहुँच उन्हें आकृष्ट करेगी। मदन साहब ने उन्हें बताया कि मैंने 'कालीचरण' जैसी फिल्में बनायी हैं और मैं चाहूँगा कि

वे मेरी फिल्मों में काम करें। अमरीश ने शायद यह उत्तर दिया था कि उन्हें मेरी फिल्में पसन्द आती हैं और यदि उन्हें अवसर और उचित भूमिका दी जाये तो वे इसे करना पसन्द करेंगे। मैंने 'क्रोधी' में खलनायक के रूप में काम करने के लिए उनसे सम्पर्क किया। मुझे कोई ऐसा चाहिए था जो माफिया डॉन की भूमिका कर रहे धर्मेन्द्र को डरा दे। मुझे धर्मेन्द्र के सामने कोई विशाल डॉन चाहिए था परन्तु मैं इसके लिए एक नया चेहरा चाहता था। मुझे उनका विचार आया और मैंने उन्हें सन्देश भेजा कि "मैं आपका सम्मान करता हूँ और आपके महत्त्व को समझता हूँ परन्तु यह केवल दो दृश्यों का पात्र है और दृश्य चुनौतीपूर्ण है। उन्होंने भूमिका सुनी और करने के लिए तैयार हो गये। अमरीश की आँखें, चेहरा और सम्पूर्ण व्यक्तित्व उस भूमिका के लिए बहुत उपयुक्त प्रतीत होते थे और मैंने उन्हें दूसरे अमिताभ बच्चन के रूप में देखा। उनका व्यक्तित्व बहुत मुखर था। उनके हाव-भाव, दृश्य को समझने एवं प्रदर्शित करने की भावना प्रशंसनीय थी। उनकी आँखें बहुत भावपूर्ण थीं और जब वे बोलते तो उनकी आवाज़ मुझे डराती थी क्योंकि उनकी आवाज़ रेडियो की भाँति गूँजती आवाज़ थी। मैंने उनके चेहरे को समझ लिया और फिर पात्र का एक चित्र पेंट करके उन्हें दिखाया। वे बहुत प्रभावित हुए। यह फिल्म तीन वर्ष से भी अधिक समय में बनी और हालाँकि यह बॉक्स ऑफिस पर सफल नहीं रही परन्तु उनके चरित्र ने आकृष्ट किया, वे भिन्न ही दिखाई देते थे। अमरीश ने क्योंकि अनेक और फिल्मों में काम करना प्रारम्भ कर दिया था, वे फिल्मों में रुचि लेने लगे।

पुरी आगे भी घई के साथ काम करते रहे और दोनों में निजी और व्यावसायिक स्तर पर बहुत तालमेल था। "मैंने जब 'विधाता' और 'सौदागर' फिल्में बनाईं तो मुझे दिलीप कुमार के सामने एक शक्तिशाली अभिनेता की आवश्यकता थी। मैंने यह पात्र अमरीश को दिया और उन्होंने अपना सर्वश्रेष्ठ अभिनय इसमें किया। दोनों ही फिल्मों में एक विशेष प्रकार का चरित्र चित्रण था और उनमें वे अमरीश पुरी नहीं थे। आप एक भिन्न ही व्यक्ति को देख सकते थे। मेरी शेष फिल्मों में उन्होंने विशेष व्यक्तित्व वाले चरित्रों का अभिनय किया। यद्यपि वे 'परदेस' में एक खलनायक के रूप में अपनी छाप छोड़ चुके थे परन्तु उन्होंने मुझसे उन्हें पोज़िटिव भूमिकाएँ देने के लिए कहा। इसलिए मैंने उन्हें प्रवासी भारतीय की भूमिका दी जिसने 'आई लव माई इण्डिया', गाना गाया। उन्हें मेरी कार्यशैली अच्छी लगती थी क्योंकि मैं चरित्रों के विवरण समय रहते ही दे दिया करता था। अमरीश ऐसे अभिनेता थे जिनमें जन्मजात प्रतिभा के साथ-साथ महान अभिनय कौशल भी था। उन्होंने थियेटर में अपने अनुभव का, विशेष रूप से आवाज़ का सिनेमा में अधिकतम लाभ उठाया। प्रतिभा की दृष्टि से वे बहुत ऊँचे थे क्योंकि उन्होंने थियेटर से तीन चीज़ें सीखीं थीं– अनुशासन, दृश्य व निर्देशक को समझना एवं ऐसी विविध भूमिकाएँ करने के लिए अपने भीतर के बच्चे को भी समझना। अपनी बहुमुखी प्रतिभा के चलते उन्होंने प्रत्येक पात्र को निभाने का जोखिम उठाया। मुझे यह कहते हुए बहुत अफसोस होता है कि भारत में अभिनय पश्चिम के समान स्तर पर नहीं पहुँच पाया है। यहाँ अभिनेताओं में बहुत गहराई

नहीं होती। हमारी कहानियाँ भी वैसी ही खराब, रेखांकन मात्र और अव्यवस्थित होती हैं। वे या तो अत्यधिक श्याम होती हैं अथवा श्वेत होतीं हैं। उनमें छायाएँ नहीं होती। ऐसा इसलिए भी होता है कि अभिनेता उन छायाओं को अभिनीत ही नहीं कर पाते। केवल पाँच प्रतिशत अभिनेता ही अन्तर्राष्ट्रीय स्तर की क्षमता रखते हैं। उनमें भी दो तरह के अभिनेता होते हैं। एक तो वे जिनका चेहरा लचीला होता है और उन्हें बिना कोई बनाव-शृंगार प्रयुक्त किये किसी भी आकार में ढाला जा सकता है और दूसरी श्रेणी में वे अभिनेता हैं जिन्हें अत्यधिक पोशाकों अथवा कॉस्ट्यूम की आवश्यकता होती है। केवल तभी वे चरित्र के अनुसार उभर पाते हैं। अमरीश भारत के बेहतरीन अभिनेताओं में से एक थे। मैं उन्हें ऐसा अभिनेता मानता हूँ जिन्होंने कभी अपने निर्देशक को निराश नहीं किया। जब वे सैट पर होते तो समस्त मित्रता को एक ओर छोड़ निर्देशक को एक प्रशिक्षक के रूप में देखते। जहाँ तक भारतीय सिनेमा का सम्बन्ध है, मैं अमरीश को एक बात के लिए बधाई दूँगा कि किसी सहारे, किसी गॉडफादर के बिना उनकी थियेटर से सिनेमा तक की यात्रा आश्चर्यजनक थी। वे अभी भी विद्यार्थी के रूप में कार्य कर रहे थे। 'यादें' फिल्म में मैं उन पर सच में चिल्लाया था परन्तु उन्होंने इसका बुरा नहीं माना। उन्होंने इसे विनम्रता एवं सम्मानपूर्वक लिया। उससे मुझे ही लज्जा का अनुभव हुआ और बाद में जाकर मैंने उनसे खेद व्यक्त किया। उनका सर्वश्रेष्ठ गुण था कि वे बहुत अच्छे इनसान थे और बहुत व्यवस्थित थे।

सब निर्देशक के रूप में घई सुस्पष्ट थे कि "एक दमदार चरित्र अभिनेता का होना बहुत महत्त्वपूर्ण है। सहायक चरित्रों अथवा प्रतिद्वंद्वी चरित्रों के विवरणों पर काम करना निश्चय ही और भी महत्त्वपूर्ण होता है क्योंकि फिल्म की कहानी नायक के इर्द-गिर्द घूमती है। भूमिका जितनी छोटी होगी, उतना ही अधिक महत्त्व आपको उसे देना होगा और उस पर कठोर श्रम करना होगा। चरित्र कलाकारों पर वास्तव में काम किया जाता है क्योंकि उन्हें अमिट छाप छोड़नी होती है। नायक के सामने चरित्र कलाकार जितना दमदार होगा, कहानी उतनी ही बढ़िया बन पड़ेगी। एक अभिनेता जब किसी स्तर पर पहुँच जाता है तो वह खलनायक और सहायक कलाकार से ऊपर उठ जाता है। मेरी फिल्मों में लोग इस धारणा के साथ नहीं जाते थे कि यदि अमरीश है तो उसकी भूमिका नेगेटिव होगी। उसकी भूमिका में सदा आश्चर्य का तत्त्व होता था और मेरे मतानुसार वही इस अभिनेता की अंतिम उपलब्धि होती थी।''

जहाँ तक स्वयं पुरी का सम्बन्ध है, वे सदैव बार-बार ये कहते थे कि उनका प्रयास रचनात्मक चिंगारी को आग में बदलना है। "ऐसे समय भी होते हैं जब आप स्टारडम के किनारों पर घूमते रहते हैं। फिर एक समय आता है जब आप वहाँ उस स्थिति में आनन्द पाने लगते हैं। परन्तु मुझे अभी भी उस बड़ी ज्वाला की तलाश है। मुझे आशा है कि यह पुस्तक मेरे पाठकों को कुछ सीमा तक प्रेरित कर पाएगी। मुझे जीवन के विषय में बहुत कुछ बड़ी कठिनाई से सीखना पड़ा और यदि किसी को इसमें कुछ ऐसा मिल जाता है जिससे वह स्वयं को जोड़कर देख सके और मेरे अनुभवों से कुछ सीख सके तो मुझ लगेगा कि इस संस्मरण का कुछ उद्देश्य प्राप्त हो गया है।"

हाल में ही मैंने तिब्बती चित्रकार तेन्ज़िन ज्यांग की ये पंक्तियाँ पढ़ीं जो पुरी की स्वाभाविक विशेषताओं के सार को स्वयं में समाहित किये हुए प्रतीत होती हैं।

जीवन के प्रयोग का मार्ग
अभिनय के माध्यम से कुछ नहीं करना
जीवन के प्रयोग का मार्ग
होने के माध्यम से सब करना है।
(द वे टू यूज़ लाइफ़
इज़ टू डू नथिंग थ्रू ऐक्टिंग
द वे टू यूज़ लाइफ़
इज़ टू डू एव्रीथिंग थ्रू बीइंग)

–ज्योति सभरवाल

खलनायक को जो एक विशेष गुण प्रदर्शित करना चाहिए, उसे प्राप्त करने के लिए अभिनेता को कहीं अधिक साहस की आवश्यकता होती है।

दर्शक की स्मृति में यह गहरे पैठ जाता है कि कैसे एक पात्र इतना धूर्त था कि उसने दुष्टता के अहसास वाला वातावरण ही उत्पन्न कर दिया।

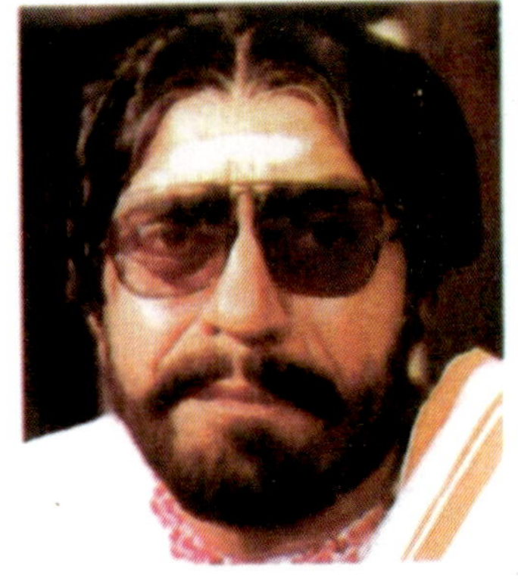

चरित्र अभिनेता स्तम्भ होते हैं।

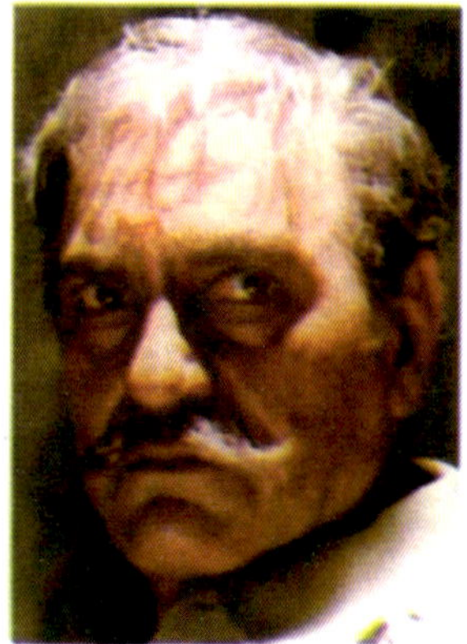

स्तम्भ यदि कमज़ोर हों तो फिल्म लड़खड़ा कर बिखर जाती है।

मैंने कभी नहीं सोचा था कि मोगैम्बो और अमरीश मटर के छिलके में दानों की तरह हो जाएँगे।

अनुक्रम

संघर्ष काल

सच कहूँ तो मैंने बहुत आत्मकथाएँ नहीं पढ़ी हैं और न मैं आत्मकथा-लेखन की शैली से ही परिचित हूँ। स्वभावतः जब मेरी सम्पादकीय निर्देशक ने मुझे मेरे विकास, मेरे कैरियर, मेरी सोच पर अमिट छाप छोड़ने और मेरे सम्पूर्ण अस्तित्व को स्वरूप देने वाले प्रसंगों को विस्तार से कलमबद्ध करने का सुझाव दिया तो मैं बहुत घबरा गया। परन्तु मैं नहीं समझ पाता हूँ कि मेरा महत्त्व वास्तव में है क्या? विशिष्ट उपलब्धियों वाले अनेक पुरुष और महिलाएँ हुई हैं। मैं उनमें से बस एक हूँ, जो अपने और अपने व्यवसाय के प्रति ईमानदार रहा। 21 जून, 2002 की मध्यरात्रि है और मैं अकेला बैठा सोच रहा हूँ कि कहाँ से और कैसे शुरू करूँ? मुझे कहीं-न-कहीं से तो शुरू करना ही है तो 70 वर्ष की आयु का होने की इस पूर्व सन्ध्या पर लिखना आरम्भ करने से अच्छा अवसर और क्या हो सकता है। और मेरी कार्यशैली में सदा यह तो रहा ही है कि जो मुझे कल करना है वह आज ही और अभी कर लेना चाहिए।

बचपन से ही मैं 'नाइट बर्ड' की भाँति रहा हूँ। मैं अपनी समस्त परीक्षाओं के लिए देर रात तक पढ़ता और बाद में रचनात्मक कार्यों के लिए भी मैं केवल रात में ही एकाग्र हो पाता। यह प्रवृत्ति कदाचित् मुझे बाबूजी, मेरे पिता लाला निहाल चन्द से विरासत में मिली थी। उनका मानना था कि जो व्यक्ति रात में बहुत जल्दी सो जाता है, वह स्वस्थ नहीं है और बीजी, मेरी माता वेद कौर ठीक विपरीत सोचती थीं। वे जल्दी सोओ और जल्दी जागो के नियम पर चलने वाली थीं। परन्तु यह कहावत मेरे साथ गलत हो जाती थी क्योंकि मैं रात देर तक जगने का कोई न कोई बहाना ढूँढ़ ही लेता था।

जागते रहने में मज़ा आता है क्योंकि तब पूर्ण शान्ति तथा एकान्त रहता है। टेलीफोन की घंटियाँ नहीं होतीं, कोई परेशानी नहीं और आप पूरी तरह एकाग्रचित्त काम कर सकते हैं। हो सकता है इस तरह की आदत इसलिए भी पड़ गयी कि थियेटर तथा फिल्मों में देर रात तक काम करना होता है। शूटिंग का मेरा कार्यक्रम सुबह सात बजे से शुरू होकर देर रात तक खत्म होता। लिहाजा मैं अपनी कार में एक अच्छा मुलायम तकिया और चादर रखा करता था। एक स्टूडियो से दूसरे स्टूडियो पहुँचने के बीच हल्की झपकी ले कर आराम कर लेता। इसलिए मैं कभी उनींदा महसूस नहीं करता था।

जब कभी भी मैं किसी लक्ष्य विशेष को हासिल करने की बात सोचता हूँ तो मैं पूरी तरह

उस पर ध्यान केन्द्रित करता हूँ। मुझे यदि किसी नाटक अथवा फिल्म की भूमिका के लिए तैयारी करनी होती है तो मैं पूरा समय इसके विषय में सोचता रहता हूँ, कैसे किया जाये, कब किया जाय और अपने दिमाग में इसकी योजना बनाता रहता हूँ और फिर मेरे भीतर कुछ मुझे बताता है कि अब इसे करने का सही समय है। काम करने का मेरा यह विशेष तरीका रहा है। तरीका यह भी रहा है कि किसी काम को मैं अधूरा नहीं छोड़ सकता। एक बार जब कार्यारम्भ कर दिया तो निश्चित समय-सीमा के अन्दर उसे मैं पूरा करता हूँ। ऐसे में स्वाभाविक है कि देर रात तक काम करना होता था। मैं यह भी स्वीकार सकता हूँ कि मैं पूर्णतावादी हूँ, लिहाजा अपने काम को पूर्ण समर्पण के साथ अंजाम देना होता है। इस मायने में अपने साथ मैं बहुत ही कठोर हूँ।

यह एक बूढ़े व्यक्ति की यादें हैं। सिनेमा की दुनिया में मेरा प्रवेश तब हुआ जब मैं चालीस वर्ष का होने वाला था, यदि बीस वर्ष की आयु में मैंने शुरुआत की होती तो लम्बी अवधि के अनुभवों से मेरे काम की गुणवत्ता में शायद अतिरिक्त इजाफा हुआ होता, फिर अपने नायकों के, जिनकी प्रसिद्धि और लोकप्रियता ने रोमांटिक नायक की भूमिकाओं से सेवानिवृत्ति के बाद उन्हें चरित्र भूमिकाएँ करने में सहायता दी, कैरियर का ग्राफ और उनका स्तर देखकर मेरे मन में एक विचार कौंधा। सभी अच्छी दमदार और लेखक की विशेष प्रिय भूमिकाओं के लिए ऐसे नायकों को बढ़ती आयु के बावजूद पहली प्राथमिकता दी जाती है और इन सितारों के लिए विशेष रूप से प्रभावशाली भूमिकाएँ लिखी जाती हैं। शायद मैंने भी यदि पहले प्रारम्भ किया होता और मैं भी उस वर्ग में होता तो मुझे भी सम्भवतः अधिक शक्तिशाली और लेखक के प्रिय पात्रों की भूमिकाएँ निभाने का अवसर मिला होता परन्तु नियति तो नियति है। मेरे भाग्य में पहले रंगमंच में कठोर प्रशिक्षण प्राप्त करना लिखा था और मैं सन्तुष्ट हूँ कि आज मैं जो भी हूँ, उसके लिए मुझे सम्मान दिया जाता है और पहचाना जाता हूँ। यदि मैं उस वर्ग में होता तो सम्भवतः मेरे कार्य को कम सम्मान और प्रशंसा मिलती और अधिक श्रम माँगने वाली अनेक प्रकार की चरित्र भूमिकाएँ करने की मेरी इच्छा भी उतनी बलवती नहीं हो पाती।

स्वयं को मैंने तिनका-तिनका, टुकड़ा-टुकड़ा, इंच-इंच करके बनाया है। रंगमंच में मेरी नींव सही मायने में कठोर परिश्रम के गारे से बनी है। यदि आप स्वयं को धोखा नहीं देते तो समय और किस्मत भी आपको धोखा नहीं देंगे। यह मेरे दर्शन का एक भाग है। सही है या गलत केवल भगवान जानता है। सब वैसे ही घटता है जैसे उसे घटना होता है। मेरा परमात्मा में गहरा विश्वास है। जो बीत गया सो बीत गया और कुछ भी एक बिन्दु पर स्थिर नहीं रहता, परिवर्तित होता रहता है। जहाँ तक आत्मनिरीक्षण की बात है, मैंने सोचा कि मुझमें कहीं कुछ अन्तर्दृष्टि अनिवार्य रूप से रही है कि मैं अपनी प्रतिभा को निखार और विकसित कर सका, क्योंकि मैं अधिक से अधिक स्वाभाविक ढंग से अपना विकास करना चाहता था। मैंने जब स्वयं को एक दर्शक की भाँति परखा तो कई बार अपनी पुरानी फिल्मों में मैंने स्वयं को बहुत खराब पाया। मैं अपनी भूमिकाएँ देखने के लिए बहुत उत्साहित नहीं था क्योंकि उनमें कुछ कमियाँ बहुत स्पष्ट दिखाई देती थीं।

अब पीछे दृष्टि दौड़ाने पर लगता है कि यह रंगमंच ही था, जिसमें मैं वास्तव में काम करना चाहता था और रंगमंच फिल्म उद्योग में पाँव जमाने की सीढ़ी बना। मुझे अपने जीवन में सिनेमा से जो भी सम्मान मिला, मैं उसका श्रेय रंगमंच को देता हूँ। मैंने अपना बहुमूल्य समय नाटकों में और रंगमंच में लगाया, उसका फल मुझे कमर्शियल सिनेमा में अथाह सफलता के रूप में मिला। मैं पूरी विनम्रता से स्वीकार करता हूँ कि मैं आज जो हूँ, वह रंगमंच की देन है। मेरे गुरु पण्डित सत्यदेव दुबे ने मुझे इस जीवन में जो भी सिखाया, उसके लिए मैं उन्हें नमन करता हूँ और उनका ऋणी हूँ। कई बार मुझे अफसोस होता है कि फिल्मों ने मुझे सब कुछ दिया परन्तु उतना मुझसे लिया नहीं। मैं रंगमंच के अपने सभी अध्यापकों के प्रति नतमस्तक होकर अपनी कृतज्ञता व्यक्त करता हूँ, क्योंकि रंगमंच सब प्रकार से मेरे जीवन की कार्यशाला बना।

मैंने बिना रुके निरन्तर काम किया। मुझे याद नहीं पड़ता कि फिल्म निर्माताओं में मैं कब और कैसे लोकप्रिय हो गया और उन्होंने मुझमें क्या पाया। क्योंकि प्रारम्भ में उन्हें मेरा चेहरा बहुत कठोर और भद्दा लगता था। अब जब मैं पीछे मुड़कर देखता हूँ तो लगता है कि शायद मेरा प्रभावशाली व्यक्तित्व उन्हें आकृष्ट कर पाया। मैं लम्बा और हृष्ट-पुष्ट डील-डौल वाला था, मेरी आवाज़ में एक गूंज थी, जिसे वे गुरुध्वनि, गरजती, कम्पायमान, गुंजायमान, मनमोहक, चारों तरफ फैलती, गहरी आदि अनेक संज्ञायें दिया करते थे। मैं अपने गुरुओं का आभारी हूँ कि मुझे गंभीर रंगमंच पर अपनी आवाज़ को साधने का अवसर मिला। दूसरे शब्दों में मेरा आधार ठोस तथा सुदृढ़ था और यही तो चाहिए था। परन्तु अनेक बार मुझे अपनी उन गलतियों पर शर्म आती, जो मैंने तब की थी जब मैं फूहड़ और भद्दा था।

जब मैं अपने प्रारंभिक वर्षों को याद करता हूँ तो पाता हूँ कि एक्शन तथा मार-धाड़ के दृश्यों में मुझे बहुत अटपटा लगता था। मैं बहुत कृत्रिम व्यवहार करता था। परन्तु फाइट मास्टर मुझमें गहरी रुचि लेते और मुझे उन दृश्यों को ठीक से करने के विषय में बताते। मैं संपूर्ण फिल्म समुदाय का आभारी हूँ जिन्होंने मुझे उन सब चीज़ों के अनुरूप मेरे व्यक्तित्व को गढ़ने का अवसर दिया और उन चरित्रों को निभाने की जानकारी दी। फिल्मों में दर्शकों के साथ कोई सीधा सम्बन्ध नहीं होता परन्तु मुझे प्राप्त हुई प्रत्येक भूमिका इतनी भिन्न और अनुपम थी कि इससे मुझे स्वयं को साबित करने के अनेक अवसर मिले, इनके अलावा उनसे मुझे अथाह कलात्मक सुख तो मिलता ही था। सो इन सब चीज़ों ने मुझे वह बनाया, जो मैं आज हूँ। 'देर आये दुरुस्त आये' की लोकोक्ति मुझ पर इससे बेहतर ढंग से लागू नहीं हो सकती थी। मैंने अपनी युवावस्था रंगमंच पर बितायी, लगभग अधेड़ावस्था में मैं सिनेमा में आया और यह सब प्रसिद्धि मुझे काफी देरी से ही मिली।

मैंने जब फिल्मों में आने का निर्णय लिया, मेरे बड़े भाई—चमन और मदन भाई बड़े पर्दे पर अपनी पहचान बना चुके थे। परन्तु वे इस बात पर पूरी तरह से स्पष्ट थे कि वे मेरी कोई सहायता नहीं करेंगे। बहुत स्पष्ट सन्देश था—मुझे अपना भाग्य स्वयं लिखना होगा। उससे भी बड़ी विडम्बना यह थी कि मैं नायक की भूमिकाएँ करना चाहता था और मुझमें नायक होने

के कोई गुण नहीं थे। क्योंकि नायक बनने के लिए फैशनेबुल और खूबसूरत नज़र आना पहली आवश्यकता थी। शायद सभी नकारात्मक पक्ष मिलकर एक बड़ा सकारात्मक पक्ष बन गये और मैंने स्वयं को नायक होने योग्य बनाने का दृढ़ संकल्प कर लिया। परन्तु जीवन तो आखिर प्रतिकूलताओं की गठरी है। हमारे छड़ी लहराने वाले, कठोर अनुशासनप्रिय बाऊजी दोनों बड़े पुत्रों के विरुद्ध थे, उनके अनुसार सिनेमा भांडबाजी है जिसमें कंजर भरे हुए हैं और इसमें कोई आदर-सम्मान नहीं। उनके अनुसार यह सबसे अधिक अपमानजनक कैरियर है और वास्तव में वे इससे घृणा करते थे। दूसरे नगरों में रह रहे दोनों बड़े भाइयों की अनुपस्थिति में उनका पूरा क्रोध मुझ पर बरसा। इस प्रकार से शुरुआती वर्षों में अभिनय करने की मेरी जो भी इच्छाएँ थीं वे और दब गयीं, यों भी मैं बहुत शर्मीला था और हीन ग्रंथि से ग्रस्त था। एक भोला-भाला बुद्धूराम, जिसे प्रोत्साहित करने वाला कोई भी नहीं था। ऐसी परिस्थितियों में उस असम्भव को प्राप्त करने की कोई प्रेरणा होना तो दूर, कोई अवसर ही नहीं था। यह ग्रंथि तथा कोई भी निर्णय लेने की योग्यता का अभाव कॉलेज में नाटकों में भाग लेना शुरू करने तक बना रहा। मुझे इस बात का एहसास तक नहीं था कि एक दिन मैं फिल्मों में काम करने लगूँगा और उनमें सफलता प्राप्त कर अपने लिए एक स्थान बना लूँगा और ऐसा रचनात्मक कार्य करने का मुझे अवसर मिलेगा।

बाऊजी मुझे अम्बरिश लाल कह कर बुलाते थे, उन्हें यह नाम बहुत पसन्द था क्योंकि उन्हें लगता था कि यह नाम बहुत लयपूर्ण और संगीतमय है। सो, मेरे जन्म से पूर्व ही उन्होंने निर्णय कर लिया था कि वे अपने पुत्र का नाम 'अम्बरीश' रखेंगे। उन्होंने लड़की का नाम नहीं सोचा था। मुझे आश्चर्य होता कि उन्हें इतना दृढ़ विश्वास कैसे था कि उनकी पैदा होने वाली अगली सन्तान लड़का ही होगी। जन्म के समय मेरा रंग बहुत काला था। मेरा जन्म 22 जून, 1932 को सुबह सात बजे नौशहर में एक छोटे अँधियारे कमरे में हुआ, जिसमें मिट्टी के तेल का एक दीया जल रहा था। यह मेरे नाना मोदूमल सभ्रवाल का घर था। नोशहर जिला जालन्धर का एक गाँव था परन्तु अब यह सुविधाओं से युक्त एक अच्छा कस्बा है। तीस के दशक में यहाँ अन्य सुविधाओं की तो क्या बात करें, बिजली तक भी नहीं थी। एक दाई मुझे इस संसार में ले कर आयी। वास्तव में परिवार में मेरा रंग सबसे अधिक काला था और बाद में मुझे अपनी दादी राधा से पता चला कि बीजी मेरे काले रंग को ले कर बहुत परेशान थीं। दिल्ली में बाऊजी को एक पोस्टकार्ड के द्वारा मेरे जन्म की सूचना दी गयी। वे वहाँ सिविल सप्लाई मे हेड कैशियर की सरकारी नौकरी में थे। शायद काले रंग के एहसास के चलते मैं इस आशा में ढेरों दूध पीने लगा था कि इससे मेरा रंग साफ हो जायेगा और चार वर्ष की आयु तक मुझे दुधियाधारी नाम से पुकारा जाता था। इस उम्र तक मुझे केवल दूध ही दिया गया क्योंकि मुझे भूख लगी हो या प्यास—मैं दूध ही पीना चाहता था। दिल्ली के हमारे घर के आँगन में भैंस बँधी थी जो मेरे माता-पिता के किसी परिचित की थी। हमने उसे अपने आँगन में इस शर्त पर बाँधने की अनुमति दे दी कि वह हमें लागत कीमत पर दूध देगा। मैं भैंस का दूध पीने से अपनी माँ से यह कह कर इनकार कर देता कि मेरा रंग पहले से ही काला है और भैंस का दूध पीकर

मैं और भी काला हो जाऊँगा। तो दूध के प्रति मुझमें इस प्रकार की लालसा थी। शिमला में भी मैं अपने स्कूल के दोस्तों के साथ पाँच मील दौड़कर तारा देवी केवैंटर डेरी फार्म तक पहुँचता। यह अंग्रेजों के शासन काल के समय से था। हम वहाँ एक अधिकारी को जानते थे जिसकी बदौलत हम कोल्ड स्टोर में बैठकर जी भर बोतल बन्द दूध पीते और तृप्त होने पर लौट आते। इस दूध में एक अलग ही सुगन्ध होती क्योंकि इस डेरी के पास ऑस्ट्रेलियाई गायें थीं। जीवन स्वर्ग था। घर पर भी अपने हिस्से का दूध मिलने के बाद मैं चुरा कर दूध पीता। घर में दूध एक खुले बर्तन में उबाला जाता था और उस पर मलाई की एक मोटी परत जम जाया करती थी, किसी को पता न चलने पाए कि बर्तन से दूध निकाला गया है, इसके लिए मैं स्ट्रॉ ले कर मलाई के किनारे से दूध पीता। क्या दिन थे वे जब मैं स्टोर में रखे हुए बड़े डिब्बे में से जमा हुआ देसी घी खाया करता था। बाद में जब मैंने ये बातें अपने माता-पिता को बतायीं तो वे चकित हो गये और खूब हँसे कि मैं यह सब कैसे चोरी-छिपे कर लिया करता था। पिता जी घर में चाय नहीं पीने दिया करते थे। उनके दफ्तर चले जाने के बाद ही घर में चाय बनायी जाया करती। जब कभी उन्हें पता चलता कि घर में किसी ने चाय पी है, वे आग-बबूला हो उठते। बाद में ऐसे लेख प्रकाशित होने लगे थे कि दूध स्वास्थ्य के लिए हानिकारक होता है और नहीं पीना चाहिए। किसी ने तो इसे 'सफेद विष' तक कहा। क्या मूर्खता थी। दूध को तो सदा ही विशेष रूप से बढ़ते बच्चों के लिए महत्त्वपूर्ण आहार माना जाता रहा है। पंजाब में तो सभी आयु वर्गों के लोग दूध बहुत पसन्द करते हैं और मैं तो इसके बिना रह ही नहीं सकता।

दिल्ली में हम गुरुद्वारा बंगला साहिब के निकट इर्विन रोड पर क्वार्टर नं. 39 में रहते थे। बाऊजी आर्थिक अभाव के कारण मेरे चाचा-ताया के बच्चों का भी पालन पोषण करते थे। हम चचेरे भाई-बहन बिना किसी भेदभाव के इकट्ठे रहते थे। मेरे पिता की क्लर्क की नौकरी थी और हम एक मध्यमवर्गीय परिवार थे परन्तु परिवार के प्रति कर्त्तव्य भावना से सराबोर पिताजी ने हमें मूलभूत सुविधाएँ उपलब्ध करवाने में कोई कमी नहीं उठा रखी। घर में तीन शयन कक्ष थे परन्तु रात में हम आँगन में ही सोते। सब लोग अपने दरवाजे खुले रखते क्योंकि किसी को रात में चोरी का कोई डर नहीं था। हम खुले मैदानों में खेलते। साइकिल चलाना सीखना मेरे जीवन का बहुत रोचक किस्सा है। बाऊजी साइकिल पर दफ्तर जाया करते थे तथा शाम को उनके लौटने पर मैं साइकिल सीखने की ज़िद्द करता। तब मैं बहुत छोटा था और सीट पर बैठ नहीं पाता था। सन्तुलन बनाये रखने के लिए मैं साइकिल के डंडे के बीच में से अपनी टांगें दोनों ओर किया करता और जब कोई मुझे पीछे से धक्का देता तो मुझे लगता मानो मैं हवा में उड़ रहा हूँ।

एक ऐसे ही अन्य मौके पर जब मेरी आयु करीब चौदह वर्ष की रही होगी, मैं स्कूल की सर्दियों की छुट्टियों के दौरान शिमला से दिल्ली आया और महादेव रोड पर चचेरे भाई के बंगले में रुका। हमारे पड़ोस में ओबरी नाम का एक दिलेर-सा लड़का रहता था। तीन-चार घोड़े खुले लॉन में जंगली घास चरते घूमते रहते थे। ओबरी एक साधारण पतली-सी

रस्सी घोड़े के मुँह में डाल देता और नंगी पीठ पर ही सवारी करता। एक दिन उसने मुझसे भी ऐसा ही करवाया। अपने जीवन में मैं पहली बार बिना काठी के घोड़े पर बैठा था। हम घोड़ों को इण्डिया गेट की ओर ले गये। 1946 में अंग्रेजों के समय में घोड़ों को दौड़ाने के लिए एक अलग रास्ता होता था। हम अपने घोड़ों को उस रास्ते पर ले गये और घोड़ों को सरपट दौड़ाया। आज वह याद करके भी मैं काँप जाता हूँ। लगभग पूरे चार चक्कर लगाने के बाद घोड़ों के पसीने छूट रहे थे और वे बुरी तरह से हाँफ रहे थे। मैं चकित था कि कैसे बिना काठी के एक हृष्ट-पुष्ट घोड़े पर मैं अपना सन्तुलन बना सका। वास्तव में घोड़ा जब सरपट दौड़ता है तो उसकी गति बहुत लयबद्ध हो जाती है। सन्तुलन बनाये रखना बहुत सरल हो जाता है। घर लौटते हुए एक गड्ढे से बचने के लिए मैंने अचानक लगाम (इकहरी रस्सी घोड़े के मुँह में डालकर बनायी गयी) खींच दी और यह टूट गयी, मैं जमीन पर गिर गया और बेहोश हो गया। मुझे नहीं मालूम मुझे कौन घर लाया परन्तु जब मैंने आँखें खोली, अपनी बहन और अन्यों को अपने चारों ओर खड़े पाया। उन्हें मेरे बहादुरी के कारनामे के बारे में सब पता चल चुका था। निःसन्देह बाद में बाऊजी ने मुझे अच्छा सबक सिखाया। परन्तु मैंने बहुत आनन्द लिया था। क्या घुड़सवारी थी!

बाऊजी हमें संस्कृति की शिक्षा देने के मामले में भी बहुत कठोर थे। मंगलवार के दिन कनॉट प्लेस के निकट हनुमान मन्दिर में जाना अनिवार्य होता था। मुझे आज भी हर सप्ताह उस मेले में जाना याद है। बाऊजी मन्दिर के बाहर मिठाई की एक दुकान से प्रसाद के लिए बूँदी और बर्फी खरीदा करते थे। वे दोनों ही मिठाइयाँ बहुत बढ़िया होती थीं। मैंने आज तक उतनी स्वादिष्ट मिठाई नहीं खाई है। हमें इस दिन पाँच पैसे मिला करते थे। इनमें से एक पैसा मन्दिर में चढ़ाया जाना होता था। त्याग की भावना विकसित करने के लिए ऐसा किया जाता था। मैं बहुत धार्मिक प्रवृत्ति का हूँ और आज भी प्रतिदिन हनुमान चालीसा का पाठ करता हूँ।

एक और विश्वास, जो मुझ में जाग्रत हो गया—वह था होमियोपैथी में विश्वास। पिताजी का होमियोपैथी में गहरा विश्वास था। एक बार मेरे छोटे भाई हरीश को डिफ्थीरिया हो गया। उस समय वह केवल तीन वर्ष का था। वह इतनी मुश्किल से साँसें ले रहा था कि उसकी आवाज़ दूसरे कमरे तक सुनाई दे रही थी। बाऊजी बेयर्ड रोड पर एक होमियोपैथी डॉ. केष्टो के पास गये। वे मेरे अंकल अमरनाथपुरी के सहायक थे और दफ्तर के बाद घर में होमियोपैथी की प्रैक्टिस करते थे। उस समय रात का डेढ़ बजा था और वह व्यक्ति कभी किसी के घर नहीं जाता था। परन्तु दया करके वे हमारे घर आ गये और मेरे भाई को दवा दी। सुबह होने तक मेरा भाई बिलकुल ठीक था और सामान्य रूप से खेल रहा था। तब से मैंने चिकित्सा की इस पद्धति में विश्वास करना शुरू कर दिया। वर्ष 1952 में मैं तीन दिन तक माइग्रेन से परेशान रहा, असहनीय सिर दर्द होता था। रात में मैं गर्म प्रेस को तौलिये में लपेट कर अपने सिर के साथ रख कर सोता और तब मुझे कुछ नींद आती। अन्त में मैंने अपने होमियोपैथी के डॉक्टर अशोक गांगुली के पास जाने का निर्णय लिया। वे सोलन में एक छोटे-से गैराज

में प्रैक्टिस करते थे। उन्होंने मुझे दवा की एक खुराक दी और प्रतीक्षा करने के लिए कहा। इस दौरान वे अन्य रोगियों को देखते रहे। दस मिनट बाद तक भी मुझे सिर दर्द से कोई राहत नहीं मिली। तब उन्होंने मुझे कैम्फर की एक खुराक देकर पहली खुराक के प्रभाव को समाप्त कर दिया। इसके बाद उन्होंने मुझे दो और अलग-अलग खुराकें दीं परन्तु कोई अन्तर नहीं पड़ा। तब उन्होंने मुझे चौथी खुराक दी और चामत्कारिक रूप से मेरा सिर दर्द पचास प्रतिशत रह गया। अन्त में उन्होंने मुझे रात के लिए एक और खुराक दी और उसके बाद सिर दर्द का सदा के लिए अन्त हो गया। पिछले तीस वर्षों से मेरी सभी बड़ी स्वास्थ्य समस्याएँ होमियोपैथी से ही ठीक हो रही हैं। मेरा पुत्र राजीव छाती की जकड़न से पीड़ित था। वह भी केवल तीन वर्ष का था और उसे हर सप्ताह साँस लेने में कठिनाई का सामना करना पड़ता। उसकी परेशानी देखकर मैंने उसका होमियोपैथी इलाज करवाने का फैसला किया। छह-आठ माह में ही उसे यह दौरे पड़ने कम हो गये और अन्ततः वह पूरी तरह ठीक हो गया।

हर छह माह के बाद पिता जी की बदली शिमला हो जाती, क्योंकि गर्मियों के मौसम में वायसराय का पूरा कार्यालय ठण्डे स्थानों पर चला जाया करता था और सर्दियों में वे फिर दिल्ली लौट जाते। इस प्रकार से हम यहाँ-वहाँ होते रहते। हम जब अपने बचपन की यादों में बसे पर्वतीय स्थलों के विभिन्न मकानों में जाते तो इर्विन रोड के क्वार्टर को बिना ताला लगाए ही छोड़ दिया जाता। हमारी कालोनी रेलवे स्टेशन के ठीक नीचे टूटी कंडी पर थी, जो सुरंग नम्बर 130 थी। मुख्य रूप से यहाँ सरकारी क्वार्टर्स ही थे। हम पहाड़ों की ढलानों पर खेला करते। मुझे आज तक याद है कि जब मैं लगभग तीन-चार वर्ष का था तो मैंने सड़क किनारे कुछ पैसे जमीन में दबा दिये थे, इस आशा से कि यहाँ मनी प्लांट उगेगा परन्तु अगले दिन मैंने देखा कि वे पैसे गायब थे। शायद किसी ने मुझे जमीन खोदते देख लिया था। वह उन भोले-भाले वर्षों की एक बहुत बड़ी निराशा थी।

छह वर्ष की आयु में मैंने स्कूल जाना शुरू किया क्योंकि उन दिनों बच्चे नर्सरी अथवा के. जी. में नहीं जाते थे और न ही छह वर्ष की आयु से पहले बच्चों को स्कूल में प्रवेश ही दिया जाता था। शिमला में सर फ्रैंक ब्वायज़ नामक स्कूल था जो चौथी कक्षा तक था और इसे गुलाम मोहम्मद चलाते थे। वे बहुत बढ़िया अध्यापक माने जाते थे। सर्दियों के दिन थे और वे कुर्सी पर अपनी रजाई में दुबके खेल के मैदान में पी.टी. की क्लास ले रहे थे। बाऊजी ने उनसे मुझे स्कूल में दाखिल करने का अनुरोध किया। मोहम्मद साहब ने न तो दाढ़ी बनायी हुई थी और न ही बाल सँवारे हुए थे। उन्होंने मेरी ओर देखा तथा अपने चार-पाँच टूटे दाँत दिखाते मुस्करा दिये। मुझे उनकी मुस्कुराहट से डर लगा। मेरे हाव-भाव देखकर उन्होंने मेरे पिता जी से कहा कि वे मेरी चिन्ता न करें। उन्होंने पिता जी से लड्डू, जो वे अपने साथ लाए थे, ले लिये और कसरत कर रहे बच्चों में बाँट दिये तथा मुझे उन बच्चों के साथ कसरत करने के लिए कहा। इस प्रकार स्कूल में मेरा पहला दिन पी.टी. से शुरू हुआ और उसके बाद मैं पूरा जीवन एक जगह से दूसरी जगह जाने के रूप में पी.टी. ही करता रहा। वर्ष 1939 में हम दिल्ली लौट आये और बाऊजी मुझे डी.ए.वी. स्कूल में दाखिला दिलवाने अपने साथ ले

गये। उन्होंने बचपन से ही हमारे घर में काम कर रहे नौकर रघुनाथ को भी साथ ले लिया। वह इतना ईमानदार और खुशमिज़ाज व्यक्ति था कि मैंने उससे बेहतर इनसान अपने पूरे जीवन में कभी नहीं देखा। वह बिना परेशान हुए चौबीसों घण्टे काम करता। मैं उस स्कूल में दो वर्ष पढ़ा और चौथी कक्षा पास कर ली। इसी समय बाऊजी सेवानिवृत्त हो गये। स्वाभाविक ही हमें वह घर खाली करना था। बड़े परिवार के पालन-पोषण के अपने दायित्व को देखते हुए वे कोई और नौकरी करना चाहते थे—चमन और मदन भाई मुझसे उन्नीस तथा सत्रह साल बड़े थे। बहन चन्द्रकान्ता मुझसे तीन वर्ष बड़ी थी और हरीश मुझसे तीन वर्ष छोटा था। बाऊजी हमें अच्छी शिक्षा दिलवाना चाहते थे और उन्होंने इस बात का बहुत ध्यान रखा कि उनके सीमित साधनों में हमारी सब आवश्यकताएँ पूरी होती रहें। उन्होंने हमें कभी किसी चीज़ के लिए ना नहीं कहा और हमने भी कभी कुछ अनावश्यक अथवा ऐसा नहीं माँगा जो वे न दिलवा सकते हों। हैड कैशियर होते हुए वे इस स्थिति में थे कि ऊपर से पैसा बना लेते क्योंकि अपने बिल पास करवाने आये ठेकेदारों से वे मिलते रहते थे। परन्तु वे बहुत ईमानदार और अपने सिद्धान्तों के पक्के थे। उन्होंने वाहन खरीदने की अपनी इच्छा 1949 में पूरी की और तब अपने मित्र के साथ मिलकर आठ सौ रुपये में एक सैकेण्ड हैण्ड कार खरीदी।

इस दौरान उन्होंने हमें बीजी के साथ हमारे ननिहाल नौशहर भेज दिया। हमारे नाना शास्त्रीय संगीत के विख्यात गायक थे और जालन्धर में आयोजित होने वाले शास्त्रीय संगीतज्ञों के सबसे बड़े वार्षिक संगीत सम्मेलन—'हरवल्लभ मेला' में नियमित रूप से भाग लेते थे। गाते हुए वे अपने आस-पास का सब कुछ भूल जाते। स्वभाव से नाना जी सन्त प्रकृति के थे। एक बार वे साधुओं के साथ गये और लापता हो गये। लंबे समय तक उन्हें ढूँढ़ा नहीं जा सका। मेरी नानी जी परेशान थीं कि क्या किया जाए। अन्त में किसी से पता चला कि वे फ्रण्टियर पंजाब में सियालकोट चले गये थे। मदन भाई उस समय कॉलेज में पढ़ रहे थे। वे उन्हें ढूँढ़ने सियालकोट गये और सभी मन्दिरों और साधुओं के डेरों में उन्हें तलाशते फिरे। अन्त में नानाजी एक धर्मशाला में मिले। मुझे आज तक यह सोचकर आश्चर्य होता है कि मदन भाई उन्हें कैसे ढूँढ़ पाये और वापिस ला सके। मेरे नाना जी को कोई आन्तरिक आवाज़ यह बताती थी कि उनकी मृत्यु कब होगी और उनकी मृत्यु के दिन क्या होगा? और जिस दिन उनकी मृत्यु हुई, उन्होंने घर के पूरे आँगन को अच्छी तरह से धुलवाया। स्वयं स्नान किया, आँगन के मध्य अपना बिस्तर लगाया और चल बसे। वे ऐसे महान आध्यात्मिक लोग थे। हमें यहाँ छोड़कर बाऊजी पठानकोट चले गये, जहाँ हमारी पैतृक सम्पत्ति थी। मेरे दादा जी लाला जय दयाल पठानकोट की कचहरी में अर्जीनवीस थे। परन्तु वे शान-शौकत से रहते थे, मदिरा पान करते और हुक्का भी पीते थे। बाऊजी बचपन में एक बार उनके गिलास में बची शराब की अंतिम बूँद पीने का साहस कर बैठे और उन्हें पिटना पड़ा। उन्होंने अपने बचपन के ये सब किस्से हमें सुनाए। 1915 के आस-पास वे लाहौर छावनी में सैनिक स्टोर में तैनात थे, वहाँ उन्हें बरतानवी सैनिकों को शराब बेचनी होती थी। बारटैंडर की नौकरी करने के बावजूद उन्होंने न तो कभी शराब को छुआ और न ही धूम्रपान ही किया। वे सदा ईमानदारी से साफ़-सुथरा जीवन व्यतीत करने

की बात करते थे और हम भी उसी साँचे में ढल गये। इतने वर्ष दिल्ली में रहने के बाद नौशहर में व्यवस्थित होने में हमें काफी समय लगा। परन्तु बाऊजी कभी कोई शिकायत सुनते नहीं थे, सो हमने सब चुपचाप सह लिया। वे परिवार के एक ठेठ मुखिया थे जिनका परिवार को नियन्त्रित करने का अपना ही ढंग था। वे बहुत कठोर स्वभाव के थे और बहुत कम बोलते थे। हमारे बीच यद्यपि बहुत औपचारिक सम्बन्ध थे परन्तु इतना मालूम मात्र होने से कि वे कहीं आस-पास हैं, मैं बहुत सुरक्षित महसूस करता था। बीजी अपने माता-पिता की इकलौती सन्तान थीं अतः उनके चचेरे भाई-बहन हमसे बहुत स्नेह करते और लाड़ करते, हमें बहुत अच्छा लगता। गाँव में हम प्रातः पाँच बजे जग जाते और वे हमें अपने खेतों में ले जाते। सुबह की ताज़गी की यादें आज भी मेरे मन में बसी हुई हैं। मौज-मस्ती भरे उन दिनों को कभी नहीं भुलाया जा सकता। नाश्ता करने के बाद आधा दिन खेतों में घूमते हुए बिताते, गन्ने का रस पीते, फल-सब्जियाँ तोड़ कर लाते और गुड़ तैयार होता देखते। ऐसी ताज़ा फल-सब्जियाँ खाने के बाद मेरे मन के कोने में गाँव जाने की इच्छा सदा बनी रहती और मैं छुट्टियाँ होने की प्रतीक्षा करता।

आज भी मैं कभी भी शहरी भीड़-भाड़ से दूर ऐसे स्थानों पर जाना चाहूँगा, जहाँ आधुनिक सुविधाएँ कम हों। बचपन में गाँवों को इतने निकट से देखना और इन गाँवों के माध्यम से जीवन को जानना बाद में एक अभिनेता के रूप में एक अमूल्य शिक्षा प्रमाणित हुआ। आज की पीढ़ी गाँव के जीवन के सम्बन्ध में कुछ नहीं जानती। वे नहीं जानते कि हमने गाँवों में किस प्रकार का स्वच्छ वातावरण और ताज़गी को देखा है और कैसे साधारण समस्याओं का सामना कर रहे साधारण लोगों से मिले-जुले हैं। आप गाँवों में 'जीवन' को सही मायने में जीते हैं। मैं आज भी वायु की शुद्धता और चारों तरफ हरियाली को ललचाता हूँ। कुएँ के निकट खड़े होकर पानी की बाल्टी को ऊपर खींचे जाने और कतार में लगे ढेरों घड़ों में उँड़ेले जाते देखना बहुत अच्छा लगता था। हम पूरी तरह से निश्चिन्त हो गये थे और अपनी पढ़ाई को भूल ही गये थे। आज भी मुझे इन साधारण और सीधे-सादे लोगों को देखना बहुत अच्छा लगता है। उनके साथ समय बिताना और उनकी निष्कपट व भोली-भाली बातें, कहानियाँ सुनना तथा इन स्थानों में सच्चे मानव जीवन को जानना मुझे बहुत लुभाता है।

नौशहर गाँव का एकमात्र स्कूल हमारे घर से दो किलोमीटर दूर था और कोई वाहन नहीं होता था। मैं प्रतिदिन पैदल चलकर स्कूल जाता और बेतरह थक जाता था, शुरू के कुछ दिनों में जब तक मैं घर पहुँचता मेरी आँखों में आँसू होते। सो मैंने अपनी देखभाल स्वयं करना बहुत जल्दी सीख लिया था। बाऊजी का मानना था कि स्कूल परिसर में पहुँचते ही बच्चा अध्यापक की प्रमुख ज़िम्मेवारी हो जाता है। इसलिए मुझे स्कूल में प्रवेश दिलवाने के बाद वे मेरे स्कूल में कभी नहीं आये। वे सदा कहते, "यह तुम्हारा जीवन है, तुम्हें जो भी करना चाहिए, तुम्हें ही करना होगा।" मैं प्रायः अपने अध्यापकों की शिकायतें करता। वे मेरी बात सुनते परन्तु कोई टिप्पणी नहीं करते। इसका यह तात्पर्य नहीं था कि उन्हें हमारा ध्यान नहीं था। यद्यपि उस समय मुझे ऐसा लगता था कि उन्हें हमारी चिन्ता नहीं परन्तु जब कभी उनका सड़क पर

अकस्मात मेरे अध्यापकों से मिलना हो जाता, वे पूछते कि मैं पढ़ाई में कैसा चल रहा हूँ और ऐसा प्रायः होता था क्योंकि हमारा गाँव इतना छोटा था कि प्रत्येक व्यक्ति दूसरे को जानता था और आजकल अभिभावक-अध्यापक बैठकें होती हैं, चर्चाएँ आदि होती हैं, सब कुछ कितना बदल गया है। मुझे याद है कि हम अध्यापकों से बहुत डरते थे। आजकल जब मैं विद्यार्थियों को अपने अध्यापकों के सम्बन्ध में अनौपचारिक ढंग से बात करते देखता हूँ तो मुझे बहुत आश्चर्य होता है। हमारे लहजे और व्यवहार में उच्च ज्ञान के प्रति जैसा सम्मान दिखाई देता था, वह आज पूर्णतः नदारद है। अध्यापकों के साथ मित्रों जैसा अनौपचारिक व्यवहार किया जाता है। परन्तु आजकल मूल्य भी तो कितने बदल गये हैं, कदाचित् मैं पुरातनपन्थी हूँ परन्तु मेरे विचार में शिक्षा की गुरुकुल पद्धति कहीं अच्छी थी। हमारे अध्यापकों ने जो हममें कूट-कूट कर अनुशासन भरा, उससे मुझे अपने जीवन में बहुत नाम मिला। ऐसा नहीं कि हमारे अध्यापकों को हमारी कोई चिन्ता नहीं थी अपितु वे उपयुक्त दण्ड देकर हमें सही आचरण की शिक्षा देना चाहते थे।

बाऊजी ने अपनी सेवानिवृत्ति के दो वर्ष बाद वर्ष 1942 तक सोलन ब्रीयूरीज़ में नौकरी ले ली। अपनी नौकरी पक्की होने का विश्वास होने पर ही उन्होंने हमें अपने पास बुलाया। सो हम ननिहाल से लौट गये और शिमला में इकट्ठे रहने लगे। उन्होंने नाभा एस्टेट, जो कि नाभा के महाराज की सम्पत्ति थी, में नया मकान ले लिया, मुझे आज भी याद है कि हम चौबीस अप्रैल की रात शिमला पहुँचे। हमें पैदल चलकर अपने घर पहुँचना पड़ा। नए मकान में व्यवस्थित होने में हमारी सहायता करने के लिए चमन भाई कलकत्ता से आये हुए थे। कुछ दिनों के बाद वे मुझे माल रोड ले गये और वहाँ डी.ए.वी. स्कूल का भवन दिखाया। मैंने अपनी पुस्तकें मीटर भर कपड़े में बाँधीं। हाँ, उन दिनों बस्ते तो हुआ नहीं करते थे और हम अपनी पुस्तकें और कापियाँ कपड़ों में बाँधकर ही स्कूल ले जाते थे। सो इस प्रकार किताबें उठाकर मैं लक्कड़ बाज़ार के अपने स्कूल में पहुँच गया और सीधा हेडमास्टर सत्यप्रकाश जी के पास गया। वे बहुत कड़े स्वभाव के थे, बच्चों पर उनका आतंक था परन्तु मुझे कैसे ज्ञात होता? मैं तो चपरासी से मिला और उसने मुझे भीतर भेज दिया। मैं जब उनके कमरे में पहुँचा तो उन्होंने अपने नाक पर टिके चश्मे में से विचित्र दृष्टि से मुझे देखा और पूछा, "ये क्या है?" मैंने उन्हें अपना दिल्ली का स्कूल छोड़ने का प्रमाण-पत्र दिखाया और उन्हें बताया कि मैं उनके स्कूल में दाखिला लेने आया हूँ। उन्होंने मेरी पीठ थपथपाई और मुझे पाँचवीं कक्षा में प्रवेश दे दिया। मुझे याद है कि जब भी वे हमें स्कूल से बाहर मिलते तो बीजी मुझे उनकी नजरों से कैसे छुपाती थीं। उस समय मैं नहीं जान पाया कि उनके बाहरी कठोर स्वरूप के भीतर एक कोमल आत्मा थी।

मैं दस वर्ष का बिल्ली आँखों वाला गोल-मटोल बच्चा था। इसलिए मैं स्कूल में शरारती बच्चों के उपहास का विषय बन गया। उन्होंने मेरा नाम मोटा बिल्ला रख दिया। जब सनक चढ़ती, सब बच्चे एकजुट होकर ज़ोर-ज़ोर से यह नाम पुकारते। मैं चालाक अथवा तेज़ दिमाग का बच्चा नहीं था, पढ़ाई में भी मैं बहुत अच्छा नहीं था—धीमी गति से सीखने वाला एक औसत

लड़का था। मुझे बहुत गुस्सा आता और परेशान हो जाता परन्तु मैं उनका विरोध नहीं कर पाता था। आखिर वे अनेक थे और मैं अकेला था अतः इस प्रकार चिढ़ाया जाना मैं चुपचाप सहता रहा। घर पर भी मेरी शिकायतों पर कोई ध्यान नहीं देता था। एक दिन शरारती लड़कों में से चार ने मिलकर मुझे शिमला रिज पर घेर लिया। उन्होंने मेरा स्कूल का बस्ता खींच लिया, मेरी किताबें निकाल लीं और 'मोटा-बिल्ला,' 'मोटा-बिल्ला' गाते हुए उन्हें कुचल डाला। उन्होंने जब मुझे मारना शुरू किया तो कई बार मैंने स्वयं को बचा लिया परन्तु जब एक घूँसा मेरे सिर पर पड़ा तो मुझे गुस्सा आ गया। मैंने अपना बस्ता चारों ओर घुमाना शुरू कर दिया। उनके चेहरों से हवाइयाँ उड़ गयीं और वे भौचक्के रह गये, क्योंकि उन्हें मुझसे किसी प्रतिक्रिया की कोई आशा ही नहीं थी। कुछ मिनट बाद आने-जाने वालों ने चार लड़कों को अपनी काली आँखें और खून रिसते नाक पकड़े बिसूरते देखा और मैं घर लौटकर शांति से 'मक्की की रोटी' खा रहा था परन्तु क्योंकि वे मेरे स्कूल के लड़के थे, मैंने अगले दिन हैडमास्टर से उनकी शिकायत की। उन्होंने उन लड़कों को बुलाया और तभी एसैम्बली ग्राउंड में बुलाकर दण्ड दिया, जिससे वे और अन्य लड़के भी सबक ले सकें कि अपने साथी विद्यार्थियों के साथ ऐसा व्यवहार नहीं किया जा सकता।

मेरे विचार में बच्चों को नियन्त्रण में रखना बहुत महत्त्वपूर्ण है। बच्चों को यदि कभी शारीरिक दण्ड दिया जाता तो माता-पिता कभी कुछ नहीं कहते थे और न हम विद्यार्थी ही इस पर कोई प्रतिक्रिया करते अपितु हमारी प्रतिक्रिया तो यह होती थी कि हम भविष्य के लिए सबक सीख जाते थे। ऐसी भावना होती थी उस समय। इसकी आज के परिदृश्य से तुलना करो और देखो कि अध्यापक क्या बच्चे को छू भी सकता है? और मैं तो सच में ही बहुत सीधा-सादा था, बचपन में ही हमें अपनी जिम्मेदारियों की सीख दे दी गयी थी और अनुशासन की भावना हमारे मन-मस्तिष्क में गहरे तक कूट-कूट कर भर दी गयी थी। इधर-उधर घूमते हुए मुझे बहुत डर लगता था और लगता था कि वे लड़के, जब भी अवसर मिला, मुझे फिर पीट देंगे। ऐसा कुछ भी नहीं हुआ और हम जल्द ही अच्छे मित्र बन गये। उस घटना के बाद मुझे कभी परेशान नहीं किया गया और न चिढ़ाया ही गया। और उस दिन मैंने सदा याद रहने वाला सबक सीखा—कर्म करना बहुत महत्त्वपूर्ण है—अपने बचाव में, अन्याय से लड़ने के लिए, प्रगति के लिए और सब कुछ के लिए।

एक और घटना घटी। एक बार हम नाभा एस्टेट के सुन्दर उद्यानों में घुस गये। हम जन्माष्टमी के लिए फूल इकट्ठे करना चाहते थे। माली ने हमें गर्दनों से पकड़ कर कुछ चुनिन्दा गालियाँ दीं और अगले क्षण मेरी शिकंजे जैसी पकड़ उसके सिर को जमीन पर दबा रही थी जहाँ कुछ काँटेदार तारें उसके माथे में चुभ गयीं। परन्तु उसके बाद मैंने कभी किसी मक्खी को भी कष्ट नहीं पहुँचाया। केवल इन दोनों घटनाओं के समय मेरे कठोर स्वभाव के बाऊजी ने मुझे खड़ाऊँ से नहीं पीटा क्योंकि बहुत आश्चर्यजनक ढंग से वे समझ गये थे कि मैंने आत्मरक्षा में ये कदम उठाए थे। हमारी अनेक बार पिटाई होती क्योंकि घर से बाहर हमारे व्यवहार के सम्बन्ध में किसी प्रकार की शिकायत वे सहन नहीं करते थे। मुझे याद है कि एक

बार किसी पड़ोसी ने शिकायत की कि मैं उनके बेटे को परेशान कर रहा हूँ, बाऊजी ने अपना भोजन बीच में छोड़ दिया और मुझे पीट डाला। बाद में जब उन्हें बताया गया कि मेरा कोई दोष नहीं था, उन्हें पछतावा हुआ पर मैंने अपने मन में कोई शिकायत नहीं रखी। ऐसी उद्देश्यपूर्ण फटकारें बच्चों को सही रास्ते पर लाने के लिए कई बार ज़रूरी हुआ करती हैं। हमारे बड़ों को हम पर नज़र रखने का पूरा अधिकार था और हमने कभी इस पर आपत्ति करने अथवा उनसे प्रश्न करने का साहस नहीं किया। मेरा दृढ़ विश्वास है कि उन पुराने दिनों में युवा पीढ़ी में सशक्त चरित्र का निर्माण निश्चय ही उच्च स्तर का था। हम जिस प्रकार अपने बड़ों का सम्मान करते थे और उनकी उपस्थिति के प्रति सम्मानजनक ढंग से सजग रहते थे—वे सब बीते दिनों की बातें हैं। कुछ अति सम्पन्न परिवारों के आवश्यकता से अधिक देखभाल, आवश्यकता से अधिक महत्त्व, आवश्यकता से अधिक खाने-पीने को प्राप्त बिगड़े सम्भ्रान्त बच्चों में अधिकांशतः अपने बड़ों का अभिवादन करने का शिष्ट सलीका भी देखने को नहीं मिलता। सांस्कृतिक मूल्यों को समाप्त होते देख मुझे कष्ट होता है।

बाऊजी अनेक पहलुओं से एक महान शिक्षक थे और परिवार में हम सब जो हैं, उनके मार्गदर्शन का परिणाम हैं। मेरी अशिक्षित परन्तु बहुत सजग बीजी अपने अथाह प्यार, स्नेह, प्रोत्साहन और देखभाल से उनके समस्त कठोर व्यवहार की क्षतिपूर्ति कर देती थी। उनकी अमिट यादें मेरे मस्तिष्क मे कहीं गहरे छपी हैं। जीवन के प्रति उनका दृष्टिकोण बहुत व्यावहारिक था। खाना बनाने, सिलाई, कढ़ाई, स्वेटर, मोजे, दस्ताने, मफ्लर और जर्सी बनाने में वे निपुण थीं। वे ये सब काम हमारे लिए ही नहीं अपितु स्नेहवश अपने निकट सम्बन्धियों के लिए भी करती थीं। एक पल के लिए भी वे खाली नहीं बैठती थीं। घर के खर्चों में से सदा कुछ धन बचा लेतीं जो वे लाल रंग के सन्दूक में रखती थीं। सन्दूक पर सदैव ताला लगा रहता। कपड़े, आभूषण अथवा धन निकालने के लिए इस सन्दूक को खोलने से पहले वह यह सुनिश्चित कर लेतीं कि मैं आस-पास नहीं हूँ। किसी भी क्षण उनका ध्यान यदि इधर-उधर हो जाता तो मैं एक-दो रुपया उड़ा लेता और उन्हें इसका पता ही नहीं चलता। बीजी बहुत कोमल स्वभाव की थीं और मुझ पर कभी हाथ नहीं उठातीं, उन्हें लगता था कि यदि उन्होंने कभी ऐसा किया तो स्वयं को ही चोट पहुँचा लेंगी। वे प्रायः मुझसे कहतीं, "तेरा पिंडा बज्जर ऐ बज्जर" (तेरा शरीर पत्थर की तरह कठोर है)। मेरे जन्मदिन के लिए वे सिंगर मशीन पर मेरे लिए नई कमीज और पायजामा सिलती और मैं उस दिन वही पहनकर स्कूल जाता। परन्तु मेरे भाई हरीश से वह सबसे अधिक प्यार करतीं क्योंकि वह सबसे छोटा था। जब भी मैं उन्हें परेशान करता वह मुझे भगा देतीं।

सदैव दूसरों को कुछ देती, कठोर परिश्रमी, समर्पित, कोमल हृदय और पवित्र आत्मा बीजी एक सम्पूर्ण अन्नपूर्णा थीं। कई बार मैं उनकी गोद में लेट जाता और बहुत सुरक्षित अनुभव करता। उन्होंने बड़े प्यार से हमारा पालन-पोषण किया। परिवार में अपनेपन की अनुभूति कूट-कूट कर भरी थी जो आज भी मौजूद है। कोई विरोध-भाव नहीं था। बड़ों में नैतिक उत्तरदायित्व की भावना थी जो उनके सहयोगपूर्ण व्यवहार में दिखाई देती थी, बीजी साहसी

महिला थीं। यह बहुत विस्मयजनक था कि उन जैसी अशिक्षित महिला में अन्य लोगों के साथ संवाद बनाने का अद्‌भुत कौशल था। गाड़ी में यात्रा करते हुए यदि कोई दक्षिण भारतीय अथवा देश के किसी अन्य भाग से अथवा कोई विदेशी महिला भी मिलती तो वह उनकी भाषा नहीं जानते हुए भी उनसे बातचीत कर सकती थीं और जब तक यात्रा पूरी होती, माता जी जान जाती कि उस महिला के पति क्या करते हैं और उसके कितने बच्चे हैं। हम हैरान होते क्योंकि वे पंजाबी के अतिरिक्त किसी भाषा का एक शब्द तक नहीं जानती थीं, मगर जाने कैसे लोगों से मित्रता कर लेती थीं।

घर के दिन-प्रतिदिन के कामकाज के अतिरिक्त, बीजी सभी कीर्तनों और सत्संगों में जातीं। वे भजन बहुत सुन्दर गाती थीं। उन्हें यह गुण अपने पिता से मिला था, जो विख्यात शास्त्रीय गायक थे। बाद के वर्षों में बीजी को गठिया हो गया और उन्होंने बहुत पीड़ा सहन की। मैं उन्हें बहुत याद करता हूँ, जब मैं अकेला होता हूँ तो उनके साथ बिताए उन स्नेहपूर्ण क्षणों को याद करता हूँ। मुझे अपने उस घर को देखने का अवसर ठीक पैंतीस वर्ष बाद 1987 में मिला, जब मैं एक शूटिंग के सिलसिले में शिमला गया था। मैं बी.ए. करते ही उन पहाड़ों से चला आया था। तब उस मकान में कोई अन्य परिवार रह रहा था। बीस-पच्चीस वर्ष की आयु के एक युवक ने दरवाज़ा खोला। वह मुझे देखकर इतना उत्साहित हुआ कि उसने चीखना शुरू कर दिया। मैंने उसे बताया कि कभी मैं इस मकान में रहता था और इसके साथ मेरी अनेक बेशकीमती यादें जुड़ी हैं। घूम-घूमकर मकान को देखते हुए मैं रसोई के सामने खड़ा हो गया जहाँ बीजी बैठकर खाना बनाती थीं। मैंने उनकी वहाँ ठीक उसी प्रकार कल्पना की। मैंने कुछ समय वहाँ बिताया और मेरी आँखों से बहते आँसू मेरे चेहरे को भिगोते रहे। मैंने बीजी की सुरीली लोरियों को याद किया।

हम सब भाई-बहनों में संगीत की समझ थी जो शायद हमें विरासत में मिली थी। चमन भाई भी भजन और अन्य प्रकार का गाना बहुत अच्छे से गा लेते थे। बाऊजी सदा उन्हें किसी गुरु से संगीत की शिक्षा लेने के लिए कहते रहे परन्तु उन्होंने नहीं सीखा। हरीश भी बहुत प्रतिभावान था। पारिवारिक समारोहों में उससे पंजाबी लोकगीत गाने की फरमाइश की जाती परन्तु वह उसे कैरियर बनाने का जोखिम नहीं लेना चाहता था। जहाँ तक मेरा सम्बन्ध है, मुझे संगीत से सदा ही लगाव रहा। स्कूल और कॉलेज के दिनों में मैं बाँसुरी बजाया करता था, मैंने अर्द्ध शास्त्रीय संगीत सीखा भी। नौकरी और रंगमंच में व्यस्त हो जाने के बाद मैं इसे जारी नहीं रख सका। बाद में मैंने कुछ समय के लिए गुरु निखिल घोष से शास्त्रीय गायन सीखा परन्तु अकस्मात उनका देहान्त हो जाने से यह छूट गया। मैं अपनी बेटी नम्रता और पुत्र राजीव से नियमित रूप से संगीत सीखने के लिए कहता रहा, उनकी आवाज़ बहुत ही मधुर है।

यादों को ताज़ा करना एक अनूठा अनुभव होता है। जितना तुम उन्हें कुरेदना चाहते हो उतना वे समुद्र की लौटती लहरों की भाँति लुप्त होती जाती हैं। कुछ यादें स्वप्नों के समान होती हैं जो सुबह उठने पर इतने ताज़ा होते हैं परन्तु दिन में धीरे-धीरे भूलने लगते हैं। बचपन

में मैं एक विचित्र सपना देखता कि मैं यहाँ-वहाँ थिगलियाँ लगे गीले फर्श पर स्वयं को घसीटता चल रहा हूँ और कोई वस्तु मेरी ओर आ रही है। मैं उस वस्तु से डरता था परन्तु कोई शक्ति मुझे जड़ कर देती और मैं वहाँ से हट नहीं पाता और तब मैं एक पहाड़ के किनारे पर आकर ऊँचाई से छलाँग लगा देता। जैसे-जैसे मैं बड़ा हुआ यह स्वप्न दिखाई देना बन्द हो गया, यह कदाचित् आत्मविश्वास न होने की बेचारगी के एहसास का प्रतीक था। मेरे माता-पिता ने मेरे अच्छे पालन-पोषण में कोई कमी नहीं उठा रखी थी, फिर भी मैं अनेक लोगों, जो हमारी तुलना में सम्पन्न थे, के सामने स्वयं को छोटा अनुभव करता। बाऊजी उच्च आत्म-सम्मान और शान-शौकत वाले व्यक्ति थे। उनके सुन्दर सिले सूट और पगड़ी का रोज़-बरोज़ का पहनावा उन्हें विशेष व्यक्तित्व प्रदान करता था। मैंने उन्हें कभी पगड़ी के बिना घर से बाहर जाते नहीं देखा, उनकी पगड़ी सदा एक ही रंग—पीलेपन में सन्तरी रंग की होती थी। हमारे समस्त सम्बन्धी और मित्र उन्हें अत्यधिक आदर-सम्मान देते और उनके रोब को मानते। इतना सब होने के बाद भी मैं स्वयं को इतना सामान्य अनुभव करता। मैं अपने को सदा कम करके आँकता और आज भी वैसा ही हूँ, दूसरों को मुझे बताना पड़ता कि मैं क्या हूँ। मैं सोचता हूँ कि एक प्रकार से यह अच्छा भी था, इससे मैं बहुत सामान्य होकर और सामान्य लोगों के साथ मिल कर रहा। इसी कारण मैं बिना असुविधा का अनुभव किये किसी भी वातावरण में तालमेल बैठा पाया। अपने पालन-पोषण में मुझे अनियमितता अथवा अनुशासनहीनता का एक भी अवसर याद नहीं। 'जीओ और जीने दो' हमारा आदर्श वाक्य था अर्थात् किसी को भी तुम्हारे कार्यों से कष्ट नहीं होना चाहिए और मुझे यह ईमानदारी से स्वीकार करना चाहिए कि मैं आज जो हूँ, बाऊजी की ही शिक्षाओं का परिणाम हूँ।

यदि स्वास्थ्य ही धन है तो मैं इस कहावत में विश्वास करता हूँ। मैं स्वास्थ्य के प्रति सदा सतर्क रहा क्योंकि मेरा बचपन बहुत ही स्वास्थ्यप्रद पर्वतीय क्षेत्र में गुज़रा था और फिर बाऊजी एक आदर्श व्यक्तित्व थे। जब से मुझे याद पड़ता है उन्हें स्वास्थ्य के प्रति सजग पाया। वे बहुत कम खाते और मैंने उनसे सीखा कि यदि तुम स्वस्थ रहना चाहते हो तो तुम्हें पेटू नहीं होना चाहिए। दूध के एक गिलास में वे चम्मच-दर-चम्मच चीनी अथवा शहद मिला लेते परन्तु उन्हें कभी मधुमेह अथवा हृदय रोग की समस्या नहीं रही क्योंकि वे कभी टिककर नहीं बैठते थे, सदा चुस्त-दुरुस्त रहते। मैंने कभी उन्हें बिस्तर में बीमार पड़े नहीं देखा। बहुत दुबले परन्तु फुरतीले थे वे, प्रतिदिन दस किलोमीटर चलते। बढ़ती उम्र में भी वे तेज़-तेज़ चलते। कई बार हम सभी उन्हें हमारे दो भतीजों—चमन भाई के बेटे प्रदीप और विनोद जो शिमला में ही पढ़ रहे थे—को उठाकर चलने से रोकते तो बाऊजी कहते, "ऐसा मत कहो, मैं उन्हें उठा लूँगा" और वे पैंसठ वर्ष की आयु में भी पहाड़ पर चढ़ जाते।

बाऊजी की भाँति मित्रों के साथ मेरी दिनचर्या भी गतिविधियों से भरपूर होती। नाभा एस्टेट से पैदल चल कर जाना और लौटना कुल छह किलोमीटर का मार्ग था, कोई सवारी मिलती नहीं थी। फिर स्कूल के मैदान में अनेक खेल खेले जाते। शाम होने को होती तो हम दौड़ते हुए घर लौटते, तुरत-फुरत कुछ खाते और फिर हम पहाड़ों पर चढ़ते-उतरते खेलते रहते।

मैं एथलीट भी था और अनेक बार मैंने चक्का फेंक और लम्बी कूद के अतिरिक्त सौ-दो सौ मीटर की दौड़ें भी जीतीं। मैं हॉकी भी खेलता था, बैडमिंटन खेलना भी मुझे अच्छा लगता। उस समय क्रिकेट का फैशन नहीं था। मुझे लगता है कि क्रिकेट एक फैशनेबल खेल है और इसे जैसा महत्त्व दिया जा रहा है, हम राष्ट्र के अनेक कार्य घण्टे इस खेल के नाम पर समाप्त कर रहे हैं। यह खेल एक प्रकार की भक्ति बन गया है और फिर यह पूरा संयोग पर आधारित खेल है। एक बल्लेबाज़ एक बार में शतक लगाता है तो अगले ही क्षण बिना कोई रन किये आउट हो जाता है। यह कैसी खेल क्षमता है? टेनिस खिलाड़ियों को देखें तो एक चैम्पियन सदा चैम्पियन होता है। हॉकी, फुटबॉल अथवा बास्केटबॉल में भी खिलाड़ियों के खेल का एक स्तर बना रहता है।

छुट्टियों में हम मिलकर घाटी में लम्बी सैरों पर जाया करते। बाऊजी चाहे हिटलर की भाँति कठोर थे परन्तु मन से वे बहुत ध्यान रखने वाले एवं स्नेहशील थे। यह बहुत विचित्र मेल था। वे हमें मेलों और प्रदर्शनियों में ले जाने के लिए सदा उत्सुक रहते। बीजी यद्यपि कई बार चलने से इनकार कर देती क्योंकि उनका शरीर थोड़ा भारी होने के कारण उन्हें चलने में थोड़ी कठिनाई होती थी और पहाड़ों पर चलने में तो बहुत ताकत लगती है। परन्तु पिता जी उन्हें साथ चलने के लिए मना लेते और उन्हें बहुत चलना पड़ता। हम बड़े वार्षिक मेले की सदा प्रतीक्षा करते रहते। मैं वहाँ अव्यावसायिक नाटकों सहित सभी आयोजनों में भाग लेता। इससे मेरा उत्साह बहुत बढ़ जाता और मुझे बहुत आनन्द आता। इस प्रकार इस मेले में हम बहुत मौज-मस्ती करते। हमें अपने शौक पूरे करने और मनोरंजन के लिए बाहर जाने की पूरी आजादी थी। मैं पदयात्राओं का दीवाना था, इसके लिए कई दिन तक घर से बाहर रहना पड़ता। बाऊजी इसके लिए सदा प्रोत्साहित करते। जब मैं लगभग बारह वर्ष का था तो बाऊजी दिसम्बर से मार्च तक तीन महीने की सर्दियों की छुट्टियों के दौरान चन्द्रकान्ता, हरीश और मुझे अमृतसर, लाहौर, लायलपुर, सियालकोट, रावलपिंडी, पेशावार और तीर्थ स्थल पंजा साहिब ले गये। हमने बहुत मौज-मस्ती की, क्योंकि इन सब स्थानों पर हमारे नाते-रिश्तेदार रहते थे।

मुझे 1945 में वायसरीगल लॉज में हुई शिमला कॉन्फ्रेंस की भी याद है जिसमें समस्त नेता विभाजन के मुद्दे पर वायसराय लॉर्ड वेवल के साथ चर्चा करने के लिए इकट्ठे हुए थे। हम स्कूल जाते-आते पण्डित नेहरू, सरदार पटेल, सरोजनी नायडू, मोहम्मद अली जिन्ना और अनेक महान नेताओं को प्रायः देखते। पण्डित नेहरू एक बंगले में रहते थे और वे सदैव अपने काले चकतों वाले सफेद घोड़े पर सवार होकर माल रोड पर घूमा करते। वे बहुत गरिमापूर्ण नज़र आते और कभी वे मुस्कराते हुए हाथ हिलाकर लोगों का अभिवादन स्वीकार करते घोड़े के साथ दौड़ते। जब वे अपने बंगले से बाहर निकलते, लोग उनके दर्शन के लिए लॉन में प्रतीक्षा कर रहे होते। वे उनके बीच खड़े होकर घुलमिल कर बातें करते। कई बार हम भी उनके बंगले पर जाकर उनसे मिलते, वे हमसे हाथ मिलाया करते। गौर-वर्ण और मनोहारी मुस्कान के साथ उनका व्यक्तित्व बहुत प्रभावशाली था। हमें बहुत आशा बँधती थी कि ऐसे महान नेता हमें निश्चित ही आजादी दिलवाएँगे। गाँधी जी अब तक 'भारत छोड़ो आन्दोलन' शुरू कर चुके

थे। वे समर हिल में ठहरे हुए थे। यह स्थान रिज से लगभग पाँच किलोमीटर और मेरे घर से तीन किलोमीटर दूर छः हजार फुट की ऊँचाई पर था। वे चार-पाँच किलोमीटर पैदल चलकर अपनी प्रार्थना करने आते। हम प्रतिदिन शाम उनकी प्रार्थना में शामिल होते और उनका भाषण सुनने का हर सम्भव प्रयास करते। मैं उन्हें आमने-सामने मिला और उन्होंने मेरे सिर पर अपना हाथ रखकर मुझे आशीर्वाद दिया।

हमारे स्कूल के दिन निश्चित रूप से बहुत बढ़िया थे। हालाँकि हमें कठोर परिश्रम करना पड़ता था क्योंकि उन दिनों पढ़ाई को बहुत गम्भीरता से लिया जाता था। हमारी शिक्षा का माध्यम स्वाभाविक ही अंग्रेजी था परन्तु दूसरी भाषा के रूप में मेरे पास उर्दू थी, हमें उर्दू पढ़ाने वाले मौलवी साहब बहुत ही खुशमिजाज़ व्यक्ति थे। हमने नौवीं कक्षा तक फारसी भी पढ़ी। स्कूल और मदरसे साथ-साथ थे। बाऊजी केवल मैट्रिक तक पढ़े थे क्योंकि माता-पिता की मृत्यु के बाद पारिवारिक समस्याओं के कारण वे अपनी पढ़ाई जारी नहीं रख सके, फिर भी उनकी अंग्रेजी भाषा के ज्ञान और व्याकरण पर असाधारण पकड़ थी। वे अंग्रेजी और उर्दू—दोनों भाषाओं में एक समान कुशलता से लिख सकते थे। फारसी भाषा का भी उन्हें ज्ञान था। कदाचित् वे बहुत पढ़ते थे और मुझसे ज़ोर देकर कहते थे कि मैं उन्हें उर्दू में पत्र लिखूँ और अँग्रेज़ी में पत्र न लिखने की सलाह देते। परन्तु जब मैं होशियारपुर में हॉस्टल में रहता था तो मैंने साहस करके उन्हें कुछ पत्र अंग्रेज़ी भाषा में लिखे। वे पत्र में स्पैलिंग और व्याकरण की अशुद्धियों को सुधार कर मेरे पत्र मुझे वापिस भेज देते। तब मैंने उन्हें अंग्रेजी में पत्र भेजना बन्द कर दिया। आज भी मेरे पास उनके कुछ पत्र हैं।

तब मैं आठवीं कक्षा में पढ़ता था। एक दिन जब स्कूल से लौटा तो देखा बाऊजी क्रोध से आग-बबूला हो रहे थे। मैंने उन्हें इतना गुस्से में कभी नहीं देखा था। मैं रसोई में जाकर दुबक गया और उनके गुस्से के टूटने की प्रतीक्षा करने लगा। बाद में जब बाऊजी बीजी के साथ बात कर रहे थे तो पता चला कि उनके क्रोध का कारण मदन भाई का पत्र था। वे फिल्मों में काम करने के लिए कलकत्ता में अपनी सरकारी नौकरी छोड़ रहे थे। बाऊजी फिल्मों को पाप का अड्डा मानते थे और कहते, "फिल्में तो बदमाशों का काम है।" उनका यह मत उनके रूढ़िवादी पालन-पोषण का परिणाम नहीं था बल्कि उसकी जड़ में वास्तविक जीवन का एक उदाहरण था। उन्होंने अपने भतीजे कुन्दनलाल सहगल को सितारा बनकर चमकने के बाद दयनीय स्थिति में पहुँचते देखा था और अन्ततः एक शराबी के रूप में उनकी मृत्यु हो गयी। परिवार में किसी अन्य को उस रास्ते पर चलते देखने की बात बाऊजी सोच भी नहीं सकते थे। इसके अलावा उन्होंने अपने सभी बेटों के कैरियर की योजना बना रखी थी और वे चाहते थे कि हम उनके नक्शे कदमों पर चलते हुए सरकारी नौकरी में जायें। मगर अब उन्हें लगने लगा था कि उनका अपने बेटों पर नियन्त्रण समाप्त होता जा रहा है। बाऊजी का इस प्रकार से अपमान करने के लिए मुझे मदन भाई पर बहुत क्रोध आया। फिल्म उद्योग के प्रति उनके इस विरोध का प्रभाव शायद मुझ पर भी पड़ा था। इन्हीं दिनों मैं राष्ट्रीय स्वयं सेवक संघ का सदस्य भी बना था और मेरे आदर्श बहुत ऊँचे थे। इससे मेरी विचारधारा पूरी तरह बदल गयी

थी और मैं इस व्यवसाय में कदम भी रखने के विरुद्ध था।

मैं आर.एस.एस. की गतिविधियों में भाग लेने लगा था। बहुत ईमानदारी से कहूँगा कि मैं उनकी हिन्दुत्व की विचारधारा की ओर आकर्षित हुआ था जिसके अनुसार हम हिन्दू हैं और हमने हिन्दुस्तान की विदेशी शक्तियों से रक्षा करनी है और इन्हें निकाल बाहर करना है, जिससे कि हम अपने देश पर शासन कर सकें। इसका धार्मिक कट्टरता के साथ कुछ सम्बन्ध नहीं था, यह मात्र देशभक्ति थी। हम समूह गान गाते। मुझे वे गीत तो याद नहीं परन्तु हमारी प्रार्थना याद है : नमस्ते सदा वात्सल्य मातृभूमि (सदा स्नेहशील मातृभूमि तुम्हें नमन)। आर. एस. एस. के शिविरों और शाखाओं में सन्ध्या के समय आज भी इस प्रार्थना का गायन होता है। स्वभावतः राष्ट्रवाद की उन भावनाओं में बहकर मैं इस सम्बन्ध में बहुत निश्चित और स्पष्ट था कि मुझे क्या करना है और क्या नहीं करना है। मैं केवल चौदह वर्ष का था जब मुझे युवा विभाग का प्रभारी बना दिया गया। विभाग अधिकारी के रूप में मुझे अन्य युवाओं को सैनिकों की भाँति प्रशिक्षण देना था। हम मात्र 'हमारा भारत वर्ष' के सन्दर्भ में सोचते थे। आर. एस. एस. में इस प्रकार के प्रशिक्षण ने मुझे उत्तरदायित्व की भावना से ओतप्रोत कर दिया था। केवल शाब्दिक अर्थ में ही मेरा यह उत्तरदायित्व पूर्ण नहीं था अपितु मैं सब व्यावहारिक रूप से कर रहा था और उसने मुझे बहुत अनुशासित कर दिया था। मुझे आपातकाल में कैसे व्यवहार करना है, सैकड़ों लोगों के समूह से एक ही समय में कैसे निपटना है आदि का प्रशिक्षण दिया गया। इस सबका एकमात्र उद्देश्य था हिन्दुत्व के प्रसार के साथ-साथ बेहतर भारत का निर्माण। मैं आत्मनिर्भर होने के विचित्र आनन्द का अनुभव कर रहा था और यदि आप इसे अपनी युवावस्था में पा लेते हैं तो यह एक मादक एहसास होता है।

दैनिक सत्रों में भाग लेते हुए मैंने सीखा कि स्वयं सेवक से तात्पर्य है स्वयं सेवा, अपने साथियों और राष्ट्र की सेवा का प्रशिक्षण। हमारे अपरिपक्व मस्तिष्क में एक नई जागरूकता उत्पन्न की जा रही थी। हमें अनेक प्रकार से हमारे व्यक्तित्व के विकास के सही मार्ग पर ले जाया जा रहा था। आर. एस. एस. की विचारधारा में मैं कभी गहरे नहीं गया क्योंकि इनके क्रियाकलापों में मेरी समस्त निष्ठा शारीरिक प्रतिभागिता तक ही सीमित थी। स्वस्थता चूँकि एक प्राथमिक अपेक्षा थी, इस प्रकार से यह प्रशिक्षण कुल मिलाकर मेरे जीवन को दिशा देने में बहुत महत्त्वपूर्ण रहा। प्रारम्भ में यद्यपि मैं इन शारीरिक कसरतों के प्रति उत्सुकतावश प्रेरित हुआ था परन्तु धीरे-धीरे मैं राष्ट्र के लिए बलिदान के इसके लक्ष्य से बहुत प्रभावित हुआ। इस दृढ़ विश्वास ने मेरे व्यक्तित्व को एक सैनिक के समान अनुशासनबद्ध कर दिया।

जब महात्मा गाँधी की हत्या हुई तो इस संगठन के प्रति मेरी निष्ठा लड़खड़ा गयी और मैंने चुपचाप स्वयं को संगठन की सक्रिय भागीदारी से अलग कर लिया। परन्तु निःसन्देह संगठन की सक्रिय सदस्यता के समय के दौरान मैंने सबक सीखा कि किशोरावस्था की ओर बढ़ते बच्चों के लिए शारीरिक और व्यावहारिक क्रियाकलाप नितान्त आवश्यक हैं, जिससे वे अपने जीवन में किसी न किसी रूप में सफलता प्राप्त करने में सक्षम हो सकें। मैं पूरी ईमानदारी के साथ यह स्वीकार करता हूँ कि मेरी जीवन शैली, रंगमंच और फिल्मों में जो भी अनुशासन

बोध दिखाई देता है, वह सब किशारोवस्था के दौरान आर.एस.एस.के साथ मेरे सम्पर्कों की देन है। जैसा कि कहा जाता है कि समान विचारधारा के लोग इकट्ठे हो जाते हैं, यह अपने आप में विचित्र संयोग ही था कि मेरे रंगमंच के गुरु पण्डित सत्यदेव दुबे भी एक समय आर. एस.एस. में जुड़े रहे हैं। वे मुझसे प्रायः कहते कि हमारी मानसिक अनुशासनबद्धता के कारण ही हम बचे हुए हैं। परन्तु उस राष्ट्रीय त्रासदी की झकझोर देने वाली घटना के बाद मैं स्तब्ध था और टूट चुका था। मेरी पूरी सोच एवं दृष्टिकोण इस सीमा तक परिवर्तित हो चुके थे कि जब मैं कॉलेज पहुँचा तो मुझमें नाटकों और लघु नाटिकाओं में भाग लेने की तीव्र इच्छा थी और भी सुनो! मैंने गाना भी शुरू कर दिया था।

मुझे याद है कि दिसम्बर 1946 में शिमला में रिकॉर्ड दस फुट हिमपात हुआ था। बर्फ के बोझ से रेलवे स्टेशन की छत ढह गयी थी। उसके बाद स्टेशन नया बनाया गया। शिमला बन्दरों का घर था। हम क्योंकि रेलवे स्टेशन के ठीक नीचे रहते थे, हमारा उनसे प्रायः आमना-सामना हो जाता। एक क्षण के लिए भी घर का दरवाजा खुला रह जाता तो बन्दर रसोई में घुस जाते और डबलरोटी, चपाती तथा खाने को जो भी मिलता, चुपचाप उठाकर चम्पत हो जाते, उन्हें रोकने का प्रयत्न किया जाता तो वे डराते या कभी काट भी लेते। कभी-कभी हम उन्हें गुलेल और घर में बनाये गये तीर-कमान से मारते। बात यहीं समाप्त नहीं होती थी क्योंकि वे जब भी हमें अकेला देखते तो अपना बदला ले लेते। उनके साथ हमारा सम्बन्ध शत्रुतापूर्ण होते हुए भी अत्यन्त प्रसन्नतादायक और रुचिकर था। शिमला की सबसे ऊँची चोटी जाखू के हनुमान मन्दिर में बन्दरों का एक संगठित गिरोह होता। मन्दिर जाने वाले लोग इन शरारती जीवों के लिए चनों का एक थैला ले जाना नहीं भूलते थे और जैसे ही कोई वहाँ पहुँचता, एक विशालकाय बन्दर चुपचाप आकर चनों का थैला छीन लेता और किसी में उसे रोकने का साहस न होता। वह बन्दर थैला खोलकर चने जमीन पर बिखेर देता। नेता सा दिखाई देने वाला यह बन्दर चनों में सबसे पहले अपना हिस्सा ले कर एक ओर चला जाता, फिर कम महत्त्वपूर्ण साथी इस लूट में अपना हिस्सा लेने आते और शेष बचे चने लेने बन्दरों का एक तीसरा समूह आता। इस प्रकार वे बन्दर स्पष्ट रूप से श्रेणियों में बँटे थे। परन्तु हम मानव इतने असंगठित हैं कि हम किसी अनुशासनबद्ध व्यवस्था को स्वीकार नहीं करते। हम इन जन्तुओं से कितना कुछ सीख सकते हैं। वे वही करते हैं, प्रकृति जो उन्हें सिखाती है।

अब मैं जब भी सिमला जाता हूँ तो मुझे बहुत दुःख होता है कि जिस सिमला को मैं जानता था, वह पूरी तरह बदल चुका है, यहाँ तक कि इसका नाम भी बदल कर 'शिमला' हो गया है। मुझे अफसोस होता है कि यह सीमेंट, गारे का एक और जंगल बन गया है और लोग इस सबसे दूर जाने के लिए यहाँ आते हैं। मैं सच ही नहीं समझ पाता कि वे यहाँ क्यों आते हैं क्योंकि जिस भीड़ से बचने के लिए वे शिमला का रुख करते हैं, वह तो उनके पहुँचने से पहले ही वहाँ पहुँच चुकी है। 1940 में शिमला की आबादी इतनी नहीं थी। यहाँ की वायु सदा ताज़ा और शुद्ध होती थी। इसमें प्रदूषण का एक कण भी नहीं होता था। वातावरण इतना स्वच्छ और पारदर्शी होता था कि दस-पन्द्रह किलोमीटर दूर चहल की रोशनियाँ शिमला में साफ

दिखाई देती थीं और आकाश में कुछ आकाश गंगाएँ भी नंगी आँखों से साफ देखी जा सकती थीं। प्रायः नंगी आँखों से आकाश में उल्काओं को देखना मुझे आज भी याद है। उल्काओं को देखना अशुभ संकेत माना जाता है परन्तु जब भी मैं खुले में होता, इस प्राकृतिक दृश्य को देखने का लोभ संवरण नहीं कर पाता।

वर्ष 1948 में एक विचित्र घटना घटी। अगस्त में हुई मैट्रिक परीक्षा का परिणाम अभी नहीं आया था। एक रात लगभग दस बजे मैं माल रोड पर सैर करके लौट रहा था। नाभा एस्टेट से कुछ ही दूरी पर मैंने एक विशाल उल्का को आकाश में एक ओर से दूसरी ओर जाते देखा। यह उल्का ट्यूब लाइट की भाँति चमक रही थी। अँधेरे आकाश में यह लगभग दस फुट लम्बी दिखाई पड़ी। इसके निकल जाने के बाद भी रास्ते पर उसकी चमक रही। मैं इतना उत्तेजित हो उठा था कि अपने घर की ओर ढलान पर भागा और सबको बाहर बुलाया। मैंने उन्हें उल्का के निकल जाने के दस मिनट बाद भी आकाश में उससे रोशन हुए भाग में हल्की सी दिखाई दे रही चमक दिखाई। सोचिए तो कितना कुछ जला होगा। अगले दिन यह बात मैंने कुछ अधिकारियों को बतायी। किसी ने भी इस घटना को नहीं देखा था और न ही इसका कोई रिकॉर्ड था। यह निश्चित ही मेरी कल्पना अथवा कोई भ्रम नहीं था। आज भी उस रात की अमिट छाप मेरे मन में बनी है। जब मैं लोगों को यह प्रसंग बताता हूँ तो वे विश्वास नहीं करते।

इससे पहले 1947 में विभाजन के कारण मेरी परीक्षायें स्थगित हो गयी थीं, चारों ओर अव्यवस्था फैली थी। हम पंजाब विश्वविद्यालय से सम्बद्ध थे जो पहले लाहौर में था और बाद में सोलन स्थानान्तरित हो गया था। सोलन कालका और सिमला के बीच पड़ता है। पूरे देश में अशांति थी। उन दिनों पाकिस्तान से भारत पहुँचने वाली गाड़ियाँ कत्ल किये गये लोगों से भरी होती थीं। इस सबका हम पर बहुत प्रभाव पड़ा। शरणार्थी आजीविका के लिए अनेक प्रयत्न कर रहे थे। वे जो भी काम जानते थे फुटपाथों पर वह काम करना शुरू कर दिया था। हम बच्चों ने भी, हमसे जो बन पड़ा, उनकी सहायता की। खैर, अक्तूबर माह में परीक्षा का परिणाम घोषित हुआ। मैं चकित था कि मैं प्रथम श्रेणी में पास हुआ था। यह गर्व की बात थी क्योंकि इतने अंक हमारे परिवार में किसी ने प्राप्त नहीं किये थे इसलिए सबसे अधिक सफल मैट्रिकुलेट होने पर मुझ पर विशेष ध्यान दिया गया। अब कैरियर का प्रश्न उठ खड़ा हुआ। मैं बहुत बेचैन व्यक्ति हूँ, इसलिए मेरा दिमाग कभी शान्त नहीं रहता और मैं एक ही समय में अनेक बातों पर सोचता रहता हूँ। मेरा प्रयास रहता है कि गलत बातों को न दोहराऊँ परन्तु आदतन वे गलतियाँ बार-बार होती रहती हैं। इसी प्रकार मैट्रिक के बाद भी मैंने गलती की। मैं सेना में जाना चाहता था परन्तु स्कूल में मेरे अन्य मित्रों के विपरीत मैं इसके बारे में कुछ जानता नहीं था। मुझे प्रायः आश्चर्य होता था कि उन्हें इंजीनियरिंग, सेना अथवा अन्य स्थानों पर आवेदन करने के लिए समस्त सूचना कहाँ से मिलती थी? और मेरे परिवार में यह परम्परा नहीं थी कि मैं कह पाता कि मेरे बड़े भाई ने यह किया है, मेरे अंकल ने यह किया अथवा उनके बेटे ने यह किया है। ऐसा कोई उदाहरण हमारे परिवार में नहीं था। पिताजी की तीव्र इच्छा थी कि मैं भी किसी सुरक्षित और पक्की सरकारी नौकरी में जम जाऊँ। ऐसे में मुझे

कुछ ज्ञात नहीं था कि कहाँ और कैसे आवेदन करना है। फिर भी मैंने प्रयास किया और कुछ जानकारी प्राप्त करके सुरक्षा बलों के जॉयण्ट सर्विसिज़ विंग, जिसे अब पुणे में राष्ट्रीय सुरक्षा अकादमी के नाम से जाना जाता है, में फॉर्म भर दिया और होशियारपुर चला गया।

उस समय मेरा चचेरा भाई प्रीतम डी.ए.वी. कॉलेज होशियारपुर में पढ़ रहा था। बाऊजी ने जब मुझसे पूछा कि क्या मैं भी स्नातक की पढ़ाई के लिए वहाँ जाना चाहता हूँ तो मुझे बहुत प्रसन्नता हुई। मैं वहाँ प्रीतम के साथ रह सकता था क्योंकि मेरे पिता जी उसे नियमित रूप से पैसे भेजते थे। चूँकि वह विज्ञान में स्नातक डिग्री कर रहा था तो मैंने भी भौतिकी, रसायनशास्त्र और गणित विषयों के साथ विज्ञान विषयों का चयन किया। बाऊजी इस कॉलेज के संस्थापक देवी लाल पुरी को बहुत अच्छे से जानते थे। वे कॉलेज परिसर में ही रहते थे। इस प्रकार 1949 में मैंने विज्ञान की पढ़ाई शुरू कर दी। तभी मुझे जॉयन्ट सर्विसिज़ में इण्टरव्यू के लिए चिट्ठी मिली, यह इण्टरव्यू जालन्धर में होना था। उस चिट्ठी से मेरे भाग्य का निर्णय होता क्योंकि मुझे यह आश्वासन मिल चुका था कि यदि मैं स्वास्थ्य जाँच और अन्य प्रवेश परीक्षाओं को पास कर लेता हूँ तो मुझे सैनिक बल में ले लिया जायेगा। मेरे मन में बहुत सकारात्मक विचार आ रहे थे परन्तु जब होशियारपुर में चिट्ठी मिली, इण्टरव्यू की तिथि पहले ही निकल चुकी थी। मैंने जालन्धर में अधिकारियों से पूछा कि क्या मैं अगले बैच में आवेदन कर सकता हूँ? उन्होंने बताया कि तब मेरी आयु निर्धारित सीमा से अधिक हो जाएगी। मुझे बहुत निराशा हुई, क्योंकि मेरे कुछ मित्रों का चयन सेना में हो गया था।

जैसा थॉमस हार्डी इसे कहेंगे, "ये सब नियति के आदेश हैं," मुझे एक पछतावा है कि सेना में मैं अपने देश की बेहतर ढंग से सेवा कर सकता था। परन्तु आप अपने भाग्य के हाथों की कठपुतली होते हैं—वही होता है जो मंज़ूरे खुदा होता है। आपको अपने जीवन के इस सत्य को स्वीकार करना पड़ता है। तब मेरा जीवन पूरी तरह से भिन्न मार्ग पर चलता और मैं फौजी होता, मैं उसी प्रकार के कार्य के लिए बना था। मैं बहुत हृष्ट-पुष्ट देह का और पूरी तरह से स्वस्थ था। अपने भतीजे कर्नल पुरी (मदन भाई के पुत्र) के सामने मैं ऐंठ से कहता हूँ कि यदि मैं सेना में होता तो कदाचित् 'जनरल' के रूप में रिटायर होता। मैं जब थल, जल अथवा वायु सेना के अधिकारियों के साथ होता हूँ तो मुझे बहुत प्रसन्नता होती है।

अपने बचपन के मित्र एयर मार्शल जे.के. सेठ से मैं जब मिला तो मुझे बहुत गर्व का अनुभव हुआ। हमने दिल्ली में इकट्ठे पढ़ाई की थी और हम दोनों के पिता गहरे मित्र थे। फिर हमारा सम्पर्क टूट गया। लगभग तीस वर्षों बाद 1964 में हम श्रीनगर में मिले। वे वहाँ तैनात थे और मेरे पिता ने उन्हें पहचान लिया। वह सम्पर्क बहुत कम समय तक रहा। बाद में वर्ष 1998 में हम दोनों बम्बई हवाई अड्डे पर मिले, इस बार हमने सम्पर्क बनाये रखा। अतः यह घटना मेरे जीवन का एक उल्लेखनीय भाग बन गयी और एक बार फिर यह नियति ही थी जिसने मुझसे मेरी फिल्मों में सभी सम्भव चरित्रों की भूमिकाएँ करवाईं। इनमें 'विजेता' फिल्म में एयर कमांडर की भूमिका भी शामिल है। भारतीय वायु सेना के स्वर्ण जयन्ती वर्ष 1982 में 'विजेता' का प्रीमियर शो हुआ। दिल्ली में उच्चाधिकारियों के लिए भी फिल्म का विशेष 'शो'

किया गया, वहाँ सभी विंग कमाण्डर और एयर कमाडोर ने मुझे घेर लिया। उन्होंने मुझे यह कहकर बधाई दी, "पुरी साहब, फिल्म देखकर हमें वास्तव में यह लगा कि आप कहीं बेहतर अधिकारी दिखाई देते हैं।" उन्होंने महसूस किया कि मैंने भूमिका को जीया है। फिल्मों में काम करने का यही मज़ा और आनन्द है कि हम निभाये जा रहे चरित्र का अच्छी तरह से अभिनय करें तो वह लोगों के दिलो-दिमाग पर वास्तविक लोगों से अधिक गहरी छाप छोड़ता है। निःसन्देह हम इन्हीं लोगों से प्रेरणा प्राप्त करते हैं। परन्तु हम चरित्रों को जीवन की तुलना में बहुत विशाल दिखाते हैं और उन्हें पटकथा की माँग के अनुसार महिमा-मण्डित भी कर देते हैं। मैं अब तक अपने स्वयं के जीवन के अतिरिक्त और कितने जीवन जी चुका हूँ। मैं बस इतना ही कह सकता हूँ कि हम कलाकार स्वयं अपना जीवन तो आंशिक रूप से ही जी पाते हैं।

इस फिल्म के निर्माता शशि कपूर और निर्देशक गोविन्द निहलानी थे। मज़े की बात यह है कि शशि की मुझे यह भूमिका देने में बहुत रुचि नहीं थी। उन्हें विश्वास नहीं होता था कि मैं इस भूमिका के लिए उपयुक्त रहूँगा परन्तु गोविन्द को मुझ पर विश्वास था। श्याम बेनेगल और सत्यदेव दुबे भी गोविन्द के साथ मिल गये और शशि को मुझे वह भूमिका देने के लिए मनाने लगे। शशि का तर्क था, "उसकी छवि इस भूमिका के अनुकूल नहीं है।" उन्हें उत्तर मिलता, "कलाकार की छवि के आधार पर फिल्म नहीं बनायी जाती।" अन्ततः हारकर शशि ने बहुत अनिच्छा से मुझे यह भूमिका दी। हम फिल्म की शूटिंग के लिए हैदराबाद में डिंडीगल स्थित वायुसेना के उड़ान-प्रशिक्षण संस्थान में गये। उन सब जेट लड़ाकू विमानों के बीच जाना वास्तव में एक असाधारण अनुभव था, मेरी वेशभूषा ऐसी बनायी गयी थी कि मैं पूरी तरह वायु सेना अधिकारी लगता था। भूमिका में जान डालने के लिए मैं कमाण्डर की वर्दी पहनकर इधर-उधर घूमा करता। जब मैं मैस में जाता तो पास से गुज़रने वाले सभी जूनियर मुझे सलाम करते। पहले तो मुझे आश्चर्य हुआ परन्तु बाद में एहसास हुआ कि मैं वर्दी पहने हुए था। तब किसी ने धीरे से बताया कि मुझे वर्दी पहनकर घूमने की अनुमति नहीं थी। उसके बाद से मैं शूटिंग स्थल पर कार से जाने लगा। फिल्म के एक दृश्य में मुझे नए भर्ती हुए जवानों को सम्बोधित करना था और भाषण देना था। इस दृश्य को फिल्माते हुए मुझे ऐसा लगा मानो मैं अधिकारी हूँ और सभी विद्यार्थी वास्तव में सैनिक हैं। यह एक अविश्वसनीय अनुभूति थी। मेरी चूँकि सदा वर्दी पहनने की इच्छा रही है तो यह एक प्रकार से भूमिका का बदल जाना था। इस भूमिका में मैंने एक प्रकार से अपने स्वप्न को साकार किया। कदाचित् यह इच्छा मेरे अवचेतन में छिपी थी। इसलिए इसे निभाते हुए मुझे इतने आनन्द की अनुभूति हुई। इसी प्रकार लगभग चार-पाँच फिल्मों में पूरी वर्दी में पुलिस कमिश्नर की भूमिका निभाते हुए मैं बहुत आनन्दित हुआ, 'ऐलान' और 'हकीकत' ऐसी ही फिल्में हैं। मेजर और ब्रिगेडियर के चरित्र भी करने का मुझे अवसर मिला। मैं इन लोगों की मानसिकता को जानता हूँ और मुझे यह भी पता है कि इनमें से कुछ लोग कितनी निष्ठा से अपना काम करते हैं।

खैर, मैंने सेना में न जा सकने की अपनी गहरी निराशा का कॉलजे के नये, उत्साहजनक

वातावरण में उदातीकरण कर लिया। कॉलेज ने मुझे एक अनुपम ऊँचाई का एहसास दिया। यहाँ मुझे भोजन और कपड़ों सहित सब कुछ का स्वयं खयाल रखना पड़ता। इसमें सीमित बजट में कॉलेज की फीस, छात्रावास की फीस, जेब खर्च आदि सब को ध्यान में रखते हुए अपने व्यय को कम करना भी सम्मिलित था। आज जब मैं बाऊजी द्वारा भेजी जाने वाली छोटी-सी रकम के विषय में सोचता हूँ तो उतनी छोटी रकम मुझे मज़ाक लगती है। उस सीमित रकम में असीमित व्यय करने की सम्भावना नहीं थी। हमारे प्रिंसिपल रैलाराम कॉलेज परिसर में ही रहते थे। वे उच्च आदर्शों वाले और सादा जीवन व्यतीत करने वाले व्यक्ति थे। उन्होंने डी. ए. वी. कॉलेज को उच्च स्थान पर ला खड़ा किया था। उस समय यद्यपि होशियारपुर में एक राजकीय कॉलेज था और उसे ऊँची नजर से देखा जाता था परन्तु हमारे कॉलेज के परिणाम उससे कहीं बेहतर होते थे। प्रिंसिपल मुझे बहुत चाहते थे, मुझे स्कूल के दिनों से ही संगीत का बेहद शौक था। जब कभी मुझे निराशा घेरती, हॉस्टल के बाहर बैठकर बाँसुरी बजाने लगता। एक दिन प्रिंसिपल साहब ने मुझे बुलाया और कहा, "तुम बहुत अच्छी बाँसुरी बजाते हो मगर चूँकि रात में बजाते हो, इससे देर रात तक पढ़ने वाले लड़कों की पढ़ाई में खलल पड़ता होगा। फिर उन्होंने सुनिश्चित किया कि मैं मनोरंजन क्लब का सदस्य बनूँ। इससे मुझे कॉलेज के समारोहों में अपनी कला का प्रदर्शन करने का अवसर मिलता। मैं लगभग समस्त सांस्कृतिक गतिविधियों से जुड़ा था और यहीं आकर मेरे जीवन को कुछ खुलापन मिला। कड़े अनुशासन वाले मेरे बाऊजी घर लौट आये थे, इससे यह तात्पर्य नहीं कि हम उनकी उपस्थिति में घुटन का अनुभव करते, हम भाई-बहन उनके भव्य व्यक्तित्व से डरते थे। मुझे कॉलेज के एक युवा लड़के के रूप में अपनी इच्छानुसार कार्य करने की स्वतन्त्रता प्राप्त हुई थी। इसी स्वतन्त्रता के कारण ही मुझमें अब निजी निर्णय ले पाने की क्षमता है। रेखाचित्र बनाना मुझे बहुत पसन्द था। अतः मैं अपने विभाग में काम करने वाले वैज्ञानिकों के चित्र इकट्ठे करता और उनके रेखाचित्र बनाता। मैंने इन सब रेखाचित्रों को फ्रेम में जड़वा कर प्रयोगशाला में लगाया था। मै अनुभव करने लगा था कि पाठ्येतर गतिविधियों में भाग लेने से मेरे मस्तिष्क का प्रसार व्यापक होता जा रहा था। उन दिनों दिलीप कुमार फिल्म उद्योग का विशेष आकर्षण बने हुए थे और हम सब अपना अधिकतर समय उनकी शैली की नकल करने में व्यतीत करते।

मैं रोमांचित था, यद्यपि बिना किसी हस्तक्षेप अथवा आपत्ति के भय के अपने शौक पूरे करने की स्वतन्त्रता मुझे डराती थी क्योंकि मुझ पर नजर रखने वाला कोई नहीं था। इससे कोई अन्तर भी नहीं पड़ता था क्योंकि यह बड़े होने की प्रक्रिया का एक हिस्सा था। बाऊजी मुझे प्रायः पत्र भेजते और पत्रों में अधिकतर मेरी पढ़ाई के बारे में ही पूछा जाता। जब भी उनका पत्र आता मैं तनाव में आ जाता क्योंकि मुझे लगता कि पत्र में उन्होंने नाटकों में मेरे भाग लिये जाने के प्रति अपनी नाराज़गी व्यक्त की होगी। उनके शब्दों का मुझ पर इतना कठोर प्रभाव पड़ता कि यदि वे मुझे पत्र में भी फटकार देते तो मेरी आँखें झुक जाती थीं। मैं वहाँ दो वर्ष तक रहा, मगर एफ.एस. सी. की परीक्षा में फेल हो गया था। मैं नहीं जानता कि ऐसा कैसे हुआ, मुझे भौतिक विज्ञान का विषय अच्छा लगता था। परन्तु गणित से मैं आतंकित रहता

था और यही एक विषय है जिसमें आप अच्छे अंक प्राप्त कर सकते हैं। मुझे चालीस वर्ष के बाद होशियारपुर में अपने कॉलेज में जाने का अवसर मिला जो बहुत भावुक कर देने वाला था। मुझे अन्तर युवा उत्सव में मुख्य अतिथि के रूप में आमन्त्रित किया गया था। दस हज़ार लोगों (उनमें मेरे समय का कोई भी नहीं था) ने खुली बाँहों से मेरा स्वागत किया, चारों ओर मुस्कुराहट बिखरी थी। मुझ पर गेंदे के सैकड़ों हार बरसाए गये। मेरी रुलाई फूट निकली और मैं खुशी से, बिना झेंपे मंच पर खुल कर रोया। ऐसे क्षण जीवन में आते हैं परन्तु एक ही बार और उस क्षण जीवन जीने योग्य हो जाता है।"

कहीं कुछ गलत हो गया और मुझे शिमला लौटना पड़ा। चूँकि मैं हाशिए पर अनुत्तीर्ण हुआ था अतः भार्गव म्युनिसिपल कॉलेज, जो बी. एम. कॉलेज नाम से विख्यात था, में प्रवेश लेने से पूर्व मैं इण्टर-साइंस विषय पास करने के लिए पुनः परीक्षा दे पाया। बी.एम. कॉलेज लक्कड़ बाज़ार में उसी स्थान पर था, जहाँ मेरा स्कूल था। प्रतिदिन सुबह हम पैदल कॉलेज जाते, दोपहर में लौटते, कपड़े बदलकर हम फिर माल रोड पर टहलने, दोस्तों से मिलने चले जाते। माल रोड हमारा मिलन स्थल था। हम या तो नाटकों के अभ्यास में व्यस्त रहते अथवा यहाँ मटरगश्ती करते। जिस दिन मैं पहली बार सूट पहनकर माल रोड पर टहलने निकला, बहुत ही आह्लादित महसूस कर रहा था। कॉलेज में तथाकथित फैशनेबुल लड़कों और लड़कियों के विचित्र पहनावों एवं शृंगार पर टिप्पणी करते हुए बाऊजी कहा करते थे, "खाओ मनभाता, पहनो जगभाता।" बाऊजी की ही भाँति बीजी भी पंजाबी लोकोक्तियों और कहावतों का भण्डार थीं तथा इन्हें वे उपयुक्त अवसरों पर प्रयोग करती थीं।

विभाजन के तुरन्त बाद शिमला पंजाब की राजधानी बनी। यहाँ एक सनातन धर्म कॉलेज था। यदि कॉलेज प्राधिकारी चाहते तो सरकार इसे एक स्तरीय कॉलेज बनाने में मदद कर सकती थी। परन्तु अधिकारियों ने अपना स्वयं का एक कॉलेज बनाने एवं एक संस्थान स्थापित करने का निर्णय लिया। उस समय डा. मोतीचन्द भार्गव मुख्यमंत्री थे, आई.सी.एस. अधिकारी आर. सी. खन्ना उपायुक्त थे, शिमला नगर पालिका को उस समय देश में सर्वाधिक समृद्ध माना जाता था। ये तमाम उच्चाधिकार प्राप्त लोग स्कैण्डल प्वायण्ट पर इकट्ठे होते थे। ऐसा कहा जाता है कि पटियाला के महाराजा ने वहाँ एक अंग्रेज युवती का अपहरण कर लिया था इसीलिए इस स्थान का नाम पड़ा स्कैण्डल प्वाइण्ट। अन्ततः यह निर्णय हुआ कि शिमला नगरपालिका एक कॉलेज चलाएगी। अब प्रश्न था कि कॉलेज कहाँ बनाया जाये? इसके लिए एक होटल ले कर उसे कॉलेज में बदला गया। होटल का बैंक्वेट हॉल कॉलेज का हॉल बनाया गया। होटल के रिसेप्शन एवं आसपास के क्षेत्र को प्रिंसिपल का कार्यालय बनाया गया। विशाल रसोईघर में विभिन्न प्रयोगशालाएँ स्थापित की गयीं। प्रत्येक कमरे के साथ एक फ्रंट रूम, एक बैक रूम और एक बाथरूम था। पहली दो मंजिलों पर फ्रंट रूम में हमारी कक्षाएँ लगती थीं। तीसरी और चौथी मंज़िलों पर कॉलेज स्टॉफ के लिए आवास बनाये गये। उस समय प्रत्येक विद्यार्थी को पाँच सौ रुपये की फीस देनी होती थी जो उस समय की दृष्टि से बहुत मोटी रकम हुआ करती थी। उस कॉलेज में पढ़ना विलासिता का विषय हुआ करता था। बैक

रूम मनोरंजन क्लब, विद्यार्थी यूनियन कार्यालय आदि जैसी हमारी कॉलेज की गतिविधियों के लिए आबंटित किये गये थे। संयोग से पंजाब पुलिस के पूर्व महानिदेशक श्री के. पी. एस. गिल वर्ष 1950-51 में हमारे कॉलेज के ही विद्यार्थी थे। वे मुझसे जूनियर थे। विद्यार्थी यूनियन के सचिव पद के लिए हम दोनों प्रतियोगी उम्मीदवार थे। मैं इसका चूँकि सचिव था, मैंने यूनियन के कार्यों के लिए एक और कमरा लेने में सफलता पा ली थी।

दिन में जब कक्षाएँ समाप्त हो जाती और अन्य विद्यार्थी अपने-अपने घर लौट जाते, हम उस कमरे में बैठकर गपशप करते। हमारे मज़ाकिया सहकर्मी जतिन्दर सेठ भी अपने शरारतपूर्ण विचारों को लिये वहाँ आ जाते। हमारे कॉलेज में एक संगीत कक्ष भी था, उसकी अलमारी में हम सितार रखा करते थे। एक बार हमने उस्ताद जी से अनुरोध किया कि वे अलमारी में छिप कर बैठ जायें, हमारे जाने के बाद जब लड़कियाँ वहाँ आयें तो वे उनकी बातें सुनकर हमें बताएँ। अलमारी उनके साँस लेने के लिए पर्याप्त खुली छोड़ दी जाए। लड़कियाँ आईं और आधा घण्टा बातचीत कर लौट गयीं। उनके जाने के बाद कमरे पर ताला लगा दिया गया। इस तरह उस्ताद जी ताले में बन्द हो गये। हम सब घर लौट गये और इस बात को भूल ही गये। शाम को हम सब फिर माल पर मिले। तब हममें से एक ने पूछा, “हमारे उस्ताद जी कहाँ हैं?” तब हमें खटका कि हम उन्हें ताले में बन्द छोड़ आये हैं। हम कॉलेज गये और उन्हें वहाँ से निकाला। जब हमने ताला खोला तो वे चीख-चिल्ला रहे थे। परन्तु ऐसी शरारतें हम कभी-कभार ही किया करते। हमारे समूह के लोग बिलकुल नये विचारों के थे और जीवन व कला के प्रति हमारा स्वस्थ दृष्टिकोण था। हम केवल शरारती ही नहीं थे अपितु बहुत रचनात्मक एवं क्रियाशील भी थे। हम सबने जीवन में अपने-अपने ढंग से विशेष कार्य किये हैं।

मेरी स्नातक की पढ़ाई का एक अत्यन्त महत्त्वपूर्ण पहलू यह था कि मैंने अपने विषय बदल लिये थे। चूँकि मैं गणित नहीं कर पाता था इसलिए मैंने राजनीति शास्त्र और अर्थशास्त्र विषय ले लिए थे। अब कॉलेज का जीवन बहुत आनन्दमय हो गया था और मुझे अपने क्रियाकलापों का कुछ और विस्तार करने का अवसर मिला। एक संगीत क्लब स्थापित करने और इसे गम्भीरता से चलाने के अतिरिक्त हम रिवोली सिनेमा पर विशेष रूप से बनाये गये स्केटिंग रिंक पर बर्फ पर स्केटिंग करने के दीवाने थे। मैंने भाला फेंक, चक्का फेंक, लम्बी कूद, ऊँची कूद और सौ से चार सौ मीटर की दौड़ों में अपने कॉलेज का प्रतिनिधित्व भी किया है और मेरा स्वास्थ्य कदाचित् खेलों में मेरी गहरी पैठ का ही परिणाम है। यह विश्वास कर पाना कठिन होगा कि बाह्य गतिविधियों में इतना सक्रिय रहने के बावजूद मैं बहुत डरपोक रहा हूँ और यह डर शायद प्राकृतिक तत्वों से रहा है। एक बार कॉलेज के एक भ्रमण के दौरान हमें जंगल में ले जाया गया और जब तक अँधेरा घिरा, मैं गहरे जंगल में खो गया। जब तक मैं मार्ग नहीं ढूँढ़ पाया, प्रत्येक क्षण, प्रत्येक कदम बुरी तरह भयभीत कर देने वाला था। दूसरी घटना कोयला बाँध के कारण भूकम्प की है। गड़गड़ाती धरती की गूँज ऐसी सुनाई देती थी मानो एक सौ बोइंग जैट ने एक साथ उड़ान भरी हो। प्रकृति विस्मित कर देने वाली और ईश्वर महान है।

कॉलेज के दिनों में हम तीस किलोमीटर पैदल चलकर 'तत्ता पानी' जाया करते, यहाँ से सतलुज नदी प्रवाहित होती है और यहाँ का पानी बर्फ जैसा ठण्डा है, जबकि नदी के किनारे से एक फुट दूर जाकर खोदें तो उबलता हुआ गर्म पानी निकलता है। मैं वहाँ पहले चार बार गया हूँ। अंतिम बार मैं वर्ष 1952 में वहाँ गया, जब बम्बई से विजय (गोल्डी) आनन्द अपने पुराने मित्र अशोक रामपाल के साथ कुछ दिनों की छुट्टियाँ बिताने आया था। अशोक रामपाल हमारे ही ग्रुप का था जो बाद में लन्दन जाकर ब्रिटिश ब्रॉडकास्टिंग कार्पोरेशन के हिन्दी प्रभाग में काम करने लगा था। गोल्डी अपने भाई चेतन आनन्द की फिल्म 'आँधियाँ' के रिलीज़ के समय इस टूर पर आया था। तब हम नहीं जानते थे कि शीघ्र ही गोल्डी अभिनेता बन जायेगा और फिर निर्देशन भी करने लगेगा। खैर, हम सातों शाम ढलने तक बसन्तपुर पहुँच गये। हमने एक प्राथमिक स्कूल के बरामदे में रात बितायी। मध्य रात्रि में हमारा एक मित्र कैलाश सूद डर से काँपता हुआ उठ बैठा। हम सब भी उठ गये और उससे डर का कारण पूछा, वह फुसफुसाया, "आसपास कोई भूत है।" उसने बताया कि भूत ने दो बार उसकी छाती पर प्रहार किया और इससे उसका दम घुटने लगा। हमने यद्यपि उसे ढाढस बँधाने का प्रयत्न किया और उससे कहा कि डरने की कोई बात नहीं परन्तु हम भी क्षण भर भी नहीं सो पाए। फिर हमने बहुत मज़ा किया और मुझे उस आनन्ददायक यात्रा का एक-एक क्षण याद है।

घर में छिपकली को देखकर उछलने के सिवा मैं कोई समस्या नहीं खड़ी करता था। कोई बदमाशी नहीं, न ही कोई चक्कर। छिपकली को देखकर तो मैं आज भी डरता हूँ। मेरे सभी भोले-भाले कामों से बाऊजी बहुत प्रसन्न होते क्योंकि मेरी सक्रियता लड़कियों के साथ इश्कबाजी की तुलना में खेलों में अधिक थी। वास्तव में मैं बहुत शर्मीला था। मैं नहीं जानता था कि लड़कियों से कैसे बात की जाती है। हालाँकि मैंने सहशिक्षा स्कूल में पढ़ाई की थी और कॉलेज भी सहशिक्षा वाला था परन्तु मैं बहुत साहसी नहीं था। मैं लड़कियों के सामने घबरा जाता। किसी भी स्थिति में मुझे अपने पसन्द की लड़की की ओर आँख उठाकर देखने में छह माह का समय लग जाता और अगले छह महीने 'हैलो' कहने का साहस जुटाने में लग जाते। मैं उनके साथ होने के सपने देखता परन्तु उनसे बात करने का साहस मुझमें नहीं था। मेरे कुछ मित्रों के लड़कियों के साथ प्रेम सम्बन्ध थे, घनिष्ठ सम्बन्ध भी थे। सैक्स सहित अनेक विषयों के सम्बन्ध में उन्हें मुझसे कहीं अधिक जानकारी थी, इस पर मुझे वास्तव में आश्चर्य होता। मुझे अपने माता-पिता से जिस प्रकार के संस्कार मिले थे, उनके दृष्टिगत मुझे यह सब गलत लगता। आजकल तो बच्चे किशोरावस्था में प्रवेश से पूर्व ही जानने-समझने लगते हैं परन्तु सच तो यह रहा कि उस जमाने में बच्चे पढ़ाई और खेलों पर अधिक ध्यान देते थे।

कॉलेज की केवल एक बात ऐसी थी जो मैं पूरी तरह गुपचुप कर लिया करता। हमारी एक एमैच्योर आर्टिस्ट एसोसिएशन थी। हमने कुछ नाटक किये, उससे वास्तव में मुझमें रंगमंच के कौशल में निपुणता आई। हम अपने नाटक गेइटी थियेटर और काली बाड़ी हाल—दोनों स्थानों पर करते और अनेक दशक बाद फिल्म 'गदर' का गाना "मैं निकला गड्डी लेके" इसी गेइटी थियेटर में फिल्माया गया। फिल्म निर्माता ने इस गाने के लिए थियेटर का नवीकरण

करवाया। मैं कॉलेज के गुज़रे दिनों में पहुँच गया और याद करने लगा कि उसका स्टेज कैसा दिखाई देता था। वास्तव में मुझे वहाँ के एक-एक ब्लॉक की याद है। उस समय अन्य थियेटर ग्रुप भी शिमला आते और उनके पेशेवर रंगमंच कलाकार होते परन्तु हमारा ग्रुप अपनी ही तरह से खास था। मेरी चूँकि रंगमंच और संगीत दोनों ही में रुचि थी, शिमला में कुछ प्रसिद्धि भी मिल गयी थी और विशेष रूप से नाटक 'तस्वीर' एक विशेष कारण से अविस्मरणीय बन गया। इस से पूर्व एक बंगाली संघ चाहता था कि मैं उनके एक संगीतमय नाटक में मूर्तिकार की प्रमुख भूमिका करूँ। परन्तु 'तस्वीर' की कथा एक ऐसे परिवार और उसके वफ़ादार पुराने नौकर के इर्द-गिर्द घूमती थी जो कथा के खलनायक द्वारा अपने मालिक को बर्बाद किया जाना सहन नहीं कर पाता है। मैं उस समय केवल उन्नीस वर्ष का था और मुझे समस्त साज-शृंगार करके और अपने बाल सफेद करके उस चरित्र के अनुरूप दिखाई देना था। इस नाटक का निर्देशक-लेखक मेरा प्रतिभावान मित्र जितेन्द्र सेठ था।

इस प्रस्तुति का एक और भी महत्त्वपूर्ण पहलू रहा और वह यह कि मैं नाटक के लिए अभ्यास करने चोरी-छिपे जाता था। मैंने बाऊजी से यह बात छिपाने का हर सम्भव प्रयास किया परन्तु उन्हें सन्देह हो गया और मेरे थियेटर ग्रुप से जुड़े होने की भी भनक लग गयी। यह वास्तव में अविश्वसनीय था—उन्होंने चुपचाप नाटक का टिकट खरीदा और बालकनी में बैठ गये। हॉल में उनकी उपस्थिति के बारे में बताए जाने पर मैं बुरी तरह डर गया। किसी तरह मैंने पूरे नाटक में अपनी भूमिका निभायी, शो के बाद मैं प्रताड़ना की आशा कर रहा था परन्तु बाऊजी ने एक शब्द नहीं कहा। बाद में बीजी ने बताया कि वे मेरी भूमिका से बहुत प्रभावित हुए थे और उन्हें लगा कि मैं बिल्कुल चमन भाई जैसा दिखाई देता था, मैंने अपनी भूमिका बहुत अच्छी तरह से निभायी थी। मुझे अपनी यह प्रशंसा केवल बीजी से ही सुनने को मिली, उन्होंने स्वयं मुझसे यह कभी नहीं कहा। मैं बाऊजी की विचार प्रक्रिया पर सोचता हूँ तो अफसोस होता है कि पिता और पुत्र में कितनी औपचारिक दूरी होती थी जबकि आज के समय में यह मित्रतापूर्ण सम्बन्ध अधिक है। हम ऐसी स्वतन्त्रता नहीं ले सकते थे।

जहाँ तक संगीत और कला का सम्बन्ध है, बाऊजी इनके विषय में कुछ भी नहीं जानते थे। परन्तु यह आश्चर्यजनक है कि वे थियेटर के समर्थक और सिनेमा के विरोधी थे। 1930 के दशक में जब वे शिमला में रह रहे थे, वे गेयटी क्लब के सचिव बन गये और उन्हें प्रमुख कलाकारों की पोशाकों एवं वेशभूषा का दायित्व सौंपा गया। उनके व्यक्तित्व के ये विरोधाभास मुझे प्रायः भ्रमित कर देते थे। फिल्मों से यदि उन्हें घृणा थी तो वे पौराणिक फिल्में देखने क्यों जाते थे? और मुझे आश्चर्य होता था कि उन्होंने मुझे रंगमंच-अभिनय से क्यों नहीं रोका? अथवा शायद वे रंगमंच को रामलीला की दृष्टि से देखते थे। परन्तु फिर भी मैंने उन्हें बिना बताए थियेटर जारी रखा क्योंकि मेरे मन में कहीं यह भय था कि वे इसके लिए अपनी सहमति नहीं देंगे और शायद मैं उन्हें अपने मन में छिपे असफलता के भय के कारण भी नहीं बताना चाहता था। यदि मुझे सफलता नहीं मिली तो क्या होगा? उन्हें रंगमंच के प्रति मेरे रुझान की जानकारी हो, उससे पहले मैं अपनी काबिलियत के विषय में पूर्ण रूप से आश्वस्त होना चाहता

था। फिर भी मैं इसे मदन भाई की भाँति फिल्मों में जाने का संकेत नहीं मान सकता था क्योंकि बाऊजी अभी भी फिल्म उद्योग को अच्छी दृष्टि से नहीं देखते थे। मैं भी थियेटर की ओर आकृष्ट था। अपने अनाड़ीपन में मैं जो भी छिटपुट अभिनय करता, कुछ लोग मेरे पास आते और बधाइयाँ देते कि तुम बहुत अच्छे कलाकार हो। तुम्हारी उपस्थिति बहुत प्रभावशाली होती है और यह सब सुनकर मेरा बहुत उत्साहवर्द्धन हुआ। केवल चमन और मदन भाई ने ही गेइटी थियेटर में नाटकों में अभिनय नहीं किया, मेरी बहन चन्द्रकान्ता ने भी ताराबाई हाल में नाटकों में भाग लिया, वहाँ उसने एक पुरुष की भूमिका की और स्वभावतः उसने पुरुषों वाली वेशभूषा धारण की। वह मंच पर पहुँचने ही को थी कि किसी ने उसे बताया कि बाऊजी भी हॉल में हैं। यह सुनकर वह उनके क्रोध के डर से काँपने लगी। इतना ही नहीं, वे मंच के पीछे ग्रीन रूप में भी गये। वहाँ अपनी बेटी को पुरुष की वेशभूषा में मूँछ लगाए देखकर उनके हावभाव एक पल को तो विचित्र से हो गये और कहने लगे कि वह बहुत अधिक मदन भाई जैसी दिखाई दे रही है। न जाने कैसे वे सदा अपने बच्चों में समानता ढूँढ़ते रहते थे। इतनी उत्साहवर्धक बात कह कर उन्होंने उसकी पीठ थपथपाई। इसके बाद मेरी बहन ने विस्मित कर देने वाला अभिनय किया। अपने बच्चों को कला के किसी भी क्षेत्र में आगे बढ़ता देखकर बाऊजी क्रोध तो दूर की बात है, मन ही मन बहुत प्रसन्न होते थे। अतः हम पर यह स्पष्ट हो गया था कि उनकी बाहरी कठोर मुद्रा उनके अधिकार की अभिव्यक्ति थी। हमारे समय में किसी भी कैरियर को अपनाने से पहले पिता अथवा परिवार के मुखिया की अनुमति लेना अनिवार्य था।

पढ़ाई और बेफिक्र युवावस्था की मौज-मस्ती के वर्ष बहुत तेज़ी से निकल गये। मैंने 1952 में स्नातक की परीक्षा दूसरी श्रेणी में पास कर ली और एक बार फिर मैं अंधे मोड़ पर खड़ा था, समझ में नहीं आ रहा था कि आगे क्या करूँ? जल्द ही मुझे अपने भविष्य की योजना बनानी थी, जिसका अर्थ था बाहरी संसार में प्रवेश। एक ओर रंगमंच का प्रलोभन था और मैं इसे पूर्णकालिक व्यवसाय बनाना चाहता था परन्तु मैं यह भी जानता था कि थियेटर में मिलने वाली आय बहुत कम थी और उससे परिवार की सहायता कर पाना संभव नहीं होगा। दोनों बड़े भाई यद्यपि पहले ही माता-पिता की आर्थिक सहायता कर रहे थे परन्तु मुझे लगता था कि मुझे भी योगदान देना है। मैं यह कभी नहीं भूल सकता था कि दोनों बड़े भाइयों द्वारा अपनी नौकरियाँ छोड़कर फिल्मों में कैरियर बनाने की बात पर पिताजी कितने क्रोधित हुए थे। उन्होंने उन्हें लगभग बेदखल कर दिया था और इसका मुझ पर गहरा प्रभाव पड़ा था, फिर भी फिल्में मुझे दिन-प्रतिदिन अधिक से अधिक आकृष्ट कर रहीं थी। मैंने अभिनेताओं, विशेष रूप से दिलीप कुमार और मोतीलाल को ध्यानपूर्वक देखना शुरू कर दिया था। यद्यपि रंगमंच पर मेरे प्रदर्शन और बाऊजी की अनुकूल प्रतिक्रिया ने मुझे थोड़ा साहसी बना दिया था परन्तु तब भी मैं अपनी इच्छा को खुलकर व्यक्त नहीं कर सका और भारी मन से अपनी अभिनय की कामना को त्याग कर शहर में कोई नौकरी करने का निर्णय लिया।

दिल्ली नगर से क्योंकि मैं परिचित था अतः अक्तूबर 1952 में मैं यहाँ आ गया और बहुत उत्साह से अनेक कम्पनियों में नौकरी के लिए आवेदन किया। शीघ्र ही मुझे यह एहसास हो

गया कि बड़े शहरों में नौकरी मिलना बहुत कठिन है। महीनों बीत गये और कुछ ठोस परिणाम नहीं मिला। मुझे कुछ स्थानों पर इण्टरव्यू के लिए बुलाया भी गया परन्तु नौकरी के लिए उपयुक्त नहीं समझा गया। मेरी आशा समाप्त हो रही थी और मैं निराश था कि एक वर्ष के बाद भी मैं अभी बेरोज़गार था। समय तेज़ी से बीत रहा था और मुझे बाऊजी से और पैसा माँगते शर्म आने लगी थी। बीजी के स्वास्थ्य के कारण वे भी शिमला छोड़कर दिल्ली आ गये थे और नौकरी करने लगे थे। यह स्थिति कदाचित अधिक समय तक नहीं चल सकती थी। मैं निराश होता जा रहा था। अब तक चमन भाई भी बम्बई में मदन भाई के पास चले गये थे, मदन भाई का अब तक नाम हो चुका था। यह जानकर मुझ में भी आशा जाग्रत होने लगी और मैंने तड़क-भड़क वाले बम्बई नगर में अपना भविष्य खोजने का निर्णय लिया, मेरे मित्र मेरे निर्णय से सहमत नहीं थे। उन्होंने मुझे सावधान किया कि वहाँ जाकर नौकरी ढूँढ़ना असम्भव होगा परन्तु मैं ज़िद पर अड़ा था। मैं सोचता था कि यदि मुझे नौकरी नहीं मिली तो मै फिल्मों में काम कर लूँगा, मदन भाई निश्चित रूप से मेरी सहायता करेंगे। यह विचार कर मैंने मदन भाई को पत्र लिखकर सहायता का आग्रह किया। उन्होंने तत्काल मुझे बम्बई बुला लिया और मैंने दिल्ली नगर छोड़ दिया।

वर्ष 1953 के अन्त में बम्बई की स्वप्न नगरी में जाने से पूर्व मैं चमन और मदन भाई के फिल्मों में कैरियर ग्राफ को भली प्रकार से जानता था। वे हमारे चचेरे भाई कुन्दन लाल सहगल के कहने पर फिल्म उद्योग में गये थे और तीनों का व्यक्तित्व एक-दूसरे से पूर्णतः भिन्न था। चमन भाई ने बहुत अच्छे अंकों के साथ स्नातक की परीक्षा पास की थी। शिमला में थियेटर के अग्रणी कलाकार के रूप में उनकी प्रतिभा प्रसिद्ध थी। एक बार प्राण ने उनके साथ हीरोइन की भूमिका की और दोनों की अत्यधिक प्रशंसा हुई थी। इसके बाद लाहौर के एक फिल्म निर्माता ने उन्हें पंजाबी फिल्म 'परदेसी ढोला' में प्रमुख भूमिका के लिए बुला लिया। फिर उन्होंने 'मोहिनी,' 'यमला जाट,' 'और 'सवा लाख से एक लाख लड़ाऊँ' पंजाबी फिल्में कीं और ये सभी-की-सभी बहुत ही सफल रहीं। ठीक उसी समय 1940 में चमन भाई कलकत्ता चले गये। सहगल साहब ने उन्हें न्यू थियेटर की फिल्म 'बड़ी बहन' में काम करने के लिए बुला लिया था। सहगल साहब व्यक्ति और कलाकार, दोनों रूपों में चमन भाई से प्रभावित थे। उनकी मित्रता एवं एक-दूसरे के प्रति स्नेह अन्त तक बना रहा।

बाऊजी की कोई बहन नहीं थी। इसलिए वे अपनी चचेरी बहन, सहगल साहब की बहन, के बहुत निकट थे। हम बुआ के समान उनका आदर करते, सहगल साहब शुरू से गायक बनना चाहते थे। किशोरावस्था में वे दिल्ली में इर्विन रोड पर हमारे मकान के निकट तालकटोरा के समीप रहते थे। एक बार वे अस्वस्थ थे और बाऊजी ने मामा के रूप में अपना दायित्व समझकर उनकी देखभाल की। अपार सफलता के बाद भी सहगल साहब मन से एक अति साधारण व्यक्ति रहे। जब कभी भी वे शिमला में हमारे घर आते, घर की सिली हुई पैण्ट पहनकर घूमा करते। बाऊजी ने जो उनकी देखभाल की, उसका उन्होंने बहुत विनम्रता से प्रतिदान किया। बाऊजी जब बम्बई में उनके पास गए तो उन्होंने बाऊजी को स्वयं खाना बनाकर

खिलाया। उस समय सहगल साहब एक गायक और एक अभिनेता के रूप में अपनी सफलता के चरम पर थे परन्तु यह सफलता उनके सिर पर नहीं चढ़ी थी। एक बार एक समारोह में सहगल साहब को मंच पर बिठाया गया। उन्होंने हॉल में बैठे विशाल जन समूह में बाऊजी को दूर से देख लिया। वे मंच से नीचे आये और बाऊजी को झुक कर प्रणाम किया। सबने बाऊजी से अनुरोध किया कि वे हॉल से चले जायें अन्यथा सहगल साहब उनकी उपस्थिति में गा नहीं सकेंगे। यह कहना अनुचित है कि वे दुखी थे और इसलिए उन्होंने शराब पीना प्रारम्भ किया। वे अत्यन्त स्नेहशील थे और अपने परिवार को बहुत चाहते थे। मद्यपान तो उनके स्वभाव की समस्या थी।

वर्ष 1944 तक चमन भाई दिल्ली लौट आये और एक अमरीकी कम्पनी में नौकरी कर ली। उनका पद बहुत दायित्वपूर्ण था जिसे उन्होंने भली प्रकार से निभाया। चमन भाई का रंग बहुत साफ था और वे बहुत सुन्दर थे, भूरे रंग की उनकी घनी मूँछें थीं और आँखें भी भूरे रंग की थीं, अपने खास व्यक्तित्व के कारण वे सब से भिन्न ही दिखाई देते। उनके अमरीकी सहकर्मी उनके व्यक्तित्व से इतने प्रभावित थे कि वे उनके साथ शिकार करने तक जाया करते। बाद में 1947 में चमन भाई शिमला आ गये और 1948 के अन्त तक वहीं रहे। अन्ततः वे बम्बई चले गये और वहाँ 'झनक-झनक पायल बाजे' तथा अनेक अन्य फिल्मों में उन्होंने चरित्र भूमिकाएँ निभायीं। उनके सम्बन्ध में एक विशेष बात यह थी कि यद्यपि फिल्म उद्योग में वे अपनी पहचान नहीं बना पाये मगर अपने प्रसन्नचित्त एवं दायित्वपूर्ण स्वभाव के कारण बहुत सम्मान पाया। अपने मित्रों का वह बहुत ध्यान रखते। बहुत कम आयु में उनके बाल सफेद हो गये थे इसलिए सब उन्हें 'डैडी' कहकर बुलाते। फिल्म उद्योग में सम्बन्ध कोई मायने नहीं रखते। सच में मुझे लगता है कि उन्हें फिल्मों में बहुत अच्छे अवसर मिलने चाहिए थे परन्तु एक अभिनेता अथवा एक गायक के रूप में उन्होंने न तो कभी कोई प्रशिक्षण लिया और न ही अपनी प्रतिभा को निखारा। वे कोई सलाह नहीं मानते थे, परिणामतः अपने जीवन के अन्त तक वे औसत दर्जे के व्यक्ति ही बने रहे। उन्होंने अभिनय कौशल पर गम्भीरतापूर्वक कभी ध्यान नहीं दिया और शायद उनका मानना था कि अभिनय क्षमता आपको स्वाभाविक रूप से मिलती है। यह सही है परन्तु किसी भी कला को निखारा और सँवारा जाना होता है। इसके लिए अभ्यास करने तथा सीखने की आवश्यकता होती है जो उन्होंने कभी नहीं किया। अपने उपेक्षापूर्ण दृष्टिकोण के कारण वे कभी उच्च सफलता नहीं प्राप्त कर सके।

चमन भाई के विपरीत मदन भाई में प्रतिभा उतनी नहीं थी लेकिन उन्होंने अपने अभिनय कौशल को निखारने पर निरन्तर श्रम किया और केवल इसी कारण वे अधिक सफल रहे, उनकी तमाम भूमिकाएँ सराही गयीं। मैं इसलिए उनकी बात नहीं कर रहा कि वे मेरे भाई हैं, निष्पक्ष रूप से बात करूँ तो वे एक अत्यन्त सज्जन व्यक्ति थे। इससे पुनः यह प्रमाणित होता है कि नेगेटिव भूमिकाएँ करने वाले वे सब खलनायक अपने वास्तविक जीवन में कितने अच्छे थे। मदन भाई हमारे परिवार की रीढ़ थे। उन्हें सन् चालीस के दशक के प्रारम्भ में कलकत्ता में नौकरी मिली। दूसरे विश्व युद्ध के समय उन्होंने एक सरकारी कार्यालय में काम किया।

वे सहगल साहब से मिलते रहते और उन्हें फिल्मों में काम करने की अपनी इच्छा बतायी। उस जमाने में अभिनेता सार्वजनिक हस्तियाँ नहीं हुआ करते थे। नेताओं की भी इतनी पहचान नहीं हुआ करती थी, केवल स्वतन्त्रता सेनानी ही विख्यात होते थे। सिनेमा अब नया-नया था और लोग चलती-फिरती तस्वीरों को देखकर बहुत चकित होते थे। सहगल साहब विक्टोरिया किराए पर ले कर रात भर कलकत्ता में घूमते रहते। उन्हें कभी कोई चिन्ता नहीं होती थी और न ही उस समय ऐसा कोई सामाजिक आडम्बर अथवा कोई छवियाँ थीं, जिनका उन्हें ध्यान रखना होता। यहाँ तक कि वे पैदल ही स्टूडियो जाया करते परन्तु उन दोनों में असुरक्षा की भावना के कारण थे। चूँकि उन दिनों विस्फोट की अनेक घटनाएँ हुई थीं, कलकत्ता का वातावरण बहुत अनिश्चित और असुरक्षित हो गया था।

मदन भाई बहुत समझदार व्यक्ति थे, कोई भी काम गम्भीरता से योजना बनाकर करते। वे बस फिल्मों में कूद ही नहीं पड़े अपितु फिल्मों में आने का उनका निर्णय बहुत सोचा-समझा था, वे जानते थे कि स्वयं को फिल्म उद्योग में जमाना न तो सरल था और न ही एक दिन का काम। हम सदैव चिन्तित रहते और बाऊजी बहुत परेशान थे। मदन भाई विवाहित थे और उनके दो बच्चे भी थे। इसीलिए कलकत्ता में अपनी नौकरी छोड़ने और बम्बई आने से पूर्व उन्होंने हिसाब-किताब लगाकर भली प्रकार से समझ लिया था कि अपनी बचत से वे कितने समय तक स्वयं और अपने परिवार को चला पायेंगे। इन दिनों इस क्षेत्र में संघर्ष करने के लिए बहुत कम लोग आते थे क्योंकि फिल्म वालों को अच्छी दृष्टि से नहीं देखा जाता था। इसलिए यहाँ इतनी प्रतियोगिता भी नहीं थी। मदन भाई को विश्वास था कि वे अच्छा काम करके स्वयं को स्थापित कर लेंगे। बाऊजी ने जब उनकी अभिनय की इच्छा का उपहास उड़ाया तो मदन भाई ने उन्हें चार पृष्ठों का लम्बा पत्र लिखा और स्पष्ट किया कि यही वह कार्य है जो वास्तव में वे करना चाहते हैं। उन्होंने बाऊजी के साथ वायदा किया कि वे कोई ऐसा व्यसन नहीं पालेंगे जिससे उनकी प्रतिष्ठा पर प्रश्न चिह्न लगे।

मेरे विचार में उनकी प्रतिभा का एक और विशेष पहलू था—लगभग एक दशक तक सरकारी नौकरी में काम करने के बाद उन्हें दुनिया के तौर-तरीके समझ में आ गये थे और वे मानव मन को भली प्रकार से पहचानते थे, इसलिए वे बहुत अच्छे अभिनेता बन सके। 1945 में वे अपना घर-परिवार बम्बई ले आये और एक वर्ष से भी कम समय में उन्हें फिल्मों में काम मिल गया। शुरू में तो उन्होंने 'सोना' नाम की फिल्म में हीरो की भूमिका की। इसके बाद 'इम्तिहान' और 'फूल' फिल्में आयीं। वे देखने में बहुत सुन्दर थे और उनका रंग साफ था। वे स्वयं को प्रस्तुत करना और अपने व्यक्तित्व को निखारना जानते थे। मैं तो सर्वोत्तम विशेषणों के द्वारा ही उनका वर्णन कर सकता हूँ क्योंकि आज भी मैं सोचा करता हूँ कि एक दृश्य विशेष को उन्होंने कैसे निभाया होता? बाद में जब उन्हें अपनी हीरो की छवि बहुत सफल होती प्रतीत नहीं हुई तो वे खलनायक की भूमिकाएँ करने लगे। देव आनन्द ने एक बार उनसे कहा, "तुम नेगेटिव भूमिकाओं को क्यों नहीं स्वीकार करते? उन भूमिकाओं में तुम बहुत सही लगोगे।" और खलनायक के रूप में उनकी पहली फिल्म 'विद्या' थी, जो सुरैया और देव साहब

के साथ थी। इस फिल्म ने एक सफल खलनायक के रूप में उन्हें स्थापित कर दिया। मेरे विचारानुसार करेक्टर भूमिकाओं में वे अधिक सहज अभिनय कर पाते थे।

अपनी बहुमुखी प्रतिभा के बल पर मदन भाई ने जब भी अवसर मिला, पॉजिटिव भूमिकाएँ भी स्वीकार कीं। ऐसी विविध अभिनय क्षमता होते हुए भी वे स्वयं को मात्र एक अभिनेता कहते। यह मैंने उनसे ही सीखा कि खलनायकी मात्र एक भूमिका है और एक कलाकार कोई भी भूमिका निभा सकता है। वे स्वभावतः ही एक बहुत बढ़िया अभिनेता थे एवं पूरी तरह व्यावहारिक व्यक्ति थे। अन्य लोगों के साथ उनके सौहार्दपूर्ण सम्बन्धों ने उन्हें फिल्मों में काम दिलवाने में सहायता की। चमन भाई को भी वे यही बात समझाना चाहते थे कि व्यवस्थित और योजनाबद्ध होना बहुत महत्त्वपूर्ण है। मदन भाई अपने काम के लिए विख्यात थे जबकि चमन भाई अपने स्टाइल के लिए जाने जाते थे। वास्तव में मैंने यदि अपने जीवन में एक दुनियादार आदमी, जो जीवन को समझता है, के रूप में कुछ सीखा तो केवल मदन भाई से सीखा। वे प्रत्येक कार्य बहुत व्यवस्थित ढंग से करते और जानते थे कि कोई कार्य कैसे करना है।

मैं पहली बार बम्बई 1996 में अपने स्कूल की सर्दियों की छुट्टियों के दौरान आया। जब हम बॉम्बे एक्सप्रेस से यहाँ पहुँचे तो मदन भाई बायकुला रेलवे स्टेशन पर हमें लेने आये थे। हम माटुंगा में आर.पी. मसानी रोड पर उनके घर पहुँचे। यह मकान सहगल साहब की बिल्डिंग के ठीक सामने था। सहगल साहब दूसरी मंजिल पर रहते थे। संगीत का उन्हें बहुत शौक था, शाम को पीने के बाद अपना हारमोनियम ले कर बालकनी में बैठ जाते और गाते, पूरी गली श्रोताओं से भर जाती। उन्हें गली में गाने वाले कुछ गायकों का गाना बहुत अच्छा लगता और इसीलिए उनकी एक फिल्म का नाम 'स्ट्रीट सिंगर' था। एक बार उन्होंने गली में कुछ गायकों का गाना सुना। वह गाना उन्हें इतना अच्छा लगा कि उन्होंने छज्जे से ही आवाज़ लगाकर उन गायकों को अपने अपार्टमेंट पर बुला लिया। उन्होंने उन पति-पत्नी से अपने हारमोनियम के साथ एक डुवेट गाने के लिए कहा और स्वयं तबला बजाने लगे। एक पौराणिक चारण की कथा पर बनायी गयी उनकी एक अन्य फिल्म थी 'सूरदास'। मुझे यह भी याद है कि मैंने यह फिल्म परिवार के साथ देखी थी और फिल्म में उन्हें देखकर हम बहुत प्रसन्न हुए थे। मुझे याद नहीं पड़ता कि बाऊजी को यह पसन्द आई थी अथवा नहीं।

सहगल साहब अपनी भूमिकाएँ बिना किसी बनावटीपन के करते थे। उनका अभिनय उच्च कोटि का नहीं था परन्तु वे बहुत स्वाभाविक कलाकार थे। 'देवदास' फिल्म में उनके उत्तम अभिनय ने उन्हें व्यापक ख्याति दिलाई। अत्यधिक शराब पीने के कारण वे इस चरित्र को बहुत आसानी से निभा पाए और फिल्म में उनके गाये हुए गीत सब जगह बजते। वे एक स्वाभाविक गायक और अभिनेता का मौलिक उदाहरण हैं। उन्होंने पंकज मल्लिक की रचनाएँ भी गाईं। पंकज मल्लिक स्वयं एक उत्तम गायक थे। सहगल साहब एक ऐसे युग में हुए जब रिकॉर्डिंग की कोई तकनीकें उपलब्ध नहीं थीं परन्तु उन्होंने स्वयं एक तकनीक का आविष्कार कर लिया था। जब उन्हें ऊँचे सुर में गाना होता तो वे माइक से दूर हट जाते और नीचे स्वर में गाना

होता हो माइक के निकट आ जाते।

जिस शाम मैं बम्बई पहुँचा, सहगल साहब को उसी शाम जालन्धर में अपने घर के लिए प्रस्थान करना था। मुझे स्पष्ट रूप से याद है कि वह चौबीस दिसम्बर का दिन था। रवाना होने से पहले वे हमें मिलने आये थे और हमारे साथ आधा घण्टा बिताया था। उन्होंने इतने स्नेह से मेरी पीठ थपथपाई कि उसकी अमिट छाप आज भी मेरे मन-मस्तिष्क में बनी हुई है। हमें फिर कभी नहीं मिलना था, यह काफी दुखद था। वे बहुत कमज़ोर दिखाई दे रहे थे और दुबले होकर अस्थिपिंजर के समान रह गये थे। वे बाँस के समान पतले परन्तु बहुत स्नेहशील और भावप्रवण थे। वास्तव में उन्हें यह पूर्वाभास हो गया था कि वे बहुत दिन तक जीवित नहीं रहेंगे और शायद वे अंतिम बार हमसे मिल रहे थे। वे शराब की बोतल नहीं, रम का ड्रम पीते और उनकी यह कमज़ोरी ही उनके अन्त का कारण बनी। जालन्धर में सहगल साहब गम्भीर रूप से बीमार पड़ गये और उन्होंने घर में बनाये गये 'सरसों दा साग' सहित वह सब जी भर कर खाया, जिसका उन्हें शौक था। उन्होंने एक और इच्छा व्यक्त की कि उनकी शव यात्रा में उनका गाना 'जब दिल ही टूट गया, हम जी के क्या करेंगे...' ज़रूर बजाया जाए। यह उनका मन को छू लेने वाला गीत था और जनवरी में उनका निधन हो गया। उनके परिवार में उनकी पत्नी आशा, पुत्र मदन मोहन और बेटियाँ नीना व बीना थीं, दुर्भाग्य से उनके पुत्र की भी उन्हीं के समान जिगर के रोग से, उन्हीं की ही भाँति 42 वर्ष की आयु में मृत्यु हुई और वह एक युग का अन्त था।

सहगल साहब को असाधारण प्रसिद्धि मिली। उनकी आवाज़ भगवान की देन थी, उनके समान दूसरी आवाज़ नहीं हुई। वे अपने गले का कभी ध्यान नहीं रखते थे और जो भी मिलता, खा लेते। फिर भी उनकी आवाज़ इतनी बढ़िया कैसे थी, यह कोई भी नहीं जान पाया। वास्तव में उस समय उभरते गायकों के लिए आमतौर पर कहा जाता था कि "लोग कहते हैं कि ये अपने आप को सहगल समझते हैं।" संगीत के लिए वे बहुत भावुक थे इसलिए बिना किसी प्रयत्न के गा सकते थे। सिने आर्टिस्ट एसोसिएशन ने मरणोपरान्त उन्हें सम्मानित किया और उनकी ओर से वह सम्मान मैंने प्राप्त किया, जो आज तक मेरे घर पर रखा हुआ है। लता मंगेशकर ने उनके गाने गाकर इस 'संगीत सम्राट' को अपनी श्रद्धांजलि दी। वे उन्हें अपना पथप्रदर्शक मानती थीं और सहगल साहब ने यह सुनिश्चित किया कि बम्बई छोड़ने से पहले वे उनसे भी मिलें। लता उस समय प्रतिभावान पार्श्व गायिका के रूप में उभर रही थीं।

वास्तव में जब सहगल साहब पूर्ण रूप से कलकत्ता छोड़कर बम्बई आ गये तो उनके साथ हिन्दी सिनेमा के पृथ्वीराज कपूर और त्रिलोक कपूर जैसे सभी बड़े अभिनेता भी चले आये। कलकत्ता में ये दोनों भाई घर से स्टूडियो तक की लगभग पाँच किलोमीटर की दूरी जॉगिंग करते हुए पूरी करते। ऐसा स्वस्थ जीवनयापन किया जाता था तब। वर्ष 1942 से बम्बई हिन्दी सिनेमा का केन्द्र बन गया। इससे पूर्व लाहौर फिल्म निर्माण का केन्द्र था, कलकत्ता में न्यू थियेटर कम्पनी थी जो बांग्ला फिल्में बनाती थी और अब कुछ लोकप्रिय फिल्में, विशेष रूप से जिनमें सहगल साहब होते थे, भी कलकत्ता में बनायी जा रही थीं, बम्बई में अधिकतर मराठी

फिल्में बनती थीं। यह दिलचस्प संयोग था कि अन्य के अतिरिक्त पृथ्वी राज कपूर, त्रिलोक कपूर, के एन सिंह, मनमोहन कृष्ण, जे. के. नन्दा, जगदीश सेठी जैसी फिल्म जगत की बड़ी हस्तियाँ आर. पी. मसानी लेन में और उसके आसपास रहती थीं, यह लेन हॉलीवुड लेन के नाम से प्रसिद्ध थी। शम्मी और शशि कपूर सड़क पर अन्य बच्चों के साथ क्रिकेट खेला करते थे। इस गली में तड़क-भड़क और पड़ोसियों के परस्पर मेल-मिलाप से मध्य रात्रि तक चहल-पहल रहती, मैंने उन सब को इस गली में देखा था और मिला था क्योंकि यह गली मदन भाई के मकान के ठीक पीछे थी और ग्रेट पृथ्वीराज कपूर को छोटे-बड़े सब 'पापा जी' कहकर बुलाते थे। ओपेरा हाउस में उनके नाटक 'दीवार,' 'आहुति' और 'कलाकार' देखने का सुअवसर मिलने के बाद मैं उनके व्यक्तित्व से चमत्कृत था। ओपेरा हाउस रविवार की सुबह के शो के लिए पृथ्वी थियेटर को दे दिया जाता और बाद में वहाँ फिल्में दिखाई जातीं। पापा जी के ये तीनों नाटक बहुत लोकप्रिय हुए और 1950 के प्रारम्भ में शिमला में भी इन नाटकों का मंचन किया गया। उनकी मण्डली नाटकों के मंचन के लिए स्थान-स्थान पर जाती। इन यात्राओं से ही उनकी आय होती थी क्योंकि बम्बई में रंगमंच से नाममात्र की ही आय होती थी। इन यात्राओं के माध्यम से वे चालीस सदस्यों के दल को मासिक पारिश्रमिक पर रख पाते थे। पापा जी ने एक और महत्त्वपूर्ण नाटक 'पैसा' का मंचन किया। इस पर बाद में फिल्म भी बनायी गयी। दमदार विषय एवं चरित्रों की प्रस्तुति के कारण ही किसी नाटक को सचल फिल्म में ढाला जाता है। कथा यदि वास्तविक जीवन के निकट हो तो इस पर फिल्म बना ली जाती है। परन्तु कई बार फिल्म वास्तविक कथा की आत्मा को ही नष्ट कर देती है क्योंकि उसमें कुछ दृश्य खुले में फिल्माया जाते हैं जबकि नाटक में सब कुछ भीतर मंच पर होता है।

पापा जी की रंगमंच के प्रति पूर्ण निष्ठा ने ही उन्हें रंगमंच का हीरो बनाया। वह ऐसा युग था जब लोग अपने व्यवसाय के प्रति पूरी तरह ईमानदार होते थे और उसके प्रति उनका पूरी तरह जुड़ाव होता था। आज जीवन में ध्यान भंग करने के अनेक आकर्षण हैं और सब कुछ जटिल होता जा रहा है। पापा जी के तीनों बेटे राज, शम्मी और शशि थियेटर में व्यस्त थे। शशि ने जैनिफर केण्डल से विवाह किया। उनके माता-पिता भी थियेटर से घनिष्ठ रूप से जुड़े थे। पृथ्वी थियेटर के अन्य कर्मचारियों की भाँति शशि और जैनिफर को भी मासिक वेतन दिया जाता था। ओपेरा हाउस में नाटकों के लिए वे दादर से चरणी रोड तक ट्रेन में यात्रा करते। पापा जी यद्यपि उन्हें अपनी कार में जाने दे सकते थे, परन्तु नहीं, उन्हें अपने सीमित साधनों में जीवन-निर्वाह करना सीखना था। ऐसी मान्यताएँ थीं उस पीढ़ी की, पापा जी स्वयं अपनी छोटी ओपेल कार में बहुत कठिनाई से बैठ पाते थे।

पापा जी के रंगमंच पर अभिनय से मैं बहुत प्रेरित था, इसका मुझ पर गहरा प्रभाव पड़ा। मैं उनके अंग संचालन और शारीरिक हावभाव से भी बहुत प्रभावित था। मंच पर वे इनका उत्तम प्रयोग करते थे। मैंने उनसे प्रत्यक्ष रूप से तो कुछ नहीं सीखा परन्तु उन्हें देखकर उनसे बहुत सीखा है। उनकी मंच सज्जा देखकर लगता था कि उन पर किसी का प्रभाव था, मुझे ऐसा भी एहसास हुआ कि वे अपनी आवाज़ को प्रयत्नपूर्वक सँवार रहे थे और शायद स्वर तंत्रियों

पर अधिक दबाव के कारण वे बेहतरीन अभिनेता बन पाए। उनकी आवाज़ भारी और गहराई लिये हुए सुनाई दे, इसके लिए वे अभ्यास करते थे। ये पूर्णतः मेरे अपने विचार हैं, रंगमंच पर उनकी आवाज़ उनकी सामान्य आवाज़ से भिन्न थी। उन्हें **अपने** काम से इतना गहरा लगाव था कि फिल्म 'सीता' करते हुए तेज़ बुखार होने के बावजूद एक दृश्य को फिल्माने के लिए वे पानी में कूद गये। मैं अन्य लोगों के समान सदैव उनके पाँव छूकर उनका अभिवादन करता और वे आशीर्वाद देते।

मुझे यह भी याद है कि कैसे शो समाप्त होने पर पापा जी दरवाज़े पर झोली फैलाकर खड़े हो जाते और मानवता की सेवा के लिए दान इकट्ठा करते और जिसे वे चाहते, अच्छे शगुन, के रूप में उसे एक रुपया देते। वे बहुत 'परोपकारी' स्वभाव के थे। छः फुट ढाई इंच की ऊँचाई के साथ क्या विशाल व्यक्तित्व था उनका। उनके भव्य व्यक्तित्व के कारण उनसे आँखे नहीं हटाई जाती थीं। रंगमंच के अभिनेता के लिए ऐसा व्यक्तित्व होना प्राथमिक, सर्वोच्च आवश्यकता है। कोई व्यक्ति यदि अपनी उपस्थिति से ऐसा प्रभाव नहीं छोड़ सकता तो उसे वहाँ नहीं होना चाहिए। मजबूत शारीरिक गठन लिये वे बहुत सुन्दर थे और उनके नाक-नक्श भी उसी खूबसूरती के साथ गढ़े हुए थे। भारतीय रंगमंच पर फिर उनके जैसे भव्य व्यक्तित्व वाला कोई कलाकार नहीं हुआ। सहगल साहब जिस तरह अपनी गायकी के लिए विख्यात थे, पापा जी अपने अभिनय के लिए प्रसिद्ध थे। एक बार ओपेरा हाउस में प्रस्तुति के दौरान मध्यान्तर में वे मंच पर आये और घोषणा की कि वे दादा बन गये हैं। राजकपूर के बेटे रणधीर कपूर का जन्म हुआ था और उन्होंने सार्वजनिक रूप से बताया कि जब राज का जन्म हुआ था तो वे बीस वर्ष के थे और अब जब रणधीर का जन्म हुआ है तो राज बीस वर्ष का है।

ये 1940 के उत्तरार्ध की यादें हैं : मैं 1953 के अन्त में बम्बई पहुँचा। सब कुछ बहुत अस्पष्ट था कि क्या किया जाय? कहाँ जाऊँ? किस पद पर क्या नौकरी करूँ? और यदि कोई मुझसे पूछता कि मैं बम्बई जाकर क्या करूँगा तो मैं कहता, "मुझे नहीं मालूम, देखो, कुछ काम तो मिल ही जायेगा।" मैं इस भ्रम में था कि मेरे भाई पलक झपकते ही मुझे मुख्य भूमिकाएँ दिलवा देंगे परन्तु स्थिति कठिन थी। उन्होंने बताया कि वे स्वयं काम खोज रहे मात्र अभिनेता हैं। मुझे अपनी लड़ाई स्वयं लड़नी पड़ी। मेरे बम्बई पहुँचने के कुछ दिन बाद मदन भाई ने मेरा पोर्टफोलियो तैयार करवाने के लिए एक बड़ा फोटो सैशन करवाया। मैंने पत्रिकाओं और फिल्मों में जैसा देखा था, वैसे ही कैमरे के सामने मुद्राएँ बनाने का प्रयास किया। कम-से-कम मैं तो यह समझता था कि मैं देखने में बहुत सुन्दर हूँ। यह फोटो सैशन यद्यपि बहुत थका देने वाला था परन्तु मैं बहुत रोमांचित था। अचानक ही मुझमें आत्मविश्वास जाग्रत हुआ कि अब फिल्मों के प्रस्ताव आने लगेंगे। कुछ दिन मैंने ऐसी ही खुशफहमी में बिताए।

मेरी तस्वीरें सबके पास भेजी गयीं परन्तु कोई परिणाम नहीं निकला। महीनों मुझे एक भी कार्य प्रस्ताव नहीं मिला। मेरे दूर के चचेरे भाई एस. एल. पुरी फिल्मिस्तान में सेक्रेटरी थे, उन्हें भी ये तस्वीरें निर्माता-निर्देशक एस. मुखर्जी को दिखाने के लिए दी गयीं कि शायद वे किसी नए चेहरे की तलाश में हों। मैं बहुत उत्सुकता से उत्तर की प्रतीक्षा कर रहा था, कुछ

महीनों के बाद जब मैं स्वयं ही पता लगाने के लिए उनसे मिला तो मुझे बहुत दुख हुआ। उन्होंने कहा, "हे भगवान! मैं तो बिलकुल भूल ही गया था। तुम्हारे फोटो मेरे दराज़ में ही पड़े हैं।" और तब मदन भाई ने मुझे हीरा सिंह, देवेन्द्र गोयल, शक्ति सामन्त, ओ पी रल्हन, मोहन सहगल, मोहन कुमार केदार शर्मा और अनेक अन्य निर्माताओं और निर्देशकों से मिलवाया। उन दिनों देवेन्द्र गोयल ने एक नई फिल्म 'लाखों में एक' शुरू ही की थी, जिसमें मुख्य भूमिका राज कुमार कर रहे थे। वे फिल्म उद्योग में हाल ही में आये थे और पुलिस इंस्पेक्टर की भूमिका कर रहे थे। मैं फिल्म के सैट पर ही था, मदन भाई ने गोयल से आग्रह किया, "वह फिल्मों में काम करना चाहता है, हम इसका स्क्रीन टैस्ट अभी ही क्यों नहीं ले लेते।'' इस प्रकार पचास फुट फिल्म मुझ पर फिल्माई गयी, मैंने कुछ संवाद भी बोले। स्क्रीन टैस्ट को देखकर गोयल ने मुझे बहुत स्पष्ट रूप से बताया कि मेरा चेहरा-मोहरा मुख्य भूमिका निभाने के लिए जैसा होना चाहिए वैसा नहीं है, यह सुनकर मुझे बड़ा दुख हुआ।

मेरा सबसे परिचय चूँकि एक महत्त्वाकांक्षी व्यक्ति के रूप में करवाया जा रहा था, फिल्म निर्माता मुझे पसन्द करने लगते थे। परन्तु मेरा चेहरा बहुत कठोर था और मैं अपनी आयु से बहुत बड़ा लगता था। परिणाम आशाजनक नहीं थे। किसी ने मुझे काम देने में रुचि नहीं दिखाई। मुझे छिट-पुट भूमिकाओं के कुछ प्रस्ताव मिले, जिन्हें करने से मुझे इनकार करना पड़ा। कोई भी कुछ स्तरीय शुरुआत करना चाहेगा। वास्तव में मदन भाई ने ही मुझे इन भूमिकाओं को स्वीकार न करने का परामर्श दिया था, उनका कहना था, "तुम जीवन भर के लिए दूसरे दर्जे के अभिनेता की श्रेणी में रख दिये जाओगे।" मैं प्रतीक्षा करता रहा कि कोई मुझे हीरो के रूप में साइन करे। मैं अब भी यह सोचने की ढिठाई कर रहा था कि मैं जो भी करूँगा, वह उस क्षेत्र में ऊँचे दर्जे का काम होगा। इसी समय मेरा मिलना शिमला से मेरे मित्र शशि रेखी से हुआ। वे विख्यात अभिनेता आई.एस. जौहर के जीजा थे। परन्तु नीली आँखों वाले इस खूबसूरत और जोशीले व्यक्ति ने अपना नाम बदलकर कंवलजीत रख लिया था। और अब हम दोनों अपना भाग्य आजमाते इस-उस स्टूडियो में जाते, वह भी केवल हीरो ही बनना चाहता था। वहीदा रहमान के साथ कुछ फिल्मों सहित चार-पाँच फिल्में करने के बाद वह दिल्ली चला गया और वहाँ अपना फर्नीचर का व्यवसाय शुरू कर लिया। अन्ततः उसने कनाडा जाने का निर्णय कर लिया और भारत लौटने से पहले उसने वहाँ रेडीमेड वस्त्रों का बहुत बिज़नेस किया था। उसी दौरान उसने वहीदा रहमान के सामने विवाह का प्रस्ताव रखा।

इस दौरान हम दोनों लगभग प्रतिदिन मिलते और अनेक पुरानी अंग्रेजी फिल्मों के सुबह के शो देखकर अपना समय व्यतीत करते। यद्यपि मैं अंग्रेज़ी भाषा के संवाद लगभग नहीं ही समझ पाता था परन्तु बड़े पर्दे पर उन महान अभिनेताओं को देखने का आकर्षण था। कुछ मेरी संवेदनाओं को स्पर्श करता और मैं पूर्णतः लीन हो जाता। मेरे भीतर का अभिनेता इन कलाकारों से सदा प्रेरित होता रहता और इनकी गहरी छाप मुझ पर पड़ी। मैं जब भी कोई भूमिका कर रहा होता हूँ तो सदा उनको याद करता हूँ। इनमें रोनाल्ड, कोलमैन, एन्थनी क्विन, रिचर्ड बर्टन, पीटर ओ. टूले, सर एलेक गिन्नेस, सर लॉरेंस ओलिवियर, टाइरोन पावर ('रेजर्स

ब्लेड' और 'ऑफ ह्यूमन बॉन्डेज' में), बर्ट लैन्कास्टर, इन्ग्रिड बर्जमैन, कैथेरिन हैप्बर्न, ऑडरो हैप्बर्न, ग्रेगरी पेक, चार्लटन हैस्टन, रैक्स हैरिसन, मिशेल केन, स्पेंसर ट्रेसी, टोनी कर्टिस, डस्टिन हॉफमैन, मार्लन ब्रांडो, एलिजाबेथ टेलर, एल पैकिनो, रॉक हड्सन, रीटा हेवर्थ, गैरी कूपर, रोबर्ट डी निरो आदि सम्मिलित हैं।

परन्तु अब तक मैं पूर्णतः निराश हो चुका था और मदन भाई पर परजीवी की भाँति आश्रित होने के लिए शर्मिंदा भी था। जहाँ कहीं भी कोई नौकरी निकलती, कंवलजीत भी मेरे साथ विभिन्न दफ्तरों में जाता। ऐसी एक कम्पनी ने माचिस का एक नया ब्राण्ड शुरू किया था और मैं कमीशन एजेंट बन गया। तीन महीने तक मैं बम्बई उपनगर में विभिन्न दुकानों पर उनके सैम्पल उठाए फिरता रहा परन्तु बहुत आय नहीं हुई। मैंने बहुत आशा से काम प्रारम्भ किया था लेकिन शीघ्र ही मुझे एहसास हो गया कि सेल मेरा काम नहीं था। मैं अपने लक्ष्य प्राप्त नहीं कर सका और मुझे एक माह के भीतर नौकरी छोड़नी पड़ी। मैं बहुत परेशान था और मेरे पास दूसरा कोई समाधान भी नहीं था, मुझे चूँकि सारा दिन धूप में घूमना पड़ता और कभी-कभी बिना भोजन भी रहना पड़ता, इसका मेरे स्वास्थ्य और रंग-रूप पर भी प्रभाव पड़ने लगा। मैं यह सब अपने भाइयों को बिना बताए कर रहा था। जिस दिन उन्हें मेरे इस कड़े परिश्रम वाले काम का पता चला, उन्होंने मुझे यह कहते हुए फटकार लगाई, "हम तुम्हें ऐसा छोटा काम नहीं करने देंगे। बन्द करो इसे और इससे अच्छा है बेरोज़गार रहो।"

अब मैं क्योंकि चिन्ता से और भी परेशान रहने लगा था इसलिए मैंने अन्य स्थानों पर अस्थायी नौकरियों के लिए भी आवेदन कर दिया। 1950 के दशक के शुरुआती वर्ष में बहुत अधिक बेरोज़गारी थी। मैंने रोज़गार कार्यालय में भी अपना पंजीकरण करवाया। मुझे बताया गया कि सामान्य भविष्य निधि कार्यालय में कुछ रिक्तियाँ हैं। मैंने रोज़गार कार्यालय के माध्यम से महालेखाकार कार्यालय में उच्च श्रेणी लिपिक की नौकरी कर ली। इसका मासिक वेतन एक सौ चौवन रुपये, पन्द्रह आना था। वेतन प्राप्त करते हुए लगाई जाने वाली रसीदी टिकट के लिए एक आना काट लिया जाता। एक बार फिर नौकरी की एकरसता मुझ पर हावी होने लगी और डेढ़ माह के बाद मैंने नौकरी छोड़ने का निर्णय कर लिया। इस दौरान मैं बहुत निराश था। ऐसा लगता था कि कुछ भी ठीक नहीं हो रहा। बेहतर नौकरी के लिए मैंने एक सरकारी दफ्तर में अर्जी दे दी थी। यह कोलाबा में कर्मचारी राज्य बीमा निगम (ESIC) के कार्यालय में इंस्पेक्टर की नौकरी थी और मुझे इंस्पेक्टर के स्थान पर क्लर्क की नौकरी के लिए बुलाया गया और शीघ्र पदोन्नति का वायदा किया गया। बताया गया कि विभाग का यह अनुभाग न्यूनतम पारिश्रमिक अधिनियम के तहत हाल ही में वर्ष 1952 में गठित किया गया था।

मुझे ई.एस.आई.सी. में इस नौकरी का विश्वास दिलाया गया था और इसके लिए चरित्र प्रमाणपत्र की आवश्यकता थी। जीवन में बहुत अधिक संयोग होते हैं। यह सुझाव दिया गया कि मुझे यह प्रमाणपत्र पृथ्वी पापा जी से लेना चाहिए। वे मुझे घर पर मिले नहीं। इसलिए मैं ओपेरा हाउस चला गया, वहाँ वे रविवार के दिन अपने दल के साथ अभ्यास कर रहे थे, उन्होंने मुझे ऊपर से नीचे तक बड़े ध्यान से देखा और पूछा, "क्या हाल है?" मैंने कहा, "अच्छा

हूँ, ठीक हूँ।" आगे मुझसे यह पूछते हुए कि क्या मैं थियेटर में काम करना चाहता हूँ, वे ध्यान से मेरी लम्बाई-ऊँचाई देख रहे थे। रंगमंच के प्रति अथाह आकर्षण होने के बावजूद मैं दुविधा में था और मैंने अभी अपना मन नहीं बनाया था। फिर भी मैंने उनसे कहा, "पापा जी, निश्चय ही मैं थियेटर में काम करूँगा परन्तु बाद में। अभी तो मैं एक नौकरी के लिए आवेदन कर रहा हूँ।" यहाँ एक ओर मुझे रंगमंच की एक हस्ती द्वारा नाटक में भूमिका करने का प्रस्ताव दिया जा रहा था जबकि मैं एक स्थायी नौकरी पाने और कुछ धन कमाने पर ध्यान केन्द्रित कर रहा था। यह बहुत आश्चर्यजनक है कि कैसे जीवन की विडम्बनाएँ जीवन के सर्वाधिक विशेष अवसरों पर प्रकट हो जाती हैं। अभी मेरी आवश्यकताएँ पूर्णतः भिन्न थीं। मेरी कलात्मक कामनाएँ हालांकि किसी भी प्रकार से कम नहीं हुई थीं परन्तु इस समय मेरा दिमाग आर्थिक चिन्ताओं से अधिक घिरा हुआ था। उस समय मुझे यह ध्यान देना था कि कहीं काम करना चाहिए, क्लर्क की मेरी नौकरी से चाहे बहुत कम आय ही क्यों न होती हो।

बाद में मैं पापा जी को उनके अंतिम दिनों के दौरान टाटा मेमोरियल अस्पताल में मिलने जाया करता। एक दिन जब केवल हम दोनों कमरे में थे, पापा जी ने मुझे दरवाज़ा बन्द करने के लिए कहा। फिर उन्होंने अपने गद्दे के नीचे से एक बीड़ी निकाली और खिड़की के पास खड़े होकर जल्दी से पी गये जिससे कि कमरे में इसकी गंध न फैले। उन्हें गले का कैंसर था और उन्हें सिगरेट बिल्कुल भी नहीं पीनी थी। मैं उनके इस कृत्य में भागीदार था। परन्तु उनकी आवश्यकता और लालसा को देख मैं उन्हें रोकने का साहस नहीं कर पाया। पापा जी ने यह बात किसी को न बताने के लिए सख़्ती से मना किया। कुछ दिन के बाद उनका देहान्त हो गया और उसके लगभग पन्द्रह दिन के बाद उनकी पत्नी रोमा भी चल बसीं। पापा जी बहुत धार्मिक प्रवृत्ति के व्यक्ति थे और रोमा जी बहुत नेक महिला थीं। हमने रंगमंच और सिनेमा की एक हस्ती को खो दिया था परन्तु उनके पुत्र शशि कपूर और पोती संजना कपूर ने पृथ्वी थियेटर को बहुत ही प्रशंसनीय ढंग से पुनः प्रारम्भ कर एक महान कलाकार की स्मृति को अमर कर दिया।

ई.एस.आई.सी. में मेरी नौकरी यद्यपि बहुत कष्टप्रद थी परन्तु मैं इसे खींच रहा था क्योंकि यहाँ मेरा पहला प्रेम पनप रहा था। अपनी आय बढ़ाने के लिए मैंने अपनी आवाज़ का उपयोग करने की सोची और उसी वर्ष यानी 1954 में आकाशवाणी में नौकरी के लिए आवेदन कर दिया। स्वर परीक्षा के परिणाम में मुझे 'ए' श्रेणी में रखा गया। मेरी अच्छी आवाज़ भगवान की देन थी परन्तु मैं रेडियो नाटक, विज्ञापन और अन्य अनेक कार्यक्रमों में काम करके इसे और निखारने में जुट गया। परिणामस्वरूप मुझे स्टार बनने का स्वप्न ले कर प्रतिदिन मुम्बई पहुँचने वाले अनेक लोगों की तरह कभी भोजन जुटाने की चिन्ता नहीं करनी पड़ी। वर्ष 1975 तक मैं आकाशवाणी के नाटकों और हवा महल कार्यक्रमों में सक्रिय रूप से भाग लेता रहा। सरकारी नियमों के अनुसार इसके लिए बहुत कम पैसा मिलता परन्तु इनसे मैं रेडियो श्रोताओं के बीच बहुत लोकप्रिय हो गया। टेलीविज़न के अभाव में रेडियो ही पारिवारिक मनोरंजन का मुख्य स्रोत हुआ करता था। रेडियो के 'एनासिन खाओ अथवा इस साबुन से नहाओ' जैसे विज्ञापन

गीतों एवं अन्य विज्ञापनों को करने के लिए मैं अपनी 10 बजे से 6 बजे तक की नियमित नौकरी में से एक-दो घण्टे के लिए गायब हो जाता, प्रत्येक विज्ञापन के लिए औसत 250 रुपये कमाकर अपने दफ्तर लौट आता। कई बार तो मैं एक दिन में तीन-तीन विज्ञापन भी रिकॉर्ड करवाता। मैंने लाल किला, आगरा का किला आदि जैसे ऐतिहासिक स्मारकों पर साउंड एंड लाइट शो एवं महान कवियों, लेखकों, ऐतिहासिक हस्तियों आदि के जीवन पर अनेक बार कमेन्ट्री भी अपनी आवाज़ में रिकॉर्ड करवाई। ऐसे ही एक कार्यक्रम के लिए मैंने अभी अक्तूबर 2003 में ही गुजरात के सोमनाथ मन्दिर पर कमेण्ट्री रिकॉर्ड करवाई।

दफ्तर में मेरे साथ के मेज पर उर्मिला दिवाकर बैठती थी, उसकी ड्यूटी दफ्तर के काम में मेरी सहायता करना था। हम दोनों लगभग एक ही समय पर नौकरी में आये थे। मैं उच्च श्रेणी लिपिक था, जबकि वह निम्न श्रेणी लिपिक थी। उर्मिला अत्यधिक शर्मीली लड़की थी और बिना किसी काम के दफ्तर में किसी से बात नहीं करती थी। उस समय मैं 22 वर्ष का था और उसकी आयु भी लगभग इतनी ही थी। मुझे वह बहुत अच्छी लगती थी और मैं उससे दोस्ती करना चाहता था। परन्तु इसकी कोई सम्भावना नहीं थी क्योंकि वह दफ्तर के काम से सम्बन्धित मेरे प्रश्नों के अलावा मेरी किसी बात का उत्तर नहीं देती थी। मुझे उससे बात करने में छह माह लग गये। उर्मिला विनम्र और संकोची स्वभाव की लड़की थी परन्तु अपने काम में अत्यन्त कुशल थी। जैसे ही मैंने उसे देखा, मैं जान गया कि मैं उसी से विवाह करूँगा, उसमें वे सभी गुण थे जो मुझे अपनी पत्नी में चाहिए थे। मैंने यह निर्णय किया कि मैं ऐसी लड़की से विवाह करूँगा जो स्वभाव से 'भारतीय' हो और उर्मिला ऐसी ही लड़की थी। वह बिना हठी हुए स्वतन्त्र विचारों की थी और मुझे उसकी यह बात अच्छी लगती। मुझे उसकी भोली सूरत और सादगी ने प्रभावित किया था। अचानक मुझे लगने लगा कि मुझे इस लड़की को पाना है। यह प्रथम दृष्टि में हुआ प्रेम था। मुझे उसकी उपस्थिति मोहित करती। उर्मिला पारम्परिक दृष्टि से सुन्दर नहीं है परन्तु मन से वह बहुत सुन्दर है। उससे प्रणय निवेदन निश्चित ही बहुत आसान नहीं था—और वह मेरे ऐसे प्रयासों को पूर्णतः अनदेखा कर देती। खैर, हमें यह समझने में अधिक समय नहीं लगा कि हम एक-दूसरे को पसन्द करते थे परन्तु यह जान लेने के बाद हमारा यह प्रणय सम्बन्ध चार वर्षों तक चला। मैंने अपने इस प्रेम सम्बन्ध की बात न तो अपने सहकर्मियों से और न ही परिवार में ही कभी की। हम अपने प्रेम की बात एक-दूसरे से ही करते लेकिन विवाह के सम्बन्ध में हमने कभी कोई बात नहीं की और अकस्मात उर्मिला और मुझे चिन्ता हुई कि हमारे रूढ़िवादी परिवार इस पंजाबी और कोंकणी ब्राह्मण सम्बन्ध को स्वीकार नहीं करेंगे। मैं भली प्रकार से जानता था कि बाबू जी की प्रतिक्रिया क्या होगी और उन्हें किसी भी प्रकार से परम्परावादी सीमाओं को तोड़ना सहन नहीं होगा।

घर में हड़कम्प मच गया और जैसा कि मुझे आशा थी, बाबू जी क्रोधित थे कि मैं एक गैर पंजाबी लड़की से विवाह करना चाहता हूँ। मैं उनकी ज़िद को नहीं समझ सका। मैंने उन्हें यह बताने की अथाह कोशिश की कि उर्मिला बहुत विनम्र स्वभाव की है और विवाह होने पर वह स्वयं को हमारी जीवन शैली में ढाल लेगी। परन्तु बाऊजी टस से मस नहीं

होने वाले थे। शायद वे इस बात से दुखी थे कि मैंने ऐसा महत्त्वपूर्ण निर्णय स्वयं लेने का साहस किया था। उनके विरोध से मैं धर्म संकट में फँस गया। मैं उर्मिला को खोना नहीं चाहता था और न ही मैं कोई ऐसा कदम उठाना चाहता था जिससे माता-पिता के साथ मेरा सम्बन्ध टूट जाए। सौभाग्य से उर्मिला ने एक सच्ची महिला की भाँति मुझे इस दुविधा से उबार लिया। उसने सलाह दी कि बाऊजी द्वारा इस सम्बन्ध को स्वीकार किये जाने तक हमें प्रतीक्षा करनी चाहिए। लगभग एक वर्ष तक उन्होंने इस सम्बन्ध पर अपनी सहमति नहीं दी। बीजी मुझे अपना निर्णय बदलने के लिए मनाने का प्रायः प्रयास करतीं परन्तु मैंने बहुत स्पष्ट रूप से उन्हें बता दिया कि मैं निर्णय ले चुका हूँ और वे कितना भी प्रयास करें, मैं अपने निर्णय पर अडिग रहूँगा। बीजी गठिया से पीड़ित थीं और मेरी इस हठ से उनकी स्थिति और बिगड़ गयी थी।

बीजी ने मुझे बताया था कि उनके पास मेरे विवाह के लिए कुछ रिश्ते आये हैं। जब वे मुझे इसके लिए कुछ लड़कियों के फोटो दिखाने की ज़िद्द करने लगीं तो मैंने उन्हें उर्मिला के साथ अपने सम्बन्ध की बात बता दी। बीजी के पास आये रिश्तों में से एक लड़की के माता-पिता अच्छा-खासा दहेज देने और आगे पढ़ने के लिए मुझे लन्दन भेजने को तैयार थे। अनेक प्रकार के प्रलोभन देने वाले रिश्ते आये, परन्तु ये सब सामाजिक व्यवस्थाएँ थीं, प्रेम का इनमें कोई स्थान नहीं था। इतना सब होने पर मैंने बीजी को उर्मिला की फोटो दिखाकर उनकी अनौपचारिक सहमति का आग्रह किया था। मैंने उन्हें बता दिया था कि मैं केवल इसी लड़की से विवाह करूँगा और साथ ही कि मैं घर से भाग कर विवाह नहीं करूँगा। इसलिए शायद बीजी ने बाऊजी पर दबाव डाल कर उनसे वचन ले लिया था कि खुशी-खुशी इस सम्बन्ध को वे अपनी स्वीकृति दे देंगे। यह पूरे परिवार के लिए एक बहुत बड़ा आश्चर्य था और मेरे अन्तर्जातीय विवाह ने मेरे चचेरे भाइयों और भतीजों के लिए मार्ग खोल दिया था। डॉक्टरों ने हमें बताया कि बीजी के स्वस्थ होने की कोई आशा नहीं है। उनका समस्त प्रकार का आयुर्वेदिक, एलोपैथिक, होमियोपैथिक उपचार करवाया गया परन्तु कोई लाभ नहीं हुआ। यह बाऊजी के लिए बहुत बड़ा झटका था, उन्हें बीजी के स्वस्थ हो जाने की बहुत आशा थी। मेरे छोटे भाई हरीश ने बीजी की हर प्रकार से सेवा की, उसे उनसे कितने आशीर्वाद मिले होंगे। मुझे उनकी सेवा का अवसर कभी नहीं मिला। मैं तो उन्हें बस कभी-कभी मिलने दिल्ली जाया करता, बाऊजी ने करोलबाग में नाईवाला गली में मकान ले लिया था। बीजी मेरी सफलता को देखने के लिए जीवित नहीं रहीं। बाऊजी ने मुझे अभिनेता के रूप में ऊपर चढ़ते देखा। मैं चाहे पर्याप्त पैसा कमा रहा था परन्तु बाऊजी ने कभी मुझसे कोई सहायता नहीं माँगी।

आजकल अन्तर्जातीय विवाह इतने प्रचलित हैं, मगर हमारे समय में ये लगभग वर्जित थे। उर्मिला क्योंकि पंजाबी लड़की नहीं थी इसलिए मेरे मामा लोग भी इस विवाह का कड़ा विरोध कर रहे थे। अन्ततः मैंने अपनी बहनों–चन्द्रकान्ता और दिल्ली में मेरी चचेरी बहन सरस्वती को इस रिश्ते के लिए मनाया। बाऊजी सरस्वती को परिवार की सबसे बड़ी सन्तान मानते थे और कोई भी निर्णय लेते हुए उसकी सलाह लेते और उसकी बात मानते थे। इसलिए

मैंने एक लम्बी चिट्ठी लिखकर उन्हें अपनी समस्या बतायी। वे एक सुलझी हुई महिला थीं और बाऊजी को समझाने में सफल हो गयीं कि "जब वे दोनों एक-दूसरे को चाहते हैं तो तुम उन्हें विवाह क्यों नहीं करने देते?" बाऊजी ने आखिरकार मदन भाई को सन्देश भेजा, वे भावुक हो उठे और वास्तव में वे मुझे इस विवाह से रोकना चाहते थे। उन्होंने मुझसे सीधे-स्पष्ट शब्दों में पूछा कि, "क्या तुम कुछ अनुचित कर चुके हो जो उस लड़की से विवाह करने के लिए विवश हो?" मैंने उत्तर दिया "नहीं"। परन्तु मैं अपने निर्णय पर अटल था और मदन भाई को अपने बॉस यानी बाऊजी से हिदायतें मिल चुकी थीं, वे और चमन भाई उर्मिला की बहन, इन्दिरा से मिलने गये जो बम्बई में ही रहती थी। मैं यहाँ पर यह उल्लेख अवश्य करूँगा कि उर्मिला खिलाड़ी थी। रुइया कॉलेज में पढ़ाई के दौरान वह बेडमिंटन के विले पार्ले क्लब की चैम्पियन रह चुकी थी और कॉलेज की टीम के लिए उसने हॉकी भी खेली थी। उसके पिता मैट्रिक करने के बाद ही उसका विवाह कर देना चाहते थे परन्तु उनसे अनुनय-विनय कर उसने आगे भी पढ़ाई जारी रखी थी। स्पष्ट ही उसकी नियति में मुझसे मिलना लिखा था। यदि उस समय उसका विवाह हो गया होता तो मैं उससे कभी नहीं मिल पाता।

महाराष्ट्र में लोगों का सामान्यता यह मानना था कि पंजाबी मौज-मस्ती करने वाले और अय्याश लोग होते हैं। उर्मिला के पिता यशवन्त राव दिवाकर गोआ के निकट कारवर के रहने वाले थे। उन्होंने हमारे विवाह पर स्वीकृति दे दी और बीजी के देहान्त के दो वर्ष बाद पाँच जनवरी 1959 को बम्बई के निकट वडाला के भव्य श्रीकृष्ण मन्दिर में हम विवाह-सूत्र में बँध गये। यह बहुत विचित्र स्थिति थी। मैं दुखी भी था और प्रसन्न भी। उर्मिला को मेरे परिवार ने खुले दिल से स्वीकार किया था। वह जानती थी कि मुझ पर विश्वास किया जा सकता है और मैं जानता था कि वह मुझे या मेरे परिवार को नहीं छोड़ेगी। हमें एक-दूसरे पर पूरा विश्वास था। मैंने जब दफ्तर में अपने विवाह की घोषणा की तो सब भौचक्के रह गये। दफ्तर में कोई नहीं जानता था कि पिछले चार वर्षों से हमारी गहरी मित्रता चल रही थी। ऐसे मामलों में हम बहुत रूढ़िवादी थे और इसलिए बहुत सतर्क रहते थे। उर्मिला विवाह से पहले मेरे परिवार से नहीं मिली थी। इसलिए जब वह घर आई तो वे उसके लिए पूर्णतः अजनबी थे। बाऊजी को हमारी भाषा पर बहुत गर्व था और वे चाहते थे कि उर्मिला पंजाबी सीखे। उन्होंने घर में आदेश जारी किया कि सब उर्मिला से पंजाबी में बात करेंगे। बाऊजी यह देखकर बहुत प्रसन्न थे कि उर्मिला ने तीन माह में ही धाराप्रवाह पंजाबी बोलनी शुरू कर दी थी। उसने बाबू जी का मन जीत लिया था। वे उर्मिला को बेटी समान मानते थे और मुझसे प्रायः कहते, "तुम ठीक कहते थे, उर्मिला बहुत अच्छी लड़की है।" वे अत्यन्त प्रसन्न थे, उर्मिला ने सबका मन मोह लिया था। मेरे दोनों बड़े भाई और उनकी पत्नियाँ उर्मिला से बहुत स्नेह करती थीं। बाऊजी इस बात का विशेष ध्यान रखते कि घर में परम्पराओं और रीति-रिवाजों का पालन किया जाए। बाऊजी का आदेश था कि मेरे दोनों बड़े भाइयों की पत्नियाँ उनकी उपस्थिति में अपने चेहरों पर घूँघट डाले रखें। वे सीधे-सीधे बाऊजी से बात नहीं कर सकती थीं। एक बार बाऊजी एक भाभी के साथ यात्रा कर रहे थे, वे उन्हें उनके मायके ले जा रहे थे। इस रेल यात्रा के दौरान

भाभी को बाऊजी के साथ सब समय डिब्बे में अपरिचित यात्रियों के माध्यम से बात करनी पड़ी। तब उन्हें एहसास हुआ कि उनके द्वारा थोपे गये इस घूँघट के कारण उनकी बहू उनकी तुलना में अपरिचित लोगों से अधिक बात कर रही थी। उन्होंने तत्काल इस हास्यास्पद प्रथा को त्याग देने का निर्णय कर लिया।

अब मेरे पास एक नियमित नौकरी थी, जिससे मुझे प्रतिमाह बँधा-बँधाया वेतन मिलता था। मदन भाई की चेतावनी कि फिल्मों में काम करने का अवसर मिलना उतना आसान नहीं, जितना प्रतीत होता है, को ध्यान में रखकर मैंने अभिनय की अपनी इच्छा को त्याग दिया। उर्मिला ने भी मेरे जीवन को स्थिरता प्रदान की थी जिसकी उस समय अत्यधिक आवश्यकता थी। अतः अब फिल्में अर्ध-विस्मृत स्वप्न मात्र रह गयी थीं और मुझे नौसिखिए की भाँति फिल्मों में प्रवेश करने में कोई सार्थकता नहीं दिखाई देती थी। फिल्मों में प्रवेश की मेरी तीव्र इच्छा मात्र एक विचार था। इसका कोई ठोस आधार नहीं था। मैं नहीं जानता था कि इस विचार को कैसे साकार किया जाये, फिल्मों में जिस प्रकार का काम होता था, उसके लिए न तो मैं कोई प्रशिक्षण प्राप्त था और न तैयार ही था। अभिनेता की माँग उत्पन्न की जानी चाहिए, की नहीं जानी चाहिए। मैं फिल्मों से अनेक लोगों के सम्पर्क में आया परन्तु मैंने निर्णय किया था कि मैं काम माँगूँगा नहीं। अब खेल चूँकि कॉलेज में पीछे छूट चुके थे, मैं जिम में जाकर देह-यष्टि के निर्माण में जुट गया। माटुंगा में मदन भाई के साथ रहते हुए मैं किंग्स सर्कल में गुजराती स्वास्थ्य क्लब का सदस्य बन गया था। बाद में वर्ष 1962 में जब मैं सान्ताक्रूज में रहने लगा तो प्रतिदिन रेल से चर्च गेट और कोलाबा जाता। मैं दादर की ऐश लेन स्थित 'रे बार्नल जिम' में जाने लगा, यहाँ मेरा मिलना मेरे पुराने मित्र बाला कृष्ण नाम्बियार से हुआ। वह डनलप में काम करता था। हम जिम में पार्टनर थे और वेट ट्रेनिंग में एक-दूसरे की सहायता करते। तब तक मेरा शरीर बहुत अच्छे गठन का हो गया था और मुझमें शक्ति भी आ गयी थी। जिम में व्यायाम प्रारम्भ करने से पहले मैं ईरानी रेस्तरां में जाता और कुछ अंडे कच्चे ही निगल जाता। यह हैवी वेट व्यायाम मैंने 1975 तक जारी रखा।

परन्तु ज़िन्दगी मशीन की तरह चल रही थी। उर्मिला और मैंने ई. एस. आई. सी. के उत्तरी कोलाबा स्थित कार्यालय एवं अन्य शाखा कार्यालयों में काम करना जारी रखा, फिल्मों में अपना नाम बनाने के रंगीन स्वप्न यद्यपि मात्र स्वप्न बनकर रह गये थे और बड़े पर्दे पर अभिनय की कामना फाइलों के ढेर के नीचे दबकर रह गयी थी, तथापि मैं उत्साह रहित नौकरी की नीरसता के साथ अपना सामंजस्य स्थापित नहीं कर सका था। मेरा रचनाशील मस्तिष्क मुझे कहीं भीतर कचोटता रहता जो बहुत कष्टदायी था। पारिवारिक दायित्वों में पूरी तरह से उलझ कर यह कामना और भी कहीं नीचे दब गयी प्रतीत होती थी और अब इस कामना को पूरा कर पाना असम्भव ही लगता था। यह नीरस चर्या तब तक जारी रही जब तक मैं सरकारी फाइलों को खोलते और बन्द करते कदाचित् थक नहीं गया। तब मैं अपने सहकर्मी एस. पी. मेघनानी से मिला। वे नाट्य संघ द्वारा संचालित नाट्य अकादमी से पहले ही रंगमंच का प्रशिक्षण प्राप्त कर रहे थे। मैंने उनके सामने किसी कलात्मक कार्य में भाग लेने की अपनी

तीव्र इच्छा व्यक्त की। उन्होंने मुझ में कुछ भाँप लिया था। शायद इसलिए कि मैं एक सुस्थापित अभिनेता का छोटा भाई था। उन्होंने सुझाव दिया कि मुझे रंगमंच में औपचारिक प्रशिक्षण प्राप्त करना चाहिए और यहाँ से मेरे जीवन में परिवर्तन आ गया। क्या हुआ जो मैं फिल्मों में अभिनय नहीं कर सका? रंगमंच तक तो पहुँच सकता था!

मेरे भाग्य ने मुझे प्रेरित किया और मैं ऐसे लोगों के सम्पर्क में आया, जिनसे नियति ने मुझे मिलवाना था। यह वर्ष 1961 का अक्तूबर माह था और मेघनानी मुझे भारतीय रंगमंच के पर्याय अब्राहम अल्काज़ी से मेरा ऐतिहासिक परिचय करवाने के माध्यम बने। अल्काज़ी ने मेरी प्रथम भेंट के पाँच मिनट के भीतर मुझे एक स्क्रिप्ट थमाकर मुझ में अथाह आत्मविश्वास जाग्रत कर दिया। मुझे मालूम था कि वे लम्बे गलियारे के दूसरे छोर पर उनकी मेज की ओर मुझे जाते हुए ध्यान से देख रहे थे। परन्तु उन्होंने मुझसे पूछा कि क्या रंगमंच में मेरी रुचि है? जैसे ही मैंने 'हाँ' कहा, वे झुके और एक स्क्रिप्ट निकाली। उसी क्षण उन्होंने मुझे बताया कि मैं आर्थर मिलर के नाटक 'ए व्यू फ्रॉम द ब्रिज' के मुख्य नायक की भूमिका करूँगा। बिना एक क्षण भी गँवायें उन्होंने मुझसे कहा, "मिस्टर पुरी, नाटक को पढ़कर एडी कार्बन की केन्द्रीय भूमिका को भली प्रकार से समझ लो और अपनी भूमिका की तैयारी शुरू कर दो।" शायद वे मेरे सुगठित डील-डौल से बहुत प्रभावित हुए थे। मैं स्तब्ध होने के साथ-साथ बहुत प्रसन्न भी हुआ मगर समझ नहीं पा रहा था कि कैसे प्रतिक्रिया करूँ? मैं तो यह भी नहीं जानता था कि अल्काज़ी साहब ऐसी बड़ी हस्ती थे, उनकी उपलब्धियों के बारे में तो मैं बाद में जान पाया। वे एक श्रेष्ठ अध्यापक थे, मैं जानता था कि यह भूमिका मेरे लिए एक चुनौती है और मुझे इस कला को सीखना है। मैंने उनसे अभिनय का कोर्स करने के लिए भी दाखिला ले लिया।

यह सब चूँकि बहुत नाटकीय ढंग से हुआ था, मैं बहुत झिझकते हुए उनके पास गया। वे तब अभिनय पर व्याख्यान दे रहे थे और इस अंग्रेजी नाटक की क्लास रूम प्रस्तुति का निर्देशन कर रहे थे। यह नाटक एक मिल श्रमिक के जीवन और काल की कहानी है जो अपने मित्रों के साथ रहता है और किस प्रकार पुल के निकट खेला करता है। उसका एक परिवार है जिसमें उसकी एक सौतेली बेटी है, वह उसकी रक्षा के प्रति इतना चिन्तित है कि उसके साथ बाहर जाना तक पसन्द नहीं करता। एडी कार्बन एक चंचल चरित्र है—बहुत गुस्सैल परन्तु शक्तिशाली—भाग्यजनित परिस्थितियों से प्रभावित व्यक्ति! जीवन के इसी पक्ष को मिलर के पुलित्सर पुरस्कार प्राप्त नाटक 'डेथ ऑफ ए सेल्समैन' में भी दर्शाया गया है। उस अर्थ में मिलर और हार्डी की शैली में समानता है। मिलर ने एक बार कहा था, "नाटककार उन प्रश्नों, जिन्हें वह पूछना चाहता है, के उत्तर देता है और इसके लिए वह अपने पात्रों को द्वंद्व की स्थिति में डालता है।"

अल्काज़ी साहब ने रंगमंच में मेरी रुचि को पुनः जाग्रत कर दिया और मैं थियेटर करने के प्रलोभन में आ गया। लेकिन मैंने महसूस किया कि ऐसा महत्त्वपूर्ण निर्णय लेने से पहले उर्मिला की राय अवश्य ले लेनी चाहिए क्योंकि मैं रंगमंच कार्यालय समय के बाद शाम को ही कर सकता था। उसका अर्थ था कि उसके साथ बिताया जाने वाला समय कम हो जायेगा।

उर्मिला ने बहुत उत्साहपूर्वक अपनी सहमति दी, "मैं एक शोक को प्रोत्साहित करने के महत्त्व को जानती हूँ, तुमने मुझे हॉकी और बेडमिंटन खेलने की अनुमति नहीं दी थी क्या?" उसकी इस प्रतिक्रिया से मुझे भारी राहत मिली और रंगमंच के साथ मेरा सम्बन्ध नए सिरे से शुरू हो गया। मैंने अपनी भूमिका पर काम करना शुरू कर दिया और शाम को दफ्तर के बाद अभिनय की कक्षाओं में जाने लगा।

मैं भली प्रकार से जान गया था कि अल्काज़ी साहब रंगमंच में मेरा हर सम्भव मार्गदर्शन करेंगे और मैंने व्यावहारिक रूप से उन्हें अपना गुरु स्वीकार लिया था। सबसे पहले मैंने अनुशासन सीखा अर्थात् स्वयं को अभिनेता के रूप में ढालने के लिए कैसे व्यवस्थित रूप से एक के बाद एक कदम उठाया जाना चाहिए। वे रंगमंच के इकलौते ऐसे व्यक्ति थे जो अपने विद्यार्थियों को अनुशासन सिखा सकते थे। एक वर्ष बाद 1962 में जब उन्होंने नेशनल स्कूल ऑफ ड्रामा का कार्यभार सँभाला तो इस संस्थान की पूरी रूपरेखा और कार्यशैली ही परिवर्तित हो गयी। सचमुच मैं सौभाग्यशाली रहा कि पूरे एक वर्ष उनसे अभिनय की बारीकियाँ सीखने का मौका मिला। उस दौरान मैंने समय के महत्त्व को जाना और प्रत्येक कार्य को सही, सटीक एवं योजनाबद्ध ढंग से करने के महत्त्व को समझा। वे स्वयं प्रत्येक कार्य को पूरे व्यवस्थित ढंग से करते थे और एक कठोर अध्यापक थे। उनके व्याख्यान और भाषण अभिनय की स्टेनिस्लेवस्की विधि पर आधारित हुआ करते थे। किसी नाटक का निर्देशन करते हुए उनके विचार बहुत स्पष्ट होते थे, कहीं कोई सन्देह नहीं होता था। उनकी उल्लेखनीय विशेषता यह थी कि वे वर्ष में एक बार इंग्लैंड अथवा अमेरिका जाते और वहाँ शेक्सपीयर थियेटर द्वारा खेले जाने वाले नाटक अथवा प्रायोगिक रंगमंच के कुछ नाटक देखते। जो नाटक उन्हें बहुत पसन्द आते, उनकी प्रोडक्शन की विशेषताओं को अपनाकर वे उन नाटकों का भारत में मंचन करते। उन्होंने विदेश में मिलर का नाटक 'द ड्यूक एंड द विच' देखा और उसी पद्धति पर भारत में उसकी प्रस्तुति दी। बाद में वर्ष 1965 में मैंने भी मिलर के एक अन्य नाटक 'आफ्टर द फॉल' में अभिनय किया, इसका मंचन बम्बई, कलकत्ता और दिल्ली में किया गया, यह नाटक मिलर की पत्नी मर्लिन मनरो के जीवन पर आधारित था। मैंने इसमें मिलर की भूमिका की थी। नाटक में मिलर मनरो की यादों को सँजोता और अन्य बातों के साथ-साथ उसके विवाहेतर सम्बन्धों को याद कर दुखी होता है। वह समस्त घटनाओं का एक-एक कर वर्णन करता है और विस्तारपूर्वक बताता है कि अपने ऐसे चरित्र के कारण कैसे मनरो ने अपना सम्मान खो दिया था।

मुझे हमेशा ऐसा महसूस होता था कि अल्काज़ी साहब मुझे बहुत चाहते हैं। कई बार ऐसा भी लगता कि हमारे चेहरे के हावभाव बिलकुल एक जैसे थे और हमारे नाक-नक्श अरबी लोगों जैसे हैं। उनके द्वारा दिये जाने वाले होमवर्क में नाटक के सेट्स के मॉडल तैयार करना भी शामिल रहता था। मैं बहुत ध्यानपूर्वक ये मॉडल तैयार किया करता कि कहाँ मेज अथवा कुर्सी होनी चाहिए? उस समय मेरी उम्र लगभग तीस वर्ष थी और उस उम्र में यह सब काम सीखना, जो कोई भी किशोर कर सकता था, बहुत हास्यास्पद हो सकता था। परन्तु मैं यह भी जानता

था कि विस्तारपूर्वक यह सब जानने में भी अपना एक मज़ा है। नहीं तो यह सब क्यों किया जाता? रंगमंच के व्यावहारिक पक्ष—वेशभूषा, पोशाक, अपनी पंक्तियाँ याद करना, अंग संचालन—के सम्बन्ध में वे जो भी सिखा-समझा रहे थे, मैं भली प्रकार सीख-समझ रहा था। उनके अनुसार निर्देशक पात्रों की चाल-ढाल के सम्बन्ध में भी पहले से ही निर्णय कर लेता है परन्तु कई बार आप मंच पर कुछ अलग ढंग से भी अभिनय करते हैं जिसे नाटक में 'इम्प्रोवाइजेशन' कहा जाता है। जहाँ तक विचारों की गहराई, अन्तर्दृष्टि प्राप्त करने और पात्र में स्वयं को ढाल लेने का सम्बन्ध है, तो ये सब बातें मैंने पण्डित सत्यदेव दुबे से बाद में सीखीं। मैं उन्हें रंगमंच की समझ की दृष्टि से अपेक्षाकृत कहीं बड़ा जीनियस मानता हूँ।

दुबे साहब के सम्पर्क में आना मेरे साथ घटने वाली अगली सर्वाधिक सौभाग्यशाली घटना थी। उन्हें हाल ही में हिन्दी अनुभाग के लिए नियुक्त किया गया था और उनसे मोलियर के फ्रांसिसी नाटक 'स्कॉर्पियो' के हिन्दी रूपान्तर 'बिच्छू' का निर्देशन करने को कहा गया था। बाद में इस नाटक का उर्दू में भी मुस्लिम पृष्ठभूमि के साथ अनुवाद हुआ था। मैंने 'बिच्छू' नाटक में नवाब के नौकर की प्रमुख भूमिका निभाया थी कि कैसे वह छल-कपट से परिवार के सदस्यों को धोखा देता रहता है। लोग आज भी उस नाटक का अनुकरण करते हैं। यह एक सम्पूर्ण प्रहसन था। 'बिच्छू' के संवाद बहुत हास्यास्पद तथा चातुर्यपूर्ण थे। मैं परोक्ष रूप से दुबे साहब की हँसी उड़ाते हुए उन संवादों को और भी हास्यास्पद बना दिया करता था। दुबे साहब उस समय बहुत युवा और लड़के जैसे दिखाई देते थे। वे दुबले और छोटे कद के थे। उनके बाल बहुत घुँघराले थे। मुझे उनके निर्देशन में काम करना बहुत मुश्किल लग रहा था। मैं बहुत परेशान था कि इस लड़के को निर्देशन तथा अभिनय के अध्यापक के रूप में कैसे स्वीकार करूँ? उन्होंने सप्ताह भर के लिए यह सब होने दिया और फिर अकस्मात कमान संभाल ली। निर्देशक के रूप में वे बहुत कड़ाई से पेश आने लगे। तब मैंने पाया कि वे कितने सक्षम हैं। शायद हममें बहुत अच्छा तालमेल हो गया था और हम एक-दूसरे को पसन्द करने लगे थे। बाद में मेरे इस भाव ने उनके प्रति सम्मान का रूप ले लिया।

इस सघन प्रशिक्षण के दौरान दुबे साहब ने मुझमें और ज्यादा रुचि लेनी शुरू की। जहाँ कहीं भी मैं चूक करता वे मुझे फटकार लगाते। मैं दृढ़ संकल्प विद्यार्थी की तरह अपना काम और उनके निर्देशों का निष्ठा से पालन करता। मेरी इस लगन एवं अभिव्यक्ति की योग्यता से वे बहुत प्रभावित हुए। वे मेरी उन विशेषताओं को पहचान सके जो उनके मतानुसार अच्छे अभिनेता के लिए ज़रूरी होती हैं। वे 1954 से अपनी ही तरह से इंग्लिश थियेटर ग्रुप से भी जुड़े थे, इसके क्रियाकलापों में अल्काज़ी साहब, अलिक पदमसी, पर्ल पदमसी जैसे हस्तियाँ भी शामिल थीं। वैसे ही प्रख्यात बुद्धिजीवी पी.डी. शिनोय थे, जिन्हें दुबे साहब अपना गुरु मानते थे। रंगमंच का उनका ज्ञान अथाह था। यद्यपि मैं दुबे साहब को थियेटर का प्रमुख हस्ताक्षर मानता हूँ, मैं नहीं समझता उनके समान श्रेष्ठता के स्तर पर कोई पहुँच सकता है।

खैर अन्ततः मिलर और मोलियर दोनों ही के नाटकों का परीक्षा के रूप में मंचन किया गया। इस प्रस्तुति में मुझे श्रेष्ठ विद्यार्थी घोषित किया गया और तीस विद्यार्थियों की कक्षा में

मैंने पहला स्थान प्राप्त किया। मुझे डिप्लोमा प्रमाणपत्र प्रदान किया गया। प्राचार्य अल्काज़ी ने प्रथम सत्र की मेरी रिपोर्ट में लिखा :

> *"यह एक परिपक्व एवं सज्जन व्यक्ति है जो विनम्र कर्त्तव्य, निष्ठा तथा दायित्व की भावना से ओतप्रोत है। उसने अपनी उपस्थिति से कक्षा के सामान्य स्तर को ऊँचा उठाया है और अन्य विद्यार्थियों के समक्ष उस दृष्टिकोण का उदाहरण प्रस्तुत किया है जो रंगमंच पर कार्य करने वाले व्यक्ति के लिए आवश्यक होता है। मैं उसे सहर्ष छात्रवृत्ति प्रदान करता हूँ।"*

दूसरे सत्र में उन्होंने लिखा :

> *"कुल मिलाकर कक्षा का उत्तम विद्यार्थी। एक व्यक्ति और रंगमंच के कार्यकर्ता के रूप में वह आज भारतीय रंगमंच के लिए आवश्यक लोगों के वर्ग का एक उदाहरण है। मैं उसे सहर्ष डिप्लोमा (प्रथम श्रेणी) और अभिनय के लिए पुरस्कार प्रदान करता हूँ।"*

अन्य अध्यापकों द्वारा की गयी टिप्पणियाँ भी मेरे "विनम्र, आत्मालोचक और कर्त्तव्यनिष्ठ ...उसके द्वारा किये गये प्रत्येक नाटक में 'शक्ति स्तम्भ' होने के सम्बन्ध में थी। 'बिच्छू' के लिए मेरे द्वारा की गयी मंच सज्जा को 'क्लास में सर्वश्रेष्ठ' घोषित किया गया। मेरे पास प्रसन्न होने के पर्याप्त कारण थे।"

अब दुबे साहब ने भी अपना 'थियेटर यूनिट' प्रारम्भ कर दिया था। कोर्स समाप्त होने के बाद मैंने अपना पहला नाटक उनके साथ किया। वे डॉ. धर्मवीर भारती के नाटक 'अंधा युग' का निर्देशन कर रहे थे। उन्होंने मुझसे आग्रह नहीं किया, अपितु आदेश दिया कि मैं नाटक की रिहर्सल के लिए रिपोर्ट करूँ। यह मेरे लिए एक उपलब्धि थी और फिर एक ईमानदार शिष्य की भाँति मैंने उनके निर्देशों का पालन किया। नाटक के काव्यात्मक संवादों को याद करना बहुत कठिन था परन्तु मैंने उन्हें जबानी याद कर लिया। दुबे साहब अभिनेताओं को स्क्रिप्ट देकर स्वयं दूसरे कमरे में बैठ जाया करते थे और बाद में हमसे संवाद सुनकर हमें डाँट लगाते। उसके बाद वे हमारा अभिनय, हाव-भाव, अंग संचालन, चाल-ढाल देखते और जहाँ भी हम गलती करते, हमें सुधारते।

डॉ. भारती का काव्य नाटक 'अन्धा युग' सहस्राब्दि पूर्व संस्कृत रंगमंच के दम तोड़ देने के बाद भारतीय रंगमंच की प्रथम महत्त्वपूर्ण कृति के रूप में विश्व प्रसिद्ध हुआ। दुबे साहब ने सबसे पहले इस नाटक की रंगमंच की सम्भावनाओं को पहचाना क्योंकि तब तक इसे रेडियो नाटक माना जाता था। उनके अनुसार मेरी आवाज़ बहुत भारी थी इसलिए मुझे एक सौ वर्ष के वृद्ध अन्धे कौरव राजा धृतराष्ट्र की भूमिका दी गयी। एक बार फिर मुझे गेइटी थियेटर में मेरे प्रथम नाटक की भाँति अपने बाल सफेद करने थे। मेरी मौलिक आवाज़ एवं स्वर नियंत्रण मंच पर वरदान साबित हुए। यह नाटक महाभारत युद्ध के सत्रहवें दिन का वर्णन है। इसमें

बताया गया है कि कैसे उस दिन के बाद युद्ध प्रारम्भ हुआ और कैसे कौरव पांडवों के विरुद्ध लड़े। यह छल-कपट की जंग थी, धृतराष्ट्र की भूमिका इसका केन्द्रीय बिन्दु है जो चचेरे भाइयों के बीच युद्ध विराम न करने के अपने विवेकहीन निर्णय से युद्ध छेड़ने के लिए उत्तरदायी था। मुझे चूँकि खुली आँखों से अंधे की भूमिका करनी थी, इसलिए अपनी पलकों को किंचित भी नहीं झपकने देना था। जब मैंने अपनी उन्हें बताया कि आँखे खुली रखना एक कठिन चुनौतीपूर्ण काम होगा, दुबे साहब ने उत्तर दिया, "मैं क्या करूँ?" मैं उनका विद्यार्थी रहा था और उनके गुस्सैल स्वभाव से परिचित था और कल्पना कीजिए कि खुले मंच पर हवा चल रही थी और छोटे-छोटे मच्छर उड़ रहे थे, ऐसे में आँखें खुली रखना लगभग असम्भव था। मेरा पहला दृश्य सत्रह मिनट का था जिसमें मुझे पलकों को नहीं झपकाना था। पर मैंने ऐसा समस्त दर्जनों प्रस्तुतियों में किया। यह एक चुनौती थी जिसे मैंने स्वीकार किया और जिसमें सफल भी रहा। धृतराष्ट्र का दृष्टिहीनता सम्बन्धी विलाप रंगमंच में मेरी दीक्षा बन गया :

पर वो संसार
स्वतः अपने अन्धेपन से उपजा था
मैंने अपने ही वैयक्तिक संवेदन से जो जाना था
केवल उतना ही यह मेरे लिए वस्तु-जगत
इन्द्रजाल की माया-सृष्टि के समान
घने-गहरे अँधियारे में
एक काले बिन्दु से
मेरे मन ने सारे भाव किये थे विकसित
मेरी सब वृत्तियाँ उसी से परिचालित थीं
मेरा स्नेह, मेरी घृणा, मेरी नीति, मेरा धर्म
बिल्कुल मेरा ही वैयक्तिक था
उसमें नैतिकता का कोई बाध्य मापदंड था ही नहीं
कौरव, जो मेरी मांसलता से उपजे थे;
वे ही थे अंतिम सत्य
मेरी ममता ही वहाँ नीति थी
मर्यादा थी

और इस तरह दिसम्बर 1961 में लगभग सौ से कुछ अधिक विशिष्ट दर्शकों के सामने मंच पर मेरी प्रथम प्रस्तुति हुई। यह नाटक अल्काज़ी साहब के कुम्बला हिल अपार्टमेंट की छत पर ओपन एयर थियेटर में प्रस्तुत किया गया था। थियेटर के लोगों और सामान्य जनता के लिए भी यह नाटक आँखें खोल देने वाला था। छत पर मच्छरों के प्रकोप के बावजूद नाटक पर तमाम प्रमुख समाचार पत्रों एवं पत्रिकाओं में प्रशंसा से भरपूर समीक्षाएँ लिखी गयीं। यह एक अग्नि परीक्षा थी, मच्छरों को हटाने एवं लोनारी हवाओं से बचने के संघर्ष में मैं अपनी पंक्तियाँ लगभग भूल गया था।

'अन्धा युग' को अथाह सफलता मिली। हम इस नाटक को 1965 में कलकत्ता नाट्य समारोह में भी ले गये। धृतराष्ट्र की पत्नी गांधारी की भूमिका निभाने वाली अभिनेत्री चूँकि रंगमंच छोड़ चुकी थी, सो दुबे साहब को उसके स्थान पर नई कलाकार को ढूँढ़ ना पड़ा। मराठी रंगमंच की कलाकार और अरविन्द देशपांडे की पत्नी सुलभा देशपांडे कलकत्ता की गाड़ी पकड़ने से केवल दो दिन पहले इस भूमिका के लिए चुनी गयी थीं। उन्हें बहुत विपरीत परिस्थितियों में काम करना पड़ा। उनका अपना गला खराब था, उनके तीन वर्षीय बेटे को तेज बुखार था। अरविन्द अपने बीमार बेटे को ले कर विक्टोरिया टर्मिनल स्टेशन पर हमें विदा करने आये। बच्चा चीख रहा था। गाड़ी छूटने पर हमने अरविन्द को रोते-चीखते बच्चे को उठाए, हाथ हिलाकर हमें विदा करते देखा। बहुत दुखी मन से उन्होंने विदा ली थी। यात्रा के दौरान सुलभा ने सभी कलाकारों के साथ अपनी भूमिका की रिहर्सल की। जहाँ तक कलकत्ता में मंच पर उनकी प्रस्तुति का प्रश्न है तो वह देखने वाला दृश्य था। कृष्ण को शाप देने सम्बन्धी अपना संवाद जिस प्रकार से उन्होंने बोला, कृष्ण के प्रति मातृ-स्नेह और हृदय को छू लेनी वाली पंक्तियाँ जैसे उन्होंने प्रस्तुत कीं, उसने सभी दर्शकों, कलाकारों और मंच के पीछे उपस्थित सभी तकनीशियनों की आँखों में आँसू ला दिये। तो ऐसी गहराई थी सुलभा द्वारा व्यक्त की गयी भावनाओं में; लोगों ने खड़े होकर तालियों से उनका अभिनन्दन किया। परन्तु इससे पहले हमें एक संकट का सामना करना पड़ा था। टेपरिकॉर्डर में अचानक आयी तकनीकी खराबी के कारण मंच के पीछे से बोली जाने वाली समस्त कथा तत्काल विभिन्न कलाकारों में बाँट दी गयी थी और उन्होंने उसे मंच के पीछे से माइक पर बोला।

वर्ष 1989-90 में हमने 'अंधा-युग' का मंचन पुनः शुरू किया और बम्बई, कलकत्ता तथा नई दिल्ली में संगीत नाटक अकादमी के समारोह में इसकी प्रस्तुतियाँ की गयीं, परन्तु इस बार मैंने आचार्य-विवेकवान वृद्ध की भूमिका की। वह निम्नलिखित गूढ़-गम्भीर पंक्तियाँ बोलता है :

यह युग एक अन्धा समुद्र है
चारों ओर से पहाड़ों से घिरा हुआ
और दर्रों से
और गुफाओं से
उमड़ते हुए भयानक तूफान चारों ओर से
उसे मथ रहे हैं
और उस बहाव में मन्थन है, गति है
किन्तु नदी की तरह सीधी नहीं

स्वभावतः मैं मंच पर कुछ संकोच कर रहा था और स्वयं को खुल कर व्यक्त नहीं कर पाया। परन्तु जैसे-जैसे इस नाटक के शो हुए, ये समस्त संकोच समाप्त होते गये। दुबे साहब के साथ काम करके मुझे असीम लाभ मिला। समय बीतने के साथ-साथ उन्होनें ही मुझे भावनाओं को व्यक्त करने के सूक्ष्म गुर सिखाए और अपनी प्रस्तुतियों को बेहतर बनाने में मेरी सहायता की। 'दुबे साहब से *हमारी ट्यूनिंग हो गयी,*' हममें अच्छा तालमेल था।

मैंने थियेटर का एक-एक पाठ उनसे सीखा। उनके साथ काम करते हुए मैं अनेक फिल्मी हस्तियों से मिला। परन्तु तब तक बड़े पर्दे से मेरा मोह भंग हो चुका था और दुबे साहब की योजना के अनुसार मैं 'थियेटर यूनिट' के सभी नाटकों का एक स्थायी कलाकार बन गया था। यह एक और महत्त्वपूर्ण मोड़ था जिसने रंगमंच के प्रति मेरी लगन को और ज़्यादा मज़बूत कर दिया था और मैं फिल्मों को भूल ही गया। इस प्रस्तुति के बाद मेरे आत्मबल का स्तर बढ़ गया था। मैंने स्वयं को हमेशा कम करके आँका था। मैं एक-एक कदम करके आगे बढ़ना और पाना चाहता था। अब मुझे नाटकों में समस्त प्रकार की प्रमुख भूमिकाएँ मिल रही थीं लेकिन ये पात्र फिल्मों में मिलने वाली भूमिकाओं की तुलना में कहीं अधिक गहराई लिये हुए थे।

गुजराती और मराठी रंगमंच के लोग जब दुबे साहब के सम्पर्क में आये तो ऐसा लगा मानो उन्होंने दुबे साहब के नाटकों के तत्त्व को समझ लिया है। दुबे साहब द्वारा की जाने वाली मूल कथन की व्याख्या अन्य लोगों की प्रस्तुति से पूरी तरह भिन्न होती। 1960 में थियेटर के प्रयोगात्मक आन्दोलन की प्रमुख हस्ती के रूप में उन्हें अत्यधिक सम्मान प्राप्त हुआ। बम्बई में हिन्दी, अंग्रेजी और मराठी रंगमंच को बहुत निकट से देखने के बाद मुझे एहसास हुआ कि दुबे साहब ने नाटकों की अनुपम व्याख्या से उनका स्वरूप ही बदल दिया है। वे पंक्तियों के अर्थ को पकड़ने के लिए ही नहीं अपितु पंक्तियों में छिपे भाव को पकड़ने के लिए भी गहराई में जाने का प्रयास करते हैं और यही—नाटक की समझ—वे अपने कलाकारों से भी चाहते थे। इसके तत्काल बाद 1963 में हमने मोहन राकेश द्वारा रूपान्तरित कालिदास के नाटक 'आषाढ़ का एक दिन' का मंचन किया। दुबे साहब अभी तीस वर्ष के भी नहीं थे, उस आयु में इस नाटक की गहन परतों को समझना उनके लिए बहुत चुनौतीपूर्ण रहा होगा। मैं उन्हें सदा हमारे ग्रुप का सर्वाधिक बुद्धिमान व्यक्ति समझता था। उन्होंने मौलिक नाटक सर्वाधिक नये ढंग से मंचित किये हैं जबकि अल्काज़ी साहब उन नाटकों को मंचित किया करते थे जिनका पहले कहीं मंचन हो चुका होता था अथवा वे विशेष शैली और विशेष तकनीक के साथ पश्चिमी देशों में किये गये मंचन का रूपान्तरण होता क्योंकि अल्काज़ी साहब बहुत पढ़ते और व्यापक यात्रायें करते थे। परन्तु मुझे उनकी शैली, उनका शब्द चयन और प्रशिक्षक के रूप में उनकी क्षमता भाती थी। वे लोगों से काम करवा सकते थे।

दोनों मेरे मार्गदर्शक, अध्यापक और गुरु हैं। उन दोनों में यही अन्तर कर पाता हूँ कि अल्काज़ी साहिब ने मुझे अनुशासित होना सिखाया, बताया कि रंगमंच पर आगे कैसे बढ़ा जाता है जबकि दुबे साहब ने मुझे शिल्प सिखाया। वे अद्‌भुत शिल्पी हैं। रंगमंच पर उनके द्वारा प्रस्तुत की जाने वाली नवीनता एवं गहराई इतनी विविधता लिए होती है कि मैं शब्दों में इसे व्यक्त नहीं कर सकता। समय बीतने के साथ-साथ उनका विकास होता रहा। किसी भी बिन्दु पर ह्रास की स्थिति नहीं आई। वे अभी भी नाटक लिख रहे हैं जो मेरे मतानुसार श्रेष्ठ नाटकों में से है और जब रंगमंच पर अभिनय की बात आती है तो जिस प्रकार की रचना और पुनर्रचना वे करते हैं और जिस प्रकार के अर्थ वे नाटकों को प्रदान करते हैं, वह उल्लेखनीय है और मैं

अपने कलाकार होने का समस्त श्रेय भी उन्हीं को देता हूँ। केवल वही मंच पर मुझसे उत्तम कार्य करवा पाए।

मुझे दुबे साहब के साथ एक बातचीत याद है कि जब उन्होंने कहा था, "आत्मसमर्पण बहुत महत्त्वपूर्ण है।" उन्होंने कहा कि जब वे किसी व्यक्ति को ढालना चाहते हैं तो उस व्यक्ति को उनके समक्ष पूर्ण समर्पण करना होगा, पूर्ण अधीनता स्वीकार करनी होगी। परन्तु मैं समर्पण करने वाला व्यक्ति नहीं था। मैं जानता नहीं था परन्तु सोचता रहता था कि वह क्या कहना चाहते हैं? अब मैं जब पीछे मुड़कर देखता हूँ तो मेरे विचार में मैं जानता हूँ कि पूर्ण समर्पण से उनका तात्पर्य क्या था? उनका तात्पर्य था कि जैसे मैं उनकी आज्ञा का पालन करता रहा था, मैने स्वयं को मिट्टी के समान उन्हें पूर्णतः समर्पित कर दिया था–"मुझे जैसे चाहो ढाल लो" और कई बार ऐसा होता है कि यदि आप हर समय व्यक्ति को चुनौती देते रहते हैं, उसका सही अथवा गलत रूप में विश्लेषण करते रहते हैं तो वह सब स्वीकार करता रहता है और अपने निर्देशक की इच्छानुसार स्वयं को ढालता रहता है। वह अपने अभिनय में कुछ जोड़ता भी चलता है। परन्तु व्यक्ति को सब कुछ के सम्बन्ध में बहुत तर्कपूर्ण भी नहीं होना चाहिए। यदि आप बहुत अधिक बौद्धिक होते हैं तो भावना के स्तर पर हार जाते हैं। यह वास्तव में विश्लेषण द्वारा कुठाराघात होना होता है। प्रबन्धन के कोर्स में यही पढ़ाया जाता है कि बहुत अधिक विश्लेषणात्मक मत हो जाओ। मैं बहुत अधिक जिज्ञासु था और यदि मैं दुबे साहब से थोड़ा और प्रश्न करता तो वे मुझमें रुचि खो देते।

रंगमंच हमारे समाज का बहुत महत्त्वपूर्ण भाग है, यह हमारी व्यवस्था की, हमारे सम्बन्धों की सच्ची प्रतिछाया है और आज यह स्वयं को मनोरंजन तक सीमित नहीं रखता। किसी भी सामाजिक वातावरण में प्रगतिशील और विचारशील लोगों का यह दायित्व है कि वे रंगमंच को अपने जीवन का अभिन्न अंग बनायें। कोई कलाकार श्रेष्ठ नहीं होता, केवल भूमिकाएँ होती हैं जिनका श्रेष्ठ ढंग से निर्वाह किया जाता है। यह व्यक्ति पर निर्भर करता है कि वह किसी भूमिका में अपना कितना योगदान देता है। मैं पूरे मन से रंगमंच में कूद गया था। रिहर्सल मेरी दैनिक चर्या का अनिवार्य भाग बन गयी थी, एक ऐसा भाग, जिसकी उबाऊ दिन के अन्त में मैं प्रतीक्षा किया करता था। दफ्तर से निकलते ही मैं रिहर्सल स्थल की ओर दौड़ता। मेरी समस्त थकान काफूर हो जाती और एक पात्र की भूमिका करने का विचार मात्र मुझे रोमांचित कर देता। मुझ पर धुन सवार हो गयी थी और मेरे भीतर अभिनय करने की आग लगी हुई थी।

परन्तु विवाह के बाद भी मुझे कभी यह एहसास नहीं हुआ कि मैं अभी भी मदन भाई के साथ उनके दो बैडरूम के फ्लैट में रह रहा हूँ और चमन भाई भी उसी फ्लैट में रह रहे थे। वे पाँच वर्ष के बाद मलाड चले गये थे और अब एक वर्ष के बाद मेरी पहली सन्तान, मेरे बेटे राजीव के जन्म से परिवार में एक सदस्य और बढ़ गया था। मदन भाई उसके जन्म पर इतने प्रसन्न हुए मानो उनके पोते का जन्म हुआ हो। इस सबके दौरान उन्होंने मुझसे एक शब्द भी नहीं कहा परन्तु एक व्यावहारिक व्यक्ति होने के नाते वे मुझे एहसास करवाना चाहते थे

कि मुझे अपना घोंसला बना लेना चाहिए जबकि मैं सोचा करता था कि छोटा भाई होने के नाते मुझे वहाँ रहने का नैतिक अधिकार है और एक बार उन्होंने यह बात मुझे बहुत विनम्र लहजे में परोक्ष रूप से कह दी, मैं उनका संकेत समझ गया। इस प्रकार 1962 तक हम उर्मिला के पिताजी के शान्ताक्रूज स्थित किराये के मकान 'भारत कुंज' में चले गये। उर्मिला की बड़ी बहन अनसूया बाई और भतीजा सुधाकर भी उस मकान में रहते थे। अनसूया बाई विधवा थीं, वे बाद मे दूसरे मकान में चले गये। हम जुहू स्कीम में अपने मकान 'वरदान' में जाने से पूर्व इस मकान में अट्ठाईस वर्ष तक रहे और तब 'भारत कुंज' को मैंने अपना दफ्तर बना लिया।

'भारत कुंज' के दिन बहुत प्रसन्नता एवं सन्तुष्टि भरे दिन थे। मैंने और उर्मिला दोनों ने मिलकर किसी भी कामकाजी दम्पत्ति की भाँति अपने बच्चों का पालन-पोषण किया। उन दिनों मैं रसोई में भी उनकी सहायता करता और बाज़ार में दामों पर मोल-भाव करता। हमारे पास अच्छा मध्यवर्गीय जीवन जीने के लिए बस पर्याप्त धन था। हम बचत बहुत नहीं कर पाते थे परन्तु हमने कभी किसी से पैसा उधार नहीं लिया। हमारे घर में कुछ बिल्लियाँ थीं, हमारे बच्चों को विडाल वंशी ये जीव बहुत भाते थे। केवल दो बिलौरे बढ़कर आठ और फिर सोलह हो गये थे। वे पूरे घर में फैले रहते। यदि मैं खिड़की के निकट सोता तो वे सब समय मेरे सिर और पूरे बदन पर कूदते रहते। यह असहनीय हो गया था। मैंने तब 1920 के मध्य में अपनी पहली कार अम्बेसडर खरीदी थी। एक दोपहर मैंने सब बिल्लियों को कार में डाला और उन्हें जुहू में मछियारों की कॉलोनी में जाकर छोड़ दिया। चारों ओर मछलियों की गन्ध आते ही वे एक छलाँग में बाहर कूद गयी। उसके बाद वे और हम भी प्रसन्नता से रहे।

मैं अपने साधारण और स्नेहशील पड़ोसियों के साथ बिताये सुन्दर समय को भी याद करता हूँ। हम किसी भी समय एक-दूसरे की सहायता के लिए तत्पर रहते थे। मुझे याद है कि एक रात मेरे पड़ोसी डा. हरिभाई जोशी को सीने में तेज दर्द हुआ। रात के अढ़ाई बजे थे और उनके परिवार ने मुझे जगाया। फिरोज शाह मेहता रोड पर हमारी गली में हृदय रोग विशेषज्ञ डॉ. पटेल रहते थे। परन्तु उनके विषय में यह प्रसिद्ध था कि वे रात में किसी रोगी को नहीं देखते। स्थिति की गंभीरता को देखते हुए मैंने स्वयं जाकर डॉक्टर को लाने की सोची। उनकी पत्नी ने दरवाजा खोला और कहा कि वे नहीं आएँगे। मैं आग-बबूला हो उठा। मैंने चिल्ला कर उन्हें आने के लिए कहा और चेतावनी दी कि नहीं तो मैं उन्हें उठाकर रोगी को देखने के लिए ले जाऊँगा और यह रोगी भी संयोग से डॉक्टर ही है। मेरी दृढ़ संकल्प की इस चेतावनी को सुनकर डॉ. पटेल तत्काल अपने कमरे से निकलकर आये और मेरे साथ चल पड़े। मैं अब भी इन प्यारे पड़ोसियों से मिलता रहता हूँ और वे सब मुझसे बहुत प्यार करते हैं।

जिस वर्ष हम सान्ताक्रूज वाले मकान में गये, मैं उर्मिला और राजीव को छुट्टियों में काश्मीर ले गया। हम पहलगाँव में ठहरे थे। एक शाम हमें वहाँ एक नवविवाहित जोड़ा मिला और वे हमारे दूर के सम्बन्धी निकले। वे पहाड़ की चोटी पर एक छोटे से होटल में ठहरे हुए थे। अगले दिन हम श्रीनगर चले गये। दो दिन के बाद हमने सुना कि पहलगाम में बादल फट गया है और वह होटल बह गया है। बादल का फटना भी प्रकृति की विचित्र लीला है जब टनों पानी

एक साथ आकाश से गिरता है मानो पानी का विशाल टैंक खोल दिया गया हो। महीनों मैं उस नवविवाहित युग्ल के हश्र के विषय में सोचता रहा, उनके आगे पूरी जिन्दगी पड़ी थी और मृत्यु से पूर्व उन लोगों पर न जाने क्या बीती होगी। उनके शव भी नहीं मिले थे।

हम भारी मन से लौटे और तभी हमें समाचार मिला कि बाऊजी का दिल्ली में एक्सिडेण्ट हो गया है। वे बिरला मन्दिर सभा के सचिव थे और प्रायः मन्दिर जाते रहते थे। अठहत्तर वर्ष की आयु में भी वे बहुत फुरतीले थे। वे खूब चलते, उनका मानना था कि यह उनके लिए अनिवार्य व्यायाम है। मैंने भी उनकी इस नीति का अनुसरण किया और बम्बई में युवावस्था के दिनों में मैं खूब चलता। चलना मुझे इतना भाता कि मैं कभी-कभार ही बस में चढ़ता और अब हमें घर में ट्रेडमिल पर चलना पड़ता है। एक दिन बाऊजी मन्दिर की पत्थर की सीढ़ियों से नीचे उतर रहे थे कि उनका पैर फिसल गया और उनकी जाँघ की हड्डी टूट गयी। उन्हें सफदरजंग अस्पताल में भर्ती करवाया गया और मैंने उनके साथ समय बिताने के लिए दफ्तर से लम्बी छुट्टी ले ली। मदन भाई भी यद्यपि अपनी शूटिंग में बहुत व्यस्त थे, फिर भी वे पिता जी को देखने आते और कई-कई दिन तक उनकी सेवा करते। बाऊजी शक्ति का भंडार थे और पूरा परिवार उनके आदर्शों को मानता था। उनका कहा अंतिम वाक्य होता। जब वे अस्पताल में थे तो उन्होंने चमन भाई से कुछ करने को कहा, चमन भाई ने उनकी बात मानने से इनकार कर दिया और उनकी ओर झुकते हुए ज़ोर से 'ना' कहा। बाऊजी ने तत्काल अपने बेटे के मुँह पर तमाचा जड़ दिया। चमन भाई की आयु तब पचास वर्ष से अधिक थी। चमन भाई ने आगे ऐसा कुछ भी नहीं कहा कि "मैं इतना बड़ा हूँ और आपने सबके सामने मुझे थप्पड़ मार दिया।" हम सदैव अपने पिता के प्रति अत्यधिक स्नेह और सम्मान के साथ इस घटना को याद करते हैं।

उस दृष्टि से चमन भाई भी चाहते थे कि सब उनका सम्मान करें अन्यथा वे बहुत परेशान हो जाया करते थे। मुझे याद है कि वे हर रोज शाम मेरे शान्ताक्रूज वाले घर में आते थे। वे सिने आर्टिस्ट एसोसिएशन के उपाध्यक्ष थे और मैं बाद में उसका अध्यक्ष बना था। एसोसिएशन के दफ्तर से लौटते हुए वे हमारे पास रुककर चाय पीते और फिर मलाड में अपने घर लौटते। मैं सदा उनके पैर छूता। एक दिन मैंने बस बोलकर उनका अभिवादन किया और झुका नहीं। वे इस पर इतने क्रोधित हुए कि तत्काल घर लौटने के लिए स्टेशन चले गये। मैं उनके पीछे दौड़ा, सड़क पर उनसे अननुय-विनय की और माफी माँगी, परन्तु उन्होंने एक न सुनी। ठीक वहीं सब लोगों के सामने मैं उनके पाँवों पर गिर पड़ा। अपने इसी अहं के कारण वे अच्छा कैरियर नहीं बना सके। वे सदैव मदन भाई को दिये जाने वाले काम से अपने काम की तुलना करते। मेरे मतानुसार यह सही दृष्टिकोण नहीं था और उनमें सन्तुलित सोच का अभाव था।

अब हम सब बाऊजी को ले कर चिन्तित थे। टूटी हड्डी के जुड़ने के बाद उन्होंने लंगड़ा कर चलना शुरू कर दिया था और हमें उनके लिए विशेष प्रकार के जूते बनवाने पड़ते लेकिन वे दृढ़ इच्छाशक्ति के व्यक्ति थे। मुझमें यदि उनकी तुलना में आधा उत्साह भी होता तो मैं

स्वयं को बहुत सौभाग्यशाली मानता। यात्राओं और ज्ञान के प्रति उनका प्यार अतुलनीय था। सब बच्चों की भाँति वे काश्मीर जाने के लिए मचल रहे थे और वह भी ऐसे समय पर जबकि वे चल पाने में पूरी तरह से समर्थ नहीं थे। किसी तरह मैं 1969 में उन्हें काश्मीर ले गया। हम पठानकोट पहुँचे और वहाँ से श्रीनगर गये। पूरी यात्रा के दौरान रात में हम कभी कहीं तो कभी कहीं ठहरे। बाऊजी की घुमन्तू प्रवृत्ति इतनी दृढ़ थी कि एक बार भी उन्होंने नहीं कहा कि वे थक गये हैं। तंगमर्ग से गुलमर्ग की यात्रा उन्होंने टट्टू पर सवार होकर की। गुलमर्ग में हमारी भेंट राजेन्द्र कुमार से हुई। वे वहाँ 'आरजू' की शूटिंग कर रहे थे। मैंने उन्हें अपना परिचय दिया। उन्होंने तुरन्त आकर बाबू जी का चरण स्पर्श किया, मात्र इसलिए कि वे मदन भाई को जानते थे। ऐसा समय था वह।

हमें बाऊजी को बम्बई बहुत हठपूर्वक लाना पड़ा क्योंकि हममें से कोई भी उनके साथ दिल्ली में नहीं रुक सकता था। कुछ समय के लिए हरीश उनके पास रहा परन्तु उनका भी वहाँ से स्थानान्तरण हो गया। वे इंडियन ऑयल कार्पोरेशन में काम करते थे। बाऊजी को हमारे करोल बाग के घर से बहुत लगाव था परन्तु वहाँ उनकी देख-रेख करने वाला कोई नहीं था। यद्यपि दिल्ली में हमारी बहन चन्द्रकान्ता रहती थी परन्तु अपने पारिवारिक दायित्वों के चलते हर समय बाऊजी के पास रहना उसके लिए सम्भव नहीं था। अपने जीवन साथी के बिना बाऊजी बहुत अकेले और निराश हो गये थे। परन्तु फिर भी वे बम्बई हमारे साथ न आने की हठ किये हुए थे। उनके अनुसार बम्बई 'बहुत कृत्रिम नगर था' जबकि दिल्ली में उनके मित्र और सम्बन्धी मिलने आते रहते और वे प्रसन्न रहते। बाऊजी से मैं बहुत प्रभावित था। उनके सिद्धान्तों और कैसे वे सम्बन्धों को बनाये तथा बचाये रखने के लिए कैसे-कैसे प्रयास करते थे, ने मुझ पर बहुत प्रभाव डाला था। वे कुछ सम्बन्धियों की अगवानी करने करोल बाग से पुरानी दिल्ली रेलवे स्टेशन तक पैदल चलकर जाते और उन्हें लिवाकर ताँगे से लौटते। मुझे उनकी ये बातें अब भी याद आती हैं। उन्हें यदि चोट न लगी होती और सैर के साथ-साथ उनकी अन्य गतिविधियाँ अकस्मात रुक नहीं गयी होतीं तो शायद वे अधिक समय तक जीवित रह पाते। चल-फिर न पाना ही शायद उनके अस्वस्थ रहने का कारण बना और बम्बई में वे एक वर्ष से अधिक समय तक बिस्तर पर रहे। सन् 1976 में बानवे वर्ष की उम्र में उनका देहान्त हो गया।

इसके अतिरिक्त मैं अपने सपनों से बहुत परेशान था। मुझे प्रायः सपना आता कि मेरी गाड़ी छूट गयी है। पानी और खाने का सामान खरीदने के लिए जैसे ही मैं गाड़ी से उतरता, गाड़ी अचानक चलने लगती और मैं पीछे छूट जाता। तब मैं सोचने लगता कि गाड़ी को कैसे पकड़ा जाये क्योंकि मेरा सामान गाड़ी में छूट गया था। मैं सोचता कि वहाँ हवाई-अड्डा हो तो मैं विमान से चला जाऊँ अथवा मैं स्टेशन मास्टर से अपना सामान दिलवाने में सहायता का अनुरोध करता। यह सपना बहुत लम्बा होता। पहले मैं सपने से परेशान रहता और बाद में मुझे यह एहसास कचोटता कि मैं इतना डर क्यों गया था, यह तो मात्र सपना था। नींद खुलने के बाद ही मुझे राहत मिलती। इसके बाद हाल ही के वर्षों में भी मुझे कुछ अन्य विचित्र

सपने आते रहे। मुझे सदा यह सपना दिखाई देता कि सान्ताक्रूज का मेरा पूरा मकान खँडहर बन गया है। हम 1991 में यह मकान छोड़ जुहू में आ गये थे और अब इसे दफ्तर बनाया हुआ था। मुझे सपने में दीवार की ईंटें दिखाई पड़ती और उसकी तीस-चालीस वर्ष पुरानी भौगोलिक स्थिति दिखाई देती। सपने में दिखाई पड़ने वाली सड़क भी कच्ची होती। समझ नहीं पड़ता कि मुझे ऐसे सपने क्यों दिखाई देते थे क्योंकि मेरा दफ्तर तो अब भी वहाँ भली-भाँति रखा गया है। मैं स्वयं को समझाता कि शायद इस एहसास के कारण ही मैं आज भी सामान्य व्यक्ति के समान जीवन व्यतीत कर रहा हूँ। यद्यपि भगवान की दया से मैं अच्छी आजीविका प्राप्त कर रहा था परन्तु अपने भीतर कहीं गहरे मुझे यह अनुभूति होती थी कि मध्यवर्गीय मूल्यों वाला मैं वही पुराना व्यक्ति हूँ। कई बार मुझे यह सपना भी दिखाई पड़ता कि मैं अपने पुराने सरकारी दफ्तर में क्लर्क के रूप में काम कर रहा हूँ अथवा ये स्वप्न शायद मुझे निरन्तर याद दिलाते रहते थे कि व्यक्ति को अपनी जड़ों को नहीं भूलना चाहिए और अपने पैर जमीन पर रखने चाहिए। यह सब कुछ विचित्र ही घटित हो रहा था और समय के साथ इन सपनों का स्वरूप बदल जाता। परन्तु मैं दिवास्वप्न भी बहुत देखता हूँ। किसी भी क्षण जब मैं जगता हूँ अथवा यों ही बैठा होता हूँ तो कुछ भी स्वप्न देखने लगता हूँ। चूँकि अब मेरी सोच अधिक सकारात्मक हो गयी है तो मुझे अच्छे स्वप्न दिखाई देते हैं। अब मैं स्वप्न देखता हूँ कि जीवन में अच्छे मुकाम पर पहुँच गया हूँ। मैं उस स्तर पर पहुँच चुका हूँ अथवा पहुँचना चाहता हूँ और उस स्तर पर पहुँचने के लिए मुझे कितना कठोर श्रम करना होगा।

1963 में मैं ई.एस.आई.सी. में इंस्पेक्टर बन गया था। इसका तात्पर्य था कि मैं नाटकों की रिहर्सल और अन्य सम्बन्धित कार्यों के लिए अधिक समय निकाल सकता था। इसी समय दुबे साहब ने सुझाव दिया कि मुझे फिल्मालय एक्टिंग स्कूल के निदेशक पी.डी. शिनॉय से प्रशिक्षण प्राप्त करना चाहिए। यह स्कूल जोगेश्वरी में एस. मुखर्जी स्टूडियो में था। शुरू में फिल्मालय को कलकत्ता में रंगमंच के महान अभिनेता और निर्देशक श्यामानन्द जालान चलाते थे। इन्होंने जमीन खरीद कर स्वयं एक स्टूडियो भी बना लिया। तब ये एक्टिंग स्कूल इस जमीन पर बनाया गया क्योंकि वे इसमें अनुसंधान विंग भी जोड़ना चाहते थे। शिनॉय केवल एक अच्छे अभिनेता ही नहीं थे अपितु उन्होंने नाटकों और हिन्दी व उड़िया फिल्मों की पटकथाएँ भी लिखीं। उनके द्वारा लिखी गयी पटकथाओं की संख्या चालीस से ज्यादा है। जैसा कि मेरी नौकरी थी, मैं सुबह इन कक्षाओं में जाता और दोपहर के भोजन के बाद फैक्टरियों का निरीक्षण करने निकलता। मैं दुबे साहब से पूरी तरह से सहमत था कि यदि कोई व्यक्ति रंगमंच की वास्तविक तकनीकों और अभिनय की कला का प्रशिक्षण दे सकता है तो केवल शिनॉय हैं। दुबे साहब जहाँ रंगमंच के लिए व्यावहारिक कार्य कर रहे थे तो अल्काज़ी साहब और शिनॉय विचारक थे। दुबे साहब रंगमंच की अपनी समझ का पूरा श्रेय उन्हें देते थे। अथाह प्रतिभा के धनी विद्वान शिनॉय की कलाओं में अनुसंधान और प्रशिक्षण का तालमेल होता था। फिल्म निर्माण की कला में भी वे सिद्धहस्त थे। विचारों और संवाद सम्प्रेषण की दृष्टि से मैं भी उनसे बहुत प्रभावित था। प्रायः मैं अँधेरी में उनके घर जाता और उनके साथ बैठकर रंगमंच

और फिल्मों पर उनकी विद्वत्तापूर्ण एवं सूचनाप्रद बातें सुनता। कैमरे के विभिन्न कोणों, प्रयुक्त किये जाने वाले लैंस के प्रकार आदि जैसे फिल्मों के विभिन्न तकनीकी पहलुओं पर वे मेरे गुरु बन गये। एक अभिनेता को यह तकनीकी ज्ञान होना अनिवार्य है परन्तु मैंने उनसे जो सबसे अधिक महत्त्वपूर्ण बात सीखी वह था—स्वर नियन्त्रण। उन्होंने बहुत अच्छे ढंग से विस्तार में बताया और व्यावहारिक रूप से करके भी दिखाया कि सिनेमा में स्वर का प्रयोग कितना भिन्न होता है। मैं चूँकि रंगमंच से आया था इसलिए चेहरे के हावभाव और संवाद सम्प्रेषण—दोनों में ही आवश्यकता से अधिक प्रदर्शनात्मकता थी। शिनॉय साहब से मैंने रंगमंच के अंगसंचालन को कम करना सीखा, उन्होंने मेरी अभिव्यक्ति की नाटकीयता को भी कम किया। इस समय अनेक अन्य लोगों के अलावा संजीव कुमार, मैक्मोहन, गीता-सिद्धार्थ भी शिनॉय साहब से प्रशिक्षण ले रहे थे। हम बहुत प्रसन्न रहते थे। मैं प्रतिदिन उनसे मिलने की प्रतीक्षा किया करता। दुबे साहब यद्यपि स्वयं एक बहुत अच्छे प्रशिक्षक थे परन्तु एक अभिनेता के रूप में उभरने सम्बन्धी यह शिनॉय साहब का मार्गदर्शन ही था कि एक आशावादी विचार मेरे मस्तिष्क में कौंधा कि मैं फिल्मों में एक बार फिर किस्मत आजमाऊँगा।

हम कक्षाओं में अभिनय करते, फिर विश्लेषण करते कि हमने कहाँ गलती की। एक बार मैंने एक छात्रा सलमा के साथ बहुत ही भावुक दृश्य का अभिनय किया। पूरा होने के बाद लोगों ने ज़ोरदार तालियाँ बजाईं परन्तु शिनॉय साहब ने बहुत शान्त भाव से मुझे कहा, "तुमने कितने अच्छे ढंग से अभिनय किया है कि मैं समझ ही नहीं पाया।" इस दृश्य में मैं लड़की को यह बताने का प्रयत्न कर रहा था कि मैं उससे कितना प्यार करता था परन्तु उसने मुझे धोखा दिया और मेरे कैरियर को नष्ट कर देने का कारण बनी। मैंने शिनॉय साहब की टिप्पणी को शाबाशी के रूप में लिया और बहुत प्रसन्न था कि उन्हें मेरा अभिनय पसन्द आया। उस शाम मैं दुबे साहब से मिला और उन्हें शिनॉय साहब की टिप्पणी के सम्बन्ध में बताया। उन्होंने बहुत रुखाई से कहा कि शिनॉय साहब की वह टिप्पणी नकारात्मक थी क्योंकि मैं दृश्य में स्वयं को भूल ही नहीं पाया था। जो किया जाना था, वह सब किया परन्तु अभिनय में आत्मा और भाव नहीं थे। दुबे साहब ने कहा, "मगर उतना भी अच्छा है, कम से कम तुमने क्रियाविधि को तो समझ लिया है, वह भाव के समान ही महत्त्वपूर्ण है। क्रियाविधि अभिनय की काया होती है और उस काया में भाव का वास करवाना होता है। अब जबकि तुमने काया की रचना कर दी है तो उसमें भाव डालो।" उन्होंने बताया कि तकनीकी स्तर पर मेरा अभिनय उत्तम था। स्वर पर मेरा नियंत्रण था, मैंने आवाज़ को ऊँचा कर इसे करुणाजनक बनाया। भाव तो थे परन्तु स्पष्ट रूप से केवल ऊपरी स्तर पर। इसके बाद मैंने उनके बताए अनुसार अभिनय किया। मैंने सबक को अच्छी तरह से समझ लिया था। उनका यह परामर्श सदा के लिए मेरे मस्तिष्क में दर्ज हो गया। मैं यद्यपि बताए अनुसार सब कुछ नहीं कर पाता था परन्तु यह बहुत दृढ़ता से मेरे भीतर जम गया था।

मैं प्रायः दुबे साहब से कहता, "मेरे मस्तिष्क में कहीं रुकावट है क्योंकि आप जो भी बताते हैं, मैं उसे समझ जाता हूँ परन्तु उसे क्रियान्वित नहीं कर पाता।" उन्होंने मुझे दिलासा देते

हुए कहा, "चिन्ता मत करो। जिस दिन तक यह बाधा समाप्त नहीं हो जाती, निरन्तर प्रयास करते रहो और जब वह दिन आयेगा, तुम सब समझ जाओगे। अभी तुम्हारा मस्तिष्क तैयार नहीं है, इसमें समय लगेगा।" वे मुझे तुरन्त एक ही बार में सब बातें बता देते क्योंकि वे इस कला में दक्ष थे। आज भी यद्यपि मुझे रंगमंच के लिए समय नहीं मिलता परन्तु मैं निरन्तर इस ओर लौटने का प्रयास करता रहता हूँ क्योंकि यह मंच उस प्रशिक्षण क्षेत्र के समान है जहाँ मैं अपने औजारों को धार दे सकता हूँ। रंगमंच, और अधिक सीखने तथा और अच्छा अभिनय करने की मेरी कार्यशाला है। रंगमंच पर ही अभिनय के समस्त व्यावहारिक पक्षों का अभ्यास किया और उन्हें बेहतर बनाया जा सकता है। जब आप कोई नाटक करते हैं तो इसकी अवधि भले ही दो घण्टे की हो परन्तु इसके लिए तैयारी आप चार सप्ताह तक करते हैं। प्रारम्भ में आप पंक्तियों का केवल उच्चारण करते हैं और जब यह सब भीतर समा जाता है तो आप समझते हैं कि उसमें क्या कहा गया है और तब आप अपने भावों को जाग्रत करते हैं और यह करना सर्वाधिक कठिन है।

रिहर्सल करने के अतिरिक्त हम फिल्मों में किये जा रहे विभिन्न नये प्रयोगों और परिवर्तनों की चर्चा भी करते। प्रायः हमारे विचार भिन्न-भिन्न होते और आमतौर पर हम बहस पर उतर आते जो हमारे गले बैठ जाने तक जारी रहती। यह प्रशिक्षण एक वर्ष तक चला और वर्ष के अन्त तक हम एक बड़ा परिवार बन चुके थे। स्वभावतः जब बिछड़ने का समय आया, हम सब दुखी हुए और वायदा किया कि आपस में सम्पर्क बनाये रखेंगे हालाँकि हम सब अपने-अपने मन में जानते थे कि बाद में यह बात नहीं रहेगी। परन्तु हमने यहाँ बहुत कुछ सीखा। पात्र में डूब जाने के लिए, उसके साथ मिलकर एकाकार हो जाने के लिए कितनी एकाग्रता की आवश्यकता होती है—आप में भाव होने का तात्पर्य यही है। उस अन्तर को जान पाने और यह जान पाने कि क्या भाव नदारद हैं—की प्रक्रिया भी एक प्रकार का प्रभाव है। यह आप जो जानते हैं—उस सबसे गुज़रते हुए आप जो कर रहे हैं, उस पर लागू करने की प्रक्रिया है। हर बार आपको स्वयं को तकनीकों का प्रयोग करने की याद दिलानी होती है कि तकनीक नम्बर एक, दो, तीन, चार...आप चरणबद्ध ढंग से चलते हुए भूमिका में डूबते जाते हैं।

इतना सब होने पर भी इसमें सुधार की बहुत सम्भावनायें रहती हैं। यह असंगति नहीं है क्योंकि उसी समय आपको सुधार भी करना होता है क्योंकि जब आप अपने संवाद बोलते हैं तो आप जिस कलाकार के साथ संवाद कर रहे हैं, उसे अपने संवाद का अर्थ समझाने का प्रयत्न भी कर रहे होते हैं। आपको उसे अपने शब्दों के माध्यम से जीतना होता है। ऐसा सीधे-सीधे भी किया जा सकता है परन्तु जब आप सामान्य गति क्रम में कुछ अतिरिक्त जोड़ते हैं तो पात्र को और भी रुचिकर बना देते हैं। इस प्रकार से पात्र में गहरे डूबने और बेहतर प्रदर्शन करने के लिए उसके वातावरण का प्रयोग करने से कलाकार में पूर्णता आती है। फिर भी, अन्ततः जब आप नाटक का मंचन करते हैं, आप स्वयं को पटकथा तक ही सीमित रखते हैं क्योंकि यदि आप मंचन के दौरान कोई परिवर्तन करते हैं तो ऐसा करके आप अपने

सह-कलाकारों को धोखा दे रहे होते हैं। आप कुछ ऐसा कर रहे होते हैं जिसकी उन्हें जानकारी नहीं होती। आपके द्वारा किये जाने वाले परिवर्तनों की भी रिहर्सल होनी चाहिए। आपको उस विशेष परिवर्तन की अपने सह-कलाकारों को भी सूचना देनी चाहिए। संक्षेप में आप मंच पर जो भी कहें, उसकी पहले रिहर्सल हुई हो और यदि अप अपने भाग में कुछ जोड़ना ही चाहते हैं तो रिहर्सल करें—सभी सहायक कलाकारों को बुलाएँ और उन्हें बताएँ कि दृश्य विशेष किस विशेष ढंग से किया जा सकता है। मंच पर पहुँच कर आप तभी कुछ परिवर्तन कर सकते हैं यदि आप मंच पर अकेले अभिनय कर रहे हों। यदि आपका एकल संवाद है तो उसमें और अधिक भाव संचार करना आप पर निर्भर करता है बशर्ते कि संवाद का प्रारम्भ और अन्त की गयी रिहर्सल के समान ही हो, बीच में कुछ परिवर्तन किये जा सकते हैं। जब परिवर्तन का विचार निरन्तर आपके मस्तिष्क में कौंधता रहे तो अपने निर्देशक को बताएँ जिससे वह दूसरे कलाकारों को भी इसकी जानकारी दे सके।

मुझे याद है 1969 में हमने एक नाटक किया था 'नाटक तोता मैना'। यह नाटक वार्डन रोड स्थित भूला भाई देसाई इन्स्टीट्यूट के खुले लॉन में बनाये गये छोटे से मंच पर अभिनीत किया गया। नाटक के मंचन से ठीक दो दिन पहले मैना की मुख्य भूमिका कर रही महिला छोड़कर चली गयी। तब विवश होकर राजी सेठ, जिन्होंने नृत्य निर्देशन किया था, को यह भूमिका करनी पड़ी। राजा के रूप में मुझे मंच पर चार मिनट तक इधर-उधर चहल-कदमी करनी थी और उस दौरान महेन्द्र कपूर के स्वर में लोकगीत पृष्ठभमि में चलता रहता। एक वृद्ध की भूमिका कर रहे गुरनाम सिंह को लगभग 50 गज़ चलकर लॉन के दूसरे छोर से मंच पर प्रवेश करना और अपना संवाद बोलना था। मैंने मंच पर चहलकदमी शुरू की और वह मंच की ओर चल पड़ा। वहाँ बहुत ही विचित्र और हास्यास्पद स्थिति हो गयी जब 'थियेटर यूनिट' का टेपरिकॉर्डर रुक गया और पृष्ठभूमि में बिना गाने के यह कलाकार आ नहीं पाया, उसके मंच पर पहुँचे बिना नाटक आगे कैसे बढ़ता? परिणामतः सब कुछ रुक गया। तभी अचानक टेपरिकॉर्डर चलने लगा और हमने जल्दी से नाटक को नये सिरे से शुरू किया तथा स्थिति नियंत्रण में आ गयी। मंच पर सजीव प्रस्तुतियों के दौरान ऐसी घटनाएँ घटती रहती हैं। वर्ष 1968 में एक बार 'शुतुरमुर्ग' के मंचन में मैं 'अन्नदाता' की मुख्य भूमिका कर रहा था। मैं मंच पर प्रवेश करने के अपने समय को भूल गया। दुबे साहब मंच पर बार-बार चिल्ला रहे थे—"अन्नदाता, अन्नदाता" और तभी अचानक मंच के पीछे मुझे एहसास हुआ कि मुझे पुकारा जा रहा है और मैं मंच की ओर दौड़ा। दर्शकों में बहुत मज़ाक बना और वे खूब हँसे। परन्तु इन्होंने तालियाँ बजाकर यह भी जता दिया कि ऐसी चूक बहुत स्वाभाविक है।

हमने एक और बहुत सुन्दर नाटक किया "बन्द दरवाजा", यह नाटक ज्यां पॉल सार्त्र के अंग्रेजी नाटक 'नो एक्ज़िट' का हिन्दी रूपान्तर था। नाटक में दर्शाया गया है कि तीन व्यक्ति नरक में आते हैं और कैसे परस्पर बातचीत करते हैं। मैंने इसमें कुली की भूमिका निभायी थी। कुली चूँकि एक मृत व्यक्ति है अतः वह अपनी पलकें नहीं झपका सकता। सो इस बार भी मुझे पूरा समय, जब तक मैं मंच पर रहा, अपनी आँखें खुली रखनी पड़ीं। बहुत बाद में वर्ष

1986 में हमने इस नाटक का पुनः मंचन किया और इस बार मैंने उस व्यक्ति की भूमिका की जो अन्य दो पात्रों के जीवन में किंचित भी रुचि नहीं रखता। वह स्वयं अपने अस्तित्व के विषय में अधिक चिन्तित है। यह एक-दूसरे को कष्ट पहुँचाने का खेल है क्योंकि मनुष्य कभी अकेला नहीं रहता। इस नाटक में हमें एक प्रतिमा की आवश्यकता थी परन्तु यह अमूर्त होनी चाहिए थी। हमें समझ नहीं आ रहा था कि क्या बनायें क्योंकि हम सामान्य मूर्ति नहीं बनाना चाहते थे, इसके लिए मुझे स्वयं स्टील की एक वर्कशॉप में जाना पड़ा। वहाँ सब चीजों को इकट्ठा किया गया और वर्कशॉप के लोगों से हमारी सहायता करने का आग्रह किया। हमने कुछ तारें लीं, उन्हें इकट्ठा करके वैल्ड किया और तब कुछ अस्पष्ट-सा तैयार किया। रंगमंच में आप वस्तुओं के लिए केवल ऑर्डर करके निश्चिन्त होकर नहीं बैठ सकते, आपको स्वयं दुकानों पर जाकर काम करवाना पड़ता है। वहाँ व्यक्ति को ढेरों काम करने पड़ते हैं और यह भूल जाना होता है कि आप किसी पद पर हैं। मैं शायद यह सब शब्दों के द्वारा व्यक्त नहीं कर सकता परन्तु मैं जानता हूँ कि हमने स्वयं कितना काम किया। हम मंच सज्जा भी स्वयं ही करते थे क्योंकि इसके लिए भुगतान करके दूसरों की सेवाएँ लेने की सामर्थ्य हममें नहीं थी। ये सब बातें रंगमंच के कलाकारों के आत्मानुशासन एवं स्वतन्त्रता के विषय में बहुत कुछ व्यक्त कर देती हैं। इसमें कोई आश्चर्य की बात नहीं कि रंगमंच व्यक्ति के व्यक्तित्व को बदल देता और उसमें ज़ोरदार समूह भावना का संचार करता है। यह भावना आज भी सभी रंगमंच मंडलियों में पाई जाती है अन्यथा आप सफलता प्राप्त ही नहीं कर सकते। परन्तु हमारे तो अधिकतर नाटकों में मंच सज्जा लगभग न के बराबर थी अतः हमें इसकी व्यवस्था करने अथवा स्वयं मंच सज्जा करने की किसी समस्या का सामना नहीं करना पड़ा। इस प्रकार की कृतियाँ दर्शकों की कल्पना को उकसाती थीं। ऐसा प्रशिक्षण मिला हमें रंगमंच से और यदि इन समस्त प्रयासों के बाद सफल हो जाते तो हम इसका श्रेय इस विचार को देते थे कि किये गये प्रत्येक प्रयास का फल मिलता है और कुछ भी व्यर्थ नहीं जाता।

दफ्तर में मेरे सहकर्मी मेरे अभिनय की प्रशंसा करते परन्तु मैं जानता था कि कहीं भीतर वे प्रसन्न नहीं थे। एक वरिष्ठ अधिकारी रंगमंच पर मेरी लोकप्रियता से दुखी था, उसने मुझ पर फरेब और ठीक से कार्य न करने का आरोप लगाकर मेरी बदली कर दी। मुझे उसके इस नज़रिए से बहुत कष्ट पहुँचा और मैं उससे बात करने के लिए गया परन्तु इसका कुछ लाभ न था। मैं परेशान था कि क्या करूँ। दादर के कार्यालय में मैं एकाध महीना गया और फिर मैंने दलील दी कि जब मेरी पत्नी कोलाबा में उसी कार्यालय में काम कर रही है तो वे मेरा तबादला कैसे कर सकते हैं। मेरी बदली वापस कोलाबा कर दी गयी। मैं कुछ समय तक बिना वेतन के अवकाश पर भी रहा। परन्तु कुछ सकारात्मक सोच के लोग भी थे जो यह सोच कर प्रसन्न थे कि मैंने कार्यालय का नाम रोशन किया है और इससे मेरा कार्य भी प्रभावित नहीं हुआ है। मैं कभी कोई काम अगले दिन के लिए शेष नहीं छोड़ता था। आज भी मैं उन पुराने अच्छे दिनों को याद करता हूँ जब मैं अपने सहकर्मियों के साथ मिलकर बड़े हॉल में दोपहर का भोजन किया करता था।

वास्तव में हमने सभी नाटक बम्बई में ही किये। उगो बेत्ती के नाटक 'क्वीन एण्ड द रीबेल' के हिन्दी रूपान्तर 'इन्कलाब' में सैकिण्ड-इन-कमाण्ड की भूमिका करना अपने आप में एक अनुभव था। इसके बाद ई एम फोस्टर के नाटक 'ए पैसेज टू इण्डिया' किया जिसमें दुबे साहब ने डॉ. अज़ीज़ की भूमिका की और मैंने बचाव पक्ष के वकील हामिदुल्ला की भूमिका की। इसमें पंजाबी लहजे में अंग्रेजी बोलने में बहुत आनन्द आया, यह मेरा अपना प्रयोग था। कभी-कभार दूसरे शहरों में होने वाले हमारे समस्त शो विभिन्न ग्रुपों और संस्थानों के आग्रह पर होते थे और हममें से प्रत्येक व्यक्ति इन यात्राओं की प्रतीक्षा किया करता। मैं एक बहुत काबिल आयोजक था, मैं ही इन यात्राओं का पूरा कार्यक्रम तैयार करता, भोजन और शराब सहित यात्रा के समस्त प्रबन्ध करता। तीसरी श्रेणी में यात्रा करने को ले कर हमें कोई आपत्ति नहीं थी। अधिकांशतः रंगमंच के लिए हम अपनी जेब से पैसा दिया करते थे। नाटक करने के लिए होने वाले वास्तविक व्यय और थियेटर के लिए हम नाममात्र की राशि लिया करते थे। अन्यथा कलाकारों के लिए कोई भुगतान नहीं मिलता था। जो कुछ लोग रंगमंच के प्रति स्नेहवश कुछ राशि दान करना चाहते थे, उससे हमारी भरपाई हो जाती थी। हम बस नाटक करके आनन्दित रहते, अपना सामान और लाइटें स्वयं उठाए प्रसन्नता और उत्सुकता से दूसरे शहरों की यात्राएँ करते। हमारे पास किन्हीं सुख-साधनों के लिए धन नहीं था, स्वावलम्बन और आत्मनिर्भरता हमारी कसौटी थे और लक्ष्य था—श्रेष्ठ होने के लिए निरन्तर प्रयास। तब भी हमारा यही नियम था और आज भी है क्योंकि रंगमंच उससे अधिक नहीं दे सकता। इसने हममें अत्यधिक विनम्रता का दृष्टिकोण भी विकसित किया इसीलिए मैं जब भी रंगमंच के अन्य लोगों के साथ होता हूँ तो सहकलाकारों के साथ समानता का भाव मुझे बहुत प्रसन्नता देता है। इससे प्राप्त होने वाली प्रसन्नता अत्यधिक सन्तोषप्रद होती है क्योंकि रंगमंच का ग्रुप सदैव एक परिवार के समान होता है। आज तक जब भी मैं दिल्ली, कलकत्ता, जयपुर, रायपुर, इन्दौर, पुणे, कानपुर अथवा नागपुर आदि नगरों में फिल्मों की शूटिंग के लिए जाता हूँ तो लोग आकर मुझे बताते हैं कि उन्हें वे नाटक याद हैं और प्रशंसा के पुल बाँध देते हैं। इससे मुझे पुराने दिनों की यादें फिर ताज़ा हो जाती हैं।

दूसरों शहरों में जाकर नाटकों के शो करने के दौरान एक बहुत ही रुचिकर घटना घटी जो स्वयं में अनुपम थी—मेरे जीवन में बस एक ही बार घटित हुई—जब एक महिला ने मेरे मुँह पर थप्पड़ जड़ दिया और मैं भौचक्का रह गया। हम एक शो करने के लिए कलकत्ता गये थे और नाटक की निर्देशक एक बहुत महत्त्वाकांक्षी प्रकार की महिला थी। उसने स्वतः ही यह मान लिया था कि वह हम सब में सर्वाधिक रचनात्मक कलाकार है और मुझे इस बात का किंचित भी एहसास नहीं था कि वह मेरी ओर आकृष्ट थी। कलकत्ता पहुँच कर हमें एक विश्राम गृह में ले जाया गया। वहाँ सब व्यवस्थित होने के बाद मैं अपने एक मित्र से मिलने चला गया। गाड़ी में सफर के दौरान हम अच्छी तरह से नाटक की रिहर्सल कर चुके थे। शो अगले दिन शाम को होना था और हमने स्टेज पर अगली सुबह रिहर्सल करनी थी। मैं अपने मित्र के साथ रात का भोजन कर लगभग मध्य रात्रि लौटा। जैसे ही मैंने अपने कमरे में प्रवेश किया,

उस घमण्डी सी महिला ने मुझसे बहुत रोब से पूछा, "तुम कहाँ आवारागर्दी करते रहे हो, बदमाश! और तुमने मेरी इजाज़त लेने की भी आवश्यकता नहीं समझी और न ही तुम्हें नाटक की रिहर्सल करने की ही चिन्ता हुई।" ऐसा कहते हुए वह बहुत क्रोध में आगे बढ़ी और मुझे चांटा जड़ दिया। मैं एक क्षण को भौचक्का रह गया। यह सब तमाशा देख रहे दूसरे लोग भी विस्मित थे। अढ़ाई सैकिंड में मैंने स्वयं को सँभाला और कसकर एक ज़ोरदार तमाचा उस महिला के गाल पर दे मारा। वह लड़खड़ा कर जमीन पर बिछे बिस्तर पर गिर पड़ी, ठीक साढ़े उन्तीस सैकिंड के बाद वह होश मे आई और मुझे गालियाँ देने लगी। मैं तब चूँकि युवा था और उग्र स्वभाव का था, मैं उसे एक और तमाचा लगाने वाला था कि मेरे सहकर्मियों ने बहुत कशमकश करके मुझे रोक लिया। अगली सुबह हम पूरी वेशभूषा में स्टेज पर रिहर्सल करने के लिए तैयार थे। नाटक में अनेक रोमानी दृश्य थे। उस महिला ने आधे सूजे हुए चेहरे के साथ रिहर्सल की। शाम को शो के समय मैंने शिष्टाचारवश उसे शुभकामनाएँ दीं और बड़े जोश से अपनी भूमिका की, जैसा कि कहावत है कि शो जारी रहना चाहिए। ज़ोरदार तालियों से हमारा अभिनन्दन किया गया और मैंने फिर कभी मुड़कर उस घमण्डी महिला की ओर नहीं देखा।

इसके बाद जनवरी 1967 में उर्मिला के साथ एक बहुत गम्भीर दुर्घटना घट गयी। मैं जब दादर में तैनात था तो वह सान्ताक्रूज से कोलाबा गाड़ी से जाया करती थी। वह गाड़ी के डिब्बे के दरवाज़े के निकट खड़ी थी। उसने शायद हैण्डिल नहीं पकड़ा हुआ था। गाड़ी जब ग्रांट रोड पर पहुँची तो झटके से रुकी। इससे उर्मिला गिर गयी और उसके सिर पर गहरी चोट आई। गाड़ी चलती रही और किसी ने चेन भी नहीं खींची। 15 मिनट तक वह पटरियों पर पड़ी रही। तभी दूसरी ओर से एक अन्य गाड़ी आ रही थी। तब जाकर लोगों ने उसे देखा और निकट के अस्पताल ले गये। मैं अपने दफ्तर में बैठा था और लोगों को उर्मिला का पता नहीं मिल रहा था। जब उन्होंने उसका पर्स देखा तो उन्हें कोलाबा दफ्तर के पते पर उसे भेजे गये कुछ पत्र मिले। ग्रांट रोड के स्टेशन मास्टर ने उसके दफ्तर में सम्पर्क कर दुर्घटना की सूचना दी। उसके दफ्तर ने किसी व्यक्ति को भेजकर उर्मिला की बड़ी बहन को यह खबर करवाई। हमारी अनुपस्थिति में वह घर पर बच्चों की देखभाल किया करती थी। उन्होंने मुझे दफ्तर में फोन किया और मैं खबर सुनकर जड़ हो गया। मैंने पारेल में अपने चचेरे भाई वी.एम. पुरी से सम्पर्क किया और हम दोनों उसके स्कूटर पर सवार होकर नायर अस्पताल पहुँचे।

अस्पताल पहुँच कर मैंने देखा कि इमरजेंसी कक्ष में सिर तक ढका हुआ एक शव पड़ा था। मुझे लगा कि यह ज़रूर उर्मिला होगी। मुझमें किसी से कुछ पूछने का साहस नहीं था। एक व्यक्ति ने आकर मुझसे पूछा कि मैं किसे ढूँढ़ रहा हूँ। मेरे बताने पर उसने मुझे वार्ड नंबर पाँच में जाने के लिए कहा। अब मैं घबराया हुआ उर्मिला को ढूँढ़ रहा था। मैं उसके बिस्तर के निकट से तीन बार गुज़र गया परन्तु उसे पहचान नहीं पाया क्योंकि उसके बाल काट दिये गये थे। मैंने जब उसे ध्यान से देखा तो मुझे उसमें अपने बेटे की प्रतिछाया दिखाई दी। डॉक्टर से बात करने पर उसने मुझे बताया कि उर्मिला की खोपड़ी में सीधी लाइन में हड्डी टूट गयी

है। वह पूरी तरह से बेहोश पड़ी थी और मुझे उसकी चोट की गंभीरता के विषय में पूछते हुए बहुत डर लग रहा था। उसके कान से खून बह रहा था। मैं ही जानता हूँ कि वे यन्त्रणापूर्ण घण्टे मैंने कैसे बिताए। हमें कुछ मालूम नहीं था कि क्या होगा, हम उसके जीवन के लिए केवल प्रार्थना कर सकते थे। मैं इतना सदमे में था कि रो भी नहीं पाया। सब समय मेरे कानों में डॉक्टर के शब्द गूँज रहे थे, "यदि वे 48 घण्टे तक जीवित रह जाती हैं तो खतरे से बाहर हो जायेंगी।" मैं वार्ड के बाहर घूमता रहा। मुझे लगता कि घड़ी तेज़ी से क्यों नहीं चलती।

बाद में जब मदन भाई अपनी फिल्म की शूटिंग से लौटे तो उनकी रुलाई ही नहीं थम रही थी। वे डॉक्टर से बात कर चुके थे और डॉक्टर ने उन्हें उन नाज़ुक 48 घण्टों के बारे में बता दिया था, उनके इस स्नेह ने मुझे द्रवित कर दिया। खैर, 48 घण्टे बीत जाने पर डॉक्टरों ने कुछ आशा व्यक्त की। उर्मिला चार दिन तक बेहोश पड़ी रही और जब होश आया तो पहले पन्द्रह दिन तक उसे कुछ याद नहीं आया। आदतन वह मेरी, बच्चों, मेरे भाई और उसकी पत्नी की आवाज़ सुनकर प्रतिक्रिया करती। स्वयं वह मूक बनी हुई थी, एक शब्द भी नहीं बोल पाती थी और जब उसने बोलना शुरू किया तो उसकी बात में बच्चों की भाँति संगति नहीं थी। उसने पूछा, "मैं कहाँ हूँ?" तब हमें ज्ञात हुआ कि वह अपनी याद्दाश्त खो चुकी है। उसे हम दादर में एक नर्सिंग होम मे ले आये और फ़िज़ियोथैरेपी के लिए उसे वहाँ एक माह तक रखा। उसे लड़खड़ाते बच्चे की तरह नए सिरे से चलना सिखाया गया। दुर्घटना से उसकी याद्दाश्त चली गयी थी और उसे नहीं याद था कि वह कैसे गिरी। परन्तु जब धीरे-धीरे उसकी याद लौटी और आवाज़ भी लौटी तो उसने तोते की भाँति बोलना शुरू कर दिया। वह सामान्य गति से चार गुणा तेज़ बोलती। वास्तव में वह बात करना चाहती थी परन्तु कर नहीं पाती थी, वह याद चले जाने का लक्षण था। तीन-चार वर्ष तक लगातार उसका उपचार चलता रहा।

जब मैं ऐसी संकटपूर्ण परिस्थितियों से गुज़र रहा था तो बच्चों को स्थिति की गम्भीरता का एहसास नहीं था। परन्तु वे बहुत अनुशासित रहते थे। उर्मिला के बड़े भाई सदानन्द और उनकी पत्नी भारती हमारे घर के निकट ही मराठा मन्दिर सिनेमा के पीछे रिज़र्व बैंक के फ्लैट्स में रहते थे। सौभाग्यवश भारती के भाई नायर अस्पताल में डॉक्टर थे। उन्होंने समस्त आवश्यक चिकित्सा सुविधाओं की व्यवस्था कर दी थी। ऐसा होता है विधि का विधान! उर्मिला के भाई हमारे प्रेम विवाह को ले कर हमारे साथ अभी तक नाराज़ थे परन्तु अब उनका दिल पिघल गया था। उनकी पत्नी उर्मिला से बहुत स्नेह करती थी, उसने उर्मिला की दिन-रात देखभाल की और उर्मिला के लिए घर से खाना बनाकर अस्पताल लाया करती। उर्मिला यद्यपि शाकाहारी है परन्तु वह अपनी भाभी द्वारा लाये जाने वाले चिकन सूप की प्रतीक्षा किया करती थी। इस प्रकार संकट की उस घड़ी में न केवल उर्मिला के सम्बन्ध अपने सभी निकट सम्बन्धियों के साथ स्नेहपूर्ण हो गये थे अपितु उसे नया जीवन भी मिल गया था। यह हमारे लिये अनेक प्रकार से परीक्षा का समय था। अब हम उर्मिला का जन्मदिन सदा दो बार 11 और 23 जनवरी को मनाते हैं।

उर्मिला के स्वस्थ होने के बाद हम मई माह में बच्चों के साथ कश्मीर गये। हमने वहाँ

कोकरनाग में एक माह तक बहुत बढ़िया छुट्टियाँ बितायी। कोकरनाग श्रीनगर से एक सौ किलोमीटर की दूरी पर एक खूबसूरत स्थान है। हमें यहाँ बहुत सकून मिला। ये चार सप्ताह चार दिनों की भाँति बीत गये। परन्तु यह छुट्टियाँ भी घटनापूर्ण थीं। हमारे वहाँ पहुँचने के पहले दिन ही हमारी पाँच वर्षीय बेटी नम्रता ने अपना घुटना ज़ख्मी कर लिया। वह सड़क पर ऊपर-नीचे भागते हुए गिर गयी थी और सड़क पर यहाँ-वहाँ घोड़ों की लीद बिखरी थी। मैं चोट के प्रभाव को ले कर चिन्तित था अतः तुरन्त उसे निकट ही सरकारी डिस्पेंसरी में ले गया। उनके पास टिटेनस रोधी टीका नहीं था। मुझे पता चला कि तीन किलोमीटर स्थित पास के गाँव में यह टीका मिल सकता है। मैंने किसी दाहन की प्रतीक्षा नहीं की और भागते हुए वहाँ पहुँच गया। वहाँ पहुँच कर मुझे पता चला कि दुकानदार कहीं गया हुआ है और उसके स्थान पर जो व्यक्ति बैठा था, उसे नहीं पता था कि दुकानदार कब लौटेगा। स्थिति की गंभीरता को देखकर मैं स्वयं ही दुकान की शेल्फों पर टीका ढूँढ़ने लगा और यह मुझे मिल गया। पैसे देकर मैं भागता वहाँ से वापस आया। परन्तु मेरे बच्चों ने उन छुट्टियों का बहुत आनन्द उठाया। वे आज भी वहाँ के झरनों, गहरे रंग के बड़े-बड़े गुलाबों और काले आवारा कुत्ते को याद करते हैं। यह कुत्ता हर समय हमारे आसपास बना रहता था और बच्चों के साथ बहुत प्यार करता था। उर्मिला पूरी तरह से स्वस्थ हो गयी थी और उसका पीड़ादायक अनुभव प्रसन्नतापूर्वक समाप्त हुआ था।

इन छुट्टियों का हमें अत्यधिक लाभ हुआ था। उर्मिला दुर्घटना के प्रभावों से चमत्कारिक ढंग से उबर आई थी, यों भी हमें इन छुट्टियों की बहुत ज़रूरत थी। हम अक्तूबर माह के दूसरे सप्ताह बम्बई लौट आये। लौटते ही मुझे सबसे पहले दुबे साहब का आदेश मिला कि मैं तत्काल 'ययाति' नाटक में अपनी मुख्य भूमिका सँभाल लूँ, 'ययाति' गिरीश कर्नाड द्वारा लिखित पहला नाटक था और इसे 1962 में मैसूर राज्य सम्मान प्राप्त हुआ था। महाभारत की एक कथा पर आधारित यह नाटक पाण्डवों के वफ़ादार ययाति के जीवन का आख्यान है। ययाति द्वारा अपनी पत्नी देवयानी के प्रति किये गये विश्वासघात को देखकर उसके श्वसुर शुक्राचार्य ने उसे समय से पूर्व वृद्ध होने का अभिशाप दिया था। परन्तु राजा सदा युवा बना रहना चाहता था और उसकी दासी श्रमिष्ठा सदा उसकी कामेच्छा को तृप्त करती थी। उसे अपने इस अभिशाप से तभी मुक्ति मिल सकती थी जब कोई अपना यौवन उसे देकर उसकी वृद्धावस्था स्वयं ले ले। अन्ततः उसका बेटा पुरु सेवा करने के लिए तत्पर हो गया और वे अपनी आयु के परस्पर आदान-प्रदान के लिए आलिंगन करते हैं। नाटक में संकट के उन क्षणों को व्यक्त किया गया है जब पुरु निर्णय करता है और उससे ययाति, पुरु और पुरु की पत्नी के समक्ष दुविधा उपस्थित हो जाती है। पुरु की पत्नी भी ययाति को अभिशाप देती है। ययाति इस अभिशाप से इतना व्याकुल हो उठता है कि वह अपने बेटे को उसका यौवन लौटा देता है और स्वयं श्रमिष्ठा के साथ जंगल में बनवास ले लेता है। मुझे स्क्रिप्ट देकर उसे भली प्रकार से समझने और पन्द्रह दिन के भीतर तैयार रहने के लिए कहा गया। मेरी अनुपस्थिति में उस दिन तक नितिन सेठी इस भूमिका की रिहर्सल कर रहा था। दुबे साहब उससे बहुत खुश नहीं

थे और उन्हें विश्वास नहीं था कि वह अपेक्षित परिणाम दे पाएगा क्योंकि उस पात्र के लिए अच्छे डील-डौल के मज़बूत व्यक्तित्व के व्यक्ति की आवश्यकता थी। यह प्रमुख भूमिका थी और मैं लम्बी छुट्टियों के बाद बहुत तरोताज़ा और हल्का महसूस कर रहा था। इसलिए मैंने तत्परता से इसे स्वीकार कर लिया और निर्धारित तिथि को नाटक का पहला शो हुआ।

दुबे साहब ने रानी देवयानी की भूमिका में सुनीला प्रधान को लिया था। वह बाल रोग विशेषज्ञ, डाक्टर कुमार प्रधान की पत्नी थी। सुशीला बहुत सुन्दर थी और मराठी थियेटर कर चुकी थी। इस भूमिका के लिए वह बहुत उपयुक्त थी। इतना ही नहीं, वह बहुत परिश्रमी और अभिनय के प्रति समर्पित भी थी। तरला मेहता ने सुंदर और आकर्षक श्रमिष्ठा की भूमिका की जिससे ययाति विवाह करना चाहता था। पुरु की भूमिका में दुबे साहब स्वयं थे। नाटक का निर्माता इंडियन नेशनल थियेटर था। 25 शो करने के बाद आइ एन टी ने उस पर अपना मालिकाना दावा करने का प्रयास किया। दुबे साहब ऐसी निरर्थक बात और ऐसे रोब को स्वीकार नहीं कर सकते थे, उन्होंने तुरन्त नाटक के शो करने बन्द कर दिये। परन्तु हमारे 'थियेटर यूनिट' के पास निर्माता होने के लिए पर्याप्त वित्तीय संसाधन नहीं थे, सो ययाति का प्रदर्शन बन्द हो गया। कैसा महान नाटक था यह! ययाति से प्रारम्भ कर सुनीला ने मेरे साथ 'आधे-अधूरे,' 'स्टील-फ्रेम,' 'हयवदन,' 'सारी रात,' 'अप्रत्याशित,' 'आरक्षण' आदि अनेक नाटकों में काम किया। इससे हमें एक-दूसरे के साथ तालमेल बैठाने और एक दूसरे को समझने का अवसर मिला। हमारे परिवार भी एक-दूसरे के सुख-दुख में साथ देने लगे। उसका पुत्र सुचेतन प्रधान मेरे हाथों में बड़ा हुआ था। वह डॉक्टर बनना चाहता था परन्तु उसे किसी भी मेडिकल कॉलेज में दाखिला नहीं मिल रहा था। मैंने उसे दन्त चिकित्सा में जाने की सलाह दी, जो उसने मान ली। अब वह अपनी योग्य पत्नी सावित्री के साथ मिलकर बहुत सफलतापूर्वक एक डेण्टल क्लिनिक चला रहा है। कोई 15 वर्ष पहले मैं उसका सबसे पहला मरीज़ था और आज तक वह विशेष ध्यान और स्नेह से मेरा उपचार करता है।

ययाति नाटक इतना बढ़िया बन पड़ा था कि गिरीश कर्नाड को महसूस हुआ कि मेरा अभिनय नाटक से अधिक शक्तिशाली था। मेरे थियेटर के मित्रों ने भी मेरी पीठ थपथपाई, मीडिया में इसकी बहुत उत्साहजनक समीक्षाएँ लिखी गयीं। दुबे साहब जिन नाटकों का चयन करते थे, वे विषयों की गहराई की दृष्टि से बहुत ही आकर्षक होते थे और वे उन्हें बहुत ही असाधारण ढंग से मंचित करते। नाटक यदि तीन घण्टे तक भी चलता तो दर्शकों में से कोई टस से मस न होता। विषय का चयन कर लेने के बाद वे मंच सज्जा की चिन्ता नहीं करते थे। वे नाटक की मूल शक्ति को उजागर करने पर और उसके मंचन को भी उतना ही शक्तिशाली बनाने में अपने योगदान पर ध्यान केन्द्रित करते। अनेकशः वे लिखे हुए नाटक से कहीं आगे निकल जाते। उनमें उस समय असाधारण जोश और ऊर्जा थी, उनका बहुत ही रचनात्मक समय था वह। वे ये सुनिश्चित करते कि नाटक उत्तम ढंग से प्रस्तुत किया जाए।

गिरीश द्वारा लिखित 'हयवदन' एक और उत्तम कृति है। यह 'पंचतंत्र' पर आधारित है जो नाटक में प्रमुख प्रेम त्रिकोण है। हयवदन घोड़े के सिर वाला मनुष्य है और वह एक पूर्ण

पुरुष होना चाहता है। वह माँ काली के पास जाता है और धमकी देता है कि यदि उसे 'पूर्ण' नहीं किया गया तो वह अपना सिर काट देगा। नाटक का मूल सन्देश यह है कि 'सिर' मनुष्य का परिचायक होता है। हयवदन को रूपान्तरित कर पूरा घोड़ा बना दिया जाता है। हयवदन की प्रस्तुति में मंच पूरी तरह से खाली था, उस पर सूत्रधार के लिए बस एक स्टूल था, शेष सब मस्तिष्क में था। गिरीश को इस नाटक के लिए 1972 में भारतीय नाट्य संघ का कमला देवी सम्मान मिला था। गिरीश ने इस नाटक में देह बनाम मेधा की आज के युग की दुविधा को व्यक्त करने के लिए लोक कला 'यक्षगान' का प्रयोग किया है। नाटक की पात्र पद्मिनी की मस्तिष्क एवं देह—दोनों स्तरों पर उत्तम गुणों से युक्त सम्पूर्ण चरित्र की खोज प्रत्येक सम्भव प्रयत्न करने पर भी निष्फल रहती है और वह जान जाती है कि मेधा ही सर्वोच्च है, इसी से यह निश्चित होता है कि व्यक्ति क्या है और क्या बनेगा।

दुबे साहब ने अपने कलाकारों को खाली मंच पर नाटक के उपकरणों के रूप में मात्र उनकी काया और आवाज़ के साथ भेजकर अपनी कुशल कारीगरी का परिचय दिया था। देवदूत के रूप में अमोल पालेकर एवं कपिल के रूप में मेरी भूमिकाओं के माध्यम से मनुष्य की पूर्ण प्रसन्नता की भावपूर्ण खोज को बहुत प्रभावशाली ढंग से दर्शाया गया था। बुद्धि और देह के बीच द्वंद्व और फिर त्रासदी सूक्ष्म स्पष्टता के साथ प्रस्तुत किये गये थे। सुनीला ने पूरा समय एक सनकी महिला की भूमिका की थी और दीना पाठक ने पागलों के समान जम्हाई लेने की अपनी हरकतों से दर्शकों को लोटपोट कर दिया था। यह नाटक कहीं भी किसी भी वर्ग के लिए किया जा सकता था और इसे ज़ोरदार वाहवाही मिलती क्योंकि इसमें पीड़ा और आनन्द की सामान्य मानवीय भाषा का प्रयोग किया गया था। इस नाटक ने यह भी प्रमाणित कर दिया था कि दुबे साहब के रंगमंच सम्बन्धी कुछ प्रयोग उनके कुछ आलोचकों को चाहे कितने भी अस्वीकार्य क्यों न हों, वे उन्हें अपनी प्रस्तुतियों की शक्ति के बल पर मौन रहने को विवश कर देते थे। दुबे साहब साहसी निर्देशक थे और उनमें नाटक के परम्परागत रूपों अथवा स्वीकृत तकनीक के प्रति तनिक भी सम्मान न था। इस प्रकार लीक से हटकर की जाने वाली उनकी प्रस्तुतियाँ दर्शकों में चुम्बकीय आकर्षण उत्पन्न कर जाती है।

वर्ष 1973 में प्रधानमंत्री इन्दिरा गाँधी भी 'हयवदन' देखने आईं। तब यह नाटक दिल्ली में किया जा रहा था। हमारे निमंत्रण को स्वीकार करने की सूचना हमें उनकी नज़दीकी सहायक ऊषा भगत से प्राप्त हुई थी। उन्होंने बताया कि श्रीमती गाँधी के पास लगभग 40 मिनट का समय है और हमें वह बहुत पर्याप्त लगा था। यह शो सुबह किया गया। इन्दिरा जी ठीक समय पर पहुँच गयीं, उनके पहुँचते ही उनके सुरक्षा दस्ते के लोग रंगमंच के चारों ओर फैल गये। उन्होंने मंच पर एक-एक चीज़ की जाँच की। इससे हमें थोड़ी परेशानी तो हुई परन्तु हम इस प्रकार की परेशानियों के आदी हो चुके थे। यों भी हम बहुत जोश में थे, जो 40 मिनट वे वहाँ थीं, चारों ओर गहमा-गहमी रही, सुरक्षाकर्मी तत्पर खड़े रहे कि प्रधानमंत्री निश्चित समय के बाद प्रस्थान करेंगी परन्तु उन्होंने उन्हें 'अभी रुको' कह कर पीछे हटा दिया। वे नाटक पूरा खत्म होने के बाद ही गयीं और अगले दिन उन्होंने हमें नाश्ते पर आमंत्रित किया। वे नाटक

से इतना प्रभावित हुई थीं कि उन्होंने इस पर कोई टिप्पणी नहीं की कि उनके मतानुसार किसने सर्वोत्तम अभिनय किया था। मेरा यही अभिप्राय है कि हम जिन नाटकों का चयन करते थे, वे साधारण मनोरंजनात्मक कथाएँ नहीं होती थीं, अपितु वे महत्त्वपूर्ण कथ्य को लिये होते थे। श्रीमती गाँधी 40 मिनट के बाद उठकर जा सकती थीं। परन्तु वे पूरा समय बैठी रहीं। दिल्ली में हमें कुछ संस्थान अथवा प्रायोजक अपने शो करने के लिए आमन्त्रित करते और वे यह सुनिश्चित करते कि अनेक विद्वान और समस्त क्षेत्रों के विख्यात लोग उन नाटकों को देखने आयें। 1990 में दो-तीन बार तो प्रधानमंत्री अटल बिहारी वाजपेयी हमारे नाटक देखने आये। स्वयं एक कवि और रचनात्मक लेखक होने के नाते उन्हें वे नाटक बहुत ही अच्छे लगे।

1960 के दशक के अंतिम वर्षों तक सब बहुत अव्यवस्थित था परन्तु वर्ष 1968 बहुत उत्साहवर्धक रहा। हमारी रिहर्सलों का सामान्य ठिकाना—वार्डन रोड पर भूला भाई इंस्टिट्यूट—गिरा दिया गया था और वहाँ एक बहुत बड़ी इमारत बनायी जा रही थी। ऐसे में प्रीमियर ऑटोमोबाइल्स के अध्यक्ष विनोद दोषी ने हमें आश्रय दिया। जब उन्हें पता चला कि थियेटर यूनिट के पास रिहर्सल के लिए कोई सुविधाजनक स्थान नहीं है तो उन्होंने खाली पड़े वालचन्द टैरेस (ताड़देव के निकट) का पहला तल हमें दे दिया। वे प्रायः तेजपाल ऑडिटोरियम में प्रस्तुत किये जाने वाले हमारे नाटकों को देखने आया करते थे और बाद में हमारी प्रोडक्शन में उन्होंने अभिनेता के रूप में काम भी किया। फिर उन्होंने श्याम बेनेगल के 'कलयुग' में भी अभिनय किया। विनोद की पत्नी सरयू बहुत सुन्दर थी और उसे सांस्कृतिक कार्यक्रमों में बहुत रुचि थी। वह 'थियेटर यूनिट' की रीढ़ बनी रही। यह स्थान हमारे लिये बहुत भाग्यशाली प्रमाणित हुआ और हमारी एक बड़ी सम्पत्ति बन गया। अब हमारे पास मिलने और रिहर्सल करने का एक निश्चित स्थान था। इससे पहले हमारे पास कोई विकल्प नहीं था और हम विभिन्न प्रकार के अनेक स्थानों पर रिहर्सल किया करते। यह हमें मिलने वाली पहली व्यावसायिक सहायता थी हालाँकि यह अनौपचारिक स्तर पर ही मिली थी। इससे हमारी गतिविधियों को बहुत बढ़ावा मिला। हमने यहाँ बिताए चार वर्षों के दौरान हिन्दी और मराठी के पूरी लम्बाई के 16 नाटक तैयार किये। यहाँ का वातावरण सदैव बहुत जीवन्त होता था। हमारे अधिकतर कलाकार किन्हीं फर्मों और बैंकों में काम कर रहे थे, वे सब शाम को इकट्ठे होते और देर रात तक रिहर्सल करते। नाटक में प्रयुक्त होने वाला समान पिछवाड़े के कमरे में रख दिया जाता।

वालचन्द परिसर में बिताए समय के दौरान हमें अनेक नई प्रतिभाएँ मिलीं। अमोल पालेकर ने रंगमंच का आधारभूत प्रशिक्षण दुबे साहब से प्राप्त किया है, जयदेव हट्टंगड़ी, कल्पना लाज़्मी, भक्ति भावे, नीना कुलकर्णी, प्रिया तेन्दुलकर भी कुछ ऐसे ही नाम हैं। दुबे साहब इस बात का बहुत ध्यान रखते थे कि वे किसी बेरोज़गार कलाकार को नहीं लेते थे, वे अपने कलाकारों को साफ-साफ बता देते कि वे थियेटर से कुछ अपेक्षा न रखें। हमें 'थियेटर यूनिट' के लिए राज्य से अनुदान मिल रही थी परन्तु इसके लिए हमें अनेक फार्म भरने पड़ते, अनेक औपचारिकताएँ पूरी करनी पड़तीं और एक-एक हिसाब-किताब रखना पड़ता। विडम्बना यह थी कि सारा धन कागज़ी कार्यवाही पर ही खर्च हो जाता और हमें कोई आय न होती। सो दुबे

साहब ने समझदारी का निर्णय लिया कि हम यह अनुदान नहीं लेंगे और सब अपने ही स्तर पर करेंगे। अब जबकि हमें बिना भुगतान के रिहर्सल के लिए स्थान मिल गया था, कलाकारों को भी कोई भुगतान नहीं किया जा रहा था तो प्रोडक्शन पर जो भी धन खर्च होता, वह हम टिकटों पर रखे जाने वाले शो से जुटा लेते। यदि हमें नुकसान होता तो कोई दयालु आत्मा आगे बढ़कर हमें उस संकट से उबार लेती। प्रारम्भ में मैं कुछ योगदान नहीं दे पाता था परन्तु जब मेरी आय बढ़ी तो मैं भी योगदान देने लगा, आज भी जब भी दुबे साहब कहते हैं, मैं आर्थिक सहायता कर देता हूँ। हमें अभिनेताओं के रूप में व्यावसायिक ढंग से प्रशिक्षण दिया गया था परन्तु हमने पूर्णतः अव्यावसायिक थियेटर में काम किया और हमें एक पाई भी नहीं मिलती थी। यह प्रक्रिया सदा जारी रही और हिन्दी थियेटर का इस प्रकार से गुज़ारा भर चलता था। इसके विपरीत मराठी और गुजराती रंगमंच व्यावसायिक रंगमंच थे और उनके कलाकारों व तकनीशियनों को भुगतान किया जाता था। उन्हें मराठी और गुजराती भाषी नाटक प्रेमी दर्शक वर्ग से बहुत आर्थिक सहायता मिलती थी। इस प्रकार अनेक कलाकार थियेटर से अपनी आजीविका पा रहे थे।

मराठी और गुजराती थियेटर की अनेक जानीमानी हस्तियों ने हमसे और विशेष रूप से दुबे साहब के साथ नए विचारों का आदान-प्रदान किया। इस समय हिन्दी थियेटर बम्बई में यद्यपि बहुत लोकप्रिय नहीं था परन्तु 'थियेटर यूनिट' की उच्च स्तर की शक्तिशाली प्रस्तुतियों से बहुत पहचान पा गया। इसी समय एक और थियेटर ग्रुप था 'एकता,' बलराज साहनी जैसे अनेक कलाकार इससे जुड़े थे। परन्तु हमें हिन्दी थियेटर के लिए शीघ्र ही एक दर्शक वर्ग तैयार करने में वास्तव में बहुत सफलता मिली। दुबे साहब की आश्चर्यजनक प्रतिभा ही केवल उनकी सर्वोत्तम विशेषता नहीं है अपितु उनमें दूसरों में भी इस प्रतिभा का संचार कर आश्चर्यजनक परिणाम प्राप्त करने की अनुपम योग्यता भी है। वे चिंगारी को सुलगाना जानते हैं और उन्होंने अपने विचारों से अनेक लेखकों को बेहतर लेखक, निर्देशकों को बेहतर निर्देशक और अनेक कलाकारों को बेहतर कलाकार बनाया है। उनके लिए यह बात कोई मायने नहीं रखती कि दूसरे की ग्रहण क्षमता कितनी है। मुझे लगता है कि यदि दुबे साहब ने मुझे न देखा और धमकाया होता तो मैं अपनी उत्तम प्रस्तुतियाँ दिये बिना ही जीवन व्यतीत कर इस संसार से चला गया होता। अप्रशिक्षित प्रतिभा जंगल के उन सुन्दर और शानदार फूलों के समान होती है जो किसी के द्वारा बिना देखे, सूंघे और प्रशंसा के सूख जाते हैं और नष्ट हो जाते हैं। हमारे चारों ओर कितनी प्रतिभा बिखरी है और हम उसके अस्तित्व को जानते तक नहीं। दुबे साहब शायद एकमात्र ऐसे अध्यापक हैं जिन्होंने सर्वाधिक युवाओं को प्रशिक्षण दिया है, पूरी तरह से अनगढ़, नई प्रतिभाओं को लिया, थियेटर गतिविधियों पर अनगिनत कक्षाओं, कार्यशालाओं, शिविरों और सम्मेलनों का आयोजन किया।

दुबे साहब श्याम बेनेगल और गोविन्द निहलानी की भी पटकथा लेखन और संवाद लेखन में सहायता करते रहे हैं। महेश भट्ट के साथ भी उनके बहुत गहरे सम्बन्ध थे। दोनों ही अपनी ही प्रकार के फोटोग्राफर रहे हैं, वे एक-दूसरे के पूरक हैं। दुबे साहब थियेटर और साहित्य के

ज्ञान और अनुभव के भण्डार हैं। यह दूसरों पर निर्भर करता है कि उनके खज़ाने में से कितना निकाल पाता है। वे सही मायनों में सादे जीवन में विश्वास रखते हैं जबकि उनका मस्तिष्क सदा ऊँची उड़ान भरता रहता है। उन्होंने अपने बनाव-दिखाव पर कभी ध्यान नहीं दिया, मलंग किस्म के व्यक्ति हैं वह। अधिकांशतः आप उन्हें बहुत साधारण सी पोशाक में पायेंगे। उनका अपना एक अच्छा फ्लैट है परन्तु कई बार वे रात वहीं बिता देते हैं जहाँ कलाकारों, निर्देशकों अथवा अन्य रंगमंच प्रेमियों के साथ रिहर्सल अथवा चर्चा करते हुए शाम बिताई हो। उनके सभी शिष्य और विख्यात कलाकार उनसे स्नेह करते हैं और उनकी आवभगत करते हैं परन्तु उन्हें बहुत गलत समझा गया है। इसका अनिवार्य रूप से कारण यह रहा है कि वे एक रचनात्मक प्रतिभा हैं—अनेक नए प्रयोग करने वाली तथा अत्यधिक कल्पनाशील। मैं यह कहते हुए गर्व का अनुभव करता हूँ कि मैं एकमात्र ऐसा व्यक्ति हूँ जिससे उनकी सबसे लम्बे समय तक मित्रता रही है—हमारा 40 वर्ष से अधिक बहुत गहरा सम्बन्ध रहा है और मैंने सदा यह पाया है कि मैंने जब भी उनके नाटकों में अभिनय किया उन्होंने इस सम्बन्ध को कभी आड़े नहीं आने दिया, वे सदा ही एक बहुत कड़े निर्देशक रहे हैं। आज भी वे अपनी उस भूमिका को सर्वोत्तम ढंग से निभाते हैं।

अब 'थियेटर यूनिट' अपने चरम पर था और ऐसा केवल वालचन्द परिसर के कारण ही संभव हो पाया था। हम वहाँ रिहर्सल कर सकते थे, अभ्यास कर सकते थे और सबसे महत्त्वपूर्ण था कि हम वहाँ मिल सकते थे, यहाँ आसानी से पहुँचा जा सकता था जबकि उपनगरों में पहुँचने के लिए हमें लम्बी-लम्बी दूरी का सफर करना पड़ता। हम सब चूँकि बम्बई सेंट्रल में काम कर रहे थे, उपनगरों में पहुँचने पर बहुत पैसा खर्च होता था और समय भी बहुत व्यर्थ हुआ था। हम क्योंकि बहुत किफायती ढंग से काम चला रहे थे, कई बार हम छोटे-छोटे स्थानों पर भी शो कर लेते। ऐसा ही एक स्थान दादर का छबीलदास स्कूल था। स्कूल की दूसरी मंज़िल पर एक हॉल था जिसे एक छोटे ऑडिटोरियम में बदल दिया गया था और उसमें 150 दर्शक बैठ सकते थे। बैठने की व्यवस्था बहुत साधारण थी—सब ज़मीन पर बैठते थे। इस स्थान की व्यवस्था सुलभा और अरविन्द देशपांडे के नेतृत्व में आविष्कार ग्रुप ने की थी। सभी रंगमंच प्रेमी छबीलदास में आते थे और यहाँ मराठी और हिन्दी के अनेक प्रयोगात्मक नाटक किये गये। प्रवेश शुल्क मात्र दो रुपये था। इस प्रकार से अनेक नाटक हम कर पाये थे। मैं यहाँ यह उल्लेख अवश्य करूँगा कि बम्बई में थियेटर सम्बन्धी गतिविधियाँ इस समय अपने चरम पर थीं। इसके अतिरिक्त माटुंगा रोड पर कर्नाटक संगीत ऑडिटोरियम था, वहाँ भी ऐसे नाटक प्रायः किये जाते थे।

1968 के लीप वर्ष में ही मैंने दफ्तर से लोन ले कर एक मोटरसाइकिल खरीदी। आपको आश्चर्य होगा कि वह वाहन मेरे पास आज तक भी है। मैंने इसके साथ एक साइड कार भी लगा रखी थी। यह साइड कार 'थियेटर यूनिट' के सौजन्य से थियेटर के कामकाज के लिए लगाई गयी थी। अब मुझे अपनी हीरोइनों को लाने-ले जाने का दायित्व सौंप दिया गया था। अगले वर्ष 'यूनिट' ने मुझे पेट्रोल के खर्च के लिए 1600 रुपये भी दिये। इनसे मेरे लिए हर

समय यहाँ-वहाँ आते-जाते रहना सम्भव हो गया था और मेरे पास कोई भी खाली समय नहीं रहा था। सुबह मैं सान्ताक्रूज से कोलाबा जाता, उन दिनों वाहनों की भीड़-भाड़ बहुत नहीं होती थी। कोलाबा से मैं विज्ञापन गीतों की रिकॉर्डिंग के लिए जाता और शाम को नाटकों की रिहर्सल के लिए पहुँचता, वहाँ मैं रात ग्यारह बजे तक रहता। इस सब कड़े परिश्रम का मुझे फल भी मिला। मुझे मोटरसाइकिल पर इधर-उधर आते-जाते देख दुबे साहब ने भी 'थियेटर यूनिट' के लिए वाहन खरीदने की इच्छा व्यक्त की। अतः 'यूनिट' की राशि से एक लम्बरेटा खरीदा गया। मैंने क्योंकि अपने मोटरसाइकिल के साथ साइड कार लगाई हुई थी और यह हमारी हीरोइनों को लिवाने-ले जाने में बहुत उपयोगी सिद्ध हो रही थी, दुबे साहब ने ज़िद्द की कि इस स्कूटर के साथ भी साइड कार ज़रूर होनी चाहिए। उन्होंने भी स्कूटर पर घूमने तथा अपनी हीरोइनों को भी इस पर सवारी करवाने के सुन्दर स्वप्न देखे थे और एक बार देर रात को वे पहली बार साइड कार के साथ स्कूटर ले कर निकले। उन्होंने सोचा था कि तीन पहियों के साथ सन्तुलन करना आसान होगा और तार्दियों में वालचन्द से वे सीधे मैरीन ड्राइव की ओर गये। चर्नी रोड स्टेशन के निकट वे अपना सन्तुलन खो बैठे और स्कूटर बिजली के एक खम्भे से जा टकराया। उन्हें गले और छाती पर चोटें आईं। अगले दिन सुबह-सवेरे मेरे घर पर टेलीफोन आया, उनकी दुर्घटना की खबर सुन मैं उनसे मिलने दौड़ा। वे पट्टियाँ बाँधे चटाई पर बैठे थे, उनके दोनों हाथ फर्श पर टिके थे। उन्होंने मेरी ओर देखा तथा भारी आवाज़ में कहा, "पुरी साहब, अब मेरी आवाज़ आपके जैसी भारी हो गयी है", उसके बाद उन्होंने उस स्कूटर को कभी नहीं छुआ। एक वर्ष से भी अधिक समय तक अमोल पालेकर इसे बहुत बेरहमी से प्रयोग में लाते रहे। तब मैंने इसे ठीक-ठाक करवा कर चालू हालत में किया और 'थियेटर ग्रुप' ने यह रोहिणी और जयदेव हट्टंगड़ी को उपहार में दे दिया। उनका विवाह अभी हुआ ही था।

अब मैं चूँकि नाटक में पूरी तरह से डूब चुका था, यह मेरा ज़रूरी भोजन बन गया था—भूख, प्यास और किसी भी चीज़ का इसके लिए खुशी से त्याग किया जा सकता था और कोई शिकायत नहीं थी, कोई भी! पूरा दिन दफ्तर में काम करने के बाद भी मैं रिहर्सल के लिए तरोताज़ा होता। यह रिहर्सल सदा मध्य रात्रि तक चलती और सुबह फिर दफ्तर जाने के लिए मैं तरोताज़ा होता। इसी समय मैंने मोहन राकेश के नाटक 'आधे अधूरे' में चार भूमिकाएँ कीं—पति, पुरुष मित्र, मालिक और पारिवारिक मित्र की। इसकी इतनी अधिक प्रशंसा हुई थी कि इसके चार सौ से अधिक शो हुए, इसने एक प्रकार से थियेटर का इतिहास रच दिया था। मैंने ओम शिवपुरी से बहुत पहले ही यह नाटक किया था। सुलभा देशपांडे की प्रतिभावान बहन, डॉ. जयोत्स्ना काटेकर ने इसमें मेरी पत्नी की भूमिका की। उसका पति आँखों का सर्जन था और थियेटर में पत्नी की रुचि के प्रति बहुत सकारात्मक था। 'आधे-अधूरे' में चार भूमिकाएँ करने के बाद मैं इस नाटक का निर्देशन भी करने वाला था कि बीच में दुबे साहब का विवाह हो गया और वे हनीमून पर चले गये। लौटने पर जब वे रिहर्सल देखने आये तो मुझे सीधे-सीधे कहा, "पुरी साहब, आप अभिनय पर ध्यान केन्द्रित करो, निर्देशन मैं करूँगा। विवाह के बाद अब मैं आधे...का महत्त्व पूरी तरह से समझ गया हूँ।" परन्तु वे अपने

विवाह को न बचा सके और एक वर्ष के भीतर उनका तलाक हो गया। तब से वे अलमस्त कुँवारे हैं।

अभिनय विश्वास जाग्रत करने की कला है। आप कैसे दर्शकों का विश्वास जीतते हैं कि मंच पर वह जिस पात्र को देख रहा है, वह वास्तविक है। आप पूरा समय उस रूपान्तरण में, उस पात्र को मूर्त करने में डूबे रहते हैं, अन्ततः आपकी आवाज़ से यही झलकता है—पात्र के गुण और विशेषताएँ। 'आधे-अधूरे' में प्रारम्भ में सूत्रधार का भाषण है। मैंने यह नाटक अंतिम बार एक दशक से भी पहले किया था। परन्तु मुझे आज भी इसका प्रत्येक संवाद याद है। सूत्रधार का पहले पाँच मिनट का भाषण ही नाटक की वास्तविक व्याख्या है, यह उसके पूरे सार-तत्त्व को प्रेषित कर देता है।

"फिर एक बार, फिर से वही शुरुआत! मैं नहीं जानता कि आप क्या समझते हैं कि मैं कौन हूँ और क्या आशा कर रहा हूँ; कि मैं क्या कहने जा रहा हूँ, आप शायद सोचते हों कि मैं इस नाटक में निश्चित इकाई हूँ, अभिनेता प्रस्तुतकार, व्यवस्थापक, या कुछ और? परन्तु अपने सम्बन्ध में मैं निश्चित रूप से कुछ भी नहीं कह सकता क्योंकि यह नाटक भी अपने में मेरी ही तरह अनिश्चित है। अनिश्चित होने का कारण है, परन्तु कारण की बात करना बेकार है, कारण हर चीज़ का कुछ न कुछ होता है, हालाँकि ये आवश्यक नहीं कि जो कारण दिया जाये, वास्तविक कारण वही हो। और जब मैं अपने सम्बन्ध में निश्चित नहीं हूँ तो किसी चीज़ के कारण या नाकारण के सम्बन्ध में निश्चित या अनिश्चित कैसे हो सकता हूँ? मैं वास्तव में कौन हूँ, ये एक ऐसा सवाल है जिसका सामना मैंने इधर आकर छोड़ दिया है। जो मैं इस रंगमंच पर हूँ, इसके बाहर नहीं हूँ और जो मैं बाहर हूँ इससे आपको क्या दिलचस्पी हो सकती है कि मैं यहाँ से बाहर क्या हूँ? शायद अपने बारे में इतना कह देना ही काफी है कि सड़क के फुटपाथ पर चलते आप अचानक जिस आदमी से टकरा जाते हैं वो आदमी मैं हूँ...नाटक अन्त तक उतना ही अनिश्चित बना रहता है और यह निर्णय करना भी उतना ही अनिश्चित हो जाता है कि भूमिका किसकी थी, मेरी, उस स्त्री की, परिस्थितियों की या इन तीनों के बीच में से उठते सवालों की...?"

मोहन राकेश ने इस कृति पर दुबे साहब की प्रशंसा करते हुए कहा, "आपने जो व्याख्यायित किया है वह मेरे लिखे से कहीं आगे बढ़ गया है।" ऐसा था दुबे साहब का काम। उन्होंने नाटक की पंक्तियों को गहरे अर्थ प्रदान किये। उन्होंने इन पंक्तियों में छिपे, निहित अर्थ को व्यक्त किया। कोई भी उन पंक्तियों का उच्चारण कर सकता था परन्तु उन्हें सही भावनाओं के साथ व्यक्त करना बहुत महत्त्वपूर्ण है। ऐसे आप रंगमंच के समस्त गुर सीखते हैं। इन पंक्तियों को बोलने का लहज़ा समय-समय पर बदला है परन्तु सार तत्त्व वही रहा है। इसमें हम अपने चारों ओर प्रत्येक वस्तु—इनसानों सहित—की अनिश्चितता की बात करते हैं। सड़क पर जिस व्यक्ति से टकराते हैं, वह एक आम आदमी है, जो कोई भी हो सकता था। जब मैं कहता हूँ कि 'इस पात्र से आपकी मुलाकात कई बार होगी,' मैं नाटक में कई बार मंच पर आता हूँ क्योंकि मैंने चार पात्रों की भूमिका की है। महिला इस नाटक का केन्द्र बिन्दु

है—ऐसी महिला जो अपने जीवन और अपने जीवन में आने वाले पुरुषों से सन्तुष्ट नहीं है। वह एक ऐसी महिला है जिसे अपने से मिलने वाले प्रत्येक पुरुष में कुछ न कुछ कमी दिखाई देती है, वह एक पुरुष से दूसरे पुरुष के पास जाती है क्योंकि प्रत्येक आदमी अधूरा है।

'आधे-अधूरे' के पहले 25 शो के बाद इसके मराठी रूपान्तरण में डॉ. श्रीराम लागू ने मेरी भूमिका की। डॉ. लागू लन्दन में डॉक्टरी की अपनी प्रेक्टिस कर रहे थे, 1968 में वे भारत लौट आये और 'थियेटर यूनिट' का अभिन्न अंग बन गये। वे अभिनय करना चाहते थे और सबसे पहले हमारे ग्रुप के सम्पर्क में आये। दुबे साहब के वे बहुत घनिष्ठ हो गये थे। यह नाटक उनकी पहली प्रोडक्शन थी। भाषा उनके लिए कोई समस्या नहीं थी, उनके संवाद सम्प्रेषण से बहुत कुछ सीखा जा सकता था। वे मराठी रंगमंच की अग्रणी हस्ती बन गये थे। इस नाटक के अनेक शो करने के बाद उन्होंने दीपा मसूद से विवाह कर लिया जो नाटक में संयोगवश उनकी बेटी की भूमिका कर रही थी। उनके एक बेटा हुआ और वे बहुत अच्छे से जीवन बिता रहे थे। दुर्भाग्यवश एक बार उनका बेटा गाड़ी में बम्बई से पुणे की यात्रा कर रहा था कि कहीं से एक पत्थर आकर उसकी कनपटी पर लगा। यह चोट घातक सिद्ध हुई और उसकी मृत्यु हो गयी। लागू दम्पति का जीवन नरक बन गया। इसके कुछ ही समय बाद वे बम्बई से पुणे चले गये। यह नगर महाराष्ट्र का एक महत्त्वपूर्ण सांस्कृतिक केन्द्र है। डॉ. जब्बर पटेल, डॉ. मोहन अगाशे, मोहन गोखले, पी एल देशपाण्डे और रंगमंच की अनेक अन्य हस्तियाँ पुणे नगर की देन हैं। पुणे का दर्शक वर्ग किसी भी सांस्कृतिक कार्यक्रम की कसौटी का काम करता है—यहाँ तक कि फिल्म इंस्टिट्यूट की स्थापना इसी नगर में प्रभात टॉकीज के परिसर में हुई थी।

हमने 1996 में 'आधे-अधूरे' का मंचन पुनः शुरू किया और अमरीका तथा कनाडा में इसके शो किये। मैं उन दिनों वैन्कुवर में 'परदेस' की शूटिंग कर रहा था, सप्ताहान्त पर मैं नाटक के शो करने पहुँच जाता। हम कुछ पुराने कलाकारों को भी इकट्ठा कर पाए थे परन्तु हमारे सामने एक समस्या थी। हमने इन दौरों को किफायती रखना था। इसलिए हमें यह निर्णय लेना पड़ा कि कितनी बड़ी टीम को हम ले जा सकते हैं। पाँच कलाकारों को ले जाना बहुत कठिन था अतः बम्बई से हम कवेल तीन कलाकार—सुनीला प्रधान, चेतना दास और मैं गये। हमने दो बहनों—किन्नी और पिन्नी को अमरीका में ही तैयार कर लिया था। उन्हें पहले ही स्क्रिप्ट भेज दी गयी थी। मैं भी वहाँ एक सप्ताह पहले चला गया था। मैंने उन्हें प्रशिक्षण दिया और मंच भी तैयार किया। हमने लॉस एंजिल्स, न्यूयार्क से ले कर वाशिंगटन तक 12 नगरों में 15 शो किये, सारे शो हाउस फुल रहे और अनेक भारतीय इस नाटक को देखने आये। वास्तव में अमरीका में हमारे एक प्रायोजक थे। वे सुनीला प्रधान की शिकागो में रह रही बेटी के माध्यम से हमारे सम्पर्क में आये थे। बाद में हम टोरोंटो गये। इस बीच कलाकार बदलते रहे। परन्तु बार-बार शो होने के बावजूद भी मुझे नाटक में अभिनय करना उबाऊ नहीं लगा था।

जब आप अपने रचनात्मक चरम पर होते हैं तो ऊबाउपन के लिए कोई स्थान नहीं होता।

अनगिनत बार इस नाटक को करने के बाद भी प्रत्येक शो के बाद मुझे उसमें कुछ नया मिलता। वही नाटक होता था, वहीं संवाद होते थे परन्तु लहज़े की भिन्नता उसे अनेक नए अर्थ दे जाती थी। हर बार नया नाटक ढूँढ़ना और हर बार एक ही नाटक में नए अर्थ ढूँढ़ना वास्तविक चुनौती है। यह आपको निरन्तर प्रेरित करती रहती है। आप जितना अधिक काम करते हैं, उतनी ही अधिक श्रेष्ठता की कामना करते हैं। परन्तु यह आपकी आधारभूत प्रतिभा पर भी निर्भर करता है। यह बिना तराशे हीरे के समान है, इसे आप कितना भी तराश लें, पॉलिश कर लें परन्तु यदि यह अच्छी क्वालिटी का नहीं है तो उसे कभी भी बेहतर क्वालिटी का नहीं बनाया जा सकता। मेरा अभिप्राय यह है कि अंतिम प्रस्तुति में किया जाने वाला कड़ा श्रम कम प्रतिभावान व्यक्ति की तुलना में बेहतर परिणाम देता है। याद रखें कि यदि आप सुस्त हैं परन्तु अपनी शैली को बहुत अच्छा करके आँकते हैं तो कम प्रतिभाशाली परन्तु अधिक श्रम करने वाला व्यक्ति अंतिम प्रस्तुति में आपसे बेहतर प्रदर्शन कर सकता है। जीवन के किसी भी क्षेत्र में कड़े श्रम का स्थान कुछ नहीं ले सकता।

इस काल की एक और उल्लेखनीय बात यह थी कि युवा, समकालीन लेखक अनेक नाटक लिख रहे थे। विषय को एक विचार के रूप में दर्शकों के सामने रखा जाता था और उस मुद्दे पर दर्शकों की प्रतिक्रिया को देखने के बाद पूरी लम्बाई का नाटक लिखा जाता था। विजय तेन्दुलकर ने इसी भाँति अपने पाँव जमाए थे, उनके प्रारम्भिक नाटक भी पहले प्रयोग के रूप में प्रस्तुत किये जाते और देखा जाता कि क्या विषय दर्शकों को पूर्णतः स्वीकार्य है। मैं तेन्दुलकर से दुबे साहब के माध्यम से मिला था। हमारा 'थियेटर यूनिट' 1960 के दशक के प्रारम्भ से जो भी नाटक कर रहा था, तेन्दुलकर उसके स्तर की पूरी जानकारी रखे हुए थे। एक बार उन्होंने मुझसे कहा, "मैं कहता हूँ कि तुम प्रेरणा शक्ति हो।" मैं उनके बौद्धिक स्तर पर कभी नहीं पहुँच सकता था। परन्तु उनका मत था कि मुझमें नाटकों की गहराई को समझने की क्षमता है। मैं थियेटर के सम्बन्ध में उनके अथाह ज्ञान का सम्मान करता था और मैं उसे मात्र अभिव्यक्त करता था, इसका तात्पर्य यह नहीं था कि मैं सब कुछ समझ सकता था। कई बार मैं उनकी गहराई की थाह भी नहीं पा सकता था। मेरे लिए यह बौद्धिक समझ की बात कम थी, भावपूर्ण अभिव्यक्ति अधिक थी। अब इन सब दशकों के बाद मुझे वास्तव में उन पंक्तियों का अर्थ समझ आने लगा है। परन्तु उस समय मेरा अभिनय इतना सही होता कि लोग सोचते कि मैं उन पंक्तियों को पूर्णतया समझता हूँ कि उनके द्वारा क्या सम्प्रेषित किया गया है। जो लोग नाटक को बौद्धिक स्तर पर समझते थे, वे शायद उतनी अच्छी तरह से अभिनय नहीं कर पाते, जैसा मैं कर सकता था दुबे साहब मेरी सीमओं को जानते थे, वे सदा कहा करते, "पुरी साहब, आप बस इतना ही समझो और आपकी समझ का स्वरूप और स्तर यह है।" मैं निर्देशक की अपेक्षानुसार भूमिका को निभाता जो मैं आज भी करता हूँ क्योंकि मैं जानता हूँ कि निर्देशक पटकथा को जानता है, अन्यथा वह कभी नाटक अथवा फिल्म का निर्देशन न करता।

तेन्दुलकर के साथ हमारा सम्बन्ध बहुत निकटता का था। सामान्यतः पुराने नाटकों को

पुनः प्रस्तुत किया जाता अथवा कुछ नाटकों के लेखक इलाहाबाद अथवा लखनऊ के होते थे। इस प्रकार लेखकों के साथ अलगाव का सम्बन्ध ही होता था। परन्तु तेन्दुलकर सशरीर हमारे सामने होते थे। वे नाटककारों के राजा थे, जब उन्होंने 1964 में मराठी में 'शान्तता! कोर्ट चालू आहे' लिखा तो इसे भारी सफलता मिली। मराठी भाषी दर्शकों में वे पहले ही बहुत लोकप्रिय थे। इस नाटक से उनकी प्रसिद्धि और लोकप्रिय और भी बढ़ गयी। उन्होंने शारीरिक हिंसा के सिवाय हिंसा के अन्य विविध रूपों पर लिखा। वे एक विद्वान लेखक हैं। इस नाटक की सर्वाधिक रुचिकर बात यह थी कि इसका लेखन और रिहर्सल—दोनों साथ-साथ चल रहे थे। तेन्दुलकर को लिखने के लिए एक कमरे में बैठा दिया जाता था, विचार पर उनसे पहले ही चर्चा हो चुकी होती थी, उन्हें कमरे के भीतर बन्द कर दिया जाता और वे एक अंक लिख लेते, उसकी अगले दिन रिहर्सल होती। उसके बाद वे उसे संशोधित कर उसमें कुछ बातें जोड़ते और हटाते।

यह पद्धति लम्बे समय पूर्व अंग्रेजी लेखकों में भी प्रचलित थी। इब्सन और अनेक अन्य लेखक बैठकर नाटक लिखते थे और इस दौरान कलाकार कथा के पूरे होने की प्रतीक्षा किया करते थे। इस प्रकार यह प्रथा अंग्रेजी रंगमंच की देन थी, अंग्रेजी रंगमंच का बहुत प्रभाव रहा है। हमारी संस्कृति में यद्यपि लयबद्ध नाटक होते थे परन्तु बोलचाल की भाषा में नाटक लिखने की परम्परा नदारद ही थी। इप्टा आन्दोलन (इंडियन पीपुल्स थियेटर एसोसिएशन) के दौरान भी तत्कालीन लेखकों ने कुछ नाटक लिखे परन्तु उनमें से किसी को भी नाटककार नहीं कहा जा सकता था। ऐसे लेखक बंगाली और मराठी में थे परन्तु हिन्दी रंगमंच में उनका अभाव ही रहा। मोहन राकेश के आधे-अधूरे के साथ ही वास्तव में मूल नाटक शुरू हुआ। तेन्दुलकर मराठी में लिख रहे थे और दुबे साहब अन्य लोगों की सहायता से हिन्दी रूपान्तरण करते थे। कलकत्ता में कुछ लोगों ने बादल सिरकार के 'पगला घोड़ा,' 'सारी रात' और 'एवम् इन्द्रजीत' जैसे कुछ बंगला नाटकों का अनुवाद किया।

दुबे साहब ने मराठी के मूल नाटक के हिन्दी रूपान्तरण 'चुप कोर्ट चालू है!' का निर्देशन किया। नाटक की मूल कथा कलाकारों के एक ऐसे दल के इर्द-गिर्द घूमती है जो एक गाँव में नाटक करने जाते हैं। जब वे गाँव में पहुँचते हैं तो नाटक शुरू होने में अभी कुछ समय शेष होता है और वे ऊबने लगते हैं। उन कलाकारों में से एक नाटक का स्वांग करने का सुझाव देता है। नाटक का विषय एक महिला पर आरोप लगाना है, जो अपने अजन्मे बच्चे को मार देती है। सब ये नाटक करने के लिए तैयार हो जाते हैं और अपनी-अपनी भूमिका चुन लेते हैं। एक व्यक्ति को लोक अभियोजक की भूमिका दी जाती है, तो दूसरे को न्यायाधीश की। नाटक बहुत धीमी गति से शुरू होता है और धीरे-धीरे उसमें गति आने लगती है। महिला जब अपने बचाव का प्रयत्न करती है तो दूसरे पात्र उस पर एक प्रोफेसर के साथ उसका प्रेम सम्बन्ध होने का आरोप लगाते हैं। तब पता चलता है कि यह उस महिला के जीवन की सच्ची घटना थी। वे उसे और भी घेरने का प्रयास करते हैं। अन्ततः यह प्रमाणित हो जाता है कि यह घटना वास्तव में घटित हुई थी। धीरे-धीरे भेद खुलने लगते हैं और वह महिला घबराकर रोने लगती

है। वकील सुखात्मी ऊँची आवाज़ में महिला की इतनी ज़ोरदार खिंचाई करता है कि महिला स्वीकार कर लेती है कि उसके पास कोई दूसरा विकल्प ही नहीं था और अन्त में दर्शकों की आवाजें सुनाई देती हैं और वास्तविक नाटक शुरू होता है। नाटक का उद्देश्य चरित्रहीनता की बात करना था जो तेन्दुलकर के मानसिक हिंसा पर लिखे गये नाटकों की विशेषता है। इस नाटक ने 1969 में नागपुर में हुई महाराष्ट्र राज्य नाटक प्रतियोगिता में चार पुरस्कार प्राप्त कर एक प्रकार का इतिहास ही रच दिया। इसे श्रेष्ठ नाटक, श्रेष्ठ निर्देशन, आरोपित महिला, मिस बनारस की भूमिका में सुलभा देशपांडे को सर्वश्रेष्ठ अभिनेत्री और वकील की मुख्य भूमिका में मुझे सर्वश्रेष्ठ अभिनेता के पुरस्कार मिले थे।

1970 के दशक के प्रारम्भ में मराठी में एक फिल्म 'शान्तता! कोर्ट चालू आहे' भी बनायी गयी थी। नाटक को ही पटकथा में परिवर्तित किया गया था। हमें इसके लिए महाराष्ट्र सरकार से अनुदान मिली थी, 'थियेटर यूनिट' के समस्त सदस्यों ने इसके निर्माण में सहायता की थी, हमने बाहर से किसी की सहायता नहीं ली। मैंने गाड़ी में अंधे भिखारी की भूमिका की थी, गोविन्द निहलानी कैमरा सँभालने के अतिरिक्त दुबे साहब के साथ इस फिल्म के सह-निर्माता भी थे। दुबे साहब को इस फिल्म के लिए श्रेष्ठ निर्देशक का पुरस्कार मिला था। वे अंग्रेजी साहित्य के विद्यार्थी हैं। परन्तु मराठी थियेटर के साथ मिलकर काम करते हुए वे मराठी भी समझने लगे हैं। हम तेन्दुलकर को लिखने के लिए विवश करते क्योंकि हम नए नाटक करना चाहते थे। उनके साथ मिलकर काम करते हुए मेरी रंगमंच की समझ और अभिनय–दोनों ही समृद्ध हुए हैं। निरन्तर मेरी प्रशंसा करके उन्होंने मेरे भावों में उत्कटता ला दी थी। 'निशान्त,' 'आक्रोश,' 'अर्द्धसत्य' आदि फिल्मों की कहानियाँ भी तेन्दुलकर ने लिखी थीं। उन्हें मुझसे बहुत स्नेह था। मेरे नाटकों के साथ-साथ मेरे फिल्मी कैरियर की भी उन्हें पूरी जानकारी होती थी। मेरी सभी प्रमुख भूमिकाओं को वे देखते और फिर मेरे बारे में लिखते।

हमने मोहित चैटर्जी के नाटक 'अच्छा एक बार और' के हिन्दी संस्करण का भी मंचन किया। जैसा कि हम सब जानते हैं कि एक चरित्र को विकसित करने के लिए बहुत सोचना पड़ता है और जब मैंने देखा कि यह व्यवस्था के सम्बन्ध में पूर्णतः भविष्यसूचक नाटक है तो मैंने इसे जीवन्त बनाये रखने के लिए जानबूझकर एक विशेष शैली और गति को अपनाया और निर्देशक भी यही चाहता था। पहले आपको निर्देशक को पात्रों का वर्णन करने देना होता है, बाद में आप कुछ पहलुओं पर उससे चर्चा कर सकते हैं अथवा उससे असहमत भी हो सकते हैं। निर्देशक को पूरा चित्र स्पष्ट होता है। निर्देशक के विचारानुसार शैली और लेखक द्वारा सोचे गये पात्र की सीमाओं के भीतर जो सर्वोत्तम संभव हो, मैं वही करने का प्रयत्न करता हूँ। पहले दृश्य के बाद जब लेखक अपने विचार को दृढ़तापूर्वक प्रस्तुत करता है तो दर्शकों के विवेक के प्रति सम्मान लगभग नहीं दर्शाता। विषय की आवृत्ति यदि और सूक्ष्म ढंग से की गयी होती तो इसका अपेक्षित प्रभाव पड़ सकता था। नाटक में कुछ हास्य था तो कुछ व्यंग्य था परन्तु कुल मिलाकर यह बहुत साधारण नाटक था। नाटक में अधिकारी वर्ग की स्वयं की बात मनवाने की, छल, दमन और अपना सम्मान बनाये रखने के इच्छुक व्यक्तियों को कुचल

देने की भयावह क्षमता और चुनौती देने वालों तथा व्यर्थ स्वप्न देखने वालों के असहाय क्रोध को दर्शाया गया है परन्तु अन्त में यह नाटक आशा जाग्रत करता है। इसमें असीम आक्रोश भी व्यक्त किया गया है। कहानी की सीमाओं के बावजूद आसानी से एक मनोदशा के बाद दूसरी मनोदशा को व्यक्त कर मेरे विचार में मैंने नाटक में सन्तोषजनक अभिनय किया। अनुया और अमोल पालेकर ने बहुत कल्पनाशीलता से पोशाकें तैयार की थीं। अनुया नाटक की निर्माता तो थी ही, इसमें उसने अभिनय भी किया था और वह भी बहुत आसानी से एक पल चुलबुलेपन और दूसरे पल विषाद का अभिनय करती। आपको जानकर आश्चर्य होगा कि इस नाटक का प्रथम मंचन 1973 में किया गया और उसके बाद लगातार आठ-नौ वर्ष तक इसके शो चलते रहे थे। एक बार छबीलदास स्कूल में हुए शो को देखने केवल छः लोग आये। नाटक समाप्त होने के बाद यदि चार लोग भी आपके पास आकर आपके काम की चर्चा करते हैं तो सन्तोष का अनुभव होता है।

रंगमंच के प्रत्येक कलाकार का नाटक में अपनी भूमिका को तैयार करने का अपना ही ढंग होता है। संवादों को याद करने और रटने की भी उसकी अपनी ही विधि होती है और मैं यह काम लोकल ट्रेन और बसों में यात्रा करते हुए किया करता था। नाटक की कहानी मैं सदा अपने पास रखता था और उन्हें बुदबुदा कर पढ़ता व याद करता रहता था। अचानक मैं देखता कि सामने का यात्री मेरी ओर घूर रहा है कि मैं बुदबुदा क्यों रहा हूँ? तब मैं कहानी के पृष्ठों के पीछे अपने होंठ छिपा लेता और संवादों को रटना जारी रखता। ऐसा करना आवश्यक था क्योंकि मेरे पास अपने संवाद याद करने का कोई और समय ही नहीं था। 'एवम् इन्द्रजीत' से निम्नलिखित पंक्तियाँ मुझे बहुत पसन्द थीं :

"क्लान्त, क्लान्त, क्लान्त—मैं बहुत क्लान्त हूँ।
व्यर्थ परेशान यूँ ही रहने दो
मिटाती घनी मूक छाया में
मुझ अभी केवल सोने दो
क्या करना है बातों का अंबार लगाकर?
और बताओ क्या मिलना है
बीज तर्क के यूँ फैलाकर?
मैं विवेक से ऊब गया हूँ
आज बहुत ही क्लान्त हूँ
क्लान्त, क्लान्त, क्लान्त—मैं बहुत क्लान्त हूँ।"

बादल सरकार के नाटक भी बहुत प्रभावशाली हुआ करते थे—विशेष रूप से उनका नाटक 'पगला घोड़ा'। यह नाटक एक ऐसी लड़की के विषय में है जो आत्महत्या करती है। जिस व्यक्ति ने उसे अपनी रखैल बना कर रखा हुआ था, वह चार व्यक्तियों को उस लड़की को किसी घाट पर जलाने का कार्य सौंपता है और उन्हें शराब भी देता है। बंगाल में यह परम्परा है कि शव के साथ आये लोगों को शव के पूरा जल जाने तक वहाँ रुकना पड़ता है। नाटक में

एकमात्र नारी पात्र की भूमिका में तरला मेहता थी। इस प्रकार से चार व्यक्ति—एक कम्पाउण्डर, एक अध्यापक, एक ठेकेदार और एक सामान्य व्यक्ति—तीन-चार घण्टे तक वहाँ इकट्ठे बैठते हैं। इधर चिता जल रही होती है और वे ताश खेलते हैं, शराब पीते हैं और धीरे-धीरे मदहोशी की हालत में पहुँच कर एक-दूसरे को बताने लगते हैं कि कैसी लड़की उनके जीवन में आई और उन्होंने कैसे उसे धोखा दिया। इसके बाद वे अनुमान लगाने लगते हैं कि इस लड़की ने आत्महत्या क्यों की होगी? जब उनमें से तीन व्यक्ति अपनी कहानी बता चुकते हैं तो कम्पाउण्डर (यह भूमिका मैंने की थी), जो अब तक चुप बैठा था, भी मोची के सम्बन्ध में अपनी एक कहानी सुनाता है कि कैसे एक लड़की मोची के पास से गुज़रती थी। यह लड़की युवा थी और मोची बूढ़ा था। वह उस लड़की को कितना चाहता था, लड़की को यह बताने के लिए उसे बहुत साहस जुटाने की आवश्यकता थी। तभी अचानक उसने पाया कि लड़की ने आना बन्द कर दिया है और बाद में उसे पता चला कि लड़की ने आत्महत्या कर ली है। संयोग से यह वही लड़की थी, जिसकी चिता जल रही थी। लड़की ने यद्यपि उसे जाकर बताया था कि वह आत्महत्या करना चाहती है, उसने उसे ज़हर दे दिया परन्तु साथ ही उससे सात दिन तक प्रतीक्षा करने के लिए कहा। उसने प्रतीक्षा नहीं की। वह मोची सदैव उस लड़की को बताना चाहता था कि वह उससे कितना प्रेम करता है और लड़की ने इसलिए आत्महत्या की कि कोई उससे यह कहने वाला नहीं था कि वह उससे प्रेम करता है। लड़की चिता से उठकर चल पड़ती है और सहायता की गुहार लगाती है क्योंकि अब वह जानती है कि कोई उसे चाहता है।

मंच पर कोई चिता नहीं है। परन्तु लड़की भागती है जो उसकी जीने की इच्छा का प्रतीक है। वह लड़की जिस प्रकार से भागती है और बचाने की प्रार्थना करती है, यह दृश्य बहुत जानदार हुआ करता था। मोची तब उससे कहता है कि उसने उससे केवल सात दिन माँगे थे और उसने उसे वह सात दिन नहीं दिये। कम्पाउण्डर भी अपने साथ लाया हुआ ज़हर निकालता है और अपनी शराब में मिला लेता है। परन्तु फिर वह अपना मन बदल लेता है और इस जहरीली शराब को फेंक देता है। मोची कायर है, जहरीली शराब पीने की डींगें हाँक कर भी वह उसे पीने का साहस नहीं कर पाता। वह भी जीने का फैसला कर लेता है। मुझे सहगल साहब का गाया हुआ भावपूर्ण प्रसिद्ध गाना 'बाबुल मोरा नैहर छूटो ही जाये' गाना था और लड़की चिता पर जल रही है। मेरे रोंगटे खड़े हो रहे थे क्योंकि यह गाना गाते ही पूर्ण सन्नाटा छा जाता और अथाह दुख से दर्शकों के आँसू बह निकलते, वातावरण बहुत भयानक हो जाता। मंच पर सजीव प्रस्तुतियों में ऐसी जादुई शक्ति होती है। नाटक के लिए बहुत सोचना पड़ता है और पूर्व योजना बनानी होती है। आप को स्वयं पात्र को बहुत अच्छे से समझना होता है। मैं यह सब योजना पहले दिन निर्देशक द्वारा मुझे पटकथा सुनाए जाने के बाद बनाया करता था। डरने और ज़हर थूकने के अंतिम दृश्य में मेरे हाव-भाव कैसे होते थे, मुझे नहीं मालूम पड़ता था परन्तु तेन्दुलकर ने एक लेख में इनका वर्णन किया है। उन्होंने मेरी आँखों में एक विशेष भय देखा था। उन्होंने मुझे बताया था कि मेरा गाना सुनकर वे अपनी भावनाओं पर नियन्त्रण नहीं रख सके थे। वे द्रवित हो उठे थे। जिस प्रकार से उन्होंने वे

पंक्तियाँ लिखी हैं, उस आलोचनात्मक प्रशंसा में मेरा अभिनय कैद हो गया है।

इस प्रकार से अभिनय पूर्ण रूपान्तरण की प्रक्रिया है। जब तक यह रूपान्तरण नहीं होता, उसमें वास्तविक भावना जाग्रत नहीं हो सकती। यदि मैं सब समय अमरीश पुरी ही बना रहूँ तो वह सम्भव नहीं होगा। मुझे पात्र बनना पड़ता है। निर्देशक एक मनोविज्ञानी की भाँति आपको सम्मोहित कर आपके भीतर से पात्र को निकाल लेता है। मुझे इस प्रकार के अनुभव अनेक बार हुए हैं, जब मैं समझ ही नहीं पाता कि एक विशेष प्रकार के दृश्य को मैंने कैसे निभाया। यह सब आपके अवचेतन मस्तिष्क से उपजता है। मैं अपने रंगमंच के कुछ कार्य को देखना चाहूँ तो वास्तव में नहीं देख सकता क्योंकि जो मंच पर हुआ, ठीक वैसा आप फिर कैसे कर सकते हैं।

परन्तु इस प्रकार की प्रस्तुतियाँ कहीं अधिक प्रबल और शक्तिशाली होती हैं। बड़े पर्दे की तुलना में रंगमंच का अभिनय आप पर सीधे प्रहार करता है। बड़े पर्दे की अनेक अन्य अपेक्षाएँ होती हैं, वहाँ परिस्थितियों से चालित घटनाओं से अधिक कुछ नहीं होता। थियेटर में जबकि मंच की अपेक्षाओं के अनुसार किया गया कहानी लेखन ही बहुत आकर्षक होता है। 'पगला घोड़ा' के मंच पर बैठकर परस्पर बतिया रहे इन चार व्यक्तियों के अतिरिक्त कुछ भी नहीं था। अतः शब्द बहुत-बहुत महत्त्वपूर्ण थे। इस प्रकार के नाटकों का चयन दुबे साहब की मुख्य कला थी। वे सदैव कहा करते कि वे वही नाटक करेंगे जिन्हें करने में उन्हें आनन्द आये और जनता भी, वे जो करते थे, उससे आनन्दित होती थी। ऐसा इसलिए हो पाया कि उनकी प्रस्तुतियाँ सदैव बहुत ही भावपूर्ण होती थीं, वे सदा कहते, "अभिनेता बनना एक दिन में होने वाला काम नहीं है। आपको निरन्तर काम करते रहना पड़ता है और हर बार बेहतर करना होता है। तब शायद एक दिन चिंगारी फूटेगी और आप समझेंगे कि क्या क्या है। जब तक वह चिंगारी लौ न बन जाये तब तक कहाँ अच्छा एक्टर बनेगा।" अतः हमारा प्रयत्न उस चिंगारी को आग में परिवर्तित करने का होता है। मैं आज भी उस बड़ी लौ की प्रतीक्षा कर रहा हूँ। अभी तक तो मुझे बस एक छोटी सी ज्वाला दिखाई देती है और दर्शकों से मिलने वाली प्रशंसा को मैं बिना सिर तक चढ़ने देने के सुन रहा हूँ। मैं उनकी सीमाएँ जानता हूँ उनमें से कुछ ऐसे होंगे जो दो-तीन दृश्यों को देखकर ही प्रसन्न हो जाते होंगे। आपको दर्शकों को विभिन्न स्तरों पर सन्तुष्ट करना होता है और उच्च वर्ग को सन्तुष्ट करना कठिन कार्य है क्योंकि उसके लिए आपको अपने अभिनय में और अधिक प्रगाढ़ता, गहरी प्रगाढ़ता लानी पड़ती है। इस प्रकार मुझे तीन हस्तियों—अब्राहिम अल्काज़ी, सत्यदेव दुबे और विजय तेन्दुलकर के साथ अमूल्य सम्पर्क का सौभाग्य प्राप्त हुआ था और मैं इससे अधिक की कामना नहीं कर सकता था। मुझे यदि उनकी विशेषताओं का अलग-अलग विश्लेषण करना हो तो मैं कहूँगा कि उनमें से प्रत्येक की तकनीकें स्वयं में अनुपम थीं।

इसके बाद दुबे साहब ने मुझे बादल सरकार के एक और नाटक में धकेल दिया। परन्तु एक बार उन्होंने मुझे नाटक का निर्देशन भी करने के लिए कहा, नाटक अपने गुदगुदाने वाले शीर्षक 'सारी रात' से कहीं भिन्न था। मुझे जीर्ण-शीर्ण मकान में रह रहे एक वृद्ध की भूमिका

करनी थी। वह आत्मा के रूप में अधिक दिखाई देता था। एक दम्पति उस मकान में शरण लेने के लिए आता है। दम्पति की भूमिका सुनीला प्रधान और गजानन्द बांगेरा ने की है। महिला को उस वृद्ध व्यक्ति, जो कि कवि है, में प्यार की झलक दिखाई देती है। वह उसकी ओर आकृष्ट होती है और चूँकि उस महिला ने ऐसी खुली जगह पहले कभी नहीं देखी थी, वह खिड़की के पास बैठकर बहुत उत्फुल्लता से बाहरी दुनिया को देखती है। मैंने नाटक का निर्देशन केवल इसलिए किया था कि वह दुबे साहब का आदेश था, "तुम्हें नाटक का निर्देशन करना है जिससे कि तुम निर्देशक की समस्याओं को जान सको और अन्य कलाकारों की भूमिका को भी देख सको।" उन्होंने संवाद सम्प्रेषण की नई शैली के सम्बन्ध में भी निर्देश दिये। मैंने उस चुनौती को स्वीकार कर लिया और इसके परिणाम, मैं यहाँ अवश्यक उल्लेख करूँगा कि बहुत उत्साहजनक रहे। हमने चार नगरों बम्बई, हैदराबाद, दिल्ली और कलकत्ता में चालीस शो किये। छह महीनों तक हमने इसकी रिहर्सल की थी। मैं गजानन्द के साथ मोटरसाइकिल पर सवार हो कर अंधेरी में सुनीला के घर सुबह छह बजे पहुँच जाता। मोटरसाइकिल की आवाज़ सुनकर डॉ. कुमार प्रधान नींद में बुदबुदाते "पुरी आला, पुरी आला" (पुरी आ गया है)। इस असुविधा के बावजूद उन्होंने कभी कोई आपत्ति नहीं की और न ही नाराज़ हुए। डॉ. प्रधान थियेटर को सदैव प्रोत्साहित करते थे, सुनीला को भी वे निरन्तर प्रोत्साहित करते रहते थे, जबकि वह इसके चलते अपने घर का कामकाज भी नहीं कर पाती थी। वे सन्तुलित और उदार व्यक्ति थे तथा सदा ही ऐसे बने रहे।

कुछ महत्त्वपूर्ण नाटकों में अभिनय करने के बाद जब मैं निर्देशक के रूप में उतरा तो वास्तव में स्थिति में कोई परिवर्तन नहीं आया। अभिनेता के रूप में मुझे जैसा प्रशिक्षण मिला था उसके चलते नाटक को अपने ढंग से प्रस्तुत करना मेरे लिए कुछ कठिन नहीं था। मुझे केवल एक अभिनेता और एक अभिनेत्री के साथ काम करना होता था। मैं चूँकि पंक्तियों में छिपे अर्थ को समझ सकता था और कलाकारों को उस लहज़े में अपने संवाद बोलने के लिए तैयार कर सकता था अतः वास्तव में मुझे निर्देशन नहीं करना था क्योंकि मेरा ध्यान मुख्य रूप से अभिनय पर केन्द्रित था। खैर, हम रंगमंच में प्रत्येक चीज़ की व्यवस्था करते हुए जितना कठोर श्रम करते थे, वह आश्चर्यजनक था। मैं मूल रूप से अभिनेता ही बना रहा, निर्देशक के दायित्वपूर्ण कार्य को करने के लिए मैं बना ही नहीं था। इसके लिए अत्यधिक धैर्य की आवश्यकता होती है और उतना धैर्य मुझमें नहीं है। इसके अतिरिक्त मैंने पाया था कि जितना आनन्द मुझे अभिनय से मिलता था, उतना किसी अन्य कार्य से नहीं मिल सकता था। मुझे लगता है कि मैं सही दिशा में चला था क्योंकि केवल अभिनय ही मेरी शक्ति है।

मैंने एक और उल्लेखनीय नाटक 'स्टील फ्रेम' किया। आई सी एस अधिकारी के जीवन से सम्बन्धित इस नाटक का विषय बहुत ही आकर्षक था। यह नाटक विनायक पुरोहित ने गुजराती में लिखा था। पहले यह नाटक हिन्दी में मंचित हुआ, बाद में अन्य ग्रुपों ने उसका मंचन किया। मैंने नाटक में आई सी एस अधिकारी की भूमिका निभायी थी। उसका अपना परिवार है परन्तु घर की नौकरानी के साथ उसके गहन सम्बन्ध हो जाते हैं। उस

नौकरानी को वह क्रोध में आकर तथाकथित रूप से मार देता है और जब अफसरशाही को इसका पता चलता है तो जाँच आयोग उसे प्रताड़ित करता है, वह अपने कृत्य को न्यायोचित नहीं ठहरा सकता। वह आयोग को बताता है कि यह उसका निजी जीवन है और उसके अलावा उसका कोई दोष नहीं था। परन्तु आयोग तर्क देता है कि अधिकारी वर्ग उसके कृत्य से प्रभावित हुआ है और यदि वे उसे फाँसी देते हैं तो इससे प्रशासनिक सेवाओं की सार्वजनिक छवि पर धब्बा लगेगा। अतः आयोग उससे आत्महत्या करने के लिए कहता है और उसे आयोग के सामने ही आत्महत्या करनी पड़ती है। नाटक में दर्शाया गया है कि अधिकारी तंत्र कैसे काम करता है। नाटक की बहुत प्रशंसा हुई। मुझे इन सब पात्रों की भूमिका करने का बहुत लाभ हुआ क्योंकि मैं उससे जीवन को बेहतर ढंग से समझ सका। लोगों को ध्यानपूर्वक देखने के बाद मैं मानवीय गुणों के मिश्रित रूप को अभिव्यक्त करने का प्रयास करता जो वास्तव में शायद दिखाई नहीं देता। दर्शक अपने किसी परिचित के चरित्र में उन गुणों को पहचान सकते हैं परन्तु मैं जो विशेषताओं का मिश्रित स्वरूप प्रस्तुत करता था, वह वास्तविक जीवन में किसी व्यक्ति अथवा लेखक द्वारा कहानी में व्यक्त किये गये चरित्र से पूर्णतः भिन्न होता। थोड़ी देर के बाद यद्यपि मैं थक जाता परन्तु मुझमें इतना उत्साह होता था कि मैं फिर हिम्मत जुटा लेता क्योंकि, मैंने जैसे कि प्रारम्भ में भी लिखा है, एक चरित्र को प्रस्तुत करने के लिए बहुत सोचना पड़ता है।

और भी बहुत यादगार प्रस्तुतियाँ रही हैं, जिन्हें मैं भूल नहीं सकता। 1973 में हमने तेन्दुलकर द्वारा ही लिखित एक अत्यन्त विवादास्पद नाटक 'सखाराम बाइण्डर' का मंचन किया। यह नाटक एक अविवाहित जिल्दसाज़ की कहानी है जो एक निराश्रित महिला को घर ले आता है और उसके साथ अनौपचारिक सम्बन्ध बना लेता है। वह उसे आश्रय, भोजन और धन देने का वायदा करता है। बदले में वह महिला उसकी देखभाल करती है परन्तु वह महिला को बहुत स्पष्ट रूप से बता देता है कि यदि वह उसके साथ खुश न हो और छोड़कर जाना चाहे तो वह उसे अपने गाँव लौटने के लिए पैसे तथा कपड़ों की एक और जोड़ी दे देगा। बिना किसी बंधन के यह बहुत उदार व्यवस्था थी। नैतिकता के स्वीकृत मापदंडों का त्याग कर देने वाले इस चंचल, विद्रोही परन्तु आत्मनिर्भर व्यक्ति सखाराम के चरित्र में एक विचित्र प्रभाव था। वह स्वयं अपनी एक आचार संहिता बनाता है, कड़े, क्रोधपूर्ण और गन्दे शब्दों का प्रयोग करता है क्योंकि जो वह कहता है और प्रेषित करना चाहता है, उसे सभ्य और सुसंस्कृत बातचीत में नहीं कहा जा सकता, उसके लिए शरीर की आवश्यकताएँ सर्वोच्च और परम हैं। उसका जीवन बहुत स्पष्ट है और उसमें किसी भ्रम अथवा ऐसी दुविधा के लिए कोई स्थान नहीं जो दुख का कारण बने। अपनी शर्तों पर जीवन जीने का हठपूर्ण प्रयास करने वाले आदमी की त्रासदी के शक्तिशाली चित्रण के लिए मुझे बहुत सूक्ष्मता से अभिनय करना था, दूसरे शब्दों में एक विद्रोही चरित्र का संवेदनापूर्ण चित्रण! इस नाटक का प्रतिपाद्य भी हिंसा थी—तेन्दुलकर का ट्रेडमार्क परन्तु इसकी अपनी भावनात्मक शक्ति थी।

भूला भाई इंस्टिट्यूट में हमारे पहले शो को निश्चित ही बहुत प्रशंसा नहीं मिली थी। इसका

बड़ा विरोध हुआ था कि हम एक ऐसे व्यक्ति के कार्यों को न्यायोचित कैसे ठहरा सकते हैं जो अपनी स्त्रियों का शोषण कर रहा हो। तेन्दुलकर का उत्तर था, "आप ऐसा कैसे कह सकते हैं? वह उनकी अन्य लोगों और उन जैसे अनेक अन्य लोगों द्वारा शोषण से रक्षा कर रहा है। वह उन्हें भोजन दे रहा है, उनकी देखभाल कर रहा है। वह उन्हें घर लाया है और उन्हे अच्छा जीवन दिया है। यह समाज द्वारा की जाने वाली हिंसा है और आप इससे बच नहीं सकते।" मुझे यह बहुत आश्चर्यजनक लगा कि रंगमंच की समृद्ध परम्परा को रखने वाले महाराष्ट्र के विद्वान दर्शकों ने इस नाटक को अश्लील साहित्य माना था। यह दुर्भाग्यशाली था क्योंकि हम सब जानते हैं कि अनुभव जीवन में चाहे कितना ही अपरिष्कृत, भद्दा और चौंकाने वाला क्यों न हो, मंच पर यह कला की परतों से छन कर प्रस्तुत होता है। मैं तेन्दुलकर से पूरी तरह से सहमत था कि यह नाटक उस ह्रासशील समाज का विचारोद्वेलक अध्ययन था जो प्रतिबंधों को सभ्यता की विशेषता मानता था। सखाराम में एक प्रकार की उग्रता है जिससे वर्तमान समाज में शायद बचा नहीं जा सकता और हमें यह स्वीकार करना होगा।

सखाराम की भूमिका करते हुए उसके चरित्र की सम्मोहक प्रस्तुति के लिए मैंने अपनी समस्त अभिनय प्रतिभा को जुटाया। मेरी आवाज़, मेरी चाल-ढाल, उत्तेजित होने पर मृदंग बजाना...इस सब कुछ का उस चरित्र को प्रस्तुत करने में योगदान था। अपनी कठोर सत्यता में यह चरित्र भव्य था। जब भी वह परेशान अथवा प्रसन्न होता, अपनी मनोदशा को संगीत के माध्यम से व्यक्त करता। मैं रिकॉर्ड किये गये संगीत का प्रयोग करने की सामान्य प्रथा को अपना सकता था परन्तु मैंने मृदंग बजाना सीखने का निर्णय लिया जिससे कि मंच पर मैं स्वयं मृदंग बजा सकूँ और मैंने दादर के एक संगीत विद्यालय से एक माह तक मृदंग बजाने का प्रशिक्षण लिया है और बाद में 'थियेटर यूनिट' ने भी मृदंग खरीद ली। मैंने मंच पर जितना भी बजाया, वह बहुत बढ़िया था। मैंने इतना सीख लिया था कि मुझे दूसरों के सामने बजाने में संकोच नहीं होता था। यह मेरे अभिनय का एक और पक्ष था। यदि आपको उत्तम प्रस्तुति देनी न भी आती हो तो भी आपको उत्कृष्ट प्रदर्शन करना होता है क्योंकि दर्शक बहुत समझदार होते हैं। मुझे याद है जब दिलीप कुमार को 1960 में 'कोहिनूर' फिल्म में सितार बजानी पड़ी थी, उनके हाथों के संचालन को देखकर सहज ही अनुमान लगाया जा सकता था कि इस दृश्य को करने से पहले उन्होंने कुछ समय तक सितार बजाना सीखा था। वे बहुत सुव्यवस्थित ढंग से काम करते थे। ऐसा होना और पात्र को समझना अनिवार्य भी होता है और फिर यह विश्लेषण करना होता है कि व्यावसायिक स्तर पर यह कैसा बन पड़ा है। अभिनय में उत्कृष्टता इस बात पर निर्भर करती है कि आप कितना अभ्यास करते हैं? यह भी देखना होता है कि कितने निश्चित समय तक आपको अभ्यास करना है। अतः एक अभिनेता के लिए एक अच्छा पर्यवेक्षक होना ही नहीं, अपितु इससे लाभ उठाना भी बहुत महत्त्वपूर्ण है। फिल्म में अभिनेता को पृष्ठभूमि में संगीत के साथ मृदंग बजाने का केवल अभिनय करना होता है। परन्तु मंच पर यह बहुत काल्पनिक और कृत्रिम दिखाई देता।

समस्त प्रतिकूल आलोचना के बावजूद 'सखाराम बाइण्डर' नाटक का हिन्दी, मराठी और

गुजराती में मंचन हुआ। मेरे विचारानुसार हिन्दी रूपान्तरण उत्कृष्ट था। मराठी में सखाराम की मुख्य भूमिका नीलू फूले ने की थी। वे बहुत अच्छा कलाकार थे और मैं डरा हुआ था क्योंकि उनके द्वारा उसी चरित्र को निभाये जाने से मेरे सामने चुनौती प्रस्तुत हुई थी। फूले मृदंग पर बस अपना हाथ रखे रहते और मंच के पीछे टेपरिकॉर्डर चलता रहता। मैंने ऐसा करने से इनकार कर दिया था। हमने विदेश में इस नाटक के शो करने का विचार बनाया और अंग्रेजी में रिहर्सल भी की। परन्तु मैंने दुबे साहब से कहा कि सांस्कृतिक दृष्टि से इस नाटक का विषय उस भाषा में उपयुक्त नहीं लगेगा, तब हमने इसे विदेशों में भी हिन्दी में ही करने का निर्णय लिया। परन्तु किसी तरह से बात बन नहीं पाई, फिर भी हमारी विदेश में इसके मंचन की योजना सदा रही।

मुझे लगता है कि कई बार हम भूल जाते हैं कि मनुष्य एक इनसान होता है और उसकी निजी भावनाएँ उसे प्रभावित कर सकती हैं। ऐसा होता है क्योंकि हम सदा उस प्रभाव को लाने के लिए विकल्पों का प्रयोग करते हैं। एक अभिनेता ने अपनी आत्मकथा में लिखा कि कैसे मंच पर आत्महत्या के एक दृश्य को करने के लिए, दोनों हाथों में छुरा लिए स्वयं को घोंपने को तैयार वह ज़ोर-ज़ोर से काँपता और डर से थरथराता था। एक के बाद दूसरे शो में वह इस जड़ कर देने वाले दृश्य को करता और दर्शक उसकी प्रभावशाली प्रस्तुति पर तालियाँ बजाते। यह पूछे जाने पर कि वह इस दृश्य को इतने वास्तविक ढंग से कैसे कर पाता था, उसने बताया कि वह ठण्डे पानी के फुहारे से बहुत डरता था और बस, जब भी वह दृश्य करना होता, वह कल्पना करता कि वह फुहारे के नीचे खड़ा है। हर बार जब अभिनेता को जीवन की वास्तविक स्थिति की याद करके निर्देशक द्वारा बताए गये संवाद बोलने पड़ते हैं तो बहुत सुन्दर अनुभव होता है। कल्पना कीजिए कि मुझे किसी बात के लिए रोना है तो मैं याद करूँगा कि कैसे अपने बच्चे की मृत्यु हो जाने पर एक महिला रोती है। मुझे उस स्थिति को अपने किये जाने वाले दृश्य पर आरोपित करना होता है। इसे अभिनय कहते हैं।

परन्तु इसका एक ओर पहलू भी है। कई बार आप अपनी भूमिका से इतने प्रभावित हो जाते हैं कि यह आपके वास्तविक जीवन को प्रभावित करने लगती है। प्रारम्भ में मेरे साथ ऐसा हुआ था परन्तु अब मैं इसका आदी हो गया हूँ। मैं जब सखाराम की भूमिका कर रहा था और हम नियमित रूप से इसकी रिहर्सल तथा शो कर रहे थे, पूरा दिन उस पात्र का विचार निरन्तर मेरे मस्तिष्क में मंडराता रहता। मेरे व्यक्तित्व में नाकारात्मक परिवर्तन होने लगे। मैं अपशब्दों का प्रयोग करने लगा और बहुत चिड़चिड़ा, तुनकमिज़ाज़ तथा गुस्सैल हो गया। मैं समय-समय पर ऐसा व्यवहार करने लगता। इसलिए जब आप पात्र के प्रभाव में आ भी जायें तो आपको इसे दबाने अथवा नियन्त्रित करने का प्रयास नहीं करना चाहिए। इससे आपका पूरा सिस्टम, आपके मस्तिष्क के टिश्यू प्रभावित हो जायेंगे और आपको बहुत कष्ट पहुँचेगा। आपको स्वयं को ऐसे में ढीला छोड़ना होता है। यह बहुत ज़रूरी है, जैसे हम नाटक समाप्त होने के बाद कुछ देर के लिए अकेले होना चाहते हैं। बाद में अभ्यास और अनुभव से मैं पात्र में प्रवेश करने और उससे बाहर आने की प्रक्रिया का अभ्यस्त हो गया और मैंने स्वयं को पात्र से पृथक् रखना सीख लिया। जब आप अपनी कार्य-प्रकृति के अभ्यस्त हो जाते हैं तो यह आपके स्वभाव का

भाग बन जाता है, इसका प्रभाव आप पर लम्बे समय तक नहीं रहता। इस परिस्थिति से विभिन्न प्रकार से निपटा जा सकता है।

किसी पात्र का अभिनय करने के लिए आप भावनाओं के विभिन्न स्वरूपों का अध्ययन करते हैं। तीस वर्ष की आयु में आपने सम्भव है कि पैंतालिस वर्ष की आयु के व्यक्ति की समस्याओं का समाधान करने का प्रयास किया हो अथवा पैंसठ वर्षीय व्यक्ति के जीवन को दर्शाया हो। एक बार मुझसे पूछा गया कि क्या इससे मेरे अपने जीवन का रोमांच नहीं समाप्त हो गया? किसी और व्यक्ति की नियति को बार-बार जीने से क्या मेरी अपनी संवेदनशीलता, इन भावनाओं के प्रति मेरी अपनी प्रतिक्रियाएँ कहीं दब गयीं? मैं मानता हूँ कि किसी और पात्र में प्रवेश करना बड़ा यन्त्रणापूर्ण हो सकता है परन्तु मंच पर इसे करना बहुत उत्साहित करता है। रिहर्सल के दौरान आप मंच पर अभिनय के क्षण की तैयारी कर रहे होते हैं। शो के दिन मुझे बहुत घबराहट होती, मैं सोचता कि क्या मैं उत्कृष्टता के उस स्तर तक पहुँच सकूँगा जो मैंने स्वयं के लिए निश्चित किया है। फिर एक निश्चित समय सीमा में, एक निश्चित गति से उस पात्र को निभाना, "हमें इसमें रस आता था।" हमें इससे आनन्द मिलता, यह कभी 'नीरस' तो हो ही नहीं सकता था।

अब पुनः तेन्दुलकर की बात करते हैं, जब उनके द्वारा लिखे गये नाटक प्रायोगिक आधार पर किये जाते जिससे कि दर्शकों में यह अपनी पकड़ बना लें और इसकी स्वीकार्यता के स्तर को देखा जाता, पुलिस भी नाटक की स्क्रिप्ट को देखती थी। और सेंसर कर दिये जाने पर दर्शकों की प्रतिक्रिया कैसी होगी, हमें मालूम नहीं होता था। उनका विवादास्पद नाटक 'गिधारे' (Vultures) इसका जीवन्त उदाहरण था। नाटक एक पूरी तरह से अनैतिक परिवार पर आधारित था। परिवार के सदस्यों में एक भाई बहुत कविता करता है परन्तु दूसरा भाई जिस-तिस तरह से प्रसिद्धि और दौलत प्राप्त करना चाहता है। वह अपनी गर्भवती बहन तक को नहीं छोड़ता। एक क्षण आता है, जब वह अपनी गर्भवती बहन को धक्का देता है और उसका गर्भपात हो जाता है। रक्त का थक्का उसकी पीठ पर दिखाई देता है। रूढ़िवादी दर्शक वर्ग ने इसका विरोध किया, "क्या यह थियेटर है? यह इतना अश्लील है।" इन आपत्तियों के चलते नाटक के शो रोक दिये गये और यह सुर्खियों में आ गया। यह विवाद अदालत तक पहुँचा, अदालत ने आदेश दिये कि कोई लाल चकता नहीं दिखाया जायेगा। अतः अगले शो में हरे रंग का चकता दिखाया गया। अदालत की अवमानना किये बिना नाटक की पहचान बनाये रखने के लिए दर्शकों से कहा गया कि वे हरे में लाल रंग की कल्पना कर लें। साहसी और सामाजिक विषयों वाले नाटकों का स्तर पूर्णतः भिन्न होता।

'थियेटर यूनिट' के लिए गलत तिथियों पर नाटक करना एक परम्परा बन गया। कई बार तो दुर्भाग्यवश सही तिथि भी गलत पड़ जाती। 4 जुलाई 1975 को हमने विले पार्ले के तेजपाल हाल में 'एक और गार्बो' का मंचन किया। यह एक महिला पर व्यंग्यात्मक नाटक है, जो यह सोचती है कि वह ग्रेटा गार्बो है। उस दिन इतनी तेज़ वर्षा होने लगी कि ऐसी मूसलाधार बारिश बम्बई में पहले कभी नहीं हुई थी। मंच पूरी तरह से गीला हो चुका था, हाल

में 800 लोगों के बैठने की क्षमता थी परन्तु शो देखने केवल 25 लोग पहुँचे। नाटक की एक बार घोषणा होने के बाद शो करना ही पड़ता है, चाहे दो लोग ही इसे देखने क्यों न पहुँचे। नाटक जब जारी था तो मंच के ऊपर छत से पानी टपकने लगा और धीरे-धीरे यह झरने की भाँति तेज हो गया है। परन्तु हमने शो नहीं रोका, एक पंक्ति भी नहीं छोड़ी। हमने नाटक जारी रखा और थियेटर के 10-12 कार्यकर्ता पानी को हाल में बहने देने से रोकने के लिए लगातार स्टेज को साफ करते रहे। दस मिनट के अन्तराल को बढ़ाकर बीस मिनट का कर दिया गया जिससे कि पानी को पोंछा जा सके। दर्शक भी उतने ही हठी थे, पूरा नाटक खत्म होने तक बने रहे। इनमें विख्यात अभिनेता प्रेमनाथ भी थे।

नाटक समाप्त होने पर वे मंच पर आये और हमारी खुले दिल से प्रशंसा की, उन्होंने हमें अपने यहाँ एक पार्टी पर भी आमन्त्रित किया। परन्तु ऐसी वर्षा में हम कैसे जाते? मुझे अब तक याद है कि प्रेमनाथ के पास एक फ्रांसीसी कार 'सिट्रोन' थी। हममें से कुछ उस कार में सवार हो गये और शेष कमर तक गहरे पानी में चलकर सेवन बैंगलॉज के निकट उन के घर पर पहुँचे। पार्टी में दुबे साहब ने अच्छा अभिनय न करने के लिए मेरी खुलकर खिंचाई की। निःसन्देह इस प्रकार की फटकार से आपको दुख पहुँचता है परन्तु आपको उस डाँट के पीछे छिपे निष्कपट प्रयास का सम्मान करना होता है। मैं पात्र के भीतरी दृष्टिकोण को तो समझ रहा था, शायद मेरी एकाग्रता नहीं थी। परन्तु दुबे साहब की उस फटकार को मैं कभी नहीं भूला। मैं सदैव सोचता था कि वे मुझे पसन्द करते हैं और मेरे अभिनय को बेहतर बनाने के लिए मुझे डाँटते हैं। मैंने कभी इसे अन्यथा नहीं लिया। जब भी वे मुझ पर चिल्लाते, मुझे बिठाकर वे दस गुण लिखने को कहते जो एक अच्छे अभिनेता में होने चाहिए। मैंने इस नाटक के लगभग पच्चीस शो किये और उस प्रथम घटिया प्रदर्शन के बाद मैंने दुबे साहब के आलोचनात्मक दृष्टिकोण के अनुसार उत्तम प्रस्तुति दी।

हम रात भर गप्पें लगाते रहे और प्रेमनाथ नाटक की भूरि-भूरि प्रशंसा करते रहे, हम भारी बारिश को पूरी तरह से भूल चुके थे। दुबे साहब को शराब पीना भाता था परन्तु वे कभी नशे में धुत नहीं हुए। भोर होने तक पार्टी करने के बाद जब हम लौटे तो दुबे साहब के पास पन्द्रह सौ रुपये का गिफ्ट चेक था। प्रेमनाथ ने उस दिन हमें हुए नुकसान की बहुत अच्छी तरह क्षतिपूर्ति कर दी थी। इतने उदार थे वे। इसी प्रकार हमारा 'थियेटर यूनिट' आगे बढ़ता रहा। हमारी वित्तीय स्थिति सदैव कमज़ोर ही रही। परन्तु इस नाटक के दौरान यह और भी विकट हो गयी थी। 1972 के अन्त तक हमें वालचन्द परिसर खाली करना पड़ा था क्योंकि वहाँ शशांक दोषी के छोटे भाई विनोद ने अपना रिकॉर्डिंग स्टूडियो खोल लिया था। बाद में जब शशि और जेनिफर कपूर ने गार्बो का शो देखा तो उन्होंने भी पाँच हजार रुपये की राशि 'थियेटर यूनिट' को दी। और उस समय 70 के दशक में यह रकम आज के एक लाख रुपये के समान थी। और हाँ, जब उन्होनें पृथ्वी थियेटर की आधारशिला रखी तो हमारे 'थियेटर यूनिट' के खजाने में उस समय कुछ पैसा था और हमने उस समारोह में साढ़े सात हज़ार रुपये की राशि उपहार में दी थी। अब पिछले कुछ वर्षों में हिन्दी नाटकों का दर्शक वर्ग बहुत बढ़ गया है और

वे जुहू में पृथ्वी जैसे छोटे थियेटरों में अनेक नाटक बहुत पेशेवर ढंग से कर रहे हैं। 'पृथ्वी थियेटर' में दो सौ लोग बैठ सकते हैं। धीरे-धीरे यह बम्बई की पहचान बन गया है और अनेक विभिन्न थियेटर ग्रुप सप्ताह के सातों दिन यहाँ सफलतापूर्वक अपने नाटक कर रहे हैं। आपको जब सही समय पर कोई सहायता अथवा अनुदान मिलती है तो निश्चित ही आपमें कृतज्ञता की विशेष भावना आती है। दुबे साहब सदैव अस्सी वर्षीय अभिनेत्री जोहरा सहगल का उदाहरण दिया करते हैं। उनसे एक बार फिल्म निर्माता महेश भट्ट ने पूछा था, "अब जब आप सुबह जगती हैं तो आपको कैसा लगता है?" उन्होंने उत्तर दिया था, "जीवन के प्रति कृतज्ञता का भाव।"

महेश एल्कुंचकर द्वारा लिखित एक और महत्त्वपूर्ण नाटक था 'आरक्षण'। मुझे लगता था कि फिल्म 'सारांश' इस नाटक पर आधारित है क्योंकि समानान्तर परिस्थितियों के साथ विषय इतनी समानता लिये हुए है। नाटक में पति-पत्नी अपना इकलौता पुत्र खो बैठते हैं परन्तु उनकी एक बेटी भी है। एक युवा व्यक्ति उनके घर में पेइंग गैस्ट के रूप में रुकने के लिए आता है और उनमें प्रेम सम्बन्ध विकसित हो जाता है। वृद्ध अपनी पत्नी को दिलासा देता है कि उनके घर आया यह युवक उनके बेटे के समान ही है। मैं नाटक में पति की भूमिका में हूँ। महेश भट्ट ने इस नाटक को अनेक बार देखा परन्तु वास्तविकता तो यह है कि फिल्म नाटक के बाद आई और उन्होंने कहानी में थोड़ा परिवर्तन किया था। अतः कहा जा सकता है कि किसी भी भूमिका में अनन्त सम्भावनाएँ होती हैं क्योंकि प्रत्येक थियेटर मण्डली में किसी कलाकार द्वारा निभाया गया कोई भी पात्र बहुत ही व्यक्तिपरक होता है। यह खेलों के समान है, जहाँ प्रत्येक स्पर्धा में नए विश्व रिकॉर्ड बनते रहते हैं और हर बार नए सिरे से प्रयत्न आरम्भ होता है। परन्तु मानवीय क्षमता एक निश्चित सीमा से आगे नहीं जा सकती। एक भारोत्तोलक की क्षमता यदि चार सौ पाउण्ड वजन उठाने की है तो वह पचास अथवा एक सौ पाउण्ड अधिक का वजन उठा लेगा, आठ सौ पाउण्ड अधिक नहीं उठा सकता। अभिनय एक भिन्न प्रकार की प्रतिभा है जो व्यक्ति में कहीं छिपी पड़ी रहती है और आवश्यक सामग्री प्राप्त होने पर बाहर निकलती है। श्रेष्ठ अभिनय वह होता है जो बिना किसी सामग्री की सहायता के किया जाता है। यह आपका व्यक्तिगत प्रयास और प्रस्तुति होती है। एक नृत्यकार अथवा वादक से भिन्न एक अभिनेता को किसी सामान की आवश्यकता नहीं होती। यह तो बस वही है जो उसके मस्तिष्क में होता है।

कोई भी प्रस्तुति सरल अथवा कठिन नहीं होती, महत्त्वपूर्ण तो यह है कि आप स्वयं को चुनौती दें और यह सुनिश्चित करें कि आपकी प्रेरणा बहुत उत्कट हो। स्वर नियन्त्रण रंगमंच के उन कौशलों में से एक है जो कलाकार को सिखाये जाते हैं। आपको बलाघात, आवाज़ की ऊँचाई के स्तर, शब्दों पर सही बल, सही अन्तराल की जानकारी होनी चाहिए—ये सभी पहलू अत्यन्त महत्त्वपूर्ण हैं और आप उन्हें कितनी अच्छी तरह से करते हैं। उस दृष्टि से स्वर नियन्त्रण किसी भी भाषण—चाहे वह किसी सम्मेलन में हो अथवा सार्वजनिक स्थान पर—के लिए महत्त्वपूर्ण है। कुछ लोग दूसरों की तुलना में अधिक प्रभावशाली ढंग से बोलते हैं। क्यों? इसलिए नहीं कि वह क्या कह रहे हैं अपितु इसलिए कि वे इसे कैसे कह रहे हैं। यदि एक

पिता अपने पुत्र से बात कर रहा है और उसे बता रहा है कि उसे अधिक गंभीर होना चाहिए, अपने आस-पास की बातों के बहकावे में नहीं आना चाहिए, इससे तात्पर्य है कि पिता पुत्र के लिए चिन्तित है। इसलिए उसका लहज़ा आदेशपूर्ण है। इसी प्रकार जब एक प्रेमी अपनी प्रेमिका से बात करता है तो वह भावपूर्ण होकर बोलता है। वह अन्यथा मंच पर चाहे सबसे निकृष्ट अभिनेता हो परन्तु जब वह अपनी प्रेमिका से बात करता है तो वह उसे अपने विश्वास में ले लेता है। ऐसी स्थिति सदा ही होती है क्योंकि वास्तविक जीवन में भी आप अनेक भूमिकाएँ करते हैं। यह सम्भव है और मनुष्य के लिए सम्भव है। मानव मस्तिष्क में अत्यधिक सम्भावनाएँ होती हैं परन्तु हमें इसका एहसास नहीं होता। हम इसका प्रयोग ही नहीं कर रहे होते। ठीक जैसे आपके मोबाइल में सैकड़ों नाम स्टोर करने की क्षमता होती है, मानव मस्तिष्क भी अनेक स्तरों पर कार्य करता है। उसमें कम्प्यूटर को भी परास्त कर देने की शक्ति होती है। अब यह सही दिशा में प्रशिक्षण प्राप्त करने की बात है। आपका प्रशिक्षक अच्छा होना चाहिए, नहीं तो आप स्वयं को नुकसान पहुँचा सकते हैं और मस्तिष्क का यह कौशल रंगमंच के संसार में एक आश्चर्यजनक यन्त्र है।

मुझे पर्याप्त प्रसिद्धि और सफलता मिली है—जिसकी प्रत्येक कलाकार कामना करता है। 'बहुत कुछ मिला है।' परन्तु बहुत कुछ अपने लिए निर्धारित किये गये मापदण्डों पर भी निर्भर करता है। दूसरे लोग जब मेरी सफलता की बात करते हैं तो मेरी दृष्टि उन क्षेत्रों पर होती है जिनमें मैं असफल रहा और कई बार तो हमारे देश के अभिनय के स्तर से बहुत असन्तोष होता है। क्योंकि जितना गुड़ डालोगे उतना तो मीठा होगा। परन्तु लोग रंगमंच को पर्याप्त समय नहीं दे पाये, नियमितता के अभाव में रंगमंच की गतिविधियाँ शिक्षा अथवा अव्यावसायिक स्तर तक ही सीमित रहीं, ऐसे में उसमें व्यावसायिकता कैसे आ सकती थी? अतः इन सीमाओं के चलते रंगमंच का कोई लोकप्रिय आधार न होने के बहुत वैध कारण थे। आज रंगमंच सम्बन्धी क्रियाकलाप .बम्बई और अन्य महानगरों में बहुत बढ़ चुके हैं। अनेक थियेटर फेस्टिवल आयोजित किये जा रहे हैं और व्यावसायिक थियेटर का अस्तित्व दिखाई देने लगा है। अनेक प्रयोगात्मक नाटक किये जा रहे हैं। इसका अच्छा दर्शक वर्ग निरन्तर बढ़ रहा है।

उस युग के रंगमंच के साथ मेरा सम्बन्ध एक गहरा सम्बन्ध है और यह आज भी याद आता है। मैं अपने सह-कलाकारों के बहुत निकट आ गया था और वे सब आज भी मुझे बहुत प्रिय हैं। हम जब भी मिलते हैं तो लगता है मानो बीता कल एक बार फिर उपस्थित हो गया हो। उन दिनों के जो महान नाम मुझे याद पड़ते हैं, उनमें से एक थे शम्भु मित्रा, उन्होंने रंगमंच पर एडिपस की भूमिका। उन्होंने अनेक हीनताओं से ग्रस्त इस जटिल पात्र को बहुत प्रशंसनीय ढंग से निभाया था। शम्भु मित्रा थियेटर ग्रुप 'बहुरूपी' से सक्रिय रूप से जुड़े हुए थे। सत्तर के दशक में किसी समय बम्बई में इस नाटक को देखते हुए मुझे पता चला कि शम्भु की आँखों की दृष्टि पूरी नहीं है। वे पूरी तरह से देख नहीं पाते थे और मंच पर अनेक सीढ़ियाँ थीं क्योंकि मंच सज्जा रोमन शैली में की गयी थी। परन्तु जिस सधे हुए ढंग से वे सीढ़ियाँ चढ़ और उतर रहे थे, कोई नहीं कह सकता था कि उनकी आँखों में गम्भीर समस्या है। वे

अनेक नए प्रयोग करते, उनका अभिनय बहुत स्वाभाविक था, वे पूर्ण पैकेज को तैयार करने में आस्था रखते थे और ऐसा ही करते थे। वे बहुत कर्मठ और उत्कृष्ट अभिनय की मिसाल थे। उस समय राज कपूर ने उनसे अपनी फिल्म 'जागते रहो' का निर्देशन करने के लिए कहा और यह फिल्म बहुत बड़ी हिट रही। उन्होंने बहुत अच्छा कार्य किया था। मित्रा की गणना कलकत्ता के सर्वोच्च कलाकारों में होती थी और वे उत्पल दत्त के सीनियर थे। मुझे उनसे मिलकर बहुत अच्छा लगा, अपने काम में वे बहुत निपुण और स्पष्ट थे। मैं उनकी प्रतिभा की बहुत कद्र करता था। उनकी स्वाभाविक शैली का सर्वाधिक आकर्षक पहलू यह था कि आप उनके द्वारा निभाये जाने वाले चरित्र में शम्भु मित्रा को नहीं खोज पाते थे। वे पात्र के व्यक्तित्व में पूरी तरह डूब जाते थे।

देवकी मित्रा भी बंगला रंगमंच की एक प्रसिद्ध और योग्य नायिका थी। वे दोनों चुपचाप काम करने वाले समर्पित कलाकार थे और मैं उनसे बहुत प्रभावित था। मैं भी अपने अभिनय में उस प्रकार की उत्कृष्टता लाना चाहता था। देवकी के पति शक्ति नन्दा भी एक अच्छे अभिनेता और प्रतिभाशाली निर्देशक थे। वे मराठी रंगमंच में जाने से पूर्व शुरू में 'थियेटर यूनिट' से ही जुड़ी हुई थीं। उन्होंने बहुत सफलता प्राप्त की। 'आधे अधूरे' में उन्होनें मुख्य भूमिका निभायी थी। वास्तव में इसी नाटक से उनका अभिनय कैरियर प्रारम्भ हुआ था। नाटक में देविका ने चौदह वर्ष की लड़की की भूमिका की थी। हममें बहुत स्नेह था। उनकी आकस्मिक मृत्यु का समाचार सुन मैं अपने आँसुओं पर नियन्त्रण नहीं रख सका था।

प्रिय देशपांडे भी रंगमंच के ऐसे कलाकार हैं, जिन्हें मैं भूल नहीं सकता। वे अपने काम में कुशल और मौजी थे। एक बार उन्होंने मंच पर अकेले अढ़ाई घण्टे तक अभिनय किया। यह एक महान प्रस्तुति थी, जिसमें उन्होंने इतनी विभिन्न भूमिकाएँ की थीं, सभी पात्र चाल—एक कमरे के मकान—में रहते थे, मराठी नाटकों के सर्वोत्तम अभिनेता-लेखक माने जाने वाले देशपांडे एक भिन्न ही प्रकार के चरित्रों की रचना करते। मैं उन्हें निजी तौर पर जानता था और उन्होंने भी मेरे कुछ नाटक देखे थे। मराठी रंगमंच ने महान कलाकार प्रदान किये हैं और आज भी यह सक्रिय बना हुआ है। उन दिनों संगीतमय फिल्में हुआ करती थीं। सजीव गायन के कारण लोग पौराणिक नाटकों को अनेक बार देखने आते। नाटक संगीत बहुत लोकप्रिय था और हर बार यह भिन्न प्रतीत होता था। आज भी लोग गायन की मंच प्रस्तुतियों को सुनने जाते हैं। ये आप को दूसरे संसार में ले जाती हैं।

उत्पल दत्त, निःसन्देह सदा एक महान अभिनेता रहे हैं। मैं उन्हें हमेशा—न जाने कब से—पसन्द करता रहा हूँ। उनके हिन्दी फिल्मों में आने से पहले मैंने कलकत्ता में उनका एक नाटक देखा था। उन्होंने कुछ फिल्मों में ऐसा अभिनय किया है जिसका कोई सानी नहीं है। हिन्दी बोलने का उनका ढंग बहुत अनूठा था। यद्यपि उनका उच्चारण सही नहीं होता था परन्तु जैसे वे हिन्दी में बोलते और प्रतिक्रिया करते थे, वे स्वयं में एक संस्था थे। मुझें उनका अभिनय देखकर बहुत आनन्द आता, मैं उनसे बहुत स्नेह करता था, हमें इस रचनात्मक मंच के माध्यम से भी एक-दूसरे को जानने का अवसर मिला। उनकी संगति बहुत बढ़िया होती और जब मैं

उनसे उनकी शैली के विषय में पूछता तो वे निरुत्तर हो जाते। हृषिकेश उत्पल दत्त से बहुत प्रभावित थे। जब हृषिदा ने मुझे अपनी फिल्म 'झूठ बोले कौवा काटे' में भूमिका दी तो उन्होंने मुझे बहुत स्पष्ट शब्दों में बताया कि यदि उत्पल होते तो मुझे दी गयी भूमिका में उन्हें लेना था। मैंने बहुत गर्व का अनुभव किया कि मुझे उत्पल दत्त का विकल्प माना गया है।

अत्यधिक प्रतिभावान कलाकारों के वर्ग में एक और नाम था सिराज बर्मावाला का। उनकी मोची की भूमिका को देखकर मैं उनसे बहुत प्रभावित हुआ था। वे बहुत ही स्वाभाविक एवं बढ़िया कलाकार थे। उस समय मैंने उनकी तुलना संजीव कुमार (तब हरिहर जरिवाला) से की थी। उन्होंने आर्थर मिलर के नाटक 'ऑल माइ सन्स' में पिता की भूमिका में जादुई अभिनय किया था। केवल तेईस-चौबीस वर्ष की आयु में वे साठ वर्षीय व्यक्ति की भूमिका कर रहे थे। मुझे उनमें एक अन्तर्दर्शी अभिनेता की झलक दिखाई दी थी। नाटक में एक दृश्य है कि वे मंच पर आते हैं। वहाँ एक सूखा पौधा रखा है और यह उनके पुत्र की मृत्यु का प्रतीक है। जिस प्रकार से इन्होंने मंच पर प्रवेश किया और सूखे पौधे को देखकर प्रतिक्रिया की, मैं उनके अभिनय में सौ विभिन्न रंग देख रहा था। ऐसी यादें कई बार बहुत बड़ा प्रेरणा स्रोत बन जाती हैं। हमें इकट्ठे काम करने का अवसर नहीं मिला। क्योंकि वे इप्टा के सदस्य थे और हमारा अपना 'थियेटर यूनिट' था। संजीव ने दुबे साहब के साथ काम करने से इनकार कर दिया था। वे सदा कहते, "तुमने मेरे पीछे के पचास रुपये नहीं दिये।"

मैं थियेटर के दिनों, जब मैंने नाट्य अकादमी से डिप्लोमा किया था, से ही संजीव के बहुत निकट था। दुबे साहब नाटक 'चौकीदार' का निर्देशन कर रहे थे और संजीव भी उसमें भूमिका कर रहे थे। यह प्रयोगधर्मा रंगमंच के रूप में एक बहुत शक्तिशाली प्रस्तुति थी। नाटक में एक आदमी घर में आता है और वहाँ दूसरे व्यक्ति—घर के चौकीदार—को धोखा देने का प्रयत्न करता है। बाद में मैंने फिल्म 'चाँदी की दीवार' में उनके साथ काम किया। हर बार वे अपने सह-कलाकारों के देखते-देखते दृश्य चुरा लेते, जैसा उन्होंने विधाता में दिलीप कुमार के साथ किया था। अन्यथा एक बहुत साधारण व्यक्ति संजीव खाने-पीने के बहुत शौकीन थे। वे एक पुराने मकान में रहते थे और वहीं रहते रहे। उनके अपने कैबीन में शीशे की दीवारें थीं और चारों तरफ पुस्तकें ही पुस्तकें थीं। उनके बीच उनके सोने के लिए पर्याप्त स्थान था। मेरे विचार में एक अप्रसन्न व्यक्ति के रूप में उनकी मृत्यु हुई। हमने अपने समय का एक बहुत योग्य अभिनेता खो दिया था।

रंगमंच की परिस्थितियाँ सब जगह एक जैसी होती हैं। अंक प्राप्त करने की प्रक्रिया वही युगों पुरानी है। रंगमंच को विश्वसनीय बनाने के लिए आप जो कर रहे हो, उसके मूल तक पहुँचना होता है। दूसरे शब्दों में आपको तिनके से शुरू कर चरणबद्ध तरीके से अपने अभिनय को विश्वसनीय बनाना होता है। मैंने जिस प्रकार के रंगमंच पर कार्य किया है, वह मेरी दृष्टि में सही प्रकार का रंगमंच है, जहाँ आप को सब प्रकार का कार्य स्वयं करना पड़ता था और उत्कृष्टता प्राप्त करने के लिए निरन्तर प्रयास करते रहना ही एकमात्र लक्ष्य था। मेरे विचार में मैंने इस तकनीक को फिल्मों में काम करते हुए भी जारी रखा। सिनेमा में समस्त प्रयास

की परिणति तड़क-भड़क और चमक-दमक में होती है जबकि वहाँ पहुँचने की कवायद बहुत यन्त्रणापूर्ण होती है। इस कठोर परिश्रम के अतिरिक्त कोई विकल्प भी नहीं है। मैंने अपने चरित्र की सम्भावनाओं को कभी कम करके नहीं आँका है। हर बार मुझे तिनके से प्रारम्भ करना पड़ा। हर बार रंगमंच अथवा फिल्म में काम करने से पहले वही घबराहट होती। इसे 'नर्वस फीवर' कहते हैं। मुझे प्रसन्नता है कि यह सदा बना रहा। इसी घबराहट के कारण नाटकों की एक के बाद एक, सब प्रस्तुतियों में भी विशिष्टता बनी ही।

आपका अभिनय सदा एक समान नहीं होता है। थियेटर में आप कभी-कभार ही अपनी पहली प्रस्तुति से बेहतर अभिनय कर पाते हैं। फिल्मों में स्थिति इससे भिन्न होती है। वहाँ आपके पास 'रीटेक' की सम्भावना होती है। परन्तु थियेटर में अभिनय और अन्य सब कुछ भी आपके आदेशानुसार होता है। मंच एक बार तैयार हो जाने के बाद आप मंच के राजा होते हैं। आप अपने सह-कलाकारों के निरन्तर परिवर्तित होते अभिनय के अनुसार अपने अभिनय को भी नियंत्रित कर सकते हैं। मंच पर उपस्थित समस्त कलाकारों के अभिनय में एक तालमेल होता है। प्रत्येक प्रस्तुति एक भिन्न अनुभव होती है। यही आपको जीवित और रंगमंच से जोड़े रखता है। समाज अथवा फिल्मों में आप किस स्तर पर हैं, इसका थियेटर की प्रस्तुतियों पर कोई अन्तर नहीं पड़ता। फिल्मों में आपके सफल अभिनय पर समाज उसकी प्रशंसा और तारीफों के पुल बाँध देता है, इससे आप अपना सन्तुलन खो बैठें, इसकी पूरी सम्भावना बनी रहती है। इसीलिए फिल्मों में काम करने के दौरान भी मैं अपने कौशल को निखारने के लिए थियेटर किया करता था और फिल्मों में काम के दौरान उस अनुभव से लाभ उठाता।

थियेटर में केवल एक कठिनाई यह है कि आप केवल इसी के आधार पर अपना निर्वाह नहीं कर सकते। परन्तु केवल थियेटर के कारण ही मैं फिल्मों में बना हुआ हूँ। थियेटर वास्तविक जीवन के बहुत निकट होता है क्योंकि वहाँ आप अपने जीवन से अनेक उपमाएँ देते हैं और अपने जीवन के अनुभवों को रंगमंच पर प्रयोग में लाते हैं। मैंने रंगमंच से जो भी सीखा है, उसे मैंने अपने दैनिक जीवन और लोगों के साथ अपने सम्बन्धों में लागू किया है। अनेक बार आपको सामाजिक और नैतिक परिस्थितियों का सामना करना पड़ता है। वे परिस्थितियाँ आपके द्वारा थियेटर पर पहले अभिनीत की गयी अथवा रिहर्सल की गयी परिस्थितियों से बहुत समानता रखनी होती हैं। दूसरी ओर आप अनेकशः वास्तविक जीवन के अनुभव को नाटकों में काम में लाते हैं। क्योंकि कभी-न-कभी और कहीं-न-कहीं आपने उस पात्र को जिया होता है और उसे मंच पर उतारना आपके लिए चुनौती बन जाता है। मैं अभिनय का अध्यापक नहीं हूँ। मैं उसके सम्बन्ध में केवल इसलिए बात कर रहा हूँ कि मैंने इसे अनुभव से सीखा है। थियेटर में काम करना एक बहुत ही सुन्दर अनुष्ठान था, जिसमें आपको डूब जाना पड़ता है। उस निवेश का फल मुझे आज भी मिल रहा है। उस समय सीखी गयी बातें मेरे सिस्टम में घुल-मिल गयीं। मैं उसी सिस्टम की प्रेरणा और शक्ति के बल पर ही तब से काम कर रहा हूँ। मैं आज जो हूँ उसका श्रेय 'थियेटर और केवल थियेटर' को जाता है।

होशियारपुर में मेरे जीवन में कुछ खुलापन आया, क्योंकि मेरे अनुशासक पिता पीछे घर में थे।

1952 में कॉलेज के दोस्तों के साथ शिमला में तत्ता पानी की यादगार यात्रा के दौरान। मैं बाएँ से दूसरे स्थान पर खड़ा हूँ, दाएँ सिरे पर विजय (गोल्डी) आनंद है। हम नहीं जानते थे कि गोल्डी शीघ्र ही एक्टर बन जाएगा और निर्देशन भी करने लगेगा।

राजा ययाति के रूप में जीवन की दुविधाओं का सामना करते हुए तरला मेहता के साथ।

प्रेमनाथ मंच के पीछे थे और नाटक के बाद मुझे बधाई देने आए।

अन्ततः 1962 में मैंने यह ट्रॉफी प्राप्त कर ली और एब्राहिम एल्काज़ी, नाट्य अकादमी ने मुझे थियेटर का सम्भावित कलाकार कहा।

चूँकि मैं बाँसुरी बजाना जानता था, मुझे डी.ए.वी. कॉलेज, होशियारपुर के ऑर्केस्ट्रा में शामिल कर लिया गया था। यहाँ मैं हमारे संरक्षक, प्रिंसिपल रैला राम के पीछे मध्य में खड़ा हूँ।

मैं फोटोग्राफी भी करने लगा था, इस तस्वीर में मैं पहली पंक्ति में बाएँ से चौथे स्थान पर खड़ा हूँ

वर्ष 1964 में दुर्घटना के बाद स्वस्थ होने पर बाबू जी को मैं गुलमर्ग लेकर गया। वहाँ हमारा मिलना आरजू फिल्म की शूटिंग के लिए आए हुए राजेन्द्र कुमार से हुआ।

पत्नी उर्मिला के स्वस्थ होने के बाद वर्ष 1967 में उर्मिला, पुत्र राजीव और पुत्री नम्रता के साथ कोकरनाग में। पारिवारिक प्रसन्नता के बिना कोई प्रसन्नता नहीं।

हीरो बनने की इच्छा में मैंने अपना यह पोर्टफोलियो बम्बई में बनवाया था, परन्तु इसका कोई लाभ नहीं हुआ।

बाऊजी, बीजी, मध्य में छोटे भाई हरीश के साथ और सबसे बड़े चमन भाई और उनकी पत्नी पीछे खड़े हैं। मैं अपनी बड़ी बहन चित्रलेखा के साथ बैठा हूँ, मदन भाई कलकत्ता गए हुए थे।

एक सहस्राब्दि पूर्व संस्कृत रंगमंच के दम तोड़ देने के बाद डॉ. धर्मवीर भारती के काव्य नाटक *अन्धा युग* को सर्वत्र भारतीय रंगमंच के प्रथम महत्त्वपूर्ण नाटक के रूप में ख्याति प्राप्त हुई।

हैनरिक इब्सन के नाटक *घोस्ट* के हिन्दी रूपान्तरण प्रेत में शुभा देशपाण्डे के साथ।

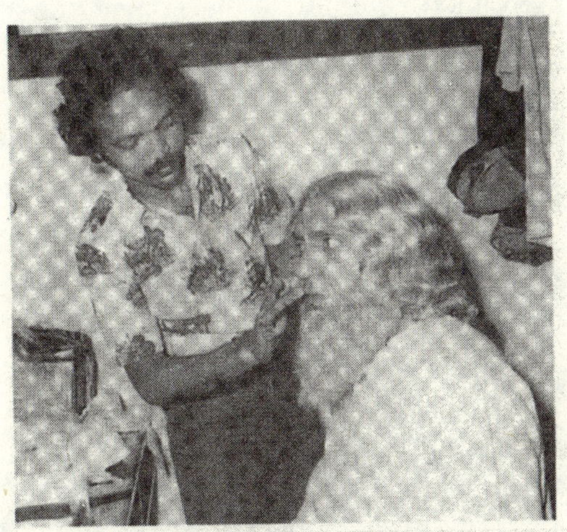

मेरा मेकअप मैन गोविन्द मेहता *सारी रात* के लिए मुझे नया स्वरूप प्रदान करते हुए

वर्ष 1979 में शिक्षा मंत्री बी शंकरानंद से दिल्ली में संगीत नाटक अकादमी पुरस्कार प्राप्त करते हुए।

कला कला के लिए : *मंडी* में एक सूफी फकीर

सूरज का सातवां घोड़ा में नीना गुप्ता के साथ। इसके लिए मुझे श्रेष्ठ अभिनेता के दो अन्तरराष्ट्रीय पुरस्कार मिले। मैं स्वीकृति की इस मोहर से रोमांचित था, क्योंकि इससे ऐसा विश्वास मिला था कि मेरे भीतर का कलाकार अभी जीवित था और उत्साहित था।

सन राइज़िज़ इन द ईस्ट में वज़ीर दीवानचंद के रूप में। इसे करते हुए मैंने अनुशासन के विषय में कुछ और बातें सीखीं।

मराठी फिल्म *शान्तता! कोर्ट चालू आहे* के सैट पर गोविन्द निहलानी (मध्य में) और अपने गुरु सत्य देव दुबे के साथ।

मोहित चटर्जी के नाटक *अच्छा एक बार और* में चित्र पालेकर के साथ।

सुनिला प्रधान और अमोल पालेकर के साथ प्रेम त्रिकोण *हयवदन* में। बिना किसी सज्जा के खाली मंच पर देह-बुद्धि के द्वंद्व को प्रदर्शित करते हुए शेष सब मस्तिष्क में था।

निशान्त में सामन्त की भूमिका में, मैं फिल्म की स्टार कास्ट से अभिभूत था। खड़े हुए : निर्देशक श्याम बेनेगल, अनंत नाग और डॉ. मोहन आगाशे। मैं मध्य की पंक्ति में हूँ। बैठे हुए : शबाना आज़मी, नसीरुद्दीन शाह और स्मिता पाटिल।

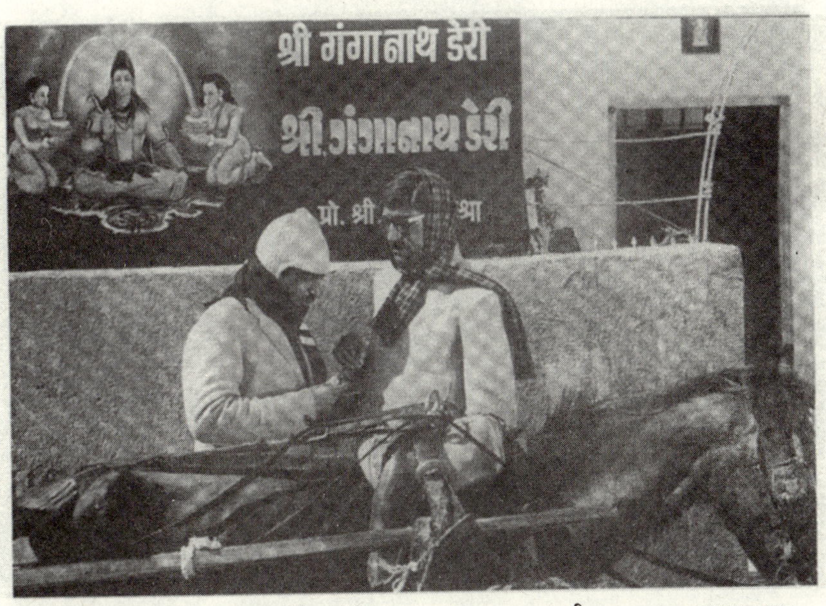

मंथन में चालू ग्वाला। श्याम बेनेगल के साथ काम करना सच ही एक महान अनुभव था।

रेशमा और शेरा में 37 वर्ष की आयु में सबसे अधिक उम्र की भूमिका करते हुए सिनेमा में मेरा प्रवेश दमदार ढंग से नहीं हुआ था। दाएँ अमिताभ बच्चन के साथ, उन्हें एक गूँगे की भूमिका दी गई थी। दूसरी ओर ऐसा अभिनेता था जिसकी आवाज़ ज़ोरदार थी।

सुनील दत्त की सादगी मुझे छू गई थी।

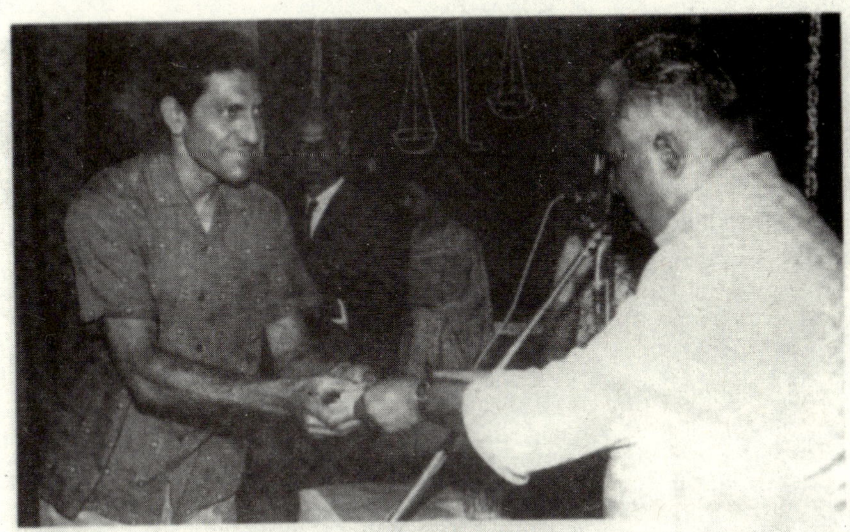

वर्ष 1968 में नागपुर में महाराष्ट्र राज्य हिन्दी नाटक प्रतियोगिता में *चुप कोर्ट चालू है* के लिए श्रेष्ठ अभिनेता का पुरस्कार प्राप्त करते हुए।

आधे-अधूरे नाटक में एक पति, बॉस, प्रेमी और मित्र के रूप में मेरी प्रस्तुति अविस्मरणीय थी। चार सौ से अधिक प्रस्तुतियों के साथ इसने एक प्रकार का इतिहास रच दिया था। नीचे चित्र में डॉ. ज्योत्स्ना कारेकर नाटक में अप्राप्य आदर्श पुरुष को खोजते हुए।

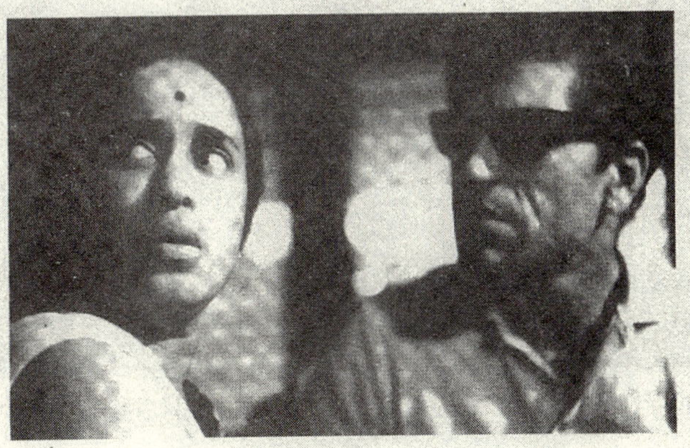

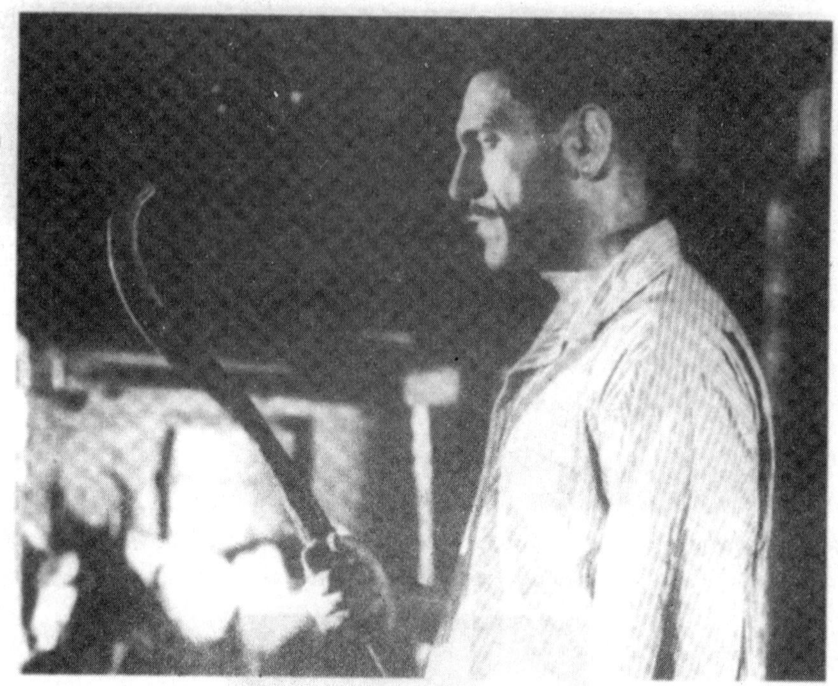

काडू फिल्म से मेरा जीवन, मेरा कैरियर और मेरा सामाजिक स्तर बदलना लिखा था।

गिरीश कर्नाड की इस फिल्म में मुझे लेने की हठ ने मुझे उनका पक्का प्रशंसक बना दिया।

द्वितीय अंक : शो बिज़नेस

अब जबकि मैं थियेटर में अपनी सुदृढ़ नींव बना चुका था, स्वयं को अब मैं नौसिखिया नहीं समझता था। स्वयं को यह विश्वास भी दिला चुका था कि मैं फिल्मों में जाने के मोह से मुक्त हो चुका हूँ। थियेटर में आपको तत्काल परिणाम मिलते हैं। इसमें आपकी भीतरी प्रतिभा और कौशल प्रदर्शित होते हैं। जन्मजात प्रतिभा से सम्पन्न व्यक्ति ही मंच पर बना रह सकता है, यह हर किसी के बूते की बात नहीं। वहाँ आपको तत्काल प्रशंसा मिलती है परन्तु बड़े पर्दे पर छवियाँ कई गुणा बड़ी होकर दिखाई देती हैं। अतः दर्शक निर्देशन, फोटोग्राफी आदि को बहुत बारीकी से देखते हैं और आपको निरन्तर चिन्ता बनी रहती है कि फिल्म हिट होगी या फ्लॉप हो जाएगी। बॉक्स ऑफिस पर इसके सफल होने पर ही आपको प्रसिद्धि मिलती है। परन्तु मंच पर तत्काल तालियों की गड़गड़ाहट आपको कहीं अधिक प्रसन्नता देती है। मंच पर अभिनय से अधिक सन्तोषजनक कुछ नहीं होता, दर्शकों की 'आह' और 'वाह' को सुनना एक सौ फिल्में करने से भी अधिक आनन्दप्रद होता है। थियेटर का सबसे बड़ा लाभ तो यह होता है कि कलाकार पूर्ण अभ्यास करके आते हैं। वे सम्पूर्ण भूमिका की रूपरेखा को जानते हैं। टुकड़ों में पात्र को नहीं समझा जा सकता। यदि आप सम्पूर्ण 'राग' को जानते हैं तो 'स्वरों' को बेहतर बनाना सरल होता है। थियेटर में कलाकार सम्पूर्ण 'राग' को तैयार करके आते हैं इसीलिए जब उन्हें टुकड़ों-टुकड़ों में भी अभिनय करना पड़े तो 'बेसुरे' नहीं होते। हमें यह अनुभव होता है इसलिए हममें एक दृश्य को सम्पूर्ण सन्दर्भ में देख पाने की क्षमता होती है।

मेरे जीवन में सिनेमा और थियेटर चूँकि समानान्तर चले हैं अतः एक माध्यम से दूसरे माध्यम में जाते हुए मैंने पाया कि थियेटर के बहुत से कलाकार सिनेमा में नहीं आना चाहते। दूसरी ओर सिनेमा में भी कुछ ऐसे लोग थे जो थियेटर में नहीं जा सकते थे क्योंकि उन्हें थियेटर करने का प्रशिक्षण नहीं प्राप्त था। यह बहुत विस्मयकारी है कि जब भी मुझसे मेरी यादगार भूमिकाओं के विषय में पूछा जाता है तो मुझे थियेटर की भूमिकाएँ ही याद आती हैं। थियेटर में बोली गयी पंक्तियाँ मैं आज भी आसानी से बोल सकता हूँ। सिनेमा में अभिनेता कदाचित् अपने कौशल में इतना निपुण नहीं होता। वह नहीं जानता कि फिल्म में कौन-सा दृश्य अन्ततः शामिल किया जायेगा, प्रकाश व्यवस्था का चेहरे पर कैसा प्रभाव पड़ेगा, ध्वनि प्रभावों के बाद दृश्य कैसा दिखाई देगा आदि-आदि। थियेटर में आप अपने पूर्ण कौशल और साज-सज्जा के

साथ मंच पर खड़े होते हैं। दर्शक आपके सामने होते हैं, यह एक पूर्णतः भिन्न खेल है। मुझे यह एहसास हुआ कि सिनेमा के 'कट एण्ड पेस्ट' के बाद नाटकों में लम्बे-लम्बे संवाद याद करना कठिन हो गया।

मंच पर सजीव अभिनय करने और कैमरे के सामने अभिनय करने में महत्त्वपूर्ण अन्तर यह है कि मंच का अभिनय आमने-सामने का होता है। आप दर्शकों की साँस को अनुभव कर सकते हैं। जब वे साँस लेते हैं तो आपको उनका साँस लेना तक सुनाई देता है। जब आप उनकी प्रतिक्रिया देखते हैं तो और भी बेहतर अभिनय करना चाहते हैं। मंच का अभिनय सजीव और जीवन्त होता है। आधुनिक हाई-टैक प्रौद्योगिकी रंगमंच पर कभी हावी नहीं हो सकती। वह गूँज सदा रहेगी। थियेटर की दुनिया बहुत आश्चर्यजनक होती है, दृश्यों में एक निश्चित निरन्तरता और क्रम बना रहता है। इस फन का फिल्मों में पूर्णतः अभाव रहता है। फिल्म निर्माण एक आड़ी-तिरछी पहेली है। इसमें क्रम लाने के लिए सभी टुकड़ों को आपस में जोड़ना पड़ता है। थियेटर में एक नशा होता है। यह सैक्स के समान है। व्यक्ति बीच में छोड़कर इसे पुनः जारी नहीं रख सकता। काम वासना के समान थियेटर भी एक नशा है। आप को बार-बार लगता है कि आप चरम पर पहुँच गये हैं। 40 वर्ष और 300 फिल्में करने के बाद मैं पूर्ण रूप से सहमत हूँ कि थियेटर सर्वोच्च कला है।

मैंने फिल्मों में भले ही देरी से काम करना शुरू किया परन्तु मैं हिन्दी थियेटर में सफलता प्राप्त करने के बाद फिल्म इण्डस्ट्री में आया। थियेटर में मैंने स्वयं अपनी अपेक्षाओं से अधिक कार्य किया, सर्वोत्तम नाटक लेखकों और निर्देशकों द्वारा रचित कुछ सर्वाधिक कठिन भूमिकाएँ कीं। मैं फिल्मों में शुरुआत करने से पहले एक पूर्ण और सक्षम अभिनेता बनना चाहता था। मैंने सही मार्ग का चयन किया। कार्यक्षेत्र में कूदने से पूर्व कला को सीखना होता है। डॉक्टर को डॉक्टर बनने में चार-पाँच वर्ष का समय नहीं लगता? प्रत्येक का सीखने का एक समय होता है। आपको अपनी कीमत पर सीखना चाहिए, न कि निर्माता को जोखिम में डालकर। यदि आपने थियेटर में प्रशिक्षण प्राप्त किया है तो फिल्मों में काम करना वास्तव में बायें हाथ का खेल होता है। एक अच्छा नाटक एक शरारती बच्चे की भाँति होता है। जैसे बच्चा हँसाता और रुलाता है, थियेटर शिक्षित करने के साथ-साथ मनोरंजन भी करता है। फिल्म की भूमिका कभी भी पूर्णतः आपकी नहीं होती, यह अनेक पहलुओं पर निर्भर करती है परन्तु थियेटर में पूरा नियंत्रण आपके हाथ में होता है।

मेरे गुरु दुबे साहब मुझे प्रायः यह कह कर बहलाया करते, "जैसा तुम्हारा चेहरा है, उसके लिए अभी समय नहीं आया है", स्वयं को कम करके मत आँको। थियेटर पर ध्यान केन्द्रित करो—यह सदा सौ गुणा करके लौटता है। मैं फिर भी स्वयं का प्रतिरोध कर रहा था क्योंकि सतह के नीचे फिल्मों मे काम करने की इच्छा अभी भी कुलबुला रही थी। थियेटर ने यद्यपि इसे मन्द कर दिया था परन्तु यह किसी भी तरह से बुझी नहीं थी। मैं फिल्मों में अवसर प्राप्त करने में असफल रहा था। शायद मैंने पर्याप्त प्रयत्न नहीं किया था...शायद मुझे अभी और प्रतीक्षा करनी चाहिए थी। जब मैंने फिल्मों में काम करना प्रारम्भ किया था तो मैंने इस बात

की कल्पना नहीं की थी कि मैं किस ऊँचाई तक पहुँचूँगा। दुबे साहब मेरी योजनाओं की आलोचना करते और सदा कहते, "पुरी साहब, आप बस छोटी-छोटी भूमिकाएँ करके ही रह जाओगे।" खैर, परिस्थितियों ने रुख बदला और वे मुझ पर गर्व करते हैं और थियेटर की कार्यशालाओं में आने वाले नए लोगों को मेरे कैरियर विकास का उदाहरण देते हैं। वे अभी भी नाटक लेखन और निर्देशन कर रहे हैं। 'सम्भोग से संन्यास तक,' 'इंशा अल्लाह,' 'ब्रह्म विष्णु महेश' और 'मोंटाज' जैसे उनके हाल ही के नाटकों ने उनके सदैव विकासमान रंगकर्म को सम्पूर्णता प्रदान की है।

थियेटर में क्योंकि बहुत गहराई होती है, मुझे सिनेमा के माध्यम को समझना पड़ा था और मैंने पाया कि सिनेमा में मुझे अगली पंक्ति के दर्शकों के लिए अभिनय करना है। सिनेमा में काम करते हुए मैं पात्र को अपने मस्तिष्क में समझ लेता और थियेटर के कलाकार के रूप में अपनी समस्त गहराई, अन्तर्दृष्टि और प्रशिक्षण को उसमें उँड़ेल देता। जैसा कि कहा गया है, 'ओखली में सिर दिया तो मूसलों से क्या डरना,' मुझे स्वयं को इसी माध्यम में अभिव्यक्त करना था। मुझे उत्कृष्ट अभिनय करना था और इसमें बहानेबाज़ी के लिए कोई स्थान न था। मैं यदि थियेटर में गहराई पा सका था तो इस माध्यम में क्यों नहीं प्राप्त कर सकता था। सबसे पहले तो स्वर नियन्त्रण ही थियेटर और फिल्मों में पूर्णतः भिन्न होता है। मंच पर आवाज़ विशुद्ध और वास्तविक होती है जबकि सिनेमा में पूरी तरह से कृत्रिम और अवास्तविक होती है। आप इस आवाज़ में अभिनेता की वास्तविक और बोलचाल की आवाज़ की झलक नहीं पा सकते। कई बार आपको बहुत गहरी और भारी आवाज़ का प्रभाव उत्पन्न करना होता है। अभिनेता की मूल आवाज़ यदि प्रयासपूर्वक निखारी और कल्चर की गयी हो तो फिल्मों में रिकॉर्ड की गयी आवाज़ बेहतर क्वालिटी की हो सकती है। कुछ लोगों की आवाज़ एक हद तक अपेक्षित गुणता लिए होती है परन्तु क्योंकि यह परिष्कृत नहीं की गयी होती अतः अपनी भूमिका के अनुसार सही प्रकार से संवाद बोलने पर भी उसमें वह प्रभाव नहीं आ पाता। थियेटर चूँकि एक भिन्न माध्यम है जहाँ अभिनेता अपने सामने उपस्थित दर्शकों के लिए अभिनय करता है, वह अपने हाव-भाव से ही बहुत कुछ प्रदर्शित और अभिव्यक्त कर सकता है। परन्तु कैमरा जब आपके चेहरे पर फोकस होता है तो आपके हाव-भाव और व्यक्तित्व बहुत सूक्ष्मता से दिखाई देते हैं।

और जब उन्होंने मुझे फिल्मों में देखा तो उन्हें मेरा चेहरा कठोर प्रकृति की नकारात्मक भूमिकाओं के लिए शायद अधिक उपयुक्त प्रतीत हुआ जिन्हें वे 'खलनायक' की भूमिकाएँ कहते थे। मैं आज भी उन्हें खलनायक नहीं अपितु चरित्र यानी कैरेक्टर भूमिकाओं की संज्ञा देता हूँ। वे चरित्र होते हैं और हम उन चरित्रों की भूमिकाएँ करते हैं। सामान्य विचारानुसार चरित्र अभिनेता वे होते हैं जो अध्यापक, पिता अथवा कमिश्नर की भूमिकाएँ करते हैं। वास्तव में प्रत्येक कलाकार एक चरित्र को निभा रहा होता है, वह चाहे नायक हो अथवा खलनायक और मुझे लगता है कि नायक को वास्तव में किसी चरित्र की भूमिका नहीं निभानी होती क्योंकि उसका स्वरूप मात्र चौकोर होता है जिसकी चार भुजाएँ होती हैं जबकि अन्य अभिनेता छह

कोणों वाले होते हैं क्योंकि उनके व्यक्तित्व के अनेक अन्य पक्ष भी होते हैं। अतः सिद्धान्त रूप में बहुमुखी कलाकार वही होता है जो सर्वमुखी होता है और चरित्र में पूर्णता उस सर्वमुखी योग्यता की परिचायक होती है।

यहाँ एक पक्ष और भी है। खलनायक और नायक—दोनों को ही वास्तविक जीवन से बहुत बड़ा दिखाया जाता है क्योंकि हमारी फिल्मों में जीवन की तुलना में बहुत अधिक विशालता दिखाई जाती है। सूक्ष्म अथवा प्राकृतिक अभिनय केवल समानान्तर फिल्मों में दिखाई देता है। फिल्मों और वास्तविक जीवन में प्रमुख अन्तर यह है कि कलाकारों की प्रत्येक मुखाकृति, प्रत्येक क्रिया-व्यापार एक-सौ गुणा बड़ा होकर दिखाई देता है। इसे मैं अतिशयोक्ति नहीं कहूँगा अपितु उन चरित्रों की रूपरेखा को बल प्रदान करने की संज्ञा दूँगा। फिल्मों में एक विशेष प्रकार के आचरण को ले कर बार-बार दोहराया जाता है जिससे कि उसका महत्त्व स्थापित हो सके और वह पात्र दर्शकों के मस्तिष्क में अपनी अमिट छाप छोड़ जाए। 'दिव्य शक्ति' फिल्म में इस कठोर नकरात्मक चरित्र को एक पृथक् स्वरूप प्रदान करने के लिए उसकी गर्दन एक ओर झुका दी गयी थी जिससे ऐसा प्रतीत हो कि कुश्ती के मैदान में इस शक्तिशाली व्यक्ति की गर्दन टूट गयी होगी। अतः मैं शूटिंग के दिन अपनी गर्दन पूरा समय दायीं ओर झुकाए रखता। मेरी मांसपेशियाँ ऐंठ गयी थीं और कुछ दिनों तक मैं अपनी गर्दन सीधी नहीं कर पाया था। यह सब खेल का हिस्सा है।

मुझे अपने जीवन में पहली बार कैमरे के सामने आने का अवसर जुलाई, 1967 में कश्मीर में मिला। यश जौहर एक विदेशी निर्माता के साथ काम कर रहे थे और उन्होंने एमजीएम टीवी धारावाहिक 'माया एड्वेंचर्स' के अमरीकी निर्देशक एलन से मेरा परिचय करवाया। यह धारावाहिक एक लड़के और एक हाथी की कहानी था। महबूब खान का गोद लिया बेटा (मदर इण्डिया फेम) इस धारावाहिक का नायक था। मैंने चार किश्तों में व्यक्तित्व के भिन्न पक्षों को दर्शाते हुए एक पुलिस अधिकारी की भूमिका की। इसके एक भाग की शूटिंग श्रीनगर में और दूसरे की जयपुर में हुई थी। कश्मीर में छुट्टियाँ बिताकर लौटने के बाद मुझे यह भूमिका मिली थी। मेरी पत्नी ने घातक ट्रेन हादसे के बाद वहीं स्वास्थ्य लाभ किया था। विदेशी क्रू के साथ काम करना और अतिरिक्त धन कमाना बहुत उत्साहजनक था। दो किश्तों में कबीर बेदी भी मेरे साथ थे, तभी मुझे उनसे मिलने का अवसर मिला था। मैंने तीन किश्तों में 12 दिन तक काम किया और मुझे 200 रुपये प्रतिदिन की दर से भुगतान किया गया था। जब मैं इंडियन एयरलाइन्स की उड़ान से बम्बई पहुँचा तो मेरी जेब में वे 2400 रुपये मुझे बहुत आनन्ददायक गर्माहट दे रहे थे। यह पहला अवसर था जब मैंने फिल्म की शूटिंग के लिए विमान से यात्रा की थी।

वास्तव में बहुत कम लोग जानते है कि मैंने निर्माता-निर्देशक देव आनन्द की फिल्म 'प्रेम-पुजारी' में भी एक छोटी सी भूमिका की थी। एक बहुत ही महत्त्वहीन और नकारात्मक पात्र जैरी की भूमिका के लिए केवल दो-तीन दृश्यों में आने का मेरा कोई इरादा नहीं था। आज भी उसे याद करके मैं लज्जा का अनुभव करता हूँ, वास्तव में देव साहब ने मुझे नहीं बुलाया

था। मैं उन्हें केवल मदन भाई के माध्यम से जानता था। दोनों का बहुत निकट का सम्बन्ध था। तब मैं फिल्म उद्योग के रंग ढंग से परिचित नहीं था, मैंने अपनी मित्र मण्डली में कुछ मित्रों, जो देव साहब के असिस्टेंट्स को जानते थे, की गलत सलाह पर इस भूमिका को करना स्वीकार कर लिया था। उन्होंने मुझे यह कह कर उकसा दिया कि यह एक प्रभावपूर्ण भूमिका है और इसके लिए कलाकार को लन्दन ले जाया जायेगा। फिल्म की यूनिट लन्दन गयी परन्तु मैं नहीं। मैं जिस अपमान से गुज़रा, उसे मैं कभी नहीं भूल पाऊँगा। उस दो कौड़ी की भूमिका को करने का मुझे बहुत अफसोस है क्योंकि मैं पहले ही थियेटर जगत का सुस्थापित एवं सम्मानित कलाकार था। महाराष्ट्र राज्य नाटक प्रतियोगिता में मैं श्रेष्ठ अभिनेता का सम्मान प्राप्त कर चुका था और एक व्यक्ति, जो सदा मेरा संवाद, "हम क्रिश्चियन हैं" बोलकर मेरा मज़ाक उड़ाया करता, वह थी भक्ति भावे। वह सच ही मेरा बहुत मज़ाक करती, "पुरी साहब, यह क्या है? हिन्दी थियेटर के आप जैसे कुशल अभिनेता को क्यों इतना नीचे गिरना और अपनी पहली फिल्म में ऐसा एक्स्ट्रा का कार्य स्वीकार करना चाहिए?" सौभाग्य से थियेटर के बहुत से लोगों ने इस पिक्चर को नहीं देखा था और मैं चर्चाओं में आने से बच गया था।

थियेटर में काम करना चूँकि जारी था अतः मैंने अपने मन में निश्चय किया था कि जब तक फिल्मों के प्रस्ताव अपने आप मेरे पास न आयें, मैं फिल्मों के लिए जाकर काम नहीं माँगूगा। वह महत्त्वपूर्ण प्रस्ताव 1969 में सुनील दत्त के साथ 'रेशमा और शेरा' में काम करने का था, यह भूमिका यद्यपि बहुत उल्लेखनीय नहीं थी। मुझे राजस्थान के मरुस्थलों में 70 वर्षीय ग्रामीण के पात्र को निभाना था। ऐसा हुआ कि डॉक्यूमेंटरी फिल्म निर्माता सुखदेव, तेजपाल हॉल में मेरा नाटक 'आधे-अधूरे' देखने आये थे, उन्होंने मुझसे सम्पर्क किया। वे नए चेहरे की तलाश में थे और मैं फिल्मों में प्रवेश का अवसर तलाश रहा था। 35 वर्ष की आयु पार कर जाने के बाद हालांकि मैंने प्रमुख भूमिकाएँ मिलने की आशा छोड़ ही दी थी और स्वयं से यह वायदा भी किया हुआ था कि भूमिकाएँ मेरे पास आयेंगी। ईमानदारी से कहता हूँ कि अभिनय के प्रति गहरे लगाव के चलते मुझे बस दमदार भूमिकाओं की लालसा रहती थी। पात्र किस प्रकार का है, इससे मुझे कोई अन्तर नहीं पड़ता था बशर्ते कि नाटक की कथा पर पात्र का शक्तिशाली प्रभाव हो। सुखदेव ने मुझे दत्त साहब से आकर मिलने को कहा और तीन हज़ार की बड़ी रकम मुझे इस भूमिका के लिए दी गयी। 'रेशमा और शेरा' फिल्म सामन्तवाद और हिन्दू समुदाय के सम्बन्ध में है। मुझे फिल्म के एकमात्र मुस्लिम पात्र रहमत खान की भूमिका करनी थी। वह परस्पर शत्रु दो हिन्दू परिवारों के बीच समझौता करवाने का प्रयास करता है। यह एक भला करने वाले पात्र की भूमिका थी इसलिए मैं इसे करने को तैयार हो गया था।

फिल्म में 'गूँगा'—मूक अमिताभ बच्चन और मेरे बीच कोई संवाद नहीं था। मुझे उसके परिवार को यह एहसास दिलाना था कि सामन्ती लड़ाई अच्छी नहीं होती और उसके परिवार को भाग निकलने में सहायता करनी थी। इस प्रकार सुखदेव द्वारा लिखी गयी मूल पटकथा में मेरी भूमिका में काफी दम था। खान केन्द्रीय पात्र था और सुखदेव इस पात्र के माध्यम से फिल्म के दर्शन को अभिव्यक्त करवाना चाहते थे। यह मेरे कैरियर का प्रारम्भ था और

विडम्बना देखिए कि मुझे इतने बुजुर्ग व्यक्ति की भूमिका करनी थी जो मैंने अपने पूरे फिल्मी कैरियर में फिर कभी नहीं की। कुशल मेकअप मैन माने जाने वाले पंढ़री दादा ने बहुत कम पैनकेक का प्रयोग कर वृद्ध व्यक्ति का बहुत बढ़िया प्रभाव ला दिया था। मुझे गर्व था कि इस भूमिका के लिए मेरा चयन किया गया था। हम फिल्म की शूटिंग के लिए राजस्थान के कछिना गाँव गये, यह गाँव जैसलमेर से 40 किलोमीटर और पाकिस्तान की सीमा से चार किलोमीटर की दूरी पर स्थित है। वहाँ तक पहुँचने के लिए ऊँट के अतिरिक्त परिवहन का माध्यम केवल सेना के ट्रक और टैंकर थे। हम शूटिंग स्थल पर वन-टन आर्मी ट्रक से पहुँचे, यह रेत भरी बहुत लम्बी और थका देने वाली यात्रा थी। यह दूरी लगभग दो घण्टे में तय हुई।

फिल्म की शूटिंग अभी आधी ही हुई थी कि हम बम्बई लौट आये। सुखदेव ने अनेक प्रकार से दत्त साहब को बताया था कि वे किसी के भी किसी प्रकार के हस्तक्षेप के बिना फिल्म को अपनी कल्पना के अनुसार निर्देशित करेंगे। फिल्माये गये दृश्यों को देखने से स्पष्ट होता था कि सुखदेव ने कैमरे के द्वारा ऊँट की टाँगों के बीच से भी शॉट लिये थे। सुखदेव ने ऐसा काम किया था कि जिसने भी वे दृश्य देखे, उसे असंगत और घटिया शूटिंग बताया। अनेक अन्य लोगों ने भी दत्त साहब को उकसाया कि फिल्म सफल नहीं होगी। जब सुखदेव से अपने स्टाइल और तकनीक में परिवर्तन लाने के लिए कहा गया तो वे फिल्म को बीच में ही छोड़ गये। तब दत्त साहब ने स्वयं निर्देशन का काम सँभाला क्योंकि इतनी जल्दी किसी और को साइन नहीं कर सकते थे। इस फिल्म को नए सिरे से नहीं फिल्माया गया था, केवल कुछ भागों की पुनः शूटिंग कर ली गयी थी। बाद में मुझे पता चला कि दत्त साहब ने सुखदेव से कहा था कि फिल्म के इतने महत्त्वपूर्ण पक्ष को इतने साधारण पात्र और ऐसे व्यक्ति को दिया जा रहा है, जो एक सुस्थापित अभिनेता भी नहीं था। परन्तु मैंने कोई शिकायत नहीं की क्योंकि उन्हें फिल्म को व्यावसायिक दृष्टि से देखना था। मेरी भूमिका कम कर दी गयी और अब फिल्म में मेरे दृश्य उतने नहीं थे जितने सुखदेव द्वारा फिल्म का निर्देशन करने पर होते। फिल्म में ऊँटों की भाँति मुझे भी पृष्ठभूमि में डाल दिया गया था। फिल्म यद्यपि सफल नहीं रही, परन्तु लोगों ने सुखदेव द्वारा फिल्माये गये भाग की प्रशंसा की और कुछ लोगों का तो यह भी कहना था कि यदि सुखदेव ने फिल्म का निर्देशन किया होता तो इस पर लागत भी बहुत कम हो सकती थी। मेरे विचार में यह फिल्म बहुत अच्छी तरह से बनायी गयी थी, दृश्य बहुत सुन्दर थे और जयदेव का सुन्दर संगीत था। आज भी इस फिल्म के गानों को हम गुनगुनाते हैं।

फिल्म पूरी करने के लिए हमें पाँच बार जैसलमेर जाना पड़ा। राजस्थान की असहनीय गर्मी की कल्पना करके देखिए। हमने मई और जून के महीनों में जब वहाँ रेतीले तूफान चलते हैं, शूटिंग की थी। हमें सी-आकार के तम्बुओं में ठहराया गया था। जब हम शाम ढले अपने तम्बुओं में पहुँचते तो हमारे बिस्तर रेत से ढके होते। हम पूरे वीराने में खुले-विस्तृत आकाश के नीचे रह रहे थे, दूर-दूर तक केवल एक एकाकी वृक्ष दिखाई देता था, जहाँ ऊँट आकर बैठते थे। वह वृक्ष फिल्म में भी दिखाई देता है। वहाँ एक कुआँ भी था परन्तु उसका पानी बहुत खारा था। ऊँट उसी का पानी पिया करते और ऐसा कहा जाता था कि यदि इनसान लम्बे समय

तक इस पानी को पीते रहें तो अनेक रोगों से ग्रस्त हो जायें। परन्तु वे क्या कर सकते थे? फिल्म यूनिट के लिए अन्य खाद्य सामग्री के अलावा पानी भी टैंकरों में जैसेलमेर से लाया जाता। यह मेरी मरुस्थलों में की गयी आउटडोर शूटिंग में से सर्वाधिक साहसिक थी और बेहतरीन व्यवस्था वाली यूनिटों में से एक थी। इस यूनिट की व्यवस्था स्वयं दत्त साहब की देख-रेख में हुई थी। निर्देशन के क्षेत्र में यह दत्त साहब का पहला कदम था।

मरुस्थल में सब जगह चिचड़ियाँ थी और ऊँट भी इनसे भरे थे। शूटिंग के दौरान ये चिचड़ियाँ राखी को प्रायः काट जाती और उसके पैरों पर रेंगती। उन्हें वास्तव में खींच कर हटाना पड़ता परन्तु वे कभी इसकी शिकायत न करतीं, चुपचाप उन्हें हटाकर अपना दृश्य जारी रखतीं। उन दिनों अनेक प्रकार से प्रेरणा और उत्साह मिला करता था। मैंने फिल्मी संसार को अभिनेताओं की परिवर्तित होती प्राथमिकताओं के साथ बदलते देखा है। उस समय की प्रेरणाएँ निश्चित ही भिन्न प्रकार की होती थीं। इस फिल्म की शूटिंग के दौरान वहीदा रहमान को भी धूप में नंगे पैर बिना किसी छतरी के एक घण्टे तक खड़ा रहना पड़ा था, तापमान 42-45° से. था और पानी अथवा कुछ भी नहीं था। उन्हें अकेला खड़ा रहना पड़ा था क्योंकि रेत पर पैर के कोई निशान नहीं दिखाई देने चाहिए थे परन्तु उन्होंने कोई शिकायत नहीं की। इन दोनों अभिनेत्रियों की कार्यनिष्ठा प्रशंसनीय थी। उनकी एकाग्रता का स्तर लगभग ध्यान जैसा ही था, अपने आसपास के वातावरण से पूर्णतः निर्लिप्त। उन्हें त्रुटिहीन अभिनय के लिए इस प्रकार की एकाग्रता से काम करना होता था। आज की कोमल-चंचल लड़कियों में से किसी से भी क्या आप ऐसी गहन लगन, कार्य के प्रति ऐसी भावना कि यह उनके जीवन में सर्वाधिक महत्त्वपूर्ण है, की अपेक्षा कर सकते हैं, यही अन्तर है। आज देखिए, नए कलाकार ही इतना भाव दिखाते हैं। अभिनेता से अधिक उसकी 'स्टार क्वालिटी' पर बल दिया जाता है। उस सूखे क्षेत्र में वैभव का एकमात्र साधन सीमा सुरक्षा बल का वातानुकूलित कमरे से सज्जित ट्रेलर था। भोजन भी रेत से भरा होता, हमें पूरा चबाये बिना खाने का अभ्यास करने की सलाह दी जाती। हम बम्बई लौटकर भी बहुत मज़ाक किया करते कि हमें रेत की याद आ रही है।

यहाँ तम्बुओं में लगभग 200 लोग रह रहे थे। 25 दिन वहाँ रहने के बाद हम एक संगीतमयी शाम के लिए एक टीले पर इकट्ठे हुए, अमिताभ ने ढोलकी बजाई और अन्य लोकगीतों के इलावा 'मेरे अंगने में...' गाया, हम भी उनके गाने में शामिल हो गये। एक बात निश्चित थी कि अमिताभ एक बहुमुखी प्रतिभा हैं। यह 'सात हिन्दुस्तानी' के बाद अमिताभ की भी दूसरी फिल्म थी, हमने लगभग एक ही समय पर फिल्मों में प्रवेश किया था। मैं उन्हें इस फिल्म यूनिट की एक पार्टी में पहली बार मिला था। शारीरिक तौर पर वे बहुत विचित्र दिखाई पड़ते थे। मैं उनके व्यक्तित्व से किंचित भी प्रभावित नहीं हुआ था परन्तु उनकी आवाज़ बहुत प्रभावशाली थी और मुझे आश्चर्य होता था कि ऐसा गहरी आवाज़ वाले अभिनेता को मूक पात्र की भूमिका क्यों दी जा रही है। मैंने यह भी पाया कि अभिताभ अपने कार्य के प्रति बहुत अनुशासित और समर्पित थे। उनकी यह भावना निश्चित ही प्रशंसनीय थी। वे सुबह जल्दी उठ जाते, अपने कपड़े स्वयं धोते और नहा-धोकर एक पुस्तक पढ़ने बैठ जाते। शायद यह

पुस्तक 'मधुशाला' थी। ऐसा लगता था कि वे अपनी भूमिका पर बहुत विचार करते थे। शाम को वे कुरता-पायजामा पहनकर अपने तम्बू के बाहर टहलते। उनकी चर्या में एक प्रकार की निरन्तरता थी—वे अपने कार्य के प्रति बहुत सावधान और विनम्र स्वभाव के थे। मुझे याद है कि जब हम फिल्म की शूटिंग के लिए तीसरी बार जैसलमेर गये तो हमें रेत के एक टीले पर रात गुज़ारनी पड़ी। हम दोनों को एक ही कमरे में ठहराया गया। कमरे में दो बिस्तर थे—एक छह फुट लम्बा और दूसरा साढ़े पाँच फुट लम्बा था। मैंने क्या किया कि लम्बे बिस्तर पर स्वयं सो गया और कम लम्बाई का बिस्तर उनके लिए छोड़ दिया। उन्होंने बिल्कुल भी विरोध नहीं किया। चुपचाप एक स्टूल अपने बिस्तर के आगे लम्बाई बढ़ाने के लिए रखा और सो गये।

ये विनोद खन्ना के कैरियर के भी प्रारंभिक वर्ष थे। वे खलनायक के रूप में पहले एक फ़िल्म कर चुके थे। उस दृष्टि से यह रंजीत की भी पहली फिल्म थी, उनका वास्तविक नाम 'गोपाल' था। इससे भी एक किस्सा जुड़ा है क्योंकि गोपाल का नाम बदलकर 'रंजीत' रखने के श्रेय पर मैं अधिकार जताता हूँ। एक शाम जब शूटिंग समाप्त हो गयी तो दत्त साहब ने कहा, "गोपाल, आओ तुम्हारा नाम बदल दें। खलनायक के पात्र के लिए 'गोपाल' नाम उचित प्रतीत नहीं होता। कृष्ण का पर्याय गोपाल बहुत सुन्दर नाम है—इसलिए कुछ और नाम सोचते हैं।" अनेक सुझाव दिये गये, मैं भी सबके साथ शामिल हो लिया, "उसका नाम 'रंजीत'—युद्ध में विजयी होने वाला होना चाहिए। यह नाम कैसा रहेगा?" यह विचार तत्काल मेरे मन में आया था। ऊँचे कद के रंजीत का व्यक्तित्व बहुत प्रभावशाली था। उन्होंने अपनी कमीज भद्दे ढंग से खुली रखकर खलनायक की अपनी ही एक शैली विकसित की थी।

मैं दत्त साहब की सादगी से बहुत प्रभावित था। वे बिना किसी अभिनय कला का सहारा लिए अपने चरित्र को बहुत साधारण ढंग से निभाते। उन्हें सदैव सीधे-सादे व्यक्ति की भूमिकाएँ ही मिला करतीं। जब तक पटकथा में बहुत आवश्यक न हो, उनके चरित्रों में बहुत अधिक जटिलता नहीं होती थी। 'सुजाता,' 'मेरा साया,' 'गुमराह' अथवा 'पड़ोसन' जैसी कुछ ऐसी ही फिल्में हैं। उनके चेहरे पर भोलेपन का भाव था जो उनके अभिनय की ओर बढ़ जाता। एक अभिनेता के रूप में सदा एक निश्चित स्तर को बनाये रखने वाले वे एक विश्वसनीय अभिनेता थे। वे दिये गये पात्र का आवश्यकतानुसार अभिनय कर देते परन्तु उनके अभिनय कौशल में कुछ विशेषता नहीं थी। मुझे लगता है कि उन्हें इस फिल्म का निर्देशन विवशतावश करना पड़ा था। विषय बहुत अच्छा था और उसे सहज ढंग से बिना किसी कृत्रिमता के निभाये जाने की आवश्यकता थी। मुझे दत्त साहब के साथ काम करने का फिर कोई अवसर नहीं मिला। परन्तु यह मेरा सौभाग्य था कि मुझे उनके साथ शुरुआत करने का अवसर मिला। इसके बाद मैंने अभिनेता होने के महत्त्व के विषय में बहुत कुछ सीखा। जहाँ तक मेरे अपने भावों और भीतरी अनुभव का सम्बन्ध है, मुझे याद नहीं पड़ता कि मुझे कभी घबराहट हुई हो। बस यह अनुभूति होती थी कि मुझे यथासंभव उत्कृष्ट अभिनय करना है। सुखदेव ने इस चिन्ता से मुक्त होने में मेरी सहायता की। उन्होंने कहा "बस अभिनय करो।" थियेटर में शब्दशः संवाद बोलने की अपनी आदत के चलते मेरा अभिनय बहुत अस्वाभाविक होता था। 'रेशमा

और शेरा' में मेरी भूमिका इतनी लम्बी नहीं थी कि बड़े पर्दे पर एक अभिनेता के रूप में मेरी योग्यता को परखा जा सकता।

मैं जानता था कि मुझे इससे कहीं अधिक बेहतर अभिनय करना होगा। फिल्मों के अभिनय में भावना नदारद थी। मैं केवल शब्दों पर ध्यान केन्द्रित करता था। अतः जब आप निर्देशक के बताये अनुसार यान्त्रिक ढंग से यथावत अभिनय करते हैं तो उसमें भावना नदारद हो सकती है। परन्तु आप उसकी भिन्नता के स्तर को वास्तव में माप नहीं सकते—ऐसा कभी-कभार ही होता है। अभिनय का स्तर एक शो से दूसरे शो में, एक फिल्म से दूसरी फिल्म में, समय-समय पर, यहाँ तक कि वातावरण सम्बन्धी परिस्थितियों में भी बदल जाता है। एक अभिनेता एक फिल्म में बहुत भावपूर्ण अभिनय कर सकता है, दूसरी फिल्म में उस अभिनय कौशल की मात्र झलक ही दिखाई दे सकती है। यह अन्तर 19:20 का तो हो सकता है परन्तु 5:20 का नहीं, सामान्यतः यह माना जाता है कि 'रेशमा और शेरा' ने मेरे जीवन को प्रभावित किया होगा परन्तु यह सत्य नहीं है। मैं निश्चित रूप से फिल्म के परिणाम पर निर्भर नहीं था क्योंकि मैं अभी भी अपनी नौकरी जारी रखे हुए था। लोगों ने फिल्म में मेरी भूमिका पर अधिक ध्यान नहीं दिया और वे आज भी मुझसे पूछते हैं कि मैंने फिल्म में कौन सी भूमिका की थी। व्यक्तित्व की दृष्टि से भी मैं किंचित भी विशेष दिखाई नहीं देता था। कोई नहीं जानता था कि मैं कौन था। केवल मेरे भाई के मित्र मुझे इस भूमिका के लिए बधाई दिया करते।

सुखदेव ने इसके बाद 1970 में मुझे एक लघु फिल्म 'खिलौने वाला' के लिए बुलाया। मुझे हिन्दू, मुस्लिम, सिख और ईसाई व्यक्तियों के चार विभिन्न नकारात्मक पात्र निभाने थे। ये पात्र सार्वजनिक जीवन में शांति भंग करते हैं और अन्त में शांति के दूत खिलौनों के एक विक्रेता की हत्या कर देते हैं। हम वर्ली के निकट सड़क किनारे शूटिंग कर रहे थे और मैं शूटिंग देखने के लिए इकट्ठे हुए लोगों के सामने खुले में ही अपनी पोशाकें एवं मेकअप बदल रहा था। उनके साथ काम करना बहुत आनन्दप्रद रहा। अपने ही विश्वासों को लिये वे सहज प्रतिभा के धनी व्यक्ति थे। वे कोई समझौता करने की बजाय छोड़ देते थे।

उसी साल एक टेलीफिल्म 'सन राइज़िस इन ईस्ट' की शूटिंग के लिए एक फ्रांसिसी यूनिट आई। फिल्म की कहानी महाराजा रणजीत सिंह पर आधारित थी कि कैसे उन्होंने बरतानवी शासकों का सामना कर उन पर विजय प्राप्त की। मुख्य भूमिका में सईद जाफरी थे और मैंने उनके वजीर प्रिंस दिवान चन्द की भूमिका की थी। फिल्म की शूटिंग जयपुर में हो रही थी, हम अंग्रेजी में बोलते थे और वे अंग्रेजी के साथ-साथ फ्रांसिसी संस्करण भी तैयार कर रहे थे। जब मैं फ्रांसिसी निर्देशक फ्रांसुआ विलिए के साथ काम कर रहा था तो 'आधे-अधूरे' और 'पगला घोड़ा' के तीन-चार शो पहले से ही निर्धारित थे। परन्तु विलिए के साथ हुए मेरे औपचारिक समझौते में यह उल्लेख नहीं किया गया था कि मेरे थियेटर शो के लिए मुझे कार्य मुक्त कर दिया जायेगा। मैंने विलिए से चार दिन की छुट्टी का आग्रह किया तो वे बुरी तरह से परेशान हो गये। "मिस्टर पुरी, आप ऐसा कैसे कर सकते हैं? मुझे इन सब दिनों के दौरान आपकी आवश्यकता है और आपके जाने से मेरा पूरा कार्यक्रम ही गड़बड़ा जायेगा। मैं आपको

अदालत का नोटिस भेजूँगा, मेरे पास समझौते की प्रति है। अगले दिन उन्होंने मुझे समझौते की प्रति के साथ अदालत का नोटिस भेज दिया," उस समय मैं थियेटर में बहुत सक्रिय था। मैंने सोचा कि मुझे उनके साथ धैर्य से काम लेना चाहिए और उन्हे यह समझाना चाहिए कि मेरे लिए स्टेज शो के लिए किये गये वायदे को पूरा करना कितना महत्त्वपूर्ण है। मैंने उनसे कहा, "मैं थियेटर का व्यक्ति हूँ और आशा करता हूँ कि आप भी थियेटर का सम्मान करते हैं। यह समस्त अभिनय का जनक है।" मुझे नहीं मालूम वे बाद में कैसे सहमत हो गये और मुझे तीन दिन के लिए जाने की अनुमति दे दी। परन्तु जब मैंने उनसे आग्रह किया कि वे अपने कार्यालय से मेरी विमान यात्रा की व्यवस्था कर दें तो वे क्रोधित हो उठे, "अब तुम यह बहुत अधिक माँग रहे हो", मैंने अपनी टिकट खरीद ली। तब उन्होंने कहा, "ठीक है, इस बार मैं तुम्हें दे देता हूँ परन्तु मुझे अब और संकट में मत डालना।" ये थियेटर शो न होते तो मैंने उनके साथ ऐसा न किया होता। ऐसा लगता था कि वे प्रभावित हो कर अपने कार्यक्रम में परिवर्तन करने को सहमत हो गये थे क्योंकि मैं कला के लिए समय माँग रहा था।

शूटिंग के दौरान हमें घोड़ों पर सवारी के दृश्य करने थे। एक बार हमें परेड का दृश्य भी दिखाना था तो पैदल सेना के घोड़े किराए पर लिए गये थे। ये बलशाली घोड़े बहुत बुद्धिमान थे और अजनबियों को अपनी सवारी नहीं करने देते थे। मुझे याद है कि एक घोड़ा तो जब भी कोई दृश्य फिल्माये जाने के लिए तैयार होता तो बैठ जाता और उसके स्थान पर दूसरा घोड़ा लाना पड़ता। ऐसे ही अनेक मनोरंजक क्षण उपस्थित होते। हमने जयगढ़ किले के शिखर पर विश्व की सर्वाधिक बड़ी तोप के साथ शूटिंग की। दोपहर के भोजन के दौरान फ्रांसिसी यूनिट के सदस्य शराब पीते। मुझे भी शराब पीने की आदत पड़ने लगी परन्तु मुझे एहसास हुआ कि मैं अपने संवाद भूलने लगा था और मेरी एकाग्रता कम होने लगी थी। इसी समय मैंने अनुशासन के सम्बन्ध में कुछ और बातें सीखी। यदि मैं अपना कार्य न कर पाता तो वे मुझसे प्रश्न करते क्योंकि उन्होंने मुझे पटकथा एक महीना पहले ही दे दी थी। मैंने देखा कि पश्चिमी क्रू बहुत व्यावसायिक ढंग से काम करते हैं और यह व्यावसायिकता क्या है? इससे उनका तात्पर्य है कि सब काम सही समय पर प्रारम्भ हो जाना चाहिए और निश्चित समय सीमा में समाप्त हो जाना चाहिए। सर्वाधिक महत्त्वपूर्ण है तालमेल और यूनिट के प्रत्येक सदस्य के कार्य के परिणाम का व्यवस्थित प्रवाह। जब हम यह कहते हैं कि ओह, यह बहुत सुनियोजित और व्यवस्थित है तो इससे तात्पर्य होता है कि सामंजस्य है। पश्चिम में उन्हें सिखाया जाता है कि एक समय पर एक काम करो जबकि भारत में सब लोग सब कुछ कर रहे होते हैं।

मैं बार-बार थियेटर में लौट आता था यद्यपि मैंने अपने सभी परिचितों को यह संकेत दिया हुआ था कि मैं फिल्मों में काम करना चाहता हूँ परन्तु कुछ भी सहायक होता प्रतीत नहीं होता था। मैं इतना निरुत्साहित हो चुका था कि मैंने इस पर और अधिक प्रयास न करने का फैसला किया। मैंने स्वयं को समझाया कि यदि मेरी नियति में फिल्मों में काम करना होगा तो सही समय पर यह स्वयं ही संभव हो जायेगा। मेरी पत्नी उर्मिला ने भी मुझे दिलासा देते हुए धैर्य रखने के लिए कहा और अपनी प्रतिभा के प्रदर्शन के लिए मैं थियेटर तो कर ही रहा था।

तब फ्रांसिसी धारावाहिक के कुछ महीनों बाद पी डी शिनॉय ने मुझ से सम्पर्क किया, वे चाहते थे कि मैं उनकी फिल्म 'सोने के हाथ' में खलनायक की भूमिका करूँ, मुख्य भूमिकाओं में संजय खान और बबिता थे। फिल्म के लेखक-निर्देशक वे स्वयं ही थे। शिनॉय यद्यपि अभिनय में मेरे अध्यापक और मेरे गुरु के भी गुरु रहे हैं, प्रारम्भ में मैं इस नेगेटिव भूमिका को करने का इच्छुक नहीं था। परन्तु गंभीरता से विचार करने पर मुझे एहसास हुआ कि मुख्य भूमिका की प्रतीक्षा करते रहना मूर्खता होगी क्योंकि अब तक मुझे विश्वास हो चुका था कि नायक होने के लिए तो मैं बना ही नहीं था। इसके अतिरिक्त शिनॉय को इनकार करना बहुत कठिन था। थियेटर में मैं जैसे केवल पॉज़िटिव रोल करता था, फिल्मों में नेगेटिव रोल करने का निर्णय मैंने समझ-बूझ कर नहीं लिया था। मैंने स्वयं को इस भूमिका को स्वीकार करने के लिए तैयार किया और फिल्म के तीसरे सर्वाधिक महत्त्वपूर्ण पात्र को निभाने के लिए कड़ा श्रम किया और जब तक खलनायक बलशाली न हो, नायक के लिए कोई स्थान नहीं होता। नायक को अपनी शक्ति के प्रदर्शन के लिए अन्ततः उस पर हावी होना ही पड़ता है। कई बार आपको तीन-तीन नायकों का समाना करके भी उनसे बेहतर दिखाई देना होता है। मेरा जैसा व्यक्तित्व है, मेरी आवाज़, मेरी आँखें....खलनायक की भूमिका मेरे लिए सर्वाधिक अनुकूल थी। मैं खलनायक जैसा ही दिखता था। इस प्रकार से यह छवि मुझसे चिपक ही गयी। बुरी भावनाएँ बहुत सरलता से चेहरे पर अभिव्यक्त हो जाती थीं और ऐसा लगता था कि दर्शक मुझे खलनायक के चोले में ही अधिक चाहते थे।

दुर्भाग्यवश 'सोने के हाथ' पूरी तरह से फ्लॉप रही, यह 1971 में 'रेशमा और शेरा' के साथ रिलीज़ हुई थी। फिल्म ढेर हो गयी और उसके साथ मेरी आशाएँ भी। मुझे बहुत स्पष्ट रूप से यह सन्देश मिल गया कि मैं एक नए क्षेत्र में कदम रख रहा था और जब तक फिल्म न चले, भूमिका का कोई महत्त्व नहीं रहता। अतः कुछ भी परिणाम नहीं निकला। रंगमंचीय शैली के खाँचे में सीधा ढला होने के कारण मेरा अभिनय बहुत प्रभावशाली नहीं था। फिल्म माध्यम के साथ मैं अपना तालमेल नहीं बैठा पा रहा था। थियेटर में अपने आपको स्वयं प्रस्तुत करना होता है जबकि फिल्मों में कैमरा आपको प्रस्तुत करता है। इस प्रकार थियेटर का मेरा प्रशिक्षण मेरी विशेषता बनने की अपेक्षा बाधा ही अधिक प्रमाणित हो रहा था। मेरे क्रियाकलाप, संवाद सम्प्रेषण बहुत ऊँचा होता, इससे कभी-कभी निर्देशक को बहुत असुविधा ही होती। अन्त में मैंने इस सत्य को स्वीकार कर लिया कि मैं कभी फिल्मों में सफल नहीं हो पाऊँगा। मेरी निराशा से उर्मिला अब चिन्तित होने लगी थी और जब उसने मेरे साथ संवेदना व्यक्त करने का प्रयत्न किया तो मेरी निराशा और भी बढ़ गयी। केवल थियेटर ही अब मेरे सम्मान की रक्षा कर रहा था और जो नाटक मैं कर रहा था, उन्होंने मेरी पीड़ा पर मलहम लगाने का काम किया, मेरी प्रतिभा के प्रति मेरे विश्वास को पुनःस्थापित किया।

थियेटर के माध्यम से मैं अनेक विख्यात हस्तियों के सम्पर्क में आया और दार्शनिक-पटकथा लेखक गिरीश कर्नाड से भी मिलने का अवसर मिला। धीरे-धीरे हमारा परिचय मित्रता में बदल गया। उन्होंने कुछ असवरों पर मेरा अभिनय देखा था, मैंने उनके लिखे नाटकों 'ययाति' और

'हयवदन' में भी अभिनय किया था। 'सखाराम बाइण्डर' में मेरा अभिनय देखने के बाद उन्होंने दुबे साहब से सम्पर्क कर मुझे उनकी कन्नड़ फिल्म 'काडू' के लिए छोड़ने का आग्रह किया। फरवरी-मार्च 1973 में 'सखाराम बाइण्डर' के शो अभी शुरू ही हुए थे। उन्होंने नाटक की विभिन्न प्रस्तुतियों के बीच अन्तराल रखना शुरू कर दिया और इस दौरान फिल्म भी बन कर तैयार हो गयी। यह बहुत चुनौतीपूर्ण परिवर्तन था और मैं बहुत प्रसन्न था। 'काडू' श्रीकृष्ण अलनहली के उपन्यास पर आधारित फिल्म थी। गिरीश मुझे केन्द्रीय पात्र की भूमिका में लेना चाहते थे, यह गाँव के हृष्ट-पुष्ट चन्द्रगौड़ा की भूमिका थी—जो चारों ओर आतंक फैलाता रहता है। परन्तु शूटिंग प्रारम्भ होने से पहले मुझे अनेक बाधाओं का सामना करना पड़ा। फिल्म के निर्माता प्रमुख भूमिका में एक पंजाबी अभिनेता को लेने पर बहुत दुविधा में थे क्योंकि मुझे भाषा नहीं आती थी और स्पष्ट रूप से कहूँ तो उन्हें लगता था कि मैं भूमिका के लिए उपयुक्त नहीं हूँ। उन्होंने गिरीश को समझाने का बहुत प्रयत्न किया परन्तु वे अपनी ज़िद्द पर अड़े थे। उन्हें लगता था कि मेरा व्यक्तित्व भूमिका के लिए बहुत उपयुक्त है। जब निर्माता ज़िद्द करने लगे तो वे झुक गये, "मुझे कन्नड़ फिल्म उद्योग से कोई ठीक अमरीश जैसा ला दो और मैं उसे हटा दूँगा।" इसका उनके पास कोई उत्तर नहीं था। तीन महीने तक तलाश जारी रही और अन्त में उन्हें बहुत निराश होकर अपनी हार माननी पड़ी।

फिर भी जब मैं बंगलौर से 50 किलोमीटर दूर गाँव कन्कानदी में शूटिंग के लिए पहुँचा तो उनका मेरे प्रति विरोध स्पष्ट दिखाई देता था। मैं यदि कोई सुझाव देने का साहस करता तो मेरी पूर्ण रूप से उपेक्षा कर दी जाती। कोई मेरी बात पर ध्यान न देता। गिरीश को उन सब लोगों के व्यवहार से बहुत संकोच हो रहा था परन्तु वे कुछ कर नहीं सकते थे। मुझे इससे कोई अन्तर नहीं पड़ता था क्योंकि मैं अपने कार्य में व्यस्त था। मुझे कन्नड़ भाषा में संवाद सिखाने के लिए अध्यापक और सहायक रखे गये। गिरीश बहुत धैर्यपूर्वक मुझे प्रत्येक शब्द का अर्थ बताते जिससे कि मैं सही भावनाओं को व्यक्त कर सकूँ। फिल्म निर्माण के पूरे समय के दौरान मैंने एक स्कूली विद्यार्थी की भाँति कार्य किया। अभी भी यह प्रयत्न पर्याप्त नहीं था क्योंकि प्रत्येक भाषा की अपनी पृथक् ध्वनियाँ होती हैं और जब तक आपको भाषा की गहन समझ और पकड़ न हो, आप उसके साथ न्याय नहीं कर सकते। परन्तु मुझे इसे सीखना था, बोलते हुए होठों के साथ सही तालमेल के लिए भी परन्तु अफसोस कि उन्हें मेरे संवाद एक कन्नड़ अभिनेता से डब करवाने पड़े क्योंकि मैं गाँववासियों के सही लहज़े को व्यक्त नहीं कर सका था। परन्तु मेरी आवाज़ की गहराई की नकल करना कठिन है। 'काडू' समानान्तर सिनेमा के रूप में एक मील का पत्थर बन गयी और इसे दूसरी श्रेष्ठ फीचर फिल्म के लिए 'सिल्वर पीकॉक' का पुरस्कार मिला।

फिल्म के प्रमुख नारी पात्र के रूप में नंदिनी को श्रेष्ठ अभिनेत्री और नटराज को श्रेष्ठ बाल कलाकार का राष्ट्रीय पुरस्कार मिला।

दो गाँवों की इस कहानी में गाँव के मुखिया की भूमिका करना मुझे बहुत अच्छा लगा। इसमें संवादों की बजाय अभिनेता का व्यक्तित्व अधिक प्रदर्शित हुआ था। गाँव के मुखिया

(यह भूमिका मैंने की थी) की दूसरे गाँव में एक रखैल है। दूसरे गाँव के निवासी हर रात उसके आने और सुबह होने से पहले गाँव से चले जाने के अपमान को सहन नहीं कर पाते। वे एक रात मुखिया के गाँव में जाकर उसकी पत्नी का बलात्कार करते हैं। गाँव का मुखिया क्रोधवश उस गाँव को पूरी तरह से नष्ट करने के लिए निकल पड़ता है। कथा गाँव के मुखिया के भांजे के माध्यम से खुलती है। वह अपने मामा को कुछ भी करते देख विस्मित रह जाता है। वह उन पर कड़ी नजर रखता है तथा उन्हें चप्पल पहनते और देर रात में टॉर्च ले कर गाँव से बाहर जाते देखता रहता है। उनके गाँव में क्योंकि पहली बार पुलिस आती है, वह स्थिति की विकरालता के डर से जंगल की ओर भाग जाता है। गिरीश को फिल्म की कहानी पूरी तरह से स्पष्ट थी और वे अपने आश्चर्यजनक निर्देशन से फिल्म में वास्तविक मनोदशा को प्रस्तुत कर पाये हैं। आप इसे मात्र सौभाग्य कहें अथवा प्रतिभा की जीत, परन्तु जिस प्रकार से मैंने फिल्म जगत में अपनी पैठ जमाई, उससे आयु एवं सम्पर्कों के सम्बन्ध में समस्त विगत नियम ढेर हो गये। गिरीश ने जब मुझे थियेटर से लिया, मैं चालीस वर्ष की आयु पार कर चुका था। बहुत निकटता से उनके साथ काम करना स्वयं में एक अनुभव था क्योंकि मैं फिल्म बनाने की उनकी कामना और कारण को जानता था। फिल्म बनाने में वे जितनी कड़ी मेहनत कर रहे थे, उससे मैं परिणाम का पूर्वानुमान लगा सकता था और मैंने एक अभिनेता के रूप में फिल्म को अपना श्रेष्ठ दिया। बिना किसी सन्देह के मुझे इस फिल्म में लेने की उनकी हठ ने मुझे उनका प्रशंसक बना दिया।

गिरीश जैसे लोगों की सोच बहुत स्पष्ट है और वे एक निर्देशक के रूप में स्थापित होना चाहते हैं। उनसे इस माध्यम का सम्मान बढ़ेगा। दो भिन्न निर्देशकों की प्रेरणा ही केवल भिन्न नहीं हो सकती अपितु दोनों का सिनेमा के प्रति दृष्टिकोण भी पूर्णतः भिन्न हो सकता है। एक निर्देशक इस कामना से फिल्म बनाता है कि वह लाखों रुपये कमाएगा जबकि दूसरे का लक्ष्य दर्शकों की प्रशंसा प्राप्त करना और श्रेष्ठ निर्देशकों की श्रेणी में सम्मिलित होने की लालसा होती है। 'काडू' एक ऐसी फिल्म थी जिससे मेरा जीवन, मेरा कैरियर और मेरा सामाजिक स्तर परिवर्तित होना लिखा था। गिरीश ने मेरे व्यक्तित्व पर पक्का खलनायक होने की मोहर लगाने में महत्त्वपूर्ण योगदान दिया। श्याम बेनेगल ने भी 'काडू' फिल्म देखी थी, इसीलिए उन्होंने अगले वर्ष मुझे अपनी फिल्म 'निशान्त' के लिए चुना। शीघ्र ही मैं बंगाल कैम्प में शामिल हो गया था। वे और उनकी पत्नी मेरे नाटक अथवा यों कहे दुबे साहब के नाटक देखते रहे थे और उन्हें मुझसे स्नेह हो गया था।

श्याम ने जब अपनी पहली फीचर फिल्म 'अंकुर' बनायी तो उसमें मेरे लिए कोई भूमिका नहीं थी परन्तु फिल्म के लिए मैंने अपनी आवाज़ दी थी। पंचायत के दृश्य में सरपंच के संवाद मेरी आवाज़ में डब हुए थे। यह मेरे लिए एक बहुत अच्छी शुरुआत थी क्योंकि 'अंकुर' को एक व्यावसायिक फिल्म के रूप में ही स्वीकृति मिली थी। लोग यह देखकर चकित थे कि ऐसी फिल्म इतने कम बजट में बनायी जा सकती थी। मैं एक सुस्थापित अभिनेता नहीं था परन्तु श्याम को मैं ज़मींदार अन्ना की भूमिका के लिए बहुत उपयुक्त लगा था। दृश्य में उसके

न होने पर भी पूरी फिल्म में उसकी उपस्थिति का एहसास बना रहता है। अन्त में पात्र ही महत्त्वपूर्ण होता है। मैं निर्देशक पर पूरी तरह से निर्भर रहने का आदी था। यह आदत मुझे दुबे साहब के साथ थियेटर के दिनों से पड़ी हुई थी। वे किसी प्रकार के व्यवधान की अनुमति नहीं देते थे और चाहते थे कि कलाकार पूरी तरह से ध्यान केन्द्रित करें। 'निशान्त' का विषय इतना गंभीर था कि हम सब उसमें डूब गये। हमने एक मिशन की तरह काम किया था क्योंकि फिल्म को एकाध महीने की निश्चित अवधि में पूरा किया जाना था।

हमें हैदराबाद के होटल द्वारका में ठहराया गया था। प्रतिदिन सुबह साढ़े छह बजे हम 25 किलोमीटर दूर गाँव 'पोचमपल्ली' के लिए निकलते, वहाँ किराये पर ली गयी एक हवेली में शूटिंग चल रही थी। हमें पता चला कि गाँव की महिलाओं से बलात्कार करने वाला ज़मींदार उसी हवेली में रहता था। परिवार का मुखिया अपना अधिकांश समय जिस कमरे में व्यतीत करता था, उसमें शूटिंग और विश्राम करते हुए मुझे बहुत विचित्र अनुभूति होती थी। प्रारम्भ में मुझे बहुत विचित्र लगा परन्तु बाद में मुझे वहाँ बहुत राजसी एहसास होने लगा था। फिल्म की कहानी ज़मींदार परिवार के चार भाइयों पर केन्द्रित थी और मैं चारों भाइयों में सबसे बड़ा था। मेरी जीवन शैली बहुत जमींदाराना थी। हम बलपूर्वक लोगों से सम्मान लेते हैं और जो हमें पसन्द नहीं भी करते, हमें चुनौती देने का साहस नहीं कर पाते। घर पर लाई गयी कोई भी महिला सबसे पहले बड़े भाई के लिए होती है और फिर छोटों के लिए। अन्ततः स्थानीय गाँववासी उस परिवार को नष्ट कर देते हैं और प्रत्येक व्यक्ति को काट डालते हैं। यह आन्ध्र प्रदेश के एक गाँव की सच्ची कहानी थी जिसे विजय तेन्दुलकर ने लिखा था। इस कथा के केन्द्र में भी व्यक्ति को झकझोर देने वाली मानसिक हिंसा व्यक्त हुई है। यह मानव मात्र की एक लालसा है, जहाँ मूलभूत प्रवृत्तियाँ हावी हो जाती हैं क्योंकि चरित्र के अन्य गुण बहुत दुर्बल होते हैं। वे क्षण इतने वास्तविक थे कि आपको सत्य में रूपान्तिरत कर सकते थे। श्याम द्वारा बनायी जाने वाली फिल्में तथाकथित रूप से 'कला' फिल्में न होकर 'कलात्मक' फिल्में थी। खैर, उस समय व्यावसायिक फिल्मों की ओर मेरा झुकाव ही नहीं था। कुछ उत्कृष्ट कलाकारों के साथ काम करने का अवसर मिलने पर यह और भी चुनौतीपूर्ण था। हमारे पास शबाना आजमी, स्मिता पाटिल, नसीरूद्दीन शाह, गिरीश कर्नाड, ओम पुरी, अनन्त नाग, डॉ. मोहन अगाशे, कुलभूषण खरबन्दा जैसी महान प्रतिभाएँ थीं, अभिनय इनके खून में था। श्याम जैसे निर्देशक और गोविन्द जैसे स्वयं में एक उदाहरण सिनेमेटोग्राफर के साथ काम करने का अवसर मिल रहा था, हम इससे अधिक कुछ माँग भी नहीं सकते थे। पूरी यूनिट में बहुत घनिष्ठता थी, हम ऐसे व्यवहार करते और तालमेल के साथ रहते थे जैसे थियेटर में किया करते थे। सबमें वैसा ही समर्पण, वैसा ही व्यावसायिक दृष्टिकोण था। वास्तव में नसीर और स्मिता की यह पहली फिल्म थी और उन्होंने बहुत बढ़िया अभिनय किया था। नसीर अभी पुणे की फिल्म इंस्टिट्यूट में ही थे जब श्याम ने उनसे सम्पर्क किया। नसीर ने फिल्म में मेरे छोटे भाई की भूमिका की थी। उनके साथ इस पहली फिल्म में काम करते हुए मैंने उनमें कुछ बहुत रुचिकर पाया परन्तु मैं समझ नहीं सका था कि वह क्या है? बाद में मुझे एहसास हुआ कि उनकी

आवाज़ सामान्य से बहुत भिन्न थी परन्तु वे इसे बहुत सुन्दर ढंग से निभाते थे। अपने द्वारा निभाये जाने वाले पात्रों के अनुसार वे अपनी स्वयं की एक भाषण शैली बना लेते थे। परन्तु उनमें निश्चित ही कोई बनावट नहीं है। वे स्वाभाविक ढंग से अभिनय करने वाले कुछ गिने-चुने अभिनेताओं में से एक हैं इसीलिए वे जो भी करते हैं, एक छाप छोड़ते हैं।

फिल्म में एक दृश्य है, जिसमें मैं स्नान कर रहा हूँ और नल बह रहा है। नसीर आकर मुझसे कुछ कहता है और मैं स्नान करते-करते रुक जाता हूँ। इस दृश्य में उसने और मैंने, दोनों ने ही बहुत स्वाभाविक अभिनय किया है। एक अन्य दृश्य में वह आकर मुझसे बन्दूक लेने के अनुमति माँगता है। मैं उसे बन्दूक को कैसे चलाया जाता है, बताता हूँ और वह शर्माते हुए अपनी प्रतिक्रिया व्यक्त करता है। उसने बिल्कुल ऐसे अभिनय किया मानो वह सच में मेरा छोटा भाई हो, हमें याद ही नहीं रहता था कि हम अभिनय कर रहे हैं। जैसे ही हमें दृश्य समझाया जाता, तत्काल उस दृश्य को फिल्मा लिया जाता। इस प्रकार फिल्म में थियेटर की सहजता आ गयी थी। इसके अतिरिक्त हवेली में रहना बहुत स्वाभाविक लगता था, हम यहीं रसोई में अपना नाश्ता किया करते। मैंने रसोइए को फुसला लिया था और वह मेरे लिए कुछ अतिरिक्त दूध और मलाई रख देता जो मैं और निहलानी मिलकर खाते। शूटिंग के दौरान गाँववासी बहुत प्रफुल्ल थे, उनके लिए मानो यह एक उत्सव था। जब भी हमें भीड़ की आवश्यकता होती, हम उनसे कुछ लोगों को भेजने का आग्रह करते। गाँवों में शूटिंग करते हुए शहरों के समान भीड़ को नियन्त्रित करने के लिए पुलिस की आवश्यकता नहीं होती। गाँवों के लोग बहुत सीधे-सादे होते हैं।

'निशान्त' मेरी एक यादगार फिल्म थी। यह न केवल अच्छे से बनायी गयी थी अपितु कैरियर के प्रारम्भ में ही ऐसी भूमिका मिलना भी बहुत सन्तोषप्रद था। जैसा कठोर श्रम मैंने नाटकों में किया, वह मेरी एक सामान्य कार्यशैली थी और इसने सिनेमा में मेरे भविष्य की नींव रख दी थी। इस भूमिका के सम्बन्ध में महत्त्वपूर्ण यह था कि जमींदार को अपने बल का प्रदर्शन न केवल अपने व्यक्तित्व और वाक्पटुता से करना था अपितु दृश्यों को अभिनीत करने के ढंग से भी उसे दर्शाना था। सम्पूर्ण वातावरण एवं उसकी अनुभूति ने हमें इतना सराबोर कर दिया था कि मुझे वास्तव में ज़मींदार होने का एहसास होने लगा था। फिल्मों में नेगेटिव रोल को शक्तिशाली होना होता है। इस दृष्टि से मेरा चरित्र बहुत सुदृढ़ था और अन्त में जैसे इसका नाश हुआ, यह बुराई पर अच्छाई की जीत थी। इस धूर्त, दुष्ट और वहशी जमींदार की भूमिका से मुझे आगे बढ़ने और एक बेहतर कलाकार के रूप में विकास करने में बहुत सहायता मिली। मेरे अभिनय में और भी निखार आ गया और मैं खलनायक के चरित्र के साथ न्याय कर सकता था। आलोचकों, दर्शकों और मेरे सह कलाकारों ने मेरी योग्यता को परखा। मैं एक शक्तिशाली ठाकुर के रूप में स्थापित हो गया। यह एक ऐसा चरित्र था जिसे मैंने एक के बाद एक फिल्म में पचास बार और किया होगा। यह अनुभव मेरे भीतर के अभिनेता को भयभीत कर सकता था। परन्तु इस खांचे से मुक्त होने में मैं शायद पर्याप्त सक्षम था और मैंने इस भूमिका को करना जारी रखा।

श्याम के साथ काम करना वास्तव में बहुत अच्छा रहा। वे दर्शाए जा रहे दृश्य के सम्बन्ध में बहुत स्पष्ट होते हैं और अपनी योजनाओं में किसी प्रकार का व्यवधान सहन नहीं करते। परन्तु इसका तात्पर्य यह नहीं कि वे सुझावों एवं सुधारों को प्रोत्साहित नहीं करते। उनका केवल इतना कहना होता है कि उनके निर्देशों में किसी भी प्रकार के प्रस्तावित परिवर्तन की जानकारी उन्हें पहले ही दे दी जाए। 'काडू' और 'निशान्त' दोनों फिल्मों ने एक अभिनेता के रूप में मेरी योग्यता को अनेक प्रकार से स्थापित किया था। इनमें मैंने खलनायक की भूमिका को बहुत वास्तविकता से करने का प्रयत्न किया था और उसमें विभिनन सूक्ष्म पक्षों को जोड़ा था। निजी स्तर पर मेरा श्याम के साथ ऐसा तालमेल स्थापित हो गया था कि मैंने उनकी बाद की सभी फिल्मों में काम किया। वे मेरे कार्य से इतने प्रसन्न लगते थे कि उन्होंने मुझे 'मन्थन' और 'भूमिका' फिल्मों में भी भूमिकाएँ दीं, ये फिल्में उन्होंने तुरन्त एक के बाद एक कीं।

'मन्थन' फिल्म के लिए हम गुजरात गये। इसकी शूटिंग राजकोट से 35-40 किलोमीटर दूर एक गाँव में हुई थी। वास्तव में फिल्म का उद्देश्य गुजरात में और विशेष रूप से आनन्द में तथा इसके पास दूध सहकारिता समितियों को प्रोत्साहित करना था। इस फिल्म को बनाने के लिए डॉ. वर्गिस कुरियन ने श्याम से सम्पर्क किया था। लोग वास्तव में इस बात को नहीं जानते कि इन समितियों के समस्त कार्यकर्ताओं ने एक-एक रुपये का योगदान देकर दो लाख रुपये की राशि एकत्र की थी। यह एक भिन्न भूमिका थी जो पूर्णतया नेगेटिव तो नहीं थी परन्तु यह खलनायकी का पुट लिए एक चालाक और हिसाबी चालू पंजाबी दूध वाले जिसका एक डेरी फार्म होता है, की भूमिका थी। निःसन्देह मेरे द्वारा अब की जा रही नेगेटिव भूमिकाओं की तुलना में यह भूमिका बहुत छोटी लगती है। परन्तु सिनेमा की शब्दावली में नायक सफेद होता है और खलनायक काला। हमने वहाँ एक महीना से अधिक समय रहकर शूटिंग पूरी की। वह पूरी फिल्म उस गाँव में ही फिल्मायी जानी थी। कुछ कलाकार राजकोट में ठहरे थे और प्रतिदिन उस गाँव में आते थे जबकि हममें से कुछ लोगों ने गाँव में उसी घर में ही रहना पसन्द किया था, जहाँ शूटिंग हो रही थी। श्याम, स्मिता और मैं सुबह जल्दी जग जाते तथा लम्बी सैर के लिए जाते। आसपास गाँववासियों के साथ सारा वातावरण बहुत मोहक होता था। उन्होंने हमारी बहुत सहायता की, उनमें से कुछ ने तो शूटिंग करने के लिए हमें अपने मकान तक खाली करके दे दिये।

वास्तव में मेरे जीवन के प्रारम्भ के गाँवों में बिताए गये कुछ वर्षों ने मुझे यह जानने में बहुत सहायता की थी कि गाँववासी कैसे रहते हैं। आप उन्हें छोटे-छोटे समूहों में बैठे बातें करते देखते हैं, उनके छोटे-छोटे झगड़े हैं। मैंने जागीरदार और ज़मींदार की अनेक भूमिकाएँ की हैं तथा ग्रामीण जीवन से प्राप्त सीख का प्रभाव उन भूमिकाओं पर निश्चित रूप से देखा जा सकता है। जब तक आप यह नहीं जानते कि एक निश्चित प्रकार के वातावरण में किस प्रकार की गतिविधियाँ चल रही हैं, आप भूमिका को प्रभावी ढंग से नहीं कर सकते। वे गाँवों से बाहर के जीवन के प्रति कितने अनभिज्ञ और कितने सीधे होते हैं, उनकी मानसिकता कैसी होती है? इस सब का प्रभाव पड़ता है, कम से कम मेरे साथ तो ऐसा हुआ ही है। मैंने शहरी जीवन

को भी देखा है। यद्यपि मैंने कभी वैभवपूर्ण जीवन नहीं व्यतीत किया परन्तु ऐसे लोगों के सम्पर्क में मैं आया हूँ और मैंने उन्हें देखा है। मैं जानता हूँ कि वे निम्न मध्यवर्गीय परिवार के व्यक्ति के साथ कितने घटिया अथवा शुष्क ढंग से व्यवहार कर सकते हैं। आज के नायक यह नहीं जानते, अनेक भूमिकाएँ भी नहीं है, अतः निरन्तर म्यूज़िकल चेयर का खेल खेला जा रहा है। अपनी स्थिति को बनाये रखना बहुत कठिन है। तकनीकी दृष्टि से कहूँ तो एक हेलिकॉप्टर के लिए उड़ान भरना और रफ्तार बढ़ाना बहुत आसान है। यह आसानी से 50 फुट से 10,000 फुट की ऊँचाई पर जा सकता है परन्तु यदि इसे भूमि से मात्र 25 फुट ऊपर जाकर मंडराना हो और इस ऊँचाई को बनाये रखना हो तो इसमें अधिक शक्ति व्यय होती है। यही स्थिति अभिनेताओं के साथ भी है, जिन्हें एक स्तर पर बने रहना होता है और उस स्तर को बनाये रखना होता है। ऐसा करना बहुत कठिन है। वे सब, जो यह कर रहे हैं, आप सोच सकते हैं कि उन्हें कितना अतिरिक्त श्रम करना पड़ रहा है और मैं जानता हूँ कि मुझे कितना अतिरिक्त श्रम करना पड़ा।

हम जब देश के दूर-दराज़ के गाँवों में शूटिंग करते हैं तो हमें अपने प्रति लोगों की प्रतिक्रिया का पता चलता है। एक बार हम हरियाणा के डबचिक क्षेत्र में एक स्थान पर शूटिंग कर रहे थे। मैं संजय दत्त और जैकी श्रॉफ के साथ एक विश्राम गृह में ठहरा हुआ था। कुछ गाँववासी हमारे पास आते और कहते, "कृपया हमारे घर आइये।" हम तीनों ने एक ऐसे ही निमन्त्रण को स्वीकार कर लिया। घर में एक महिला छोटी-सी रसोई में चूल्हे के सामने बैठी थी। उसने साग और कुछ अन्य सब्जियाँ पकाई थीं। हमने रसाईघर में बैठकर खाना खाया। पूरा परिवार बहुत प्रसन्न था। कुछ अन्य गाँववासी हमारे लिये बाजरे की रोटी ले कर आते। ऐसे विनम्र इनसान थे वे, उनकी स्वाभाविक अच्छाई अभी सुरक्षित ही बनी हुई थी, आगन्तुकों के लिए वे मेहमाननवाज़ी, स्नेह और प्यार के भाव से सराबोर थे। वे आपको यह सोचकर कि आप बड़े शहर से आये हैं, प्रसन्नता देना चाहते हैं। हम उनकी सादगी से भाव विभोर हो गये थे।

जहाँ तक 'भूमिका' का सम्बन्ध है, यह एक पूर्णतः भिन्न भूमिका थी। मैंने इसमें गोवा के एक ज़मींदार की भूमिका की थी। फिल्म के दौरान श्याम ने मुझसे कहा कि "तुम्हारा चेहरा इस भूमिका के लिए बहुत कठोर है और मैं किसी दूसरे को ले भी नहीं सकता। मैं चाहता हूँ कि तुम थोड़ा कोमल दिखो।" मैंने पूछा, "मैं क्या कर सकता हूँ?" उन्होंने सुझाव दिया, "ब्यूटी पार्लर जाकर कोई फेशियल करवा लो", मैंने उत्तर दिया, "पर चेहरा तो वही रहेगा।" श्याम ने कहा, "नहीं, नहीं कोमलता आ जाएगी," इस प्रकार मुझे फेशियल करवाने के लिए लगभग दस बार ताजमहल होटल भेजा गया, स्वाभाविक ही है कि इसका भुगतान मैंने नहीं किया था और इससे अन्तर पड़ा था। मैंने पाया कि चेहरा वास्तव में ही बहुत कोमल दिखाई देने लगा था। फिल्म में ज़मींदार का एक शक्तिशाली चरित्र है, वह एक लड़की से विवाह कर उसे गोवा में अपने गाँव में ले आता है। वह तब तक उस गाँव में रहती है जब तक वह अपनी आज़ादी की कामना नहीं करने लगती। वह दावा करती है कि वह कहीं भी जा सकती है और

उन चार दीवारों के भीतर उस पर कोई प्रतिबन्ध कैसे लगाए जा सकते हैं। वह प्रतिरोध करती है और मेरे आदेशों का लापरवाही से उल्लंघन करती है। यहाँ मुझे उसे चाँटा लगाकर कहना था, "नहीं, मैं तुम्हें एक शर्त के साथ यहाँ लाया था। मैंने तुम्हें बताया था कि तुम्हें यहाँ कैसे रहना होगा और तुम अब शर्त के विरुद्ध जाने का प्रयत्न कर रही हो। मैं तुम्हें इसकी अनुमति नहीं दूँगा। तुम यहाँ नहीं रहना चाहती तो मैं तुम्हें अब भी वापिस भेज दूँगा।"

यह ज़मींदार सज्जन, सिद्धान्तों पर चलने वाला व्यक्ति था जो विनम्रता से बात करने वाला परन्तु कठोर था। उसने महिला, स्मिता पाटिल के सामने अपने सभी पत्ते बिछा दिये थे। सामान्यतः हम इस प्रकार से थप्पड़ लगाते हैं कि दूसरे अभिनेता को वास्तव में मारे बिना आपके थप्पड़ की प्रतिक्रिया करनी होती है। मैंने श्याम से चर्चा की कि वास्तव में थप्पड़ लगाकर हमें सही प्रतिक्रिया मिलेगी। वे मेरे विचार से सहमत हो गये परन्तु कहा कि मैं उन्हें ज़ोर से न मारूँ। मैंने स्मिता को वास्तव में थप्पड़ लगाये बिना दृश्य की रिहर्सल की परन्तु शूटिंग में उन्हें वास्तव में थप्पड़ जड़ दिया, मुझे नहीं मालूम कि मैंने उन्हें कितनी ज़ोर से मारा था। इसका अपेक्षित प्रभाव पड़ा था और उनके चेहरे पर क्या अद्भुत प्रतिक्रिया हुई थी, उन्होंने मुझे काट जाने वाली दृष्टि से देखा था, मानो कह रही हों, "मुझे चाँटा मारने की तुम्हारी हिम्मत कैसे हुई?" परन्तु स्मिता एक बहुत सहज अभिनेत्री थी और बहुत व्यावसायिक दृष्टिकोण की थीं। उनके अभिनय की सदा सराहना होती। जैसे ही दृश्य समाप्त हुआ वह मुझे मारने को मेरे पीछे दौड़ीं। पूरा यूनिट इस घटना से आनन्द उठा रहा था। इस प्रकार काम करते थे हम। मैंने स्मिता के साथ जिस अंतिम फिल्म में काम किया, वह थी 'वारिस' और तब बच्चे के जन्म के दौरान उनकी अचानक मृत्यु हो गयी और हम सब भौचक्के रह गये। वह हमारे उद्योग की एक धरोहर बन चुकी थी। उनके वर्ग की और भी अनेक अभिनेत्रियाँ हुई हैं परन्तु कोई भी उनकी असाधारण प्रतिभा के समकक्ष नहीं हो सकी। हमने एक महान अभिनेत्री और एक अनुपम इनसान को खो दिया था।"

अन्ततः मैंने फिल्मों में अपना कैरियर बनाने की दुविधा का समाधान कर लिया क्योंकि थियेटर से कभी भी समुचित आजीविका नहीं प्राप्त हो सकती थी। मैंने थियेटर से कभी पैसा नहीं बनाया। उर्मिला भी नौकरी कर रही थी परन्तु मैं उस पर निर्भर नहीं रहा। मुझे धन कमाना था इसीलिए 1969 में पहली फिल्म करने के बाद भी मैंने अपनी नौकरी से छह वर्ष तक त्यागपत्र नहीं दिया। तब तक मैं फिल्म उद्योग में अपने पाँव ज़मा चुका था। मैंने यह हिसाब भी लगाया कि फिल्मों से मिल रही राशि मेरी आवश्यकताओं को पूरा करने के लिए पर्याप्त होगी। मैं अपने परिवार को पूरा समय देता और सुनिश्चित करता कि उनकी अनदेखी न हो। हमारा जीवन निर्विघ्न रूप से चलता रहा और इसका श्रेय उर्मिला को जाता है। यदि वह सब समय मेरे निर्णयों में मेरा साथ न देती तो आज मैं यहाँ न होता। अनेक लोग आते हैं और चले जाते हैं परन्तु मैं बचा रहा। फिल्में अब मेरे लिए खतरा नहीं थीं। मैंने सही समय की प्रतीक्षा की थी और जिस प्रकार का कार्य मैं कर रहा था, उससे मेरा आत्मविश्वास बढ़ रहा था। यदि आप अपने काम के प्रति सच्चे हैं तो निश्चित ही आपको काम मिलेगा और जब किसी

को यह काम करना ही है तो मैं क्यों नहीं!

मुझे याद है जब मैं बेनेगल की एक और फिल्म 'मण्डी' की हैदराबाद में शूटिंग कर रहा था तो मुझे नाटक 'बन्द दरवाज़ा' के एक शो के लिए बम्बई वापिस आना पड़ा था। देखिए तो क्या हुआ। अपनी शूटिंग के बाद जब मैं हैदराबाद के हवाई अड्डे पर पहुँचा तो पता चला कि जो विमान बम्बई लौटना था, उसकी उड़ान में कुछ घण्टे की देरी है। मैं वहाँ रात लगभग साढ़े दस बजे तक फँसा रहा। तब मैंने कार से लौटने का निश्चय किया। मैंने होटल से केवल एक तकिया ले कर अपनी अम्बेसडर कार में रख लिया और बेचारा ड्राइवर मेरे साथ आने के लिए तैयार हो गया, उसने सारा दिन काम किया था। आधे घण्टे के भीतर ही मैंने देखा कि गाड़ी टेढ़ी-मेढ़ी चल रही है। मैंने ड्राइवर से पूछा कि क्या हुआ परन्तु तभी मुझे लगा कि उसे नींद आ रही थी। मैंने उसे एक झोंपड़ी के निकट रुकने के लिए कहा, वहाँ से पानी ले कर मैंने अपना मुँह धोया और स्वयं गाड़ी चलाने का फैसला किया। मैं उस पर निर्भर नहीं कर सकता था। मैं जानता था कि यदि कुछ ग़लत हो गया तो उसके पास एक औचित्यपूर्ण बहाना होगा अतः पुणे तक मैंने स्वयं ही गाड़ी चलाई और छह घण्टे के भीतर वहाँ पहुँच गया। यहाँ मैं अपने छोटे भाई हरीश के घर पर रुका, नहाया और नाश्ता किया। मुझे बम्बई पहुँचने में चार घण्टें लगने थे। अब ड्राइवर क्योंकि रात भर सो चुका था, सो उसने गाड़ी चलाई। पुणे और बम्बई के बीच एक्सप्रेस हाइवे बन जाने से अब यह दूरी बहुत कम समय में पूरी हो जाती है। मेरे नाटक का शो शाम सात बजे था और मैं उससे केवल एक घण्टा पहले थियेटर में पहुँचा। मैं हालाँकि बहुत थका हुआ था परन्तु मैंने अपनी क्षमतानुसार उत्कृष्ट अभिनय किया। यह जीवन का भी रंगमंच है परन्तु हम इसका आनन्द उठाते हैं और प्रसन्न होकर इसे याद करते हैं। वचनबद्धता—एक माध्यम के लिए एकनिष्ठ प्रेम से बढ़कर कुछ नहीं। मुझे किसी का उधार नहीं चुकाना था परन्तु इसका दायित्व मुझ स्वयं पर था। रंगमंच ने मुझे समय-समय पर सिखाया और अपने अभिनय में नए आयाम जोड़ने में मेरी सहायता की।

बेनेगल की फिल्में करते हुए सर्वाधिक चकित कर देने वाला अनुभव 'सूरज का सातवाँ घोड़ा' के दौरान हुआ। उसका एक खास ढंग से आगे-पीछे होना और बीच-बीच में फ्लैशबैक ने फिल्म को बहुत प्रभावशाली बना दिया था। वे अपनी तकनीक में माहिर हैं। वे इसे इतने सूक्ष्म ढंग से करते हैं कि फिल्म की कथा प्यार की प्रकृति और छिपे हुए सत्य के सम्बन्ध में शाश्वत प्रश्नों को विवेकपूर्ण व्यंग्य एवं उनकी रचनात्मकता की सहजता के साथ प्रस्तुत करती चलती है। उनके द्वारा दर्शायी गयी समाज की कुरूपता पितृात्मक व्यवस्था में कृत्रिम और आडम्बरपूर्ण मूल्य व्यवस्था की धज्जियाँ उड़ने की ओर बहुत सुन्दर ढंग से संकेत करती है। धर्मवीर भारती के उपन्यास पर आधारित फिल्म का शीर्षक सूरज के सात घोड़ों का प्रतीक है। जब कोई फिल्मकार किसी भी विख्यात और विशेष रूप से समकालीन उत्कृष्ट कृति को अपनी फिल्म का आधार बनाता है तो सदैव एक दर्शक वर्ग ऐसा होता है जो यह मानता है कि पुस्तक बेहतर थी। इस प्रकार की प्रतिक्रिया बहुत स्वाभाविक थी। फिल्म का एक पात्र सूरज का सातवाँ घोड़ा है और यही विषय का मर्म है। मेरी भूमिका एक लम्पट व्यक्ति की

परन्तु महत्त्वपूर्ण थी जो अनेक छायाएँ लिये हुए थी। प्रत्येक पक्ष एक विशेष परिस्थिति में उभर कर सामने आता था। 'निशान्त' की भूमिका से बहुत अधिक समानता लिये हुए, एक बस्ती के षड्यन्त्रकारी बदमाश की भूमिका करना मुझे बहुत आकर्षक लगा था। वह एक मंझा हुआ दुष्ट व्यक्ति है। वास्तविक जीवन में ऐसे लोगों को देखने के बाद उस प्रकार के व्यक्तित्व को निभाना सरल था और सबसे बड़ा तकनीकी लाभ यह था कि हमने बिना रुके लगातार काम किया था।

पूरी फिल्म की शूटिंग एक स्टूडियो में एक ही स्थान पर हुई थी और यह 30 दिन में पूरी कर ली गयी थी। मैंने इनमें से केवल 12 दिन काम किया था। मैं बहुत नहीं सोचता था। मुझे दिये जाने वाले संवादों के अनुसार कल्पना कर मैं अपना अभिनय कर देता। इस फिल्म में शूटिंग के साथ ही संवादों की रिकॉर्डिंग की गयी थी, इसका सर्वाधिक उत्साहजनक पहलु यह था कि पूरी फिल्म में मेरी मौलिक आवाज़ ही रखी गयी थी। यह बहुत कठिन होता है क्योंकि जब आप खुले में शूटिंग करते हैं तो वहाँ अनेक प्रकार की आवाजों से आपका ध्यान भंग होता है। इस प्रकार शूटिंग स्थल का चयन बहुत महत्त्वपूर्ण हुआ करता है। सौभाग्यवश आस-पास का वातावरण शान्त था क्योंकि अधिकांश शूटिंग रात के समय की जाती। जब आप स्वयं को पात्र के साँचे में ढाल लेते और डूबा देते हैं तो आपका अंग संचालन, चाल-ढाल और अभिव्यक्ति परिवर्तित हो जाती है। परन्तु डबिंग के दौरान उस पात्र को पुनर्जीवित करना सम्भव नहीं होता। इस फिल्म में चूँकि इस प्रकार की कोई समस्या नहीं थी तो अभिनय, उसमें कोई हल्कापन आये बिना, पूर्णता को लिये हुए था। मुझे याद है कि 'गाँधी' फिल्म में भी शूटिंग के दौरान बोले गये संवादों को ही रिकॉर्ड किया गया था। इसलिए शूटिंग स्थल से एक किलोमीटर तक के क्षेत्र की घेराबन्दी कर दी जाती, जिससे कि श्रेष्ठ सम्भव अभिनय हो पाये।

पुराने समय में अभिनय के साथ आवाज़ की रिकॉर्डिंग बन्द स्टूडियो में की जाती थी। खामोश होने की घोषणा की जाती, एक घण्टी बजती और जब स्टूडियो के भीतर शूटिंग जारी होती तो बाहर लाल रंग की बत्ती जलती रहती जिससे कि बाहर भी लोग शान्त रहे। सेट पर अभिनय करते हुए वास्तविक आवाज़ें—जैसे आप व्यवहार करते हैं, साँस लेते हैं और जिस ढंग से आप बोलते हैं—रिकॉर्ड की जातीं और उनमें अधिक स्वाभाविकता होती थी। आजकल यद्यपि डबिंग की बहुत प्रभावशाली तकनीकें प्रयोग में लाई जाती हैं परन्तु फिल्म में कुल मिलाकर वास्तविकता का प्रभाव तभी आ पाता है जब शूटिंग के समय रिकॉर्डिंग हो। हमें जब किसी दृश्य को फिल्माना होता है तो हम मानसिक स्तर पर तैयारी करते हैं और सब समय इसके विषय में सोचते रहते हैं। इसका परिणाम आपके द्वारा अपनी आवाज़ के माध्यम से व्यक्त की जाने वाली भावनाओं में दिखाई देता है। परन्तु भावनाओं को डबिंग के दौरान पुनर्जीवित नहीं किया जा सकता। हमें उन दृश्यों की समस्त यादों को प्रस्तुत करने का प्रयास करना होता है, विशेष रूप से दृश्यों में छिपे अर्थों, एहसासों, वातावरण को याद कर अपनी आवाज़ के माध्यम से पुनः प्रस्तुत करना होता है। इस फिल्म में चूँकि हमने लगातार काम किया था और सब कुछ याद था अतः यह जानना कठिन नहीं होता था कि हमने पिछले दृश्य में क्या दिया था।

यही सहजता है कि आप तत्काल स्थान पर कैसा अभिनय करते हैं। बहुत बाद में उस मनःस्थिति को पुनः प्रस्तुत करता कठिन हो जाता है। मैं उस पद्धति पर काम कर सकता हूँ परन्तु रिकॉर्डिंग के दौरान मेरे भाव वैसे नहीं भी हो सकते। जैसा कि अन्य फिल्मों में, जिन्हें पूरा होने में एक वर्ष तक का समय लग जाता है, निरन्तरता को बनाये रखना कठिन होता है। यह जानने का कोई तकनीकी साधन नहीं होता कि हमने पहले कैसा अभिनय किया था। यह केवल मेरे मस्तिष्क में होता है। मुझे इसे अपने विचारों में सुरक्षित रखना होता है अन्यथा मेरे अभिनय में निरन्तरता नहीं रहेगी। विभिन्न प्रकार के सिनेमा में इस प्रकार की गहनता की आवश्यकता होती है। यदि विचार स्पष्ट नहीं है तो शब्द पर्याप्त नहीं होंगे। आपको पंक्तियों में छिपे अर्थों की अभिव्यक्ति करनी होती है।

'सूरज का....' में एक दृश्य है, जिसमें मैं शीशे के सामने खड़े होकर अपनी मूँछ को रंगने के साथ-साथ गुनगुनाता हूँ। यह दृश्य यथावत रखा गया है—जिस मनःस्थिति में मैंने गुनगुनाया था—उसकी डबिंग नहीं की गयी। जब मूल पंक्तियों के माध्यम से एहसास और अनुभूतियाँ वास्तविकता के साथ उजागर होती हैं, उस क्षण की सहजता अपेक्षित परिणाम देती है और आपके अभिनय को सराहा जाता है। जब कलाकार अपने सहज उत्कृष्ट स्तर पर होता है तो वह उसकी कला का चरम होता है। आप कृत्रिम रूप से रो भी नहीं सकते। यदि आप स्वाभाविक रूप से रोते हैं तो आपका हृदय भी रोता है। यदि आप किसी बात पर प्रसन्न हैं तो दबी हुई हँसी भी आपकी प्रसन्नता को दर्शा जाती है। आप यदि अपने पात्र में वास्तव में डूब जाते हैं तो आप अपने अभिनय कौशल को कितने अच्छे ढंग से प्रयुक्त करते हैं—यह एक कलाकार का काम है। मेरे विचारानुसार सिडनी और सिंगापुर फिल्म उत्सवों में 'सूरज का सातवाँ घोड़ा' के लिए श्रेष्ठ अभिनेता के दो अन्तर्राष्ट्रीय पुरस्कार मिलने का यही कारण था—अपने अभिनय के अनुसार आवाज़ में सही प्रकार की अभिव्यक्ति को लाना। पाँच सदस्यों वाले निर्णायक मंडल ने इसे 'एक विश्वसनीय एवं नियंत्रित अभिनय' बताया। शूटिंग के साथ ही रिकॉर्डिंग के कारण मैं उस स्तर तक उत्साहित और प्रेरित रहा होऊँगा। दृढ़ संकल्प और प्रतिभा—कलाकार के गुण होते हैं—सफलता के सर्वाधिक महत्त्वपूर्ण घटक और भाग्य शायद इसके वास्तविक हकदार का साथ देता है। मैं अत्यधिक प्रसन्न था क्योंकि ये पुरस्कार प्रदान करने वाले संगठन अथवा लोग मुझे जानते तक नहीं थे। इसलिए पक्षपात की कोई सम्भावना नहीं थी जो कि हमारे यहाँ कुछ पुरस्कारों के साथ प्रायः देखी जाती है।

अतः यह एक प्रसन्नतादायक आश्चर्य था जब दोनों देशों के दूतावासों ने राष्ट्रीय फिल्म विकास निगम (एन एफ डी सी) को सूचित किया और फिर एन एफ डी सी ने मुझे सूचना दी। अन्तर्राष्ट्रीय स्तर पर स्वीकृति के इस प्रमाण से मैं रोमांचित था, इससे मुझमें पुनः विश्वास जाग्रत हुआ कि मेरे भीतर का कलाकार जीवित था और कुलांचे भर रहा था। परन्तु जिस प्रकार से एन एफ डी सी ने मुझे डाक द्वारा यह सम्मान भेजा कि मैं इसका जो चाहे कर लूँ, उन्होंने अपने दायित्व को अपेक्षित ढंग से नहीं निभाया था। इस पुरस्कार के सम्बन्ध में एकमात्र निराशाजनक बात यह थी कि इसने मुझे सचेत कर दिया था कि अधिकांश भारतीय दर्शक

मेरे अभिनय को नहीं देख पाएँगे क्योंकि उन्होंने ऐसी फिल्में देखना बन्द कर दिया है। यह बहुत निराशाजनक प्रतीत होता है परन्तु बहुत सत्य है। आज मुम्बई के रूप में विख्यात बम्बई जैसे प्रबुद्ध नगर में इस फिल्म को देखने केवल 15 लोग पहुँचे और उस सप्ताह की कुल आय केवल 27 प्रतिशत थी। मैं नहीं जानता था कि किसे दोष दूँ –श्याम बेनेगल अथवा दर्शकों को। आश्चर्य होता है कि आज भी ऐसी फिल्में बन रही हैं यद्यपि लोग उन्हें जाकर देखते नहीं। केवल इस प्रकार की फिल्मों से मुझे सर्वाधिक सन्तोष प्राप्त होता है और अभिनय करने का नशा बना रहता है। मानसिक और बौद्धिक स्तर पर इस प्रकार का आत्मनिरीक्षण केवल समानान्तर सिनेमा में ही हो पाता है क्योंकि वहाँ विषय इतना शक्तिशाली होता है कि आपको अभिनय करने से पहले साहसपूर्वक सोचना पड़ता है। यही वास्तविक 'सिनेमा' है। जब तक चबाने को कुछ न हो, आप ऐसे ही अपने होंठ नहीं काट सकते।

मैंने फिल्मों में समानान्तर फिल्मों के युग में प्रवेश किया, जब कुछ फिल्म-निर्माताओं को व्यावसायिक एवं बिकने वाले कलाकारों को ले पाना सम्भव नहीं लगा था अतः उन्होंने रंगमंच के कुछ कलाकारों को लेना प्रारंभ किया, बदले में वे कलाकार इन फिल्मों में काम करके कुछ पैसा बना लेते थे। प्रारम्भिक फिल्मों में चाहे स्पष्ट सामाजिक अथवा राजनीतिक सन्देश हुआ करते थे, वे फिल्में व्यावसायिक स्तर पर भी बहुत व्यावहारिक हुआ करती थीं। परन्तु यह नई शैली, तथाकथित कला फिल्में भिन्न थीं और तकनीक उत्तम थी। इसी ने अर्थपूर्ण सिनेमा को एक भिन्न स्वरूप प्रदान किया। यहीं से प्रयोगात्मक फिल्मों का आन्दोलन प्रारम्भ हुआ और श्याम बेनेगल इस आन्दोलन के अग्रणी लोगों में से एक थे जिन्होंने 'पाथेर पांचाली' बनायी। भारतीय जनता की निर्धनता पर आधारित यह फिल्म डॉक्यूमेंटरी अधिक लगती थी। लोगों ने इतनी ही संवेदनशीलता से इस फिल्म को देखा और उनमें से कुछ को इस फिल्म में अपने ही जीवन की प्रतिछाया दिखाई दी और यह वास्तविकता की परख का पैमाना बन गया। तब मृणाल सेन भी इस धारा में कूद गयीं। इस आन्दोलन से पहले 75 प्रतिशत फिल्में पौराणिक विषयों पर आधारित हुआ करती थीं।

1960 और 70 का दर्शक वर्ग बहुत सुसंस्कृत था। परन्तु रंगमंच और सिनेमा के दर्शकों में अन्तर स्पष्ट दिखाई देता था क्योंकि सिनेमा बहुत रूढ़िवादी था–सम्बन्धों नहीं, परिवारों के इर्दगिर्द घूमता हुआ। 'रंगमंच में सम्बन्धों को केन्द्र में रखा जाने लगा था इसलिए इसे प्रयोगात्मक थियेटर कहा गया। इसी से स्पष्ट होता है कि थियेटर का दर्शक वर्ग अधिक विकसित, अधिक खुला था। ये विषय जब थियेटर में सफल रहते तो उन्हें फिल्मों में रूपान्तरित कर लिया जाता। परन्तु 1980 में यह कम होने लगा और 1990 तक आते-आते ऐसी फिल्में लुप्त होने लगी थी। इसका प्रमुख कारण यह था कि उन्हें प्रयोगात्मक थियेटर की सहायता नहीं मिल रही थी और वही तो उनका अवलम्ब था। यह पूर्णतया मेरा अपना दृष्टिकोण है। ये समस्त परिवर्तन एक ही समय पर हुए–प्रयोगात्मक थियेटर, प्रयोगात्मक फिल्में, वास्तविक सिनेमा–बिना किसी लीपापोती के और लोग उन्हें देखने उमड़ पड़ते जबकि एक ऐसा वर्ग भी था जो भारतीय निर्धनता को प्रदर्शित करने और ऐसी फिल्मों को अन्तर्राष्ट्रीय

फिल्म समारोहों में प्रदर्शित करने का विरोध कर रहा था। परन्तु इसके समर्थकों का तर्क था, "क्यों नहीं? यह जीवन की सच्चाई है। वास्तव में जीवन ऐसा ही तो है।" जब भी संस्कृति में परिवर्तन आता है, हमारा जीवन बदल जाता है और सिनेमा भी नई दिशा प्राप्त करता है। इसे विचारवान व्यक्ति का सिनेमा की संज्ञा दी गयी। इन फिल्मों के विषय गम्भीर और विचारपूर्ण होते, इन्हें फिल्माये जाने की शैली ही इन फिल्म निर्माताओं का एकमात्र सहारा थी। इस पर बहुत कम खर्च आता परन्तु बहुत अधिक सम्प्रेषित हो जाता। इसीलिए इन फिल्मों को विदेशों में भी प्रशंसा प्राप्त हुई, उन्हें इन फिल्मों में सामाजिक अभिव्यक्ति की दृष्टि से नवीनता दिखाई दी। यह विवेकपूर्ण विषयों का सिनेमा था। वृक्षों के इर्द-गिर्द दौड़ते कलाकारों से परे। लोग चूँकि थियेटर भी देखना चाहते थे अतः इस प्रकार का सिनेमा थियेटर का विस्तार था।

भारत में समानान्तर सिनेमा का बड़ा समर्थक होने के नाते मैं एक ही बार यह कहना चाहूँगा कि 'कला सिनेमा' जैसा कुछ नहीं होता। यह बस इतना ही है कि कुछ फिल्में अधिक कलात्मक ढंग से बनायी जाती हैं। परन्तु समस्त फिल्मों को व्यावसायिक स्तर पर व्यावहारिक होना होता है क्योंकि निर्माता को फिल्म बेचकर अपना पैसा वसूल करना होता है। अन्तर केवल इतना है कि कुछ विषय व्यावसायिक स्तर पर बहुत आकर्षक नहीं होते और फिल्म निर्माता फिर भी अपने विचारों अथवा विचारधारा को दूसरों के साथ साँझा करना चाहता है। परन्तु वह यह जानता होता है कि उसके काम के लिए बहुत बड़ा बाज़ार नहीं है और कि उसके संसाधन अपर्याप्त हैं और जब लोग उसकी बात सुनने को तैयार नहीं होते तो उसे सीमित धन से फिल्म बनानी पड़ती है जो सामान्य व्यक्ति की समझ से परे हो सकती है। सामान्य व्यावसायिक प्रेम कहानी से यही इसका अन्तर है जिसमें किसी विवेक की आवश्यकता नहीं होती। इसलिए एक ओर ये सोच विहीन मनोरंजनात्मक फिल्में हैं जो दर्जनों में बनती हैं तो दूसरी ओर ऐसे निर्माताओं द्वारा बनायी गयी ये अर्थपूर्ण फिल्में हैं जिनके समक्ष एक प्रकार का उद्देश्य है। ऐसी आश्चर्यजनक सीमओं के बावजूद भी यदि वे सफल हो जाते हैं तो यह उनका सौभाग्य और व्यावसायिक प्रतिष्ठा है जो ऐसे अभिनेताओं को अपनी फिल्मों में लेने में उनकी सहायता करती है।

एक समय विश्व के दस सर्वोच्च निर्देशकों में से एक माने जाने वाले श्याम बेनेगल व्यावसायिक एवं समानान्तर–दोनों प्रकार के सिनेमा को एक समान कुशलता से निभा सकते हैं। पूर्णतावादी और किसी प्रकार का कोई भी समझौता न करने वाले बेनेगल ने अपने प्रयासों से एक ऐसा दर्शक वर्ग तैयार कर दिया था जो ऐसी फिल्मों की प्रतीक्षा करता था और बॉक्स ऑफिस पर भी उन्हें सफल बना उन्हें मील का पत्थर बना देता था। वे अपना कलाकारों में उत्कृष्ट अभिनय करने के लिए आत्मविश्वास जाग्रत करते हैं, उनके लेखकों और तकनीशियनों की टीम को बहुत पहले ही सब निर्देश दे दिये जाते हैं। इसलिए उन्हें अथवा उनके कलाकारों को कोई सन्देह नहीं होता कि आगे क्या होगा। क्योंकि वे एकमात्र ऐसे निर्देशक हैं जो शूटिंग प्रारम्भ हो जाने के बाद फिल्म की कहानी में कभी कोई अन्तर नहीं करते। इसका श्रेय उनकी

स्पष्टता और निर्धारित कार्यक्रम के अनुसार कार्य करने की उनकी विशेषता को भी जाता है। जब मैं उनकी तकनीक की बात करता हूँ तो इससे मेरा तात्पर्य किसी दृश्य को फिल्माने की उनकी शैली से होता है। वे इसकी बहुत व्याख्या नहीं करते और इसे आपकी कल्पना पर छोड़ देते हैं। वे एक दृश्य से दूसरे दृश्य में कूदते नहीं अपितु एक दृश्य दूसरे दृश्य तक पहुँचता है। वे बहुत सीधे-सादे हैं। मैं स्वयं कोई तकनीशियन नहीं हूँ परन्तु एक अभिनेता के रूप में मुझे लगता है कि यह शैली बहुत सहज है—वे पूरे कथा क्रम को इतनी कुशलता से बुनते हैं कि इससे दर्शकों के मस्तिष्क को कोई झटके नहीं लगते और सबसे महत्त्वपूर्ण यह कि वे कभी भी अपने विषयों को दोहराते नहीं। हर बार वे कुछ नया लेकर आते हैं।

17 प्रमुख अभिनेताओं वाली अपनी मल्टीस्टार फिल्म 'कलयुग' में भी श्याम ने अपने समस्त पात्रों को बहुत कुशलता से प्रदर्शित किया और प्रत्येक को अन्त तक पहुँचाया। गिरीश और दुबे साहिब द्वारा लिखित इसकी पटकथा इतनी सुन्दर थी कि प्रत्येक पात्र का अन्तःसंबंध बहुत बढ़िया ढंग से स्थापित किया गया था। इतने अधिक पात्रों को सृजित कर प्रत्येक के साथ न्याय करना अपने आप में एक मिसाल था। यही फिल्म बनाने की तकनीक और दृष्टि होती है। मैं यदि इस तकनीक को जानता होता तो मैं निर्देशक होता। निर्देशक को पटकथा से परे जाना होता है और यहीं उसकी अनुपम सामर्थ्य दिखाई देती है। यदि आप एक ही पटकथा दस विभिन्न निर्देशकों को दें तो आप पाएँगे कि कैसे प्रत्येक निर्देशक कितनी भिन्न फिल्म बनायेगा।

साधारण शब्दों में मैं इन दो फिल्मों—'निशान्त' और 'ज़ुबैदा' का सुंदर उदाहरण दे सकता हूँ। दोनों का विन्यास पूर्णतया भिन्न था। ज़ुबैदा की शूटिंग के दौरान अनेक समझौते करने पड़े यद्यपि दोनों का निर्माता एक ही था। बेनेगल की तकनीक में कभी कोई परिवर्तन नहीं आया परन्तु वातावरण, कलाकारों की उपलब्धता—वित्त सब कुछ बदलता रहा और उनकी शैली चूँकि सदा अपरिवर्तित ही रही, इससे उसमें वास्तव में और भी निखार आया। वे फिल्म को इतने सुन्दर ढंग से निभाते थे कि इस निर्देशक के अनेक वर्षों के दौरान हो रहे विकास को स्पष्ट रूप से देखा जा सकता है और उन्होंने व्यावसायिक फिल्मों के कलाकार करिश्मा कपूर और मनोज वाजपेयी के साथ ज़ुबैदा बना कर यह प्रमाणित भी कर दिया है।

श्याम एक चलता फिरता विश्वकोश हैं। वे इस धरती पर किसी भी विषय पर चर्चा कर सकते हैं। उनसे विश्व के किसी भी हिस्से में सबसे बढ़िया और चुनिन्दा रेस्टोरेंट के बारे में पूछ लो और वे आपके सामने अच्छे रेस्टोरेंट की एक पूरी फेहरिस्त रख देंगे जहाँ उन्होंने भोजन किया हो और प्रत्येक स्थान की विशेषताएँ भी बता देंगे। प्रत्येक विषय पर जानकारी रखना एक अद्भुत गुण है और हर बार श्याम ने प्रमाणित किया है कि वे कितने बढ़िया इनसान हैं। हममें पारस्परिक विश्वास है और मुझे जब भी कोई व्यावसायिक अथवा निजी समस्या का सामना करना पड़ता है तो मैं उन्हें फोन करने में कभी संकोच नहीं करता। वे सदा उपलब्ध और सहायता करने को तत्पर रहते हैं, दूसरों को सहज अनुभव करवाते हैं। उन्हें मुझे बस इतना कहना होता है, "अमरीश, तुम्हें मेरी अगली फिल्म में फलाँ-फलाँ भूमिका करनी है।" मुझे उनसे

इतना भी पूछने की आवश्यकता नहीं होती कि भूमिका कैसी है और मैं बस हाँ कह देता हूँ। मैंने उनसे कभी भी भूमिका की लम्बाई के विषय में प्रश्न नहीं किया और पैसे के विषय में तो बिल्कुल भी नहीं। वे मुझे किसी भी भूमिका के लिए चुन लेते और मैं इस विश्वास के साथ काम करता कि वे मुझे जिस पात्र के लिए भी चुनेंगे, मेरे लिए अच्छा होगा, जैसा कि उनकी हाल ही की फिल्म 'बॉस द फॉरगॉटन हीरो' में मेरा केवल एक दिन का काम था और मुझे नाममात्र की फीस दी गयी थी। 18 फरवरी, 2003 को उन्होंने अकस्मात मुझे बुलाया और कहा, "अमरीश, इस बार एक छोटी-सी भूमिका है, हमें 20 को कलकत्ता जाना है क्योंकि वहाँ हमें 1940 की ट्रेन का डिब्बा शूटिंग के लिए मिला है और यह अनुमति हमें केवल एक दिन के लिए मिली है।" उसके अनुसार मेरे मेकअप और पोशाकों की व्यवस्था केवल दो दिन में कर ली गयी थी। मुझे एक इराकी सैनिक की भूमिका निभानी थी। हम 20 की शाम को चले, रात भर गाड़ी का सफर कर सुबह तड़के रामपुरहाट पहुँचे। 21 को पूरा दिन शूटिंग की और 22 तक मुम्बई लौट आये। जहाँ तक ऐसे अर्थपूर्ण सिनेमा का सम्बन्ध है, मैं उन्हें अपना प्रवर्तक समझता हूँ। वास्तव में फिल्मों में मेरी पहचान बेनेगल की फिल्मों से ही बनी। धन्यवाद श्याम।

आगे चलकर गोविन्द निहलानी भी इसी वर्ग के फिल्म निर्माताओं की पंक्ति में शामिल हो गये। मैंने ये समस्त फिल्में अपनी कलात्मक रुचियों को पूरा करने के लिए कीं क्योंकि किसी भी स्थिति में उनका बजट बहुत ही सीमित होता था और अब 1979-80 तक मेरा संघर्ष समाप्त हो चुका था परन्तु मैं इतनी कड़ी मेहनत करता था कि मेरे पास 23 फिल्में थीं, मुझे पाँच दिनों तक लगातार दो-तीन शिफ्टों में काम करना पड़ता। बहुत मुश्किल से मैं केवल चार घण्टे सो पाता। मैं एक स्टूडियो से दूसरे स्टूडियो तक भागता रहता और जब एक बार मैंने स्वयं को एक दिन मद्रास, अगले दिन कश्मीर में पाया तो एहसास हुआ कि मेरा दिल अभी मंच के पटरों से जुड़ा था।

गोविन्द ने झकझोर देने वाली फिल्म 'आक्रोश' से निर्देशन के क्षेत्र में कदम रखा। इसकी कुछ शूटिंग अलिबाग में और कुछ वास्तविक जेल में हुई थी। फिल्म में लोक अभियोजक की भूमिका करते हुए मैं ओम पुरी को फाँसी के फन्दे तक भेजना चाहता हूँ। उसका अपराध है कि उसने तथाकथित रूप से अपनी पत्नी की हत्या की है। नसीरुद्दीनशाह रक्षा पक्ष का वकील है, वह मेरा आश्रयदाता भी है। नसीर कानून में यद्यपि नौसिखिया है परन्तु वह बहुत प्रतिभावान और सक्षम है। केस कैसे लड़ा जाता है, यह सलाह लेने वह मेरे घर आता है, उसे यह भी चिन्ता थी कि वह मेरे विरुद्ध कैसे लड़ेगा। मैं उसे विरोधी पक्ष के वकील के रूप में लड़ने की सलाह देता हूँ। उसने यह इतने सुन्दर ढंग से किया और इस लड़ाई में मुझे पछाड़ दिया। मुझे याद है कि मुझे अपने चरित्र की अपेक्षाओं के अनुसार महँगे सिगार पीने के लिए दिये गये। एक दृश्य में धुआँ मेरे सिर में चला गया। मैं घबरा गया और मेरे संवाद भी गड़बड़ा गये। मुझे लगभग 25 रीटेक देने पड़े। यह बहुत अपमानजनक था और उस रात मैं अपने बिस्तर में रोया था।

'पीड़ा का रुदन' 'आक्रोश', ओम पुरी के चरित्र के माध्यम से अभिव्यक्त किया गया था।

यह पात्र खामोश रहने का निर्णय करता है। वह एक शब्द भी नहीं बोलता और अन्त में जब बोलता है तो बहुत अर्थपूर्ण शब्द कहता है। उसका दमन उन शब्दों के माध्यम से व्यक्त हुआ और वह सब करने का श्रेय केवल ओम को ही नहीं जाता, भूमिका के दृष्टा को भी अनिवार्य रूप से जाता है और गोविन्द को कल्पना की अद्भुत समझ है, लैंस के माध्यम से पात्र को देखने का उनका ढंग अनुपम है। लैंस का फ्रेम महत्त्वपूर्ण होता है इसीलिए वे इसे बहुत अधिक कस कर रखते हैं। वे क्या कहना चाहते हैं, यह अनुमान लगाने के लिए आपको उनकी सही फ्रेमिंग को समझना होगा। वे बहुत अधिक निरर्थक वस्तुएँ जुटा कर आपका ध्यान भंग नहीं करते। मैं तो कहूँगा कि 'आक्रोश' का विषय भूमिका से कहीं अधिक सुदृढ़ था। तेन्दुलकर की पटकथा में यह तो होना ही था। इसका विषय एक बार फिर हिंसा पर आधारित था, इसने पूरा समय दर्शकों को बाँधे रखा। कलाकारों के प्रशंसनीय अभिनय से यह यादगार फिल्म बन गयी है। मुझे नसीर और ओम जैसे अपने सह कलाकारों के साथ बहुत स्नेह था। मैं इनसे सीनियर था और वे मुझे सम्मान देते थे। ओम को इस फिल्म के लिए राष्ट्रीय पुरस्कार मिला और यह मूक भूमिका का महान उदाहरण थी। फिल्म की उत्तेजना और क्वालिटी इसकी प्राणशक्ति है।

गोविन्द ने फिल्म में अविश्वसनीय काम किया है। उन्होंने फिल्म की कहानी पर काफी समय तक मानसिक स्तर पर काम किया। वे फिल्म में पूरी तरह से डूब गये थे और बहुत भावपूर्ण थे। इसी ने उनके भीतर के बेहतरीन को प्रस्तुत कर दिया और मेरे विचार में वे यह भाव-प्रवणता और गहनता आज भी कायम रखे हुए हैं। जब भी वे किसी नई परियोजना पर काम करते हैं तो उसी प्रेरणा से काम करते हैं और यदि कुछ परिवर्तन आता है तो यह कि उनकी तकनीक हर बार पहले से बेहतर हो जाती है। मैंने उनके साथ सात फिल्में की हैं। वे मुझे अपना शुभंकर कहते हैं। 'आक्रोश' की शूटिंग के दौरान हम 'निशान्त' के दिनों के समान रसोई से मलाई चुरा कर खा जाया करते थे। गोविन्द सदा से हमारे थियेटर का अंग थे और संघर्ष कर रहे अन्य अनेक लोगों के समान मैरिन ड्राइव पर दुबे साहब के साथ एक गेस्ट हाउस में रहते थे। रचनात्मक प्रकृति का व्यक्ति होने के कारण वे थियेटर के तत्त्व को पकड़ सके, उन्होंने ड्रामा को समझा और उससे उनका बहुत जुड़ाव था। वे आकर नाटकों की रिहर्सल देखते और नाटकों के सम्बन्ध में और अधिक जानने में उनकी रुचि रहती। उन्होनें रंगमंच की प्रकाश व्यवस्था में हमारी सहायता करना प्रारम्भ कर दिया था क्योंकि वे बहुत व्यस्त नहीं थे। वे केवल श्याम के साथ काम कर रहे थे अथवा कुछ विज्ञापन कर रहे थे। उन्होंने 1960 के दशक के प्रारम्भ में बंगलौर से सिने कैमरा में स्नातक की डिग्री प्राप्त की थी। वह एक नटखट सिंधी है जिसकी हिन्दी त्रुटिहीन है। दुबे साहब की भाँति उनमें भी पढ़ने की उत्कट लालसा है। उनके घर जायें तो आपको पुस्तकों के ढेर मिलेंगे। इस प्रकार से वे निरन्तर सीखते और जीवन को समझते रहते हैं जो कि एक निर्देशक के लिए बहुत आवश्यक है। उनकी भाषा की पकड़ बहुत गहरी है। चूँकि हम प्रारम्भ से ही परस्पर निकट आ गये थे, मुझे उनमें एक सच्चा, विश्वसनीय और भरोसे का मित्र मिला। अनेक बार मैं उनसे सलाह लेता हूँ और वे

मुझसे लेते हैं। वे भी मेरे परिवार के एक सदस्य की भाँति हैं।

और 'अर्द्धसत्य' में विषय की दृष्टि से मैं वास्तव में जिससे आकर्षित हुआ, वह था फिल्म में पिता-पुत्र का सम्बन्ध। मैंने एक समर्पित पुलिसकर्मी की भूमिका निभायी, जो यह चाहता था कि उसका पुत्र उसका अनुसरण करे। यह सम्बन्ध बहुत शानदार ढंग से उकेरा गया था। यों भी तेन्दुलकरे की पात्र रचना तो सदा ही बहुत आकर्षक होती है। फिल्म में मैं बहुत गुस्सैल भी हूँ, एक दृश्य में मेरी पत्नी मेरे लिए जब दूध का गिलास ले कर आती तो मुझे उसे थप्पड़ लगाना था। मेरी पत्नी की भूमिका में माधुरी पुरन्दरे थीं। जैसा कि मैंने पहले भी उल्लेख किया है कि हम ज़ोरदार थप्पड़ मारने का प्रभाव लाने के लिए एक विशेष युक्ति का प्रयोग करते हैं। मैं घर का वह दृश्य नहीं भूल सकता। असावधानीवश मैं उसे ज़ोर से मार बैठा और यह दुबली-पतली लड़की लड़खड़ा कर गिर गयी। सभी ने दबी आवाज़ में मुझे गालियाँ दीं, मैंने बहुत खेद व्यक्त किया। इसके बाद के दृश्य में मैं शराब के नशे में हूँ और जब मेरा बेटा (इस भूमिका में ओमपुरी थे) आता है तो मैं उसे भी शराब देने का प्रयत्न करता हूँ, परन्तु वह पलट कर कहता है, "मेरी माँ को मारता है।" पिता ज़मीन पर ही सो जाता है, पुत्र जब उस ओर देखता है तो एक चादर लाकर उस पर डाल देता है क्योंकि उसे स्वयं ठण्ड लग रही होती है। सिनेमा में दिखाई जाने वाली ये विडम्बनाएँ निःसन्देह वास्तविक जीवन की विडम्बनाएँ है। इस छोटे से पुलिस अधिकारी, जो नौकरी में अपनी तमाम में असफलताओं के बावजूद बच्चों का ध्यान रखने वाला पिता है, की भूमिका के लिए मुझे 'सिने गोयर्स' का सम्मान मिला था। अतः जब हम 'अर्ध सत्य' देखते हैं तो हम जानते होते हैं कि पूर्ण सत्य कहीं छिपा है जो दिखाया नहीं गया, कहा नहीं गया। गोविन्द ने बहुत बढ़िया फिल्म बनायी थी जो एक बार फिर पटकथा से कहीं आगे निकल गयी थी। फिल्म में ओम की भूमिका कुछ अधिक बढ़ा-चढ़ा कर और आकर्षक बना कर प्रस्तुत की गयी थी। परन्तु सिनेमा में हमें उतने कलात्मक लाइसैंस की आवश्यकता तो होती ही है अन्यथा पात्र नीरस और उबाऊ बन जाते हैं। दर्शकों ने ओम को एक रोमांटिक और आदर्श सिपाही की भूमिका में बहुत पसन्द किया। ऐसे पुलिसकर्मी हमारी कल्पना में हो सकते हैं परन्तु वास्तव में उनका अस्तित्व नहीं होता।

फिल्म का एक अन्य पहलू था बेटे और उसकी प्रेमिका स्मिता पाटिल के बीच प्लैटोनिक प्यार। स्मिता ने फिल्म में बहुत बढ़िया अभिनय किया है। मैं और ओम दोनों रंगमंच से आये थे परन्तु स्मिता नहीं। अब यहाँ प्रतिभा की बात आती है। उसने कभी कोई प्रशिक्षण नहीं लिया, उसका एकमात्र प्रशिक्षण था इस प्रकार के सिनेमा में काम करने का अवसर मिलना। उसका व्यक्तित्व इस प्रकार के सिनेमा के लिए बहुत उपयुक्त था, बहुत फोटोजैनिक था और वह निर्देशक की बात को पूर्ण रूप से समझ पाती थी। वह केवल अभिनय नहीं करती थी अपितु निभायी जाने वाली प्रत्येक भूमिका को जीती थी। उससे मुझे गीता बाली की याद आती है। वह बहुत स्वाभाविक कलाकार थी। वह भी भूमिका जीती थी, अभिनय नहीं करती थी।

मुझे यदि गोविन्द निहलानी और श्याम बेनेगल की तकनीक, समझ और परिदृश्य के बीच अन्तर बताना हो तो मैं सर्वप्रथम और सबसे महत्त्वपूर्ण यह बात कहूँगा कि गोविन्द श्याम की

शाखा है। उन्होंने श्याम के सिनमेटोग्राफर के रूप में उनके बहुत निकट रहकर कार्य किया है। और श्याम एक व्यक्ति नहीं है अपितु सामूहिक निर्देशक हैं, टीम में काम करने वाले व्यक्ति हैं। टीम से तात्पर्य अनिवार्य रूप से उनका कैमरामैन है क्योंकि श्याम जो कहना चाहते हैं, वह कैमरे द्वारा पकड़ा जाना होता है, उपयुक्त प्रकाश व्यवस्था से मनःस्थिति को दर्शाया जाना होता है। गोविन्द ने श्याम के लिए वह सब किया और उनसे बहुत सीखा। यह कहने की आवश्यकता नहीं कि गोविन्द की तकनीक और शैली श्याम की तकनीक और शैली से बहुत मिलती-जुलती है। वे दोनों अपनी-अपनी तरह के स्तम्भ हैं, सिनमेटोग्राफर के रूप में गोविन्द दृश्य के सम्बन्ध में सोच सकते हैं, कल्पना कर सकते हैं और तदनुसार उसे फिल्मा सकते हैं। उस दृष्टि से उन्हें टू-इन-वन होने का लाभ मिला है क्योंकि उनके द्वारा जिस प्रकार की फिल्में बनायी जाती हैं, उसमें यह अन्तर दिखाई देता है।

'अर्ध सत्य' ने तो अर्ध व्यावसायिक फिल्म के रूप में बिज़नेस भी बहुत किया। यह एकमात्र हिन्दी फिल्म थी जो लम्बे समय के बाद बंगलौर में हाउसफुल चली थी। बंगलौर का दर्शक वर्ग हिन्दी फिल्मों को खूब समझता है, हैदराबाद के दर्शक वर्ग से भी अधिक, यद्यपि यह आंशिक रूप से हिन्दी भाषी क्षेत्र है।

आपको जब कुछ विषय आकर्षक लगते हैं तो आप उन पर कड़ी मेहनत करना चाहते हैं। इसी प्रकार जब किसी निर्देशक के सामने एक दमदार कहानी होती है तो वह यह सुनिश्चित करता है कि कोई भी एहसास अभिव्यक्त होने से न रह जाये और सब कुछ स्पष्ट रूप से व्यक्त हो क्योंकि यह एक दृश्य माध्यम है। इसलिए अपनी फिल्मों का निर्देशक होते हुए भी गोविन्द ने कभी किसी सिनमेटोग्राफर की सेवाएँ नहीं लीं और स्वयं ही कैमरा सँभाला। इसने उसे और भी अधिक नवीन प्रयोग करने वाला तथा एक कुशल शिल्पी बना दिया है। उनकी असाधारण व्यावसायिक उपलब्धियों ने उन्हें राष्ट्रीय और अन्तर्राष्ट्रीय सम्मान दिलवाए हैं, वे निरन्तर विकासमान रहे हैं। उनके साथ काम करना बहुत शिक्षाप्रद रहा है। वह पटकथा पर गहराई से होमवर्क करते हैं और फिल्म को बनाने में अपना पूरा समय लेते हैं। इससे कोई अन्तर नहीं पड़ता जब तक अन्तिम परिणाम बहुत अच्छा हो।

श्याम अथवा गोविन्द के साथ काम करते हुए मैं कोई शर्तें नहीं रखता। उनके लिए मैंने छोटी-छोटी रकमों पर अथवा बिना पैसे के भी काम किया है। इस प्रकार किसी फिल्म को साइन करने के मापदण्ड की बात आती है तो 75 प्रतिशत फिल्मों में मैं जानता हूँ कि निर्देशक कौन है और शेष में मैं केवल भाग्य आजमाता हूँ। यह बहुत कुछ मुझे दी गयी भूमिका की समझ पर भी निर्भर करता है और कई बार मुझे विषय की पूर्ण जानकारी नहीं भी हो सकती परन्तु मैं निर्देशक को जानता होता हूँ। यह द्विमार्गी प्रक्रिया है। श्याम और गोविन्द दोनों जानते हैं कि वे मुझसे क्या चाहते हैं और मैं जानता हूँ कि वे मुझे कैसे प्रस्तुत करेंगे, वे मुझे केवल ठोस और अर्थपूर्ण भूमिकाएँ ही देंगे। इसके अतिरिक्त उनके साथ काम करते हुए सम्पूर्ण परियोजना मे सम्मिलित होने की एक महान अनुभूति होती है। मैं समानान्तर सिनेमा किसी के साथ भी नहीं कर सकता था।

छोटा पर्दा मेरे लिए सदैव एक अभिशाप रहा है। टेलीविज़न कलाकार की रहस्यात्मकता को नष्ट कर डालता है और उसे आवश्यकता से अधिक उद्घाटित कर देता है, मुझे उससे घृणा है। मैंने विरले ही टीवी इण्टरव्यू दिये हैं। मेरी किताब में इसके प्रति सदा नकार ही रहा है। यह सत्य है कि मुझे रामानन्द सागर के धारावाहिक 'रामायण' में रावण की भूमिका का प्रस्ताव मिला था परन्तु मैं उनकी शर्तों पर सहमत नहीं हो सकता था। उससे मेरी फिल्में प्रभावित होतीं और मैं आवश्यकता से अधिक दिखाई देने लगता, इसिलए मैं हिचकिचा रहा था। यदि मैं वह जोखिम उठाता भी तो कम से कम मुझे उसके लिए पर्याप्त भरपाई तो की जानी चाहिए थी अतः मुझे कोई अफसोस नहीं है। परन्तु जब श्याम ने मुझसे 'भारत एक खोज' (डिस्कवरी ऑफ इण्डिया) में काम करने के लिए कहा तो मैंने बिना कुछ कहे दो किश्तों में काम किया। 'रेशमा और शेरा' के बाद मैं एक बार फिर मुसलमान की भूमिका कर रहा था और मैं इसमें पूरी तरह डूब गया। जब गिरीश ने मुझे अपने धारावाहिक 'स्वराजनामा' में अशोक के छायाचित्र के लिए पोज़ देने और अशोक के फरमान को पढ़ने के लिए कहा तो मैं 'ना' नहीं कह सका। इसी ही भाँति गोविन्द मुझे 'तमस' में लेना चाहते थे, मैंने स्टारडम से अपने निर्णय को प्रभावित नहीं होने दिया।

टीवी की इन भूमिकाओं को मैं बहुत चुनकर लेता था और केवल निजी सम्बन्धों के लिए उन्हें स्वीकार करता। आप अपनी छोटी सी शुरुआत को भूल नहीं सकते हैं। इन सम्बन्धों के लिए तो मैं उनके इशारा भर कर देने से, वे जो भी दें, हाज़िर हो जाऊँगा। जिन लोगों ने 'तमस' देखा है, उनमें से कुछ का मत है कि कालोनी के एक बुजुर्ग ग्रंथी के रूप में की गयी अरदास, उसमें भावनात्मकता के पुट की दृष्टि से अनुपम बन पड़ी थी। यह ग्रन्थी भगवान से डरने वाला सिख है, उसका बेटा विभाजन के दंगों में मारा जाता है और इसे अपनी पुत्रवधू और पोती को बचाना है। तो ऐसी अनुपम अभिव्यक्ति कैसे सम्भव हो पाई। बचपन में मैं शिमला के एक गुरुद्वारे में ज्ञानी जी को अरदास करते देखा करता था। वे मुझे बहुत अच्छे लगते थे और मैं प्रत्येक गुरुवार को उनके पास जाया करता। इस भूमिका को करते हुए मेरे मस्तिष्क में उनकी छवि थी और मैंने उसका अनुसरण किया। गोविन्द ने जब मुझे उस पात्र की कहानी सुनाई तो तत्काल मैंने उस ग्रन्थी के विषय में सोचा और मुझे वे बहुत स्पष्ट रूप में याद आ गये। मेकअप की सहायता से मैंने अपनी दाढ़ी वगैरह ठीक उनकी तरह बनवा लिए और इससे मुझे इस बहुत ही संवेदनशील भूमिका को करने में सहायता मिली।

दिन ढलने पर जो आपको लुभाता है, वह होता है आपके काम का स्तर, उसकी क्वालिटी। मुझे 1975 में मिली बच्चों की फिल्म 'हंगामा बॉम्बे इस्टाइल' भी बहुत पसन्द आई थी। मैं अभी टायफाइड से ठीक ही हुआ था कि हमने शूटिंग शुरू कर दी। मैं मुख्य भूमिका में था। पर्ल पदमसी विरोधी गिरोह के नेता थे। हमने बान्द्रा की झुग्गी-झोंपड़ी की गलियों, वर्ली में समुद्र के सामने, मैरीन ड्राइव और बम्बई में सब जगह इसकी शूटिंग की। गोविन्द एक बार फिर सिनमेटोग्राफर थे और मैंने उन्हें उनके कैमरा के साथ दौड़ाया। हमने 'मूविंग शॉट्स' लिए थे।

अब वह समय आ गया था जब मेरे पास फिल्म प्रस्तावों की भरमार थी। मैंने एक के

बाद एक वकील, गुंडे आदि कुछ हल्की-फुल्की फिल्मों में पिछलग्गू तक की भूमिका की। मैंने जाना कि व्यावसायिक फिल्मों में सैट और परिस्थितियाँ ही महत्त्वपूर्ण होती हैं। उनमें कोई प्रासंगिकता नहीं होती, केवल मनोरंजन होता है और दर्शकों को मूर्ख बनाया जाता है। निःसन्देह मुझे अपना जीवन चलाने के लिए धन कमाना था और मैं इसे स्वीकार करता हूँ। यह करना हँसी-ठिठोली भर होता था क्योंकि ऐसी फिल्में आपको सामान्य धूल-पसीने से दूर ले जाती हैं। परन्तु समानान्तर फिल्में करना भी तो धूल-पसीने का काम था। "कहते हैं दर्दे सर के लिए चन्दन का लगाना है मुहाफ़िज़, लेकिन उसका घिसना और लगाना भी तो दर्दे सर है।" हम सभी प्रकार की फिल्मों में एक जैसा प्रयास करते हैं। प्रभावशाली होना सरल कार्य नहीं है। अर्थहीन पंक्तियों में भी अर्थ लाने के लिए आपको सही भावनाओं की अधिकतम अभिव्यक्ति करनी होती है। इससे यह प्रमाणित होता है कि अत्यधिक घटिया क्वालिटी के कपड़े से भी आप ऐसी जैकेट सिल सकते हैं जो बहुत बढ़िया लगती है। व्यावसायिक फिल्मों में हम यही तो करते रहे हैं। किसी भी दी गयी भूमिका को यादगार भूमिका बनाने के लिए उसमें रमणीयता लाते हैं।

समानान्तर फिल्मों से व्यावसायिक फिल्मों में आने से मेरे भीतर के अभिनेता ने बहुत कुछ खो दिया। यों भी अपनी अन्तर्निहित संरचना के कारण फिल्म निर्माण एक अव्यवस्थित सा कार्य है। इसके अतिरिक्त बॉलीवुड में एक फिल्म के प्रति सम्पूर्ण दृष्टिकोण बहुत अस्थायी कार्य भावना लिए होता है। परन्तु समानान्तर सिनेमा में प्रत्येक व्यक्ति जानता है कि एक निश्चित समय में उसे क्या करना है और फिल्म निर्माण के प्रति सामुदायिक भावना होती है। सब कुछ बहुत नियंत्रित और अनुशासनबद्ध चरणों में होता है क्योंकि यहाँ समस्त कलाकार, तकनीकी क्रू और निर्देशक इकट्ठे बैठकर शांतिपूर्ण ढंग से दृश्यों और पटकथा पर चर्चा करते हैं। इसके बहुत बढ़िया परिणाम मिलते हैं क्योंकि आपके काम पर तत्काल दूसरों के विचार प्राप्त हो जाते हैं। मैं तो यहाँ तक कहता हूँ कि कला फिल्में अभिनय के विद्यालय हैं और व्यावसायिक फिल्में धन जुटाती हैं। अभिनय की गहन लालसा को तृप्त करने के साथ-साथ मुझे अपने घरेलू दायित्वों को भी निभाना था। मैं महज एक अभिनेता हूँ और मुझे काम करना पड़ा। यह मेरी दाल-रोटी है, आजीविका है और कोई केवल प्यार पर जीवित नहीं रह सकता। इस प्रकार पूरी कड़ी बन जाती है। व्यावसायिक फिल्मों को करते हुए मुझे सबसे बड़ी कठिनाई यह आती है कि अंतिम क्षण तक पटकथा को अंतिम रूप नहीं दिया जाता और परिणामस्वरूप आपके भीतर का कलाकार दुखी होता है। उसके अतिक्ति मेरी भूमिका लगभग पूर्व निर्धारित ही होती थी—केवल पोशाकें अथवा वेशभूषा बदल जाती थी। परन्तु चमक-दमक का अपना प्रभाव होता है और मुझे उससे अथाह लाभ मिला।

समानान्तर सिनेमा में, उन फिल्मों को बनाने की विधि और उनकी कथावस्तु— दोनों दृष्टियों से सच्चाई को कुछ कायम रखा जाता है। ये फिल्में लीक से हटकर होती हैं। इनमें पात्रों को बहुत उभारा नहीं जाता जबकि व्यावसायिक फिल्मों में आपसे अपेक्षा की जाती है कि आप स्वयं को बढ़ा-चढ़ा कर प्रस्तुत करें। व्यवसाय के मापदंडों को ध्यान में रखते हुए

आपको कोई सन्देह नहीं होता कि आपको एक विशेष परिस्थिति को निभाना है, आप उससे चाहे सहमत न भी हों। सिनेमा व्यक्ति को एक विशेष साँचे में ढाल देने के लिए प्रसिद्ध है और मेरे साथ भी ऐसा हुआ। मुझे एक वहशी, बदमाश व्यक्ति के रूप में टाइपकास्ट कर दिया गया और मैंने सभी प्रकार की नेगेटिव भूमिकाएँ कीं। परन्तु मेरे भीतर के अभिनेता को सदा चुनौती की, परिवर्तन की लालसा रहती थी और मेरी कामना पूर्ण हुई, जब मुझे कुछ अच्छे और ठोस पात्रों की भूमिकाएँ मिलीं तथा मुझे उनमें प्राण फूँकने को कहा गया। अब मैं अपेक्षानुसार एक भूमिका से दूसरी में बहुत आसानी से जा सकता था। इन नई खोजों ने मेरे जीवन में उत्साह का संचार कर दिया था। मैं इस अनुभव के एक-एक क्षण का आनन्द ले रहा था। तब मुझे चेतन आनन्द की 'हिन्दुस्तान की कसम' मिली और मैंने बड़े बैनर के साथ काम शुरू किया।

मेरी पहली बड़ी कमर्शियल सफलता थी, 1980 में फिरोज़ खान की 'कुर्बानी'। फिरोज़ खान के सहयोगी वसी खान के माध्यम से मुझे यह भूमिका मिली थी और इस दुष्ट पात्र की भूमिका में मैं हिट हो गया था। वसी खान भी थियेटर से थे और मेरे नाटकों से परिचित थे। फिल्म में मेरी भूमिका यद्यपि शक्ति कपूर से भी छोटी थी परन्तु मुझे उससे बहुत लाभ मिला क्योंकि फिल्म बहुत चली थी। फिल्म में एक बहुत रुचिकर दृश्य है जिसमें मुझे मारकर मछलियों के तालाब में फेंक दिया जाता है। तालाब में बिल्कुल स्थिर पड़े रहना, पलकों को बिना झपकाये खुला रखना, जबकि कैमरा क्लोज़अप के लिए निरन्तर आपके निकट आ रहा हो, बहुत कठिन था। परन्तु मैंने उसे जैसे-तैसे किया और जब दृश्य पूरा हुआ तो सैट पर मौजूद सभी तकनीशियनों ने तालियाँ बजाकर मेरी प्रशंसा की। इस प्रकार की प्रशंसा निश्चित ही मुझे छू गयी थी।

निर्देशक ने अवश्य ही यह सोचा होगा, "ये कठोर टाइप का व्यक्ति दिखता है। बड़ी-बड़ी आँखें हैं। इसे विलेन बनाते हैं।" इस तरह मैं एक बड़ा खलनायक बन गया। वह चॉकलेटी और बच्चों जैसे भोले-भाले चेहरों वाले नायकों का समय था और मेरा रुखा तथा कठोर चेहरा उस साँचे में फिट नहीं बैठता था। अब मैं पीछे मुड़कर देखता हूँ तो मुझे लगता है कि यह भी मेरे लिए एक वरदान था कि यदि मैं फिल्मों में जल्दी आ गया होता तो भूमिकाओं की मेरी प्रस्तुति में एक प्रकार का अनाड़ीपन होता। 1970 के दशक के अन्त तक मुझे मंझे हुए खलनायकों के साथ संघर्ष करना पड़ा और इस सत्य का सामना करना पड़ा कि मेरी प्राण साहब, मदन भाई, प्रेम चोपड़ा अजीत, मनमोहन से ले कर केदार खान तक के साथ कड़ी प्रतियोगिता थी और अब अमजद खान इस गिरोह में शामिल हो गये थे। 'शोले' में गब्बर सिंह की भूमिका करते हुए चूँकि उन्होंने 'कितने आदमी थे' के साथ दृश्य को दहला दिया था, वे मंझे हुए खलनायक के रूप में प्राण साहब पर हावी हो गये थे। उन्हें मात देना वास्तव में एक विशाल कार्य था परन्तु सौभाग्यवश स्थितियों ने ऐसा मोड़ लिया कि मेरी माँग निरन्तर बढ़ती जा रही थी।

यह मुझे 1940-50 के युग में पीछे भी ले जाता है, जिसमें खलनायकी में विविधताएँ देखने को मिलीं। इनमें से खलनायक का एक स्वरूप था— क्लब जाने वाले, पश्चिमी रहन-सहन के उच्च वर्गीय, शराब पीने वाले, जुआ खेलने वाले और चाटुकारितापूर्ण सामाजिक तितलियों

से घिरे पुरुष का। इस साँचे में के. एन. सिंह जैसे व्यक्ति आते थे, जिनकी अपनी एक शैली थी, जैसे गर्दन को एक ओर झुकाना, भौंहें ऊँची करना और उनकी एक घातक नज़र आपको जड़ कर सकती थी। उनकी शैली का सर्वाधिक आकर्षक भाग था कि उनका व्यवहार अभिजात वर्ग एवं अंग्रेज़ों जैसा था—बहुत ही उपयुक्त, अच्छी पोशाक पहने और सुसंस्कृत ढंग से बात करते। यह स्टाइल लम्बे समय तक चला और 'हावड़ा ब्रिज' तथा 'काला बाज़ार' जैसी उनकी सर्वाधिक यादगार फिल्में थी। उनके पास काले रंग की एक शानदार गाड़ी थी। कार का आकार उनके व्यक्तित्व के अनुकूल था। इसके बाद अजीत के धीरे-धीरे और नाक में 'राबेर्ट' और 'मोना डार्लिंग' बोलने के अन्दाज ने अनगिनत मसखरे खड़े कर दिये थे।

पर्दे पर प्राण साहब की उपस्थिति हिलाकर रख देती थी क्योंकि वे भय उत्पन्न करते थे। मैंने जब 1940 में फिल्में देखना शुरू किया तो उस समय मुझे वे बहुत सुन्दर लगे। उनकी आँखें बहुत बोलती-सी थीं। उन्होंने रुक-रुक कर छोटे-छोटे वाक्यों में बोलने की शैली को अपनाया। 'वो चबा-चबा कर बोलते थे और वह स्टाइल ऑडियन्स को अच्छा लगता था क्योंकि उनकी बात सुनाई देती थी और समझ आती थी। जैसे-जैसे वे विकास करते रहे, 1950 में 'बड़ी बहन' फिल्म में सुरैया के साथ काम करते हुए उनका सिगरेट के धुएँ से छल्ले बनाने का स्टाइल बहुत लोकप्रिय हो गया। इसी प्रकार उनका एक विशेष प्रकार से देखना दर्शकों को यह संकेत करता है कि वे कुछ हैं। भद्र खलनायकी का यह ब्रांड मुझे कभी पसन्द नहीं आया क्योंकि उसमें एक विशेष पूर्वसूचना का भाव रहता था। परन्तु पर्दे पर उनका यह स्टाइल बहुत हिट हुआ और उनसे इस सीमा तक घृणा की जाती थी कि कोई भी अपने बच्चे का नाम प्राण नहीं रखता था। पर्दे से बाहर वे सदैव इतने सज्जन व्यक्ति रहे हैं तथा सब प्रकार से उनकी अच्छाई सुविख्यात है। वे भी बहुत सुरुचिपूर्ण कपड़े पहनते थे और उनके पास सूटों व जूतों का एक बड़ा भंडार था। मैंने यह भी पाया कि "जब तक एक्टर को सामने टक्कर का एक्टर न मिले" तो रचनात्मकता का अंश समाप्त हो जाता है क्योंकि आप प्रतियोगिता नहीं कर सकते। इसीलिए प्राण साहब को दिलीप कुमार के साथ सबसे अधिक फिल्मों में काम करने का अवसर मिला। प्राण ने 'उपकार' में सकारात्मक भूमिका करते हुए भी अपनी छाप छोड़ी, यह एक सर्वोच्च उपलब्धि थी। अतः मनोज कुमार ने जब 'उपकार' में उस लंगड़े मलंग की भूमिका प्राण को दी तो दर्शकों को झटका लगा "कि यह इतना विलेन आदमी और इतना अच्छा रोल कर सकता है।" खलनायक की भूमिकाओं के बाद अकस्मात उन्हें परोपकारिता के साँचे में देखकर यह तुलना तो निश्चित रूप से होती थी। यह किसी भूमिका को निभाने की आपकी क्षमता पर निर्भर करता है। आपको सबसे बढ़िया संवाद मिल सकते हैं परन्तु आप उन्हें निभा नहीं सकते, ठीक जैसे यदि आप अच्छे ड्राइवर नहीं हैं तो बहुत बढ़िया कारें भी आपसे नहीं चलतीं और इस फिल्म में मदन भाई खलनायक थे। प्राण साहिब की भूमिका लेखक की प्रिय भूमिका थी परन्तु मदन भाई की भूमिका के साथ ऐसा नहीं था, फिर भी उन्होंने नकारात्मक पहलुओं के बावजूद अपने लिए स्थान बना लिया।

मदन भाई ने मुझे बहुत स्पष्ट रूप से बता दिया था कि वे किसी भी प्रकार से मेरी सहायता

नहीं कर पायेंगे और फिल्म उद्योग में मुझे संघर्ष करके अपने लिए स्थान बनाना होगा। शायद उन्होंने प्रारम्भ में सोचा हो "जैसे एक म्यान में दो तलवारें नहीं रह सकतीं उसी तरह एक घर में दो विलेन नहीं रह सकते।" यद्यपि उन्होंने स्पष्ट शब्दों में ऐसा नहीं कहा था परन्तु मैंने उनके दिमाग को पढ़ लिया था। मैंने उदाहरण देते हुए उनसे कहा कि एक घर में यदि दो डॉक्टर रह सकते हैं तो दो विलेन क्यों नहीं? वे मेरे भाव को समझ गये और उत्तर दिया "यह बात नहीं कि मैं तुम्हारे द्वारा खलनायक की भूमिकाएँ किये जाने से असुरक्षा अथवा ईर्ष्या का अनुभव कर रहा हूँ। बस इतना ही कि यदि तुम अपने बलबूते पर फिल्में कर सकते हो तो वह एक अच्छी उपलब्धि होगी।" मुझ पर वास्तव में किसी का भी प्रभाव नहीं है, मदन भाई का भी नहीं। मुझे निरन्तर प्रोत्साहन प्रदान किया जाता रहा है और प्रोत्साहन प्रभाव से पूर्णतया भिन्न होता है। मुझे सदा ऐसा प्रतीत हुआ कि मदन भाई जो भी भूमिका करते हैं, वह बहुत विश्वसनीय लगती है। मेरी सदैव इच्छा होती कि मैं भी अपनी भूमिकाओं में उतनी ही विश्वसनीयता ला पाता। मैं उनकी प्रशंसा करता था परन्तु मैंने कभी उनके स्टाइल की नकल नहीं की, हालाँकि मैं जानता था कि मुझे भी शायद उनके समान भूमिकाएँ करनी होंगी। मैं यह भी जानता था कि मुझे अपनी ही भावना से अभिनय करना है। एक ही भूमिका को करने वाले दो लोग शायद इसे पूरी तरह से भिन्न प्रकार से करेंगे। मैंने उनके स्टाइल नहीं अपितु प्रेरणा का पूरी तरह से अनुसरण किया। उस दृष्टि से प्रेरणा भी निजी और व्यक्तिनिष्ठ हो सकती है। मेरे अपने विचार हो सकते हैं और इस प्रकार से दूसरे व्यक्ति की प्रेरणा भिन्न हो सकती है। किसी भी स्थिति में अंतिम लक्ष्य परिणाम देना है।

मैंने जीवन में उनसे बहुत कुछ सीखा और आप जीवन में जो भी करते हैं वह आपके कार्य में प्रतिबिंबित होता है। 'मशाल' में मदन भाई को मेरे मातहत के रूप में भूमिका करनी थी। परन्तु उन्होंने यश चोपड़ा से कहा, "मुझे अमरीश के सहायक के रूप में काम करने में कोई परेशानी नहीं है, वह मेरा छोटा भाई है और वह अपने कैरियर में आगे बढ़ रहा है।" उन्होंने 'विधाता' में मेरे गिरोह के वरिष्ठ सदस्यों में से एक की भूमिका की थी। इसके बाद हम सिंगापुर में राजकुमार और मिथुन चक्रवर्ती के साथ 'साजिश' की शूटिंग के लिए एक बार फिर इकट्ठे थे। फिल्म में मैंने धूर्त व्यक्ति की भूमिका की जो मर चुके लोगों पर भी बीमा इकट्ठा करता है और फिर वह व्यक्ति पकड़ा जाता है। यह फिल्म 1984 में तब पूरी हुई जब मदन भाई बहुत अस्वस्थ थे और बिस्तर पर थे। निर्देशक राज कुमार कोहली बहुत दुविधा में थे कि उन्हें कैसे लिया जाए। मदन भाई को जब मालूम हुआ कि उन्हें नहीं लिया जायेगा तो उन्होंने कोहली को फोन करके उनसे उन्हें शूटिंग पर ले जाने का आग्रह किया, नहीं तो वे आत्मविश्वास खो देते। खैर, उन्हें ले लिया गया और शूटिंग के लिए उनकी पत्नी उनके साथ गयीं। शूटिंग के दिन उन्होंने अपनी इच्छा शक्ति को जुटाया, तैयार हुए और शूटिंग स्थल पर पहुँचे। अब तक उनका 30 किलोग्राम वजन कम हो चुका था। एक दृश्य में उन्होंने कार चलाई, कार लिफ्ट में दाखिल हुए, छठी मंज़िल पर पहुँचे, कार को लिफ्ट से निकाला, रोका और उससे बाहर निकले। उन्होंने यह सब एक लगातार लिये गये शॉट में किया। कैसा समर्पण और दृढ़ निश्चय

था। इतने गंभीर रूप से बीमार व्यक्ति की प्रतिक्रियाएँ भी कमज़ोर हो जाती हैं। एक व्यक्ति के रूप में वे गंभीर रूप से बीमार थे परन्तु उनके भीतर के कलाकार ने उन्हें निर्माता की सहायता करने के लिए विवश कर दिया। वे इतने कर्त्तव्यनिष्ठ थे कि नहीं चाहते थे कि क्योंकि वे अस्वस्थ हैं तो निर्देशक को उनके कारण फिल्म में कुछ परिवर्तन करने पड़ें। अनेक ऐसे कलाकार थे जो स्वस्थ नहीं थे परन्तु आवश्यकतावश अथवा कर्त्तव्यवश उन्होंने शूटिंग में भाग लिया। ऐसे महान थे वे सब कलाकार। जब आपका सामना ऐसे कलाकारों से होता है, केवल तभी आप में प्रतियोगिता की भावना जाग्रत होती है अन्यथा तो इसमें बहुत चुनौती नहीं है। मैं जब आत्मनिरीक्षण करता हूँ तो उदास हो जाता हूँ।

मदन भाई किसी तरह शिखर पर नहीं पहुँच सके परन्तु एक कलाकार के रूप में वे सदा टॉप पर रहे। फिल्म उद्योग में जब आपको एक विशेष प्रकार की भूमिका के लिए स्वीकार कर लिया जाता है तो आपको सदा उसी भूमिका में स्वीकार किया जायेगा अथवा आपको अस्वीकार भी किया जा सकता है। अभिनेता जगदीश राज का नाम लगभग 400 फिल्मों में पुलिस इंस्पेक्टर की भूमिका करने के लिए गिनीज़ बुक में दर्ज हुआ था, उस समय इस सीमा तक टाइपकास्ट करने का चलन था इसीलिए दूसरी पंक्ति में रहे मदन भाई को महत्त्वपूर्ण, लेखक की प्रिय भूमिकाएँ करने का अवसर नहीं मिला। फिल्म 'नमूना' इसका अपवाद थी जिसमें उन्होंने एक महत्त्वपूर्ण पात्र की नेगेटिव भूमिका करते हुए बहुत ही बढ़िया काम किया था। मैं सदा कहा करता हूँ कि मदन भाई एक सहज अभिनेता के रूप में कहीं आगे थे। उन्होंने यदि प्रशिक्षण प्राप्त किया होता तो उनकी अभिनय कला अनुपम होती। वे समस्त अर्थों के साथ अपने संवाद निभाते इसीलिए मैं कहता हूँ कि पात्र की उनकी समझ की समस्त छायाएँ एवं सूक्ष्म पहलू बहुत सटीक होते हैं। यह मैं प्रेम नाथ में भी देख सकता था जिन्होंने एक समय 'धर्मात्मा' में काम करते हुए अपनी पंक्तियों की अद्भुत समझ व्यक्त की थी हालाँकि उनकी आवाज़ बहुत स्पष्ट नहीं थी। 'जॉनी मेरा नाम' में मैं उनकी भूमिका को देखकर दंग रह गया। उनका पात्र अनेक छायाएँ लिए हुआ था जिससे यह बहुत प्रभावशाली बन पड़ा था। वे बस शानदार थे, अपने त्रुटिपूर्ण उच्चारण के बावजूद वे बहुत सहजता से संवाद बोलते और अपने निभाये गये पात्र को जीते थे।

मुझे शायद समझ की गहराई का वरदान प्राप्त नहीं था जो मदन भाई को था। आज भी जब मैं कहीं अटक जाता हूँ तो उन्हें याद करता हूँ और समझने का प्रयत्न करता हूँ कि ऐसी परिस्थिति में वे क्या करते, मैं सदा उनसे सलाह लिया करता था। लोग कई बार मुझसे कहते हैं कि कुछ भूमिकाओं में मैं उन जैसा दिखाई देता हूँ। जहाँ तक मैं जानता हूँ ऐसा कुछ सोच-समझ कर नहीं किया गया है। मैं तभी सचेत होता हूँ जब मुझे किसी स्थिति से निपटना होता है। एक अभिनेता के रूप में मुझे उनकी अथाह जानकारी ने प्रभावित किया, उनके भूमिका को निभांने के ढंग ने नहीं। परन्तु उनकी प्रस्तुति होती तो उस अथाह जानकारी का परिणाम ही थी, वे पात्र के भीतर तक पहुँच जाते थे। आपको अपने भीतर एक बहुत अच्छा दर्पण होना होता है और केवल जब स्थितियों को भली प्रकार से समझा जाता है तो वे उसी

गहनता से प्रतिरूपित होती हैं। रंगमंच में आपको केवल अपने व्यक्तित्व का आश्रय होता है परन्तु फिल्मों में आप एक अच्छे अभिनेता हो सकते हैं। आपकी आवाज़, व्यक्तित्व, देह गठन भी बहुत अच्छा हो सकता है परन्तु संभव है कैमरे का कार्य अथवा सम्पादन कार्य दोषपूर्ण हों। इसीलिए एक अभिनेता को जितना स्वीकार किया जाता है, उतना ही अधिक ध्यान उस पर दिया जाता है।

अनेक जूनियर कलाकारों के साथ बहुत भयंकर ढंग से व्यवहार किया जाता है। उन पर कैमरा फोकस नहीं किया जाता और उन्हें पृष्ठभूमि में रखा जाता है। परन्तु यदि मैं वहाँ होता हूँ और मुझे लगता है कि कलाकार में काबिलियत है तो मैं उसे धैर्य रखने की सलाह देता हूँ क्योंकि मैं भी इस दौर से गुज़रा था और अपने प्रति व्यवहार में बड़े अन्तर का सामना कर रहा था। मंच पर आप वास्तव में केन्द्र में होते हैं परन्तु फिल्मों में आने के बाद अनेक में से एक हो जाते हैं। इससे शायद एक निश्चित स्तर पर मेरे अहं को चोट लगी होगी क्योंकि मुझ पर दिया जाने वाला निजी ध्यान कम हो गया था। मनोवैज्ञानिक स्तर पर मुझे इस अहं को पीछे धकेल कर, माध्यम में अन्तर को समझते हुए परिस्थिति से सामंजस्य बैठाना पड़ा। मैं जानता था कि मेरा समय भी आयेगा क्योंकि प्रारम्भ में मुझे दूसरे दर्जे की भूमिकाएँ दी जाती थीं जो स्वाभाविक रूप से न तो निर्देशक के लिए और न ही लेखक के लिए महत्त्वपूर्ण होती थीं। मुझे स्वयं को पहले से लिखी गयी भूमिकाओं में ढालना होता था। कलाकार जब ख्याति प्राप्त कर लेता है, तभी भूमिकाएँ उसके लिए लिखी जाती हैं। निःसन्देह आज स्थिति विपरीत है, भूमिकाएँ मुझे ध्यान में रखकर लिखी जाती हैं। परन्तु तब तक मैंने स्वयं को रोके रखा क्योंकि मैं जानता था कि ऐसा होगा। कई बार तो वे नायक के संवाद को महत्त्व देने के लिए मेरी आवाज़ का स्तर और गहनता कम कर देते थे। मैं जब तक स्वयं को अच्छी तरह से स्थापित नहीं कर पाया, मेरे साथ सदा ऐसा होता रहा। कई बार मेरा सुदृढ़ व्यक्तित्व ही मेरे लिए नकारात्मक बिन्दु बन जाता। मेरी आवाज़ बहुत गहरी है और यह गरज पैदा कर सकती है। मुझे लम्बे समय तक इसका खमियाज़ा भुगतना पड़ा। ऐसा होता है फिल्मों में परन्तु आप थियेटर में ऐसा नहीं कर सकते, वहाँ मैं राजा हूँ, "फिर मुझे कोई रोक नहीं सकता।"

खलनायक की भूमिकाओं में प्रसिद्धि प्राप्त करना बहुत कठिन होता है क्योंकि आप वास्तविक जीवन में खलनायक नहीं होते। आप एक चरित्र को निभाने के लिए अपने भीतर का समस्त जहर और विष उगल रहे होते हैं और गहराई तक निभा पाना तो और भी कठिन होता है। अनेक-अनेक हीरो आये और चले गये परन्तु सफल खलनायकों की गिनती आप उँगलियों पर कर सकते हैं। अनेक लोगों ने खलनायक बनने का प्रयत्न किया परन्तु वे फिल्म के लिए बस काम ही चला पाये। खलनायक के चरित्र के विशेष गुण को प्राप्त करने के लिए एक अभिनेता में कहीं अधिक जोश और उत्साह की आवश्यकता होती और इसीलिए मैंने जब पॉज़िटिव रोल भी करना प्रारम्भ कर दिया तो मैंने कभी नहीं कहा कि मैं फिर कभी नेगेटिव रोल नहीं करूँगा। मैं इस प्रकार का वक्तव्य देकर किसी प्रकार का छलावा नहीं करना चाहता था।

फिर बीते वर्षों की ओर चलता हूँ जब चरित्रों का बहुत स्पष्ट श्रेणीकरण किया जाता था। अच्छे से तात्पर्य था बर्फ-सा-श्वेत जबकि बुरे से अभिप्राय था काला। दूसरे वर्ग में पाश्चात्य रहन-सहन वाले चतुर व्यक्ति के अतिरिक्त दूसरा स्टीरियोटाइप पात्र था ज़मींदार—कम भाग्यवान लोगों का शोषक। जीवन और तिवारी ग्रामीण लड़कियों को घूरते हुए, गर्व से अपनी मूँछों को मरोड़ते हुए और अपनी भौंह को बदमाश की भाँति ऊपर कर इस ठेठ देहाती की भूमिका को उत्कृष्ट ढंग से निभाते थे। जीवन इस भूमिका को बहुत धज के साथ करते और संवाद भी वे बहुत स्टाइल से बोलते। वे यद्यपि कश्मीरी थे परन्तु गुजराती फिल्मों में सुविख्यात थे, उन्हें प्रायः गुजराती एक्टर ही माना जाता था। उन्हें मिलने वाले चरित्र भी भिन्न-भिन्न प्रकार के होते, कभी वे सूट पहने घटिया धनी व्यक्ति की भूमिका करते तो कभी कन्हैया लाल जैसी षड्यन्त्रकारी ठाकुर की भूमिका निभाते। कन्हैया लाल में भी देहाती गुण थे और उसका भी अपना ही स्टाइल था। वे बहुत विश्वसनीय लगते थे परन्तु अपने एक विशेष प्रकार के व्यक्तित्व के कारण वे एक ग्रामीण, साधारण धोती वाले मुनीम और महाजन—बहुत कमीने, चालाक और हद दर्जे के कमीने व्यक्ति की कुछ सीमित भूमिकाओं में ही उपयुक्त लगते थे। पाश्चात्य वेशभूषा उन पर नहीं फबती थी। उन्हें पहला बड़ा अवसर 'मदर इण्डिया में मिला और इसमें उन्होंने अपने सामर्थ्य से बढ़कर काम किया। 'मदर इण्डिया को यदि पुनः बनाया जाये तो ऐसा व्यक्ति मिलना कठिन होगा जो उन जैसा अभिनय कर सके। क्या बढ़िया कलाकार थे वे। उन्हें यद्यपि एक समान भूमिकाएँ बार-बार दी जाती थीं परन्तु वे हर बार कमीनेपन का एक भिन्न प्रभाव लाते और इसमें वे निपुण थे। वे बहुत सामाजिक नहीं थे परन्तु थियेटर से उन्हें गहरा लगाव था। उन दिनों वे प्रत्येक अच्छा नाटक देखते मिल जाते।

उस समय कुछ और खलनायक भी प्रसिद्ध हुए। मेरे फिल्मों में आने से पहले ही डैनी डैंग्जोंग्पा पुणे फिल्म इंस्टिट्यूट से निकलकर अपने शिखर पर पहुँच चुके थे। उन्हें अनेक युवा नायकों के साथ एक युवा खलनायक की भूमिका करने का अवसर मिला। मैं उनकी पूरी तरह से उत्तर पूर्वी दिखाई देने वाली शक्लोसूरत से प्रभावित था। उन्हें आसानी से नेपाली, असमिया अथवा भूटान निवासी भी समझा जा सकता था—और यह विभिन्न देशों और विभिन्न स्थानों के स्मगलर की भूमिका करने के लिए बहुत उपयुक्त था। उन्होंने समस्त भूमिकाएँ बहुत कुशलतापूर्वक कीं और एक समय पर उन्हें खलनायकों के युवा वर्ग में सर्वश्रेष्ठ होने के नाते 'शोले' में 'गब्बर' की भूमिका का भी प्रस्ताव दिया गया परन्तु उन्होंने कुछ कारणों से इस भूमिका को स्वीकार नहीं किया। और रमेश सिप्पी को एसिस्ट कर रहे अमजद खान को यह अवसर मिल गया जबकि वे कलाकारों के वर्ग में ही नहीं आते थे वे एक तकनीशियन अधिक थे। वास्तव में वे निर्देशक बनना चाहते थे और कॉलेज आदि में कुछ स्टेज नाटकों का निर्देशन भी कर रहे थे। वे केदार खान की ही भाँति अपने नाटकों के लिए बहुत प्रसिद्ध थे। डैनी ने यह भूमिका की होती तो वे इतिहास बन गये होते क्योंकि यह लेखक का प्रिय पात्र था। यह बहुत रोचक बात है कि शोले रिलीज़ के पहले सप्ताह बहुत नहीं चली क्योंकि इसमें एक नए चेहरे और आवाज़ के साथ एक नया 'बैडमैन' था क्योंकि सिप्पी को एक युवा खलनायक की

आवश्यकता थी। बाद में फिल्म चल निकली और अमजद खलनायक के रूप में महत्त्वपूर्ण छाप छोड़ गये। यह खलनायक की ऐसी उत्तम भूमिका थी जिसकी कोई भी कलाकार कामना कर सकता है। मुझे अफसोस है कि जब 1974 में 'शोले' फिल्म बन रही थी, उस समय मैं उस वर्ग में नहीं था, मैं अपना स्थान बनाने के लिए अभी संघर्ष कर रहा था।

आज खलनायक भी नायक है क्योंकि अच्छा और बुरा सापेक्ष शब्द हैं और वास्तविक प्रश्न होता है कि क्या दर्शक वर्ग पात्र के साथ सहानुभूति रख सकता है अथवा नहीं। 'शोले' में बदले की लक्ष्य प्राप्ति के लिए लोग गब्बर सिंह के साथ थे और वह बहुत वास्तविक एवं मुख्य भूमिका से भी अधिक शक्तिशाली दिखाई देता था। इसमें खलनायक नायकों के समकक्ष और विरोधी शक्ति थी। इस प्रकार व्यावसायिक सिनेमा में भी जब खलनायक के चरित्र के साथ पूर्ण न्याय किया जाता है तो फिल्म कभी असफल नहीं होती। फिल्में सदैव मूल्यों के आधारभूत संघर्षों पर बनायी जाती रही हैं। मेरे लिए यह खलनायक/नायक अथवा काले और सफेद की बजाय 'ग्रे' यानि फिल्म का विषय अधिक महत्त्वपूर्ण होता है। मेरी रुचि वास्तविक दिखाई देने वाले चरित्रों में होती है क्योंकि फिल्में अन्ततः भावनाओं से एकात्म होने का नाम हैं। हाल ही में हुए परिवर्तन को जैसे मैं समझ सका हूँ, वह सिनेमा और समाज—दोनों पर टिप्पणी है, वह यह है कि लक्ष्य साधनों पर विजयी हो सकते हैं और खलनायकी का तत्त्व बहस का विषय बन गया है।

इस प्रकार जब 1980 में 'हम पाँच' बनी तो मुझे संजीव कुमार, राज बब्बर, मिथुन चक्रवर्ती और दीप्ति नवल जैसे उच्च कोटि के कलाकारों के साथ काम करने का अवसर मिला। यह मेरे कैरियर का एक बड़ा मील पत्थर बन गया। फिल्म में मेरी भूमिका मात्र एक खलनायक की न होकर एक केन्द्रीय पात्र की थी। वास्तव में ठीक इसी समय मुझे रामानन्द सागर से 'आतंक' में मुख्य खलनायक की भूमिका करने का प्रस्ताव प्राप्त हुआ। परन्तु मैं पहले ही वचन दे चुका था और मेरे दिमाग में बहुत दुविधा चल रही थी। सौभाग्यवश पहले दिये जा चुके वचन ने मुझे इस दुविधा से निकाला। दक्षिण के सर्वश्रेष्ठ निर्देशकों में से एक माने जाने वाले बापू ने मुझे 'हम पाँच' में दुर्योधन की भूमिका दी जो कि पूरी तरह से एक नकारात्मक पात्र था। फिल्म पाँच पाण्डवों का प्रतीक थी। इस भूमिका में मुझ से बहुत अधिक अपेक्षाएँ थीं और बापू मुझे 'काड़ू' और 'निशान्त' में देख चुके थे। यह एक कठिन चुनौती थी क्योंकि अमजद खान अपने चरम पर थे। 'शोले' द्वारा छोड़े गये अपने प्रभाव के कारण लगभग प्रत्येक दूसरा बड़ा बैनर उन्हें लेना चाहता था। 'हम पाँच' के निर्माता बोनी कपूर भी यही चाहते थे। मूल रूप से तेलुगु में 'पाण्ड्वारल्ली पाण्डवन्' निर्देशित कर चुके बापू ने बोनी को बताया कि वे फिल्मों का निर्देशन तभी करेंगे यदि उनके द्वारा सोची गयी भूमिका में मुझे लिया गया। बोनी के पास कोई विकल्प नहीं था हालाँकि वे बापू को किसी न किसी तरह समझाना चाहते थे कि मुझसे कहीं अधिक अच्छे और बिकने वाले अनेक अभिनेता हैं। अन्ततः बापू की ज़िद्द के चलते बोनी मेरे पास आये कि मेरा व्यक्तित्व ही उस भूमिका के साथ न्याय कर सकता है। इस भूमिका हेतु बापू द्वारा मुझमें दिखाए गये विश्वास और निष्ठा के लिए मैं उनका आभारी हूँ।

'हम पाँच' के समय ही मैं पहली बार बोनी के सम्पर्क में आया। उस समय उनका कार्यालय विख्यात महालक्ष्मी बिल्डिंग में था। पहले उनके पिता सुरिन्दर कपूर ने मेरा इण्टरव्यू लिया हालाँकि प्रोडक्शन का काम बोनी को देखना था और उन्होंने बहुत ही प्रशंसनीय ढंग से यह सब काम किया। शूटिंग के लिए हम मैसूर और बंगलौर के बीच स्थित एक गाँव में गये। ऐसा माना जाता है कि यह स्थान महाभारत काल से है और इसके 103 तालाब इसे अनुपम सुन्दरता प्रदान करते हैं। वहाँ एक मन्दिर भी है जो फिल्म के लिए बहुत महत्त्वपूर्ण है। गाँव के एक स्कूल के मैदान में बोनी ने कलाकारों के लिए पाँच तारा सुविधाओं वाले टेंट लगवा दिये थे। इन तम्बुओं में सफेद चादरों से दीवारें बनायी गयी थीं और भीतर बहुत बढ़िया फर्नीचर था। इन तम्बुओं से मुझे 'रेशमा और शेरा' की याद हो आई जहाँ हम वन्य प्रकृति के बीच सही मायने में आउटडोर थे। इन पाँच तारा कॉटेज का एक अन्य आकर्षण था शाम को यूनिट के समस्त सदस्यों द्वारा खेला जाने वाला वॉलीबॉल का मैच। सब में बहुत घनिष्ठता थी और रात को 16 एम एम स्क्रीन पर फिल्म दिखाई जाती। बोनी की उनके छोटे भाई अनिल बहुत सहायता कर रहे थे, तब तक उन्होंने फिल्मों में अभिनय प्रारम्भ नहीं किया था।

बापू के योग्य निर्देशन में फिल्म की शूटिंग उत्तम दर्जे की और बहुत तेज़ी से हो रही थी। बापू की विषय पर गहरी पकड़ थी। वे एक बहुत बढ़िया चित्रकार भी हैं अतः उनका हमें अभ्यास करवाने का ढंग भी स्वयं में अनुपम था। शूटिंग के लिए पटकथा की अपनी प्रति के बायें हाशिये पर वे कहानी का पूरा खाका खींच लेते और अपने कैमरामैन व असिस्टेंट को उसी प्रकार से दृश्यों की व्यवस्था करने के लिए कहते। चूँकि होमवर्क के दौरान वे सब योजनाएँ तैयार कर लेते थे अतः अगला दृश्य फिल्माने अथवा उसकी व्यवस्था करने में कुछ देरी नहीं होती थी। वे बहुत परिहासपूर्ण ढंग से और चेहरे पर शरारती मुस्कान लिये दृश्य समझाते। स्मोकिंग पाइप उनकी सब समय की साथी थी। सदा से उनका मित्र और भागीदार रमन्ना भी सदैव उनके साथ होता। रमन्ना स्वयं एक लेखक है अतः दोनों मिलकर समस्त योजनाएँ तैयार करते। यह उनकी पहली हिन्दी फिल्म थी और इसे उन्होंने एक माह में पूरा कर लिया। इसका श्रेय एक ही परिसर में दिन-रात एक साथ रहने से हुई घनिष्ठता को जाता है। पूरा गाँव जिस प्रकार से बनाया गया था, उसे देखकर लगता था जैसे सीधे 'महाभारत काल' से उठाया गया हो। बापू ने उस फिल्म को इतने वास्तविक ढंग से फिल्माया था कि फिल्म को देखते हुए लगता था मानो उस युग में पहुँच गये हों।

इस फिल्म ने मुझे पहचान दिलवाई और यदि मैं मुहावरेदार भाषा का प्रयोग करूँ तो दमदार ढंग से लिखी गयी उस नेगेटिव भूमिका से मेरा और विकास हुआ था। मेरी प्रतिभा का समुचित उपयोग करने और मुझे सही अवसर प्रदान करने के लिए मैं आज भी बापू का ऋणी हूँ।

मुझे विशेष रूप से प्रारम्भिक दृश्य बहुत अच्छा लगा था जिसमें मैं एक कबूतर का अपने स्कार्फ से गला दबाकर उसे प्लेट में रख कर कहता हूँ, "नाश्ता!" उस एक दृश्य से वीर प्रताप सिंह का क्रूर और दुष्ट चरित्र अपना सिक्का जमा लेता है। इस फिल्म में काम करना शुरू करने के बाद मैंने पाया कि मेरी आवाज़ के तीखेपन और स्वर नियन्त्रण में थोड़ा सुधार हुआ

है और संवाद बोलने के लिए यह अच्छा होगा। मैं बहुत सतर्क था और जानता था कि मेरा अभिनय पहले से बेहतर हो रहा है। यह केवल एक मर्मस्पर्शी फिल्म ही नहीं थी अपितु एक अभिनेता के रूप में मेरे लिए सबसे अच्छी बात थी इस चरित्र का महत्त्व। इस चरित्र को निभाने के लिए बहुत अधिक शक्ति की, बहुत अधिक एक्शन की आवश्यकता थी। शबाना उस महिला की भूमिका में थी, दुष्ट जमींदार जिसका बलात्कार करता है। इसीलिए ये सभी पाँच पाण्डव उससे बदला लेते हैं।

दुष्टता और क्रूरता की कुछ झलक तो मेकअप की सहायता से लायी जाती है परन्तु जब आप इस तरह की भूमिका करते हैं तो कुटिलता का भाव आपकी शक्लोसूरत में आ जाता है। यह इस बात पर निर्भर करता है कि संवाद सम्प्रेषण के समय आप परिस्थिति में कितना डूबते हैं। वह चरम प्रभाव इसी से आता है। पटकथा की अपेक्षा होती है कि चरित्र को, पात्र को कब भयावह दिखाई देना है परन्तु उसके लिए एक कलाकार के रूप में आपका कौशल बहुत महत्त्वपूर्ण होता है। अपने अभिनय से आप कितना प्रभाव ला पाते हैं! मेकअप से उत्पन्न किया गया कोई भी प्रभाव बहुत स्पष्ट दिखाई पड़ता है परन्तु उसकी सूक्ष्म झलक तो कलाकार द्वारा अपनी आवाज़, अपनी नज़रों और योग्यता से उस दुष्टता को उत्पन्न करने के लिए किये गये प्रयासों से मिलती है और इसे ही लम्बे समय तक याद रखा जाता है। यह दर्शक की स्मृति में अमिट छाप छोड़ जाता है कि कैसे फिल्म का पात्र विशेष इतना धूर्त था और अपनी दुष्टता से एक प्रकार का वातावरण उपस्थित कर दिया था।

शकुनी मामा, जो एक 'चम्चा,' एक पक्का षड्यन्त्रकारी था, की भूमिका में कन्हैया लाल ने भी 'हम पाँच' में यह बहुत अच्छी तरह से प्रमाणित कर दिया था। वह शराब पीने लगा था और लगभग नशेड़ी बन गया था। "उनका लाइफ़ स्टाइल बहुत अजीब था।" वह शाम को बहुत अधिक शराब पीता। अपने तम्बू में अकेला बैठ जाता और मेज़ पर दो गिलास रख लेता, दो ही कुर्सियाँ होतीं और तब वह अपना गिलास और कुर्सी बदल-बदल कर ऐसा अभिनय करता मानो उसके साथ कोई बैठा हो। मिथुन यह देखता रहता और हमेशा उसके साथ कोई न कोई शरारत करता। यह हमारा मज़ाक भर होता, वास्तव में हम उसका बहुत सम्मान करते थे। सो, शूटिंग पर इस प्रकार का वातावरण होता और जब उसे मांसाहारी भोजन न मिलता (वह चिकन और मटन बहुत चाव से खाता था) तो वह आउटडोर शूटिंग पर भी हंगामा खड़ा कर देता। लोग जान जाते कि उसे क्या चाहिए और उसे वह परोसा जाता। उसकी भूख भी अपनी ही तरह की थी।

'हम पाँच' एक बीच की फिल्म थी। व्यावसायिक दृष्टि से यह बहुत अच्छी रही और आलोचकों ने भी इसकी प्रशंसा की। मेरे पास खलनायक की भूमिकाओं की बाढ़ आ गयी। मैं बहुत प्रसन्न था कि मैंने ज़ोरदार शुरुआत की थी, इससे भी अधिक प्रसन्नता मुझे इस बात की थी कि सुस्थापित खलनायकों की उपस्थिति के बावजूद मैंने शीघ्र ही अपने लिए स्थान बना लिया था। मैं बहुत रोमांचित था कि मैं वास्तव में व्यावसायिक फिल्मों में प्रवेश कर रहा था और इस फिल्म से मेरे कैरियर में एक नया मोड़ आया। इसने मुझे बड़ी जमात में ला दिया

था और 'जमींदार' की भूमिकाओं की एक परम्परा प्रारम्भ कर दी थी। इसके बाद मैंने कभी मुड़कर नहीं देखा। मूलतः कला फिल्मों को उच्च वर्ग के लोग ही देखते हैं जबवि अगली पंक्तियों के लोग मनोरंजनात्मक फिल्में ही देखते हैं। वे प्रभावित नहीं होते। परन्तु वास्तव में हुआ ये कि नए सिनेमा ने पात्रों के साथ सफल प्रयोग किये और व्यावसायिक फिल्मों ने भी उन्हें ले लिया तथा उन्हें बड़ा करके प्रस्तुत किया। 'निशान्त' ने खलनायकी का स्वरूप ही बदल दिया। ठाकुर यह स्वीकार करके चलता है कि गाँव की सभी स्त्रियाँ उसके पास भेजी जायें और सब लोग उसे पैसा दें क्योंकि वह एक बड़ा आदमी है। इस पात्र को विभिन्न स्वरूप और रंग दिये जाने से वह रुचिकर हो जाता है। 'हम पाँच' का ज़मींदार ठीक वैसे व्यवहार करता है जैसा कि वह सोचता है कि उसे करना चाहिए, वह नहीं सोचता कि वह दुष्ट है। प्रत्येक व्यक्ति के चरित्र में काले धब्बे होते हैं। परन्तु यदि लेखक अच्छा नहीं है तो वह ऐसी किसी विशालता को आकार नहीं दे पाता। वह उसके मस्तिष्क के लैंस पर निर्भर करता है। सम्भव है बिम्ब पर फोकस ठीक न हो पाए, नकल के लिए भी अकल चाहिए। 'हम पाँच' और 'निशान्त' के पात्रों की बहुत नकल हुई परन्तु वे घटिया नकलें ही रहीं। वे पात्र स्वयं में बहुत शक्तिशाली थे परन्तु व्यावसायिक फिल्मों में चूँकि नायक पर अधिक बल दिया जाता है अतः पटकथा में असन्तुलन रहता ही है।

मेरा सौभाग्य चूँकि समानान्तर सिनेमा के साथ ही प्रारम्भ और समाप्त नहीं हो गया था, मुझे फार्मूला फिल्में करने का भी अवसर प्राप्त हुआ था। इन फिल्मों में खलनायक के रूप में काम करके मुझे बड़ी रकमें मिली थीं अतः मुझे यह सुनिश्चित करना था कि मैं अपना सन्तुलन बनाये रखूँ और थियेटर व कम बजट की फिल्मों के लिए भी समय निकालूँ क्योंकि वहीं मेरी रचनात्मक प्रवृत्ति सन्तुष्ट होती थी और मेरी कला निखरती थी। बड़ी रकम ले कर हिन्दी सिनेमा के ठेठ अंडरवर्ल्ड सरगना की भूमिकाएँ करने के दौरान भी गोविन्द और श्याम के साथ मेरा सम्पर्क निरन्तर बना रहा। मुझे एक विशेष प्रकार की भूमिकाएँ मिलती थीं और मैं कह सकता था कि "हाँ, यह मेरे अभिनय का, मेरे कार्य का स्वरूप है।" मैं जानता था कि मैं मुँह माँगे दामों पर काम करूँगा, मैं अपने मन में हिसाब लगा लेता कि यदि मुझे मेरे द्वारा माँगी गयी फीस मिलेगी तो ही मैं काम करूँगा। मैं अपना शोषण नहीं होने देना चाहता था। आपको अपनी सीमाएँ स्वयं निर्धारित करनी होती हैं। राजकुमार एक बहुत रुचिकर कहावत कहा करते थे, "जानी सेब सेब के भाव बिकता है और आलू आलू के भाव।" तात्पर्य यह कि यदि आप में काबिलियत है तो आपको दाम माँगना चाहिए और अपनी शर्तों पर काम करना चाहिए। सम्भव है आपके पास दस लोग आयें और केवल दो ही आपको समझें तथा आपकी वास्तविक योग्यता को पहचानें। अब तक जो लोग मुझे स्वीकार करने से भी इनकार कर रहे थे, वे सब लोग अब मेरे साथ अतिरिक्त घनिष्ठता तथा मित्रता दिखा रहे थे। यह आश्चर्यजनक था कि किस प्रकार मेरी सफलता ने उनके दृष्टिकोण को परिवर्तित कर दिया था और मैं अत्यधिक व्यस्त स्टार खलनायक बन गया था। इस प्रकार रिलीज़ होने वाली प्रत्येक दूसरी व्यावसायिक फिल्म में मैं अभिनय कर रहा था तो साथ ही साथ 'आक्रोश' और 'कलयुग' जैसी मेरी कुछ

कला फिल्में भी चल रही होतीं—जो मुझे स्टारडम के निकट लाई थीं। मैं तो कहूँगा कि मुझे तो दोनों संसारों का सर्वश्रेष्ठ मिला। घर परिवार में भी सब बहुत बढ़िया चल रहा था। मेरी इस सफलता से मेरी पत्नी भी बहुत प्रसन्न थी, उसे मात्र एक अफसोस था कि इससे वह समय कम होता जा रहा था जो हम इकट्ठे बिताया करते थे। परन्तु कुछ करने के लिए कुछ खोना पड़ता है।

मैं इस बात से इनकार नहीं करूँगा कि जब मैं नई लहर के वास्तविक सिनेमा से ढोंगपूर्ण व्यावसायिक फिल्म संसार में आया तो पेशेवर, वैचारिक और भावनात्मक अन्तर नहीं आया था। मैं एक अच्छी लिखी पुस्तक की भाँति समानान्तर सिनेमा में काम कर वास्तव में बहुत प्रसन्न था परन्तु प्रसिद्धि और पैसा पाने की लालसा मुझे इस लोकप्रिय सिनेमा की ओर ले आई थी। मैं इसे भी बहुत विश्वसनीयता और निष्ठा से कर रहा हूँ परन्तु एक व्यक्ति के रूप में मैं इसे स्वीकार नहीं कर पा रहा। एक कलाकार के रूप में मैं निश्चित ही वही करता हूँ जो मुझे करने के लिए कहा जाता है। परन्तु कई बार परिस्थितियों को इतना हावी होते देखकर कि आप एक बात पर भी विश्वास न कर पायें, भीतर कहीं बहुत कष्ट होता है। ऐसे में मैं निर्देशकों को अपना दृष्टिकोण बताने के लिए विवश हो जाता हूँ कि इतनी अविश्वसनीय स्थिति कैसे सम्भव है और आप इसमें कुछ आवश्यक परिवर्तन क्यों नहीं करते। ऐसे होता है मनोरंजन। हम सिनेमा हॉल में मूर्ख बनने के लिए जाते हैं परन्तु इसका श्रेय फिल्म निर्माता को जाता है जो अपनी समझ-बूझ वाली अथवा समझ-बूझ विहीन रचना में आपको पूरी तरह डूबा कर अपनी सीटों पर बिठाये रखता है। उस समय मेरे पास कोई विकल्प नहीं था। बहुत समय बाद मैं उस स्थिति में पहुँच पाया कि मैं अपने निर्देशकों के साथ चर्चा करके अपनी फिल्मों और विषयों का चुनाव कर सकूँ। जब मुझे, जो मैं कर रहा होता था, उसमें विश्वास नहीं भी होता था, तब भी मैं उसे पूर्ण विश्वसनीयता के साथ करता था। इस प्रकार की अविश्वसनीय बातों को विश्वसनीय बना कर प्रस्तुत करता। मैंने जो भी किया है, कभी आधे-अधूरे मन से नहीं किया। मुझे कभी भी अपनी किसी भी भूमिका के प्रति सन्देह नहीं रहा। मैंने अपनी भूमिकाओं के साथ पूरा न्याय किया है। यदि आप एक भूमिका को स्वीकार कर लेते हैं तो आपका निर्देशक आपका कप्तान होता है। मैंने कभी भी अपने निर्देशक अथवा निर्माता के पास जाकर लड़ने जैसी तुच्छ बातें नहीं की। इस इण्डस्ट्री में कोई किसी की चिन्ता नहीं करता क्योंकि कोई भी अपरिहार्य नहीं है।

मैं स्वीकार करता हूँ कि पहले शायद मैं भूमिकाएँ प्राप्त करने का लोभी था और उनके पीछे दौड़ता था क्योंकि आप सब प्राप्त कर लेना चाहते हैं। परन्तु जैसे-जैसे आप अपने व्यवसाय में आगे बढ़ते हैं, आप भला-बुरा पहचानने लगते हैं, समझदार हो जाते हैं। मैं सदा सिनेमा के विषय में सोचता रहता और फिर स्वयं से कहता, "अमरीश, यह व्यावसायिक सिनेमा है। मेरे साथ अनेक बार ऐसा हुआ और मैंने इस विषय पर अमिताभ से चर्चा की, हम इन विषयों पर बहुत विचार विमर्श करते थे। मैंने उनसे कहा, "यार, हम कैसी मूर्खता भरे काम कर रहे हैं।" वे हमेशा मुझे सलाह देते कि अपनी भूमिका करो और आगे बढ़ जाओ। अमिताभ

के कहने से यह सोच और सुदृढ़ हो गयी कि मुझे इसमें पूरी तरह से डूब जाना चाहिए। “भापा जी, करदे रहो, ए कमर्शियल सिनेमा है—यहाँ क्यों का प्रश्न नहीं उठता, यहाँ तो बस करो या मरो....” वे काफी धाराप्रवाह पंजाबी बोल लेते हैं।

इसी प्रकार अमिताभ गंभीरता से अपना होमवर्क करते हैं और एक कलाकार के रूप में मैं जानता हूँ कि निपुणता के उस स्तर तक पहुँचने के लिए कितना दृढ़ संकल्प अपेक्षित होता है। अपने दृश्य को सीमित समय में तैयार करने और उसे गहराई व बारीकी से समझने में भी वे बहुत मुस्तैद हैं। जिस प्रकार से वे लिखित संवादों के अर्थ निकालते हैं, वह स्वयं में अनुपम है। वे एक ऐसे कलाकार हैं जो फिल्मों में आने के इच्छुक अनेक लोगों के लिए सजीव उदाहरण होने चाहिए कि कैसे हमें अपने व्यवसाय को निष्ठा और ईमानदारी से लेना चाहिए। अमिताभ हालाँकि मुझसे दस वर्ष छोटे हैं परन्तु हमने फिल्मों में एक ही समय में प्रवेश किया। लगभग ग्यारह फिल्मों में इकट्ठे काम करने का बहुत लाभ हुआ क्योंकि इनमें से कुछ फिल्में बहुत हिट रहीं। कुछ लोगों ने तो यहाँ तक कह डाला कि अमिताभ को जब अमजद खान की प्रतिभाशाली भूमिकाओं से खतरा महूसस हुआ तो उन्होंने वे नेगेटिव भूमिकाएँ हड़पने में मेरी सहायता की। मुझे किंचित भी विश्वास नहीं कि उनके स्तर का कलाकार कभी ऐसे तुच्छ दाँव-पेंचों पर उतरने की सोचेगा और लोग क्यों भूल जाते हैं कि कलाकार की भूमिका की कुंजी निर्देशक की कठोर पकड़ में होती है। जब तक वह न चाहे, एक खलनायक की भूमिका नायक पर कैसे हावी हो सकती है? मेरा कद केवल 5 फुट 10 इंच है और जब लोग मुझे आमने-सामने देखते हैं तो वे दंग रह जाते हैं, उनकी कल्पना अनुसार मेरा कद बहुत लम्बा है और वे निराश हो जाते हैं कि जिस व्यक्ति ने पर्दे पर अमिताभ का डट कर मुकाबला किया वह वास्तव में उससे चार इंच छोटा है। मैं तो कहूँगा कि व्यक्ति को अपना कद ऊँचा रखना ज़रूर आना चाहिए।

अब जबकि अमिताभ सुपर स्टार बन चुके हैं, मैं उन्हें एक सह-कलाकार होने के साथ-साथ एक पर्यवेक्षक के रूप में भी देखता हूँ। अमिताभ एक ऐसे कलाकार हैं जो अपनी कला को सदा निखारते रहते हैं। एक कहावत है कि कलाकार स्वयं पर काम करता है और यह बहुत स्वाभाविक है कि अमिताभ ने स्वयं पर तब तक मेहनत की, जब तक वे अपनी कला में निगुण नहीं हो गये। उनकी आवाज़, उनकी चाल, उनका स्टाइल, रंग-रूप—समर्पण के बिना वे ऐसी आश्चर्यजनक उपलब्धि के स्तर पर नहीं पहुँच सकते थे। उनकी कला दिन-प्रतिदिन निखरती रही क्योंकि वे अपनी लोकप्रियता का आनन्द मनाने के लिए हाथ पर हाथ रखकर नहीं बैठ गये थे। वे इस दृष्टि से बहुत भाग्यशाली थे कि उस समय उन्हें बहुत अच्छी कहानियाँ मिल रही थीं--अच्छी पटकथाएँ बहुत आसानी से नहीं मिलतीं। मैं उन्हें फिल्म उद्योग का एक कठोर परिश्रमी एवं प्रगतिशील कलाकार मानता हूँ। अभिनय अन्ततः विभिन्न चीजों को निभाते हुए हर बार अपने अनुभवों को अभिव्यक्त करने के लिए थोड़ी कल्पना के साथ अपने विवेक एवं अपनी प्रतिभा का प्रयोग करना है। अपनी भूमिका को प्रभावी बनाने के अर्थ में उस कुशलता तक पहुँचना बहुत कठिन है। एक प्रशिक्षित कलाकार अथवा ऐसा

कलाकार जो अपनी प्रतिभा के प्रदर्शन को निरन्तर बेहतर बनाता रहता है, अपनी भूमिकाओं को लोकप्रिय बना देता है। अमिताभ संवेदनशील कलाकार भी रहे हैं क्योंकि केवल कुछ ही फिल्मों में आपको अपनी उस संवेदनशीलता के प्रदर्शन का अवसर मिलता है और यदि वे क्षण अच्छे से निभा लिए जायें तो दो दृश्य भी पर्याप्त होते हैं। अमिताभ ने वे अवसर कभी अपने हाथ से नहीं जाने दिये, कभी उनमें कमी नहीं रहने दी। प्रगतिशील होने से तात्पर्य केवल विभिन्न पोशाकें पहनना नहीं है। शारीरिक स्तर से इसका कोई सम्बन्ध नहीं। इसे तो भीतर से उठना होता है और यदि ठीक तार झनझना दिये जायें तो दर्शक आपके कदमों पर गिरेंगे। वह स्वीकार्यता की वास्तविक परीक्षा है—यदि दर्शक एक के बाद एक फिल्म में कलाकार को पसन्द करते हैं तो यह प्रमाण है कि कलाकार अपनी प्रतिभा को निखार रहा है।

पहली फिल्म 'रेशमा और शेरा' में, जिसमें मैंने और अमिताभ ने इकट्ठे काम किया, हम दोनों में आपस में कोई बातचीत नहीं होती थी। हममें परस्पर बातचीत तब शुरू हुई जब मैं उनके साथ नेगेटिव भूमिकाएँ कर रहा था। एक दशक के बाद 1980 में जब हमने इकट्ठे 'दोस्ताना' फिल्म की और उसके बाद हम दोनों जब भी किसी फिल्म में इकट्ठे काम करते तो लेखक व निर्देशक—दोनों ही यह सुनिश्चित करते कि फिल्म में ऐसे दृश्य ज़रूर हों जिनमें हम एक दूसरे के आमने-सामने हों, हमारा मुकाबला हो। उनकी लोकप्रियता और स्तर को देखते हुए यह स्वाभाविक था कि लोगों का झुकाव उनकी ओर अधिक होगा और वे प्रतीक्षा करते थे कि मैं उनके स्तर तक पहुँच कर दिखाऊँ और मैं ऐसा अच्छी प्रकार से कर पाया होऊँगा क्योंकि फिल्म अच्छी चली। हम दोनों ने अपना उत्तम प्रदर्शन किया था। मैंने अभिनय करते हुए अपनी पूरी ताकत इसमें झोंक दी और उन्होंने अपनी पूरी ऊर्जा लगा दी। इसके परिणाम उल्लेखनीय थे। 'शहंशाह' के उस अविस्मरणीय पहले दृश्य को करने के बाद मैं यह कहने का साहस कर सकता हूँ कि यह बहुत स्पष्ट हो चुका था कि एक खलनायक को भी फिल्म में शानदार दृश्य अथवा संवाद मिल सकता है। यह केवल नायक अथवा हीरो का ही जन्मसिद्ध अधिकार नहीं है। अमिताभ निःसन्देह एक बहुत बढ़िया कलाकार हैं परन्तु उनमें यह एक अनुपम गुण भी है जो अन्य कलाकारों में विरले ही दिखाई देता है कि वे एक बहुत सक्षम पेशेवर भी हैं। क्योंकि वे जो करते हैं उसमें विश्वास रखते हैं अतः अपने दर्शकों में भी वे उसके प्रति विश्वास जाग्रत कर देते हैं। वे बहुत आश्चर्यजनक कलाकार हैं क्योंकि आप उनके अभिनय में किये गये श्रम के स्तर को समझ सकते हैं परन्तु फिर भी ऐसा लगता है कि उन्होंने अनायास ही वैसा अभिनय कर दिया है। आपको अचम्भा होता है कि वे अभिनय कर रहे हैं अथवा उस भूमिका को जी रहे हैं। वे बहुत शालीन हैं और इस शालीनता का उन्होंने उदाहरण प्रस्तुत किया है। 60 वर्ष की आयु पार कर जाने के बाद भी यह उनकी भीतरी क्षमता ही है कि वे अभी भी प्रभावशाली ढंग से काम कर रहे हैं। वास्तव में पश्चिम में तो कई बार कलाकार इस आयु में काम करना शुरू करते हैं और शिखर पर पहुँचते हैं। सियान कॉनरी साठ वर्ष की आयु पार कर जाने के बाद भी अपने जीवन की श्रेष्ठ भूमिकाएँ देते रहे। ऐसा वास्तव में तब होता है जब आपकी अपने काम पर पूरी पकड़ होती है।

अमिताभ ने अपने कठिन समय में आशा नहीं छोड़ी, वे सदा प्रयत्न करते रहे। वे सदा आशावान रहे कि कठिन समय के बाद अच्छा समय आयेगा, उन्होंने कभी अपने चेहरे पर निराशा के चिह्न नहीं आने दिये, कभी हार की भावना नहीं आने दी। यह प्रशंसनीय विश्वास उनके व्यक्तित्व का अभिन्न अंग बना रहा। इस आत्मविश्वास को वे यद्यपि कभी खुलकर व्यक्त नहीं करते और सदैव उस पूर्ण उत्साह के साथ काम करते रहते हैं जो उनकी सफलता का आधार है। उन्होंने बिना सन्तुलन खोये, अपने जीवन के उतार-चढ़ावों को पूरी तरह से जिया है। प्रतिकूल परिस्थितियों में व्यक्ति अपने कार्य के स्तर को स्थिर बनाये रखने का प्रयत्न करता है क्योंकि यदि आप ऐसा नहीं करते तो आपकी कार्यक्षमता हल्की पड़ जाती है और उसके परिणाम निराशाजनक होते हैं।

अमिताभ का जब विपरीत समय चल रहा था और वे काम नहीं कर रहे थे, मुझे दृढ़ विश्वास था कि वे ज़ोरदार ढंग से लौटेंगे। एक बार जब वे जया के साथ मेरे यहाँ रात्रिभोज पर आये तो मैंने अपनी अन्तर्दृष्टि से उनसे कहा कि बस प्रतीक्षा करो और देखते जाओ, तुम हमेशा की तरह सफल रहोगे और यह टेलीविजन पर 'कौन बनेगा करोड़पति' के साथ सच हो गया। एक सुपर-स्टार की टेलीविजन पर ऐसी शानदार सफलता न तो पहले कभी देखने को मिली है और न फिर होगी। के बी सी को जैसे उन्होंने निभाया, शो पर प्रतिभागियों के साथ जैसा तालमेल उन्होंने बिठाया, वह बिना देखे विश्वास करने वाली बात नहीं थी। अन्य चैनलों ने अनेक अन्य अभिनेताओं के साथ उसी प्रकार के शो तैयार करने की पुरज़ोर कोशिश की परन्तु बुरी तरह से असफल रहे। उनमें वैसा दृढ़ विश्वास कभी नहीं था जैसा अमिताभ में था। ऐसा माना जाता है कि उनका पुनः आगमन विश्व भर में उनके प्रशंसकों की शुभ कामनाओं और प्रार्थनाओं का परिणाम है। आज तक अमिताभ अपने प्रशंसकों के आभारी और ऋणी हैं। मुम्बई में किसी अन्य अभिनेता के दर्शन करने के लिए सैकड़ों लोग सदा उसके बंगले के बाहर प्रतीक्षा नहीं करते रहते इसीलिए मेरे मन में उनके लिए अथाह प्रशंसा है। मैंने उनमें एक कलाकार के रूप में ऐसे उत्तम गुण देखे हैं कि उन्हें मैं अपने में चाहूँगा। यदि आपके अभिनय में उतनी गहराई है तो इससे कोई अन्तर नहीं पड़ता कि आप कहाँ से इस तक पहुँचते हैं। मैं देखता हूँ कि अमिताभ यह बहुत प्रभावशाली ढंग से करते हैं और यही उन्हें दूसरों से भिन्न बनाता है। मैं अपने ढंग से उसी प्रकार के परिणाम प्राप्त करने के प्रयास करता हूँ। मेरे प्रयत्न भिन्न हो सकते हैं परन्तु गम्भीरता उतनी ही होती है।

प्रत्येक अभिनेता का अभिनय का अपना ढंग होता है, अभिव्यक्ति की अपनी विधि होती है। अमिताभ एक स्वाभाविक एवं सहज कलाकार हैं। राजेश खन्ना एक स्टाइल वाले अभिनेता थे। अभिनय पर अनेक ग्रन्थ लिखे गये हैं परन्तु रूस में जन्में कॉन्स्टेंटिन स्टेनिस्लेवस्की महानतम अध्यापक माने जाते हैं। 19वीं शताब्दी में अभिनय की प्रक्रिया पर जैसा गहरा प्रभाव उनका रहा, वैसा आगामी सहस्राब्दी में भी किसी अन्य का नहीं रहा। उनकी अभिनय की विधि को व्यापक स्तर पर पढ़ाया जाता है और विश्व भर में अनेक अभिनेता इस विधि का पालन करते हैं। उनका दृढ़ मत था कि रंगमंच को यदि अर्थपूर्ण होना है तो इसे बाह्य अभिव्यक्ति,

जैसा कि अभिनय को मुख्य रूप से माना जाता रहा है, से ऊपर उठना होगा। 40 वर्ष से अधिक समय में उन्होंने ऐसा दृष्टिकोण विकसित किया जो अभिनय के मनोवैज्ञानिक एवं भावनात्मक पहलुओं में अग्रणी था। स्टेनिस्लेव्स्की सिस्टम अथवा 'द मैथ्ड' के नाम से विख्यात हुई इस विधि में अभिनेता का प्रमुख दायित्व विश्वास जाग्रत करना होता था (न कि पहचान बनाना अथवा समझा जाना) और इस 'विश्वसनीय सत्य' तक पहुँचने के लिए स्टेनिस्लेवस्की ने पहले 'भावनात्मक स्मृति' की विधि का प्रयोग किया। उदाहरण के लिए भय को अभिव्यक्त करने वाली भूमिका की तैयारी के लिए अभिनेता को कुछ भयावह वस्तु अथवा घटना को याद करना चाहिए और उस समय जैसे भय की अनुभूति हुई थी, वैसी भावनात्मक स्थिति में अभिनय करने का प्रयास करना चाहिए। उनका दृढ़ विश्वास था कि एक पात्र को निभाते हुए अभिनेता को अपने व्यक्तित्व को मंच पर साथ ले कर जाना चाहिए। यह अभिनय की इससे पूर्व की विधियों से पूर्णतः भिन्न था जिनके अनुसार अभिनेता का कर्त्तव्य अपनी भावनाओं को पीछे छोड़कर पात्र में ढ़ल जाना था। बाद में स्टेनिस्लेव्सकी ने स्वयं को भावनात्मक स्थिति में शारीरिक प्रवेश के मत से जोड़ा। इसका आधार उनका यह मत था कि कुछ क्रियाओं और व्यवहारों की आवृत्ति मंच पर और मंच से बाहर के जीवन के अन्तर को पाट सकती है।

मॉस्को आर्ट थियेटर के साथ विश्व भर की यात्राओं के दौरान उन्होंने अपने साथियों लियो टॉल्स्टाय और एंटन चेखव के साथ अन्तर्राष्ट्रीय स्तर पर ख्याति अर्जित की। स्टेनिस्लेव्स्की की अभिनय की नई विधि के अनुसार कलाकारों को पटकथा की बंधी बंधाई पंक्तियों और अभिनय से गुरेज़ करना चाहिए और वे कहानी में छिपे महत्त्वपूर्ण अनकहे निर्देशों पर अधिक ध्यान केन्द्रित करें। इससे प्रेरित होकर चेखव ने सूक्ष्म और भावनात्मक दृष्टि से सजीव रचनाएँ लिखीं। हॉलीवुड में मार्लन ब्रैंडो और ग्रेगरी पैक जैसे मंझे हुए कलाकार उनके विचारों पर प्रयोग करते रहे परन्तु मैं वैयक्तिक रूप से विधि आधारित अभिनय में विश्वास नहीं रखता। मैं इसे कृत्रिम समझता और महसूस करता हूँ। एक कलाकार के रूप में आपको सन्दर्भों की दृष्टि से समृद्ध होना चाहिए। इसीलिए मैं प्रयत्नपूर्वक जीवन को न केवल देखता हूँ अपितु बारीकी से इसका अवलोकन करता हूँ और फिर सबको स्मृति के गोदाम में जमा करता रहता हूँ। आपके आसपास क्या घटित हो रहा है–यह अपने दिमाग में संजो लेने और फिर पर्दे पर इसे व्यक्त कर देने के लिए निश्चित ही बहुत सतर्क रहने की आवश्यकता होती है।

और फिर अभिनय की एक प्राकृतिक शैली है–आजकल इसी का चलन है। अभिनय साधारण शब्दों में 'होना' है। जब आप दूसरों पर निरन्तर और उपयुक्त प्रतिक्रिया करते हैं तो आप उस चरित्र का अभिनय कर रहे होते हैं, जिसकी भूमिका आप कर रहे हैं। अतः हम अभिनय प्रतिक्रिया है अथवा अच्छी प्रतिक्रिया अच्छा अभिनय है–पर लौट आये हैं। परन्तु सीखना दोनों प्रकार से एक समान है। इसीलिए आप की सहज क्रियाएँ प्रतिक्रिया के अर्थ में बहुत तीव्र होनी चाहिएँ। एक क्षण बीत जाने के बाद वह अभिव्यक्ति शायद फिर कभी नहीं आती। यह इस बात पर निर्भर करता है कि आपका चेहरा कितना अभिव्यक्त करता है। कुछ लोग प्रतिक्रिया करते हैं तो उनका चेहरा निर्जीव बना रहता है। वहीं कुछ लोग ऐसे होते

हैं कि जैसे ही आप उन्हें कुछ बताते हैं, उनकी आँखें चौड़ी होकर खुल जाती हैं और कहते हैं, "अच्छा, वास्तव में ऐसा है?" इस प्रकार की प्रतिक्रिया बाँधती है। यदि आप अच्छे से प्रतिक्रिया नहीं करते तो आप एक खराब अभिनेता हैं। इसीलिए ऐसा कहा जाता है कि जो उत्तम श्रोता होता है वही श्रेष्ठ वक्ता होता है। बात सीधी और स्पष्ट है।

प्रत्येक अभिनेता का अपने द्वारा निभाये जाने वाले चरित्र को समझने का अपना ढंग होता है। आखिरकार वह निभाया जाने वाला चरित्र अथवा पात्र नहीं है परन्तु उसे स्वयं को इस प्रकार से ढालना है कि वह नाटक अथवा पटकथा के लिखे गये चरित्र की भाँति व्यवहार करना और प्रतिक्रिया करना प्रारम्भ कर दे। लेखक ने एक निश्चित साँचे में पात्र की कल्पना की है और कैसे वह अन्य कलाकारों और परिस्थितियों से सम्बन्धित है, यह सब लेखक द्वारा पूर्व निर्णित होता है। चरित्र का बिम्ब उसके मस्तिष्क में बहुत-बहुत स्पष्ट होता है। यदि लेखक को स्वयं उस चरित्र को निभाना पड़े तो कदाचित् वह इसे सर्वोत्तम ढंग से करेगा। परन्तु निन्नयानवे प्रतिशत सम्भावना यह होगी कि लेखक प्रशिक्षित अभिनेता नहीं है अथवा अभिनेता है ही नहीं, उसमें तो केवल लेखन की प्रतिभा है।

भगवान ने विभिन्न लोगों को विभिन्न प्रकार के चेहरों, भिन्न व्यक्तित्वों, भिन्न शारीरिक गठन और भिन्न दृष्टिकोणों तथा सोच के साथ भिन्न-भिन्न प्रतिभाएँ दी हैं। विभिन्न अभिनेताओं द्वारा निभायी गयी एक ही भूमिका भिन्न-भिन्न छायाएँ लिये हुए होगी। कई बार चरित्र को निभाने वाला अभिनेता इतना अच्छा हो सकता है कि वह लेखक की विचारधारा से भी आगे बढ़ जाये और लिखे गये पात्र को उसी छाया अथवा उसी मनःस्थिति में एक सर्वोत्तम रूप में प्रस्तुत कर दे। यह इस बात पर निर्भर करता है कि अभिनेता उस चरित्र में कितना डूबा अथवा खोया है। वह उस चरित्र को कितना समझ पाया है और कितना उसे स्वरूप दे पाया है। ऐसे लोग भी हो सकते हैं जो अपने ढंग से चरित्र को समझ और अनुभव तो कर सकते हैं परन्तु अभिनय नहीं कर सकते। मुझे याद है कि मैं अपने पिता से अपने दादा के विषय में पूछता था तो वे कहा करते थे, "मैं तुम्हें क्या बताऊँ, तेरा दादा मेरी आँखों के सामने हैं, मगर मेरे हाथ में वो हुनर नहीं है।" इसी प्रकार जो अपने अनुभवों से समझ सके और उसे प्रस्तुत कर दे, वह अभिनेता है।

ठीक जैसे मेरे पिता अपने मस्तिष्क में अपने पिता का बहुत स्पष्ट चित्र होने के बावजूद भी उसे अभिव्यक्त नहीं कर पाये, उसी भाँति हममें से अनेक लिखे हुए चरित्र के सम्बन्ध में समस्त कल्पनाएँ कर सकते हैं परन्तु उसे रेखाओं में प्रस्तुत करने अथवा अभिव्यक्त करने में असफल रहते हैं। विभिन्न अभिनेताओं द्वारा एक ही चरित्र को प्रस्तुत करने का स्तर अभिनेता की क्षमताओं अथवा योग्यताओं के अनुसार भिन्न-भिन्न होगा। मेरा अपनी भूमिकाओं को देखने का दृष्टिकोण भी दूसरे अभिनेताओं से भिन्न होगा। यह सम्भव है कि परिणाम दर्शकों के लिए विश्वसनीय और प्रभावकारी हो और शायद इसीलिए मैं एक अच्छा अभिनेता माना जाता हूँ। अभिनय की महानता इस बात पर निर्भर करती है कि मैं उस भूमिका को कितने प्रभावशाली ढंग से अभिव्यक्त और प्रस्तुत करता हूँ। मैं सबसे पहले नाटक के भाव को समझने के लिए

पूरा नाटक पढ़ता हूँ। उस समय मैं अपने द्वारा निभाये जाने वाले चरित्र पर कोई विशेष ध्यान नहीं देता। परन्तु ऐसा हमारी फिल्मों में सम्भव नहीं हो पाता क्योंकि आधी फिल्मों में तो शूटिंग शुरू करने से पहले फिल्म की पूरी पटकथा अथवा जिल्दबद्ध पटकथा उनके पास तैयार ही नहीं होती। ऐसी अफसोसजनक स्थिति है, हम यह जान ही नहीं पाते कि फिल्म में दूसरे पात्र क्या कर रहे हैं। इसीलिए नाटक में अपनी तैयारी करना फिल्म से पूरी तरह से भिन्न होता है। नाटक में आपका नियन्त्रण होता है क्योंकि यह पहले से लिखा होता है और आपकी भूमिका पूर्व निर्धारित होती है। एक बार नाटक का निर्देशन और भली प्रकार से रिहर्सल पूरी हो जाने के बाद नाटक की प्रस्तुति के दौरान निर्देशक तस्वीर में नहीं होता। वहाँ मंच पर अभिनेता राजा होता है और वह बेरोकटोक अपनी प्रस्तुति देता है। परन्तु हाँ, उसकी प्रस्तुति प्रतिदिन भिन्न हो सकती है। यह दिन-प्रतिदिन बेहतर भी हो सकती है अथवा कलाकार यदि अपनी भूमिका पर ध्यान केन्द्रित नहीं करता अथवा सह कलाकार उतना अच्छा अभिनय नहीं कर रहे जितना कल कर रहे थे तो ऐसे कारणों से प्रदर्शन में गिरावट भी आ सकती है। दुर्भाग्य से फिल्मों में अभिनय करते हुए स्थितियाँ भिन्न होती हैं। पूरी पटकथा के अभाव में आपको केवल निर्देशक के मार्गदर्शन में चलना होता है। इसलिए फिल्म नाटक की भाँति कलाकार की फिल्म नहीं होती अपितु निर्देशक की होती हे। आपने चाहे कितना ही बढ़िया अभिनय क्यों न किया हो, फिल्म के समस्त पक्ष उसी के नियन्त्रण में होते हैं।

मैं पुनः भूमिका की तैयारी की ओर लौटता हूँ, मैं निर्देशक से पूछता हूँ कि क्या कोई ऐसा जीवित व्यक्ति उसके मन में है, जो उस पात्र से बहुत मिलता-जुलता हो। उसके आधार पर अपनी कल्पना के सहारे मैं पात्र की शक्लो-सूरत तैयार कर लेता हूँ। कभी-कभी कुछ चित्रों अथवा रेखाचित्रों की सहायता भी ली जा सकती है। उस दृष्टि से इस संसार में कोई भी बुद्धिहीन नहीं है। अपना दिमाग लगाये बिना, विवेक से काम लिये बिना आप कुछ भी नहीं कर सकते। अभिनय में बहुत अधिक विवेक की आवश्यकता होती है। इसका अर्थ है कि इसमें पूर्व तैयारी बहुत महत्त्वपूर्ण है जो अन्य के साथ-साथ रिहर्सल के रूप में होती है। कैमरा चालू होने से पहले रिहर्सल लगातार जारी रहती है। कुछ कलाकारों का सनकी दिमाग होता है, वे कहते हैं, "अरे, पुरी साहब क्या है, इसमें और कितना करेंगे और मैं कहता हूँ, नहीं, मुझे कुछ दिन और चाहिए।" कई बार यह तत्काल ही हो जाता है और बहुत सुन्दर ढंग से होता है। परन्तु मैं अपनी ही रफ्तार से काम करता हूँ और इसमें वह सम्पूर्ण गुणवत्ता नहीं आ पाती क्योंकि यह प्रस्तुति के पहले मुझे मिले समय्र पर निर्भर करता है।

निर्देशक ही आपको गहराई लाने के लिए प्रेरित करता है हालाँकि यह गहराई अनिवार्यतः आपकी होती है। पूरा समय पटकथा आपके पास रहती है, जैसे शेक्सपीयर के 'हैमलेट' की विभिन्न निर्देशकों ने 50 हजार प्रस्तुतियाँ दी होंगी और वही शाश्वत शब्दों 'टू बी ओर नॉट टू बी' को अनगिनत अभिनेताओं ने कहा है। अतः आप इसे क्या कहेंगे? विभिन्न अभिनेता एक ही पात्र की भूमिका कर रहे हैं और लेखक ने पात्र की बारीकियों को पहले ही लिख दिया है। यह इस प्रकार से लिखा गया है कि आप चरित्र के गुणों अथवा संघटकों को निर्धारित

नहीं कर सकते। परन्तु प्रत्येक निर्देशक अपनी धारणा की ही कल्पना करता है और इस तरह वह पटकथा को एक विशेष प्रकार से प्रस्तुत करना चाहता है। "यह मेरी प्रस्तुति है, मेरी शैली है और मेरे कलाकार इस प्रकार से व्यवहार करेंगे।" समस्त अन्तर संकल्पना के इस स्तर से आता है और आप पात्र को उस आधार पर समझते हैं। आप सदा कहते हैं कि फलां-फलां अभिनेता का 'हैमलेट' बहुत अच्छा था। अन्तर प्रस्तुति की गुणवत्ता से आता है। गुणवत्ता के प्रति जागरूकता सदैव मेरे व्यक्तित्व का अंग रही है। शायद इसीलिए मैं आज भी जितना थियेटर का व्यक्ति हूँ उतना ही पर्दे पर भी चाहा जाता हूँ।

यही तत्त्व मुझे अन्तर्राष्ट्रीय स्तर पर विख्यात दो निर्देशकों तक ले आया—सर रिचर्ड एटनूबरो और स्टीवन स्पिलबर्ग। इनके साथ मुझे 1980 के प्रारम्भ में कार्य करने का अवसर मिला। 'गांधी' के लिए कलाकरों के चयन का दायित्व एटनबरो ने विज्ञापन निर्देशक शमा हबिबुल्ला तथा रंगमंच व मीडिया से जुड़ी डॉली ठाकुर को दिया था। डॉली उस समय अलीक पदमसी की साथी थीं। मेरा चयन विशेष रूप से मेरी रंगमंच की पृष्ठभूमि को देखते हुए किया गया था। मुझे दक्षिण अफ्रीका के अमीर व्यापारी 'खान' की भूमिका दी गयी, जो बरतानवी शासन के विरुद्ध आन्दोलन के प्रारम्भ में गाँधी जी की दार्शनिक विचारधारा का समर्थन करता है और उन्हें वह प्राप्त करने में सहायता करता है, जो वे भारत के लिए चाहते थे। उन्हें इस पात्र के लिए मेरा व्यक्तित्व उपयुक्त लगा था। यह भूमिका छोटी परन्तु बहुत महत्त्वपूर्ण थी। पहचान पत्रों को जलाने, गाँधी जी का भाषण और उस काल के दक्षिणी अफ्रीका के बाज़ार का वातारवरण तैयार करने जैसे अनेक दृश्य थे। यह सब पुणे में किया गया। दिल्ली में हमने जेल के दृश्य फिल्माये जिनमें गाँधी और मेरे सहित कैदियों को भोजन परोसा जा रहा था।

एक दृश्य में एक जनसभा में हम मंच पर बैठे थे और मैंने दो दृश्यों के बीच बेन किंग्स्ले के साथ हल्की-फुलकी बात करने का प्रयत्न किया। मैंने सोचा था कि जैसा हम प्रायः शूटिंग के दौरान करते हैं, हम जल्दी-जल्दी एक-दूसरे को कुछ चुटकले सुना लेंगे। उस समय कैमरा काफी दूरी पर था और चूँकि रिकॉर्डिंग नहीं हो रही थी तो हमारी बात दूसरों को सुनाई देने की सम्भावना भी नहीं थी। बेन तब वास्तव में अपने संवाद याद कर रहे थे। वे गड़बड़ा गये और उन्होंने भेद देने वाली दृष्टि से मुझे देखा। उन्होंने कठोरता से कहा, "मुझे परेशान मत करो, मैं संवाद पर ध्यान केन्द्रित करने का प्रयत्न कर रहा हूँ। केवल दृश्य के सम्बन्ध में ही बात करो। क्या आप कृपया अपने काम से मतलब रखेंगे?" और फिर उन्होंने मुझे याद दिलाया कि वे भी थियेटर से हैं जहाँ संवाद तत्काल बोले जाते हैं, डब नहीं किये जाते। मैंने बाद में खेद व्यक्त किया। मुझे महसूस हुआ कि मुझे डाँट दिया गया है परन्तु बाद में एहसास हुआ कि बेन ठीक ही कहते थे। मुझे जीवन भर का सबका मिल गया था और इसने मुझे सिखाया कि कभी अपने काम का मज़ाक मत करो अथवा उसके साथ खिलवाड़ मत करो। आप लोगों के साथ काम करते हुए विभिन्न प्रकार से सीखते हैं। मैंने इस अभिनेता और अपने निर्देशक से सीखा कि एकाग्रता में स्वयं को भूल जाने का क्या अर्थ होता है। हमारे अनेक अति-विश्वासी अभिनेता प्रायः अपने सह-कलाकारों के साथ ऐसा करते रहते हैं और इससे गम्भीर दृश्य की

सम्पूर्ण मनःस्थिति ही हल्की पड़ जाती है।

मैंने यह भी सीखा कि बेन अपने कार्य में कितने व्यवस्थित थे, 'गाँधी' फिल्म के निर्माण के दौरान पूरा समय वे अपने चरित्र में पूर्णतः डूबे रहते। मैंने उन्हें अच्छी भूमिका की तैयारी करते बहुत निकटता से देखा था। दुर्बल दिखाई देने के लिए उन्होंने अपना भार कम किया, गाँधी के जीवन और व्यक्तित्व को समझने के लिए वे निरन्तर शोध करते रहते। जब भी उन्हें समय मिलता, वे अपने कमरे में चले जाते और चर्खा कातते, फिल्म की फुटेज देखकर तथा महात्मा गाँधी की रिकॉर्डिड आवाज़ को सुनकर गाँधी जी के व्यवहार और भाषण देने के ढंग का अध्ययन करते। वे मांसाहारी भोजन नहीं करते थे। ऐसा था उनका समर्पण। अपनी भूमिका में वे निपुण हो गये थे और इसे बहुत विश्वसनीय बना दिया था। काश दूसरे अभिनेताओं में भी उन जैसा कुछ दृढ़ संकल्प होता और वे अपने चरित्र की तैयारी में कुछ वैसे ही खोते। बेन ने स्वयं को पूरी यूनिट से पृथक् कर लिया था और किसी व्यावसायिक विषय पर चर्चा करने के इच्छुक लोग ही उनसे बात कर सकते थे। वे इस बात को बिल्कुल भी पसन्द नहीं करते थे कि शूटिंग के दौरान कोई उन्हें परेशान करे। मैं बेन को पुनः बहुत बाद में 1987-88 में लन्दन में मिला। उन्होंने अपने एक नाटक में मुझे आमंत्रित किया था और उनकी शानदार प्रस्तुति की बधाई देने के लिए मैंने उन्हें अपने मित्र के भारतीय रेस्तरां में रात्रिभोज के लिए आमंत्रित किया था। मेरे सामने एक बहुत ही सौहार्दपूर्ण बेन थे, 'गाँधी' की शूटिंग के दौरान मिले बेन से बहुत भिन्न। व्यवहार की दृष्टि से वे एक कठोर पेशेवर व्यक्ति से रूपान्तरित होकर एक बहुत ही विनम्र व्यक्ति बन गये थे। उनकी कुछ महिला मित्र थीं, खाते-पीते और आनन्द मनाते वे बहुत सहज हो गये थे।

'गाँधी' एक बहुत ही अच्छी प्रकार से बनायी गयी फिल्म थी और एक ब्रिटिश निर्देशक ने इसे इतने विश्वसनीय ढंग से बनाया था। मुझे अभी भी लगता है कि यदि आप एक भारतीय को बड़ी फिल्म बनाने का अवसर दें तो वह इसे इतने विश्वसनीय ढंग से नहीं बना पाएगा। एटनूबरो पटकथा के साथ 16 वर्ष तक जिये। उन वर्षों के दौरान पटकथा का एक-एक शब्द सटीक बनाया गया। शूटिंग प्रारम्भ होने से एक माह पहले सबको पटकथा की सजिल्द प्रति उपलब्ध करवा दी गयी थी और सभी कलकारों से यह अपेक्षा की जाती थी कि वे जब सैट पर आयें तो उन्हें अपने संवाद याद हों। मैंने जब फिल्म की पटकथा से तुलना की तो पाया कि यह पूरी तरह से पटकथा के अनुरूप थी। पटकथा की तुलना में पाँच-दस प्रतिशत अन्तर ठीक है परन्तु यदि आप पूरी फिल्म ही बदल दें तो इसका अर्थ है कि सब अस्त-व्यस्त चल रहा है। एक अच्छी फिल्म मकड़ी के जाले की भाँति होती है जो बहुत ही सुन्दर ढंग से बनाया गया होता है, प्रत्येक तार दूसरे को सहारा देती है। आप कहीं से एक तार को हटाने का प्रयत्न करें तो आप पायेंगे कि पूरा जाला ही एक ओर झुक गया है और फिर इसे मूल स्थिति में कभी नहीं लाया जा सकता। ठीक वैसी स्थिति दिमाग में होना, एक अच्छी पटकथा का मापदण्ड है।

पटकथा आखिर फिल्म की आत्मा होती है। क्या है जो 'रामायण' और 'महाभारत' की

कथाओं को इतना महान बनाता है कि कोई भी उन पर फिल्म अथवा टीवी सीरियल बनाये, कभी असफल नहीं होते। दशहरा उत्सव के दिनों के दौरान गाँवों और कस्बों में साधारण कलाकार भी जब रामायण का मंचन करते हैं तो दर्शक उन्हें बहुत एकाग्रता से बैठ कर देखते हैं और भावपूर्ण स्थितियों में रोते हैं। वे साल-दर-साल रामायण का मंचन करते हैं और हर बार प्रस्तुति उतनी ही प्रभावशाली होती है। ऐसा होता है परिपूर्ण कथा का जादू। आज की कहानी तीन महीने बाद अप्रासंगिक अथवा अनुपयुक्त हो सकती है। आपकी सोच बदल सकती है और परिस्थितियों के स्तर पर अथवा वैयक्तिक स्तर पर सम्पूर्ण धारणा ही बदल सकती है। इतने समय के बाद सम्भव है कि लेखक स्वयं ही इतना विकास कर ले कि उसे अपनी ही कहानी दोषपूर्ण लगने लगे और वह इसमें तदनुसार संशोधन करे। लेखक को कहानी में परिवर्तन नहीं करना चाहिए अपितु जैसी है उसी पर फिल्म बनानी चाहिए। अन्यथा वह इस पूरी कहानी को ही छोड़ दे और नई कहानी लिखे, जो मेरी समझ में सम्भव नहीं है क्योंकि ऐसा करना बहुत महंगा रहता है और आप समय-समय पर कहानी नहीं बदल सकते। सही मायने में एक अच्छी पटकथा पर 50 वर्ष पहले एक महान फिल्म बनायी गयी थी—क्लासिक 'मदर इंडिया' और आज भी यह समय की कसौटी पर खरी उतरती है। अब आप कहानी में परिवर्तन कर सकते हैं परन्तु उस समय उस कहानी, उन कलाकारों और संगीत के साथ बनायी गयी यह फिल्म तब भी उतनी ही अच्छी लगती थी जितनी अच्छी आज लगती है। इसीलिए इसे क्लासिक कहा जाता है।

एटनूबरो बहुत ही धैर्यवान निर्देशक हैं। वे कैमरे के ठीक नीचे बैठ जाते और इतनी कोमलता से सांउड, एक्शन की घोषणा करते कि उनके शब्द प्रायः सुनाई ही नहीं देते थे। वे अपनी आवाज़ का स्तर बहुत धीमा रखते थे जिससे कि अभिनेताओं की एकाग्रता भंग न हो। यह उनकी बहुत महत्त्वपूर्ण खूबी थी। मैंने इस फिल्म के निर्माण के दौरान जैसा अनुशासन, समय की पूर्ण पाबन्दी और एकाग्रता देखी, मैं उसकी वास्तव में प्रशंसा करता हूँ। इस अनुभव से मुझे बाद में 'इण्डियाना जोन्स' फिल्म में काम करने में बहुत सहायता मिली। शॉट के बाद ऐटनूबरो स्वयं मेरे पास आते और प्रशंसा-भरे शब्दों में कहते—"अमरीश बहुत अच्छा! यही मैं चाहता था और तुमने उसे बहुत अच्छी तरह से किया है।" ऐसी विशेषता थी निर्देशक की कि वे किसी से लाड़-प्यार नहीं दर्शाते थे परन्तु सबको प्रोत्साहित करते थे। उनमें हृदयस्पर्शी विनम्रता थी और वे पूरी तरह पटकथा के अनुसार काम करते। उनके अस्सिटेंट और टेक्नीशियनों की टीम बहुत कुशल थी और अत्यन्त ध्यानपूर्वक पूर्व योजना तैयार की गयी थी। पूरी यूनिट को उन पर पूर्ण विश्वास था और वे सदा स्पष्ट बात करते। मंच पर स्टोरी बोर्ड लगा दिया जाता था। मंच पर प्रवेश करते ही सब जान जाते कि आगे कौन सा दृश्य फिल्माया जायेगा। आश्चर्यजनक बात यह थी कि जब किसी दृश्य में सभी कलाकार भाग लेते थे तो आपको फ्रेम में लिया जा रहा है या नहीं, सबको शूटिंग के दौरान उपस्थित रहना पड़ता था। यह अत्यधिक संयोजित ढंग से किया गया कार्य था। मेरे द्वारा बोले जाने वाले संवाद के छह भिन्न कोणों से शॉट लिए जाते। सम्बन्धित कलाकार

को अपना 'क्यू' देना होता था जिससे कि दूसरा कलाकार अपनी गहनता को उसी स्तर पर ले आये और उसी गहराई के साथ प्रतिक्रिया दे सके। बहुत ही पेशेवर ढंग से काम किया गया, यद्यपि उसमें समय बहुत अधिक लगा।

एक बार साइन किये जाने के बाद से आपको हर समय उपलब्ध रहना होता था। इसलिए वे किसी भी समय सैट पर अभिनेता की उपस्थिति की माँग कर लेते। ऐसे वे प्रथम श्रेणी की फिल्म तैयार कर पाते हैं। एटनूबरो बहुत प्रसन्न थे कि सभी कलाकार वास्तव में बहुत अच्छे थे, बस उसके द्वारा अनुशासन में रहकर कार्य किये जाने की आवश्यकता थी। परन्तु वे शूटिंग के दौरान पूरी तरह से शान्त रहते। उनके योग्य चीफ अस्सिटेंट डेविड टॉम्ब्लिन अधिकतर काम सँभालते। (संयोग से डेविड 'इण्डियाना जोन्स' फिल्म में भी स्टीवन के चीफ असिस्टेंट थे) दूसरी यूनिट के लिए गोविन्द निहलानी सिनमेटोग्राफर थे। एक बार एटनूबरो बीमार पड़ गये परन्तु तब भी उन्होंने काम करना जारी रखा। वे अपने कलाकारों से उत्कृष्ट काम करवाना चाहते थे। उनका निर्देशन बहुत स्पष्ट और प्रेरणादायी होता था। वे स्वयं एक अभिनेता थे इसलिए उन्हें अभिनेताओं का निर्देशक कहा जा सकता है। फिल्म के अधिकतर कलाकार थियेटर की पृष्ठभूमि से थे। फिल्म की शूटिंग के साथ ही रिकॉर्डिंग हुई इसलिए शॉट लेने के समय सैट पर पूरी तरह से सन्नाटा होता था। वातावरण सम्बन्धी सभी ध्वनियाँ साउंडट्रैक पर रिकॉर्ड की गयीं। एक किलोमीटर की दूरी तक पूरी तरह शांति होती थी।

सब काम योजनाबद्ध ढंग से चल रहा था। वे अपनी कुकिंग वैन इंग्लैंड से लाए थे। दोपहर के भोजन के समय निर्देशक सहित सभी कतार में खड़े होते। उनकी संस्कृति में प्रत्येक व्यक्ति को टीम का सदस्य समझा जाता है। चाय और कॉफी के लिए अलग काउण्टर हुआ करते थे। आप स्वयं जाकर वहाँ चाय-कॉफी ले सकते थे क्योंकि वहाँ परोसने वाला कोई नहीं होता था। इस प्रकार का अनुशासन यदि हमारे फिल्म उद्योग में अपनाया जाये तो फिल्म निर्माण की लागत निश्चित ही कम होकर आधी हो जाएगी। भारतीय कलाकारों के सब नखरे वहाँ नहीं चलेंगे। केवल दक्षिण भारत के फिल्म निर्माता ही पश्चिमी शैली में काम करते हैं। फिर भी बम्बई फिल्म उद्योग की बात करते हुए वे स्वयं को बहुत छोटा करके आँकते हैं और उस स्तर तक पहुँचने के प्रयत्न करते हैं। मानो यह उनके लिए हॉलीवुड हो। 'गाँधी' के दौरान कठोर परिश्रम करने के बाद मैं हॉलीवुड और हमारे फिल्म उद्योग के बीच विशाल पेशेवर अन्तर को पूरी तरह से भिन्न दृष्टि से देखता हूँ। 'गाँधी' के निर्माण के दौरान एक बार कॉस्ट्यूम डिज़ाइनिंग के लिए ऑस्कर विजेता भानु अथैया सैट पर आये। उन्होंने देखा कि सब की पोशाकें न केवल सम्बन्धित युग के सन्दर्भ में उपयुक्त हैं और पात्रों के अनुरूप हैं वरनू विभिन्न पात्रों की पोशाकों में कोई विरोधाभास भी नहीं है। हमारी फिल्मों में यह स्थिति भिन्न है। जब कलाकार सैट पर आते हैं तो रंगों में तालमेल का अभाव आदि बातें निर्देशक देखता है। ऐसी ही बातें अन्य विभागों में भी होती है।

यह विडम्बना है कि पश्चिम में चरित्र अभिनेताओं को भी फीस की दृष्टि से स्टार के समकक्ष समझा जाता है। स्टीव स्पिलबर्ग की फिल्म 'इण्डियाना जोन्स एण्ड द टैम्पल ऑफ

डूम' में काम करते हुए मेरे साथ जैसा अच्छा व्यवहार किया गया तो मैंने चरित्र अभिनेता के महत्त्व को पहचाना। क्रू स्टाफ और प्रत्येक व्यक्ति ने मेरा वैसा ही ध्यान रखा जैसा कि वे नायकों का रखते हैं। निर्देशक मेरी बात को उतने ही ध्यान से सुनता था जितना ध्यान से मैं उसकी बात सुना करता था। इस अविस्मरणीय अनुभव ने मेरे भीतर के कलाकार को और प्रोत्साहित एवं जाग्रत कर दिया। स्पिलबर्ग के साथ काम करने का अवसर ही मिलना और जैसे मुझे वह भूमिका मिली—स्वयं में आश्चर्यजनक है। मेरे विचार में यह मेरे भाग्य में लिखा था—इसका कोई और तर्क नहीं हो सकता। दुष्ट पुजारी मोला राम की भूमिका में मैं एक संकोची दुल्हन की तरह ही था और एक प्रकार से इस भूमिका ने मुझे भारत का पहला अन्तर्राष्ट्रीय स्टार बना दिया। यह बात नहीं कि मैंने इस भूमिका को प्राप्त करने के लिए कोई प्रयत्न नहीं किया परन्तु मैंने लुकास फिल्म की प्रतिनिधि डॉली ठाकुर और शमा हबिबुल्लाह को निरुत्साहित करने के लिए भी प्रत्येक युक्ति अपनाई। उन्हें इस पुजारी के चरित्र के लिए कलाकार ढूँढ़ने का दायित्व दिया गया था, जैसा कि पहले 'गाँधी' फिल्म में भी इन्होंने यह दायित्व निभाया था। जब उन्होंने मुझसे सम्पर्क कर ऑडिशन के लिए आने को कहा जिससे कि इसे निर्देशक के पास भेजा जा सके तो मैंने उन्हें गंभीरता से नहीं लिया। मैं रंगमंच और फिल्मों में अत्यधिक व्यस्त था। मैंने सोचा, मुझे क्या आवश्यकता है कि मैं काम करने के लिए भारत से बाहर जाऊँ और शायद यह बहुत अधिक...भी नहीं और मैं एटनूबरो के साथ पहले काम कर चुका था। परन्तु उन दोनों ने मुझ पर यह कह कर दबाव डाला, "नहीं, तुम हमें अपनी फिल्म 'गहराई' के, जो तुमने अरुण विकास देसाई के साथ की है, स्टिल्स दे दो।" यह बहुत अच्छी प्रकार से बनायी गयी फिल्म थी। इसमें मैंने एक तांत्रिक की भूमिका की थी और वे शायद मुझे उसी प्रकार की भूमिका के लिए लेना चाहते थे। मुझे ये सब बातें नहीं मालूम थीं परन्तु डॉली ने कुछ स्टिल्स की बात ज़रूर की थी जो शायद मेरे पास नहीं थे। अतः उसने ये निर्माता या कहीं और से लिए तथा निर्देशक को भेज दिये।

कुछ ही दिन बाद मुझे शमा से पत्र मिला जिसमें कहा गया था कि कास्टिंग निर्देशकों का एक ग्रुप अमरीका से आ रहा है और वे मेरा ऑडिशन करना चाहते हैं। अलौकिकता पर बनी इस फिल्म में दुष्ट-से दिखाई देने वाले ओझा के वे स्टिल शायद बहुत सम्मोहक थे। मेरे ख्याल में इस भूमिका के लिए कुछ अन्य लोगों का ऑडिशन भी लिया गया था। उस समय मैं आउटडोर लोकेशन पर शूटिंग कर रहा था अतः मैंने ऑडिशन के लिए आने से इनकार कर दिया और कहा कि यदि वे इतने ही इच्छुक हैं तो मेरे सैट पर आ जायें। मैंने सोचा था कि वे अपमानित महसूस करेंगे और मुझे फिल्म में लेने का विचार छोड़ देंगे। परन्तु मैं भौंचक्का रह गया जब कुछ ही घण्टे के बाद सारी टीम मेरे सैट पर पहुँच गयी। वास्तव में उनकी इस हठ को देखकर बहुत प्रसन्न होने के स्थान पर मुझे ग्लानि ही हुई। खैर, मैं तुरन्त ऑडिशन के लिए तैयार हो गया और उन्हें बताया कि मेरे पास केवल दस मिनट का समय है। उन्होंने मुझे पूरे एक पृष्ठ की अंग्रेजी में लिखी सामग्री दी, मुझे उसे याद करके कैमरा के सामने बोलना था। मैंने उन्हें बताया कि यह तो सम्भव नहीं है तो उन्होंने मुझे मेरी अपनी ही भाषा में तत्काल

कुछ बोलने की अनुमति दे दी जिससे वे मेरे हाव-भाव और अभिनय को देख सकें। मैंने उनसे कहा, "आप विज़ुअल देखना चाहते हैं। स्पिलबर्ग को क्या मालूम कि मैं कौन सी भाषा बोलता हूँ? वे मुझे एक अभिनेता के रूप में परखेंगे।" फिर भी वे मुझसे प्रभावित दिखाई दिये, यद्यपि उन्होंने कोई स्पष्ट संकेत नहीं दिया और कहा कि वे अपने निर्णय की सूचना मुझे देंगे। शमा ने अपना हाथ अपने माथे पर मारा कि मैंने क्या किया है, उनके द्वारा दी गयी सामग्री में से एक पंक्ति भी नहीं बोली। उसकी बहुत इच्छा थी कि मैं वह भूमिका करूँ। मैंने उसे बताया, "शमा, यदि मेरे भाग्य में है तो मुझे ले लिया जायेगा। अन्यथा मुझे सच में कोई परवाह नहीं।"

कुछ सप्ताह बाद शमा ने फोन करके सूचना दी कि "मुझे यू एस से तार मिला है, वे चाहते हैं कि तुम लन्दन आ जाओ। स्पिलबर्ग तुमसे मिलकर शूटिंग की व्यवस्थाओं की चर्चा करना चाहते हैं।" मैंने उससे पूछा—"उन्होंने अनेक प्रतियोगियों का ऑडिशन लिया है। क्या वे सब को बुला रहे हैं?" शमा ने बताया, "और किसी को नहीं केवल तुम्हें।" उन्होंने सभी ऑडिशन देखे और जैसे ही उन्होंने ऑडिशन का तुम्हारा अंश देखा तो रुक गये और कहा, "मैं और नहीं देखना चाहता, बस हो गया। मुझे मेरा कलाकार मिल गया है।" मुझे चुन लिया गया था। भूमिका में मैंने यद्यपि कोई रुचि नहीं दिखाई थी परन्तु चुने जाने पर मुझे बहुत प्रसन्नता हुई थी। लेकिन मैं बहुत उत्साहित नहीं होने वाला था। इस प्रस्ताव को स्वीकार करने से पहले मैं कुछ जानकारी प्राप्त करना चाहता था। मैं बहुत अधिक उत्तेजित भी नहीं था और मैने सोचा था कि मुझे तीन-चार दिन निकालने होंगे। अन्ततः मैंने इस प्रस्ताव को स्वीकार कर लिया। यहाँ-वहाँ पहले से निश्चित कुछ शूटिंग निपटाकर मैं 29 मार्च, 1983 को लन्दन के लिए रवाना हो गया। स्पिलबर्ग के विषय में मैं बहुत नहीं जानता था। बस मैंने उनकी फिल्में 'जॉन,' 'क्लोज एन्काउण्टर्स ऑफ द थर्ड किंग' और 'ई टी' देखी थी। सुबह साढ़े छह बजे हवाई अड्डे पर मेरी अगवानी करके मुझे शानदार मर्सीडिज़ में सीधे स्टूडियो ले जाया गया। उन्होंने केवल इसी फिल्म के लिए ई एम आइ स्टूडियो में लूकास फ़िल्म्स का कार्यालय बनाया हुआ था। सहायक अभिनेताओं के चयन के समय स्पिलबर्ग पिकाडली के दक्षिण में एक प्राइवेट होटल, सेंट जेम्स क्लब में आ गये थे। यहीं से वे अपना कामकाज चलाते थे। यहीं पर उन्होंने सभी प्रमुख सेट, क्रशर रूम, मन्दिर, खदान गुफा के 4,000 स्टोरी बोर्ड के साथ मिनिएचर लिये। वे किस कोण से चित्र लेना चाहते हैं, इस अध्ययन में उन्होंने पाँच माह का समय लगाया।

मेरा स्टीवन से परिचय करवाया गया। जब मैं उन्हें बहुत ध्यान से देखने का प्रयत्न कर रहा था तो वे एक दम रुके और मुझे देखा, बल्कि मुझे सिर से पैर तक तौला और चिल्लाये, "बहुत बढ़िया! तुम मेरे मोला राम हो, सौ प्रतिशत। मैंने ऐसा खलनायक ही सोचा था।" वे मुझे लड़के-से लगे, बहुत विनम्र, लगभग पैन्तीस वर्ष के या उससे भी कम। उन्होंने मुझसे लम्बी यात्रा के सम्बन्ध में पूछने का शिष्टाचार निभाया और कहा कि मैं थक गया होऊँगा। एक मिनट भी गँवाए बिना उन्होंने अपने आदमियों से मेरे लिए कॉफी लाने, मुझे स्क्रिप्ट देने और कमरे में ले जाने के लिए कहा, "अपना भाग पढ़ लो। दो घण्टे के भीतर हम फिर मिलेंगे।" और वे अपना काम करने लगे। कॉफी पीते हुए मैंने स्क्रिप्ट को अनमने ढंग से पढ़ा और यह

मुझे साधारण, हिन्दी मसाला फिल्म की कोई जादूगरी प्रतीत हुई। मुझे अपनी भूमिका बहुत महत्त्वपूर्ण नहीं लगी। मुझे विश्वास हो गया था कि यह गंभीर कहानी नहीं है और इन्होंने मुझे इतनी दूर से क्यों बुलाया है? इसमें इतना महान क्या है? मैं दुविधा में था कि इस भूमिका को करूँ अथवा नहीं।

अपनी इस दुविधा का समाधान करने के लिए मैंने एटनूबरो को फोन कर उनसे सलाह ली। मैंने उन्हें बताया कि "मेरे पास यह प्रस्ताव है। परन्तु मुझे स्क्रिप्ट बहुत अच्छी नहीं लगी। मैं क्या करूँ?" मज़े की बात है कि उस समय स्पिलूबर्ग और एटनूबरो में एक प्रकार की प्रतियोगिता थी, दोनों की 'स्टार-वार' और 'गाँधी' ऑस्कर की होड़ में थी। दोनों परस्पर प्रतिद्वंद्वी थे परन्तु फिर भी एटनूबरो ने मुझे फिल्म में काम करने की सलाह दी। उन्होंने प्रमाणित कर दिया कि कितनी ईमानदारी से वे मुझे पेशेवर और विवेकपूर्ण सलाह दे रहे थे, उन्होंने कहा, "मूर्ख मत बनो, इस समय मैं उन्हें महानतम फिल्म निर्माताओं में से एक मानता हूँ अतः जो भी अवसर वे तुम्हें दे रहे हैं, उसे खोओ मत। विश्व स्तर के निर्देशक की क्षमता को कम करके मत आँको। एक अभिनेता के रूप में मैं तुम्हें जानता हूँ और यदि स्टीवन ने तुम्हें बुलाया है तो उनके मन में कुछ होगा और मेरा विश्वास करो, यह व्यक्ति मामूली कहानी में भी जान डाल देता है।" परन्तु उन्होंने मुझे यह सलाह भी दी कि मैं उनसे सीधे बात न करूँ और मुझसे पूछा कि क्या मेरा कोई एजेंट है। जब मैंने उन्हें बताया कि मेरा कोई एजेंट नहीं हैं तो उन्होंने मुझे किसी एजेंट के सम्बन्ध में बताया और उसी ने मेरी ओर से लुकास फ़िल्म्स के साथ बातचीत की। मैं मोल-भाव नहीं कर पाया होता क्योंकि मुझे उनकी भुगतान की विधि की कोई जानकारी नहीं थी। मैंने यह एजेंट पर छोड़ दिया कि वह जो भी करेगा, मेरे हित में करेगा। बाद में कॉन्ट्रेक्ट प्रिंट हुआ और मैंने इस पर हस्ताक्षर किये।

अब मुझे कोई सन्देह नहीं था कि मैं बहुत अच्छे हाथों में था। प्रारम्भ में मैं कहानी को देखकर इसे साधारण स्क्रिप्ट समझ बैठा था। यह कहानी इण्डियाना जोन्स के चरित्र और शिवा स्टोन्स पर आधारित थी। मैंने सोचा था कि मुझे फिल्म में मूर्ति की तरह खड़ा कर दिया जायेगा। एक मूर्ख भारतीय का अभिनय करने को कहा जायेगा, मेरे सिर पर पगड़ी बाँध देंगे और वह भी अच्छी प्रकार से नहीं बँधी होगी। अब जबकि मुझे एटनूबरो की राय पर पूरा विश्वास था, मैंने स्वयं को विश्वास दिलाया कि यह मनोरंजन का छल-कपट पूर्ण संसार है ते इसमें गलत ही क्या है? शूटिंग के पहले दिन ही स्पिलबर्ग ने मुझसे जैसे व्यवहार किया था और जैसे बहुत भिन्न ढंग से शूटिंग की जा रही थी, मैं एटनूबरो की बात की सत्यता को जान गया था। मेरे लन्दन से लौटने से पूर्व मेकअप और कॉस्ट्यूम विभाग के प्रमुख जोअन्ना जोहन्स्टन ने फिल्म के लिए मेरी शक्लो-सूरत सम्बन्धी निर्णय ले लिया था कि मेरा चेहरा कैसा दिखाई देना चाहिए। उन्होंने मेरे चेहरे पर कुछ मेकअप लगाया। फिर लाल तिलक लगाया और मेरे गंजे सिर को रंग दिया। यह बहुत विचित्र परन्तु आकर्षक लग रहा था। उन्होंने मेरे चेहरे के मुखौटे के लिए भी माप लिया, जिससे कि वे मेरी अनुपस्थिति में भी अपना काम जारी रख सकें। उन्होंने मेरे चेहरे पर पलस्तर सा लगा दिया और इसे तैयार करने में 25 मिनट लगे।

मेरे साँस लेने के लिए इसमें केवल दो छेद थे। जब मुझे इस साँचे में डाला गया तो मैं स्वयं को बहुत महत्त्वपूर्ण अनुभव कर रहा था। कॉस्ट्यूम ट्रायल निर्देशक की उपस्थिति में किया जा रहा था। वे मुझ पर विभिन्न रंग प्रयोग करके देख रहे थे कि मुझ पर कौन सा रंग सबसे अधिक जँचता है। वे छोटी-छोटी बातों पर भी ध्यान दे रहे थे और पूरा समय लगा रहे थे। ऐसा भारत में कभी नहीं किया जाता। मैंने सोचा कि यह मेरे जीवन का सर्वोत्तम अनुभव है। उत्साह में मैं सब असुविधा भूल गया। परन्तु मैं बहुत सतर्क भी था। मैं जानता था कि मुझे अपना बेहतरीन देना है।

अब वे शूटिंग के लिए तारीखें चाहते थे क्योंकि दो सप्ताह के भीतर वे शूटिंग के लिए कोलम्बो जा रहे थे। मेरे पास तैयारी के लिए केवल पन्द्रह दिन का समय था और 1983 में जब मेरा चयन किया गया, उस समय मैं भारत में एक साथ 18 फिल्मों में काम कर रहा था। मैंने उन्हें बताया कि मैं श्रीलंका में पहले 12 दिन का शड्यूल कर लूँगा। वे भी मेरे समान ही चिन्तित थे क्योंकि मैं भारत में इतनी फिल्मों में काम कर रहा था। यह बात मैंने निर्देशक के असिस्टेंट डेविड को पहले ही बात दी थी कि वे मेरी तारीखों की उपलब्धता के अनुसार अपना कार्यक्रम बदल लें अन्यथा मेरे पास इस भूमिका के लिए 'न' कहने के अतिरिक्त कोई विकल्प नहीं होगा और इस मक्कार खलनायक की भूमिका के लिए उन्होंने अमरीका और इंग्लैंड दोनों देशों में उपयुक्त अभिनेता की खोज की थी—जॉर्ज लुकास, कार्यकारी निर्देशक और स्टीवन स्पिलबर्ग, निर्देशक—दोनों सर्वाधिक चिन्तित थे कि उन्होंने काले रंग के पश्चिमी अभिनेताओं के साथ प्रमुख भारतीय अभिनेताओं को नहीं लिया था। प्रवासी भारतीय अभिनेताओं में से भी कोई उन्हें जँचा नहीं था। इस सबके अन्त में मैं एक बार श्रीलंका गया और तीन बार लन्दन गया। इसके लिए मुझे भारत में अपने सभी कार्यक्रमों में फेर बदल करना पड़ता, यह आसान नहीं था। ऐसा मैंने पहले कभी नहीं किया था और मुझे याद है कि क्रू के एक सदस्य ने टिप्पणी की थी, "भारतीय फिल्म उद्योग जिस प्रकार से काम करता है, उसमें मैं तो पागल ही हो जाऊँ। अभिनेता एक दिन में चार-चार घण्टे की दो-दो अथवा तीन शिफ्टों में भी काम करते हैं और वे दो-तीन अलग-अलग फिल्मों में काम कर रहे होते हैं। सुबह वे एक फिल्म की शूटिंग कर रहे होते हैं और बाद दोपहर दूसरी फिल्म की। यह तो बहुत हिम्मत का काम है।" निर्माताओं ने मुझे सहयोग दिया था, उन्हें मेरी अधिक आवश्यकता थी। मैंने अपनी तारीखें दिलीप कुमार के साथ 'दुनिया' फिल्म के लिए यश जौहर को भी दी हुई थीं। यश साहब से जब मैंने अपनी तारीखों में परिवर्तन करने का आग्रह किया तो उन्होंने अत्यधिक शालीनता से कहा, "हमें गर्व है कि हमारा कलाकार हॉलीवुड की फिल्म में काम करने के लिए जा रहा है और वह भी विश्व के नम्बर एक निर्देशक के साथ।" अन्य निर्माताओं ने भी मेरी तारीखें बदल दी थीं।

मेरा आज भी यह विश्वास है कि यदि हमारा फिल्म उद्योग हॉलीवुड के समान पेशेवर हो जाये तो बहुत अच्छा होगा। क्योंकि वहाँ अभिनेता एक समय में छह-सात फिल्मों में काम नहीं करते। निर्माता उनसे एक कॉन्ट्रैक्ट पर हस्ताक्षर करवाते हैं कि उनकी फिल्म में काम करते हुए वे किसी दूसरी फिल्म में काम नहीं कर सकते। आपको अपनी सेहत का ध्यान रखने के

लिए कहा जाता है। क्योंकि वे चाहते हैं कि आप ठीक उस पात्र की भाँति दिखाई दें जिसके लिए आपका चयन किया गया है। परन्तु ऐसा भारत में कर पाना सम्भव नहीं है। क्योंकि यहाँ हम सोचते हैं कि हम यहाँ-वहाँ काम नहीं करेंगे तो लोग हमें भूल जायेंगे। मैं तो फिर भी यह महसूस करता हूँ कि अच्छा अभिनेता यदि दौड़ से बाहर भी हो जाये तो वह ज़ोरदार ढंग से लौटेगा। दिलीप कुमार ने कभी एक से अधिक फिल्मों में काम नहीं किया। एक ही समय में चार से छह फिल्मों में मुख्य भूमिकाएँ निभाने वाले नायकों के साथ उनकी तुलना करके देखो। दिलीप साहब ने जो वर्षों तक किया, उसे देखो, परिणामों में स्पष्ट अन्तर दिखाई देता है। ऐसे ही हॉलीवुड के कलाकार करते हैं।

खैर, भारत लौटने के दो सप्ताह बाद ही 'इण्डियाना जोन्स' की शूटिंग के लिए मैं श्रीलंका चला गया, ऐसी भूमिका करने के लिए जो बहुत विवादास्पद होने वाली थी। हैरिसन फोर्ड और केट कैप्शॉ (जो बाद में श्रीमती स्पिलबर्ग बनीं) प्रमुख भूमिकाओं में थे। उस समय लन्दन में रह रहे रोशन सेठ फिल्म के दूसरे हॉलीवुड से बाहर के कलाकार थे। वे चापलूस प्रधानमंत्री पैंकट पैलेस की भूमिका कर रहे थे, ब्रिटेन में टी वी सीरियल 'द चाइनिस डिटैक्टिव' के लिए प्रसिद्ध डेविड यिप ने फिल्म के नाइट क्लब के प्रथम दृश्य में इंडी के दुर्भाग्यशाली साथी वु हान की भूमिका की थी।

मैं अप्रैल माह में रविवार को बाद दोपहर कोलम्बो पहुँचा और मुझे कैंडी के सुसु होटल ले जाया गया। यह मेरी उनके साथ पहली शूटिंग थी और मैं अधिकतर क्रू सदस्यों को नहीं जानता था। मैं केवल स्पिलबर्ग और निर्माता रोबर्ट वॉट्स से मिला था। मैं जैसे ही होटल के परिसर में पहुँचा, मैंने देखा कि लगभग पचास लोग निक्कर और बिकनी पहने स्विमिंग पूल के निकट पसरे हुए हैं। क्योंकि मैं नहीं जानता था कि कौन कौन है, मैं उन सबको देखता खड़ा रहा कि कोई तो जानेगा कि मैं कौन हूँ। तब अचानक मुझे सुनाई दिया, "हैलो एण्ड वैलकम", वे स्वयं स्पिलबर्ग थे, बहुत साधारण से और हल्के-फुल्के मूड में। यह पूछने के बाद कि मुझे यात्रा में कोई असुविधा तो नहीं हुई, उन्होंने मुझसे कहा कि मैं भी इनमें शामिल हो जाऊँ। मैं अपने कमरे में गया, कपड़े बदले और भीड़ में शामिल हो गया। उसके बाद मुझे इस समस्त अमरीकी क्रू के साथ मेलजोल अथवा काम में कोई कठिनाई नहीं हुई। मैं यहाँ यह उल्लेख अवश्य करना चाहूँगा कि उनमें से किसी में भी कोई अहं नहीं था और न ही मेरे भारतीय होने पर किसी प्रकार का कोई अन्तर था। इसके विपरीत जब उन्हें ज्ञात हुआ कि मैं भारत में अभिनय की दुनिया में अपना स्थान बना चुका हूँ और एक दर्जन से अधिक फिल्मों की शूटिंग में व्यस्त हूँ तो वे बहुत प्रभावित हुए।

परन्तु एक कठिनाई हुई। तब तक मुझे कतई मालूम नहीं था कि स्पिलबर्ग वास्तव में फिल्म की शूटिंग भारत में करना चाहते थे। स्क्रिप्ट को पढ़ने के बाद अधिकारियों ने इसकी अनुमति देने से इनकार कर दिया था। कोलोम्बो में पूरी आउटडोर शूटिंग कैंडी में विक्टोरिया बाँध के निकट 200 फुट लम्बे लटकते हुए पुल पर हुई थी। सबसे प्रभावशाली और आश्चर्यजनक दृश्य था अंतिम सीन के लिए पुल को विस्फोटक से उड़ा देने का। लड़ाई के

दृश्य के बाद नष्ट कर देने के लिए यह पुल असाधारण लागत से एक माह का समय लगाकर बनाया गया। हेरिसन को उस चमकदार शंकर स्टोन के लिए अपने हाथ में तलवार ले कर मुझसे लड़ाई करनी थी। जब वह भागने में स्वयं को नाकाम पाता है तो पुल को तलवार से काट देने की धमकी देता है। मोटे लोहे और स्टील की तारों से बने इस पुल को वास्तव में तलवार से तोड़ना असम्भव था। अतः उन तारों पर साधारण रस्सियाँ लपेट दी गयी थीं जिससे यह आभास हो कि पूरा पुल रस्सियों से बना हुआ है। केवल तभी पुल को केक की भाँति काटने का तर्क विश्वसनीय हो सकता था और यह प्रभाव डायनामाइट के प्रयोग से ही लाया जा सकता था। विस्फोटक लगाने के काम में पूरा एक दिन लग गया। पूरी योजना और तकनीक से यह काम बहुत सही ढंग से किया गया था और उसमें सिनेमाई प्रभाव भी आ गया था। हैरिसन ने जैसे ही तलवार से पुल पर वार किया, एक ही वार में इसके दो टुकड़े हो गये। हमने उस दृश्य को देखा था और यह एक्शन विभिन्न स्थानों से छह कैमरों की सहायता से फिल्माया गया था। इसके आश्चर्यजनक प्रभाव फिल्म में देखे जा सकते हैं।

पुल पर सिपाहियों के यन्त्रचालित पुतले लगाये गये थे और वे सजीव इनसानों की भाँति दिखाई देते थे। लगभग एक दर्जन सैनिकों को नीचे मगरमच्छों से भरी नदी में गिरना था और जब वे गिरे, उनके हाथ-पैर बहुत वास्तविक ढंग से हिलडुल रहे थे। यह बहुत ही आकर्षक दृश्य था। हम दोनों के बीच क्लाइमेक्स की शेष लड़ाई बाद में अगस्त 1983 में लन्दन के ई एम आइ स्टूडियो में फिल्माई गयी थी। इसके लिए 200 फुट ऊँची चट्टान और टूटे पुल के सैट तैयार किये गये थे। वे शेष शूटिंग कोलम्बों में नहीं कर सके थे क्योंकि इसके लिए अनेक मशीनों की आवश्यकता थी। इसके अतिरिक्त प्राकृतिक वातावरण में शूटिंग करते हुए उनका काम पर नियन्त्रण नहीं रहता। मैं यहाँ यह अवश्य बताना चाहूँगा कि शूटिंग प्रारम्भ होने से पहले बीमा कम्पनी के अधिकारियों ने आकर मेरा दस लाख पाउण्ड का बीमा किया। पेशेवर नैतिकता का इतना उच्च स्तर है उनका। सबसे पहले मुझे दस्तावेज़ों पर हस्ताक्षर करने पड़े, उसके बाद ही मैं शूटिंग शुरू कर सका। यह बहुत जोखिम भरा काम था। हमें एक क्रेन की सहायता से चट्टान के ऊपर पहुँचाया जाता था। एक तार की सहायता से हमें पुल के साथ बाँध दिया गया था, जिससे कि पकड़ छूटने अथवा सीढ़ी पर पाँव ऊपर-नीचे हो जाने की स्थिति में बचाव हो सके। अचानक गिर जाने की स्थिति को भाँपते हुए उन्होंने छह फुट मोटे फोम के गद्दे रखे थे। हमें अपने एक्शन को बिलकुल वास्तविक ढंग से करना था, योजना यह थी कि घूँसा मारे बिना घूँसा पड़ने का प्रभाव लाना था। यदि आप पर घूँसे पड़ते हैं तो आपको उसी प्रकार से प्रतिक्रिया करनी होती है। यदि प्रतिक्रिया नहीं की जाती तो वह प्रभाव निरर्थक होता है। आपका चेहरा कैमरे की तरफ है और लड़ाई के दृश्य में कलाकारों के एक्शन बहुत महत्त्वपूर्ण होते हैं।

अविश्वसनीय को तिरस्कृत करने वाले इस संसार में यह एक कठिन चुनौती थी। हैरिसन और मेरे लिए समस्त सुरक्षा उपायों से लैस डुप्लिकेट भी थे। अन्त में जब मैं गिरा तो वास्तव में गद्दों पर गिरा था परन्तु कम्प्यूटर पर उन्होंने मुझे नदी में गिरते हुए दिखाया था। रोलर कोस्टर

दृश्य के लिए उन्होंने रोलर कोस्टर के तीन सैट तैयार किये थे—विशाल, छोटा, सबसे छोटा। सबसे छोटे सेट में नायक, नायिका और बच्चे के पुतले रखे हुए थे और उनके संचालन को स्टिल कैमरा से रिकॉर्ड किया गया था।

फिल्म में इन दृश्यों में अन्तर कर पाना बहुत कठिन है। उन्होंने अनेक प्रकार के प्रभावों का प्रयोग किया था। मन्दिर का सेट लन्दन में ई एम आइ स्टूडियोज़ में लगाया गया था और उसमें माँ काली की विशाल प्रतिमा लगाई गयी थी। सामने एक गड्ढ़ा था, जिसमें आग जलाई जानी थी, इस आग में उन इनसानों को डाला जाता था जिनकी देवी के सामने कुर्बानी दी जानी होती थी। आग का प्रभाव वास्तव में लाइट की सहायता से और धुएँ का भाप की सहायता से लाया गया था। भाप से उस स्थान को गर्म रखने में भी सहायता मिलती थी। एक दृश्य में मैं दानवी हँसी हँसते हुए एक इनसान के शरीर में से हृदय निकालता हूँ और मन्दिर में उपस्थित सब भक्तों को दिखाने के लिए इसे ऊँचा उठाता हूँ और अचानक मेरे हाथ में वह इनसानी दिल जलने लगता है। यह सब मुझ पर लगाई गयी एक पृथक् बाजू से किया गया था क्योंकि मुझे जलती हुई वस्तु को हाथ में पकड़ना था अतः इसके लिए नकली हाथ प्रयोग में लाया गया था। चार मशीनी दिल थे और वे सब वास्तविक लगते थे। ऐसी युक्तियों का प्रयोग बहुत सावधानी से किया गया था।

मुझे अपनी भूमिका पूरी करने में बारह सप्ताह का समय लग गया। परन्तु सब कुछ बहुत सुनियोजित था, आपको सब कुछ तैयार मिलता था। स्पिलबर्ग स्वयं बहुत ध्यान रखते थे कि मैं विशेष रूप से भारत से आया हूँ और उन्होंने अपने निर्देशकों को हिदायत दी थी कि मुझे कोई समस्या नहीं होनी चाहिए। एक बार मैंने उनसे कहा कि मुझे जल्दी जाना है क्योंकि मुझे एक चश्मे वाले से मिलना था और अपनी आँखों की जाँच करवानी थी। उन्होंने मुझे कहा, "मिस्टर पुरी, आप चिन्ता न करें। चश्मे वाला यहाँ आकर आपकी आँखों की जाँच कर लेगा।" वह अपना चार्ट ले कर वहीं उपस्थित हो गया और मेरे केबिन में मेरी आँखों की जाँच कर ली। अगले दिन मुझे अपना तैयार चश्मा मिल गया। वे वास्तव में समय की कीमत जानते थे। उनकी एकमात्र माँग थी कि मैं सेट छोड़कर कहीं न जाऊँ और जब मुझे भारत में महत्त्वपूर्ण टेलीफोन भी करना होता तो वे अपने ऑफिस से फोन सेट पर ही मँगवा देते। टेलीफोन भी मैं एक निश्चित समय पर ही कर सकता था। कार्य संस्कृति की दृष्टि से हॉलीवुड बैनर के साथ काम करना बहुत प्रसन्नतापूर्ण अनुभव था। वे आपकी सुविधा का इतना ध्यान रखते हैं कि आप वास्तव में अपनी प्रतिभा का अधिकतम प्रयोग करते हैं। वे आपको किसी बात की चिन्ता नहीं करने देते। आपको बस अपने कार्य पर ध्यान केन्द्रित करना होता है।

मैंने वह भूमिका पूर्णतः तनाव रहित होकर सुनियोजित वातावरण में पूरी की। सेट्स पर जब शूटिंग नहीं भी चल रही होती है, तब भी वहाँ कोई आवाज़ें नहीं होती। कोई चिल्लाता नहीं, पूरी तरह से खामोशी होती है और तकनीशियन भी काम की व्यवस्था करते हुए एक-दूसरे से धीरे से फुसफुसा कर बात करते हैं। सेट के भीतर सब कुछ स्टोरी बोर्ड पर पूर्व निर्धारित होता है। अगले शॉट, कोई दृश्य कैसे फिल्माया जायेगा, अभिनेता किस-किस स्थान पर कैसे

होंगे और तकनीकी दृष्टि से कैमरा की पोज़िशन क्या होगी आदि आदि की जानकारी, सब की सूचना इस स्टोरी बोर्ड पर रहती है। वे अपने कार्य में 'गाँधी' की यूनिट के समान ही व्यवस्थित थे और यदि अचानक कोई परिवर्तन किया जाता है और निर्देशक को एक और शॉट लेने की आवश्यकता महसूस होती है तो ऐसे परिवर्तन की सूचना तत्काल सबको दे दी जाती है। किसी भ्रम के लिए कोई स्थान नहीं रहता। उदाहरण के लिए जब हिमालयन मन्दिर में मैं काली की प्रतिमा के पास मुख्य पुजारी के रूप में खड़ा था तो मुझे ठगों और इनसानों की कुर्बानी के युग को दर्शाते हुए बुरे कार्यों के लिए समस्त शक्ति प्राप्त करने का प्रदर्शन करना था। माँ काली से आशीर्वाद लेने के सब संवाद अंग्रेजी में थे और जहाँ कहीं भी आवश्यक था, मुझे 'काली माँ, शक्ति दे' जैसे संवाद हिन्दी में बोलने थे। मैंने स्पिलबर्ग को सुझाव दिया कि क्या यह दृश्य भिन्न प्रकार से फिल्माया जा सकता है। वे सीधा शॉट लेना चाहते थे, मैंने जूमिंग ट्रॉली से शॉट लेने का सुझाव दिया। वे तुरन्त सहमत हो गये और कैमरा की स्थिति को बदल कर शॉट में परिवर्तन कर दिया। मैं चाहता था कि शक्ति प्राप्त करते हुए मैं अपने हाथ ऊपर उठाऊँ और कैमरा उस क्रिया-व्यापार को दर्शाए। वे इस सुझाव पर बहुत प्रसन्न हुए। मैंने इस शॉट के लिए उन्हें दो-तीन विकल्प सुझाए। कोई भी अच्छा निर्देशक अभिनेता के मत का सम्मान करता है। मैं निर्देशक को अनेक बार बहुत स्पष्ट बता देता हूँ कि मुझे सुझाव देने की आदत है और आप मेरे सुझावों पर 'न' कह सकते हैं और मुझे बुरा नहीं लगेगा। हमें बहुत उदार विचारों का होना पड़ता है क्योंकि हम यह सब अच्छी फिल्म बनाने के लिए कर रहे होते हैं। आप सबके लिए तो नहीं कह सकते परन्तु मेरा अहं बहुत बड़ा नहीं है। निर्देशक मास्टर होता है और वह पटकथा को भली प्रकार से जानता है जबकि मैं विशेष रूप से केवल अपनी भूमिका से परिचित होता हूँ और मेरे द्वारा दिये जाने वाले सुझाव एक व्यक्ति के विचार होते हैं। यह निर्देशक को देखना होता है कि दृश्य को बेहतर बनाने के लिए क्या ये सुझाव उपयुक्त हैं। निर्देशक निर्देशक होता है—शत-प्रतिशत।

मैंने पाया कि मेरे शॉट देने के बाद स्पिलबर्ग सदैव प्रसन्न दिखाई देते थे। वे कहते, "तुम वास्तव में शैतान हो।" दृश्यों पर चूँकि पहले ही विस्तार से चर्चा कर ली जाती थी अतः वे बैठकर बस देखते रहते, कैमरे का संचालन उनके असिस्टेंट के हाथ में होता था। वे आपसे जो चरित्र करवाना चाहते थे, उसके सम्बन्ध में वे बहुत स्पष्ट होते थे और मैं अपनी भूमिका यथासंभव उत्कृष्ट ढंग से निभाता। मैंने उनसे कभी पूछा तो नहीं परन्तु मेरे विचार में वे 'रामायण' और 'महाभारत' जैसे हिन्दू ग्रन्थों और पौराणिक महाकाव्यों से परिचित थे, उनकी फिल्मों से ऐसा आभास मिलता था। अपनी फिल्म 'क्लोज़ एन्काउण्टर्ज़' में भी उन्होंने समस्त योगियों और साधुओं के साथ भारत को दिखाया है। उन्होंने वह शूटिंग भारत में ही की थी। जैसा कि उनकी फिल्म ई टी से स्पष्ट होता है, वे अलौकिकता की ओर आकृष्ट प्रतीत होते थे। इस फिल्म में इरादा दूसरे ग्रह से प्राणियों को लाना नहीं था अपितु यह दर्शाना था कि अन्य ग्रहों पर भी जीवन है। यह पूर्व और पश्चिम—दोनों का मिश्रण है।

हैरिसन के साथ भी मेरा सम्पर्क बहुत बढ़िया रहा। वे लगभग मेरी ही आयु के थे। मुझे

उनका काम करने का ढंग भी पसन्द आया था, वे थियेटर के अभिनेता की भाँति काम करते थे। बहुत मिलनसार व्यक्ति थे वे। उनके साथ मैं अपने थियेटर के अनुभवों की बात कर सकता था। इस प्रकार हम दोनों में बहुत अच्छा तालमेल था। वे बहुत ही व्यवस्थित ढंग से काम करने वाले और ज़िम्मेदार व्यक्ति थे। मैंने इससे पहले उनकी कोई फिल्म नहीं देखी थी। शॉट के लिए तैयारी करने का उनका ढंग प्रशंसनीय था। उनमें कोई 'नखरा' नहीं था और तुरन्त शॉट देने के लिए तैयार हो जाते थे। विश्व स्तर के अभिनेताओं का यह सामान्य गुण प्रतीत होता है। सभी महान लोगों का व्यवहार वैसा नहीं होता परन्तु वैसा व्यवहार करने वाले सब लोग महान होते हैं। वे भाव नहीं दिखाते और न उनमें अहंकार ही होता है। शूटिंग के दौरान वे कुछ समय तक स्लिप डिस्क की समस्या से पीड़ित रहे। चूँकि फिल्म का बीमा करवाया हुआ था अतः हैरीसन के बीमार पड़ने से हुई क्षति की भरपाई बीमा कम्पनी ने की। वे तीन महीने तक काम नहीं कर सके थे और उनकी अनुपस्थिति के दौरान स्टंट संचालक ने अनेक लॉन्ग शॉट्स दिये। यह व्यक्ति हैरिसन जैसा दिखाई देता था। हैरिसन बहुत ही व्यावहारिक व्यक्ति थे। फिल्मों में आने से पहले वे बढ़ई का काम करते थे। मुझे नहीं मालूम कि उन्होंने अभिनय की शुरूआत कैसे की परन्तु जब वे शूटिंग पर आते तो अपने साथ औजारों का ट्रक भर कर लाते। दो शॉट के बीच के समय में वे अपना बढ़ई का काम करते। मैंने स्वयं उन्हें यह काम करते देखा है और मैंने पाया कि उन्हें इसमें किंचित भी संकोच नहीं होता था।

एक बार हैरिसन ने मुझसे मेरी अन्य फिल्मों, जो मैं साथ-साथ हिन्दी में कर रहा था, के बारे में पूछा। मैंने जब उन्हें बताया कि भारत में मैं कितनी भिन्न-भिन्न फिल्मों में काम कर रहा था तो वे वास्तव में कुर्सी से गिर पड़े और बेहोश होने जैसा अभिनय किया और कहा, "तुम ऐसे कैसे कर लेते हो।" मैंने उन्हें बताया कि थियेटर का कलाकार होने के नाते, टाइम हो तो अभिनय करना कोई समस्या नहीं होता। मुझे मालूम है कि ऐसा करके मुझे अपनी फ़ुरसत का समय भी इसमें लगा देना पड़ता है, अपने अन्य शौकों को भूल जाना पड़ता है। इस पर उनका तर्क था, "परन्तु क्वालिटी कैसे बनायी रखी जा सकती है?" मैंने उत्तर दिया, "यदि तुम्हारी इसमें रुचि है तो क्वालिटी सुरक्षित रहती है। इसमें एक-दो प्रतिशत का अन्तर आ सकता है, परन्तु यह तो नगण्य है।" वे मुझसे सहमत हो गये, अभिनय के प्रति मेरे लगाव की प्रशंसा की और कहा कि कुछ बातें ऐसी हैं जो अभिनेता के रूप में उन्हें हमसे भी सीखनी चाहिए। उन्हें भारतीय सिनेमा की कोई जानकारी नहीं थी परन्तु ऐसा लगता था कि वे भारतीयों को पसन्द करते थे क्योंकि वे स्वयं बहुत मिलनसार थे। मैं उनके विनम्र स्वभाव से बहुत प्रभावित हुआ था।

भारत में लोग फिल्मों की स्टूडियो और आउटडोर शूटिंग देखने के लिए दीवाने होते हैं। हम उन्हें ऐसा करने से हतोत्साहित करते हैं क्योंकि इससे अभिनेताओं की एकाग्रता में खलल पड़ता है और गलती हो जाने पर दर्शकों की उपस्थिति में वे लज्जित महसूस करते हैं। इससे कार्य की गुणवत्ता प्रभावित होती है और यदि इन लोगों को शूटिंग देखने की अनुमति नहीं दी जाती तो वे अपमानित महसूस करते हैं। शूटिंग देखने आये अधिकतर लोग तो एक शॉट को

बार-बार लिया जाता देख जल्दी ही ऊब जाते हैं। उन पर फिल्म उद्योग एवं अभिनेताओं के सम्बन्ध में गलत प्रभाव पड़ता है। परन्तु पश्चिमी देशों में लोगों को सेट पर आने की अनुमति नहीं दी जाती। लन्दन में शूटिंग के दौरान मैं अपनी पत्नी और बेटी को सेट पर ले जाना चाहता था। उन्हें स्टूडियो में शूटिंग दिखाने के लिए मुझे विशेष रूप से लिखित अनुमति लेनी पड़ी थी। उनसे सेट पर मेरे परिवारजनों नहीं, मेहमानों की तरह व्यवहार किया गया था। मुझे इस प्रकार का नियन्त्रण और अनुशासन अच्छा लगा था। स्टूडियो पाँच तारा होटल की रसोई की तरह होता है जहाँ आपको इसके रेस्तरां में स्वादिष्ट भोजन खाने की अनुमति तो होती है परन्तु रसोई से और वहाँ स्वादिष्ट व्यंजन पकने के काम से आपका कुछ लेना-देना नहीं होता।

'इण्डियाना जोन्स' के लिए बस इतना ही! टिकट खिड़की पर झंडे गाड़ने वाली यह फिल्म जब अमरीका में रिलीज़ हुई तो इसने एक सप्ताह में कुल 50 मिलियन डॉलर का कारोबार किया। भारत में यद्यपि इसे रिलीज़ करने की अनुमति नहीं दी गयी थी परन्तु हमने फिल्म को वीडियो पर देखा। इस फिल्म की भारत में शूटिंग करने की अनुमति न देकर और फिर इसे भारत में रिलीज़ करने की अनुमति से भी इनकार करके भारत सरकार ने कितनी आय की हानि उठाई। इसकी अनुमति देकर वे और विदेशी निर्माताओं को भी भारत में शूटिंग के लिए आकृष्ट कर सकते थे। उस स्थिति में हमारे अभिनेताओं और टैक्नीशियनों को भी उनके पास काम मिल जाता तथा सेंसर बोर्ड आपत्तिजनक पाए जाने वाले दृश्यों को फिल्म से हटा सकता था। इस फिल्म ने इतिहास रचा और यह आज तक अमरीका में किसी न किसी टी वी चैनल पर दिखाई जाती है। परन्तु यहाँ लोगों को बहुत शिकायतें थीं, उनका कहना था कि भारतीयों को अपमानजनक ढंग से प्रस्तुत किया गया है। इससे अधिक हास्यास्पद कुछ नहीं हो सकता। मैं इसके लिए स्पष्ट रूप से उस पत्रकार को दोषी मानता हूँ जिसने रविवार के एक समाचार पत्र में इसके सम्बन्ध में ऊल-जलूल लिखा था। उसने फिल्म को "औपनिवेशिक मूर्खता एवं ऐतिहासिक छल का एक उत्कृष्ट नमूना" बताया। फिल्म को 'भारत-विरोधी' बताते हुए रोशन और मुझे इस फिल्म में काम करने के कारण 'राष्ट्र विरोधी' कहा। यह अचानक और अकारण हुआ आक्रमण था और इसने सारा विवाद खड़ा कर दिया।

मैं फिर कहूँगा कि यह फिल्म बिलकुल भी अपमानजनक नहीं थी। यह मात्र एक हल्का-फुल्का मनोरंजन, एक भ्रान्ति थी, पूर्ण कल्पना थी। कल्पनाएँ तो यों भी निरर्थक होती हैं। क्या हम स्वयं अपने महाकाव्यों के पात्रों का मज़ाक नहीं उड़ाते? आप 'महाभारत' या 'रामायण' ही ले लीजिए। क्या हम सब समय रावण का मज़ाक नहीं करते रहते? हमें वह बुरा क्यों नहीं लगता? आलोचक शायद दावत के दृश्य का उल्लेख कर रहे थे जिसमें मैं बन्दर के दिमाग और साँप के गुर्दे जैसी विचित्र वस्तुओं का रात्रिभोज दे रहा था। क्या हम अपने बच्चों को कहानियाँ नहीं सुनाते कि राक्षस वहाँ गया और सब लोगों को निगल गया। तो यह सब कल्पना नहीं तो क्या है? यह फिल्म मात्र मनोरंजन थी, मैं नहीं सोचता कि लोग भारतीयों से घृणा करते हैं और उन्हें नरभक्षी समझते हैं, क्या वे ऐसा सोचते होंगे? मैं तो नहीं मानता। यह सब मूर्खता है, मैं आज भी इस बात को स्वीकार नहीं कर पाता कि भारत में इस फिल्म पर

प्रतिबन्ध क्यों लगाया गया। कुछ लोगों ने मेरे साथ यह मुद्दा उठाया परन्तु मैंने उन्हें इसी तरह झिड़क दिया।

निःसन्देह ख्याति और कुख्याति साथ-साथ चलते हैं। मैं दुर्भावनापूर्ण आलोचना का शिकार हो गया था परन्तु मैं इन आरोपों के दोष स्वीकार करते हुए माफी नहीं माँगूंगा। स्पिलबर्ग के साथ काम करना जीवन में कभी ही मिलने वाला अवसर था और मुझे इस पर एक क्षण के लिए भी खेद नहीं है। मैं नहीं सोचता कि मैंने कुछ राष्ट्रविरोधी किया। इसे इतनी गम्भीरता से लेना और इतना आग-बबूला हो जाना सच ही मूर्खता है। यदि मैं यह फिल्म नहीं करता तो कोई और इस भूमिका को ले लेता। फिल्म में काम करते हुए मुझे कभी भी यह एहसास नहीं हुआ कि मैं कुछ गलत कर रहा हूँ। किसी भी स्थिति में किसी फिल्म के लिए अभिनेता को दोषी ठहराना अत्यधिक अनुचित है। काम करते हुए अभिनेता को यह पता नहीं होता कि अन्त में फिल्म क्या रूप लेगी? उसके दृश्य के बाद में और पहले क्या होगा और फिल्म का लहजा क्या होगा? यह सब निर्देशक के हाथ में होता है और इनमें से बहुत कुछ का निर्णय सम्पादन करते हुए होता है। मैं तो बहुत स्पष्ट रूप से कहता हूँ कि यदि मुझे फिल्म के तैयार स्वरूप की जानकारी होती भी तो मैं इसके सम्बन्ध में कुछ नहीं कर सकता था और खैर, मुझे तो यह फिल्म किसी भी पक्ष से भारतीय विरोधी प्रतीत नहीं हुई। यह फिल्म भारत के एक प्राचीन सम्प्रदाय पर आधारित है और इसे कल्पना की भाँति पुनः प्रस्तुत किया गया था और फिर यदि आप शंघाई से प्रारम्भ करते हुए बैंकट पैलेस, जहाँ विमान टूट जाता है और यात्री इससे कूदने के लिए एक बेड़े की सहायता लेते हैं, एक पहाड़ी पर फिसलते हुए भारत पहुँच जाते हैं जैसे दृश्यों को याद करें तो सोचिए क्या कभी ऐसा हो सकता है? परन्तु हमारे 'पंचतन्त्र' और लोक कथाओं की भाँति कल्पना तो कल्पना है, हमारी पौराणिक कथाओं में भी हम उड़ते हुए कालीन, दानव, साँप दिखाते हैं। क्या हम ऐसा नहीं करते?

मैं जानता हूँ कि हम अपनी सांस्कृतिक पहचान के प्रति बहुत संवेदनशील हैं परन्तु क्या हम स्वयं अपनी फिल्मों में ऐसा नहीं करते? जब कोई विदेशी निर्देशक ऐसा करता है तो हम शिकायत करने लगते हैं। सिनेमा हमारे मनोरंजन का अथवा हमें सोचने के लिए विवश करने का एक माध्यम है। इसे बस वहीं छोड़ देना चाहिए, फिल्म देखो और भूल जाओ। हमने वयस्कों और बच्चों के लिए फिल्मों का वर्गीकरण किया हुआ है। तो हम इतना बतंगड़ क्यों बनाते हैं? मुझे कुछ भी कहा गया परन्तु मैं विचलित नहीं हुआ। 'इण्डियाना जोन्स' मेरे लिए जीवन का अनुपम अनुभव था और जब मैं लौटने लगा तो स्पिलबर्ग ने फिल्म के एक स्टिल फोटो पर अपना सन्देश लिख कर दिया। मैं चकित रह गया, उन्होंने लिखा था, "मेरे सर्वश्रेष्ठ खलनायक के लिए", इस टिप्पणी पर मुझे बहुत गर्व है। वास्तव में मैं तो इसकी शेखी बघारता हूँ। उन्होंने मेरी किसी से तुलना नहीं की और कहा, "तुम सर्वोत्तम हो और मुझे किसी अन्य अभिनेता से ऐसा अभिनय नहीं मिल सकता था।" यह निश्चय ही उनका स्नेह था। विदा लेते हुए ऐसे शब्दों में बधाई देना उनकी उदारता थी। उन्होंने मुझे हाथ से लिखी एक पर्ची भी दी, जिस पर लिखा था :

इण्डियाना जोन्स में आपके साथ काम करना मेरे लिए एक बहुत बढ़िया अनुभव रहा है। एक बुरे व्यक्ति के रूप में आप विश्व-भर में अनुपम हैं आपके साथ काम करते हुए प्रत्येक क्षण मुझे अच्छा लगा—फिर आपके साथ काम करने के अवसर की प्रतीक्षा करना बहुत कठिन है।

उन्होंने जब ऐसा कहा तो मुझे पूरा विश्वास है कि उन्हें मेरा योगदान महत्त्वपूर्ण लगा होगा। उनके स्तर के निर्देशक से इस प्रकार की प्रशंसा प्राप्त होना निश्चय ही तुष्टिदायक होता है। उस क्षण तो कोई केवल 'धन्यवाद' ही कह सकता है। उनके द्वारा सार्वजनिक रूप से मेरी प्रशंसा किये जाने पर मैं भाव-विभोर हो गया था। स्पिलबर्ग निःसन्देह साधारण विषय को भी आश्चर्यजनक बना सकते हैं। कैसे उच्च कोटि के कल्पनाशील और रचनान्तमक निर्देशक हैं वे।

इतने कठोर परिश्रमी हैं कि एक फिल्म की शूटिंग करते हुए कम-से-कम दो फिल्मों की स्क्रिप्ट पर काम कर रहे होते हैं। दो वर्ष लगाकर जब तक वह स्क्रिप्ट में छह व्यापक संशोधन नहीं कर लेते, वे उस पर शूटिंग प्रारम्भ नहीं करते। उन्होंने कहा कि यह फिल्म मेरे कैरियर में मील का पत्थर साबित होगी और मुझे हॉलीवुड में ही रुक जाना चाहिए। मैंने कहा, "भारतीय चरित्रों के साथ कितनी हॉलीवुड फिल्में बनती हैं? अधिक से अधिक मैं इटली अथवा अरबवासी की भूमिकाएँ और कर सकता था। मैं शायद यहाँ वर्ष में एक फिल्म करना चाहूँगा और फिर भारत लौट जाया करूँगा। इससे अजनबी होने की भावना भी नहीं आयेगी।" मुझे विश्वास था कि मैं हॉलीवुड में छोटी-मोटी भूमिकाएँ नहीं करने वाला था। उसके बाद चाहे स्पिलबर्ग से काम का कोई उपयुक्त प्रस्ताव कभी नहीं आया परन्तु मैं प्रसन्न था कि उनके द्वारा मेरे साथ फिर काम करने की बात सोचना ही मेरे लिए पर्याप्त सम्मान की बात थी।

और एक दशक के बाद जब मैंने 'शिन्डलर्स लिस्ट' देखी तो मैंने उन्हें बधाई का एक सन्देश भेजा कि ऐसे संवेदनशील अभिनय ने मुझे गहरे तक प्रभावित किया है। यह यहूदियों पर बनी अत्यधिक हृदयस्पर्शी फिल्म थी। अप्रैल 1994 में स्पिलबर्ग ने उत्तर दिया :

अचानक तुम्हारा सन्देश पाकर अच्छा प्रसन्नता हुई—ऑस्कर पर अपने विचार भेजने के लिए धन्यवाद।

मैं यह नहीं कह सकता कि 'शिन्डलर्स लिस्ट' बनाते हुए मुझे आनन्द आया। अनेक दिनों तक इससे बहुत निराशा हुई। परन्तु गत कुछ माह बहुत विश्वास बँधाने वाले रहे और ऑस्कर की रात जीत हुई। इस फिल्म का अनुभव मुझे ऐसी दिशाओं में लेकर जा रहा है जिसकी सम्भावना की मैंने कल्पना भी नहीं की थी। मैं जानता हूँ कि मैंने तुमसे एक और अच्छी भूमिका का वायदा किया था। मैं भी उसकी प्रतीक्षा कर रहा हूँ। मैं तुमसे वादा करता हूँ कि जैसे ही यह भूमिका मुझे मिलेगी, सबसे पहले तुम्हें बताऊँगा।

बाद में मैंने उन्हें 'सूरज का सातवाँ घोड़ा' की कैसेट भेजी और उन्हें सूचित किया कि इस फिल्म

के लिए मुझे एक वर्ष में सर्वश्रेष्ठ अभिनेता के दो अन्तर्राष्ट्रीय पुरस्कार प्राप्त हुए हैं।

मैं अत्यधिक प्रसन्न था कि मेरी दोनों अन्तर्राष्ट्रीय फिल्में 'गाँधी' और 'इण्डियाना जोन्स' उल्लेखनीय रूप में हिट रहीं। चूँकि दोनों भूमिकाएँ बहुत भिन्न थीं अतः दोनों का प्रभाव भी उतना ही भिन्न-भिन्न था। एक फिल्म ऐतिहासिक हस्ती के जीवन पर आधारित थी और इसमें सत्य को यथावत् दर्शाया गया था जबकि दूसरी पूर्णतः कल्पना थी। एटनूबरो अपने काम को बहुत अच्छी तरह से जानते हैं और स्पिलबर्ग निःसन्देह असाधारण प्रतिभा के धनी हैं। अब मैं भली प्रकार से समझ सकता हूँ कि कैसे उनकी फिल्में ऐसी उत्कृष्ट होती हैं और विश्व-भर में उन्हें देखा जाता है।

मुंडे हुए सिर के साथ पश्चिम में कई बार लोग मुझे कोजक कह कर पुकारते हैं। टैली सेवलस ने लॉलीपॉप चूसते हुए न्यूयार्क पुलिस के लेफ्टिनेंट थियो कोजक की भूमिका की थी। यह उच्च स्तर की 1973 में बनी फिल्म 'मार्कस नैल्सन मर्डर्रस' थी। हमारे नाक-नक्श बहुत अधिक मिलते हैं। लन्दन में मैडम तुसाद में सेवलस की मोम की बनी प्रतिमा है। जब मैं इस म्यूज़ियम को देखने गया तो लोगों की भीड़ जमा हो गयी और वे प्रतिमा के साथ मेरी फोटो खींचने लगे। जब उन्होंने पहचाना कि मैं 'इण्डियाना जोन्स' का मोला राम हूँ तो उनका उत्साह और फिर फोटो व ऑटोग्राफ लेने का सिलसिला और बढ़ गया। लोगों के इस स्नेह को देखकर निश्चित ही मैं बहुत प्रसन्न था। सींगों वाली टोपी पहने विचित्र से लगने वाले पुजारी की भूमिका ने अपनी छाप छोड़ी थी और सोचिए तो मैं इस फिल्म को लगभग नहीं ही करने वाला था। ऐसा अनेक बार हुआ है जब मैं मॉल में खरीददारी करने जाता हूँ तो कोई आकर मुझसे कहता है कि आपका चेहरा जाना पहचाना है और फिर पहचान जाते हैं कि मैं 'इण्डियाना जोन्स' में था, ऐसा लॉस एंजिलस, न्यूयार्क, वाशिंगटन और ऑस्ट्रेलिया में भी हुआ।

मुझे याद है कि लगभग सात-आठ वर्ष पूर्व मैं फ्लोरिडा गया था। वहाँ मैंने डिज़्नीलैंड के किसी मेले में भाग लिया था। आपको वहाँ सब वस्तुओं के लिए कतार में खड़ा होना पड़ता है। सभी झूलों का आनन्द लेने में एक दिन से अधिक का समय लग जाता है। मेरे साथ मेरी भतीजी थी जो नासा में काम करती है। वह सब को गर्व से बताती कि उसके अंकल कौन हैं और वे तुरन्त मेरे लिए व्यवस्था कर देते जिससे कि मुझे कतार में न लगना पड़े। इस प्रकार हमने कुछ ही घण्टों में सब झूलों का आनन्द ले लिया था। एक स्थान पर 'इण्डियाना जोन्स' दिखाई जा रही थी। वे 'इण्डियाना जोन्स' कैसे आता है, से ले कर सब मंचित कर रहे थे। नाटक देख रही दो हजार लोगों की भीड़ में मैं शामिल था। जब उनसे मेरा परिचय करवाया गया तो ज़ोरदार तालियों से मेरा अभिनन्दन किया गया। यूनिवर्सिटी स्टूडियो में एक अन्य स्थान पर मैंने ई टी का एक चित्र देखा कि कैसे एक लड़का ई टी की सहायता से हवा में उड़ता है। डिज़्नीलैंड में जिस बात ने मुझे सर्वाधिक प्रभावित किया, वह यह है कि मुझे पहचान जाने पर लोग बहुत अनुशासित ढंग से ऑटोग्राफ के लिए मेरे पास आते। हमारे यहाँ तो वे ऐसी भीड़ जमा कर लेते हैं कि हस्ताक्षर करना भी कठिन हो जाता है। कोई अनुशासन नहीं होता और परिणामस्वरूप जो काम कुछ ही समय में किये

जा सकते हैं, उन्हें करने में घण्टों लग जाते हैं।

हैरिसन के साथ काम करके मैं अन्तर्राष्ट्रीय ऊँचाइयों तक पहुँच गया। इस सफलता के बाद मेरे पास हॉलीवुड से काम करने के प्रस्तावों की बाढ़ आ गयी। परन्तु मैंने लन्दन में अपने एजेंट को बता दिया था कि मैं वही भूमिकाएँ स्वीकार करूँगा जो 'इण्डियाना जोन्स' में मेरे चरित्र के समान अच्छे स्तर की हों। दुर्भाग्य से कोई भी भूमिका उतनी शक्तिशाली नहीं थी, वे मात्र थोड़े से फेरबदल के साथ उसी प्रकार की भूमिकाएँ थीं। मुझसे सदा रेड इंडियन चीफ की भूमिका करने के लिए कहा जाता और मैं निश्चित रूप से कोई टाइप बनने के लिए तैयार नहीं था, चाहे मुझे डॉलर में कितनी भारी फीस ही क्यों न दी जाती। इस फिल्म में काम करने के लिए मुझे सबसे अधिक पैसा मिला था। ऐसा नहीं कि मुझे धन से, भौतिकता से कुछ परहेज है परन्तु कभी भी मैंने धन को इकट्ठा नहीं किया, मैंने इसे प्रवाहित होने दिया है। मैं विदेश में एक साधारण व्यक्ति होने की बजाय भारत में श्रेष्ठ होना पसन्द करूँगा। लम्बे समय तक भारत से दूर रहने से मुझे नफरत है। मुझे अपने भारत से प्यार है। वहाँ उन्हें बहुत अधिक भारतीय चरित्रों की आवश्यकता नहीं होती और यदा-कदा भूमिकाएँ करके मैं लुप्त ही हो गया होता। मैं अपने मोहल्ले में प्रसिद्ध होकर प्रसन्न हूँ। मेरी विश्व प्रसिद्ध होने की कोई महान कामना नहीं। मेरे लिए सर्वाधिक हृदयस्पर्शी क्षण वह था जब अमिताभ ने मुझे अमरीका से फोन करके बताया कि अपने कलाकार भाई को इतने बड़े हॉलीवुड बैनर में देखकर उन्हें कैसा गर्व का अनुभव हो रहा है। संजय दत्त ने भी मुझे अमरीका से टेलीफोन किया। यह जानकर कि मैं उस फिल्म में हूँ, वह अपने मित्रों के साथ वह फिल्म देखने के लिए गया था। जैसे ही मैं पर्दे पर आया, वह सीटी बजाकर चिल्लाने लगा, "वे मेरे अंकल अमरीश हैं। मुझे उन पर बहुत गर्व है।" उसके मित्रों को उसे चुप करवाना पड़ा था। जब वह लौटा तो उसने स्वयं मुझे यह सारी घटना सुनाई।

मैंने कभी आत्म प्रचार का सहारा नहीं लिया। अपने काम का बढ़ा-चढ़ा कर वर्णन न करना मेरा जन्मजात स्वभाव है। कुछ हद तक मैं पहला भारतीय अभिनेता था जो हॉलीवुड में बड़ी भूमिका कर रहा था। आज विभिन्न टी. वी. चैनलों पर स्वयं का प्रचार करना फैशन बन गया है। मैं अपना काम करने में विश्वास करता हूँ। इसके सम्बन्ध में लिखना दूसरों का काम है। हॉलीवुड फिल्मों की विशेषता यह है कि वे बहुत बड़े स्तर पर महान अभिनेताओं के साथ बनायी जाती हैं। अतः उनके लिए अपनी विशाल परियोजना में एक भारतीय कलाकार को लेना रेत के कण के समान है। निःसन्देह हमें प्रसन्न होना चाहिए कि हमारे कलाकार हॉलीवुड में जा रहे हैं और उन्हें प्रसिद्धि प्राप्त हो रही है। हम भारतीयों की नकल की विचित्र मानसिकता के चलते ही हमने अपने फिल्म उद्योग का नाम बॉलीवुड रख दिया। कई बार मुझे यह नाम सुनकर शर्म महसूस होती है। हम अपनी फिल्मों में दर्शाए जाने वाले विचारों और नैतिकता की दृष्टि से उनसे कहीं आगे हैं। परन्तु हॉलीवुड की फिल्म में काम करके निश्चित ही किसी कलाकार का स्तर ऊँचा हो जाता है क्योंकि हम उनके सिनेमा को मात्र विशालता के सन्दर्भ में देखते हैं। हॉलीवुड की फिल्मों में काम करना निश्चित ही किसी कलाकार के व्यक्तित्व में

निखार लाता है, ठीक जैसे क्षेत्रीय फिल्मों के निर्माता हिन्दी फिल्म उद्योग के विषय में सोचते हैं। जब मैं स्वयं को उन क्षणों में याद करता हूँ तो मुझे लगता है कि यदि हमें भी वे सुविधाएँ मिल जायें, हम भी वैसे ही अनुशासित और समय के पाबन्द हो जायें तो हम भी उत्कृष्ट परिणाम दे सकते हैं। मेरे विचार में हम उनसे कहीं अच्छे कलाकार हैं क्योंकि हम उनसे कहीं अधिक कठिन और कहीं अधिक अपेक्षा रखने वाली परिस्थितियों में काम कर सकते हैं। मुझे लगता है कि भारतीय कलाकारों में विश्व पर अपनी छाप छोड़ने की क्षमता है। हमारी प्रतिभा विश्व भर में अपने सह-कलाकारों की तुलना में किसी भी तरह कम नहीं है।

वहाँ कलाकार की कला को बढ़ा-चढ़ाकर प्रस्तुत करने में तकनीक का बहुत योगदान रहता है और वहाँ प्रयुक्त की जाने वाली प्रौद्योगिकी भी बेहतर है। ऐसा नहीं कि हॉलीवुड के खलनायक अथवा चरित्र कलाकार मंगल ग्रह से आते हैं परन्तु तकनीक की दृष्टि से वे हमसे आगे हैं और उसका प्रभाव दिखाई देता है। प्रत्येक भूमिका को भिन्न प्रकार से देखा जाता है और सिनेमा में तकनीक की भूमिका महत्त्वपूर्ण होती है। जिस प्रकार की भूमिकाएँ वे तैयार करते हैं, जैसे खलनायक वे सोचते हैं—वे सब जनता को आकृष्ट करने के सरल मार्ग हैं जो किसी स्तर पर उस सब हिंसा को स्वीकार करती है। उन्हें इसका नशा-सा है, उन्हें बहुत अधिक शोर, करिश्माई प्रभावों और खून-खराबे की ओर तेज़ी से आगे बढ़ती कहानी की आवश्यकता होती है। धीमी गति की फिल्मों को अब स्वीकार नहीं किया जाता, यद्यपि निजी तौर पर मैं इस प्रकार की हिंसा के पक्ष में नहीं हूँ। अशारीरिक हिंसा भी दिखाई जा सकती है। खामोश हिंसा और भी प्रभावकारी होती है। लोगों के जीवन में यह होती भी है। "एक्शन से भरपूर इस सब हिंसा का मतलब ही नहीं है।" और यहीं विरोधाभास दिखाई देता है—कितनी भी भारी भरकम भूमिका दर्शायी जा रही हो, उसमें कितनी भी दुष्टता और नीचता हो, मेरे विचार में यदि वैसी भूमिकाओं में कलाकारों को स्वीकार किया जा रहा है तो ऐसी अभिव्यक्तियों की, प्रस्तुतियों की माँग बढ़ जाती है और सबसे अधिक विख्यात है मार्लिन ब्रैण्डो की 'द गॉडफादर'। कहीं दाल-रोटी पकती है तो कहीं मुर्गी, सिर्फ खाने वाले चाहिए, हर चीज़ की अपनी जगह है। इसका स्थान अन्त में दर्शक निर्धारित करते हैं। इसीलिए जब मुझे अपनी बात रखनी होती है तो मैं ऐसे ही उपमाएँ देता हूँ।

'इण्डियाना जोन्स' के बाद अब भारतीय फिल्मों में मेरा व्यावसायिक मूल्य अत्यधिक बढ़ गया। फिल्म साप्ताहिक 'स्क्रीन' ने तो यहाँ तक लिख दिया कि मैं करोड़ों रुपये में काम करने वाला खलनायक हूँ। यह निश्चित ही सत्य नहीं था और मैंने उन्हें बताया भी कि इससे गलत प्रभाव पड़ेगा और सम्भव है कि निर्माता मेरे पास आने से भी झिझके। सौभाग्य से, वे अब भी आते हैं और 'नगिना' व 'मिस्टर इण्डिया' की ज़ोरदार सफलता के बाद मैं शिखर पर पहुँच गया था। इन फिल्मों ने मुझे वास्तव में नायक के समान फीस लेने वाले कलाकार के वर्ग में ला दिया था। परन्तु मनुष्य, उसके पास जो है, उससे कभी सन्तुष्ट नहीं होता। उसे सदा और अधिक की लालसा रहती है। फिर भी मुझे अब और किसी चीज़ की तीव्र लालसा नहीं थी। मैं जिस लक्ष्य को प्राप्त करने के लिए निकला था, वह मैंने प्राप्त कर लिया था। मुझे विदेशों

से प्राप्त होने वाले प्रस्तावों को ठुकराने का कोई अफसोस नहीं था, न ही मैंने चेतन अथवा अचेतन स्तर पर किसी विशेष विदेशी खलनायक के समान स्वयं को बनाने का प्रयास ही किया था। कभी भी नहीं, मैं हालाँकि हॉलीवुड के अनेक कलाकारों का प्रशंसक था परन्तु मैंने कभी उनका अनुसरण नहीं किया। मैं उनकी प्रशंसा करता था क्योंकि वे लोग पूर्ण एकाग्रता से काम करते थे और उनमें से अस्सी प्रतिशत व्यापक प्रशिक्षण के साथ थियेटर की पृष्ठभूमि से आये हैं और यह प्रशिक्षण उनके अभिनय की दक्षता में स्पष्ट दिखाई देता है। स्पष्ट झलकता है कि उन्होंने कितना कठोर श्रम किया होगा। मैंने उनकी भूमिकाओं में दिखाई देने वाली पूर्ण कुशलता के आधार को जानने का प्रयत्न किया। अभिनय करते हुए मुझमें पात्र की पृष्ठभूमि के प्रति स्वतः ही जिज्ञासा उत्पन्न हो जाती है और मैं जिन हस्तियों से पहले मिला होता हूँ, उनकी कुछ विशेषताएँ, गुण याद करने का प्रयत्न करता हूँ। लोगों से हुई उन भेंटों का कुछ अंश मेरे अभिनय में दिखाई पड़ता रहता है। इस प्रकार प्रत्येक अभिनेता काम करता है क्योंकि उसके मानसिक गोदाम में उन प्रभावों का भण्डार रहता है और वे प्रभाव इन पात्रों का अभिनय करते हुए उन पर आरोपित हो जाते हैं।

'नागिन' फिल्म में जैसे मुझे तान्त्रिक की भूमिका करते हुए साँपों को हाथ में लेना था, इस तांत्रिक को साँपों से डर नहीं लगता। मेरा चरित्र यदि बहुत शक्तिशाली न होता तो फिल्म सफल न हुई होती। मैं चूँकि फिल्म में प्रमुख विरोधी शक्ति था इसलिए फिल्म चल गयी। अब वही आवाज़ थी, वही व्यक्ति था, वही पंक्तियाँ थीं, परन्तु पात्र इतना भिन्न दिखाई देता है। इस फिल्म में अपना कॉस्ट्यूम मैंने स्वयं निश्चित किया था--काला चोगा और लम्बे बाल! श्रीदेवी के साथ यह भूमिका करना और भी आनन्ददायक हो गया था। वे एक महान कलाकार हैं। आप बिल्कुल नहीं जानते कि वह क्या और कैसे अभिनय करेंगी क्योंकि वे बहुत विनम्र हैं और शॉट देने के लिए अपनी बारी की प्रतीक्षा करते हुए चुप और शान्त रहती हैं। परन्तु जैसे ही वे कैमरे के सामने आती हैं, उनमें कोई जादुई गुण प्रकट हो जाता है और वे पूरी तरह से रूपान्तरित हो जाती हैं—इतनी जीवन्त और इतनी फुरतीली। उनकी प्रतिक्रियाएँ बहुत अच्छी हैं और उनकी इस जीवन्तता ने मुझे सच ही बहुत सहायता दी, मुझे उनके द्वारा दिये गये शॉट में समान स्तर पर पहुँचना था। फिल्म इतनी पसन्द की गयी कि ग्रामीण क्षेत्रों के थियेटरों में भी इसके एक दिन में पाँच-पाँच शो चलाये जा रहे थे। भूमिका की गहराई तक जाने में कॉस्ट्यूम के इलावा इससे भी सहायता मिली कि मैंने सपेरों नहीं अपितु साधु-सन्तों के हाव-भाव और बोलने के ढंग को बहुत ध्यान से देखा क्योंकि मुझे एक तांत्रिक की भूमिका करनी थी जो किसी भी घर में प्रवेश करते ही घर में साँप की उपस्थिति को भाँपने के लिए ज़ोर से 'अलख निरंजन' बोलता है। वह सपेरा नहीं था। मैंने कुछ ऐसे चरित्रों के विषय में किताबों में पढ़ा हुआ था और कुछ पुरानी फिल्में देखीं थी। मैंने उन सब विवरणों को याद किया और पूर्ण विश्वास के साथ वह भूमिका की।

फिल्म के एक दृश्य में मुझे श्रीदेवी से बहस कर उसे घर छोड़ने के लिए विवश करना था और यह बहुत ही मनोरंजनात्मक ढंग से हुआ। हम दोनों में बहुत अच्छा तालमेल था।

फिल्म की विशेषता यह है कि तांत्रिक का चरित्र पूरी फिल्म में नकारात्मक शक्ति के रूप में आता है, मानो वह नायक और नायिका का विरोधी हो। परन्तु वह उनके प्रति कोई निजी शत्रुता प्रदर्शित नहीं करता क्योंकि वह तो बस घर का भला चाहता है। अंतिम दृश्य में वह मन्दिर में जब मृतप्राय हो जाता है और साँप को आशीर्वाद देता है कि वह अपने अतीत से मुक्त होकर सामान्य जीवन बिताएगा, उन कुछ अंतिम क्षणों में वह सकारात्मक हो जाता है। इसका दर्शकों पर बहुत अच्छा प्रभाव पड़ा। इस प्रकार ये क्षतिपूर्ति के क्षण थे।

और यदि लोगों को 'मिस्टर इण्डिया' में मेरा तकिया कलाम 'मोगैम्बो खुश हुआ' याद हो तो यह 'इण्डियाना जोन्स' की तुलना में एक बड़ी कल्पना थी। मैंने उस पात्र को अपने व्यक्तित्व और प्रशिक्षण से स्वरूप दिया था। यह भूमिका मेरी अपनी आशाओं से कहीं आगे निकल गयी थी। यह मेरा अब तक का सर्वाधिक रुचिकर चरित्र था और लोगों ने इसे पसन्द किया था तथा मोगैम्बो ने मुझे घर-घर में पहुँचा दिया था। इसकी छवि लोगों के दिलों-दिमाग में स्थायी रूप से अंकित हो गयी थी। आश्चर्यजनक बात यह है कि प्रारम्भ में मैं फिल्म में था ही नहीं। निर्माता बोनी कपूर और निर्देशक शेखर कपूर ने जब मुझसे सम्पर्क किया तो मैं ऊटी में 'लोहा' फिल्म की शूटिंग कर रहा था। बहुत लोग नहीं जानते कि तब फिल्म की साठ प्रतिशत शूटिंग पहले हो चुकी थी। मेरी भूमिका को बाद में फिल्मा कर इसमें जोड़ा गया था। मेरी सूचना के अनुसार यह भूमिका किसी अन्य अभिनेता द्वारा की जानी थी परन्तु शायद बात बनी नहीं और यह भूमिका मेरी झोली में आ गयी। प्रारम्भ में मैं थोड़ा आशंकित था क्योंकि आधी से अधिक फिल्म पूरी हो चुकी थी और अब वे मेरे पास आये थे। मैंने मन में सोचा, इन्हें अब जाकर मेरी याद आई है? शायद 'इण्डियाना जोन्स' के कारण वे मेरे पास आये थे। हास्य का पुट लिए इस खलनायक के विषय में विस्तार से चर्चा करने के बाद मैंने सोचा कि इस भूमिका को करना बहुत मनोरंजक रहेगा और पात्र का वास्तविक महत्त्व उसकी वेशभूषा, व्यवहार और उसे प्रस्तुत किये जाने के ढंग में छिपा था।

मोगैम्बो की कल्पना हिटलर जैसे चरित्र के रूप में की गयी थी। वह बहुत दुष्ट और सनकी था क्योंकि वह विश्व पर शासन करना और अपना साम्राज्य बनाना चाहता था। चूँकि उसकी राष्ट्रीयता बहुत स्पष्ट नहीं थी और विदेशी मूल का होने का उल्लेख नहीं किया गया था परन्तु वह देखने में हमलावर लगता था अतः उसका नाम विचित्र, रहस्यमयी और दिमाग पर चोट करने वाला होना था और मोगैम्बो नाम 1953 में इसी नाम से बनी हॉलीवुड फिल्म से लिया गया था। इसमें मुख्य भूमिका क्लार्क गैबल ने की थी। यह नाम बहुत संगीतमय लगता था और चरित्र बहुत ही उम्दा था—कपटी, अंडरवर्ल्ड—सबका मिश्रण। यह सही ध्वनि और खनक देता था, अतः लेखक जावेद अख्तर ने यही नाम निश्चित किया। मैंने सोचा कि एक शासक के रूप में राजसी ठाठ दिखाई देना चाहिए। इसीलिए वे शानदार कढ़ी हुई जैकेट और लम्बे बूट उसकी वेशभूषा के भाग थे। प्रारम्भ में मैंने सोचा कि वह गंजा होना चाहिए परन्तु कुछ सोचने के बाद हमने निश्चित किया कि उसे ड्यूक की भाँति भूरे बालों की विग लगाकर एक विदेशी-सा दिखाई देना चाहिए। 'मिस्टर इण्डिया' के भव्य सैट आर के स्टूडियो में लगाये गये

थे। 15-20 दिन तक मैंने दिन की रोशनी बिल्कुल भी नहीं देखी क्योंकि मोगैम्बो अपनी गुफा में जिया और मरा। उसके अलंकृत सिंहासन के हत्थों पर गोले लगे हुए थे। मुझे याद है कि मैं इस सिंहासन पर बैठा था और लाइटें व्यवस्थित की जा रही थीं। चरित्र के समान अनुभूति के लिए मैंने अपनी उँगलियों से सिंहासन को ठकठकाना शुरू कर दिया। मेरी उँगलियों में अँगूठियाँ थीं। यह बहुत भयानक लग रहा था और इससे भयानक ही आवाज़ हो रही थी। शेखर सब बहुत बारीकी से देखते हैं। जैसे ही उन्होनें इस सब क्रिया-कलाप को देखा तो कहा, "रूको—मैं यही चाहता हूँ।" और यह फिल्म में मोगैम्बो का ट्रेडमार्क बन गया। शेखर ने मेरे चरित्र की प्रस्तुति में अत्यधिक योगदान दिया।

मैंने यह भूमिका यद्यपि ठीक वैसे की जैसा कि मैंने कल्पना की थी परन्तु यह अवधारणा पूर्णतः जावेद की थी और इस चरित्र से फूटने वाला हास्य का पुट शेखर की अद्भुत विज़न का कमाल था। उन्होंने मुझसे स्पष्ट कहा था, "मैं चाहता हूँ कि यह पात्र बहुत दुष्ट परन्तु बहुत प्यारा दिखे, बच्चों को उससे डर लगना चाहिए।" उन्होंने मुझे कहानी इस प्रकार से सुनाई कि मुझे छू गयी। परन्तु मेरे विचार में अन्तिम परिणाम फिल्म पूरी होने पर ही उभर कर सामने आया। मैंने कहीं भी हास्यपूर्ण अभिनय नहीं किया था। परन्तु फिर भी उसमें हास्य का पुट था। मैंने एक ही संवाद 'मोगैम्बो खुश हुआ' दस भिन्न लहज़ों में बोला। यदि मैं थियेटर के विषय में सोचता तो कहता क्या मूर्खतापूर्ण काम कर रहा हूँ। मैं बहुत गंभीर संवाद बोला करता था परन्तु मैंने इसे गम्भीरता से लिया और स्क्रिप्ट के निर्देशक के भाव को बहुत गम्भीरता से अभिव्यक्त किया। शेखर के विश्वास के प्रति मुझे पूर्ण निष्ठा थी और मैं कहूँगा कि वे मेरी उत्कृष्ट अभिनय क्षमता को बाहर ला सके थे। वे मौलिक और बहुत कल्पनाशील हैं, आँखों को मोहित करने वाले दृश्य प्रस्तुत करते हैं, नकल से बचते हैं और प्रत्येक दृश्य पर कड़ी मेहनत करते हैं, हालाँकि ऐसा करने से कई बार उनकी काम करने की गति बहुत धीमी हो जाती है। बाल कलाकारों को प्रेरित करने का उनका ढंग प्रशंसनीय था।

मैं शेखर को उनके फिल्मों में आने से बहुत पहले से देव आनन्द के भतीजे के रूप में जानता हूँ, वे एक कुशल तैराक हैं। एक बार मेरा एक मित्र स्विमिंग के लिए जुहू बीच पर गया। उसके साथ उसके दो बेटे और दिल्ली से आईं एक रिश्तेदार थीं। यह 1970 के दशक के मध्य में अगस्त का महीना था। समुद्र बहुत अशान्त था, ऐसे में समुद्र में उतरना बुद्धिमता नहीं थी। जैसे ही वे समुद्र में उतरे, उसके प्रवाह ने उन्हें खींच लिया, उस समय शेखर समुद्र तट पर दौड़ लगा रहे थे। उनकी चिल्लाहट सुनते ही उन्हें बचाने का जोखिम उठाते हुए शेखर भी समुद्र में कूद गये। एक लड़के को तो वे खींच कर बाहर ले आये परन्तु अन्य तीन समुद्र में ही लुप्त हो गये। बाद में उनके शव तट पर मिले। इस साहसिक कारनामे से उनके चरित्र का अनुमान लगाया जा सकता है। अब वे पश्चिम में बड़ी तथा चुनौतीपूर्ण योजनाओं पर काम कर रहे हैं।

अनिल कपूर और श्रीदेवी ने मुझे प्यारा-सा बैड मोगैम्बो बनाने में भरपूर सहयोग दिया। श्रीदेवी में सही समय की पहचान, भावनाओं की अभिव्यक्ति और हास्य का तत्त्व अतुलनीय

है। इनका उन्होंने 'मिस्टर इण्डिया में भी प्रदर्शन किया है। फिल्म ने बॉलीवुड में धूम मचा दी थी। शेखर स्वयं को 'मासूम' में पहले ही सिद्ध कर चुके थे। इसके इलावा अनिल कपूर और श्रीदेवी की जोड़ी भी उस समय नई थी और अब भारतीय सिनेमा में सर्वाधिक बुरे चरित्र निभाने के बाद मैं सोचता हूँ कि क्या मुझ पर किसी दुष्टात्मा का प्रभाव था, मुझे तो लगता है कि ऐसा ही था क्योंकि मैंने उस चरित्र की अपने ही ढंग से कल्पना की थी, वह कैसा दिखाई देता है, कैसे बोलता है और किस प्रकार की शक्ति और ऊर्जा उसे भारत को नष्ट करने के लिए प्रेरित करती है? सच में ही मैंने आत्मा के आह्वान का प्रयत्न किया था और मैं नहीं जानता कि यह कैसे हो गया। 'जानी दुश्मन' में भी मैंने प्रेतात्मा की भूमिका की है। फिल्म में जब मैं राक्षस बन जाता हूँ तो मेरे शरीर पर बाल उग आते हैं। इसके लिए मुझे मई माह के मध्य में बालों से भरी पोशाक पहननी पड़ी थी। यह बहुत कठिन काम था। अब जब मैं उस समय को याद करता हूँ तो काँप जाता हूँ। परन्तु तब ऐसा कुछ नहीं हुआ था "क्योंकि मेरे ऊपर काम का भूत सवार था।"

मैंने कभी नहीं सोचा था कि मोगैम्बो और अमरीश मटर के छिलके और दाने की भाँति एक हो जायेंगे और वह भी इतने झकझोर देने वाले ढंग से। जब बच्चे और बूढ़े दोनों मुझे मोगैम्बो कह कर पुकारते हैं तो लगता है कि यह भूमिका निश्चय ही आयु की सीमाओं को पार कर गयी है। इसका कारण शायद यह है कि यह चरित्र लोगों और विशेष रूप से बच्चों को बहुत भाया था। वे डरने की बजाय मेरे सबसे बड़े भक्त बन गये। मैं इसका श्रेय मोगैम्बो की हास्यास्पद चरित्र के रूप में प्रस्तुति को देना चाहूँगा—एक जोशीला, पागल, सनकी और अपने प्रत्येक काम में विश्वास करने वाला। वह बुद्धू था और बच्चे उसकी मूर्खता को पहचानते थे। वह उन्हें बहुत मज़ाकिया लगता और वे तालियाँ बजाते। मुझे बच्चों से भी चिट्ठियाँ मिलने लगीं, माता-पिता बच्चों को मेरे पास लाते हैं और कहते हैं, "देखो मोगैम्बो अंकल, शेक हैण्ड करो"। वे बहुत मोहित होकर मेरी ओर देखते हुए हाथ मिलाते हैं। बच्चे जब भी मेरे पास आकर कहते हैं, "अंकल, अंकल प्लीज़ एक बार कह दो "मोगैम्बो खुश हुआ" तो मैं बहुत प्रसन्न होता हूँ। यह उनकी आदत बन गयी है। मैं उनका अनुरोध मान लेता हूँ, क्योंकि मुझे बच्चों से प्यार है। इसीलिए मैंने 'मिस्टर अजूबा' जैसी कुछ बाल फिल्मों के प्रस्ताव भी स्वीकार कर लिये। बच्चों को 'मिस्टर इण्डिया दिखाना अब प्रत्येक परिवार में एक परम्परा सी बन गयी है। कुछ लोगों ने तो इस फिल्म को बीस-बीस बार देखा है। इस फिल्म में मुझे एहसास हुआ कि बुरे चरित्र भी प्रिय हो सकते हैं, यदि उन्हें अच्छे से निभाया जाए। मेरे विचार में बैडमैन के रूप में मेरी पहचान मेरा डरावना चेहरा है जिससे मैं स्वयं को बुद्धु और प्यारे से—दोनों ही रूपों में प्रस्तुत करता हूँ और यहीं पर अभिनय कला की आम जनता और विशिष्ट वर्ग—दोनों को ही प्रशंसा करनी पड़ती है। मुझे अपनी समस्त भूमिकाओं में दानवता का एक विशेष पुट लाने के लिए जोखिम भी उठाना पड़ा। आपको मालूम है कि अभिनय करना बिल्कुल बच्चे जैसा होना होता है जो यह पूछे जाने पर कि दादा कैसे चलते हैं, उनकी हू-ब-हू नकल करके दिखा देता है।

और जब विज्ञापनदाता मच्छर मार कॉयल को बेचने के लिए मेरे शब्दों और लाइनों का प्रयोग करते हैं तो यह उस चरित्र के लिए उनकी श्रद्धांजलि ही होती है। लोकप्रिय की ही तो नकल की जा सकती है। अब लोग खलनायक से घृणा नहीं करते। उसका मिशन कितना ही विनाशकारी क्यों न हो, उन्हें आकर्षित करता है और मोगैम्बो को जैसा अभूतपूर्व प्यार मिला, निर्देशक यदि ऐसा न चाहता तो निश्चित रूप से ऐसा नहीं हो सकता था और किसी को कभी यह नहीं भूलना चाहिए कि कोई भी उतनी तेज़ी से नहीं उभर सकता जब तक उसमें छाप छोड़ने की अद्भुत सार्मथ्य न हो। जाने-माने नायकों ने भी जब खलनायकी के उस साँचे में ढलने का प्रयास किया तो वे सफल नहीं हो पाए और जो इसका दम भरते हैं, वे मेढ़कों की भाँति हैं, जो केवल वर्षा ऋतु में आवाज़ करता है और फिर उसका कहीं नामोनिशान भी नहीं मिलता।

मुझे मोगैम्बो के कॉस्ट्यूम का चयन करने की भी स्वतन्त्रता दी गयी थी। फिल्म के लिए मेरी पोशाक माधव अगस्थी के 'मैन्ज़ मोड' ने तैयार की थी। वह वर्ष 1980 से मेरा विशेष डिज़ाइनर रहा है। खलनायक की शक्लो-सूरत निश्चित हो जाने के बाद मैं कल्पना करने लगता हूँ कि यह चरित्र कैसे काम करेगा। प्रत्येक विचार मेरे मस्तिष्क के कम्प्यूटर में फीड हो जाता है और इस बार मैंने काले व चटक गुलाबी तथा काले व चटख सुनहरे पीले रंगों के मेल का चयन किया। क्योंकि पात्र इस धरती का तो बिल्कुल भी नहीं लगता था। एक बात निश्चित थी कि काला रंग नकारात्मकता से सम्बद्ध होता है और स्वर्णिम कढ़ाई से संजे चटख रंग झकझोर देने वाला प्रभाव उत्पन्न करेंगे। उसका परिणाम था बुराई का आधिपत्य और वास्तविकता, मेरा मेकअप घृणापूर्ण नही था परन्तु मैंने सुझाव दिया कि मूँछ हटा देनी चाहिए और भौंहों को विशेष ढंग से कमानीदार कर दिया जाए। इस थोड़े से परिवर्तन से मोगैम्बो का चेहरा एक विशेष प्रकार से दिखाई देने लगा। अन्य महत्त्वपूर्ण पहलू यह है कि यदि आप खलनायक हैं और फिर भी पर्दे पर आपकी उपस्थिति पसन्द की जानी चाहिए तो ऐसा विशेष साज-सज्जा से ही सम्भव हो पाता है। इससे चरित्र का सम्पूर्ण प्रभाव पैदा करने में सहायता मिलती है। निर्माता जब मुझे किसी फिल्म के लिए साइन करते हैं तो मैं उनसे यों ही पूछ लेता हूँ कि मुझे किस प्रकार का रूपाकार दिया जायेगा और कुछ अवसरों को छोड़कर, जहाँ विशेष डिज़ाइनर की आवश्यकता होती है, मैं स्वयं ही निश्चित करता हूँ कि मैं कैसा दिखाई दूँगा। यह रूप-सज्जा चरित्र को उभारती है और इसे अद्भुत बना देती है—वह पात्र चाहे हास्यास्पद, घटिया अथवा डरावना हो, इससे फिल्म में व्यावसायिक स्तर पर सहायता मिलती है। किसी पात्र को यदि भय उत्पन्न करना है तो बेहतर है कि वह वैसा ही दिखाई दे और यदि बनाव-शृंगार ही डर पैदा कर दे तो और अच्छा। एक ऐसा दर्शक वर्ग होता है, जो डरना चाहता है, इसीलिए हॉरर फिल्में और हॉरर शो होते हैं। कुछ लोग ऐसी फिल्में क्यों देखते हैं? क्योंकि कुछ लोगों को ऐसी फिल्मों से स्वयं को झकझोर कर आनन्द मिलता है।

सो इस प्रकार से खलनायकी की प्रकृति परिवर्तित हो कर चौंका देने की सीमा तक अनुपम और भव्य हो गयी है। लोगों ने इस चरित्र की प्रशंसा की, क्योंकि वह आत्मविश्वास का साकार रूप है, वह उत्कृष्टता की प्राप्ति का प्रयास करता है—चाहे वह बुराई अथवा बुरी लालसाओं

की ही हो। इसका मानव मस्तिष्क पर सम्मोहक प्रभाव पड़ता है, इस अर्थ में खलनायक नया नायक है क्योंकि वह अपनी सांसारिक और भौतिक समृद्धि के प्रति द्वेष जाग्रत करता है। कई बार मुझे अति नाटकीय भी होना पड़ा, परन्तु वह मेरे काम का हिस्सा था। यह सब करने के बाद अब मैं सोचता हूँ कि यदि मिस्टर इण्डिया ने मोगैम्बो की सहायता की थी तो मोगैम्बो ने भी मिस्टर इण्डिया की सहायता की। इसने मेरे स्टार के दर्जे को और ऊँचा कर दिया और मुझे अपने समय का सबसे 'खतरनाक' खलनायक बना दिया। मैं इतना व्यस्त हो गया था कि मुझे एक दिन में तीन-तीन शिफ्ट में काम करना पड़ता और मोगैम्बो खिलौनों की अनेक दुकानों का उद्घाटन करना पड़ता। जीवन सत्य ही बहुत विचित्र है, एक समय होता है जब आप 'स्टारडम' से मिलने वाले फायदों के पीछे भागते हैं, फिर समय आता है जब आप उनका आनन्द उठाते हैं। हर बार जब मैं अच्छा काम करता हूँ तो अपने रिपोर्ट कार्ड में दो-तीन अतिरिक्त अंक जोड़ देता हूँ। यह बेहतरीन अभिनय के आकलन का मेरा अपना की तरीका है। मैं तो यह कहूँगा कि चरित्र की प्रभावशीलता की मेरी अपनी ही परिभाषा है। मैं निर्देशक से पूछता हूँ कि चरित्र का तापमान क्या होना चाहिए और किसी भूमिका को स्वीकार करने से पहले चरित्र द्वारा उपजाए जाने वाले प्रभाव की जानकारी निर्देशक से लेता हूँ। मैं यहाँ यह उल्लेख भी करना चाहूँगा कि मुझे लेखक की यह प्रिय भूमिका करने का अवसर प्राप्त हुआ और यह भूमिका बहुत ही अच्छी लिखी हुई थी। मोगैम्बो की भूमिका यदि किसी अन्य अच्छे अभिनेता ने भी की होती तो उसे भी इतनी ही प्रशंसा, इतनी ही प्रसिद्धि और इतना ही स्नेह मिलता; यद्यपि यह चरित्र तब बिलकुल भिन्न दिखाई दिया होता।

कुछ लोगों ने मोगैम्बो और गब्बर में तुलना की। 'शोले' और 'मिस्टर इण्डिया दोनों फिल्मों की कथा सलीम-जावेद ने लिखी है परन्तु जब तक 'मिस्टर इण्डिया की शूटिंग प्रारम्भ हुई, यह जोड़ी अलग हो गयी, गब्बर के जुमले 'कितने आदमी थे' से तकिया कलाम 'मोगैम्बो खुश हुआ' की तुलना की गयी। गब्बर जहाँ फूहड़, निष्ठुर, दुखी इनसान था तो मोगैम्बो एक मज़ाकिया और हँसमुख चरित्र था। यह सब अभिनेता की बहुमुखी क्षमता पर निर्भर करता है। नायक चाहे हर बार एक जैसा दिखाई देता है, एक समान उसका बनाव-शृंगार होता है परन्तु खलनायक के लिए हर बार अपने रूपरंग को बदलना अनिवार्य होता है। एकरूपता उत्साहित नहीं करती। चरित्र अभिनेता को ही अपनी प्रस्तुति में विविधता लाने का प्रयास करना होता है। मुझे विश्वास है कि लोग ऐसे चरित्र पसन्द करते हैं, जो अलग ही दिखाई देते हैं और व्यवहार करते हैं, अतः यह भिन्न प्रकार की साज-सज्जा प्रचलित हो गयी। अब दर्शक भी विविधता चाहते हैं। इसी तरह से हिंसा और अश्लीलता को भी समाप्त कर दिया जाना चाहिए। जहाँ इसे दिखाना आवश्यक हो, दिखाई जाये परन्तु बढ़ा-चढ़ा कर प्रस्तुत न की जाए। अशिष्टता के लिए अशिष्टता दिखाना कोई बुद्धिमत्ता नहीं। मैं सदा 'हम आपके हैं कौन' की लोकप्रियता की बात किया करता हूँ। इसलिए दर्शकों को यदि अच्छी फिल्म दी जाये तो वे इसे हाथों-हाथ लेंगे।

दर्शकों के पास यदि विकल्प हों तो वे निश्चित ही हल्की-फुल्की, मनोरंजनात्मक फिल्म

देखना चाहेंगे, जिसमें सोचने की आवश्यकता नहीं होती। आप टॉम एण्ड जैरी के कार्टून देखकर प्रसन्न होते हैं। चूहा बिल्ली को परेशान करता रहता है और बिल्ली बदला लेने की योजनाएँ बनाती रहती है। यह बहुत आनन्ददायक होता है, कोई सिर दर्द नहीं, कुछ समझना नहीं, सब कुछ साधारण और स्पष्ट है। लोग ऐसी कहानियाँ पसन्द करते हैं कि अन्त में विलेन को मार दिया गया, जिससे उन्हें अपने मस्तिष्क पर ज़ोर नहीं देना पड़ता। दूसरे छोर पर ऐसा दर्शक वर्ग भी है जो अधिकाधिक सुसंस्कृत और शिक्षित हो रहा है और महसूस करता है कि ऐसे चरित्रों की सनक भी मानव स्वभाव है। मात्र उनके विचार भिन्न हैं, उनकी अपेक्षाएँ भिन्न हैं। इसीलिए वे विशेष प्रकार से व्यवहार करते हैं और मैं अभिनेता हूँ, समाज सुधारक नहीं हूँ। मैं तो केवल बुराई के सब रंग दिखाता हूँ कि सावधान! यह बुरा है, यह बुरा है, इसके जाल में मत फँसो। यह नकरात्मकता का महिमा मण्डन नहीं है। मैंने प्रत्येक फिल्म में भिन्न रूप-रंग के साथ भिन्न दिखाई देने का प्रयत्न किया है और इससे मैं अति प्रदर्शन से बच सका। कलाकार को उसे मिलने वाली समस्त भूमिकाओं में अपने उत्साह को बनाये रखना होता है चाहे वे कितनी ही सरल और सहज क्यों न हों। आपको आवृत्ति से बचना होता है, यह प्राकृतिक नियम है। मौसम में सब जगह सेब दिखाई देते हैं परन्तु उससे सेबों का महत्त्व कम नहीं होता, होता है क्या?

मैं स्वीकार करता हूँ कि मोगैम्बो की मोहर मुझ पर से कभी नहीं छूटेगी। निःसन्देह मैं बहुत प्रसन्न था कि व्यावसायिक सिनेमा के कठोर संसार में यह चरित्र एक ज़ोरदार प्रस्तुति थी तथा मुझे और भी अच्छे दाम मिलने लगे थे। वास्तव में वह कीमत क्या होती है? यह वह राशि है, जिसमें कलाकार स्वयं को बेचता है। एक फिल्म बनायी जाती है, वह फिल्म कितनी बिकेगी—यह नायक, नायिका और फिल्म के अन्य सहायक चरित्रों पर निर्भर करता है। इससे फिल्म की कीमत निश्चित होती है और कलाकारों की फीस भी निर्धारित होती है। परन्तु इसमें उनकी लोकप्रियता का भी महत्त्व होता है। कई बार ऐसा भी होता है कि नायक कमज़ोर होता है। उसकी इतनी फीस नहीं होती, तब निर्माता नायक से अधिक शक्तिशाली सहायक कलाकार को लाने का प्रयत्न करता है। ऐसा भी हुआ है जब चरित्र अभिनेताओं को मुख्य अभिनेताओं की तुलना में अधिक पैसा दिया गया है। मैं यह बात बहुत विनम्रता से स्वीकार कर रहा हूँ, यद्यपि मुझे उस राशि का कुछ अन्दाज़ नहीं है। हाँ, मोगैम्बो ने मेरे लिए बाज़ार के मापदण्ड परिवर्तित कर दिये। इसके तत्काल बाद मैंने 25-30 फिल्में साइन कीं। मैंने निर्माताओं को बता दिया था कि सम्भव है कि उन्हें मेरी तारीखें न मिल पाएँ, आखिर दिन में 24 घण्टें ही तो होते हैं।

एक बात निश्चित है। चरित्र को ज़ोरदार ढ़ंग से प्रस्तुत करने में कॉस्ट्यूम बहुत महत्त्वपूर्ण होता है। विग, मूंछ, मस्सा अथवा कॉन्टैक्ट लैंस जैसी चीज़ें पात्र में जान फूँक देती हैं। यद्यपि वह विशेष रूपाकार प्राप्त करने के लिए आपको अनेक प्रकार की साज-सज्जा के साथ प्रयोग करने पड़ते हैं, परन्तु एक अच्छा खलनायक वह है जो बिना किसी साज-सज्जा के भी आपकी रीढ़ को थर्रा दे। कॉस्ट्यूम को डिज़ाइन करते हुए ऐसी छोटी-छोटी चीज़ें चरित्र के कठोरता के

तत्त्व को उभार देती हैं। फिर चाहे मैं ठाकुर की भूमिका कर रहा होऊँ, व्यापारी की, एक ठग की, स्नेहशील पिता अथवा पति की; तदनुसार व्यक्ति का बिम्ब दिमाग में आता है। इस प्रकार हम निर्णय करते हैं कि इस दृश्य में हम पायजामे का नहीं, धोती का प्रयोग करेंगे और जब पात्र समारोह में जायेगा तो उसे थ्री पीस सूट पहनना होगा और वह सूट एक निश्चित प्रकार के कपड़े और क्वालिटी का होना चाहिए और जैसा कि मैंने कहा है अधिकतर फिल्मों में कॉस्ट्यूम का निर्धारण मेरे डिज़ाइनर और मैंने मिलकर किया है। इसमें मुझे बाहरी लोगों के हस्तक्षेप को सहन नहीं करना पड़ा। वास्तव में पात्र के रूपाकार को निश्चित करने में मेरी इस प्रकार की भिन्नता और योग्यता रंगमंच की देन है। जब भी किसी नाटक का मंचन होता था तो मैं सोचा करता था कि इस पात्र का इस प्रकार का कॉस्ट्यूम होना चाहिए। निश्चय ही इसके लिए निर्देशक और विशेष रूप से दुबे साहिब की स्वीकृति ली जाती थी और वे कहा करते थे, "पुरी साहब, हम इसका रूप-रंग वैसा ही रखेंगे, जैसा आप निर्णय करेंगे," जैसा हमने 'सखाराम बाइण्डर' में किया था।

मैं प्रायः सोचा करता हूँ कि क्या कोई चरित्र कॉस्ट्यूम में किसी कमी के कारण असफल होता है? मैं नहीं सोचता कि मैंने यह गलती कहीं की है क्योंकि मैं चरित्र की कल्पना बहुत ध्यानपूर्वक करता हूँ। केतन मेहता की फिल्म 'ओह डार्लिंग! ये है इण्डिया, में भी अनूठा कॉस्ट्यूम तैयार किया जाना था। मैंने इसमें एक ऐसे खलनायक की भूमिका की थी, जिसके चेहरे पर एक भी बाल नहीं। केवल इतना ही नहीं, वह पूरी फिल्म में एक बार भी पलक नहीं झपकाता। परन्तु क्लाइमेक्स में जब भीड़ मेरी कार को आग लगा देती है तो मुझे प्रसन्नता से दुख तक, निराशा से ले कर भय तक अनेक भावनाएँ प्रदर्शित करनी होती हैं–इस दृश्य ने वास्तव में मुझ में जोश ला दिया था। इस संगीतमय फिल्म में मैंने डॉन किहोते का चरित्र निभाया है जो दीपा साही–मुख्य नारी पात्र और फिल्म की सहलेखिका–की कल्पना की उपज था। जीवन से भी विशाल यह खलनायक आत्म मोहित है और सोचता है कि वास्तव में वह बहुत होनहार है। सब प्रकार के बुरे कामों को अंजाम देता हुआ, वह सही मायने में झकझोर देने वाला एक संवाद बोलता है। मैं जैसे कहता रहता हूँ, "जब मौका आता है तो कुछ महसूस नहीं होता", यह बहुत सच है, आप किसी अवसर की योजना बनाते हैं, परन्तु वह अवसर जब वास्तव में आता है तो आप भावनाओं से इतने रिक्त हो चुके होते हैं कि आपको कुछ महसूस नहीं होता।

फिल्म की शूटिंग बम्बई के नेहरू सांइस सेंटर में हुई और सदा से मेरे वफ़ादार मेकअप मैन गोविन्द मेहता ने आवश्यकतानुसार मेरा मेकअप किया। पहले उन्होंने मेरी गर्दन और चेहरे को एक समान रंग और बनावट देने के लिए उन पर फ़ाउण्डेशन लगाया, आँखों के नीचे काले घेरों को बहुत सफाई से छिपा दिया। मैं उनके निर्देशानुसार अपने होठों को सिकोड़ता, बाहर निकालता अथवा गालों के भीतर खींच लेता हूँ। इसके बाद इस भूमिका के लिए आवश्यक थोड़े-बहुत विशेष मेकअप की बारी आती है। तब गोविन्द भौंहों पर पहुँचते हैं और गीले व सूखे मेकअप के मिश्रण में मेरी घनी भौंहें छिप जाती हैं। कुछ ज़िद्दी बाल नहीं छिपते तो उन्हें

खींच कर निकाल दिया जाता है। अन्त में मैं सोने से सजा काला गुरु कुर्ता पहनता हूँ, चमकते जूते, उँगलियों में रत्न-जड़ित अँगूठियाँ और रत्नों से जड़ी लाल पगड़ी पहन लेता हूँ। इसकी नोक पर एक छोटी-सा शाही कलगी लगी है—और डॉन किहोते कैमरे का सामना करने के लिए तैयार है। प्रत्येक खलनायक में एक ऐंठ होती है और किहोते इसका अपवाद नहीं है। विश्व पर शासन करने और जो वह देखता है, उस सब का डॉन होने की कामना करने के अलावा वह पलक झपकाने से इनकार कर देता है, "क्योंकि पलक झपकते ही दुनिया बदल जाती है", वह किसी चीज़ से चूकना नहीं चाहता अतः वह भारत के वास्तविक राष्ट्रपति को ढोंगी राष्ट्रपति से बदलने की योजना बनाने का काम बिना पलक झपकाये करता रहता है। मुझे यह घटनाक्रम बहुत अच्छी तरह से याद है, जिसमें डॉन किहोते, सर्वाधिक धनी प्रवासी भारतीय का परिचय भारत के राष्ट्रपति से करवाया जाता है, वे उसके देश में रुचि प्रदर्शित करते हुए प्रवासी भारतीयों के पक्ष में कुछ बुदबुदाते हैं और किहोते सम्मानपूर्वक हाथ जोड़कर कहता है, "मैं भारत से प्रेम करता हूँ" और जैसे ही राष्ट्रपति आगे निकल जाते हैं, किहोते की पलक न झपकने वाली आँखों में एक शैतानी चमक आ जाती है। क्योंकि वही और केवल वही जानता है कि राष्ट्रपति का अपहरण होने वाला है और यह दृश्य पूरा हो जाने के बाद गोविन्द को मेरे चेहरे पर पोती गयी मेकअप की परतों को उतारना होता है और मुझे अपने आप में लौटना होता है। तो एक कलाकार को ऐसे परिस्थितियों में डूबते और उनसे उबरते रहना होता है, फिर भी इन सबको अपने व्यक्तित्व को प्रभावित न करने देकर सामान्य इनसान बने रहने का प्रयास करना होता है। मैं मानता हूँ कि यह एक बहुत कठिन कार्य है।

इसी प्रकार 'तहलका' फिल्म में मुझे काल्पनिक देश डॉन्ग्रिला के राक्षसी तानाशाह की भूमिका करते हुए मोंगोलिया देश का बनाव-शृंगार करना पड़ा था। इस फिल्म में मैं गंजा बैडमैन था, उस वेशभूषा में मैं बहुत भयानक दिखाई दे रहा था। फिल्म की शूटिंग मुख्यतः मनाली की तलहटी में और आसपास हुई थी। मंगोलियन पात्रों से घिरे इस शैतान शासक की भूमिका ने भी मोगैम्बो की भाँति ही तहलका मचा दिया था। अपने नाम को साकार करती इस फिल्म ने उद्योग जगत में धूम मचा दी थी। डॉन्ग की पूर्वी देशों के लोगों के समान छोटी-छोटी आँखें हैं, रंग-बिरंगे गोदने गुदे हुए हैं और उसे बार-बार "डॉन्ग कभी रॉन्ग नहीं होता" दहाड़ते रहने की आदत है। मेरे विचार से गानों, लड़ाई के दृश्यों, विचित्र पात्रों आदि के साथ काल्पनिक फिल्म बनाना और फिर भी लोगों को वास्तविकता का एहसास करवाना बहुत कठिन होता है। डॉन्ग के पात्र में वास्तविकता की झलक लाने के लिए वर्तमान में घट रही घटनाओं को बहुत ध्यान से देखकर वैसा प्रभाव लाना पड़ता है—जैसे हमारे सामने ही इदी अमीन और सद्दाम हुसैन जैसे आतंकवादी तानाशाह, मानव बम्ब और सीमा पार से प्रायोजित आतंकवादी हमले होते रहे हैं।

मुझे यद्यपि अनेक बार अपनी सीमाओं से संघर्ष करना पड़ता है परन्तु मैं उन्हें आड़े नहीं आने देता। उस स्थिति में कोई न कोई समाधान ढूँढ़कर स्थिति को व्यवहार्य बनाया जाता है। 'तहलका' में मैं मंगोलियन जैसे एक सैनिक जनरल की भूमिका कर रहा था, उसकी चीन

देशवासियों-सी आँखें हैं। निर्देशक अनिल शर्मा ने इस पात्र को एक विशेष प्रकार की मनोवृत्ति के साथ चित्रित किया था। मुझे वह व्यवहार बहुत अटपटा लगा था। दृश्य में वह पात्र अचानक बातें करने लगता है। और फिर अचानक हँसने लगता है। जब भी मुझे वह अभिनय करना होता तो मैं अनिल से कहता, "तुम मुझे कुछ ऐसा करने के लिए कह रहे हो, जो बहुत भद्दा है।" वे कहते, "नहीं, नहीं तुम बस ऐसे ही करो" और अन्त में जब फिल्म पूरी हुई तो मैं देख पाया कि वह सनकी व्यवहार फिल्म में कैसा लगता है। फिल्म में उसका तकिया कलाम था 'डॉन्ग कभी रॉन्ग नहीं होता'...यह उस सनकी पात्र का स्वरूप था जो मेरी हिचकिचाहट के बावजूद निर्देशक ने प्रस्तुत करने के लिए कहा था। इसी प्रकार 'निशान' फिल्म में मैंने एक घुड़सवार की भूमिका की जो सदा लड़ता-झगड़ता रहने वाला गलियों-मोहल्लों का गुण्डा-बदमाश है। इस भूमिका में मेरा तकिया कलाम था 'नाल ठोंक दूँगा'।

मैं परिस्थितियों और संवादों का कलाकार हूँ और फिल्मों में सनकीपन का प्रदर्शन भूमिका का एक अतिरिक्त विस्तार होता है, जो आपको सदैव नहीं करना होता। यदि मैंने उन्हें अपने ढंग से न किया होता तो मैं उन भूमिकाओं की प्रभावक्षमता को समाप्त कर देता। आप एक अभिनेता के रूप में कुशल होते हैं और निर्देशक निर्देशन में निपुण होता है। आप जब यह जानते हैं कि आपसे अनुचित कार्य नहीं करवाया जा रहा है तो आप समान स्तर पर आकर आसानी से काम कर सकते हैं और मैं जानता हूँ कि मैं किस स्तर तक सक्षम हूँ। क्योंकि कई बार मुझे कुछ समझ नहीं आता, वह स्वयं की परीक्षा लेने की घड़ी होती है। ऐसे समय में वह रूपान्तरण हो जाता है। जिन क्षणों में आप सोचते हैं कि आप नहीं कर पायेंगे, ठीक उसी क्षण में यह सब हो जाता है और अपेक्षित प्रस्तुति देकर आप स्वयं को चकित कर देते हैं। क्योंकि समय बहुत बड़ा कारक है, सोचने में आप जितना समय लगाते हैं कि कैसे ठीक अभिनय किया जाये, उस समय के दौरान आपको समाधान मिल जाता है। मैं बहुत तेज़ी से काम नहीं कर सकता, कई बार यह अवगुण बन जाता है, क्योंकि कई बार आप ऐसे लोगों के साथ होते हैं, जो आपकी तुलना में अधिक शीघ्रता से काम कर सकते हैं और आपके सामने एक ऐसा कलाकार भी हो सकता है जो चीज़ों को तुरन्त समझ लेता हो, ऐसे में मैं स्वयं को बेहतर बनाने का प्रयास करता हूँ।

1990 के दशक के शुरुआती वर्षों में 'तहलका' फिल्म उद्योग में बनी अब तक की सबसे महँगी फिल्म थी। इसका बजट पाँच करोड़ रुपये का था। इसके अतिरिक्त इस फिल्म को बनाने में शारीरिक श्रम भी बहुत लगा था। इसकी अधिकांश शूटिंग चूँकि रोहताँग पास के निकट हुई थी, प्रतिदिन मशीनों और यूनिट के सदस्यों को इतनी ऊँचाई पर पहुँचाना बहुत कठिन काम हुआ करता था। मनाली पर्वतारोहण स्कूल के पर्वतारोहियों की पूर्णकालिक आधार पर सहायता ली गयी थी। मैं 'तहलका' में अपने काम से अत्यधिक प्रसन्न था और इससे भी अधिक प्रसन्न था कि मैंने इस भूमिका को करना स्वीकार कर लिया था। इस फिल्म में मैंने एक गाना भी गाया था और अपनी अन्य हरकतों से एक मूर्ख की भूमिका की थी। लोग आज भी डॉन्ग की भूमिका के लिए मेरी प्रशंसा करते हैं। इससे स्पष्ट होता है कि क्यों आपको

छल-पट में भी कुशल होना चाहिए। आँखों पर कुछ पैड्स, कुछ विग्स और रंग की परतें कैसे आपके व्यवहार और चेहरे को बदलकर आपको तिरछी आँखों वाला उपहासजनक खलनायक बना देती हैं।

नायक-नायिकाओं को युवा बना रहना होता है और टिप टॉप दिखाई देना होता है। परन्तु चरित्र अभिनेताओं की छवि वैसी नहीं होती--हमारी छवि हमारे द्वारा प्रस्तुत किये जाने वाले चरित्रों के अनुसार विरूपित होती रहती है। हमें सुन्दर बनाने की आवश्यकता नहीं होती क्योंकि प्रत्येक चरित्र भिन्न प्रकार से प्रस्तुत किया जाता है। अतः हमारे लिये आयु कोई मायने नहीं रखती, अपितु मुख्य नायकों की तुलना में चरित्र अभिनेता के लिए यह उस सन्दर्भ में महत्त्वपूर्ण हो जाती है कि आप फिल्म को कैसे बाँधकर रखते हैं। इस बिन्दु पर चरित्र अभिनेता के योगदान का महत्त्व सामने आता है। चरित्र अभिनेता यदि अपने काम में कुशल नहीं है तो फिल्म का आधार सुदृढ़ नहीं हो सकता। नायक कंक्रीट की छत के समान है और चरित्र अभिनेता स्तम्भ है। यदि स्तम्भ कमज़ोर होंगे तो पूरी छत भरभरा कर गिर जाएगी, फिल्म बिखर जाएगी। नायक सक्षम चरित्र अभिनेता की सहायता के सिवा कुछ नहीं होता। इसलिए सहायक अथवा सुपोर्टिंग कलाकारों की भूमिका और भी महत्त्वपूर्ण हो जाती है। एक अच्छी, पूर्व लिखित पटकथा में नायक की भूमिका सर्वोत्तम होने के बावजूद भी उसे अपने आस-पास स्तम्भों की आवश्यकता होती है। उन्हीं से उसकी भूमिका के विभिन्न स्वरूप उभरकर सामने आते हैं। उदाहरण के लिए आप एक सुंदर महिला को यदि रेगिस्तान में खड़ा कर दें तो आस-पास प्रशंसकों के अभाव में उसकी सुन्दरता का कोई महत्त्व नहीं होता।

और 'त्रिदेव' की योजना बनाने के समय राजीव राय ने मुझसे सम्पर्क किया था। इस फिल्म में मुझे तीन नायकों का सामना करना था। मैं इस भूमिका को स्वीकार करने में कुछ झेंप रहा था। उन्होंने मुझे विश्वास दिलाया, "चिन्ता मत करो। इस बार मेरे पास तुम्हारे लिये अच्छी भूमिका है और पूरी स्क्रिप्ट तैयार है और मैं जानता हूँ कि मुझे क्या चाहिए।" वे सच में जानते थे, उन्होंने पागलों की भाँति काम किया। फिल्म की शूटिंग ऊटी में हुई थी और लोकेशन हमारे होटल से 27 किलोमीटर दूर थी। हमें दिन चढ़ते ही चल देना पड़ता था और देर रात तक शूटिंग करते। कलाकार ऊबने लगे थे परन्तु हम जानते थे कि यह मेहनत रंग लाएगी। मुझे नहीं लगता उस पूरी शूटिंग के दौरान राजीव कभी सोए भी। पैकअप के बाद मैं देखता कि वे अगले दिन की शूटिंग के दृश्यों पर काम कर रहे होते। 'त्रिदेव' एक बहुत बढ़िया अनुभव था, इसलिए भी कि इस मल्टीस्टार फिल्म में मुझे एक गाना 'ओए ओए' करने को मिला। अपने से आधी उम्र की लड़कियों के साथ कूदते-फाँदते इस फिल्म ने मुझे गाने-नाचने वाला खलनायक बना दिया, मेरे विचार में मैं इस भूमिका को कुशलता से कर पाया था। खलनायक के रूप में इस फिल्म ने एक उदाहरण स्थापित कर दिया था। मुझे याद है जब यह फिल्म रिलीज़ हुई तो थियेटरों में दर्शक अपनी सीटों से उछल पड़े थे और सीटियाँ बजाने लगे थे। शायद यह नई प्रथा की शुरुआत थी। यहाँ तक कि कुछ गाने मुझसे मेरी अपनी आवाज़ में गवाए गये थे। एक बैडमैन के रूप में यह एक नई प्रथा थी, जैसे के सी बोकाडिया

की फिल्म 'आज का अर्जुन' में जया प्रदा के साथ एक गाने और एक नृत्य में 'मरहबा' के उच्चारण से मैंने छतों को हिला दिया था। बोकाडिया हठ करने लगे कि मैं गाना गाऊँ और भप्पी लहरी ने मुझसे गवा भी लिया। 1990 में यह फिल्म ज़ोरदार हिट रही थी। मैंने फिल्म 'बदमाश नं. 1' में भी गाना गाया था और यह मुझ पर ही फिल्माया गया था।

इससे पहले 1989 में मैंने फिल्म 'बजरंग' में मूढ़ की भूमिका की। यह जैक निकल्सन की फिल्म 'बैट्समैन' से प्रेरित उनके जोकर का भारतीय संस्करण थी। चेहरे पर केक, रबड़ के टायर-से मुस्कुराते होंठ और एक पागल की सी हँसी। एक जोकर के लिबास में मैंने दिव्या भारती और नर्तकों के एक समूह के साथ मिलकर नृत्य किया था। इसकी शूटिंग में हमें सात दिन लगे थे। इसमें मुझे किशोरों जैसे ब्रेक डाँस करना पड़ा था। फिल्म के पूरा होने तक मेरा अंजर-पिंजर हिल चुका था, पीठ दर्द की शिकायत हो गयी थी जो काफी समय तक बनी रही थी। और विडम्बना देखिए कि यह फिल्म कुछ अवर्णनीय कारणों से बन्द हो गयी और वह गाना भी डिब्बे में बन्द हो गया और यहाँ तक कि मैं भी उसे नहीं देख पाया। यह अफसोसजनक है, फिल्म में मैंने अपना लिबास स्वयं तैयार किया था। शायद किसी दिन कोई अन्य पटकथा लेखक वैसी ही भूमिका लिखेगा और कोई अन्य इस भूमिका को करेगा। यह एक ऐसी कहानी थी जिसमें चरित्र को विभिन्न छायाएँ दी गयीं थी, जिन्हें साकार करना था। प्रत्येक स्वरूप किसी स्थिति के सन्दर्भ में था। एक फिल्म में एक अभिनेता को कितने दृश्यों में अभिनय करने को मिलता है। अधिकांशतः तो हम कहानी की सीमाओं में बंधे होते हैं परन्तु यदि अभिनेता प्रत्येक दृश्य में भिन्न स्वरूप को प्रस्तुत करता है तो प्रत्येक दृश्य में चरित्र के समग्र प्रभाव को अधिक प्रशंसा मिलती है।

इसी प्रकार फिल्म 'रामलखन' में भिषम्बर नाथ के जटिल चरित्र को निभाना भी बहुत रुचिकर रहा। इसमें मैंने बिना कोई अतिरिक्त मेकअप किये पूरी फिल्म के दौरान एक आँख बन्द रखी। इससे चरित्र में धूर्तता का प्रभाव बढ़ा था और फिर परेश रावल के छोटा भाई की भूमिका करना सोने पर सुहागा था। रंगमंच से आये परेश रावल भी एक बहुत बढ़िया अभिनेता हैं। जब भिषम्बर बहुत क्रोधित होकर पारिवारिक हवेली लखन को देने से इनकार कर देता है तो अपने अधिकार और स्वामित्व पर खतर पैदा हो जाने से वह बहुत स्वाभाविक प्रतिक्रिया करता है। वास्तविक जीवन में भी कोई उन परिस्थितियों में ठीक ऐसी ही प्रतिक्रिया करता। आपकी भूमिका यदि लेखक की प्रिय भूमिका है तो आप कुछ न करके भी प्रशंसा प्राप्त कर सकते हैं। अन्यथा स्थिति बहुत कठिन होती है क्योंकि हिन्दी फिल्मों में नायकों को भगवान जैसा बना दिया जाता है। ऐसे में खलनायक कितना भी शक्तिशाली क्यों न हो, अन्ततः जीत नायक की ही होती है। परन्तु खलनायक को यदि अच्छी प्रकार से स्वरूप प्रदान किया गया हो तो एक पराजित खलनायक भी उल्लेखनीय प्रभाव छोड़ जाता है।

अतः इस स्वप्न उद्योग में फिल्म 'आग से खेलेंगे' में मैं भारत के युवाओं को ब्राउन शुगर और आतंकवादियों को हथियार बेचता हूँ। सभी प्रकार के व्यवसायों के सभी धूर्त व्यक्तियों की भूमिकाएँ बहुत लोकप्रिय होती हैं क्योंकि सिनेमा सामाजिक व्यवस्था के इन समस्त

आधारभूत और बेचैन कर देने वाले परिवर्तनों को प्रतिबिम्बित करता है। जैसा कि आप देख रहे हैं, अपराधी और समाज विरोधी तत्त्व अपने धन के बल पर उच्च वर्ग के सर्वोच्च लोगों से मेल-मिलाप रखते हैं। इसमें कोई आश्चर्य नहीं कि समाचार पत्रों की सुर्खियाँ और पर्दे पर खलनायक एक-दूसरे के साथ होड़ लेते प्रतीत होते हैं और पर्दे व वास्तविक जीवन की विभाजन रेखा निरन्तर धुँधली पड़ती जा रही है। डिज़ाइनर वस्त्र पहने इन भ्रष्ट लोगों को यदि यश प्रदान किया जा रहा है तो बहुत सम्भव है कि उन्हें बड़े पर्दे पर भी महिमा मंडित किया जाये और यदि मैं स्विमिंग कॉस्ट्यूम में अथवा मलमल का कपड़ा बाँधे अथवा लुंगी-तौलिए में महिलाओं से मालिश करवाता नज़र आता हूँ तो यह इसलिए कि पर्दे के कलाकारों को चारों ओर फैले पुरुषत्व के ब्रांड को प्रस्तुत करना होता है।

मैंने बहुत निकटता और बारीकी से देखा है कि नैतिकता फिसलती रेत की भाँति है और नैतिक संहिता लोगों की इच्छाओं के अनुसार समय के साथ बदलती रहती है। हिन्दी सिनेमा का एंग्री यंग मैन 1970 के दशक में प्रकट हुआ जब बढ़ती बेरोजगारी के कारण समाज में अत्यधिक बेचैनी व्याप्त थी। उस समय लोग उनकी असफलताओं को न्यायोचित ठहराती फिल्में देखना पसन्द कर रहे थे परन्तु एक दशक बाद युवा पीढ़ी सफलता प्राप्त करना चाहती थी और वे विजेता को आदर की दृष्टि से देखती थी। यह महत्त्वपूर्ण नहीं था कि वह उस सर्वोच्च स्थान पर कैसे पहुँचा अपितु यह था कि कितनी तेज़ी से उसने वहाँ पहुँच कर सफलता को अपनी मुट्ठी में बन्द कर लिया। अतः खलनायक अधिक बुद्धिमान हो गये, 'क्लास बैड मैन' बन गये, जो नायक को अन्त में अपना धन प्राप्त करने से पहले अपने पीछे दौड़ाने की काबिलियत रखते हैं। खलनायक के चरित्र में यह परिवर्तन आशुतोष राणा और मनोज बाजपेयी जैसे खलनायकों की युवा पीढ़ी के अभिनय में भी देखा जा सकता है। वे प्रतिभाशाली और जोशपूर्ण हैं परन्तु उल्लेखनीय परिवर्तन हम जैसे थियेटर के कलाकारों की देन है जिन्होंने इस छवि में परिवर्तन लाने का प्रयत्न किया और वास्तव में अब भी ऐसी भूमिकाओं में जान डालने का प्रयत्न कर रहे हैं। पात्र वास्तविकता के जितना निकट होगा, दर्शक उतना ही उसके साथ जुड़ेंगे।

अतः 1980 और 1990 के मध्य तक यह चरण पूरा हो गया और लेखक इस बात को भली प्रकार से समझने लगे कि खलनायक भी इनसान है। अतः आपको उसके व्यक्तित्व के कठोर पक्ष भी दिखाने हैं और उन्होंने दुर्बल पक्षों को समझना प्रारंभ किया। वे ऐसे क्षेत्रों की तलाश में थे जिन्हें आगे अनेक स्वरूपों में व्यक्त किया जा सकता हो। खलनायक की वे घिसी-पिटी छवियाँ पुरानी पड़ जाने से खलनांयकी के अनेक स्वरूप दिखाई देने लगे। समाज में शक्ति के दुरुपयोग के मद्देनजर अब निर्देशकों को खलनायकों की एक पूरी जमात की आवश्यकता थी जो समाज की सामूहिक बुराइयों को अभिव्यक्त कर सकें। अतः बलात्कारियों, नशाखोरों और विश्व स्तर पर सम्पर्क रखने वाले आत्म-मुग्ध आतंकवादियों की भूमिकाओं के इलावा पटकथा लेखकों ने अब ऐसी भूमिकाएँ लिखना भी प्रारम्भ कर दिया था जो वास्तविक जीवन के खलनायकों को प्रस्तुत करें। ये डॉक्टर, कार्पोरेट एग्ज़िक्यूटिव, वकील, राजनेता अथवा

पुलिस अधिकारी हो सकते थे—क्योंकि कोई भी व्यक्ति खलनायक हो सकता है। व्यक्ति जितना धनी और शक्तिशाली होगा, पर्दे पर उतना ही बड़ा अपमान होगा! इस प्रकार दुर्बलता के विभिन्न स्वरूप दिखाई देने लगे क्योंकि मानव की परिभाषा में ऐसे नकारात्मक चरित्र सर्वत्र और प्रत्येक व्यवस्था में होते हैं।

यह मेरी कुछ फिल्मों में सिद्ध हो गया जिनमें खलनायक को अन्त में अपनी गलती स्वीकार करते और अपने जीवन का नया अध्याय शुरू करते दिखाया गया है। मैंने ऐसा चरित्र फिल्म 'दिलजले' में किया था जिसमें खलनायक अन्त में पूरी तरह से बदल जाता है। आतंकवाद पर बनी फिल्म 'द्रोहकाल' में मैंने ऐसे पात्र की भूमिका की थी जो ऊपरी तौर पर तो सकारात्मक चरित्र प्रतीत होता है परन्तु जैसे ही परतें खुलती हैं तो ज्ञात होता है कि मैं भी आतंकवादी नेटवर्क का भाग हूँ। आज इतनी अधिक कृत्रिमता है कि खलनायक भी एक सभ्य व्यक्ति होता है जो पूरी तरह से सज्जन प्रतीत होता है परन्तु उसके भीतर कहीं गहरे नकारात्मकता छिपी होती है। लोगों को यह मालूम होना चाहिए कि कैसे एक व्यक्ति बिना वैसा दिखाई दिये नकारात्मक हो सकता है। जब तक रावण नहीं, राम की क्या भूमिका है? सतयुग में यह पात्र रावण था, कलियुग में 'मैं' हूँ। 'अच्छे' व्यक्ति भी खलनायक बनना चाहते हैं, यह सब सापेक्षता का प्रश्न है। मेरे विचार में मैं बुराई के उन सब स्वरूपों को व्यक्त करने में सफल रहा हूँ, इसका श्रेय पटकथा लेखकों एवं निर्देशकों को समान रूप से जाता है और जैसे ही खलनायकी प्रतियोगी व्यवसाय बना, हमें दिनों-दिन बेहतर भुगतान मिलने लगा।

खलनायकी का मेरा सिद्धान्त सौम्य और घातक होने से जुड़ा है जो मक्खन काटने वाले तीखे चाकू के समान है और आप उस समस्त दुर्भावना को चीरते चले जाते हो। जे के, डी के, के के की घिनौनी हँसी दर्शकों को जड़ कर देने के लिए पर्याप्त है और हम चरित्र अभिनेता बहुत बेचैन लोग होते हैं जो सदैव नई प्रेरणा की खोज में रहते हैं। यदि एक भूमिका आप पर चस्पां हो जाये तो वह भी आपकी अभिनय क्षमता के प्रति श्रद्धांजलि होती है। मेरे लिए चरित्र महत्त्व रखता है क्योंकि नहीं कहा जा सकता है कि किस बिन्दु पर हमारी लालसा, क्रोध, घृणा, बेईमानी जैसी मानवीय विशेषताएँ खलनायकी में बदल जाती हैं और फिर जो एक व्यक्ति के लिए खलनायकी है, वह दूसरे के लिए विशेष गुण हो सकती है, जैसे कि हमारे राजनीतिक नेता हमारे समय के सबसे बड़े खलनायक हैं। फिर भी हम उन्हें नेता कहते हैं और उनके लिए वोट देते हैं। अतः यह निर्णय करना बहुत कठिन है कि कौन खलनायक है और कौन नायक है। हमारी फिल्मों में वास्तव में नायक भी बहुत अच्छे कार्य नहीं करता। जब वह नायिका के साथ फरार हो जाता है तो क्या होता है? क्या वह वीरता भरा काम है? जब वह अपने प्रियजनों की मृत्यु का बदला लेने के लिए लोगों को मारता है तो क्या होता है? लोगों को पीटने अथवा लड़कियों से छेड़खानी के उसके कारनामे क्या हैं? तो खलनायक के समान ही काम करके वह खलनायक से भिन्न कैसे हुआ? यह लेखक का दुराग्रह है जो फिल्म के अन्त में नायक को साफ-सुथरा चित्रित करता है।

यदि कला जीवन की नकल है और यह जीवन का अभिनय मात्र है तो लोकप्रिय सिनेमा

जीवन का दर्पण है और यह बहुत स्पष्ट हो जाता है कि लोग पाशा, ठुकराल अथवा चुनिया जैसे पात्रों को क्यों पसन्द करते हैं। क्योंकि उसे स्वयं में पूर्ण विश्वास है और बुराई विजयी होती दिखाई देती है। फिल्म के अन्त में आपका हश्र कितना ही घिनौना क्यों न हो, लोगों को वह आकर्षित करता है। यदि हम मनुष्य की मानसिकता का तर्क देते हैं तो यह भी स्पष्ट किया जाना चाहिए कि फिल्म 'नायकन' में कमल हसन को अंडरवर्ल्ड डॉन का बढ़िया अभिनय करने पर राष्ट्रीय पुरस्कार क्यों प्राप्त हुआ? 'दयावान' में हीरो के विपरीत चरित्र को देखिए। इसमें विनोद खन्ना ने अंडरवर्ल्ड सरगना की भूमिका की है। विनोद ने खलनायक के रूप में फिल्मों में प्रवेश किया था। शत्रुघन सिन्हा और तमिल सुपर स्टार रजनीकान्त भी फिल्मों में खलनायक के रूप में आये। ये परम्पराओं को स्थापित करने वाले बन गये। दर्शक खलनायकों में जीने लगे थे क्योंकि वे हमें अधिक लुभाते हैं। वे चूँकि ऐसे कार्य करने में सक्षम होते हैं जो हममें से प्रत्येक व्यक्ति जीवन में कम से कम एक बार ज़रूर करना चाहता है। 'बाज़ीगर' में शाहरुख खान की नेगेटिव भूमिका और ऐसी ही फिल्म 'डर' इस बात का संकेत थी कि अब खलनायकों को उनमें और अधिक इन्सानियत का संचार करने का लक्ष्य दिया गया है अतः खलनायक को अपने कार्य को तर्कपूर्ण ठहराने का आधार मिल गया।

अनेक पाश्चात्य फिल्मों के समान अब एक प्रकार से हीरो-विरोधी होने की परम्परा चल निकली है। 'द बॉस्टन स्ट्रेंगलर' में टोनी कर्टिस को देखें तो हम उसे खलनायक कहेंगे अथवा नेगेटिव भूमिका करने वाला नायक कहेंगे? जब लोग मुझे सर्वाधिक घृणा प्राप्त खलनायक कहते हैं तो मुझे बहुत प्रसन्नता होती है, इसका अर्थ है कि मेरा चरित्र लोगों में वांछित घृणा को जाग्रत कर सकता है और एक अभिनेता के लिए अपनी भूमिका का लबादा ओढ़ लेना व्यावसायिक गर्व की बात होती है। यदि लोग आपके अभिनय से प्रभावित होते हैं और पात्र बुराई के उदात्तीकरण में सफल हो जाता है तो लोग यह मानने लगते हैं कि यह व्यक्ति धूर्तता का पर्याय बन गया है। जब ऐसी प्रतिकूल प्रतिक्रियाएँ, "हाय, कितना गन्दा काम कर रहे हो? तुम ऐसा क्यों करते हो?", आती हैं तो मैं उनसे पूछता हूँ कि क्या तुम्हें अच्छा नहीं लगा?" उनका जवाब होता है, "नहीं, नहीं, हमें काम पसन्द आया—परन्तु फिर भी तुम ऐसी गन्दी भूमिकाएँ क्यों कर रहे हो? हमें तुम्हें मारने को मन करता है।" तो मैं इसे प्रशंसा के रूप में लेता हूँ और कुटिलता का वह स्वरूप जब तक दर्शकों तक न पहुँचे, कार्य पूरा नहीं होता। हम चरित्र के भीतर-बाहर होते रहते हैं। इसे ऐसे गलत नहीं समझ जाना चाहिए कि फिल्म के अन्त में बुराई को सदा मार पड़ती है। एक बार थियेटर में फिल्म देखते हुए जब खलनायक के रूप में पर्दे पर मेरी पिटाई हो रही थी तो मैंने लोगों को कहते सुना, "और मारो उसको।" हम प्रत्येक फिल्म में नायक को पसन्द करते हैं और उसके प्रतिद्वन्द्वी से उसके कारनामों के लिए घृणा करते हैं परन्तु विडम्बना यह है कि नायक के प्रति विरोध और प्रतिद्वन्द्विता का तत्त्व ही खलनायक को आकर्षक बनाता है। अतः यह सब मनोविज्ञान पर आधारित है कि बुराई पर अच्छाई की विजय दर्शकों के लिए विरेचन का, सुखानुभूति का काम करती है। बुराई के विभिन्न स्वरूपों को उजागर करके मैं दर्शकों को यादें

दिलाता हूँ कि बुराई के क्या परिणाम हो सकते हैं और सावधान रहने के लिए सचेत करता हूँ। हम सबको इस आधारभूत सत्य को स्वीकार कर लेना चाहिए कि हम सबके भीतर एक राक्षस होता है जो उजागर होने की प्रतीक्षा करता रहता है। हम सबके भीतर बुराई का तत्त्व विद्यमान रहता है और खलनायक हमारी अपनी शक्ति प्रदर्शन और हुकूमत की इच्छा की कल्पनाओं को व्यक्त करने का माध्यम होता है।

आपको यह जानकर विचित्र लगेगा कि मेरे प्रशंसक जब मुझे आलोचना और गालियों भरे पत्र-लिखते हैं तो मुझे बहुत अच्छा लगता है। वे पर्दे पर मेरे जीवन को इतनी गम्भीरता से ले लेते हैं कि मुझे समाज विरोधी मानने लगते हैं और मुझे अच्छा इनसान बनने की सलाह देते हैं। मैं इन सब गालियों को अपनी प्रशंसा और सम्मान समझता है। मुझे एक भूमिका दे दो और यदि वह भूमिका बहुत अच्छी प्रकार से लिखी गयी हो जिसमें पात्र की प्रत्येक छोटी-छोटी बात, प्रत्येक क्रिया, प्रत्येक कदम, प्रत्येक साँस, प्रत्येक क्रिया व्यापार, प्रत्येक क्षण को मुझे विस्तार से बताया जाये (ऐसा विरले ही होता है) तो मैं जो मुझे बताया जाता है, उससे कहीं बढ़िया प्रस्तुति देता हूँ। और यदि भूमिका बहुत सामान्य-सी हो जिसे मैं धन, सम्बन्धों और किसी संकटग्रस्त व्यक्ति की सहायता के लिए करने को तैयार हो जाता हूँ अथवा जब कोई व्यक्ति मुझे ले कर अपनी फिल्म को दमदार बनाना चाहता है तो मेरी बेचैनी और चिन्ता बढ़कर दोगुनी हो जाती है। क्योंकि उस स्थिति में मैं जानता हूँ कि प्रभाव छोड़ने के लिए मुझे दोगुना काम करना होगा। मैं स्वीकार करता हूँ कि अपनी भूमिका को अपना सर्वस्व प्रदान करने की इस अनुभूति ने मुझे बहुत चुनकर फिल्में करने वाला कालकार बना दिया है। मैं अपने नियमों का पक्का हूँ और उन्हें किसी के लिए भी और किसी भी कारण से बदलने अथवा तोड़ने को तैयार नहीं होता।

लोग यदि फिर भी यह सोचते हैं कि दर्शकों का स्वयं को बुराई के साथ जोड़कर देखना प्रारंभ कर देना एक चिन्ताजनक लक्षण है तो मैं विश्वास नहीं करता क्योंकि मैं नहीं सोचता कि कोई फिल्मों को इतनी गम्भीरता से लेता है। वे जानते हैं कि यह सिनेमा है, जीवन नहीं। इसके विपरीत वास्तविक जीवन में लोग अधिक चालबाज़ होते जा रहे हैं क्योंकि जीवन दिनों-दिन अत्यधिक जटिल होता जा रहा है। लोग जानते हैं कि ईमानदारी पर्याप्त नहीं है, काम निकलवाने में केवल कूटनीति ही नहीं, आडम्बर की भी आवश्यकता होती है। ये चीज़ें अब जीवन का अभिन्न अंग हैं। इनसान की अपनी शक्तियाँ और दुर्बलताएँ होती हैं। यह इस बात पर निर्भर करता है कि परिस्थितियाँ कैसी हैं? मैंने खलनायक को एक इनसान के रूप में व्यक्त किया है, जिसकी पत्नी है, घर है परन्तु वह अवैध कार्य भी कर रहा है। वह मन्दिर में पूजा-पाठ के साथ-साथ स्मगलिंग भी करता है। भजन सुनने वाले लोग गालियाँ भी देते हैं—क्या वे ऐसा नहीं करते? एक अच्छा व्यक्ति भी पैसा बनाने की बात सोचता है।

प्रत्येक व्यक्ति के चरित्र में काले धब्बे होते हैं। अतः अच्छाई के साथ बुराई भी विद्यमान रहती है। मेरी समस्त विख्यात नकारात्मक भूमिकाएँ विभिन्न स्वरूपों में हैं और मुझे इन्हें प्रभावशाली बनाना होता है। अतः मैं इस उद्देश्य की प्राप्ति के लिए अपने कद और अपनी

आवाज़ का अत्यधिक प्रयोग करता हूँ। प्रायः यह कहा गया है कि अच्छे अभिनेता केवल वही भूमिकाएँ स्वीकार करते हैं जिनमें वे विश्वास करते हैं। अतः मुझसे भी प्रायः यह प्रश्न किया जाता है कि क्या मैं अपने द्वारा प्रस्तुत की जाने वाली बुराई और दुर्भावना में विश्वास करता हूँ। हाँ, मैं मानता हूँ कि उस बुराई का शोधन होना चाहिए। बुराई के विभिन्न स्वरूपों का अभिनय करके मैं दर्शकों को बुराई के परिणामों की याद दिलाता हूँ और उन्हें इनसे खबरदार करता हूँ। परन्तु आपका अभिनय तभी पर्याप्त विश्वसनीय होता है जब आप अपनी विचारधारा को रूपान्तरित करके अपनी मानसिकता को उस भूमिका के साथ एकीकृत कर लेते हैं जिससे कि इसको पूर्णतः आत्मसात कर सकें और यहाँ तक कि आप पात्र के दृष्टिकोण से सोचना प्रारम्भ कर देते हैं और मेरी भूमिकाएँ सिनेमा के सन्दर्भ में बुराई को पारिभाषित करती प्रतीत होती हैं।

अतः अभिनय अपनी अतीत की यादों और झेली गयी परिस्थितियों को पुनः सृजित करने का नाम है। मुझे अपने चरित्रों के सम्बन्ध में सोचना अच्छा लगता है और मैं अन्तः स्वरूप को बाहर प्रस्तुत करने की चेष्टा करता हूँ। एक अभिनेता तभी अच्छा अभिनेता बनता है जब वह मानवीय सम्बन्धों और अन्य सांसारिक परिस्थितियों से सबक लेता है। मैं प्रत्येक छोटी-छोटी बात को महत्त्व देता हूँ और वही मेरा मुख्य योगदान होता है। यह आवश्यक नहीं कि मैं उन सब प्रकार के खलनायकों से अपने वास्तविक जीवन में मिला हुआ होऊँ परन्तु मैं कल्पना करता हूँ कि वह व्यक्ति क्या कर रहा होगा? उसका जन्म कहाँ हुआ होगा? उसका पालन-पोषण कहाँ और कैसे हुआ था? उसका बचपन कैसा रहा होगा? उसकी युवावस्था कैसी रही होगी? लोगों के साथ उसका व्यवहार कैसा होगा? कितनी क्रूरता होगी उसके व्यवहार में? यह समस्त व्यवहार मेरी सोच के समान ही होगा क्योंकि मैं अपने वास्तविक जीवन में इनमें से कुछ पात्रों से निश्चित रूप में मिला होऊँगा। दूसरे शब्दों में यह इस बात पर भी निर्भर करता है कि मैंने चरित्र को वास्तविकता का जामा पहनाने के लिए कितनी कल्पना से काम लिया है। इसीलिए जीवन में सब वस्तुओं को बारीकी से देखना एक अभिनेता का अनिवार्य औजार है, इसी की सहायता से चरित्र में विशेष प्रभाव लाया जाता है। उसमें यह प्रकृति जितनी अधिक होगी और जितना अधिक वह इसका प्रयोग करेगा, उसका अभिनय उतना ही अच्छा होगा। वह ऐसी घटनाओं के प्रति, अन्य अभिनेताओं के अभिनय पर प्रतिक्रिया व्यक्त करता है इसलिए वह अच्छा अभिनेता माना जाता है। मैं स्वयं यह नहीं जानता कि मेरे भीतर का कलाकार कितना बढ़िया है? मैं वही करता हूँ जो मुझसे करने के लिए कहा जाता है क्योंकि हमारी व्यवस्था में अभिनेता को प्रयोग करने की आजादी नहीं होती।

सत्य तो यह है कि मेरे भीतर का कलाकार मेरे लिए उतना महत्त्वपूर्ण नहीं, जितना वह दर्शकों के लिए है। जब वे मेरे दोष बताते हैं तो मैं अपने अभिनय को बेहतर करने का प्रयास करता हूँ। वास्तविकता तो यह है कि पात्र में जान फूँकने के लिए अभिनेता को अत्यधिक प्रयत्न करना पड़ता है। इसके लिए आपको अपनी नियति से भी सबक लेना होता है। इसीलिए मनुष्य को सदैव प्रयत्न करते रहना चाहिए, आप नहीं जानते कि कब आपको परिणाम प्राप्त

हो जायेंगे। आप जब सत्य की कल्पना भी कर रहे होते हैं तो किस बिन्दु पर आकर कल्पना और वास्तविकता एकीकृत होते हैं, यह एकाग्रता पर निर्भर करता है। इसे ही 'रचनात्मक प्रक्रिया' कहा जा सकता है। समस्त अभिनेताओं को अभिनय के स्कूल में एक जैसी तकनीकें सिखाई जाती हैं, किसी के लिए कुछ नया नहीं होता। मायने यह रखता है कि वे उस स्थिति को अपने अनुभवों से कितना जोड़कर पुनः प्रस्तुत कर सकते हैं। जो कलाकार इसे अच्छे ढंग से करने में सफल होता है, इसका तात्पर्य है कि उसके पास बेहतर औजार हैं और अभिनय में औजार होते हैं—कलाकार का शरीर, उसकी आँखें, उसकी आवाज़....आपके जीवन के जो भी अनुभव रहे हों, आपका शरीर उन्हें अभिव्यक्त करने का माध्यम होता है। परन्तु कई बार लोगों के पास सही माध्यम नहीं होता, उनकी याद्दाश्त चाहे अच्छी होती है, उसे अभिनय के रूप में व्यक्त करने की कुशलता भी होती है।

इससे मुझे 'भरत नाट्य शास्त्र' की याद आती है जिसके मैंने कुछ अंश पढ़े हैं। एक अभिनेता में 10 गुण अपेक्षित होते हैं। इनमें अच्छी शक्लो-सूरत, अच्छी आवाज़, आँखों का अभिव्यंजनापूर्ण होना और निःसन्देह अच्छा माध्यम, अर्थात् आपका शरीर, जिसके माध्यम से आप अभिव्यक्त करते हैं—शामिल हैं। एक से दस तक के पैमाने पर, मेरे अनुसार व्यक्तित्व प्रथम स्थान पर आता है और हममें से अनेक कलाकारों का अस्तित्व अभी तक बना हुआ है क्योंकि थियेटर में व्यक्तित्व एवं स्वीकार्यता का समकक्ष होना अत्यधिक महत्त्वपूर्ण होता है, फिल्मों में तो इनका महत्त्व और भी बढ़ जाता है। एक बार कलाकारों का सही चयन हो जाने के बाद कैमरे के कोणों और क्लोज़अप की सहायता से आश्चर्यजनक परिणाम प्राप्त किये जा सकते हैं। ऐसे निर्माता और निर्देशक भी हैं जिन्होंने आकर मुझे बताया कि जब वे मूल रूप से फिल्म की कहानी लिख रहे थे तो उन्होंने पात्र का नहीं अपितु मेरा नाम लिखा था। यह महत्त्वपूर्ण नहीं कि मैं उस भूमिका को करूँगा अथवा नहीं परन्तु किसी कलाकार की कल्पना करके लेखक को पात्र को शक्तिशाली बनाने में सहायता मिलती है।

हम लेखकों की सहायता से आगे बढ़ते हैं। वे हमें एक ऊँचाई पर स्थापित कर देते हैं परन्तु उन्हें अपने कार्य का उतना फल नहीं मिलता जितना कलाकार को मिलता है। इतने सुन्दर गाने हालाँकि गीतकार लिखते हैं परन्तु आप उन्हें याद करते हुए कहते हैं जिसमें धर्मेन्द्र था या अमिताभ था। जिस कल्पना और जिस विश्वास से उन्होंने पटकथा अथवा गाने लिखे, आप नहीं सोच सकते कि उस समय उनकी मानसिक स्थिति कैसी रही होगी? इसी प्रकार लेखक निर्देशक को खास बनाता है (जिसके हाथ में अब नियंत्रण आ जाता है) कि इस कथा को सजीव बनाने के लिए उसने कैसे अपने अनुभवों अपनी अनुभूतियों और कल्पना का प्रयोग किया है और अधिकतर ऐसा होता है कि लेखक अपने बाल नोच लेता है कि "मैंने लिखा क्या था और क्या हो गया?" यह एक वृक्ष की भाँति होता है जो बीज से पौधा बनता है और फिर फूल के रूप में खिलता है। अतः जो श्रेय लेखक को मिलना चाहिए, वह प्रायः नहीं मिलता। कई बार अच्छी कहानियाँ व्यर्थ हो गयी हैं, जब निर्देशक कुछ अच्छे अभिनेताओं से इच्छानुसार कार्य नहीं करवा पाया। वे इस प्रकार से

दुर्व्यवहार किया करते हैं और फिल्म की असफलता का कारण बनते हैं और कई बार वितरक भी फिल्म के रंग को बदलने में ज़िम्मेवार होते हैं। पंजाब अथवा यू पी के वितरक कई बार फिल्म में कैबरे, मुजरा अथवा मसालेदार गीत-नृत्य की माँग करते हैं जिससे कि फिल्म उसके प्रान्त में अधिक व्यवसाय कर सके। ऐसे में निर्माता-निर्देशक दबाव में आ जाते हैं और उत्पादन की गुणवत्ता घटिया स्तर की हो जाती है।

अतः आधारभूत सिद्धान्त कुशलता के प्रयोग का है, यही सबसे अधिक मायने रखता है। यही निपुणता आपको अपना ध्यान एक समान गहनता से, अपनी पकड़ खोये बिना, एक समान एकाग्रता से एक पात्र से दूसरे पात्र पर देने में सक्षम बनाती है। गिरगिट की भाँति रंग बदलना कठिन की अपेक्षा चुनौतीपूर्ण अधिक होता है। परन्तु यह कठिन नहीं होता क्योंकि जब एक बार आप अपनी कला में निपुण हो जाते हैं तो आपका शरीर स्वतः ही उन अपेक्षाओं में ढल जाता है। यह आपकी सहज क्रियाओं का परिणाम होता है। आपको एक साधारण सी उपमा देता हूँ। आप यदि एक अच्छे तैराक हैं तो स्वीमिंग पूल से बाहर आने के बाद आप साइकिल चलाना शुरू कर सकते हैं। साइकिल के बाद आप हवाई जहाज़ उड़ाने लगते हैं अथवा मोटर साइकिल की सवारी शुरू कर देते हैं अथवा कार चलाकर किसी स्थान पर व्याख्यान देने के लिए पहुँच जाते हैं और उसके बाद अपने सैल पर अपने घर पत्नी और बच्चों से भी बात करते हैं। इस प्रकार एक दिन में आप क्या अनेक भूमिकाएँ नहीं निभा रहे होते हैं? एक पायलट के रूप में जहाज़ से निकलते ही मैं अपनी कमीज़ उतार कर स्विमिंग पूल में कूद सकता हूँ। मुझे याद करने की आवश्यकता नहीं होती कि मैं कैसे तैरूँगा। इसी तरह हम अनेक प्रकार की भावनाओं, जिनकी अभिव्यक्ति में हम प्रशिक्षण प्राप्त होते हैं, को व्यक्त करने के आदी होते हैं। कैसा तो उन भावनाओं को याद करना और कैसी एकाग्रता? और एक भूमिका से दूसरी भूमिका तक जाने में आपको कितना समय लगता है—उन गम्भीर दृश्यों, अपराध के दृश्यों अथवा भावुकतापूर्ण दृश्यों में डूबते-उतरते रहना इस पर निर्भर करता है कि आपने स्वयं को कितना अभ्यस्त किया है।

व्यापक प्रशिक्षण के बाद भी स्वयं को इस प्रकार से टुकड़ों में बाँट पाना केवल निरन्तर अभ्यास, आदत और इस तथ्य के प्रति सचेत होकर ही सम्भव हो पाता है कि मैं काल्पनिक कार्य कर रहा हूँ, मैं अपने इर्द-गिर्द एक प्रभामण्डल सृजित कर रहा हूँ, मैं एक स्थिति को सृजित कर रहा हूँ। मैं अपनी आँखें बन्द करता हूँ और अचानक मैं स्विटज़रलैंड में होता हूँ, रूस में होता हूँ। मैं कल्पना करता हूँ कि कार जा रही है, यह मेरे निकट से गुज़र रही है अथवा जहाज़ उड़ान भर रहा है। इस सब को हम स्वतः कल्पना का नाम देते हैं। हम इसका अध्ययन करते हैं और अभिनेता बन जाते हैं। अतः अभिनय की प्रक्रिया बहुत लुभावना अनुभव होता है। यद्यपि कई बार उससे आपके मस्तिष्क पर बहुत ज़ोर पड़ता है क्योंकि आप जब जटिल भूमिका कर रहे होते हैं और आपका निर्देशक आपके काम से सन्तुष्ट नहीं होता और बार-बार कहता है, "नहीं, नहीं अभी तुम उस बिन्दु तक नहीं पहुँचे।" तो तुम और गहरे जाकर और अच्छी अभिव्यक्ति देने का प्रयास करते हो। उत्कृष्टता प्राप्त करने का एकमात्र यही ढंग है

कि अपने निर्देशक के बताये अनुसार करो, उसकी योग्यता चाहे किसी भी स्तर की क्यों न हो। वह जितना अधिक आपके काम से असन्तुष्ट होता है, उतना ही वह हमसे अधिक श्रम करवाता है और उतने ही अच्छे परिणाम होते हैं।

अन्ततः यह सब अभिनेता की क्षमता पर निर्भर करता है कि वह कितनी तेज़ी से अपनी क्षमताओं को प्रयुक्त कर सकता है। जैसे आप जब कार में बैठते हैं तो आप कार चलाने की विधि से परिचित होते हैं। आप चाबी डालते हैं, गीयर को न्यूट्रल में लाते हैं और कार को चालू कर देते हैं। फिर आप इसे पहले गीयर में डालकर क्लच को दबाते हैं, फिर क्लच को छोड़ते हुए एक्सीलेटर को दबाते हैं। अतः ये सब काम स्वतः ही होते रहते हैं परन्तु स्टीयरिंग पर आपका नियन्त्रण होता है। इस प्रकार गाड़ी चलाने के लिए आप एक निश्चित क्रिया विधि का प्रयोग करते हैं। कार चलाते हुए आप को यह ज्ञात होता है कि आपको कहाँ पहुँचना है। इस दौरान आप सोचते भी रहते हैं और अचानक आपकी कार के सामने एक बच्चा आ जाता है, आप जल्दी से मोड़ काटकर गाड़ी रोक देते हैं। यह सब भी सहज क्रिया की भाँति होता है। इस प्रकार से एक अभिनेता अपने दैनिक जीवन से उपमाएँ ग्रहण करता रहता है और ये चरित्र को निभाने में उसकी सहायता करती हैं। मैं अवसर मिलने पर उनका प्रयोग किया करता था। जैसे मुझसे यदि कहीं इण्टरव्यू लिया जा रहा है तो मैं कैसा व्यवहार करूँगा? किसी फिल्म में ऐसे ही किसी दृश्य की शूटिंग करते हुए वह व्यवहार पद्धति सन्दर्भ बन जाती है। 'नायक' फिल्म में ऐसा ही हुआ था जहाँ मैं मुख्यमंत्री और अनिल कपूर एक टेलीविजन पत्रकार की भूमिका में है। यह दोतरफा प्रक्रिया होती है। आप दर्शकों से जुड़ते हैं और दर्शक आपको बारीकी से देखने के साथ-साथ आपकी अभिनय कला पर अपना पक्ष रख रहे होते हैं। अतः अभिनय अपनी यादों को प्रयुक्त करने की आपकी क्षमता है और यदि आप अपनी स्मृतियों को पुनः प्रस्तुत नहीं कर सकते तो आप अच्छे अभिनेता नहीं है।

फिल्म में संवाद, फोटोग्राफी, सैट, दृश्य, सब कुछ पिघलकर एक रूप में ढल जाते हैं—और वह है अभिनेता क्योंकि वही पर्दे पर दिखाई देता है। अभिनेता जो करता है, सब कुछ उसके पीछे होता है। वह गाड़ी के इंजन की भाँति मुखड़ा, सामने का चेहरा होता है जिसके साथ सारे डिब्बे जुड़े रहते हैं। सामने केवल इंजन दिखाई देता है। अपने कार्य के बेहतर परिणाम के लिए कलाकार को इन सब डिब्बों की सहायता की आवश्यकता होती है। इसी प्रकार हमें कैमरे के पीछे उपस्थित समस्त टीम के साथ सौहार्दपूर्ण एवं मित्रतावत व्यवहार करना होता है। सर्वाधिक रहस्यपूर्ण तो यह होता है कि कैसे कोई कलाकार अपनी कुशलताओं के अनुरूप चरित्र को ढालता है? और आप चरित्र को कैसे समझते हैं। मेरे विचार में कहानी ही अच्छे अभिनय का आधार होती है, यह कच्ची सामग्री होती है और पटकथा लेखक ही अभिनेता के लिए तैयारी करता है। कलाकार यदि बढ़िया अभिनय करता है तो इसका श्रेय कहानी लेखक को जाता है जो मेरी समझ में किसी भी अच्छी फिल्म का नायक होता है। भूमिका की प्रभावकता और गुणवत्ता के लिए मुझे इसी की तलाश रहती है और इसी को मैं देखता हूँ।

ऊपरी तौर पर ही जाँच कर देख लें और आप पायेंगे कि बॉक्स ऑफिस पर पिटने वाली

नब्बे प्रतिशत फिल्मों की कहानी कमज़ोर थी। हम कलाकारों को फिल्म पर काम शुरू करने से पहले और फिल्म बनने के दौरान भी पूरी कहानी का कभी पता नहीं चल पाता। ऐसा नहीं कि फिल्म निर्माता–निर्देशक इसे रहस्य बनाये रखना चाहते हैं–सच्चाई तो यह है कि उन्हें भी पूरी कहानी की जानकारी नहीं होती। बहुत बार ऐसा होता है कि जब शूटिंग शुरू होती है तो कहानी अभी आधी ही लिखी गयी होती है अथवा अधूरी होती है और कई बार आधी फिल्म की शूटिंग हो जाने के बाद परिवर्तन और फेरबदल कर दिये जाते हैं। मुझे जब दृश्यों की सूचना बहुत पहले नहीं दी जाती तो मैं परेशान हो जाता हूँ। मुझे तब भी बहुत परेशानी होती है जब मुझे सीन अन्तिम क्षण में सुनाया जाता है और अचानक मुझे पता चलता है कि यह तीन-चार पेज लम्बा है। मैं ऐसे में उनसे पूछता हूँ कि "उन्होंने मुझे सीन पहले क्यों नहीं भेजा?" उनके पास सब कुछ के लिए पहले से तय बहाने होते हैं। ऐसी चीज़ों से आपको बहुत निराशा होती है। मैं उस स्थिति में किसी न किसी तरह काम कर तो लेता हूँ परन्तु उनसे कहता हूँ कि मैं काम नहीं करूँगा। तब उन्हें मालूम होता है कि मुझे इसे अच्छे से पढ़ने के लिए समय चाहिए होगा। उन्हें अपनी गलती का एहसास हो जाता है परन्तु उनकी भी तो कुछ समस्याएँ रही होगीं जिनकी शायद मुझे जानकारी नहीं।

आपको यह सत्य स्वीकार करना पड़ता है कि कहानी लिखना एक जोखिम भरा काम है जो निर्देशक की कल्पना की बाधाओं से त्रस्त रहता है। तैयार कहानियाँ पर्याप्त रूप से अच्छी होती हैं परन्तु निर्देशकों को स्वयं में विश्वास नहीं होता और वे शूटिंग के दौरान भी उनमें संशोधन करते रहते हैं। ये परिवर्तन कहानी के ढाँचे को ही बदल देते हैं "और हम मारे जाते हैं।" कुछ फिल्मों की शूटिंग तो मात्र इसलिए शुरू कर दी जाती है कि टॉप के लोकप्रिय नायक किसी अन्य काम में व्यस्त होते हैं और निर्देशक अपना काम पूरा करने के लिए उनकी उपलब्ध तिथियों पर ही असमय काम करता रहता है। इस समस्त भ्रम में फिल्म से जुड़ा प्रत्येक व्यक्ति प्रभावित होता है–और सर्वाधिक प्रभावित होता है निर्माता, जो करोड़ों रुपये डूबा बैठता है। परन्तु ऐसी असफलताओं का दोषारोपण निर्विवाद रूप से फिल्म के मुख्य कलाकारों पर ही किया जाता है। मैं एक विश्वसनीय अभिनेता माना जाता हूँ तो फिर मेरी इतनी फिल्में क्यों असफल रहीं। जब भी मेरी कोई फिल्म चल निकलती है तो मैं स्वयं को भाग्यवान समझता हूँ। इस सबको नियंत्रित करना मेरा काम नहीं है। मैं तो केवल ईमानदारी से काम करके उनके परिणाम की प्रतीक्षा करता रह सकता हूँ।

यह एक स्थापित सत्य है कि कलाकारों का चयन भी बहुत उपयुक्त होना चाहिए। यदि आपको एक मूढ़ नायक चाहिए तो आपको एक ऐसे अभिनेता का चयन करना होगा, जो मूर्ख जैसा दिखाई देता हो और कहानी में लिखे गये पात्र के समान हो। ऐसी स्थितियों में व्यक्तित्व महत्त्व रखता है और व्यक्तित्व की भिन्नता दिखाई देती है। कई बार आपको एक ऐसे पात्र की आवश्यकता होती है जो सुन्दर नहीं है, यह चाहे कुरूप ही हो, होता तो पात्र ही है। आपने यदि विक्टर ह्यूगो के उपन्यास पर आधारित फिल्म 'द हैण्डबुक ऑफ नात्रे डेम' फिल्म देखी हो तो उसमें घण्टी बजाने वाला कुरूप पात्र कूबरा है और पागलों जैसा चलता है। कैसी

अभिव्यक्तियों और कैसे क्षणों से उसे गुज़रना होता है। ऐसे समय में और इस प्रकार से एक निर्देशक एक अच्छी पटकथा और उपयुक्त कलाकारों के चयन का प्रयोग करता है। अंतिम सिरे पर फिल्म के लिए चुने गये अभिनेता का स्थान होता है। उसकी क्षमता और योग्यता अंतिम तत्त्व होते हैं। अधिकांश सफल फिल्मों में आप इन चारों तत्त्वों को इसी क्रम में पाएँगे और उनका योगदान भी एक समान रहता है। मैं निश्चित रूप से निर्देशक का कलाकार हूँ। वह तुम्हारी रचना करता है और तुम्हें भूमिका के साथ न्याय करना होता है। क्रोध अथवा किसी अन्य भाव को व्यक्त न करना अपितु उन भावपूर्ण पंक्तियों के अर्थ को समझना और उन्हें सम्प्रेषित करना एक अभिनेता और एक अच्छे अभिनेता के बीच का अन्तर होता है।

निर्देशक अन्ततः संचालक होता है, जो जहाज़ को चलाता है और एक बार उसके कमान संभाल लेने के बाद आप निर्देशक को जवाबदेह हो जाते हो, लेखक को नहीं। क्योंकि तब सब निर्देशक और कलाकार के बीच होता है। मुझे लेखक नहीं, निर्देशक भूमिका करने के लिए कहता है। निर्देशक मेरी सहायता और मार्गदर्शन करता है। क्योंकि भूमिका को निभाने सम्बन्धी मेरे अपने विचार होते हैं और मुझे स्वयं को उसकी कार्यशैली के सामने समर्पित कर देना होता है। यदि मैं सोचता हूँ कि मैं सब जानता हूँ तो मुझे स्वयं एक फिल्म बनानी चाहिए और विश्व को दिखा देना चाहिए कि मैं एक अच्छा अभिनेता ही नहीं, अच्छा निर्देशक भी हूँ। आप सब कुछ नहीं कर सकते। मैं यदि यह पुस्तक लिख रहा हूँ तो यह भी मैं अपने सम्पादकीय निर्देशक के व्यावसायिक मार्गदर्शन में लिख रहा हूँ कि मुझे इसे क्या स्वरूप देना चाहिए और कितनी दूर तक मुझे जाना चाहिए। हमने प्रत्येक सम्भव मुद्दे और विषय पर चर्चा की और तब समस्त प्रकार की जिज्ञासाएँ और प्रश्न सामने आये जो शायद मुझ अकेले की सोच में न आये होते और शायद मैं अनेक महत्त्वपूर्ण मुद्दों को छोड़ जाता। अधिकांशतः यही होता है इसलिए उपयुक्त मार्गदर्शन से व्यक्ति प्रश्नों में गहरे, और गहरे जा सकता है अन्यथा सम्भव है, मैं बस कुछ उथली बातें करता। फुसलाए, प्रेरित किये और दबाव डाले बिना मैं कदाचित् अपने मस्तिष्क की गुफाओं में से इतना सब कुछ खोदकर न ला पाता।

इसी प्रकार फिल्म में काम करते हुए मैं यदि निर्देशक के साथ चर्चा नहीं करूँ तो मेरा अभिनय शायद सतही रह जाए। मुझे विषय के सम्बन्ध में अधिकाधिक जानना होता है और उसमें से जितना एक इनसान के लिए संभव हो, निकालना होता है। शेष अभिव्यक्ति मेरी क्षमता पर निर्भर करती है, जैसे कि मैंने इस पुस्तक के लिए अपने जीवन से निकालने का प्रयत्न किया है। जब तक फिल्म निर्देशक अथवा सम्पादकीय निर्देशक मुझे सब स्पष्ट रूप से न बताए, तब तक मैं उनसे कैसे प्रश्न करता रह सकता हूँ कि बताओ तुम्हें और क्या चाहिए, क्या मैं ऐसे करूँ? वह मुझे यह एक विशेष ढंग से करने के लिए बता सकता अथवा सकती है। सृजन का कोई भी स्वरूप एक समन्वित प्रयास होता है। निर्देशक के विचार सदैव बाध्यकारी नहीं होते। परन्तु अभिनेता भी अपनी मानसिकता और अनुभूतियों के अनुसार निर्देशक को यह सुझाव दे सकता है कि उसके विचारानुसार उसे ऐसे करना चाहिए। यदि निर्देशक इसे स्वीकार कर ले तो यह उसकी ग्राह्यता पर निर्भर करता है।

पटकथा तैयार होने और निर्देशक के निर्देशन के बावजूद उसमें निःसन्देह सदैव सुधार की सम्भवाना रहती है। उन दोनों के बीच अभिनेता अमरीश खड़ा होता है। निर्देशक यदि चाहता है कि उसे मैं एक विशेष स्वरूप आदि प्रदान करूँ तो मुझे ऐसा करना पड़ता है। वह मुझसे कहता है कि तुम बढ़ई हो और मेरे लिए यह कुर्सी बना दो। मैं नहीं जानता कि मैं कुर्सी की टाँग को कैसा आकार देना चाहता हूँ परन्तु इसे घिसना, तराशना और सुन्दर बनाने के लिए कुछ भी करना मेरा काम है। यहाँ सुधार की सम्भावना रहती है और शायद यही एक चीज़ है जिसने मुझे सबसे अलग खड़ा कर दिया है। समस्त निर्देशकों का फिल्म बनाने का क्योंकि कोई उद्देश्य होता है जब तक आप उन्हें लक्ष्य प्राप्ति में सहायता नहीं करते, वे फिल्म नहीं बना सकते। मुझे खेद के साथ कहना पड़ रहा है कि अनेक प्रमुख कलाकार फिल्म को साइन करने के बाद वैसा अभिनय नहीं करते जैसा निर्देशक वास्तव में चाहता है। उनकी अपनी सनक होती है, "नहीं, नहीं! हम इसे जैसा चाहते हैं, वैसा करेंगे।" ऐसी स्थिति में वे न तो विश्वसनीय बन पाते हैं और न ही सफल क्योंकि वे निर्देशक की अवज्ञा करते हैं, फिल्म निर्माण के नियमों का उल्लंघन करते हैं। कई बार मैं कहता हूँ कि यदि वे वह करना ही नहीं चाहते जिसके लिए उन्हें साइन किया गया है तो उन्हें इस व्यवसाय में बने रहने का कोई अधिकार नहीं। ऐसी स्थिति में ही मतभेद उत्पन्न होते हैं। फिल्मों में अनेक विचित्र परिस्थितियाँ देखने को मिलती हैं। कई बार आप अपनी कला का उत्कृष्ट प्रदर्शन करते हैं परन्तु फिल्म पिट जाती है। तब मैं इसके लिए पूर्ण रूप से उत्तरदायी नहीं होता और मुझे बुरा भी नहीं लगता। मैं औसत के नियम में विश्वास रखता हूँ, यदि मैं 20 फिल्में करता हूँ तो सम्भव है कि उनमें से केवल दो ही सफल हों। परन्तु कौन जानता है कि वे दो फिल्में कौन सी होंगी। मुझे अपना समस्त अभिनय ईमानदारी से करना होता है परन्तु फिल्म की विश्वसनीयता अनेक सहभागी कारकों पर निर्भर करती है। नायक का अभिनय, संगीत, एक्शन, फिल्म का पूर्ण सम्पादन और उसकी पृष्ठभूमि भी निर्णायक पहलू होते हैं। परन्तु कभी-कभी मैं भी दंभी हो जाता हूँ और दावा करता हूँ कि मैं निजी तौर पर फिल्म को अपने कंधों पर उठा ले गया।

ऐसी ही एक अन्य रुचिकर भूमिका थी 'अशान्ति' फिल्म के खलनायक की। इस पात्र को स्वयं को साँप से कटवाने का व्यसन था क्योंकि साँप का ज़हर उसे नशा देता है। प्रारम्भ के एक दृश्य में मुझे एक बड़े हॉल के मध्य में केवल धोती पहने चौकड़ी मारकर बैठाया गया था। उस समय मेरा शारीरिक गठन बहुत हृष्ट-पुष्ट था। दृश्य के प्रारम्भ में मैंने कोबरा साँप को इसके सिर के निकट से पकड़ा हुआ था और फिर मैं उससे कटवाने के लिए उसे अपनी बाहर को निकली कृत्रिम जीभ के निकट लाता हूँ। संयोग से ठीक उसी समय साँप ने भी अपनी जीभ निकाली और मेरी जीभ पर काट लिया। स्वाभाविक ही, मुझे कुछ नहीं हुआ क्योंकि उसका ज़हर पहले ही निकाल दिया गया था। परन्तु यह दृश्य बहुत भयावह था। दर्शक इस दृश्य को देखकर दंग रह गये और यह फिल्म का एक विशेष दृश्य बन गया। शूटिंग पर उपस्थित सब लोग भौचक्के रह गये और ऐसा ही आश्चर्य फिल्म रिलीज़ होने के बाद थियेटरों में दर्शकों को हुआ। ऐसे ही कुछ और भी मनोरंजक उदाहरण हैं। 'जुल्मी' फिल्म में, मेरे विचारानुसार

मेरा चरित्र बहुत स्पष्ट था। फिल्म का दृश्य यह था कि मैं अंडरवर्ल्ड सरगना का दाया हाथ हूँ और उसके मारे जाने के बाद मैं उसके क्लोन (हमशक्ल) के रूप में उपस्थित हो जाता हूँ। मैं वायदा करता हूँ कि मैं उसके पोते का पालन-पोषण करूँगा। परन्तु वह एक बदमाश निकलता है और नायक की बहन के साथ बलात्कार करता है। नायक उसका शत्रु बन जाता है और उससे बदला लेता है। अब इस क्षण में मुझे पोते का पक्ष लेना पड़ता है और मैं नायक की सहायता नहीं कर सकता। मैं दुविधा में पड़ जाता हूँ और मेरे भीतर चल रहा संघर्ष कुछ दृश्यों में बहुत स्पष्ट दिखाई देता है। मैं सोचता हूँ कि मैंने वह काम बहुत अच्छा किया था।

परन्तु यह फिल्म नहीं चल पाई, अपने कथ्य को उपयुक्त प्रकार से सम्प्रेषित न कर पाना, शायद इसकी असफलता का कारण था। आपके अच्छे अभिनय पर ध्यान नहीं दिया जाता तो आपको अपने मन में निराशा होती है क्योंकि आप यह इच्छा मन में ले कर काम करते हैं कि दर्शक इसे देखें और सराहेंगे। परन्तु अन्त में आपको कष्ट होता है। आपको ऐसी स्थितियों को झेलना होता है। अभिनय एक खेल की भाँति है, जिसे हम खेलते हैं और कई बार हार जाते हैं और एक बार हार जाने के बाद हम अगली बार अच्छा खेलने का प्रयत्न करते हैं और पुनः नये सिरे से अपनी समस्त ताकत और क्षमता इसमें झोंक देते हैं। मैं फिल्मों का चयन बहुत ध्यानपूर्वक करने लगा था और मेरे पास आने वाले फिल्मों के ऑफर में से केवल आधी फिल्में ही स्वीकार करता था। मैं कभी किसी के मार्गदर्शन पर नहीं चला। मेरे पास कोई सेक्रेटरी और सलाहकार नहीं है। मैं अपने निर्णय स्वयं लेता हूँ और अपने ठीक अथवा गलत निर्णयों के लिए स्वयं को उत्तरदायी ठहराता हूँ। मैं क्वालिटी और केवल क्वालिटी चाहता हूँ और उस क्वालिटी को प्राप्त करने के लिए मैं कोई भी त्याग करने के लिए तैयार हूँ। मैं अपने भीतर के कलाकार का बहुत सम्मान करता हूँ और कुछ भी हो जाये, मैं कभी उसे नीचा नहीं दिखने दूँगा।

मैं यह भी समझने में असफल रहा कि मीडिया ने 'वारिस' फिल्म की इतनी उपेक्षा क्यों की। अपनी समस्त नेगेटिव भूमिकाओं में से इसे मैं सर्वश्रेष्ठ मानता हूँ। इसमें मेरी भूमिका एक बदमाश व्यक्ति की है जो सम्पत्ति के लिए अपने पिता की हत्या कर देता है। यह पूर्णतः एक नकारात्मक चरित्र था अतः एक कठोर और निष्ठुर व्यक्ति के व्यक्तित्व के लिए मोटी खादी की पोशाकें डिजाइन की गयी थीं। कपड़े की बुनाई का खुरदरापन कैमरे के द्वारा भी बहुत स्पष्ट रूप से दिखाया गया था। फिल्म की कहानी बहुत शक्तिशाली थी और इसे देखते हुए व्यक्ति फिल्म में अर्थ की गंध को महसूस कर सकता था। मेरा निशाना स्मिता पाटिल का पुत्र था जो 'वारिस' होकर मेरी सम्पत्ति को खतरा बन सकता था। स्मिता ने फिल्म में बहुत बढ़िया काम किया था और उसका अचानक देहान्त हो जाने के बाद फिल्म रेखा से डब करवाई गयी और उनका यह काम भी ऊँचे दर्जे का था। अब ऐसा प्रतीत होता है कि धन के अभाव में आ चुके निर्माताओं ने इस फिल्म को उपयुक्त प्रकार से रिलीज़ नहीं किया और इसका प्रचार-प्रसार नहीं किया। यह एक फिल्म है जिसे मैं कभी, कभी नहीं भूल सकता। मेरा स्मृति लोप हो जाने पर यदि यह फिल्म मुझे बार-बार दिखाई जाये तो निश्चित ही मेरी याद्दाश्त

लौट आयेगी। मुझे नहीं लगता कि कोई नेगेटिव भूमिका इतनी बुराई, इतनी नीचता, इतनी दुष्टता लिये हुए होगी कि एक दानव भी अपनी कंजूसी पर शर्मा जाये। इस फिल्म के फ्लॉप होने पर मुझे बहुत दुख हुआ। परन्तु जब लोगों ने इतने कठोर श्रम से की गयी मेरी भूमिका को भी अनदेखा कर दिया तो मेरा दुख और बढ़ गया।

कलाकारों के पास धन की दृष्टि से कुछ खोने के लिए नहीं होता परन्तु रचनात्मक दृष्टि से हम स्वयं को दुर्भाग्यशाली समझते हैं। ऐसी परिस्थिति बहुत निराशाजनक और निरुत्साहित करने वाली होती है परन्तु हम रुकते नहीं और आगे बढ़ जाते हैं। इस पराजय के बावजूद निजी तौर पर इस फिल्म ने मुझे बुरे व्यक्ति की भूमिका को आसानी से कर पाने का विश्वास दिया और क्रोधपूर्ण, निष्ठुर व खून के प्यासे खलनायक की मेरी छवि को और भी मज़बूत कर दिया। इतना ही नहीं, यह थी भी लेखक की प्रिय भूमिका। वह अपने और अपने पुत्रों के लिए भूमि चाहता है अतः जब उसके पिता ने वह जमीन उसके भाई को दे दी तो उसका क्रोधित होना न्यायोचित है। उसका इस भूमि को हड़पने का ढंग चाहे ठीक न हो परन्तु आप चरित्र को समझ सकते हैं। फिल्म में मेरी भूमिका पसन्द की गयी। इससे मेरा यह विचार सही सिद्ध हो जाता है कि लोग ऐसे चरित्रों को पसन्द करते हैं जो मात्र दुष्ट होने के लिए दुष्ट नहीं होते अपितु किन्हीं लक्ष्यों को ले कर ऐसा व्यवहार करते हैं। इसके अतिरिक्त फिल्मों में ऐसे कठिन और उलझनपूर्ण क्षण आते हैं जब आपको अपनी बेटी की आयु की महिला को फुसलाना होता है। ऐसा अनेक बार हुआ है। मैंने अनेक हिरोइनों के साथ खलनायक की भूमिका की है परन्तु फिल्म 'कोयला' में माधुरी दीक्षित के साथ मेरा विवाह होता है। एक अमीर आदमी होने के नाते मैं उसके परिवार के पास विवाह का प्रस्ताव भेजता हूँ और मेरे गुंडे विवाह की समस्त व्यवस्था करते हैं। बर्फ जैसी धवल दाढ़ी वाले इस वृद्ध को शादी की रात, जब वह सो रही होती है तो उसके कमरे में जाना होता है। अंतिम क्षण में वह अपनी आँखें खोलती है और मुझे देखकर डर जाती है। दृश्य में वास्तविकता का पुट लाने के लिए मुझे इसमें अधिकाधिक कामुकता का संचार करना था। स्थिति कितनी भी उलझनपूर्ण क्यों न हो, आपको अपने संकोच त्यागते पड़ते हैं। फिर भी जब हम भूमिका कर रहे होते हैं तो हमारा चेतन मन सदा उपस्थित होता है और आप जो भी भूमिका करें, आप उससे परे नहीं जा सकते। इस दृश्य की शूटिंग पूरी होते ही हमने हाथ मिलाया और मैंने खेद व्यक्त किया। माधुरी दीक्षित अत्यधिक प्रतिभावान व अपने कार्य को समर्पित कलाकार है।

मुझे यहाँ एक और महत्त्वपूर्ण बात का उल्लेख करना है। 'कोयला' में मेरी भूमिका लगभग 'हीरो-विरोधी' की थी। जनता नायक को सदैव जीतते हुए देखना चाहती है। फिल्म में शाहरुख खान की अन्त में जीत हुई परन्तु फिल्म में वे निष्क्रिय और कमज़ोर रहे, इतने कमज़ोर कि वे फिल्म में बोल ही नहीं पाये और संवाद सम्प्रेषण ही तो शाहरुख खान की विशेषता है। यद्यपि फिल्म में अमरीश पुरी की बहुत अधिक उपस्थिति भी काम नहीं आई परन्तु इस फिल्म ने मुझे अपनी कला के प्रदर्शन का बहुत बड़ा अवसर दिया और मुझे बिहारी बोली में बात करना भी बहुत अच्छा लगा। फिल्म नहीं चली, शायद इसलिए कि लोग शाहरुख खान को बोलते हुए

सुनना चाहते थे। उनका संवाद बोलने का अपना ही ढंग और शैली है। दर्शक वही देखना चाहते थे। परन्तु दूसरी ओर 'पुष्पक' फिल्म को लें तो कमल हसन बोलकर वैसा उत्कृष्ट प्रदर्शन नहीं कर सकते थे जैसा कि उन्होंने मूक भूमिका में किया। इस फिल्म में कोई संवाद नहीं थे और यह 'साइलैंस' फिल्म थी। फिल्म को श्रीनिवास राओ सिंगीतम ने निर्देशित किया था और उन्हें उसके दृश्य पक्ष को प्रभावशाली बनाना था। अतः फिल्म की कहानी उसी प्रकार से लिखी गयी। वह कार्य इस सन्दर्भ में और भी चुनौतीपूर्ण था कि निर्देशक कहानी को इतनी कुशलता से प्रयोग में ला पाए। सिनेमा दृश्य माध्यम है, श्रव्य नहीं। मूल रूप से यह दृश्य माध्यम है परन्तु श्रव्य पक्ष आपकी प्रस्तुति को और बेहतर बनाने में सहायता करता है। वास्तव में निर्देशक ने 'पुष्पक' में भूमिका के लिए मुझसे भी सम्पर्क किया था परन्तु मैं डेट्स न होने के कारण इसे स्वीकार नहीं कर पाया।

मुझे यदि किसी मूक फिल्म में बिना संवाद के अभिव्यक्ति देनी होती तो उसे शारीरिक भाव भंगिमाओं के माध्यम से ला पाना मेरे लिए बहुत कठिन होता। 'कोशिश' फिल्म में मूक और बधिर की भूमिका में संजीव कुमार और जया भादुड़ी को देखो, उन्होंने शानदार अभिनय किया है। बिना एक शब्द बोले सब कुछ सम्प्रेषित कर देने का श्रेय इन कलाकारों को ही जाता है। इन दोनों कलाकारों द्वारा सूक्ष्मता से देखकर अभिनय के माध्यम से पुनः कर देने प्रस्तुत करने का यह फिल्म बहुत अच्छा उदाहरण थी। शारीरिक रूप से विकलांग लोगों को एक विशेष प्रकार की शक्ति प्राप्त होती है जिसके द्वारा वे अपनी ऊर्जा को किसी न किसी प्रकार से स्वरूप प्रदान करते हैं। हम देखते हैं कि दृष्टिहीन लोगों में कुछ ऐसे विशेष गुण होते हैं जो उन्हें कुछ न कुछ ऐसा रचनात्मक करने में सक्षम बनाते हैं कि हम अपनी पाँचों इन्द्रियों के सही होने के बावजूद नहीं कर पाते। 'स्पर्श' में दृष्टिहीन की भूमिका में नसीरुद्दीन शाह एक उत्तम उदाहरण हैं।

सिनेमा में बिना उत्कृष्ट गुणों के भी आश्चर्यजनक परिणाम प्राप्त किये जा सकते हैं क्योंकि इसमें युक्तिपूर्ण की गयी फोटोग्राफी की सहायता से कलाकार की कला को बढ़ा-चढ़ा कर प्रस्तुत किया जा सकता है अथवा पूरी तरह ही समाप्त भी कर दिया जा सकता है। फिर भी इस दृश्य माध्यम में कैमरे के सामने क्लोज़-अप देना बहुत कठिन कार्य होता है। क्योंकि यह केवल दिखाई देने वाले चेहरे का ही क्लोज़-अप नहीं होता, यह सम्पूर्ण विचार प्रक्रिया का भी क्लोज़-अप होता है जो आपके मस्तिष्क में चलती होनी चाहिए। यदि आप इस प्रक्रिया में लगने वाले समय को देखें तो आपको बाद में पता चलेगा कि क्लोज़-अप केवल दो मिनट का था। परन्तु दृश्य माध्यम के सन्दर्भ में यह बहुत लम्बा समय होता है और इसे करना बहुत कठिन कार्य है। कलाकार के भीतर चल रहा सारा तूफान, हलचल, भावनाएँ, उत्तेजना—मस्तिष्क में जो सब चल रहा है, वह आँखों के माध्यम से देखा जाता है। आप उनकी आँखों में गहरे देखकर उन विचारों को पढ़ सकते हैं। दूसरे शब्दों में यह कलाकार की आत्मा होती है। अतः परिवर्तित होते भावों का यह महत्त्व है और फिल्मों में 'फास्ट मूविंग' तकनीक की सहायता से 'क्लोज़-अप' का प्रयोग जान-बूझकर किया जाता

है। आप दर्शकों की रुचि को बनाये रखने के लिए उन्हें सोचने का समय नहीं देते। आप जब ई टी के चेहरे को देखते हैं, तो यह कितना भावपूर्ण है कि प्रत्येक व्यक्ति को रुला देता है। अतः यही वे क्षण हैं, जिन्हें हम पटकथा कहते हैं। ये निर्देशक द्वारा रचित क्षण होते हैं कि कैसे वह कहानी में से इन क्षणों को प्राप्त करता है और अभिनेता, कलाकार उसे अभिनय के द्वारा प्रस्तुत करता है। अभिनय एक कला है, जिसे सीखना पड़ता है। भगवान ने आपको अपने शरीर, आवाज़ और अन्य गुणों का वरदान दिया है। इनका सर्वोत्तम प्रयोग करना आप पर निर्भर करता है। आपको जब गेहूँ, चीनी, तेल, घी दे दिया जाता है तो यह आप पर निर्भर करता है कि आप कितना स्वादिष्ट हलवा बना पाते हैं।

कई बार मुझे आश्चर्य होता है कि निर्देशक ही आपको एक चौखटा देता है परन्तु फिर भी वह आपको इस कैनवास पर आप जो चाहें पेंट करने की अनुमति देता है। और कलाकार उस क्षण, जिन परिस्थितियों में कार्य कर रहा होता है, उन्हें अपने विविध रंग प्रदान करके बहुत सुन्दर चित्र उकेर सकता है। इसका श्रेष्ठ उदाहरण दिलीप कुमार हैं। वे इतने कठोर परिश्रमी है कि अपनी कला की कीमत पर कोई समझौता नहीं करते। उन्होनें कभी इस बात की चिन्ता नहीं की कि एक दृश्य पर कितना समय लगेगा। 'मुगल-ए-आज़म' को बनने में दस वर्ष का समय लगा परन्तु फिल्म को देखने पर ऐसा प्रतीत होता है मानो पूरी फिल्म एक वर्ष में बनकर तैयार हो गयी हो। अन्ततः इस सम्पूर्ण प्रयास का परिणाम दर्शकों पर इसके पड़ने वाले प्रभाव का होता है। अतः जब मुझे 'विधाता' में लिया गया तो मुझे सुभाष घई और कलाकारों के 'बादशाह' दिलीप साहब के साथ अपनी पहली महत्त्वपूर्ण फिल्म की नेगेटिव भूमिका में स्वयं को प्रमाणित करना था।

और यह सामना अत्यन्त सन्तुलित ढंग से हुआ। मैं प्रसन्नता और गर्व का अनुभव कर रहा था इसलिए भी कि महान हस्तियों की छवि और वास्तविकता पूर्णतः भिन्न होती है। परन्तु दिलीप साहब के मामले में छवि और वास्तविकता लगभग एक समान थी। चूँकि मेरे मस्तिष्क के किसी कोने में उनकी छवि एक असाधारण कलाकार की थी अतः उनकी छवि एवं अभिनय कला के समकक्ष होने के लिए मुझे अपनी पूर्ण शक्ति लगा देनी पड़ी जिससे कि परिणाम भी समतुल्य हो। ऐसी स्थिति में जब आपको स्वयं की तुलना में अत्यधिक शक्तिशाली व्यक्ति का सामना करना हो तो कई बार आपके पास न जाने कहाँ से कुशलता और शक्ति आ जाती है। दिलीप साहब 'नम्बर वन' कलाकार थे और मैं किसी गिनती में नहीं आता था। ऐसे में मैं बहुत अधिक घबराया हुआ था, यों भी यह घबराहट मुझमें सदा रही है। परन्तु जिस प्रकार से हम काम कर रहे थे और ऊटी में आउटडोर शूटिंग के दौरान जैसा वातावरण था, उससे मेरी घबराहट शान्त हो गयी और परिणाम अत्यधिक सन्तोषजनक रहे। मैं चाहे एक छोटा कलाकार था परन्तु मुझे महत्त्वपूर्ण दृश्य दिये गये थे।

दिलीप साहब ने धैर्य से अपना पूरा समय लिया और यह उनके यादगार बन पड़े अभिनय से ही स्पष्ट हो जाता है। 'विधाता' के सैट पर पचास से अधिक लोग मौजूद थे। एक ऐसा दृश्य फिल्माया जा रहा था जिसमें उन्हें निराश होकर पेपर वेट अथवा ऐसा ही कुछ फेंकना

था। सुभाष लगातार समझा रहे थे परन्तु फिर भी दृश्य ठीक से हो नहीं रहा था। दिलीप साहब ने उन्हें हाथ के इशारे से रोकते हुए कहा, "प्लीज़, मुझे अपना वक़्त चाहिए होता है, जल्दी मत करो।" मुझे यह बहुत अच्छा लगा क्योंकि समय का बहुत दबाव होने के बावजूद दिलीप साहब ने बहुत स्पष्टवादिता से बात की। कुछ कलाकारों को अगले दिन जाना था इसलिए इतनी चिन्ता बनी हुई थी। तब तक कलाकारों द्वारा काम करके चले जाने का चलन शुरू हो चुका था। 'विधाता' रिलीज़ हो जाने के बाद लोग यह स्वीकार करने के लिए तैयार प्रतीत हुए कि मैं इस शानदार स्टार के सामने स्वयं को टिका पाया था। ऐसा सुभाष के निर्देशन से ही सम्भव हो सका था, वे बहुत सन्तुलित प्रभाव पैदा कर पाये थे। इसी समय से निर्माता यह सोचने लगे थे कि मैं सुभाष का कलाकार हूँ। अपने कलाकारों से बेहतरीन अभिनय करवा पाने के लिए उपयुक्त परिस्थितियाँ आखिरकार निर्देशक को ही उपस्थित करवानी होती हैं और किसी भी गम्भीर भूमिका के लिए मैं पहली पसन्द बन गया।

दिलीप साहब की फिल्में देखना और एक सह-कलाकार के रूप में उनके साथ काम करना दो पूर्णतः भिन्न अनुभव हैं। प्रक्रिया सभी कलाकारों के लिए एक जैसी होती है। प्रत्येक कलाकार अपना समय लेता है। आप तत्काल पहली ही बार में अपेक्षित स्तर का अभिनय नहीं कर पाते। इस फिल्म को करते हुए मैं जान पाया कि फिल्मों में दिलीप साहब का जिस स्तर का अभिनय देखने को मिलता है, उस स्तर तक पहुँचने में वे अपना समय लेते हैं। उस लक्ष्य तक पहुँचने के लिए वे जितना अभ्यास करते, उतना ही उनके प्रति प्रशंसा का भाव बढ़ जाता और मैं सोचता कि मुझे कितना कठोर परिश्रम करना पड़ेगा। वास्तव में कलाकारों को प्रत्येक फिल्म में एक समान परिस्थितियाँ ही मिलती हैं। अपेक्षित स्तर पर पहुँचने तक हम बार-बार शॉट देते और संवाद बोलते हैं। दिलीप साहब जिस प्रकार डूब कर काम करते थे, मैं उनसे अत्यधिक प्रभावित हुआ। ऐसा कभी नहीं लगता था कि वे अभिनय कर रहे हैं, वे बस वहाँ होते थे और भूमिका में पूरी तरह डूब जाते थे। मैं प्रयास करता कि उनके निकट तो कहीं पहुँच सकूँ और वह प्रयास अभी भी जारी है। हमने 'शक्ति,' 'सौदागर,' 'दुनिया,' 'मशाल' सहित कोई आठ-नौ फिल्मों में इकट्ठे काम किया है। दिलीप साहब के साथ काम करना निरन्तर एक चुनौती बना रहा। उनके साथ काम करना बहुत प्रेरणादायी रहता है, वे बहुत शान्त अपने में खोए रहते हैं और तालमेल बैठाने में सहायता करते हैं। वे बहुत कम बोलने वाले अति सज्जन व्यक्ति हैं। 'ट्रेजेडी किंग' नाम से विख्यात दिलीप साहब ने कुछ पात्रों में जैसे करुणा और भावों का संचार किया है, वह स्वयं में अतुलनीय है। प्रारम्भ में मैं उन्हें देख विस्मित रह जाता था परन्तु थियेटर के अपने अनुभव के सहारे मैं उनकी प्रभावशाली उपस्थिति का सामना करने में सफल हो सका। मैं उन्हें भारतीय सिनेमा की महानतम देन मानता हूँ जिसकी तुलना हॉलीवुड के मार्लन ब्रैंडो से की जा सकती है। 'आग का दरिया' फिल्म में भी हमने इकट्ठे काम किया था और यह बहुत अच्छी प्रकार से बनायी गयी फिल्म थी। परन्तु खेद की बात है कि वित्तीय जटिलताओं के चलते यह फिल्म रिलीज़ नहीं हो पाई। 1983 में शुरू हुई यह फिल्म एक वायु सेना अधिकारी के जीवन पर आधारित थी परन्तु यह आज भी डिब्बाबन्द है।

'सौदागर' फिल्म की कथा में मेरी भूमिका इतनी महत्त्वपूर्ण नहीं थी जितनी दिलीप साहब और राजकुमार की थी। मुझे तो ऐसा ही लगता था परन्तु मैं यह भी समझता था कि वे वरिष्ठ कलाकार हैं और दर्शक उनसे कुछ अधिक आशा रखते हैं। निर्देशक के लिए भी उनके अभिनय को अधिक प्रभावशाली बनाना अनिवार्य हो जाता है। मुझे सदा ऐसा लगता कि मेरी भूमिका उन दोनों के सामने अधिक शक्तिशाली होनी चाहिए थी। मुझे ऐसा भी लगता था कि इसे शक्तिशाली बनाया जा सकता था परन्तु मैं ऐसा कह नहीं सकता था क्योंकि यदि मैं ऐसा करता तो मेरा निर्देशक आसानी से कह देता कि कहानी की मांग यही है। मैं स्वयं को कहानी से ऊपर उठा ले जाने में सफल हो गया हालाँकि मैं अपनी भूमिका को सुदृढ़ता प्रदान करने के लिए चेतन अथवा अचेतन स्तर पर कोई प्रयास नहीं कर रहा था और निर्देशक की अपेक्षा के अनुसार ही मैंने अभिनय किया था। भूमिका को पूर्ण रूप से भूमिका की अपेक्षा के अनुसार ही लिया जाना होता है और कलाकार को इसके प्रति कोई शिकायत न करते हुए स्वयं को निर्देशक को समर्पित करके अपना ध्यान केन्द्रित करना चाहिए। किसी कलाकार की भूमिका पर उतना ध्यान ही दिया जाता है, जितना एक भूमिका की मांग होती है और जितना कलाकार लोकप्रिय होता है। क्योंकि अब अनेक लोग मुझसे कहते हैं–"पुरी साहब हम आपकी प्रत्येक फिल्म देखते हैं क्योंकि हमें मालूम है कि इसमें ज़रूर कुछ देखने को मिलेगा।" मेरा एक भिन्न ही दर्शक वर्ग है और उनमें से अधिकांश की मुझसे कुछ अपेक्षा रहती है। यदि उतना उन्हें नहीं मिलता तो उन्हें निराशा होती है कि पटकथा और निर्देशक दोनों ने ही अन्याय किया है।

राजकुमार 'जानी' नाम से विख्यात थे। वे एक ऐसे कलाकार थे जिनकी अभिनय की अपनी ही शैली थी, जो अधिकतर लोगों को पसन्द आती थी। मैं उन्हें महान कलाकार नहीं बल्कि एक शानदार व्यक्ति मानता हूँ जिनकी आवाज़ और संवाद गहरी छाप छोड़ते थे। वे कभी 'मैं' शब्द का प्रयोग नहीं करते थे। उनका अन्दाज़ होता था, "हम ये करेंगे, हम वहाँ जायेंगे"। वे जो भी करते, वे सोचते कि उनकी मर्जी है, वे करेंगे। किसी चीज़ का भी कोट बनवा लेते थे, वे अपनी ही किस्म के व्यक्ति थे और यह नज़रिया उनके अन्त तक बना रहा। उनकी अन्तिम फिल्म 'सौदागर' थी। वे बहुत पढ़ते थे। मैं उन्हें बहुत सज्जन व्यक्ति मानता हूँ हालांकि वे स्वयं को दूसरों से ऊँचा समझते थे। वे सदा जूनियर कलाकारों को जूनियर मानते और कहते, "भई, हम सीनियर हैं तो तुम्हें जूनियर ही बोलेंगे।" इस प्रकार के व्यक्तित्व के चलते वे 'पाकीज़ा' जैसी फिल्म दे सके। परन्तु कई बार उनसे निपटना कठिन होता। वे घमण्डी तो नहीं परन्तु थोड़े सनकी थे। उन्हें लगता कि वे जो करते और कहते हैं, वह ठीक है और दूसरों को उनकी बात सुननी चाहिए। वे अपनी कमजोरियों को कभी आसानी से स्वीकार नहीं करते थे। हमने 'सूर्या' फिल्म में इकट्ठे काम किया। इसमें उन्हें मुझे थप्पड़ लगाना था। उनका थप्पड़ लगाने का ढंग बहुत विचित्र था। निर्देशक हालांकि उन्हें साधारण ढंग से ऐसा करने के लिए कहते परन्तु वे उत्तर देते, "नहीं, हम ऐसे करेंगे तो अच्छा लगेगा।" वे बहुत हँसमुख थे और कभी अभिनेता की ओर देखकर संवाद नहीं बोलते थे, सदा एक ओर देखते हुए बोलते

थे। उन्हें अपने आस-पास मँडराते चमचे अच्छे नहीं लगते थे। उन्होंने अपने परिवार के सदस्यों को भी हिदायत दी थी कि किसी को भी उनकी मृत्यु का पता न चले। वे अपने अंतिम संस्कार को भी निजी मामला बनाये रखना चाहते थे।

राजकपूर यदि बीते वर्षों के 'शो मैन' हैं तो आज हमारे पास सुभाष घई हैं। एक ऐसे शो मैन, जिन्हें संगीत की गहरी समझ है। फिल्म की कहानी के इलावा फिल्म के संगीत की सफलता का अनुमान लगाने में भी वे कुशल हैं। उनकी फिल्मों का संगीत उनकी प्रस्तुति की आत्मा होता है और वे इसे बहुत सूक्ष्म रूप से करते हैं। वे मदन भाई का बहुत सम्मान करते थे और उन्हें चाहते थे। कदाचित् उनके उन्हीं सम्बन्धों के कारण ही मैं भी उनका प्रिय बन गया। उन्होंने मुझे 'क्रोधी' फिल्म में धर्मेन्द्र के साथ अतिथि कलाकार के रूप में दो दृश्यों की भूमिका करने के लिए बुलाया। यह बहुत रुचिकर दृश्य था जिसमें धनवान नायक अपने से एक दर्जा अधिक धनी व्यक्ति से मिलता है। उन्हें एक छा जाने वाला व्यक्तित्व चाहिए था परन्तु जो अन्त में हीरो के हाथों पराजित होगा। उस छोटी सी भूमिका से वे इतने प्रसन्न हुए कि 'मुक्ता आर्ट्स' नाम से अपनी कम्पनी शुरू करने के बाद उन्होंने मुझे अपनी फिल्म 'हीरो' में जैकी श्राफ के गॉड फादर की भूमिका दी। वे एक प्रभावशाली उपस्थिति वाला चरित्र बनाना चाहते थे। सुभाष पटकथा को बहुत कुशलता से निभाते हैं। स्वयं एक लेखक होने के कारण वे किसी भी स्थिति से निपट लेते हैं परन्तु मेरा स्वयं का यह मानना है कि पटकथा पूरी लिखी होनी चाहिए। मैंने एक मित्र के नाते उनसे बात की कि पूरी पटकथा पहले से तैयार होनी चाहिए और दृश्यों को अन्त से पहले बीच में नहीं छोड़ना चाहिए। परन्तु मैंने यह भी महसूस किया कि अन्त में वे अपनी सहज प्रतिभा पर निर्भर करते हैं। वे कलाकार के निर्देशक हैं, उसकी क्षमताओं का अधिकतम प्रयोग करते हैं। वे ऐसा इसलिए कर पाते हैं कि उन्हें अपना उद्देश्य बहुत स्पष्ट होता है और उनमें कोई अहं नहीं। वे आपको एक विशेष प्रकार से काम करने के लिए विश्वस्त कर देते हैं और फिर उसे प्रभावी ढंग से करने के लिए प्रेरित करते हैं। वे मुझसे बच्चे की भाँति व्यवहार करते हैं।

सुभाष केवल अपने कार्य में ही सक्षम नहीं है अपितु वे एक ऐसे निर्देशक हैं जिनके कामकाजी सम्बन्ध भी बहुत बढ़िया हैं क्योंकि वे कलाकारों का अत्यधिक सम्मान करते हैं। जैसा कि 'सौदागर' फिल्म में हुआ, किसी भी निर्देशक के लिए दो उच्च्य कोटि के कलाकारों के साथ काम करना कठिन होता। परन्तु सुभाष ने उनसे ऐसे काम लियो कि अपनी फिल्म एक वर्ष में पूरी कर ली। केवल एक-दो बार ही सुभाष ने दिलीप साहब और राजकुमार को सैट पर इकट्ठे बुलाया। होली के केवल एक दृश्य में वे इकट्ठे होली खेलते और एक गाना गाते हैं परन्तु उन्होंने दोनों के शॉट अलग-अलग लिए और फिर सम्पादन के दौरान उन्हें जोड़ दिया। केवल सुभाष ही ऐसा कर सकते थे कि कैसे वह स्थिति न आने दी जाये जिसमें वे दोनों एक-दूसरे के सामने हों। यदि वे दोनों इकट्ठे होते तो निर्देशक के लिए भी उनसे वह करवाना, जो वह करवाना चाहते थे, कठिन होता, सन्तुलन बनाये रखना कठिन होता। इससे स्पष्ट होता है कि कैसे अंतिम दायित्व निर्देशक का होता है जिसे फिल्म में दो महान कलाकार एक साथ

लेने पर दोगुना कठोर श्रम करना पड़ता है। मैं उन्हें ऐसे निर्माताओं और निर्देशकों की श्रेणी में रखता हूँ जहाँ मैं सब कुछ उन पर छोड़कर बिन्दुओं वाली रेखा पर हस्ताक्षर कर देता हूँ क्योंकि मैं जानता हूँ कि वे मेरे लिए कुछ अर्थपूर्ण बना ही लेंगे। वे मेरी भूमिका की पहले कल्पना करके फिर इसे विकिसत करते हैं। मैं यदि भूमिका में फिट नहीं बैठता तो वे शायद इसे पुनः लिखते हैं और मेरे लिए विशेष रूप से भूमिका तैयार करवाते हैं। वे अपने चुनिंदा अभिनेताओं को ही दूसरी बार भूमिका देते हैं परन्तु मेरे साथ वे बहुत उदार रहे हैं। 'कर्ज' और 'कर्मा' को छोड़कर मैंने उनकी प्रत्येक फिल्म में काम किया है। गोविन्द निहलानी की भाँति मैं भी उनका शुभंकर रहा हूँ।

सुभाष अभिनेताओं की पोशाकों से ले कर उनके मेकअप, उनके रंग-रूप तक फिल्म के प्रत्येक पहलू पर स्वयं ध्यान देते हैं। उनका काम करने का ढंग बहुत व्यवस्थित है। सम्पूर्ण प्रस्तुति के सन्दर्भ में उनके विषय बहुत आकर्षक होते हैं। वे अपने पात्रों को जानते हैं, वे उनके साथ जीते हैं। यही उनकी फिल्मों की विशेषता है और सबसे बढ़िया बात तो यह है कि सैट की भव्यता कलाकारों पर हावी नहीं होती। वे सैट की तुलना में कलाकारों को अधिक दिखाते हैं, उन्हें अधिक महत्त्व देते हैं। यह उनकी समझ और फिल्मांकन का ढंग ही है कि हर बार नए विचारों के साथ आते हैं और कभी उनकी फिल्मों में दोहराव दिखाई नहीं देता। जब कोई निर्देशक बार-बार हिट फिल्में दे तो कोई भी उसकी सामर्थ्य का अनुमान लगा सकता है। अपवाद स्वरूप कुछ फ्लॉप तो प्रत्येक व्यक्ति के कैरियर में रहते हैं। मेरे विचार में उनकी फिल्म 'यादें' इतनी बुरी तरह से इसलिए फ्लॉप हुई कि पटकथा में बहुत कुछ गलत था और यह ठोकर उनके लिए चेतावनी की घण्टी बन गयी। वे बहुत प्रगतिशील विचारों के हैं। नवीन प्रयोग करने में वे नहीं झिझकते, अनुशासनबद्धता, समय की पाबन्दी और प्रशासन भी उनका इतना ही प्रशसंनीय है। वे एक महान योजनाकार हैं और मुझे आशा है कि फिल्म निर्माण के सम्बन्ध में सब कुछ सिखाने वाले संस्थान की स्थापना का उनका स्वप्न साकार होगा। मुझे याद है एक बार जब मैं एक भीड़भाड़ वाले सामाजिक समारोह में किसी निजी मुद्दे पर उनसे नाराज़ हो गया था और क्रोधित हो गया था। उन्होंने शाँति से मेरी बात सुनी और अपनी गलती मान ली। उन्होंने मुझे गले लगाकर दिलासा दिया। निःसन्देह बहुत उदार हैं वे। इस घटना को ले कर मेरे प्रति कोई वैमनस्य न रखते हुए बाद में उन्होंने मुझे एक बहुत महत्त्वपूर्ण एवं केन्द्रीय भूमिका देने का वचन किया।

सुभाष के निर्देशन में बनी 'मेरी जंग' फिल्म के लिए ही मुझे 1985 में नेगेटिव भूमिका में श्रेष्ठ अभिनय हेतु मेरा पहला फिल्म फेयर अवार्ड मिला। इस फिल्म में भी उन्होंने विषय को बहुत सुन्दर ढंग से उठाया था। मेरी भूमिका कुशलतापूर्वक तैयार की गयी थी और अनेक छायाएँ लिये हुए थी। इसमें स्पष्ट देखा जा सकता था कि कैसे निर्देशक की अन्तर्दृष्टि पटकथा की गुणवत्ता से पूरी तरह से मेल खाती थी। ऐसे विरले तालमेल से अद्‌भुत परिणाम प्राप्त हुए। वे मेरे चरित्र को इस प्रकार से विकसित करते हैं कि उसका प्रभाव और ऊँचाई, उसकी चालढाल और शैली में भी मुखरित होते हैं। पटकथा के अनुसार फिल्म का नायक अनिल कपूर बहादुरी

से मेरा सामना करने के लिए धैर्य जुटाने से पूर्व मेरे सामने चूहा लगता है। सुभाष कलाकार को अद्‌भुत मार्गदर्शन और प्रेरणा देते हैं। मैं अपने अच्छे अभिनय का श्रेय उनको ही दूँगा। मुझे अनिल के साथ शतरंज का दृश्य विशेष रूप से बहुत अच्छा लगा। सी रॉक होटल के स्वीमिंग पूल पर वह सैट मुझे आज भी याद है। अदालत का दृश्य भी बहुत शक्तिशाली ढंग से प्रस्तुत हुआ है। अनिल और मेरे बीच बहुत बढ़िया तालमेल था और हमने एक दर्जन से अधिक फिल्मों में इकट्ठे काम किया है। मैंने वकील की तत्परता, उसके घमण्ड और समृद्धि का दिखावा करने की उसकी प्रवृत्ति का बारीकी से अध्ययन किया था। जब भी मैं संवाद बोलता तो सहकलाकार तालियाँ बजाकर मेरा अभिवादन करते। ऐसी ही शाबाशी मुझे एक बार 1974-75 में 'हलचल' फिल्म में काम करते हुए मिली थी। फिल्म में मेरी अतिथि कलाकार की भूमिका थी। मदन भाई भी फिल्म में काम कर रहे थे। मैं थियेटर से नया-नया आया था। फिल्म में मेरे लम्बे भाषण की बहुत प्रशंसा हुई थी। जैसे ही मैंने शॉट पूरा किया, सैट पर मौजूद कलाकारों ने ज़ोरदार तालियाँ बजाईं। मदन भाई ने तब बहुत गर्व का अनुभव किया था।

परन्तु 'मेरी जंग' फिल्म के साथ एक बहुत दुखद याद भी जुड़ी हुई है। बंगलौर में दस दिन की शूटिंग पूरी करने के बाद उसी शाम मैं बम्बई के लिए रवाना हो गया। मुझे ब्रीच कैंडी अस्पताल पहुँचना था क्योंकि मदन भाई बीमार थे। शूटिंग से पहले मैं उन्हें मिलने अस्पताल गया था और उन्होंने चिन्तित से होकर पूछा था, "तो तुम बंगलौर जा रहे हो?" मैंने कहा, "चला जाऊँ?" वे कुछ क्षण चुप रहे और फिर सिर हिलाकर कहा, "ठीक है, जाओ।" उस समय मैं नहीं जान पाया था कि मैं उन्हें फिर नहीं देख पाऊँगा। 13 जनवरी, 1985 की सुबह उनका देहान्त हो गया और मैं उसी शाम लौट रहा था। वास्तव में मेरे विमान में बैठने के तुरन्त बाद टी वी पर यह खबर आ गयी थी परन्तु मुझे नहीं बताया गया था। सामान्यतः जब मैं शूटिंग से लौटता हूँ तो मेरे परिवार के सदस्य मुझे हवाई अड्डे पर लिवाने नहीं आते क्योंकि आना-जाना सामान्य है और मेरी नौकरी का भाग है। परन्तु उस दिन मेरी बेटी हवाई अड्डे पर मुझे लेने आई हुई थी, मैं चकित था। जैसे ही हम गाड़ी में बैठकर हवाई अड्डे से निकले, उसने दिलासा देते हुए मेरा हाथ पकड़ा और मैं भाँप गया कि कुछ गलत हो गया है। उसके यह बताते ही कि मदन भाई नहीं रहे, मेरे आँसू बह निकले। मैंने कभी नहीं सोचा था कि वे ऐसे चले जायेंगे। यह मेरे लिए एक विशाल क्षति थी।

अतः अवार्ड लेते हुए मैंने उन्हें याद किया और इसे उनके आशीर्वाद के रूप में प्राप्त किया। वे मुझे दिल से चाहते थे। मैंने उन जैसा महान कलाकार, महान इनसान और स्नेहशील व विचारवान व्यक्ति फिर नहीं देखा। उनके जाने से मेरे सिर से एक बड़ा साया उठ गया था। मैं अभी भी यह नहीं समझ पा रहा कि इतने अच्छे स्वास्थ्य का हृष्ट-पुष्ट व्यक्ति कैसे बीमार हो गया और कुछ ही महीनों में चल बसा। फिल्म उद्योग में उन्हें बड़े सम्मान से याद किया जाता है। मुझे अभी अच्छा काम मिलना शुरू ही हुआ था कि उनका निधन हो गया। वे अपनी मित्र मण्डलियों में मेरी प्रशंसा किया करते थे। जब भी कोई उनसे कहता कि आपका भाई फिल्म उद्योग में अपना स्थान बना रहा है तो वे इसका श्रेय स्वयं लेते हुए कहते, "अरे, भाई

किसका है...” उनके लिए प्रशंसा के कितने भी शब्द कम पड़ते हैं।

बाद में सुभाष ने भी अपना वायदा निभाते हुए मुझे अपनी फिल्म 'परदेस' में प्रवासी भारतीय की केन्द्रीय भूमिका दी। मुझे यह विषय और जिस प्रकार से इसे आकार दिया गया—बहुत अच्छा लगा। वे मेरे भीतर का उत्कृष्ट निकाल पाये थे। यह अत्यधिक मानवीय चरित्र था और कोई भी परिवार उसके सुख-दुख, मौज-मस्ती के साथ जुड़ाव महसूस कर सकता है। कैसी प्रभावशाली फिल्म थी यह! यह मुझमें इतने सुन्दर एहसास जाग्रत करती है कि काल्पनिक कहानी लगती ही नहीं, फिल्म निर्माण की पूरी यात्रा बहुत सुखद और सरल रही और उतनी ही सहजता से इसे फिल्माया गया है। फिल्म का घटनास्थल वास्तव में अमरीका दर्शाया गया है परन्तु इसकी शूटिंग कनाडा में की गयी। फिल्मों में ऐसा अनगिनत बार किया जाता है। हमने किसी दूतावास में शूटिंग की अनुमति ली थी। जब सब मशीनें लगाई जा रही थीं और हम शूटिंग की तैयारी कर रहे थे कि अचानक वहाँ पानी का भारी फव्वारा छूट निकला। हुआ यह था कि कमरे में लाइटों से इतनी गर्मी पैदा हो गयी थी कि यह आग का पूर्व संकेत था अतः फव्वारे स्वतः ही चालू हो गये और पूरा कमरा पानी से भर गया, सब फर्नीचर और गलीचे खराब हो गये। फर्श चूँकि लकड़ी का बना हुआ था अतः पानी रिस कर नीचे की मंजिलों पर पहुँचने लगा था। चारों ओर हलचल मच गयी और शूटिंग का एक दिन व्यर्थ चला गया। फिर हमने किसी अन्य दफ्तर में शूटिंग की। इस बार हम लाइटों का इस्तेमाल बहुत सावधानी से कर रहे थे। जिस घर के लॉन में विशाल पार्टी का दृश्य फिल्माया गया है, उसके सम्बन्ध में रुचिकर बात यह थी कि वह पूरा घर तालाबन्द था और लान्ग शॉट में वह एक विशाल बंगले जैसा दिखाई देता था। हम उसका केवल बाहरी भाग ही प्रयोग कर पाए थे। अन्य दृश्यों में दिखाए गये कमरे तीन-चार स्थानों पर विभिन्न मकानों के थे परन्तु वे एक जैसे दिखाई देते थे।

नई आई लड़की महिमा चौधरी को पहली बार देखते ही मैं जान गया था कि वह एक प्रतिभाशाली कलाकार है। फिल्म के एक दृश्य में वह टेलीफोन पर सुबक-सुबक कर अपने पिता से बात कर रही है कि उसे अपने परिवार की बहुत याद आ रही है। उसकी आवाज़ में व्यक्त भावनाओं से दूसरे कमरे में मेरी आँखों में आँसू आ गये। भारत से दूर जीवन-यापन कर रहे लोगों, जिनका हृदय अभी भी भारत के लिए धड़कता है, की पीड़ा को उसने कितने सुन्दर ढंग से व्यक्त किया है। वह दृश्य में इतनी खो गयी और भावुक हो गयी थी परन्तु डबिंग के दौरान इतनी गहराई नहीं रही। मुझे अफसोस होता है कि डबिंग के दौरान कई बार तो हमारा प्रदर्शन पहले से बेहतर हो जाता है परन्तु अधिकांशतः हम उस प्रकार की भावनाओं को फिर जाग्रत नहीं कर पाते। उसके बाद की फिल्मों में महिमा का अभिनय उतना प्रभावशाली और अच्छा नहीं रहा। इससे पुनः प्रमाणित होता है कि सुभाष जैसे कुशल निर्देशक ने कैसे उसे उस भूमिका में ढाल दिया था। वह उस समय मॉडलिंग कर रही थी परन्तु सुभाष ने उसे पूर्णतया भारतीय रंग-ढंग देकर भारतीय नारी का प्रतिनिधि बना दिया और यह फिल्म के सन्दर्भ में बहुत महत्त्वपूर्ण था। प्रारम्भ में शाहरुख को भी अपनी भूमिका को ले कर कुछ सन्देह था परन्तु मैंने

उसे सुभाष में विश्वास रखने की सलाह दी। बाद में उन्होंने स्वीकार किया कि मेरा कहना ठीक था। शाहरुख आत्मबल पर बना और बहुत सहज अभिनेता है। वह बड़ी मेहनत करता है और उसकी प्रतिक्रियाएँ इतनी अच्छी हैं कि वह किसी भी भूमिका को शानदार ढंग से निभाता है। वह एक ऐसा कलाकार है जिसके निजी जीवन में भी कोई आडम्बर नहीं है। वह बहुत स्पष्ट बात करता है, केवल एक दशक में उस ऊँचाई पर पहुँच जाना एक उपलब्धि है।

अन्त में प्रत्येक फिल्म एक सन्देश देती प्रतीत होती है। उसका उद्देश्य अनिवार्य रूप से मनोरंजन प्रदान करना होता है। हम लोगों को शिक्षा अथवा उपदेश नहीं दे सकते, हम केवल सांकेतिक सन्देश दे सकते हैं। हमारा समाज ही अन्ततः मापदण्ड निश्चित करता है। हम केवल एक विचार, एक दृष्टिकोण प्रस्तुत करते हैं। सही तो वह होता है जो अन्ततः समाज में घटित होता है और लोग अपनी ही तरह से सन्देश प्राप्त करते हैं। 'परदेस' फिल्म में हमने गाना 'आइ लव माई इण्डिया फिल्माया था और अनेक बच्चों ने इसे सही भाव से सीखना शुरू कर दिया, वे अपनी भारतीयता पर गर्व का अनुभव करने लगे। यह गाना और 'लन्दन देखा...' गाना हरिहरन ने गाया था, जबकि इन्हें सुनकर ऐसा लगता था कि ये गाने मैंने गाए हैं। हरिहरन में आवाज़ को अपेक्षानुसार बदलने का गुर है। इन गानों की रिकॉर्डिंग के समय मैं उनके साथ था। मैंने उन्हें अपने तरीके से गाकर सुनाया था और उन्होंने उसे ठीक उसी तरह गा दिया।

सुभाष अपनी संगीत की समझ को बहुत रचनात्मक ढंग से प्रयोग में लाते हैं और अभिनेताओं की ही भाँति संगीत निर्देशकों से भी उत्कृष्ट प्राप्त कर लेते हैं। यह उनकी फिल्म 'ताल' में पर्याप्त रूप से प्रमाणित हो जाता है। इस फिल्म में मैंने अक्षय खन्ना के प्यारे, अरबपति पिता की भूमिका की थी। अनिल कपूर ने भी बहुत बढ़िया अभिनय किया था और यह सब सुभाष के श्रम का फल था। वे कलाकारों को सीन करके दिखाते थे और स्टार पूर्णतः उन पर निर्भर करते थे। इसलिए मेरा बार-बार यह कहना कि वे कलाकारों के निर्देशक हैं, सत्य है। वह कलाकार को ध्यान से पढ़ते हैं और फिर उससे काम करवाते हैं। मेरा उनके साथ एक तालमेल बैठ गया था और हम एक-दूसरे को अच्छी तरह से समझते हैं। "और फिर एक इशारा ही काफी होता है।" सुभाष घई ऐसे फिल्म निर्माता हैं जो अपनी महानता को जानते हैं परन्तु वे मेरी योग्यता को भी पहचानते हैं। आपको एक व्यावसायिक निर्देशक एवं अधिक संवेदनशील, एक दार्शनिक नज़रिये वाले व अपने कार्य के प्रति अधिक सजग बुद्धिजीवी निर्देशक के बीच एक सन्तुलन बनाना होता है। मैं स्वयं को उसी प्रकार से ढालकर काम करता हूँ। मेरी सोच तत्काल निर्देशक की सोच के अनुसार सध जाती है, ट्यून हो जाती है जैसे एक संगीतकार अपने साजों को बजाने से पहले ट्यून करता है। मैं एक बहुत भावुक व्यक्ति हूँ और विचारवान लोगों के साथ बहुत जल्दी घुलने-मिलने लगता हूँ और बदले में जहाँ भी संभव हो मैं उनकी सम्पूर्ति कर देता हूँ—चाहे वह धन से हो अथवा कार्य से। परन्तु निभाये जाने वाले चरित्र की कीमत पर ऐसा नहीं हो सकता क्योंकि यदि भूमिका अच्छी नहीं है तो कुछ काम नहीं आता।

मुझे दो बातों का अत्यधिक अफसोस है कि मैं दो महान निर्देशकों के साथ काम नहीं

कर सका। वी. शान्ताराम ने मुझे एक बार फिल्म 'बून्द जो बन गयी मोती' में काम करने के लिए बुलाया था। मुझे ठीक से याद नहीं परन्तु यह एक छोटी सी भूमिका थी और बेहतर ब्रेक मिलने की आशा में मैंने इस प्रस्ताव को ठुकरा दिया। हिन्दी और मराठी फिल्मों के महानतम कलाकारों में से एक वी. शान्ताराम भारतीय सिनेमा की दन्त-कथाओं का भाग हैं, वे महाराष्ट्र के गौरव हैं।

वर्ष 1984 में राजकपूर ने मुझे 'राम तेरी गंगा मैली' में एक भूमिका करने का प्रस्ताव दिया। आधी रात को आये उनके फोन पर मैं चकित रह गया। उन्होंने मुझे 'वारिस' फिल्म के लिए बधाई देते हुए बताया कि उन्होंने यह फिल्म कई बार देखी है। मेरे लिए इससे बड़ा कोई अवार्ड नहीं हो सकता था। मुझे बहुत विनम्रता से इस भूमिका को करने से इनकार करना पड़ा क्योंकि मुझे सिम्मी ग्रेवाल की फिल्म 'रुखसत' की शूटिंग के लिए अमरीका जाना था। उन्होंने मुझे जाने से पहले केवल तीन दिन की शूटिंग करने के लिए कहा, "मेरा सैट लगा है, कुछ काम करके जाओ।" जब मैंने अपनी असामर्थ्य व्यक्त की तो वे गुस्से में बोले, "किस प्रकार के व्यक्ति हो तुम? यहाँ राज कपूर तुम्हें अपनी फिल्म में काम करने के लिए कह रहा है और तुम इनकार कर रहे हो। मैंने कहा, "राज जी, मैं वायदा किया हुआ है और पूरी युनिट मेरी प्रतीक्षा कर रही है। मुझे आपको इनकार करते हुए अफसोस हो रहा है परन्तु मैं उन्हें धोखा नहीं दे सकता।" उन्होंने मेरी स्पष्टवादिता की प्रशंसा की क्योंकि मैं अपनी ज़बान का पक्का आदमी हूँ। यह मेरा अमरीका का पहला दौरा था और मैं 'इण्डियाना जोन्स' की शूटिंग पूरी कर चुका था। यह अलग बात है कि जब मैं प्रोविडैंस (बोस्टन के निकट) पहुँचा तो वे चार दिन तक शूटिंग नहीं कर सके क्योंकि शूट की गयी फिल्मों के डिब्बे एक गाड़ी में रखे थे। उस वैन को जब कहीं पार्क किया गया तो वे डिब्बे उस वैन से चोरी हो गये। इन डिब्बों को प्रोसेस करने के लिए फिल्म लैब में भेजा जाना था। अतः उन फिल्मों में बन्द दृश्यों की पुनः शूटिंग करनी पड़ी और मेरा काम निश्चित तिथि को नहीं शुरू हो पाया। मुझे अपना सिद्धान्तों का इतना पक्का होने का अफसोस है। राज साहब के साथ काम करना गर्व की बात होती परन्तु मैंने जैसा कि कुछ लोग आरोप लगाते हैं, पैसों के नहीं अपितु परिस्थितियों के कारण काम करने से इनकार किया था।

फिर कुछ महीनों बाद हम एक विवाह पार्टी में मिले। उन्होंने फिर अपना गुस्सा जाहिर किया, "मैं तुम्हें नहीं जाने दूँगा। एक दिन मैं तुम्हें फिर अपनी अगली फिल्म में भूमिका दूँगा और तुम्हारे साथ काम करूँगा।" मैं बहुत लज्जित हुआ और उनसे क्षमा माँगते हुए उनके पैर छू लिये। मैंने कितना बड़ा अवसर खो दिया था और मैं बेसब्री से उनके आमंत्रण की प्रतीक्षा करने लगा। परन्तु वह दिन कभी नहीं आया। राज साहब बहुत बीमार पड़ गये और उनका देहान्त हो गया। उनकी क्षतिपूर्ति नहीं हो सकती है। मुझे अभी तक याद है 1948 में मैंने उनकी फिल्म 'आग' देखी थी। तब वे केवल 24 वर्ष के थे। उन्होंने वास्तव में अपने स्वप्नों को पर्दे पर साकार कर दिया था। उनकी संगीत की समझ भी बहुत अद्‌भुत थी। उनकी फिल्में सदा भारतीय सिनेमा की क्लासिक बनी रहेंगी।

मज़े की बात है कि उस समय मैं 'इरादा' फिल्म में भी काम कर रहा था। इसके निर्माता-निर्देशक हॉलीवुड में प्रशिक्षण प्राप्त इन्दरजीत सिंह थे। शत्रुघन सिन्हा और प्रवीण बॉबी मुख्य भूमिकाओं में थे। 30 जुलाई को 'रुखसत' फिल्म के लिए मैं एयर इंडिया की उड़ान से लन्दन और दुबई के रास्ते जब अमरीका के लिए रवाना हुआ तो प्रवीण बॉबी भी मेरे साथ यात्रा कर रही थीं। मैंने उनसे यों ही पूछ लिया कि वे कब लौट रही हैं क्योंकि तीन सप्ताह के बाद हमें 'इरादा' में इकट्ठे काम करना था। उन्होंने बहुत विश्वास से कहा कि वे दो सप्ताह लन्दन में अपनी एक मित्र के साथ बिता कर लौट आयेंगी। उन्होंने बताया कि उनकी मित्र का बहुत बड़ा एक्सिडेंट हो गया है। मैं उनकी बातों में आ गया, मैं उस विमान से न्यूयॉर्क तक गया। विमान में मैंने उन्हें अंतिम बार देखा था क्योंकि वे फिर कभी बम्बई नहीं आई। निर्माताओं का काम रुक गया। उन्हें समझ नहीं आता था कि क्या करें। इन्दरजीत को उनके स्थान पर किसी और को ले कर काफी शूटिंग दूसरी बार करनी पड़ी। अब देखिए, इधर ये गैर-ज़िम्मेदार महिला हैं जिसने निर्माताओं को बड़ा नुकसान पहुँचाया और उधर अमरीश पुरी था जिसने अपनी ज़बान के लिए राजकपूर जैसे महान फिल्मकार को 'न' कह दिया—कितने दुर्भाग्य की बात है।

वायदे को निभाने के लिए ही मैंने अपरिचित, बिना जाँचे-परखे निर्देशकों के साथ काम करने का जोखिम भी ले लिया। यह केवल धन का लोभ नहीं था कि मैं उनके साथ प्रयोग करने के लिए तैयार हो गया परन्तु सच्चाई तो यह है कि आपको नई, अनपरखी प्रतिभाओं को भी अवसर प्रदान करना होता है। 'घायल' फिल्म में यही हुआ था। राजकुमार सन्तोषी की पटकथा से मैं बहुत प्रभावित हुआ था। एक प्रकार से मैं उसके प्रति विश्वस्त भी था क्योंकि मैं उसे गोविन्द निहलानी के असिस्टेंट के रूप में जानता था। उसका काम करने का ढंग बहुत पेशेवर था और मुझे उसका बातचीत का सलीका भी बहुत अच्छा लगा। यद्यपि मुझे विश्वास नहीं था कि वह इतनी जल्दी आत्मनिर्भर निर्देशक बन जायेगा। मुझे नहीं मालूम के मात्र 25 वर्ष की आयु में वह कैसे इतना सक्षम निर्देशक बन पाया था। शायद 1940 और 50 के दशक के निर्देशक पी एल सन्तोषी का पुत्र होने के नाते फिल्म निर्माण की कला उसके खून में थी। मैं इतना विश्वस्त तो नहीं था परन्तु विषय इतना आकर्षक था कि मैं तुरन्त यह फिल्म करने के लिए तैयार हो गया। अधिकांशतः हमारी फिल्में रोमांटिक अथवा थ्रिलर होती हैं। परन्तु 'घायल' फिल्म सामाजिक विषय पर आधारित थी कि कैसे अंडरवर्ल्ड, समाज में अपनी पैठ बनाता है। किस प्रकार से समाज के खलनायक शान्त जीवन जीने के इच्छुक लोगों की शाँति को नष्ट कर सकते हैं और सन्तोषी ने प्रत्येक चरित्र के सूक्ष्म पहलुओं को बहुत प्रशंसनीय ढंग से विश्लेषित किया था। वह अपने विचारों में अत्यधिक स्पष्ट था। वह कलाकारों में सही 'एक्शन और रिएक्शन' का संचार करता है और यह गुण उसकी सभी फिल्मों में दिखाई दता है। सनी दियोल के साथ मेरी यह नेगेटिव भूमिका कुछ भिन्न प्रकार से दर्शाई गयी थी। अंतिम दृश्य, जिसमें नायक खलनायक को एक मेले में मेरी-गो-राउंड के विशाल पहिए से मारता है और उसकी आँखों के ठीक मध्य में उसे गोली मार देता है, बहुत स्टाइल से फिल्माया गया था।

कलाकारों का चयन जब सही किया गया हो तो कलाकार पटकथा से भी ऊपर उठ जाता है, तभी कोई फिल्म सफल हो सकती है। 'घायल' की सफलता ने सन्तोषी पर सन्देह करने वालों को अचम्भित कर दिया। उन्होंने स्वयं में घमण्ड नहीं आने दिया और बहुत ध्यान और सावधानी से आगे बढ़ते गये। उन्होंने अपनी पहली कहानी पर बहुत अच्छे से काम किया, उसमें कसाव बनाये रखा, जो फिल्म में स्पष्ट दिखाई देता था। वे अपनी पहली फिल्म से ही स्थापित हो गये थे और इसने उन्हें 'ए-प्लस' निर्देशकों की श्रेणी में खड़ा कर दिया। केवल अच्छा काम ही दिखाई देता है। मुझे एक अर्ध-शहरी, चालबाज़ खलनायक की भूमिका करनी थी, जिसमें अंडरवर्ल्ड डॉन का भड़कीलापन नहीं होता परन्तु चूँकि निर्देशक वैसा चाहता था अतः पात्र में एक प्रकार की गरिमा थी। उसकी दुष्टता विभिन्न दृश्यों के माध्यम से व्यक्त की गयी जो बहुत अच्छे ढंग से लिखे गये थे और भूमिका को भली प्रकार से चित्रित करते थे। यही मैं चाहता होता हूँ और यदि एक अच्छे से बनी और निर्देशित फिल्म को महान सफलता मिले तो यह मेरे लिए बहुत खुशी की बात होती है। इससे आपका आत्मविश्वास बढ़ता है कि जिस फिल्म में आपने काम किया और जिसमें आपको विश्वास था, वह इतनी सफल हुई। 'घायल' फिल्म को अनेक अवार्ड मिले।

फिर मैंने सन्तोषी की अगली फिल्म 'दामिनी' में भी काम किया। इसमें मेरी भूमिका इतनी नेगेटिव एवं घटिया छायाएँ लिये हुई थी कि प्रभाव छोड़ने के लिए किसी विशेष वेशभूषा अथवा मेकअप की आवश्यकता नहीं थी। मेरे विचार में यह उसकी श्रेष्ठ फिल्म थी। मेरी भूमिका छोटी परन्तु सुस्पष्ट थी, जो पुरुषवादी क्रिमिनल वकील की थी। वह मीनाक्षी शेषाद्रि के विरुद्ध केस केवल इसलिए लड़ता है कि वह एक महिला है। भूमिका बहुत छोटी परन्तु प्रभावशाली थी। मैंने चरित्र को ठीक वैसे निभाया जैसे सन्तोषी मुझसे चाहता था। इसीलिए मैं उसे कला को निचोड़ कर निकाल लेने वाला कहता हूँ। मोटा दिखाई देने के लिए मेरे पेट पर गद्दियाँ बाँध दी गयी थीं। इस मोटे वकील इन्दरजीत चड्ढा के घुँघराले बाल उसके माथे पर गिरते रहते थे। अदालत में कोई भी बहस जीत जाने पर सिर को झटका देते हुए बालों के कुंडल को पीछे की ओर ले जाना सन्तोषी का ही विचार था। उपलब्धि की भावना को व्यक्त करने वाला यह एक हल्का सा स्टाइल था, कोई लँगड़ापन, आँखें घुमाना अथवा मुँह बनाना आदि कुछ नहीं था। स्टाइल यदि साधारण हो तो उससे आपका अभिनय प्रभावित नहीं होता। दर्शक इसे पसन्द करते हैं और याद रखते हैं। इस वकील का केस लड़ने का ढंग उसके दिमाग की दुष्टता को व्यक्त करता है। सनी दियोल की भूमिका बचाव पक्ष के वकील की है, एक ऐसा वकील जिसने शराब की लत लगने के बाद इस पेशे को छोड़ दिया था।

तीनों फिल्मों, जिनमें मैंने वकील की भूमिका की, में परिस्थितियाँ भिन्न थीं। यह अर्थशास्त्र, राजनीतिक शास्त्र और रसायन पढ़ा रहे तीन भिन्न प्रोफेसरों जैसा था। अतः हम पात्र का अध्ययन कर सन्दर्भ को समझने का प्रयास करते हैं। वह किस प्रकार का वकील है? 'मेरी जंग' फिल्म का वकील बहुत दुष्ट है। उसे बहुत काबिल वकील अनिल कपूर के साथ केस लड़ने का काम दिया जाता है। दोनों एक विषय पर बहस करते हैं और अनिल कपूर

जीत जाता है। फिल्म में दर्शाया गया है कि मैं हार को कैसे लेता हूँ। 'अर्ध सत्य' में मैं नसीरुद्दीन शाह को बहुत हिदायत करता हूँ। वह मेरा संरक्षक और मेरा प्रतिद्वंद्वी भी है। वकील स्थिति के अनुसार भिन्न-भिन्न व्यवहार करते हैं। समस्त डॉक्टर रोगी का उपचार एक प्रकार से नहीं करते। यही सिद्धान्त तब भी लागू होता है जब आप वकील, अध्यापक अथवा सैनिक ब्रिगेडियर होते हैं। प्रत्येक चरित्र इसके व्यक्तित्व के अनुसार निभाया जाता है। यदि मुझे एक ही भूमिका विभिन्न कलाकारों के साथ करनी हो तो सम्भव है कि प्रत्येक के साथ मेरा अभिनय भिन्न-भिन्न होगा क्योंकि भाव यद्यपि एक समान होगा परन्तु संवादों को पुनः लिखा जायेगा, दृश्यों को भिन्न प्रकार से लिखा जायेगा। ठीक जैसे वकील अपराधी और बचाव पक्ष—दोनों की ओर से केस लड़ता है, वैसे ही कलाकार भी विभिन्न प्रकार की भूमिकाएँ करता है।

सन्तोषी ने 'घटक' में मुझे एक और यादगार भूमिका दी। इसमें मैं वाराणसी में रह रहे एक स्वतन्त्रता सेनानी की भूमिका करता हूँ जो कैंसर से पीड़ित है और जो बम्बई जैसे बड़े शहर के जीवन के मशीनीकरण को नहीं समझ सकता। यह भूमिका करते हुए मैंने अपने मस्तिष्क में बाऊजी को रखा और उनके जैसे ही वस्त्र पहने, लगभग उनके जैसा स्टाइल, व्यवहार और आचरण, उनके जैसा बातचीत का और प्रतिक्रिया का ढंग। वे अपने दयाभाव और दूसरों के प्रति सहानुभूति के कारण मेरे मस्तिष्क पर छाए रहे। अथवा मैं मदन भाई की भाँति ही व्यवहार करने की सोचता। उन दोनों का मेरे जीवन पर इतना सुदृढ़ प्रभाव है कि वे मेरे स्वप्नों में भी दिखाई देते रहते हैं। मैं यहाँ यह अवश्य कहूँगा कि 'घटक' उस समय की फिल्मों में अपने सगे लेकिन लापरवाह बेटे और गोद लिए लेकिन पिता का बहुत ध्यान रखने वाले आज्ञाकारी, सुन्दर और ईमानदार बेटे के बीच अन्तर को दर्शाने वाली सबसे अच्छी तुलना है। पिता और देखभाल करने वाले बेटे के बीच का सम्बन्ध फिल्म में बहुत सुदृढ़ता से उभरा है। बेटे की भूमिका सनी देयोल ने की थी। मेरे स्वास्थ्य में धीरे-धीरे गिरावट को कहानी के माध्यम से दर्शाया गया है परन्तु इससे प्रभावित हो रही मेरी आवाज़ को दर्शाने से इसकी मार्मिकता और बढ़ गयी थी। शूटिंग के दौरान मैंने जो मार्मिकता लाने का प्रयास किया था, वह डबिंग तक पहुँच कर बहुत बढ़िया हो गया था। मैं यहाँ यह उल्लेख अवश्य करूँगा कि मेरे और सनी के बीच बहुत गहरा तालमेल था। मैंने पिता की अनेक भूमिकाएँ की हैं परन्तु यह निश्चित ही एक भिन्न ही अनुभव था। मुझे अस्पताल का दृश्य विशेष रूप से बहुत अच्छा लगा था जिसमें मैं बरामदे में बैठा हूँ और सनी आकर मुझे बताता है कि डॉक्टरों ने मुझे घर जाने की अनुमति दे दी है। वह बोलते हुए रोने लगता है और मैं समझ जाता हूँ कि मेरे साथ कुछ बहुत ही गलत हो गया है। उसे धैर्य बंधाते हुए मैं अपने सन्देह और डर को नियंत्रित रखता हूँ। हमने इस अत्यन्त भावुक दृश्य को एक ही 'टेक' में पूरा कर दिया था और ऐसा तभी हो सकता है जब दोनों कलाकार एक-दूसरे को अच्छी तरह से समझते हों।

सन्तोषी ने अवश्य ही एक व्यक्ति के रूप में भी मुझे बहुत निकट से देखा होगा। क्योंकि उसने मेरे व्यक्तित्व के अनेक पहलुओं का बहुत प्रभावी ढंग से प्रयोग किया है। हमने इस चरित्र की बारीकियों पर बहुत विस्तार से चर्चा की। एक अथवा द्वि-आयामी चरित्रों को निभाना

सरल होता है परन्तु तीन पक्षीय चरित्रों को समझने के लिए व्यापक बातचीत करना अनिवार्य होता है। 'घटक' में अत्यधिक हिंसा के बावजूद बहुत संवेदनशीलता थी। इसे पूरा होने में सात वर्ष लगे परन्तु फिल्म को देखते हुए आप उस लम्बे अन्तराल का अनुमान नहीं लगा पाते। फिल्म में प्रत्येक दृश्य में तरोताज़गी दिखाई देती थी। अन्त भला सो भला। कुछ फिल्में पूरी होने के बाद भूल जाती हैं। हम सब इस फिल्म के सम्बन्ध में सदैव उत्साहित रहे। मैं चिन्तित था कि सन्तोषी इस फिल्म को कैसे पूरी कर पाएगा। कुछ वित्तीय समस्याएँ थीं और कुछ कलाकारों से समय नहीं मिल पा रहा था और एक बार दी हुई तिथियों पर काम न हो सके तो उसमें लगातार देरी होती रहती है। कलाकार ने तीन वर्ष पहले जो किया हो, उसे पुनः कर पाना बहुत कठिन होता है। परन्तु अपनी स्मृति पर ज़ोर डालकर आप उसे याद कर सकते हैं अथवा कई बार हम फिल्म के अंतिम दृश्यों को देखते हैं जिससे कि इस गति की निरन्तरता को बनाये रख सकें। फिल्म क्वालिटी की दृष्टि से पूर्णतया प्रथम दर्जे की बन पड़ी थी और लोगों ने इसे बहुत सराहा था। इस फिल्म के लिए मुझे 'फिल्म फेयर' और 'स्क्रीन' दोनों से श्रेष्ठ सहायक कलाकार का अवार्ड मिला था।

परन्तु अवार्ड मिले, न मिले "एक्टर तो मैं वही हूँ।" मेरे विचार में फिल्म में दर्शाई गयी विविध प्रकार की अनेक भावनाओं और मेरे द्वारा किये गये कैंसर रोगी के व्यवहार ने मुझे अवार्ड दिलवाया। कई बार शाम तक मैं स्वयं को बीमार महसूस करता था। मैं इसे दूसरों पर प्रदर्शित नहीं होने देता था, यह सब निजी अनुभव था। यदि मैंने किसी दिन दृश्य को बहुत अच्छी तरह से अभिनीत किया होता तो बीमार होने का यह एहसास देर रात तक मुझ पर छाया रहता। आपको अभिनय करके भूल जाना होता है। परन्तु कई बार सब कुछ यंत्रवत होने के बावजूद व्यक्ति अप्रभावित नहीं रह पाता। फिल्म में एक बहुत मर्मस्पर्शी दृश्य है जिसमें खलनायक डैनी क्रूरतापूर्वक मेरे बेटे को पीटता है। मैं पहले ही रोगी होता हूँ और अपने घुटनों पर झुक कर उसके सामने गिड़गिड़ाता हूँ। वह इस रोगी को अपमानित करने के लिए कहता है, "तुम कुत्ते हो, कुत्ते की भाँति दुम हिलाओ, कुत्ते की भाँति भौंको, कुत्ते की भाँति लोटो, तब मैं तुम्हारे बेटे को छोड़ दूँगा।" मैं कुत्ते की भाँति हिला, भौंका, लोटा और पर्दे पर अपमान की इस अभिव्यक्ति का परिणाम ऐसा था कि सेंसर बोर्ड ने निर्देशक से इस दृश्य को फिल्म से हटाने के लिए कहा, वे एक बुजुर्ग व्यक्ति को प्रताड़ित और अपमानित होते सहन नहीं कर पाए थे। उन्होंने कहा कि यह बहुत वास्तविक प्रतीत होता है। अब यह तीसरा आयाम है जो भूमिका में स्वतः ही जुड़ गया। मैं उस अभिव्यक्ति में पूरी तरह से डूब गया था और फिल्म का यह भाग बहुत शानदार बन पड़ा था।

अभिनय में यह तीसरा आयाम कभी-कभार ही जुड़ता है जब आप परमात्मा में पूरी तरह से लीन होने के लिए चित्त को एकाग्र करते हैं अथवा ध्यान लगाते हैं। उसके लिए शक्तिशाली परिस्थितियों और उपयुक्त वातावरण का होना बहुत आवश्यक है। पहाड़ों पर जब आपको सही स्थल पर, सही ढंग से खड़ा किया जाता है तो आप गूँज को सुन सकते हैं। आपके आसपास विचित्र घटनाएँ घटती हैं और कई बार वे आध्यात्मिक होती हैं। अभिनेता अपने इर्दगिर्द

उपस्थित तकनीशियनों की सहायता से कई बार वैसा ही सृजन कर जाते हैं परन्तु इसका समस्त श्रेय अभिनेता को मिल जाता है क्योंकि पर्दे पर वही तो दिखाई देता है। अभिनेता की भूमिका और उसे दिये गये संवाद अभिनय के दो आयाम होते हैं और तीसरा आयाम तब जुड़ता है, जब अभिनेता पंक्तियों में छिपे अर्थ को निकाल लेता है।

फिल्म 'चाइना गेट' में निर्देशक एक बार फिर सन्तोषी ही था। उसने इतने श्रम से फिल्म बनायी और देखिए वह कितनी बुरी तरह से फ्लॉप हो गयी। मैं चकित था कि इतनी भव्य फिल्म कैसे सफल नहीं हुई। सन्तोषी ने कहानी सुनाने के लिए समस्त कलाकारों और क्रू के सदस्यों को दोपहर के भोजन पर बुलाया था। उसने देशभक्ति की भावना से ओत-प्रोत इस कहानी की कैसी स्पष्ट रूपरेखा प्रस्तुत की थी। काश! उसने पहली बार सुनाई गयी कहानी के अनुसार ही फिल्म बनायी होती। सुधार करने का प्रयास करते-करते उसने कहानी में बहुत अधिक परिवर्तन कर दिये थे। वे सब प्रयास शायद काम नहीं आये तथा तमाम प्रकार की कुशलता और तकनीकी उत्कृष्टता के बावजूद फिल्म प्रभाव नहीं छोड़ पाई। फिल्म में जान डालने के लिए उसमें बस एक गाना जोड़ा गया और उस गाने 'छम्मा-छम्मा' में मैं भी था। सन्तोषी चाहता था कि मैं गाऊँ और नृत्य करूँ क्योंकि फिल्म में केवल मेरा चरित्र ही हल्का-फुल्का था। यह गाना उर्मिला मातोंडकर के साथ की गयी एक प्रकार की नौटंकी थी और यह गाना हिट हो गया। थियेटरों में दर्शक भी झूम उठे।

यह फिल्म शायद हॉलीवुड वैस्टर्न की 'द डर्टी डज़न' जैसी फिल्म से प्रेरित थी। इसमें सन्तोषी ने भूतपूर्व सैनिक के साहसिक कारनामों की कहानी ली थी जो एक दुष्ट डाकू को पकड़ने के लिए निकलता है। ये लोग वर्षों तक बदनामी सहने के बाद अपने निजी आक्रोश को भूल, अपने हथियार ले कर घातक मिशन पर निकल पड़ते हैं। इस मिशन का कूट नाम 'चाइना गेट' है। घटिया सोच का व्यक्ति 'जागीरा' उनके क्रोध का कारण बनता है। यह भूमिका नये आये कलाकार मुकेश तिवारी ने की है। यह कोई आश्चर्य की बात नहीं कि फिल्म के विशाल बजट को देखते हुए इसे दूसरी 'शोले' कहा गया। फिल्म के माध्यम से यह सन्देश भी देने का प्रयास किया गया था कि राष्ट्र सेवा में उम्र की कोई सीमा नहीं होती और हमें दो खलनायकों पर जीत प्राप्त करनी चाहिए—एक जो हमारे भीतर छिपा रहता है और दूसरा जो बाहर घूमता रहता है।

कर्नाटक में गंगावटी में फिल्म की शूटिंग स्वयं में एक महान अनुभव था। यह स्थान नगर से 15 किलोमीटर दूर था। वहाँ पहाड़ों और बड़े-बड़े पत्थरों से घिरे चट्टानी क्षेत्र में चर्च, मन्दिर, बाज़ार और घरों सहित एक गाँव का विशाल सैट लगाया गया था। हम अपने होटल से सुबह सात बजे ही शूटिंग के लिए निकल पड़ते और अपना नाश्ता भी लोकेशन पर जाकर ही करते। यह एक प्रकार की साहसपूर्ण फिल्म थी और यह सब फिल्म में बहुत प्रभावशाली ढंग से दिखाया गया था। निकट ही एक बड़ी नदी थी और डैनी उसमें तीन-चार किलोमीटर तक तैरते। प्रतिदिन शाम हम घुड़दौड़ का अभ्यास करते, इस दौरान एक दिन घोड़े से गिरकर ममता कुलकर्णी की टाँग की हड्डी टूट गयी। यह अलग बात है कि फिल्म हमारी आशानुरूप नहीं

चली परन्तु इसे करना एक बहुत बढ़िया अनुभव रहा था। सन्तोषी एक दूरदर्शी लेखक-निर्देशक है और शायद श्रेष्ठ कथा वाचक। परन्तु सफलता और असफलता एक सिक्के के दो पहलू होते हैं। आप टॉस जीत सकते हैं अथवा हार सकते हैं।

पिता, परिवार के मुखिया और हास्य अभिनेता की भूमिकाएँ करना मेरे लिए बहुत सरल है क्योंकि मैं सदा से थियेटर का कलाकार रहा हूँ और अपनी इस इच्छा की पूर्ति मैं करता रहता हूँ। मैं केवल कुछ भिन्न करना चाहता हूँ। मेरी खलनायक की छवि बनाने वाले 'हम पाँच' के बापू ने भी तो देखो मुझसे अपनी फिल्म 'मोहब्बत' में अनिल कपूर, विजयेता पण्डित और अमजद खान के साथ एक भावपूर्ण पिता की भूमिका करने के लिए कहा। यह एक बहुत अच्छी बनी हुई फिल्म थी। फिल्म में मेरी भूमिका में एक बार फिर बाऊजी की वेशभूषा, व्यवहार और यहाँ तक कि विचारों की भी झलक थी। खैर, पोज़िटिव भूमिकाएँ भी आवश्यक नहीं कि एक-दूसरे से भिन्न हों, बस वे एक भिन्न श्रेणी में आती हैं। समस्त प्रकार का मसखरापन, कॉस्ट्यूम और अन्य तिकड़में भी कमज़ोर कहानी को नहीं बचा सकते। इसलिए मैं सदा एक अर्थपूर्ण कहानी की खोज में रहता हूँ। उस पक्ष पर मैं बहुत स्पष्ट हूँ और जब कमल हसन ने मद्रास से विशेष रूप से आकर मुझे 'चाची 420' में भूमिका करने के लिए कहा तो मैं फिल्म में हास्य तत्त्व की कल्पना कर सका था। लम्बे समय से वह कह रहा था कि "हमें इकट्ठे काम करना चाहिए।" मुझे याद है कि यह 1980 में किसी समय की बात है। मैं बंगलौर में किसी फिल्म समारोह में था कि किसी ने पीछे से आकर मुझे गले लगाते हुए कहा, "मैं आपका बहुत बड़ा प्रशसंक हूँ।" वह हमारी पहली मुलाकात थी।

चाची के साथ प्रेम हो जाने की भूमिका का मैंने भरपूर आनन्द उठाया। कमल हसन और मेरे बीच बहुत अच्छा तालमेल रहता है। हमें कहीं कोई कॉमेडी नहीं करनी पड़ी, स्थितियाँ स्वयं ही इतनी हास्यास्पद थीं। कई बार मैं शूटिंग के दौरान हँस-हँस कर लोट-पोट हो जाता। हम दोनों के दृश्य क्या खूब थे! यदि हममें इतना अच्छा तालमेल न होता तो वह बात नहीं बन सकती थी। फिल्म में एक दृश्य है, जिसमें जॉगर पर व्यायाम करते हुए मैं बेहोश हो जाता हूँ और वह भागता आता है। वह मेरी सहायता करना चाहता है परन्तु मुझे पता नहीं चलना चाहिए कि वह महिला नहीं है। वह मुझे उठा लेता है और मैं चकित रह जाता हूँ कि एक महिला ने मुझे कैसे उठा लिया। इस दृश्य की शूटिंग के दौरान पूरी यूनिट ठहाके लगाकर हँस पड़ी। मेरे द्वारा चाची को फूल देने और उसके प्रति अपने प्रेम की अभिव्यक्ति का दृश्य भी बहुत हास्यास्पद था। कई बार हँसी बहुत अनियंत्रित हो जाती थी परन्तु हम किसी भाँति सब कर पाए। अंग्रेजी मूल 'मिसिज़ डाउटफायर' पर आधारित यह फिल्म इस मायने में अच्छी थी कि इसकी हास्य भावना आपको ज़ोर-ज़ोर से गुदगुदा देती थी परन्तु आश्चर्य है कि यह फिल्म उतनी अच्छी नहीं चली, जितनी आशा थी।

कमल हसन जैसे कठोर परिश्रम करने वाले कलाकार मैंने कम ही देखे हैं। वह महाराष्ट्रीय महिला का विशेष मेकअप करवाने के लिए चार-चार घण्टे बैठता और उसके बाद केवल चार घण्टे शूटिंग करता क्योंकि उसके बाद मद्रास की मई माह की गर्मी में मेकअप में दरारें आने

लगतीं। अपनी किसी भी फिल्म में वह जैसे उत्साह, रुचि और डूब कर काम करता है, वह स्वयं में प्रशंसाजनक है। वह एक समय पर एक ही फिल्म करता है और फिर फिल्म निर्माण के दौरान उसकी भूमिका ही उसका खाना, पीना, सोना और जागना हो जाती है। वह जिस प्रकार की फिल्में बनाता है उनके लिए निरन्तर रिसर्च करता रहता है और वह कभी भी अपनी फिल्मों में एक जैसे रंगरूप में दिखाई नहीं देता। वह मेकअप और इस भिन्न प्रकार के बनाव-शृंगार में सिद्धहस्त है। अपने व्यक्तित्व के सम्पूर्ण रूपान्तरण का उसका महान गुण उल्लेखनीय है। मेरे विचार में उसकी केवल एक कमज़ोरी है कि वह विशेष रूप से अपनी बनायी हुई फिल्मों में स्वयं पर्दे पर बहुत अधिक दिखाई देता है। परन्तु जो भी भूमिका वह करता है, अनुपम होती है। हमारा एक प्रकार का पारस्परिक प्रशंसा क्लब बन गया था।

दूसरी ओर विभिन्न प्रकार की भूमिकाएँ करने की मेरी अतृप्त कामना के चलते व्यभिचारी और अन्यायपूर्ण पात्रों की भूमिकाओं से परे कुछ करने की लालसा मुझमें सदा बनी रही और मज़े की बात है कि नेगेटिव से पोज़िटिव भूमिकाओं में मेरा रूपान्तरण इसलिए नहीं हुआ कि मैं ऐसा चाहता था। ऐसी भूमिकाएँ मेरे पास ठीक उस समय आईं जब मैं कुछ भिन्न करने का प्रयास करना चाह रहा था। सुभाष और सन्तोषी की भाँति ही निर्देशक प्रियदर्शन ने भी न जाने कहाँ से आकर मुझे अपनी फिल्म 'मुस्कुराहट' के लिए चुन लिया। उसके पात्र इस जीवन के पात्र थे। वह केरल का एक अत्यन्त सफल, अपने दृष्टिकोण में बहुत आधुनिक और सहज निर्देशक है। समस्त प्रकार के विषयों में उसकी गति है परन्तु अधिक भावपूर्ण एवं सौम्य फिल्में बनाने में उसे महारत हासिल है। मूल रूप से मलयाली फिल्म 'किल्लुक्कम' का हिन्दी रूपान्तरण यह मेरी प्रियदर्शन के साथ पहली फिल्म थी और उसकी यह पहली हिन्दी फिल्म थी। उसने एक सम्मानजनक व्यक्तित्व वाले भद्र सेवानिवृत्त न्यायाधीश की भूमिका मुझे सुनाई। वह केवल एक नौकर के साथ एक विशाल मकान में रहता है। तभी उसके घर में एक लड़की घरेलू नौकरानी के काम की तलाश में आती है। यह भूमिका रेवती ने की है। कहानी गें बाद में उजागर होता है कि न्यायाधीश के छोटे भाई का कहीं कोई सम्बन्ध था और यह लड़की उस सम्बन्ध से उत्पन्न सन्तान थी। कोई भी उस लड़की का दायित्व लेने को तैयार नहीं होता और तब यह जज उसकी देखभाल करता है। यहाँ फिर कलाकारों के चयन की बात आती है, उस पात्र को एक निश्चित प्रकार से अभिनय करता था। जहाँ प्रियदर्शन सब कुछ इतनी गंभीरता से कर रहा था परन्तु परिणाम निकलता है कॉमेडी का। परिस्थितियाँ बहुत हास्यास्पद हैं, जैसे जब वह सो रहा था तो यह लड़की रात में उसे परेशान करने आती है और कैंची से उसकी मूँछ काट डालती है। सुबह जैसे ही वह उठकर अँगड़ाई लेता हुआ शीशे के सामने जाकर स्वयं को देखता है तो चकित रह जाता है। उसकी मूँछ गायब होती है। तब यह व्यक्ति उस लड़की को खोजता घर में इधर-उधर दौड़ता है और लड़की उसके इस स्नेहपूर्ण आकर्षण को प्राप्त कर प्रसन्न होती है।

मुझे जब यह भूमिका सुनाई गयी तो बहुत पसन्द आई। फिल्म की शूटिंग ऊटी में फर्न्स हिल पैलेस में हुई थी। हम भोर होते ही काम शुरू कर देते, शूटिंग दो माह से कम समय में

पूरी हो गयी। बहुत कम निर्देशक इस गति से काम करते हैं और ए-क्लास परिणाम देते हैं। प्रियदर्शन के अपने ही तकनीशियन और प्रोडक्शन टीम है। उन सबमें अद्‌भुत आपसी समझ और तालमेल है। प्रियदर्शन अभिनेता की मनःस्थिति को समझता और फिर उसे कहानी की माँग के अनुसार ढालता है। ऐसी भूमिका कलाकार को एक बार मिलने वाला अवसर था। परन्तु खेद की बात है कि लोग अच्छी फिल्मों पर अपनी प्रतिक्रिया बहुत देर में देते हैं और यह देरी इतनी कर दी जाती है कि स्थितियाँ नियन्त्रण से बाहर हो जाती हैं और फिर इसका कोई लाभ नहीं रहता। फिल्म की सफलता के लिए आवश्यक है कि दर्शक इसे रिलीज़ होते ही देखें। परन्तु आजकल जब टीवी पर ऐसी फिल्में दिखाई जाती हैं तो दर्शक अपने टीवी सेट के साथ चिपके बैठे रहते हैं। कैसी मूर्खता है। वे उस फिल्म को पर्दे पर देखकर निर्माता की सहायता कर सकते थे, फिल्म को सफल बना सकते थे। कलाकार को सदा अच्छी कहानी से सहायता मिलती है और कलाकार के बिना निर्देशक कुछ नहीं होता।

प्रियदर्शन ने मुझे एक और भूमिका अपनी फिल्म 'गर्दिश' में दी जिसे मैं आज तक याद करता हूँ। मैं उसके कार्य करन के ढंग का मुरीद हूँ। यह फिल्म भी हमने दो माह से कम समय में पूरी कर ली। फिल्म में मैंने एक हवलदार की भूमिका की है। उसकी गहरी इच्छा है कि उसका बेटा (फिल्म में जैकी श्राफ) इंस्पेक्टर बने परन्तु बेटा निकम्मा है। फिल्म के एक दृश्य में पुलिस बेटे को उसी स्टेशन पर जेल में बन्द कर देती है जिसमें मैं तैनात हूँ। वास्तव मे मैं ही उसे जेल में भेजने का कारण बनता हूँ। परन्तु जब मैं रात का खाना खाने बैठता हूँ तो मेरा पितृप्रेम उमड़ पड़ता है। मैं पुलिस स्टेशन जाकर स्वयं उसे खाना खिलाता हूँ। वह बहुत भावपूर्ण दृश्य है। अपने बेटे को याद कर कोई भी उस स्थिति में द्रवित हो उठेगा। यदि फिल्म में कोई मेरी माँ की भूमिका करता है तो मैं तुरन्त अपनी बीजी को याद करता हूँ। ऐसा करके भावनाओं को अच्छी प्रकार से जाग्रत किया जा सकता है। अभिनेता सदा ऐसे ही सन्दर्भों का सहारा लेते हैं। उन्हें अपनी निजी सम्बन्धों पर निर्भर होना पड़ता है। फिल्म के अन्त में एक दृश्य है, जिसमें मैं अपने पहले दिये गये उपदेश के विपरीत उसे उसके साथ अन्याय कर रहे लोगों को पीटने की सलाह देता हूँ और वह उनका सामना करता है। ये दृश्य इतने सुदृढ़ और शक्तिशाली हैं कि आज भी मैं उन्हें याद कर भावुक हो उठता हूँ। मुझे भारत और विदेशों में इतने लोग मिले हैं जो इस फिल्म की चर्चा करते रहते हैं। वे फिल्म का नाम भूल जाते हैं और कहते हैं, "ओह! वह फिल्म, जिसमें जैकी आपका बेटा था...।" मैं 'गर्दिश' में जैकी के प्रदर्शन को उत्कृष्ट अभिनय मानता हूँ और यह प्रियदर्शन की भी श्रेष्ठ फिल्म है। उस दृष्टि से यह मेरी भी यादगार फिल्मों में से एक है।

प्रियदर्शन ने एक बार फिर 'विरासत' में मुझे लेने के लिए ज़ोरदार दबाव डाला और निर्माता मुशीर-रियाज़ को उनकी माँग स्वीकार करनी पड़ी। मैं यहाँ कहूँगा कि यह उसकी योग्यता थी कि उसने मुझसे श्रेष्ठ मानवीय भावों की अभिव्यक्ति करवा ली और मेरे भीतर के कलाकार के एक बहुत रुचिकर और मानवीय पक्ष को उजागर करने के लिए मैं उसका आभारी हूँ। यह फिल्म जैसे बनी और जैसे बनायी गयी—वह भी महत्त्वपूर्ण है। यह बड़ी हिट तमिल

मूल 'थेरव मेगन' का हिन्दी संस्करण है। तमिल में मुख्य भूमिका कमल हसन ने की थी। हिन्दी संस्करण के लिए अनिल कपूर के नाम पर निर्णय शायद पहले ही हो चुका था। परन्तु तमिल संस्करण में शिवाजी गणेशन द्वारा की गयी पिता की भूमिका कौन करेगा? उनके पास तीन नाम थे—दिलीप कुमार, सुनील दत्त अथवा राजकुमार। परन्तु प्रिय अपनी ज़िद्द पर आ गया कि वह केन्द्रीय पात्र के रूप में केवल मेरे साथ फिल्म करेगा। इस रस्साकशी में उसने मेरा नाम सामने रखा। केन्द्रीय पात्र के रूप में एक विविधमुखी और भावपूर्ण आँखों वाला कलाकार होना चाहिए था जिसे निर्देशक अपेक्षानुसार ढाल सके। मैं फिल्म में केवल प्रथम भाग में था परन्तु फिल्म और पटकथा की सुन्दरता यह थी कि इस व्यक्ति की उपस्थिति उसकी अनुपस्थिति में भी मुखर होती है। फिल्म में मेरा रूप-रंग और व्यक्तित्व पिता की सुन्दर भूमिका के बहुत अनुरूप है—एक ऐसा पिता, जो अनिल कपूर के चरित्र की नींव रखता है। पिता की मृत्यु के बाद बेटा अपने पिता का अनुसरण करता है और पूर्णतः पिता जैसा हो जाता है। ऐसे ही विरासत आगे बढ़ती है। मुझे सिद्धान्तों के पक्के व्यक्ति, जो किन्हीं भी परिस्थितियों में एक समान व्यवहार करता था, की सौम्यता, गरिमा और सम्मान की अभिव्यक्ति करनी थी। इसे भी मैंने बाऊजी की याद से ही लिया और मैं बहुत भावुक हो गया। अब तक मेरे अपने भी बच्चे थे और मैं उनको भी याद कर सकता था। यह मेरे लिए वास्तविक जीवन की कहानी थी। फिल्म में सब कुछ बहुत सही था, सभी पात्र बहुत वास्तविक थे। इस फिल्म में कोई रिहर्सल नहीं की गयी, सब बहुत स्वाभाविक ढंग से हुआ। तब्बू, अनिल और पूजा बत्रा ने बहुत बढ़िया अभिनय किया। मीडिया में फिल्म पर यह टिप्पणी भी की गयी कि 'विरासत' मूल फिल्म से बेहतर बन पड़ी थी।

इस प्रकार निर्देशक को विषय की जितनी अधिक समझ होती है, उतनी ही गहराई उसे प्रस्तुत करने में होती है। फिल्म के लिए मुझे श्रेष्ठ सहायक कलाकार का अवार्ड मिला। मैं तो वही अभिनेता था, कहानी और निर्देशक ही उसे भिन्न और उत्तम बना सके थे। यहाँ मैं इस बात पर बल देना चाहता हूँ कि ऐसी स्वाभाविक फिल्मों की याद अमिट होती है और मैं सदा ऐसी फिल्मों का भाग बनने का प्रयास किया करता हूँ। मैंने जून 1997 में मुझे भेजे गये डॉ. बी.आर. चोपड़ा के नोट को आज तक सँभाल कर रखा हुआ है :

प्रिय अमरीश जी,

> *कौन कहता है कि तुम केवल नेगेटिव भूमिकाएँ ही अच्छे से कर सकते हो। तुम पोज़िटिव भूमिकाओं को करने में उससे भी बेहतर हो। एक बार हमें 'मुस्कुराहट' फिल्म में की गयी हल्की-फुल्की भूमिका में शानदार प्रस्तुति का प्रमाण मिला था और अब तुमने 'विरासत' में बहुत बढ़िया प्रदर्शन किया है। ऐसी नियंत्रित और सहज प्रस्तुतियाँ विरले ही देखी हैं, जिनमें अभिनेता इतने सुन्दर संवाद सम्प्रेषण के साथ पात्र को पूरा समय इतनी गर्म जोशी से प्रस्तुत करता रहे। निःसन्देह तुम फिल्म की आत्मा हो और तुमने इसे प्रशंसनीय ढंग से निभाया है। भगवान की कृपा से तुम*

इस लीक से हट कर भिन्न भूमिकाओं में उत्तम अभिव्यक्ति के शानदार नए प्रतिमान स्थापित कर सको। यह स्टार-खलनायक और पोज़िटिव चरित्र अभिनेता का मेल विरला ही होता है। तुमने वास्तव में इतिहास रचा है। बहुत-बहुत मुबारक। थ्री चीयर्स।

परन्तु एक बात से मुझे वास्तव में बहुत दुख पहुँचा था। निर्माता ने फिल्म के 25 सप्ताह पूरे होने पर एक समारोह आयोजित किया था। इस अवसर के लिए एक ट्रॉफी बनायी गयी थी। इस पर हीरो-हीरोइन की तस्वीरें दी गयी थीं परन्तु मैं कहीं नहीं था। मैंने कहा, "क्या मूर्खता है। तुम्हारे पास पिता-पुत्र की तस्वीरें थीं और इस पर तुम्हें वही लगानी चाहिए थीं। मेरे फिल्म में होने का क्या अर्थ है, जब ट्रॉफी पर ही उसे नहीं रखा गया?" जब वह ट्रॉफी मेरे घर पहुँची तो मैंने इसे लौटा दिया और फिर इन लोगों से बात नहीं की।

प्रियदर्शन की एक अन्य फिल्म की भी बहुत अच्छी यादें हैं। हम फिल्म 'डोली सजा के रखना' के लिए गोआ में शूटिंग कर रहे थे। अक्षय खन्ना और ज्योतिका मुख्य भूमिकाओं में थे। एक दिन मछुआरों के गाँव में शूटिंग करने के बाद मैं ताज होटल में लौट आया। रात को मेरे पास किसी व्यक्ति का टेलीफोन आया। उसने बताया कि वह बड़ौदा का रहने वाला है और उसे एक डिब्बे में मेरी विग मिली है जो उसके होटल से मँगवाई जा सकती है। मैंने सोचा कि वह मुझे मूर्ख बना रहा है और मुझसे मिलना चाहता है। अगले ही क्षण मैंने अपने मेकअप मैन को फोन कर विग के विषय में पूछा : वह पहले ही घबराया हुआ था कि उससे विग कहीं खो गयी है, अब अगले दिन शूटिंग कैसे शुरू हो पाएगी। मैंने जब उसे बताया कि किसी ने मुझसे विग के सम्बन्ध में फोन किया है तो वह खुशी से कूद पड़ा, वह तुरन्त उस व्यक्ति के होटल में गया और विग ले आया। वास्तव में यह व्यक्ति शूटिंग देख रहा था। पैकअप होने के बाद भी वह वहाँ अपने परिवार के साथ टहलता रहा। अचानक उसने कार के बोनेट पर एक डिब्बा पड़ा देखा। आसपास कोई भी नहीं था। उसने डिब्बा उठा लिया और उस पर मेरा नाम लिखा देखा। इस संकेत के आधार पर उसने गोआ के तमाम होटलों में मुझे तलाशना शुरू किया। हम कितने भाग्यशाली थे, नहीं तो अगले दिन नई विग बनकर तैयार होने तक शूटिंग कुछ समय के लिए रुक जाती। वास्तविक जीवन में भी कई महान आत्माएँ हैं।

अब वर्ष 1990 तक मैं पोज़िटिव और नेगेटिव दोनों तरह की मिली-जुली भूमिकाएँ एक साथ कर रहा था। किसी एक प्रकार की छवि को बनाये रखने की मुझे बिल्कुल भी चिन्ता नहीं थी क्योंकि चरित्र की सुदृढ़ता एकमात्र मापदंड था। 1993 में एक दिन मुझे यश चोपड़ा का फोन आया।

"अमरीश जी, हम एक फिल्म के सम्बन्ध में आपसे मिलना चाहते हैं। इसका निर्देशन मेरा बेटा आदि करेगा।" अगले दिन आदि मेरे घर आया और बताया कि वह अपनी पहली फिल्म 'दिलवाले दुल्हनियाँ ले जायेंगे' में मुझे लेना चाहता है। उसने अपने पिता से बहुत स्पष्ट बता दिया था कि हीरोइन काजोल के पिता चौधरी बलदेव सिंह की भूमिका में वह मुझे लेना

चाहता है। यदि वह मुझे नहीं ले पाया तो वह किसी अन्य को नहीं लेगा और इस फिल्म को बनाने का विचार ही त्याग देगा।

आदि अपनी हठ का इतना पक्का था कि उसने कुछ ही घण्टे में पूरी कहानी मुझे सुना दी। मुझे यह कहानी बहुत सुन्दरता से बुनी हुई और कसावदार लगी। उसने समस्त दृश्य और संवाद भी पूरे कर लिये थे। बाद में मुझे देखकर बहुत प्रसन्नता हुई कि केवल 24-25 वर्ष के इस युवा निर्देशक ने लिखी गयी कहानी के अनुसार ही शूटिंग की थी और कहानी का शब्दशः अनुसरण किया था—यह फिल्म लन्दन में रह रहे एक पंजाबी परिवार की कहानी थी। उसने कहानी में कहीं कोई परिवर्तन नहीं किया, कहीं कोई गलती नहीं की। कहानी सुनने के बाद मैंने फिर पिता के चरित्र को बाऊजी को सामने रखकर तैयार किया—सादा जीवन और अच्छे विचारों का व्यक्ति, यहाँ तक कि सम्पूर्ण वेशभूषा भी मैंने बाऊजी की ही तरह रखी। एक कठोर पिता की भूमिका करते हुए "मैंनूं इस फिल्म विच बाऊजी दी बड़ी याद आई, ओनां दा बड़ा रौब सी।" आदि ने पिता के पात्र के लिए तत्काल उस रूप-रंग पर अपनी सहमति दे दी और बम्बई में इन्डोर शूटिंग शुरू हो गयी। लन्दन के घर का सैट था। आदि पंजाब की संस्कृति से वाकिफ होने के लिए स्वयं पंजाब गया था। फिल्म के सभी पात्रों की शानदार भीतरी समझ के साथ उसने उन्हें बहुत सही ढंग से फिल्माया था। मुझमें ऐसा गहरा विश्वास रखने के लिए मैंने उसकी प्रशंसा की कि उसने केवल मुझे ध्यान में रखकर पात्र की कल्पना की थी और 'दिलवाले दुल्हनियाँ...' में दिखाया गया था कि लन्दन में रहते हुए भी मैं अपनी जड़ों को नहीं भूला हूँ। अतः हमने अंग्रेजी वातावरण में भी भारतीयता के प्रभाव को रखा था।

सत्य ही जब मैंने आदि के प्रारम्भिक काम में ही रचनात्मकता की चिंगारी देखी तो मैंने उसे अपनी आशाओं से कहीं आगे पाया। वह बहुत सन्तुलित, विनम्र, अच्छे व्यवहार का और अपने कार्य के प्रति बहुत स्पष्ट था। कई बार जब यश साहब हस्तक्षेप करने का प्रयास करते और निर्देशन के स्तर पर कुछ परिवर्तन सुझाते तो आदि साफ-साफ उन्हें रोक देता, "नहीं पापा, प्लीज़ मुझे इसे मेरे अपने ढंग से करने दो।" उसके बाद उन्होंने कभी कोई हस्तक्षेप नहीं किया। ऐसा नहीं लगता था कि वह पहली बार शूटिंग कर रहा है। वह सदैव पूरी तैयारी के साथ और आत्मविश्वास से भरपूर दिखाई पड़ता था। हम सब 'दिलवाले दुल्हनियाँ...' की सफलता की कहानी को भली-भाँति जानते हैं। ऐसा केवल इसलिए हो पाया कि आदि ने पटकथा पर बड़े जोश और गहराई से काम किया था। इस फिल्म की कहानी ने एक बार फिर प्रमाणित कर दिया था कि कलाकारों को विस्तार से यह बताना कितना महत्त्वपूर्ण होता है कि लेखक ने क्या लिखा है और निर्देशक उसे कैसे देखता है तथा आदि ने यह पूरे लगाव और समझ से किया था।

परन्तु कई बार जब अच्छी लिखी हुई कहानी एक अच्छी फिल्म का रूप नहीं ले पाती तो यह विषय को न पकड़ पाने की निर्देशक असफलता होती है। निर्देशक यदि उस दृष्टि से कहानी को नहीं समझा पाता, जिस दृष्टि से लेखक ने लिखी है तो स्वाभाविक है कि सम्भवतः एक बुरी फिल्म बनेगी। कुछ असमर्थ निर्देशकों के साथ ऐसा ही होता है। आनुवांशिक

साहित्यिक कौशल वाले कवि द्वारा कविता लिखना एक बात है परन्तु उसे पढ़ना और समझना पूर्णतया भिन्न होता है। अतः यह सब विश्लेषण फिल्म बनाना प्रारम्भ करने से पहले ही किया जाना चाहिए क्योंकि कुछ अच्छे विषय कलाकारों के गलत चयन से भी नष्ट हो जाते हैं। ये निर्णय बहुत महत्त्वपूर्ण होते हैं और मेरे मामले में यह सोचा-समझा गया निर्णय होता है। मैं प्रत्येक चीज़ का हिसाब लगाता हूँ और फिल्म स्वीकार करने का निर्णय करने से पहले निर्देशक, कहानी, सह-कलाकारों—सब पर समय लगाकर विचार करता हूँ।

मई 1994 में फिल्म की यूनिट स्विटजरलैंड गयी और यश साहब के आमन्त्रण पर मेरी पत्नी उर्मिला और मैं भी साथ गये हालाँकि मेरा कोई दृश्य वहाँ नहीं फिल्माया जाना था। यह हमारे लिए बहुत अच्छी छुट्टियाँ थीं। वहाँ से हम 6 जून को लन्दन चले गये जहाँ हमें कबूतरों के प्रारम्भिक दृश्य फिल्माने थे। हम सुबह 3 बजे जग गये और 4 बजे तक तैयार होकर स्क्वेयर पहुँचे और शूटिंग की अनुमति ली। रविवार का दिन था और हल्की बूँदा-बाँदी हो रही थी। आस-पास कोई नहीं था। हम काफी शूटिंग पहले ही पूरी कर चुके थे और यह दृश्य विशेष उस दिन फिल्माया जाना था। हम चिन्तित थे कि बारिश होती रही तो क्या होगा, कहीं कोई कबूतर नहीं थे। वे इमारतों के अपने-अपने कोनों में दुबके बैठे थे। लगभग एक घण्टे के बाद बूँदा-बाँदी थोड़ी थमी और हमने कुछ दाने ज़मीन पर डाल दिये। कबूतर उड़-उड़ कर आने लगे। फिर बौछारें पड़ने लगी और कबूतर उड़ गये। मेरे पास छतरी थी जो मुझे अपने दृश्य में उठाये रखनी थी। मैं छतरी खोलकर खड़ा हो गया और जब बरसात रुकती तो मैं कबूतरों को फिर दाने डालने लगता। लन्दन में मैं जितने दिन रुका, पुल और लॉन में खूब सैर करता और जब हमें हाइवे की दुकान में शूटिंग करनी थीं तो यह रात को ही की जानी थी क्योंकि हमें दिन में शूटिंग करने की अनुमति नहीं मिली थी। बहुत पेशेवर ढंग से काम हो रहा था।

कबूतरों के दृश्य जब बाद में भारत के एक गाँव में फिल्माये गये थे तो उनमें वास्तव में जादुई प्रभाव आ गया, इसलिए भी कि उनमें थोड़ा परिवर्तन किया गया था। हम खेतों में चले गये और मैंने 'आओ, आओ...' कह कर दाने डालते हुए उन्हें बुलाने का प्रयास किया। कैमरा तब चालू नहीं था परन्तु आदि ने जो देखा वह उसे बहुत पसन्द आया। उसने कहा कि मैं ठीक वैसे ही करूँ जैसा उसने मुझे करते देखा था। यहाँ शाहरुख को मुझे प्रभावित करना था अतः वह मेरे पास दौड़ते हुए आकर मेरे जैसे ही करने लगता है। दौड़ते हुए उसकी धोती खुल जाती है। वह धोती बाँधता है और दाना डालने लगता है। परन्तु कबूतरों से कहता है, 'फुर्र, फुर्र...' जिससे कि वे उड़ जायें जबकि मैं कहता हूँ 'आओ, आओ'। हमने इसमें भी थोड़ा परिवर्तन किया। ये दृश्य निःसन्देह बहुत अच्छे से फिल्माये गये थे। फिल्म का अन्त भी बहुत सोच-समझ कर निश्चित किया गया था। विशेष रूप से वह क्षण जब मैं अपनी बेटी का हाथ छोड़ कर कहता हूँ, "जाओ", यह परिवर्तन अकस्मात और झकझोर देने वाला है क्योंकि विरोधाभास स्पष्ट दिखाई देता है कि पिता पर इंसानियत प्रभावी हो जाती है। ऐसे भावपूर्ण दृश्यों ने फिल्म को इतना सुन्दर बना दिया था।

काजोल की सहजता का भी इस फिल्म में बहुत बड़ा योगदान था। उसने फिल्म का

पिता-पुत्री का सम्बन्ध बनाये रखा और जब भी हम मिलते हैं तो वह मुझसे लिपट कर मिलती है। उसने सदा ही बेहतरीन अभिनय किया है। फिल्म में मेरी भूमिका में अनुशासित एवं व्यवस्थित व्यक्ति के लिए एक विशेष प्रकार का सम्मान छू लेने वाला था। रातों-रात निर्णय करके उस पर अमल करने वाले चरित्र की यह एक कठिन अभिव्यक्ति थी और दर्शक सदा इस भ्रम में थे कि यह व्यक्ति कभी सहमत भी होगा। परिवार के पारम्परिक मूल्य किसी भी अन्य वस्तु से अधिक महत्त्वपूर्ण होते हैं। इस चरित्र की हठ, उसका आत्म सम्मान और जैसा सम्मान उसे दूसरों से मिलता है—ये सब लोगों की सोच पर सुदृढ़ एवं विशेष छाप छोड़ते हैं। बाद में फिल्म बन कर पूरी हो जाने पर आदि ने मेरी भूमिका के सम्बन्ध में विशेष रूप से कहा, "आप के बिना पूरी फिल्म की क्वालिटी वैसी नहीं हो सकती थी।" मैंने कहा, "तुम सारा श्रेय मुझ दे रहे हो। मैंने तो केवल अपना काम किया, अपने निर्देशक के निर्देशों का पालन किया और जो भी परिणाम हैं, उनकी सबने प्रशंसा की है।"

आज भी मुझसे कहा जाता है कि मेरा यह अभिनय बहुत ही शानदार था। परन्तु कला के अच्छे काम का मूल्यांकन कर अवार्ड और प्रमाण-पत्र देने वाले किसी अन्य संगठन ने इसका वैसा मूल्यांकन-विश्लेषण क्यों नहीं किया? हाँ, ऐसे अपमानजनक क्षण भी आये हैं जब आपको अपना देय नहीं मिला। ऐसा विभिन्न स्तरों पर हो सकता था। सार्वजनिक जीवन के कुछ निश्चित मापदण्ड हैं जैसे जब किसी फिल्म को श्रेष्ठ निर्देशन, श्रेष्ठ अभिनेत्री, ये-वो दस पुरस्कार मिलते हैं और आपको उन दस में शामिल नहीं किया जाता तो लोग पूछते हैं, "पुरी साहब, आपको अवार्ड नहीं मिला?" तब यह और भी अपमानजनक हो जाता है। अवार्ड से तात्पर्य होता है, अच्छे काम को पहचाना जाना। क्या आप सोच सकते हैं 'दिलवाले दुल्हनिया...' को दस ट्रॉफियाँ मिली परन्तु मेरा नाम विजेताओं में नहीं था...और उससे मुझे वास्तव में गहरा दुख पहुँचा। समय-समय पर पुरस्कारों और सम्मानों का अपना महत्त्व होता है क्योंकि वे अच्छे कार्य की पहचान के प्रतीक होते हैं। कुछ काबिलियत रखने वाले किसी भी कलाकार को सम्मान मिलने पर प्रसन्नता होती है। ये आपको विश्वास दिलाते हैं कि फिल्म व्यवसाय में अभी भी आप एक ताकत हैं। परन्तु वह कभी अंतिम लक्ष्य नहीं रहा—मैं अभी भी और अधिक सीखने, और अधिक जानने के लिए कठोर श्रम कर रहा हूँ।

पाँच वर्ष के अन्तराल के बाद आदि ने अपनी अगली फिल्म 'मोहब्बतें' निर्देशित की। यश सहब के अनुरोध पर मैं इसमें अतिथि कलाकार के रूप में आया। ना, मुझे यह फिल्म 'दिलवाले दुल्हनिया...' जितनी अच्छी नहीं लगी, 'दिलवाले दुल्हनिया...' में उतनी तड़क-भड़क और चटकीलापन नहीं था परन्तु फिर भी भावनाओं को झनझना गयी। यह फिल्म सदा एक महान फिल्म मानी जाएगी। परन्तु न जाने क्यों वही निर्देशक 'मोहब्बतें' में बहुत दूर तक नहीं जा पाया। 'दिलवाले दुल्हनिया...' में मूल्यों को शक्तिशाली ढंग से दिखाया गया था और वही मूल्य 'मोहब्बतें' में कमज़ोर पड़ गये हालाँकि प्रिंसिपल उनके सम्बन्ध में बहुत बल देकर बात करता है। मेरे विचार मे आदि के मन में कहीं कमर्शियल फिल्म बनाने की योजना होगी। परन्तु अभी भी मुझे लगता है कि उसमें बहुत सम्भावनाएँ हैं। वह चिंगारी शायद सही स्थान पर नहीं पहुँची।

एक स्थापित खलनायक से एक शुभचिन्तक पिता की भूमिका में जाना एक कठिन छवि परिवर्तन था। उन सब में मैंने मिस्टर हाइड के स्थान पर डॉ. जैकिल की भूमिका की। अब मेरे व्यवहार में भी बहुत प्रत्यक्ष अन्तर आ गया था। अब मेरे सिर का गंजापन पहले ही भाँति दुष्टता से नहीं चमकता था। मेरी भेदती आँखों को अब वैसी घृणा नहीं बरसानी थी और गूँजती आवाज़ को अब स्नेह से कूकना था। तभी मुझे एहसास हुआ कि मेरे पाँवों के नीचे की ज़मीन बहुत कोमल है। यदि मैं भूमिकाओं का बहुत सोच-विचार कर चयन न करता तो वे मुझे गुमनामी में धकेल देतीं। मैंने वास्तव में सुदृढ़ चरित्रों एवं रिक्त स्थान भरने वाली चरित्र भूमिकाओं के बीच अन्तर करने के प्रयास में बहुत समय लगाया। रिक्त स्थान भरने वाली चरित्र भूमिकाओं से सामान्यतः तात्पर्य था ऐसे पिता की भूमिका, जिसे हीरो-हीरोइन के विवाह पर आपत्ति व्यक्त करनी है। मैंने ऐसी भूमिकाएँ करने से तत्काल इनकार कर दिया। ऐसा हुआ कि सावन कुमार और मैं सात वर्ष तक जब भी किसी समारोह में मिलते तो हम एक साथ काम करने की सम्भावनाओं पर चर्चा करते परन्तु ऐसा सम्भव हो नहीं पाया। फिर वर्ष 2002 के प्रारम्भ में सावन कुमार ने मुझे बुलाया और कहा, "इस बार फिल्म बनेगी क्योंकि मेरे पास एक बहुत अच्छा विषय है और केन्द्रीय भूमिका आपके लिए बहुत उपयुक्त रहेगी।"

जिस उत्साह और लगन से उन्होंने मुझे 'दिल परदेसी हो गया' की कहानी सुनाई, मैं भी बहुत उत्साहित हो गया और कुल्लू-मनाली में फिल्म की शूटिंग शुरू होने की प्रतीक्षा करने लगा। फिल्म में मुझे नायिका के पिता की भूमिका करनी थी जो पाकिस्तानी सेना में ब्रिगेडियर है। कहानी का घटना स्थल भारत-पाक सीमा थी। सावन ने कहानी की अपेक्षाओं को ध्यान में रखते हुए पिता के चरित्र की विस्तृत रूपरेखा तैयार करने की पूरी स्वतन्त्रता दी और परिणाम के प्रति वे जैसे उत्साहित रहते हैं, वह मुझे बहुत अच्छा लगता है। वे बहुत कवि-प्रवृत्ति के हैं, केवल फिल्म को निभाने के सम्बन्ध में ही नहीं अपितु गानों के मामले में भी, जो वे अपनी प्रत्येक फिल्म के लिए स्वयं लिखते हैं। कला के किसी भी कार्य के लिए रचनात्मक कल्पना की आवश्यकता होती है और सावन में वह सब है। वे सदा युवाओं की भाँति सोचते हैं और फिल्म के रोमांटिक और भावपूर्ण हिस्सों पर बहुत कोमल हृदय से विचार करते हैं। अपने मुस्कुराते एवं काव्यात्मक संकेतों से वे कलाकारों को प्रेरित करते हैं—विशेष रूप से युवा और नई प्रतिभाओं से तो वे बहुत प्रभावशाली अभिनय करवा लेते हैं।

इनमें से कुछ भूमिकाएँ तो वास्तव में बहुत गहराई से हुई हैं और उन्होंने अपनी एक छाप छोड़ी है परन्तु आपको याद नहीं रहता कि आपने कैसे काम किया था। आपको तो बस इतना याद रहता है कि यह कुछ असाधारण और असामान्य भूमिका थी। ऐसे ही कलाकारों का भी समय-समय पर विकास होता है परन्तु अन्त में नियन्त्रण रेखा केवल लेखक के हाथ में रहती है कि किसी चरित्र के कितने रंग होंगे। मुझे ऐसा लगता है कि अच्छे कहानी लेखकों का अभाव है अन्यथा इन भूमिकाओं में भिन्नता की कोई कमी न होती। किसी भी समय बॉलीवुड के पास कितनी कहानियाँ होती हैं? फिल्म को एक बार साइन कर लेने के बाद मैं अपनी सामर्थ्य से श्रेष्ठ कार्य करता हूँ और फिर उसे भूल जाता हूँ। मैं अपनी असफलताओं पर अफसोस नहीं

करता और न ही सफलताओं पर बहुत मोहित हूँ। फिल्म बनाना बिल्कुल बच्चे का पालन-पोषण करने जैसा होता है। प्रारम्भ में सब बहुत सुन्दर और प्यारा लगता है। परन्तु बाद में क्या होगा, इसका अनुमान नहीं लगाया जा सकता।

यह अत्यधिक अफसोसजनक है कि एक अपनी एक फिल्म बना लेने के बाद भी यदि बिज़नेस को सही ढंग से नहीं देखा जाता अथवा रिलीज़ का समय उपयुक्त न हो तो फिल्म फ्लॉप हो जाती है। 'शरारत' हमारे समय की एक बहुत महत्त्वपूर्ण फिल्म है। मैं वृद्धाश्रम के एक निवासी प्रजापति की भूमिका करता हूँ और अभिषेक बच्चन अपने उच्छृंखल स्वभाव के चलते अपनी एक शरारत के कारण इस आश्रम में एक माह बिताने की अनूठी सज़ा पाता है। वृद्धाश्रमों में रहने वाले लोगों की स्थिति को पर्दे पर पहले कभी नहीं दर्शाया गया। उनकी पीड़ा कभी प्रस्तुत नहीं की गयी। निःसन्देह व्यावसायिक कारणों से हमें इन वृद्धाश्रमों के वातावरण को बहुत चमक-दमक के साथ प्रस्तुत करना पड़ा। युवा पीढ़ी को यह फिल्म देखनी चाहिए, जिससे कि उन्हें एहसास हो कि उन्हें अपने बुज़ुर्गों के साथ क्या नहीं करना चाहिए? एक दिन युवा भी बुज़ुर्ग होंगे।

मुझे यह फिल्म करके बहुत अच्छा लगा। मैं इसके लिए बहुत चिन्तित था और चाहता था कि इसे वांछित सफलता मिले और यह प्रत्येक घर व हृदय तक पहुँचे। फिल्म के सेट के लिए किसी एकान्त स्थान पर एक पुराने बल्कि प्राचीन मकान की आवश्कता थी। निर्देशक गुरुदेव भल्ला ने स्विटज़रलैंड की बजाय कुल्लू-मनाली में शूटिंग करने का निर्णय लिया। उन्होंने सरकार से एक प्लॉट लीज़ पर ले कर इस पर पूरा एक घर बनाया। नदी किनारे उस मकान में बगीचा, फव्वारे आदि सब थे और इस पर दो करोड़ रुपये की लागत आई। मैं जून 2000 में अपने जन्मदिन पर वहाँ पहुँचा और उस शाम यूनिट के लोगों ने मेरा जन्मदिन मनाया। हमने 40 दिन तक बिना रुके लगातार काम किया। फिल्म 2001 में बन कर तैयार हो गयी परन्तु इसे कोई खरीदने वाला नहीं था, फिल्म अड़ गयी और रिलीज़ होने की प्रतीक्षा करती रही। मेरा विचार था कि संवेदनशील विषय के कारण यह फिल्म अच्छी चलेगी और संयोग तो देखिए, 'शरारत' उसी दिन रिलीज़ हुई जिस दिन 'देवदास' हुई थी। तमाम भव्यता के साथ 50 करोड़ की फिल्म के सामने इसे कौन देखता, दर्शक उतने ही पैसे खर्च करके बड़ी फिल्म देखना चाहते थे। क्वालिटी और विषय की दृष्टि से 'शरारत' कहीं अच्छी फिल्म थी परन्तु इसे बहुत झटका लगा और यह बॉक्स ऑफिस पर पिट गयी। मैंने चाहे इसमें बहुत अच्छा अभिनय किया हो परन्तु यदि फिल्म नहीं चली तो मेरे अभिनय का क्या लाभ? मैं एक बहुत अच्छा नट-बोल्ट हो सकता हूँ परन्तु यदि मशीन ही सही नहीं है तो उस नट-बोल्ट से क्या लाभ?

मैं इस बात पर बल देना चाहता हूँ कि उत्कृष्टता प्राप्त करना बहुत कठिन है। आपको अनेक कारकों पर निर्भर रहना पड़ता है। चाहे मैं स्टेज पर भी होता हूँ तो मुझे दूसरे कलाकारों पर निर्भर होना पड़ता है। अनेक पक्षों में तालमेल बैठाए जाने की आवश्यकता होती है। आप फिल्म रिलीज़ के समय को नियन्त्रित नहीं कर सकते। निर्माता ने यदि इसे अब रिलीज़ नहीं किया होता तो यह कुछ और महीनों के लिए ठप्प हो गयी होती और परिणामतः विभिन्न स्तरों

पर और हानि होती। हमें इसका खमियाज़ा भुगतना पड़ा। फिल्म पर हुए व्यय की वसूली की अधिक सम्भावना नहीं रही। मुझे फिल्म के रिलीज़ के बाद मिलने वाले शेष भुगतान को भूल जाना पड़ा। कल्पना करके देखिए, फिल्म के असफल हो जाने पर अभिनेता को कैसा लगता है और जब आपने सोचा हुआ हो कि यह आपकी उल्लेखनीय प्रस्तुतियों में से एक है। वह सम्पूर्ण प्रयास ही व्यर्थ चला गया और मैं जानता हूँ कि इसमें कितना कठोर श्रम किया गया था। किसी भी अन्य फिल्म के लिए मैंने लगातार इतने दिन नहीं लगाए थे। परन्तु मुझे एक भी ऐसा व्यक्ति नहीं मिला जिसने फिल्म देखी हो और कहा हो कि फिल्म बेकार है। यह बहुत भावपूर्ण फिल्म थी, बहुत अच्छी तरह से बनायी गयी और बहुत अच्छी रूप-रेखा की बढ़िया फिल्म होने के बावजूद यह नहीं चल पाई और उसी वर्ष मैंने फिल्म 'बधाई हो बधाई' में एक पंजाबी परिवार के मुखिया की भूमिका की थी। यह फिल्म भी पिट गयी। मैं निराश था कि दर्शक फिल्म में साम्प्रदायिक सद्भावना के सन्देश को ग्रहण नहीं कर पाये हैं। उन्होंने फिल्म को देखने से पहले ही अपना फैसला सुना दिया था।

डलहौजी में बाँध के निकट फिल्म 'बधाई हो बधाई' की शूटिंग के दौरान बहुत मज़ेदार वाकया हुआ। लौटते हुए हमें रास्ते में कुछ लोग मिले जो शायद पिकनिक मना रहे थे। उन्होंने जैसे ही मुझे कार में देखा तो 'रुको, रुको' चिल्लाने लगे परन्तु हम नहीं रुके और उन्होंने दो कारों में हमारा पीछा करना शुरू कर दिया। शायद वे हमसे आगे निकलकर हमें रोकना और ऑटोग्राफ लेना चाहते थे परन्तु मेरा ऐसा करने का कोई मन नहीं था। मैंने ड्राइवर से उन्हें हमसे आगे न निकलने देने के लिए कहा और ऐसा लगभग 25 किलोमीटर तक चला और विश्वास मानिए, जैसे ही हम अपने गन्तव्य पर पहुँचे तो ये दो कारें पीछे से आईं और इसमें सवार लोगों ने चिल्लाना और गालियाँ निकालना शुरू कर दिया, "क्या मुसीबत है, तुमने हमें आगे नहीं निकलने दिया।" मैंने तुरन्त पुलिस को बुलाकर कहा कि इनसे पूछिए कि ये पिछले आधे घण्टे से हमारा पीछा क्यों कर रहे हैं? पुलिस वाले उन्हें पुलिस स्टेशन ले गये और शायद उनसे पूछताछ की।

जब ऐसी परेशान कर देने वाली घटनाएँ घटती हैं तो हमें अपनी रक्षा के लिए इस प्रकार का व्यवहार करता पड़ता है। यह सत्य नहीं है कि हम लोगों से नहीं मिलना चाहते परन्तु लोग भी तो अपनी सीमाओं को नहीं जानते। अतः हम उनसे मेलजोल न बढ़ाने का प्रयास करते हैं। शूटिंग के दौरान भी जब तक मेरा निर्माता अथवा निर्देशक मुझे बाहरी लोगों के साथ फोटो खिंचवाने की अनुमति न दे, मैं ऐसा नहीं करता क्योंकि सिद्धान्त रूप में हम उस फिल्म की पोशाक एवं मेकअप को सार्वजनिक नहीं बनाना चाहते हैं और वास्तव में मेरी शक्लो-सूरत वैसी नहीं होती, मुझे विशेष प्रयासों से उस प्रकार दिखाया जाता है। फिल्म के रिलीज़ होने से पहले आप उस वेशभूषा को प्रदर्शित नहीं कर सकते। लोग सोचते हैं कि मुझमें घमण्ड है और सेट पर आने वाले प्रशंसकों के लिए स्थिति कई बार बहुत विचित्र हो जाती है।

मैं एक बार फिर असफल हो गयी अच्छी फिल्मों पर लौटता हूँ। फिल्म 'झूठ बोले कव्वा काटे' एक ऐसा ही अन्य उदाहरण है। अत्यधिक संवेदनशील और सम्माननीय फिल्म निर्माता

हृषिकेश मुखर्जी दर्शकों की बदलती रुचि और अपेक्षाओं को नहीं भाँप पाये इसलिए फिल्म नहीं चली। मैंने इसमें कठोर अनुशासन रखने वाले पिता की केन्द्रीय भूमिका की है जिसके दिल को भावी दामाद अनिल कपूर को जैसे-तैसे जीतना है। फिल्म का शीर्षक हृषिदा के परम मित्र राज कपूर की फिल्म 'बॉबी' के ज़ोरदार हिट हुए गाने से लिया गया है। मैं वर्षों से उनकी फिल्में देख रहा था। एक बार उन्होंने मुझे सन्देश भी भिजवाया कि वे चाहते हैं कि मैं उनकी फिल्म 'शौकीन' में काम करूँ परन्तु उस समय मैं कॉमेडी नहीं करना चाहता था क्योंकि तब मैं गंभीर और खलनायक की भूमिकाएँ कर रहा था। 'झूठ बोले....' की भूमिका के सम्बन्ध में मुझे हृषिदा ने कहा था कि मैं इसे गंभीरता से करूँ, कॉमेडी उसमें से स्वयं ही उभरेगी। ठीक वही हुआ और हर बार जब वे मेरी प्रशंसा करते, मैं खुशी से आसमान पर पहुँच जाता। कुशल और कसावदार सम्पादन हृषिदा की विशेषता रही है। सम्भ्रान्त और बुद्धिजीवी—दोनों ही वर्ग उन्हें एक समान रूप से चाहते हैं। उनकी फिल्मों की कहानी सदा बहुत साधारण एवं बहुत सूत्रबद्ध रही है। निर्माताओं का अपमानजनक रवैया भी फिल्म की सफलता का एक कारण था। कॉर्पोरेट बॉडी 'ट्राइस्टार' के अपने निर्धारित नियम हैं कि वे सम्पादन के बाद तैयार फिल्म निर्देशक को रिलीज़ से बहुत पहले नहीं दिखाते कि वह उसे अन्तिम रूप से कुछ सजा-संवार सके। वे इस बात को नहीं समझते थे कि फिल्मों में अनेक प्रकार से संशोधन एवं काँट-छाँट की जानी होती है। इसे ऐसे ही डब करके रिलीज़ नहीं किया जा सकता। इसकी कोई झलकियाँ नहीं दिखाई गयीं। अन्तिम चरण में काँट-छाँट न कर पाने के कारण उन्हें इस स्थिति को झेलना पड़ा। फिल्म सम्पादक की मेज़ पर बनती है। हृषिदा काफी समय से बीमारी के कारण बिस्तर पर हैं और मैं प्रायः उनसे मिलने जाया करता हूँ। बहुत लोग उनके पास नहीं जाते इसलिए वे दुखी और एकाकी महसूस करते हैं।

दूरदर्शिता के अभाव और अव्यवस्था के कारण मल्टी-स्टार फिल्में भी औंधे मुँह गिर जाती है। एक ऐसी ही बदकिस्मत फिल्म थी 'गर्जना,' जिसमें अन्य के अलावा नूतन, श्रीदेवी, विनोद खन्ना और ऋषि कपूर ने काम किया था। यह फिल्म मुझे बहुत रुचिकर घटना की याद दिलाती है। हम 1985 में किसी समय मद्रास से 45 किलोमीटर दूर मछुआरों की कालोनी के निकट शूटिंग कर रहे थे, हमने समुद्र किनारे विशाल सेट लगाया हुआ था। उस दिन किसी कारण से शूटिंग जल्दी ही हो गयी और सब लोग चले गये परन्तु मैं सूर्यास्त का दृश्य देखने के लिए वहीं रुका रहा। अचानक मैंने मुख्य सड़क से हमारे सेट की ओर आता कारों का एक काफिला देखा। सबसे आगे मर्सीडीज कार थी और पीछे अम्बेसडर कारें थीं। मैं सतर्क हो गया और सोचने लगा कि कोई विशेष व्यक्ति होगा और सोचिए तो इस मर्क में से कौन निकला? वे और कोई नहीं हमारे राष्ट्रपति ज्ञानी जैल सिंह थे। वे तमिलनाडु राज्यपाल के निमन्त्रण पर यहाँ छुट्टियाँ बिताने आये हुए थे। महाबलीपुरम से लौटते हुए उन्होंने इस सेट को देखने की इच्छा व्यक्त की थी। ज्ञानी जी ने जैसे ही मेरा अभिवादन किया मैं चकित रह गया। मैंने हाथ जोड़कर उनसे 'सत श्री अकाल' कहा और उन्होंने मुझे गले से लगाते हुए कहा, "ओह जी, मैं इतने लम्बे समय से तुम्हारी फिल्में देख रहा हूँ, तुम कैसे बढ़िया कलाकार हो।" मुझे समझ

नहीं आ रहा था कि मैं कैसे प्रतिक्रिया करूँ। वे वहाँ आधा घण्टे ठहरे और अन्य तकनीकी स्टाफ से भी मिले। उन्होंने घूम-घूमकर सैट को देखा और फिल्म की कहानी पर भी चर्चा की। जो लोग जल्दी चले गये थे, उन्हें जब राष्ट्रपति के आने की जानकारी मिली तो बहुत दुख हुआ।

दुर्भाग्य से इस फिल्म निर्माता का अनेक स्थानों पर धन डूब गया और इसी तनाव के चलते उसकी मृत्यु हो गयी। तब उसके बेटे ने काम सँभाला, वह रोता हुआ हमारे पास आया है कि उसका सब कुछ समाप्त हो गया है। फिल्म को रिलीज़ करने के लिए उसे कलाकारों को भुगतान करना होगा। उसने हम सबसे अपनी फीस माफ कर देने का अनुरोध किया और हमने कर दी। परन्तु निर्माता की अन्य और देनदारियों के चलते फिल्म कभी रिलीज़ नहीं हो पायी।

और रतन इरानी की काफी अच्छी बनायी गयी परन्तु रिलीज़ न हुई फिल्म 'कश्मीर हमारा है' एक ऐसा ही अन्य उदाहरण है। मैंने फिल्म में हिन्दू दूधिए की पोज़िटिव भूमिका की है, उसकी तीन बेटियाँ हैं। यह कश्मीरी पण्डित जब-तब भगवान के साथ बतियाता है कि जब वह इतना निर्धन है तो उसे अपनी बेटियों के भावी पति कैसे मिलेंगे। फिर उसे आतंकवादी ताकतों के चलते विवश होकर घाटी को छोड़कर जाना पड़ता है, चाहे हिन्दू और मुस्लिम इकट्ठे होकर उन दंगाइयों को खदेड़ देते हैं। फिल्म पर कुछ घटिया टिप्पणियाँ की गयीं कि यह फिल्म लीक से हटकर है, जबकि आजकल ऐसी फिल्में तीन करोड़ के बजट में बनायी जा रही हैं जो कि बहुत कम है। एक समय था जब 1970 में आठ से नौ लाख रुपये तक का बजट हुआ करता था। अब पैसे की जो कीमत है, उसमें पाँच लाख शायद पाँच करोड़ रुपये होंगे। इसका अर्थ यह है कि जिनमें आज भी रचनात्मक है, वे उसी पद्धति पर फिल्में बनाने का प्रयत्न कर रहे हैं। परन्तु यह फिल्म डिब्बों में बन्द रही और वित्तीय समस्याओं के कारण रिलीज़ नहीं हो सकी। कश्मीर में 1996 में दस वर्ष के अन्तराल के बाद शूटिंग हुई थी और मुख्यमंत्री डा. फारूख अब्दुल्ला चूँकि मुझे निजी रूप से जानते थे, उन्होंने श्रीनगर और इसके आस-पास समस्त सुरक्षा प्रबन्ध करने का आश्वासन दिया था।

मैं जब श्रीनगर में शूटिंग कर रहा था तो तो गुलज़ार साहब चाहते थे कि मैं उनकी एक फिल्म में काम करूँ। मैं बहुत प्रसन्न और प्रफुल्ल था कि बम्बई से वे विशेष रूप से स्वादिष्ट आम ले कर आये थे। इन्होंने मुझे कहानी सुनाई परन्तु मुझे अपनी भूमिका पसन्द नहीं आई। मैंने उनसे पूछा कि वे मुझे एक कलाकार के रूप में लेना चाहते हैं अथवा अमरीश पुरी को लेना चाहते हैं। उन्होनें बहुत स्पष्ट कहा कि उन्हें एक व्यक्तित्व चाहिए, एक अभिनेता नहीं। वे भूमिका में मेरे व्यक्तित्व को लेना चाहते थे अन्यथा तो कोई भी कलाकार वह भूमिका कर सकता था। मैंने उन्हें कहा कि मैं उनका बहुत सम्मान करता हूँ परन्तु मैं इस भूमिका को स्वीकार नहीं करूँगा, उन्होंने मेरी स्पष्टवादिता की प्रशंसा की। ये बहुत कठिन क्षण होते हैं क्योंकि उचित कारण से किये गये इनकार को गलत ढंग से लेते हुए यह समझा जा सकता है कि मैं बहुत भाव और घमण्ड दिखा रहा हूँ अथवा बहुत चुन कर काम कर रहा हूँ लेकिन आपको भूमिका का चयन बहुत ईमानदारी से करना होता है।

फिल्म 'शहीद उधम सिंह' में एक सूफी की विशेष भूमिका एक ऐसा ही चयन था। यह

एक ऐसा व्यक्ति था जिसका जन्म एक मिशन को पूरा करने के लिए हुआ है और जो इस मिशन के लिए जीता है, साँस लेता है, अपने मिशन के लिए जीता-मरता है क्योंकि उसे अपने देश और देशवासियों के प्रति अथाह स्नेह है। यह महान देशभक्त अपने असाधारण साहसिक कारनामे के कारण इतिहास में स्थान पा जाता है परन्तु उसे वह उपयुक्त और उच्च सम्मान प्राप्त नहीं हुआ जिसका वह हकदार था। यह भूमिका राज बब्बर ने की थी। जब मुझे कोई विषय पसन्द आता है तो संक्षिप्त भूमिका भी मुझे आकृष्ट करती है। ऐसी ही एक और ऐतिहासिक फिल्म थी 'वो तेरा नाम था'। इसमें 1950 का भोपाल दिखाया गया है, मैंने फिल्म में नायिका के पिता उस्ताद समद खाँ की भूमिका की है। वह अपने समय का शास्त्रीय गायक है, जिसने सार्वजनिक रूप से गाना बन्द कर दिया था क्योंकि उसे लगता है कि लोग इस कला को उपयुक्त सम्मान नहीं दे रहे, वे केवल मनोरंजन के लिए 'महफिलों' अथवा कार्यक्रमों में आते हैं या फिर शास्त्रीय संगीत के प्रति रुचि का दिखावा करने के लिए आते हैं। यह आज और भी सत्य प्रतीत होता है। कुक्कु कोहली ने इस संवेदनशील विषय को बहुत सुन्दर ढंग से निर्देशित किया और निभाया। उसमें नई प्रतिभाओं को बढ़ावा देने की महारत है, इस फिल्म में भी उसने दो नायकों और नायिका के लिए नये चेहरों को लिया है। फिल्म के संगीत ने फिल्म के विषय को और भी निखार दिया।

एक ऐसा दौर भी आया जब मैंने क्षेत्रीय फिल्मों में काम किया। विभिन्न भाषाओं ने मेरे अभिनय की साख को कसौटी पर कसने का बहुत अच्छा काम किया। भाषा, लोग, विषय का सार एवं आत्मा जैसे जाने-पहचाने वातावरण में काम करना बहुत आसान और सुविधाजनक होता है। क्षेत्रीय फिल्मों की यूनिट से मुझे ऐसा सहयोग और प्रोत्साहन मिला कि मुझे एहसास ही नहीं हुआ कि मैं बाहर से आया व्यक्ति हूँ। कुल मिलाकर मेरी एकाग्रता बढ़ गयी, मैंने भूमिका पर अधिक ध्यान केन्द्रित किया और मुझ में और अधिक कठोर श्रम करने की इच्छा जाग्रत हुई। मुझे सही-सही तो याद नहीं कि कब परन्तु अनेक बार ऐसा हुआ जब मैं संवाद के लिए एक प्रकार की अभिव्यक्ति देता, परन्तु उस संवाद का अर्थ इस अभिव्यक्ति से पूर्णतः भिन्न होता था। वातावरण में एक झेंप, हिचकिचाहट थी कि आगे क्या होगा अतः मैं 'एक्शन और रिएक्शन'—फिल्म के दृश्य भाग पर, जिसमें संवाद बोले जाने होते थे—अधिक विचार-विमर्श करता था। उस समय पर मुझे वह अतिरिक्त जानकारी प्राप्त हुई थी। शायद इसका अर्थ यही था कि कहीं अचेतन स्तर पर मैं भाषाई फिल्मों में भी अपनी छाप छोड़ना चाहता था, अन्यथा उन फिल्मों में काम करने के लिए मुझे प्रेरित करने वाली क्या चीज़ थी?

पहला मज़ेदार अनुभव दो बंगाली फिल्मों को करने का था। बंगाली अपनी संस्कृति की कोमलता के लिए प्रसिद्ध हैं। 'बन्दी' फिल्म में मुझे हृष्ट-पुष्ट शारीरिक गठन के साथ अपने व्यक्तित्व को एक युवा व्यक्ति के अनुरूप बनाना था। रोमांटिक प्रस्तुति वाला यह एक काल्पनिक चरित्र है और 'बिन्दु' ने उसकी प्रेमिका की भूमिका की है। दूसरी फिल्म 'तीन मूर्ति' ठीक इसके विपरीत थी जिसमें मैंने तीन नायकों— धर्मेन्द्र, डैनी और विक्रम के सामने एक ठेठ खलनायक की भूमिका की है। ये दोनों फिल्में 1970 वे दशक के मध्य में बनी। आपको

यदि कहानी का हिन्दी अनुवाद दे दिया जाये तो आप पात्र के सूक्ष्म पहलुओं को जान सकते हैं, आपको चरित्र की कल्पना करने से सहायता मिलती है, इससे प्रस्तुति में भी जान आती है। मैं ठीक-ठाक डबिंग कर सका था, बंगाली बहुत मीठी भाषा है। उसी दशक में जब मैंने मराठी फिल्म, 'शान्तता! कोर्ट चालू आहे' में एक दृष्टिहीन व्यक्ति की भूमिका की तो इसे करना वास्तव में मेरे लिए कोई समस्या नहीं था क्योंकि मैं इस भाषा को जानता था। परन्तु विडम्बना देखिए, मुझे फिल्म में बोलना नहीं था और ट्रेन में मेरे सामने बैठी नायिका को खाली-खाली भाव शून्य आँखों से देखते रहना था।

इसके बाद 1970 के दशक के अन्त में मैंने एक बहुत ही मर्मस्पर्शी फिल्म 'चन्न परदेसी' की। यह एक पूरी हिन्दी फिल्म की भाँति बनायी गयी थी। इसका बजट बहुत अधिक था, फिल्म में राजबब्बर, रमा विज, ओम पुरी, कुलभूषण खरबन्दा, सुषमा सेठ आदि सितारों की भरमार थी। यह अब तक बनी पंजाबी की बेहतरीन फिल्म मानी जाती है। इसका निर्देशन राजकपूर के असिस्टेंट रविन्दर पीपट द्वारा किया जाना था। परन्तु यूनिट के पंजाब रवाना होने के ठीक दो दिन पहले उसे पता चला कि वह बम्बई छोड़कर नहीं जा सकता, राजकपूर ने इसकी अनुमति नहीं दी थी और उसे बुला लिया गया था। अतः पीपट ने यह दायित्व चितरार्थ को सौंप दिया था। वह एक नया उभरता हुआ निर्देशक था, बाद में उसने फिल्म 'शहीद उधम सिंह' का निर्देशन भी किया था। प्रारम्भ में वह थोड़ा घबराया हुआ था परन्तु उसने इस काम को पूरा किया। 'वारिस' का निर्देशन कर चुके पीपट को लगा कि फिल्म का क्लाइमैक्स ठीक से नहीं बना है अतः उसने इसकी पुनः शूटिंग की और फिल्म एक मील का पत्थर बन गयी।

पंजाबी फिल्म 'बल्ले-बल्ले' करते हुए निश्चित ही मुझे बहुत सरल लगा था क्योंकि पंजाबी मेरी मातृभाषा होने के कारण इसकी सूक्ष्मताओं को पकड़ पाना सरल था और पंजाबी फिल्मों के चरित्र भी बहुत शक्तिशाली होते हैं। यह मेरे व्यक्तित्व के अनुरूप था और मैं अपनी पूरी रौ में था। मुझे नहीं लगता कि कोई पंजाबी फिल्म 'चन्न परदेसी' जैसे बनायी गयी है। यह फिल्म 'फिनिश' और 'क्वालिटी' की दृष्टि से किसी भी ए ग्रेड फिल्म के समान थी और इसका सम्पूर्ण प्रभाव भी बहुत बढ़िया था अन्यथा तो ये सी ग्रेड फिल्में होती हैं और किसी मापदण्ड पर पूरी नहीं उतरतीं। संसाधनों के अभाव के कारण प्रतिभा प्रभावित हो जाती है और उसमें वह सफाई नहीं आ पाती। परन्तु यह फिल्म तकनीकी दृष्टि से बहुत अच्छी थी। फिल्म के जानदार और कसे हुए विषय के साथ-साथ कलाकारों द्वारा बहुत कुशलता से की गयी अपनी-अपनी भूमिकाओं ने इस फिल्म को ज़ोरदार सफलता दिलवाई थी। 'प्रेजिडेंट अवार्ड' प्राप्त करने वाली यह पहली पंजाबी फिल्म है। इसमें मेरा अभिनय एक बार फिर बहुत ज़ोरदार बन पड़ा था। पंजाब में प्रत्येक परिवार यह फिल्म देख रहा था परन्तु क्षेत्रीय भाषा की फिल्म होने के कारण इसका दर्शक वर्ग बहुत सीमित रहा और यह उतने बड़े स्तर पर नहीं देखी गयी। एक बार मुझे चण्डीगढ़ विश्वविद्यालय में आमन्त्रित किया गया था और मुझे देखकर लड़कियाँ भाग खड़ी हुई थीं। एक समय था जब मुझे लड़कियों को देखकर पसीना आता था और मुझमें उनसे मित्रता करने का साहस नहीं था।

यह फिल्म एक छोटी-सी कहानी पर आधारित है जो पटियाला की है। मैं इसमें न्याय का ढोल पीटने वाले एक घमण्डी निःसन्तान जागीरदार की भूमिका में हूँ वह दूसरे किसान की पत्नी की ओर आकृष्ट हो जाता है और वह खेतों में उसका शील भंग करता है। एक दिन वह महिला जागीरदार के घर में एक समारोह के दौरान उसे यह बताने आती है कि वह गर्भवती है, परिवार में यह समारोह भी जागीरदार की पत्नी के गर्भवती होने की खुशी में हो रहा है। अब जागीरदार के दो बच्चे हो जाते हैं। उसकी पत्नी बेटी को जन्म देती है और दूसरी महिला अवैध बेटे को। कहानी एक नाटकीय मोड़ लेती है और जब ये लड़का और लड़की एक दूसरे को चाहने लगते हैं, वे नहीं जानते कि वे सौतेले भाई-बहन हैं। इससे पिता के सामने गंभीर समस्या खड़ी हो जाती है, अन्त में यह दुविधा है कि वह किसे मारे और किसे स्वीकार करे। फिल्म के संवाद बहुत हिला देने वाले थे। अन्ततः जागीरदार हत्या करता है और जेल भेज दिया जाता है। इस भ्रम को समाप्त नहीं किया गया है और यह फिल्म के आकर्षण को बढ़ाता है। अत्यधिक नेगेटिव झलक लिये यह पात्र अन्त में सबकी सहानुभूति प्राप्त करता है। ऐसे सामाजिक विषय के लिए यह सच ही एक 'दिलदार' फिल्म थी और यह सदा मेरी प्रिय फिल्मों में से एक बनी रहेगी।

मैंने कभी 'हाथापाई' के साथ बलात्कार के दृश्य नहीं किये हैं परन्तु उन्हें सदा सांकेतिक ढंग से किया है। जैसे इस फिल्म में महिला खेतों में अकेली होती है और मैं अपने घोड़े पर सवार वहाँ पहुँच जाता हूँ और उसके चारों ओर चक्कर लगाता हूँ। वह महिला डर कर भागने का प्रयत्न करती है परन्तु उसका दुपट्टा फँस जाता है। इस दौरान मैं घोड़े से उतरकर उसके दुपट्टे पर पैर रख लेता हूँ और तब दृश्य को आगे बढ़ाते हुए चहचहाते और उड़ते पक्षी दिखाये गये हैं। सांकेतिक और स्पष्ट दृश्यों में बहुत अन्तर होता है। हम लोग सांकेतिक फिल्मांकन करते थे जबकि आज उसे अशिष्ट ढंग से दिखाया जाता है। मैंने सदा अपने निर्देशकों को ऐसे दृश्यों को अधिक सुसंस्कृत ढंग से करने के लिए प्रेरित किया। इसलिए नहीं कि मैं ऐसा करना चाहता था अथवा उन दृश्यों को करना अपनी हेठी समझता था परन्तु इसलिए कि वे कहानी की आवश्यकता के अनुसार होने चाहिए। उनका उद्देश्य केवल मेरे शारीरिक बल को प्रदर्शित करना न हो। कहानी को आगे बढ़ाने के लिए एक संकेत ही पर्याप्त होता है। असमंजस और जिज्ञासा का तत्त्व ही कहानी को आगे बढ़ाता रहता है। यह कोई सेक्स फिल्म नहीं है। इस प्रकार बहुत रुचिकर स्थितियों का सामना करना पड़ता है। मैंने देखा कि कुछ भी महत्त्व रखने वाला चरित्र अभिनेता इन दृश्यों को हल्का करने के लिए किस सीमा तक निर्देशकों को सहमत कर लेता है। कुछ अन्य फिल्मों में भी मैंने ऐसा करने का प्रयास किया किन्तु अपने निर्देशकों के निर्णय को नहीं बदलवा पाया। कई बार तो मुझे विस्तार से इसका उद्देश्य समझा दिया जाता था कि यदि बच्चा बलात्कार का दृश्य देखेगा नहीं तो कैसे उसमें बड़े होकर बदले की भावना उत्पन्न होगी। उस स्थिति में भी हम इस दृश्य को दूर से दिखाते थे। एक-एक एक्शन पर कैमरा फोकस नहीं किया जाता था, इससे हम दृश्य को अशिष्ट की बजाय कलात्मक बना सका करते थे। परन्तु यह इस बात पर निर्भर करता है कि आपका किसी

निर्देशक के साथ कितना तालमेल है और सौभाग्य से मेरी ऐसे निर्देशकों, जो एक निश्चित स्थान रखते हैं, के साथ सदा बातचीत रही है। इस प्रकार आप स्वयं को ऐसे निर्देशकों के साथ जोड़कर अपने स्तर को भी बढ़ाते हैं।

मैंने 1973 में 'काडू' से प्रारम्भ कर छह कन्नड़ फिल्में कीं। इसके बाद मुझे 1977 में 'मुत्तन्ना कन्नगण' से उनकी एक फिल्म में स्पेशल अपीयरैंस का आमन्त्रण मिला। इसके बाद 1979 में मैंने 'गंदाहिरून्द' में एक विस्तृत नेगेटिव भूमिका की। फिल्म का नाम दो सिर वाली पौराणिक चील पर है जिसे मैसूर का राजघराना अपने चिह्न के रूप में प्रयुक्त करता है। यह चार बार राष्ट्रीय अवार्ड प्राप्त करने वाले निर्देशक एस वी राजेन्द्र सिंह की एक साहसिक फिल्म थी। इस पर 40 लाख रुपये का व्यय हुआ था क्योंकि यह बहुत व्यापक स्तर पर बनायी गयी थी और इसमें 'जूली' से प्रसिद्ध हुई लक्ष्मी, शंकर नाग और अम्बरीश जैसे स्टार कलाकार थे। मैंने उनके साथ एक द्विभाषी फिल्म भी की जो कन्नड़ में 'लव' और तेलुगू में 'प्रेम नगर' शीर्षक से बनी थी। कई बार आपके मस्तिष्क में कुछ यादें रह जाती हैं और कुछ फिल्में मैं उन पुराने सम्बन्धों के कारण भी करता हूँ। जैसे एस वी राजेन्द्र सिंह के लिए मैंने तीन फिल्में कीं। अम्बरीश ने मेरे साथ 'सिम्हादि मारे सरिए' और 'सुब्बी सुब्बक्का सुवल्लि' में भी काम किया। बाद में कुछ मुख्य भूमिकाएँ करने के बाद वह फिल्मों को छोड़ राजनीति में चला गया और कर्नाटक सरकार में मंत्री भी बना।

इससे भी मुझे कलाकार और सह-कलाकार के बीच सम्बन्धों की याद आती है। यदि आप अपने सह-कलाकार के साथ सहज अनुभव नहीं करते तो आप कभी भी वैसा अभिनय नहीं कर सकते, जैसा चाहते हैं। मुझमें स्वयं को परिस्थितियों और सह-कलाकारों के अनुसार ढालने की क्षमता है और मैंने अब तक कोई भी फिल्म इसलिए करने से इनकार नहीं किया कि मैं अपने सहकलाकार के साथ सहज अनुभव नहीं करता था। इसका केवल एक अपवाद है जब 25 वर्ष पूर्व मुझे एक तमिल फिल्म में अभिनय करने के लिए मद्रास बुलाया गया था। इस समय रजनीकान्त एक स्टार के रूप में उभर रहा था। निर्माता मेरी फीस के सम्बन्ध में पहले ही मुझसे चर्चा कर चुका था। वह बहुत स्पष्ट था कि रजनीकान्त सफलता में मुझसे थोड़ा ऊँचा था। यह उसके स्टाइल और हाव-भाव से भी स्पष्ट दिखाई देता था। मेरा जब रजनीकान्त से परिचय करवाया गया तो उसने अपनी श्रेष्ठता दिखाते हुए ऐसे भयानक ढंग से मुझे देखा और कहा, "इस फिल्म में एक-दूसरे को देखेंगे।" उसके बोलने के ढंग को देखकर मुझे लगा कि मुझे यदि उस जैसे व्यक्ति के साथ शूटिंग करनी पड़ी तो क्या होगा? मैं यह सोचने लगा कि सेट पर काम करना कठिन हो जायेगा क्योंकि तमिल मेरी भाषा नहीं है और मुझे उसकी सहायता की आवश्यकता होगी। जब ऐसे विचार मेरे मस्तिष्क में घुमड़ रहे थे तो रजनीकान्त इधर-उधर उछल-कूद रहा था और जाने से पहले एक बार फिर उसी हेय भाव से मुझे देखा। मैं अगले दिन बम्बई रवाना हो गया और निर्माता को फोन करके खेद जताते हुए कहा कि मैं फिल्म में काम नहीं कर सकूँगा।

मैंने इस आधार पर यह फिल्म छोड़ दी थी और निर्माता भी सहमत था कि वह स्थिति

बहुत झेंपपूर्ण होगी। परन्तु मैंने रजनीकान्त के प्रति कोई दुर्भावना नहीं रखी और बाद में हमने सात-आठ हिन्दी फिल्मों में इकट्ठे काम किया। उसे हिन्दी फिल्मों में काम करने की कोई आवश्यकता नहीं थी। बस ऐसे ही उसने किया, 'अन्धा कानून' में हमारे बीच एक बहुत रोचक लड़ाई का दृश्य है। मैंने बहुत बाद में रजनीकान्त को वर्षों पहले की बात बतायी। अब क्योंकि हम अच्छे मित्र हैं तो उसने उसके लिए माफी माँगी। मैं उसका बहुत आदर करता हूँ। वह अब बिलकुल बदल गया है, उसका अहं हल्का पड़ गया है। मैंने उसके लिए भी एक फिल्म की। उसने मेरे साथ बहुत अच्छा व्यवहार किया। अन्ततः मेरा यह विचार सुदृढ़ हो जाता है कि सभी अच्छे कलाकार अच्छे इनसान भी होते हैं। अब रजनीकान्त का झुकाव आध्यात्मिकता की ओर हो गया है और वह एक साधु की भाँति रहता है इसीलिए उसने तीन वर्ष के बाद 'बाबा' फिल्म बनायी और फिल्मों से लगभग संन्यास ले लिया।

वास्तव में यह रजनीकान्त ही था जिसने 1990 के प्रारम्भ में तमिल फिल्म में शक्तिशली नेता की असाधारण भूमिका में मुझे लेने के लिए मणिरत्नम से सिफारिश की थी। 'तलपथि' नाम की यह फिल्म बहुत शक्तिशाली और सफल फिल्म थी। मेरे साथ रजनीकान्त और ममूटी थे। मणि ने देखा कि चरित्र के लिए मैं बहुत उपयुक्त था। मैंने केवल मणि के लिए इस अतिथि भूमिका को स्वीकार किया। मैं उन्हें बहुत ऊँचा दर्जा देता हूँ। प्रत्येक निर्देशक का अपना स्टाइल होता है। एक ही प्रकार के विषय को विभिन्न निर्देशक भिन्न-भिन्न ढंग से निभाते हैं क्योंकि प्रत्येक व्यक्ति की कल्पना भिन्न होती है। जैसे 'वन्दे मातरम' के कितने ही संस्करण हैं परन्तु ए. आर. रहमान ने उसे जैसे संगीतबद्ध किया है वह पूर्णतः भिन्न है और आपका आह्वान करता लगता है। इसी प्रकार मणि भी अपनी कल्पना का बहुत कलात्मक प्रयोग करते हैं और उनके दृश्य बहुत विश्वसनीय लगते हैं। मैं इसे शब्दों द्वारा और व्यक्त नहीं कर सकता। वे भिन्न हैं, बहुत भिन्न हैं। कई बार आप उस भिन्नता का वर्णन नहीं कर सकते हैं। कहानी को फिल्माने का उनका सम्पूर्ण ढंग ही श्याम बेनेगल अथवा गोविन्द निहलानी से इतना भिन्न है। उनमें व्यापारिकता एवं कलात्मकता का मिश्रण है। उनके गाने बहुत भावपूर्ण और चित्रात्मक ढंग से फिल्माये गये होते हैं। अभिनेता में यदि चीज़ों को सूक्ष्मता से देखने का गुण होना चाहिए तो निर्देशक में यह गुण उससे दो गुणा होना चाहिए। अभिनेता को केवल अपने चरित्र के विषय में सोचना होता है जबकि निर्देशक को उसके मार्गदर्शन में काम कर रहे समस्त चरित्रों के सम्बन्ध में सोचना होता है। उनके साथ काम करते हुए मैंने समझा कि निर्देशन के दौरान आपको चरित्रों में गहरे डूबना होता है और केवल अपनी ही नहीं अपितु अभिनेताओं को आ रही समस्याओं को भी पहचानना होता है, तभी निर्देशक सम्पूर्ण होता है। मणि के साथ काम करते हुए मैंने एक अभिनेता के रूप में कुछ और बातें भी सीखीं तथा उनसे मेरी चरित्र की समझ और बेहतर हो गयी।

दक्षिण के बच्चन के रूप में विख्यात सुपर स्टार चिरंजीवी की पहल पर मुझे तेलगू फिल्मों में भी अभिनय के लिए बुलाया गया। मैंने उनके साथ फिल्म 'कोण्डावीती डोंगा' में काम किया, यह एक डाकू के जीवन पर आधारित फिल्म थी और इसका निर्देशन ए. कोंडडां रामी रेड्डी ने

किया था, दूसरी ओर निर्देशक के. राघवेन्द्र राओ ने मुझे अपनी फिल्म 'जगलोक वीरादु अतिलोक सुंदरै' (इस ज़मीन पर सर्वाधिक शक्तिशाली और सुन्दर व्यक्ति) में फिट करने के लिए मुझे सही रूपाकार देने में गहरी रुचि ली। मैं एक बार फिर नेगेटिव भूमिका कर रहा था। इसमें मेरे साथ चिरंजीवी थे जो बहुत पेशेवर ढंग से काम करते हैं। यह बहुत बढ़िया फिल्म थी। मैं तेलुगू में संवादों को समझ नहीं पाता था परन्तु फिर भी मैंने उन सबकी डबिंग अपनी ही आवाज़ में की थी। बाद में तेलुगु फिल्मों में भी मेरी डबिंग के सम्बन्ध में कभी कोई आलोचनात्मक टिप्पणी नहीं की गयी थी। फ़िल्म 'निप्पु रव्वा' में मैंने बालकृष्ण के साथ खलनायक की भूमिका की है। वे आन्ध्र प्रदेश के स्वर्गीय मुख्यमंत्री एन टी रामा राव के बेटे हैं। बाला ने मेरा परिचय एक ड्रेस डिज़ायनर हेमन्त साब्ला से करवाया। उसके लेबल का नाम 'बिग शॉट' है। हम गहरे मित्र बन गये। जब भी मैं शूटिंग के लिए हैदराबाद जाता, उसके साथ ज़रूर समय बिताता। एक बार हम हैदराबाद में फिल्म 'चाइना गेट' की शूटिंग कर रहे थे और मैं फिल्म 'विरासत' के लिए फिल्म फेयर अवार्ड लेने बम्बई गया। शूटिंग के लिए हैदराबाद लौटने पर हेमन्त ने एक खुली पार्टी दी, जिसमें 'चाइना गेट' के सभी एक सौ यूनिट सदस्यों को उसने चुनीन्दा मिठाइयाँ खिलाईं। आज तक वह जब भी अपने परिधानों के व्यवसाय के लिए मेरे शहर में आता है तो मुझे मिलकर जाना नहीं भूलता। मैं बहुत आसानी से बहुत मित्र नहीं बनाता परन्तु एक बार मित्रता कर लेने पर मैं उन सम्बन्धों को बनाये रखने का भरपूर प्रयास करता हूँ।

साथ ही, तेलुगु फिल्मों में निभायी गयी समस्त नेगेटिव भूमिकाओं से मेरा पूर्ण एकात्मय हो गया था क्योंकि सभी संवाद स्वयं मैंने बोले थे। शायद इसीलिए तेलुगु फिल्मों में मेरी माँग बहुत थी कि समस्त डबिंग मैं स्वयं करता था यद्यपि आज तक मुझे यह भाषा नहीं आती। मैं नहीं जानता कि वह सब मैंने कैसे किया परन्तु अच्छा काम करने के लिए मैंने कठोर श्रम किया और सर्वाधिक रोचक चरित्र मुझे 'मेजर चन्द्रकान्ता' में करने को मिला। इसमें एन. टी. आर. मुख्य भूमिका में थे। वह एक सफल मेजर था और मुझे उससे ईर्ष्या होती थी तथा मैं उस साख को गिराने का भरपूर प्रयास करता था। मुझे याद है जब भी वे मुझसे मिलते तो बहुत स्नेह करते। एक महान व्यक्ति और एक महान इनसान थे वे। उन्होंने मेरी हिन्दी फिल्में देखी हुई थीं। वे मेरी उपलब्धियों के विषय में जानते थे और बहुत प्रसन्न थे कि मैं उनके साथ काम कर रहा हूँ। उन्होंने सदा मुझे प्रोत्साहित किया, शब्दों का अनुवाद करने में वे मेरी सहायता करते, उनके अर्थ मुझे विस्तार से बताते जिससे कि मेरी भूमिका में विश्वसनीयता और सहजता आ सके। वह तो होना ही चाहिए क्योंकि शब्दों में छिपे अर्थों को जाने बिना आप संवाद की सही अभिव्यक्ति कैसे कर पायेंगे अथवा आप पूर्णतः गलत भावों को व्यक्त करेंगे। 'मेजर चन्द्रकान्ता' मेरी अन्तिम क्षेत्रीय फिल्म थी।

आन्ध्र प्रदेश में मेरा सम्पर्क एक और महत्त्वपूर्ण कलाकार नागेश्वर राओ से हुआ। वे टी रामा राओ की फिल्म 'मैं इन्तकाम लूँगा' के हैदराबाद में सैट पर हमसे मिलने आये थे। मैं धर्मेन्द्र के साथ शूटिंग कर रहा था। उन्होंने हम दोनों को अपने घर पर रात्रिभोज के लिए

आमंत्रित किया। उन्होंने हमें एक कमरा दिखाया जिसमें अपने लम्बे उतार-चढ़ाव के कैरियर के दौरान उन्हें मिली 300 चाँदी की ट्रॉफियाँ रखी हुई थीं। मैंने उनके बेटे नागार्जुन राव के साथ भी काम किया है। दक्षिण भारत के समस्त अभिनेताओं में मैंने एक बात देखी है कि वे कितने भी समृद्ध और सफल क्यों न हो, बहुत साधारण जीवन व्यतीत करते हैं।

मुझे मलयालम फिल्मों के मोहन लाल के साथ भी प्रियदर्शन द्वारा निर्देशित फिल्म 'सज़ा-ए-काला पानी' में काम करने का अवसर मिला। मेरे विचार में यह एक उत्कृष्ट ऐतिहासिक फिल्म है जिसकी कुछ शूटिंग अंडेमान उपद्वीप की सेल्युलर जेल में हुई है और मुझे वे सब पोज़िटिव भूमिकाएँ देने वाले इस निर्देशक ने स्वयं भी आजीवन कारावास की सजा भुगत रहे क्रूर जेल वार्डन के रूप में मुझसे बेहतरीन अभिनय करवाया। उन अँधेरी कोठरियों को देखकर लगता है, कैदी कैसे उनमें रहते होंगे। यह उनके लिए जीते-जी मृत्यु होती होगी। उस समय के अपराधियों के इलावा बरतानवी शासन काल के कुछ राजनैतिक कैदियों को भी वहाँ सड़ने-मरने के लिए छोड़ दिया गया था। मैं उनका हाल सोच कर भी काँप गया, मेरी हड्डियों तक झनझनाहट चली गयी।

मोहन लाल एक ऐसे अभिनेता हैं जिन्होने शायद सर्वाधिक विविध भूमिकाएँ की हैं। जितनी सरलता से वह चरित्र करते हैं, वह अविश्वसनीय सा लगता है। उनका चेहरा अनगिनत भावों को अभिव्यक्त करता है। मैं उन्हें भूमिका की तैयारी करते और काम करते देखता था। एक दृश्य में उन्हें पत्थरों की चट्टानों में काम करने वाले एक कैदी के रूप में मेरे जूते साफ करने थे। वे यह करने आते हैं तो मैं उन्हें चाटकर मेरे जूते साफ करने का आदेश देता हूँ। मैंने अन्य कलाकारों के साथ शर्त लगाई कि यह दृश्य करना उनके लिए बहुत कठिन होगा परन्तु मोहन लाल के साथ ऐसा नहीं था। निःसन्देह जूतों को भली प्रकार से साफ कर दिया गया था और चाटने से पूर्व जूतों पर कुछ खाई जा सकने वाली धूल छिड़क दी गयी थी और मोहनलाल ने बिना झेंपे जूतों को चाट लिया। महान और समर्पित कलाकारों में ऐसे गुण होते हैं। परन्तु रजनीकान्त, कमल हसन, चिरंजीवी और मोहन लाल जैसे दक्षिण के अनेक कलाकार, जो अपनी भाषाई फिल्मों में नम्बर वन कलाकार रहे हैं, हिन्दी फिल्मों में अपनी छाप नहीं छोड़ पाये। उन्होंने प्रयास तो किया लेकिन सफल नहीं हुए। मुझे नहीं मालूम क्यों, परन्तु ऐसा ही हुआ है यद्यपि दक्षिण की अनेक महिला कलाकारों ने मुख्य भूमिकाओं में बड़ी सफलता प्राप्त की है।

मेरे लिए यह बहुत सन्तोष की बात थी कि मुझे दक्षिण में भी बहुत अच्छे से पहचाना जाने लगा था और लोग मुझे याद करते हैं। जब भी मैं आन्ध्र प्रदेश अथवा तमिलनाडू जाता हूँ तो वे ये सोचकर कि मैं उनकी भाषा जानता हूँ, मुझसे बातचीत करना शुरू कर देते हैं। परन्तु मैं जब उन्हें बताता हूँ कि मैं तेलुगु अथवा तमिल नहीं जानता तो वे बहुत चकित रह जाते हैं। वे मेरी किसी फिल्म का उदाहरण देते हुए कहते हैं कि मैंने उसमें कितने अच्छे से तेलुगु अथवा तमिल भाषा बोली थी। थोड़ी देर में जब वे यह समझ जाते हैं तो वे मेरी हिन्दी फिल्मों पर चर्चा करने लगते हैं कि कौन सी भूमिका उन्हें अच्छी लगी और कौन-सी अच्छी

नहीं लगी। एक बार मैं हैदराबाद में था, मैं शिवसागर डैम देखने चला गया। वहाँ एक दम्पत्ति टहल रहा था। जैसे ही उस महिला ने मुझे देखा वह इतनी प्रसन्न हो गयी कि उसने अपने पति के साथ तेलुगु में बात करना शुरू कर दिया और हाथों से तमाम प्रकार के इशारे करने लगी। उसके पति, जो थोड़ी बहुत उर्दू और हिन्दी जानता था, ने मुझे बताया कि उसकी पत्नी मेरी प्रशंसक है और मेरे गंजे सिर को छूना चाहती है। मेरी पत्नी भी मेरे साथ थी, मैंने उस महिला को ऐसा करने की अनुमति दे दी। वह यह करके बहुत प्रसन्न और गद्‌गद्‌ हो गयी। वहाँ लोग मुझे अपने अभिनेता के रूप में पहचानते हैं। इन दक्षिणी फिल्मों के सैट पर शूटिंग देखने वाले लोग भी मुझे उनकी भाषा न आने के बावजूद मेरा बहुत उत्साहवर्धन करते है। मैं चूँकि सदा सिनेमा का विद्यार्थी रहा हूँ और रहूँगा, मैं केवल श्रेष्ठ पर ही अपना ध्यान केन्द्रित करता हूँ। मैं आज जो करता हूँ वह बेहतर कल के लिए होता है। यही मुझे भीतर से सान्त्वना और सहारा देता है।

सबसे अधिक महत्त्वपूर्ण तो यह है कि दक्षिण में फिल्म निर्माण का काम अधिक सुनियोजित ढंग से किया जाता है। उनकी एक व्यवस्था है जो बहुत प्रभावी ढंग से काम करती प्रतीत होती है। उनके साथ काम करके बहुत सीखने को मिला। अनुशासन एवं समयबद्धता उनकी पहचान है। दक्षिण के कुछ निर्देशकों ने यद्यपि तमिल और तेलुगु फिल्मों के कुछ रीमेक बनाये हैं, उनका अद्‌भुत अनुशासन बॉलीवुड के कलाकारों को भी समय का पाबन्द होने के लिए विवश कर देता अन्यथा उन्हें शर्मिंदगी का सामना करना पड़ता था। दक्षिण में कार्य करने के ढंग की निश्चित ही हॉलीवुड से तुलना की जा सकती है। इसीलिए दक्षिण में बनी अधिकांश फिल्में सफल रहती हैं। वे कहानी पर पूरा होमवर्क करते हैं। सेट पर अनावश्यक चर्चा में कोई समय व्यर्थ नहीं गँवाया जाता, वहाँ समय ही धन है और वे बम्बई के निर्माताओं के विपरीत तत्काल भुगतान कर देते हैं जबकि बम्बई में जब तक आप उन पर दबाव न डालें, वे आपका भुगतान नहीं करते। शेष फीस के भुगतान हेतु दबाव डाले जाने पर भी कई बार सफलता नहीं मिलती। कलाकार की कुल फीस के पचास प्रतिशत का भुगतान बाद में होता है। वे अपने हाथ खड़े कर देते हैं कि फिल्म पर पहले ही बजट से अधिक खर्च हो चुका है और उनके पास भुगतान करने के लिए कुछ नहीं है। अतः हम या तो इस बकाया रकम को माफ कर दें अथवा दूसरी भूमिका स्वीकार कर लें। आखिरकार हमें उनके साथ भविष्य में भी काम करना होता है इसलिए हम उनका अनुरोध मान लेते हैं। परन्तु ऐसी बातें दक्षिण में विरले ही होती हैं। इन सब कन्नड़, तेलुगु, तमिल और मलयालम फिल्मों में मुझे तय की गयी राशि का शत-प्रतिशत और ठीक समय पर भुगतान हुआ।

बहुभाषायी अभिनेता होने के नाते मैंने यह भी जाना कि यह अनिवार्य नहीं कि आपको सब भाषाएँ आती हों। आप के शारीरिक हावभाव केवल सांस्कृतिक वातावरण में परिवर्तन के साथ ही नहीं बदलते अपितु जब भी इन विभिन्न फिल्मों में भिन्न-भिन्न चरित्र निभाते हैं तो ऐसा होता है। एक कलाकार के लिए यह एक स्व-रूपान्तरण होता है, ठीक जैसे कम्प्यूटर पर काम करते हुए एक 'की' दबा देने पर सभी विवरण आपके सामने आ जाते हैं। जैसे ही कोई

चरित्र आपको स्पष्ट होता है, आपकी मुद्रा स्वतः ही बदल जाती है। फिर भी अन्य भाषाओं में काम करना बहुत कठिन होता है। उनके विशेष लेखक होते हैं जो संवादों का अनुवाद करते हैं जिससे कि होठों के हिलने में तालमेल हो सके। मैंने सब संवादों को याद करके बोला है। रंगमंच पर नाटक करने के समय से मुझे इसका अभ्यास था। केवल एक बार जब मैंने अपनी पहली कन्नड़ फिल्म 'काडू' की तो मुझे मुहावरेदार बोली में संवाद बोलने में कठिनाई हुई थी और मेरे संवाद डब करवाये गये थे। इसे छोड़कर अन्य समस्त भाषायी फिल्मों में मैंने स्वयं जोड़-जोड़कर संवाद बोले थे। केवल यह बात नहीं थी कि मैंने अपनी आवाज़ में संवाद रिकॉर्ड करवाने की हठ की थी अपितु यह बात भी सत्य थी कि वैसे ही परिणाम प्राप्त करने के लिए वे मेरे समान कोई आवाज़ नहीं तलाश पाए थे क्योंकि दर्शक हिन्दी फिल्मों के माध्यम से मेरी आवाज़ को पहचानते थे। मैं अपनी स्क्रिप्ट को रोमन अंग्रेजी, हिन्दी अथवा उर्दू में लिखता, उसमें प्रत्येक सूक्ष्म उतार-चढ़ाव का भी वर्णन रहता। यद्यपि तालमेल बैठाना बहुत कठिन था परन्तु मैं स्क्रीन पर दृश्य देखकर और हेड फोन में अपनी आवाज़ सुनकर किसी तरह से यह कर लेता। मुझे बहुत अधिक श्रम करना पड़ता हालाँकि डबिंग के लिए मुझे कोई अतिरिक्त भुगतान नहीं किया जाता था। मैं तो कहूँगा कि मैं इसलिए सफल रहा क्योंकि मैंने भाषा की बजाय चरित्र पर बल दिया। इस प्रकार की विभिन्न भाषायी फिल्मों में काम करते हुए आपकी बारीकी से देखने की क्षमता परिवर्तित हो जाती है कि वह व्यक्ति कैसे चलेगा, कैसे उनके हाव-भाव होंगे, जिससे कि आपका अंग संचालन वैसा हो जाये।

इसी समय एक बहुत रोचक प्रश्न सामने आया और मुझसे एक बार पूछा गया कि मुझे यदि एक पंजाबी फिल्म में पिता की भूमिका करनी हो तो क्या वह पिता बंगाली, मराठी अथवा तमिल पिता से भिन्न होगा? हाँ, इसमें भिन्नता होगी। तेलुगु पात्रों की भूमिका करने के दौरान लोग मेरे पास आते थे परन्तु उन्होंने मुझसे कभी नहीं पूछा कि मैं किस क्षेत्र का रहने वाला हूँ। वे सोचते थे कि मैं आन्ध्र प्रदेश से ही हूँ क्योंकि मैं उस संस्कृति के लोगों का अध्ययन करने के बाद ही चरित्र को निभाता था। प्रत्येक क्षेत्र का बोलने का ढंग क्योंकि भिन्न है अतः भावाभिव्यक्ति बदल जाती है, हावभाव बदल जाते हैं। तमिल में जैसे हाथ मिलाते हुए हाथों को ऊपर-नीचे करने का अर्थ 'हाँ' होता है, जबकि इधर-उधर डुलाने का 'ना' होता है। परन्तु आप किसी भी क्षेत्र से क्यों न हों, मानवीय भावनाओं का विश्वविद्यालय अपरिवर्तित रहता है।

'कर्नम' में निर्देशक रंजीत ने मुझसे बहुत ही विनम्र खलनायक की भूमिका करवाई है। उसकी बेटी उसकी सबसे बड़ी कमज़ोरी है। उसके भीतर के पिता का इतना गहरा स्नेह उसके बुरे इरादों के आड़े आता है और वह दुविधा में पड़ जाता है। 'फूल और काँटे' में नागेश्वर की मेरी भूमिका ने मेरे इस विश्वास को और सुदृढ़ कर दिया कि अब खलनायक फिल्म का महत्त्वपूर्ण भाग बन गये हैं और उनके चरित्रों में अधिक गहराई आ गयी है। आजकल खलनायकों की भूमिकाएँ वास्तविक जीवन पर आधारित, वास्तविक जीवन से उठाई गयी होती हैं अतः खलनायक को स्नेहमयी पिता के रूप में दर्शाना अथवा बुराई के एवज में किसी और विशेषता को दर्शाना असामान्य नहीं है। कुक्कु कोहली जब मेरे पास आये तो मुझे लगा कि

आक्रोश में नसीरुद्दीन शाह के साथ एक वकील की भूमिका में। गोविन्द निहलानी बस अविश्वसनीय थे। उन्होंने पटकथा पर मानसिक स्तर पर बहुत काम किया हुआ था और वे इसमें पूर्णतः डूबे हुए थे।

हंगामा बॉम्बे इश्टाइल में अपनी ही तरह के दो सड़क छाप गुण्डे। नसीरुद्दीन शाह सहज अनुभूति से अभिनय करने वाले कुछ अभिनेताओं में से हैं, इसीलिए वे जो भी करते हैं, वह एक प्रभाव छोड़ता है।

हम पाँच की इस भूमिका के लिए अत्यधिक शक्ति की आवश्यकता थी, क्योंकि मुझे संजीव कुमार, नसीरुद्दीन शाह और मिथुन चक्रवर्ती जैसे कलाकारों का सामना करना था।

लोहा का एक दृश्य : इसमें शारीरिक शक्ति का खेल था।

दिव्य शक्ति में पौरुष का प्रदर्शन करते हुए।

बदमाशों की कतार : (बाएँ से दाएँ) तेज सप्रु, रज़ा मुराद, प्रेम चोपड़ा, डैनी, रंजीत और मैं। खलनायकी एक प्रतियोगी व्यवसाय बन गया है।

अलीबाबा मरजीना जैसी पीरियड फिल्म करना बहुत आनन्दप्रद था।

हातिम ताई में काला जादू करते हुए।

विरोधी में बागी की भूमिका में। दर्शक बुरे चरित्रों से अधिक प्रभावित होते हैं और एक नेगेटिव छाया लिए हुए पात्र को साकार करना बहुत कठिन होता है।

नई इमारत में शक्तिशाली ज़मींदार के रूप में।

श्याम बेनेगल के सीरियल *भारत एक खोज* (डिस्कवरी ऑफ इंडिया) में जलाल आगा के साथ।

गोविन्द निहलानी के *तमस* की भूमिका वास्तव में विचलित कर देने वाली थी। मैं टीवी की भूमिकाएँ बहुत चुन कर करता था और निजी संबंधों के चलते उन्हें स्वीकार करता था।

मदन भाई के साथ : मैं हमेशा चाहता था कि भूमिकाओं में उनके समान वास्तविकता ला सकूँ। मैं उनकी प्रशंसा करता था परंतु मैंने कभी उनके स्टाइल की नकल नहीं की।

निशान में गली छाप गुण्डे की भूमिका में नायिका रेखा के साथ दुर्व्यवहार करते हुए। एक अन्य गुण्डा जीवन पीछे दिखाई दे रहा है। फिल्म में घुड़सवार की भूमिका में *नाल ठोक दूँगा* मेरी प्रिय पंक्ति थी।

गाँधी में बेन किंग्स्ले के साथ। सर रिचर्ड एटनबरो अपने काम में पूरी तरह से कुशल थे और किंग्स्ले की भूमिका पर इतनी पकड़ थी कि उन्होंने इसे पूर्ण विश्वसनीयता से निभाया।

इंडियाना जोन्स : स्टीवन स्पीलबर्ग के साथ [illegible] का अनुभव बहुत रुचिकर था।

मोला राम की भूमिका करते हुए, जिसने भारत में अप्रिय विवाद खड़ा कर दिया था।

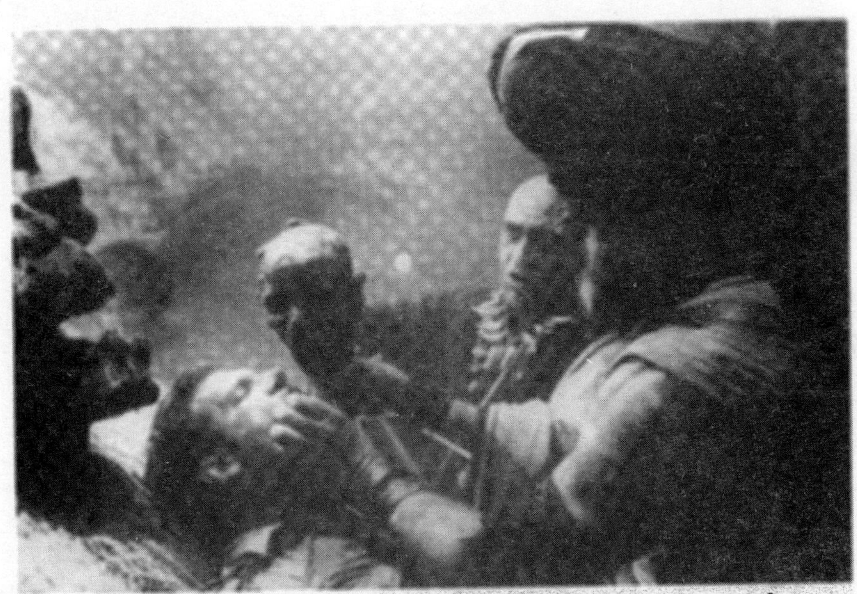

हैरिसन फोर्ड के मुँह में पवित्र रक्त डालते हुए। कल्पनाएँ अनर्गल ही हुआ करती हैं।

अपनी बेटी की उम्र की महिलाओं के साथ प्रेम प्रदर्शन के दृश्य करते हुए कई बार बहुत कठिन क्षणों से गुज़रना पड़ा है। फिल्म *कोयला* में माधुरी दीक्षित के साथ विवाह की रात को आदर्श पति की भूमिका में और *पहला पहला प्यार* में राजकुमारी तब्बू के साथ प्रेम निवेदन के दृश्य में।

मशाल फिल्म में दिलीप कुमार के साथ। इस महान कलाकार के सामने कोई भी भूमिका करना सदा ही एक चुनौती था।

विधाता में निष्ठुर सामन्त की भूमिका में। इस फिल्म के रिलीज़ होने के बाद आलोचकों ने स्वीकार कर लिया कि दिलीप कुमार के साथ काम करते हुए मैं अपनी पहचान बनाए रख सकता हूँ।

फिल्म *बजरंग* में जैक निकल्सन की यह भूमिका मुझे सच में ही बहुत अच्छी लगी थी। परंतु दुर्भाग्य से इस फिल्म को डिब्बाबंद कर देना पड़ा।

फिल्म *किशन कन्हैया* में अनिल कपूर के साथ डांस का आनंद लेते हुए।

केसी बोकाडिया और बप्पी लहरी के साथ रिकॉर्डिंग करते हुए, *आज का अर्जुन* में जया प्रदा के प्रति प्रेम प्रदर्शन का प्रयास करते हुए मैंने अपनी ही आवाज़ में गाना गाया था। खलनायक से डांस करवाना और गाना गवाना अपने आप में एक नई शुरुआत थी।

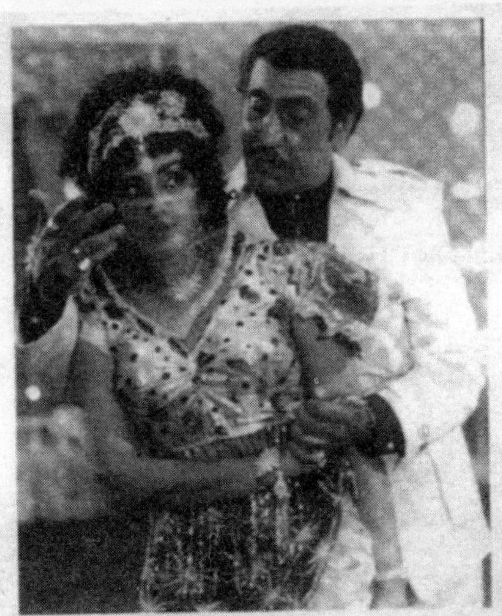

बदमाश नम्बर 1 के रूप में अमरीश पुरी।

इंडियाना जोन्स के प्रोडक्शन डिज़ाइनर एंथनी पॉवेल के साथ। वे अत्यधिक व्यवस्थित ढंग से काम करते थे।

केट कैपशॉ के साथ अप्रैल, 1983 में श्रीलंका में शूटिंग के दौरान।

स्टीवन स्पीलबर्ग प्रशंसा करने में बहुत उदार थे।

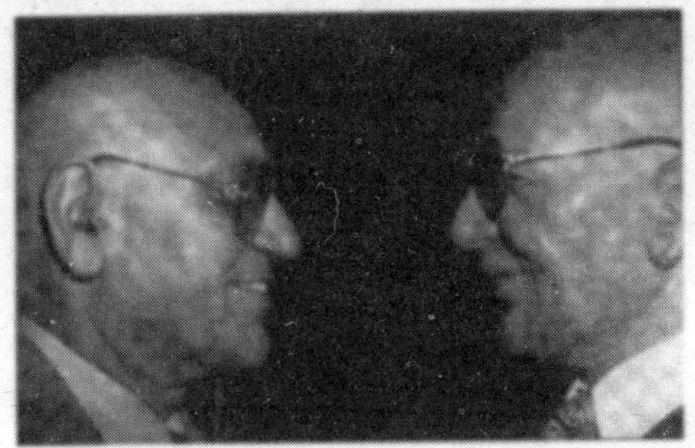

पश्चिम में लोग मुझे कई बार कोजक (टैली सवलास द्वारा निभाया गया एक पात्र) कहते थे। यह चित्र लंदन में मैडम तुसाद में लिया गया था। और नीचे अर्नल्ड श्वारज़ैनेगर के साथ यश चोपड़ा और मेरी तस्वीर भी वहीं की है।

'जान्नी' राजकुमार के साथ। चाहे वे स्वयं को एक दर्जा ऊपर समझते थे परन्तु एक सज्जन व्यक्ति थे।

ताल फिल्म के म्यूज़िक को जारी करने के अवसर पर सुभाष घई के साथ। इस प्रतिभाशाली निर्देशक को संगीत की गहरी समझ है। 1999 में प्रधानमंत्री अटल बिहारी वाजपेयी दिल्ली में इस अवसर पर उपस्थित थे। उन्होंने मुझे बताया कि मैंने तुम्हारे नाटक देखे हैं।

मैं इस भूमिका के लिए उपयुक्त नहीं हूँ परन्तु उनका मानना था कि मैं इसके लिए आदर्श कलाकार हूँ। मुझे पता चला कि प्रारम्भ में उनका दिलीप कुमार को लेने का विचार था। कुक्कु ऐसा निर्देशक नहीं है जो अपने काम के विषय में निश्चित न हो। कुछ लोग उसके संकोची स्वभाव के कारण उसे ऐसा मान बैठते हैं। इसके विपरीत वह एक अत्यन्त अनुभूतिपूर्ण निर्देशक है, वह जानता है कि उसे ठीक क्या चाहिए। लेखक इकबाल दुर्रानी और मैंने मिलकर इस पात्र के सूक्ष्म पहलुओं को निश्चित किया।

एक प्रकार के गॉडफादर की इस भूमिका की रूपरेखा बहुत स्पष्ट थी और प्रयासपूर्वक एक ऐसे व्यक्ति को प्रस्तुत किया गया था जो केवल बुरा ही नहीं बल्कि उसमें बुराई और अच्छाई दोनों हैं। वह अंडरवर्ल्ड का सरगना परन्तु बहुत ही भावुक पिता है, पुत्र और पोते के साथ उसके सम्बन्ध को बहुत स्पष्टता से व्यक्त किया गया है। यह अजय की पहली फिल्म थी और प्रारम्भ में वह बहुत ही विनम्र दिखाई देता था। तब ऐसा नहीं लगता था कि उसका व्यक्तित्व मुख्य भूमिका के लिए उपयुक्त है परन्तु वह साधारण चेहरा बहुत गहराई लिये हुए था, उसका अभिनय बहुत नियन्त्रित था और एक्शन सीन करने में वह बहुत कुशल था। पिता वीरू देवगण के प्रशिक्षण का शायद यह परिणाम था। वे 1920 से हमारी फिल्मों के सर्वोच्च एक्शन कोऑर्डिनेटर रहे हैं। कुक्कु ने शायद वह चिंगारी उसमें देख ली थी और पिता से घृणा करने वाले उत्पीड़ित पुत्र के जटिल चरित्र को निभाने में उसकी सहायता की।

इस फिल्म की सफलता का एक कारण मेरा चरित्र भी था जो कथा का केन्द्र था। दर्शक उस पर ध्यान नहीं देते और इस पात्र के इसी पहलु पर फिल्म का भावनात्मक पक्ष टिका था। लोग जब कहते थे कि उन्होंने मेरी भूमिका के लिए फिल्म बार-बार देखी तो बहुत अच्छा लगता था। अब मुख्य बात पर आता हूँ कि मैं फिल्म की रीढ़ था, फिल्म की सफलता का पूरा श्रेय मुझे दिया जा सकता था, जो नहीं हुआ और मुख्य कलाकार के खाते में चला गया। मुझे इसका अफसोस नहीं है क्योंकि फिल्म बनाने वाले लोग इस सत्य को जानते हैं। यह फिल्म बड़ी हिट रही और इसने अपनी सिल्वर जुबली मनाई। जैकी श्राफ, अनिल कपूर, सनी दियोल, अजय देवगण और शाहरुख जैसे अभिनेताओं को लोगों ने जब अभी पहचानना प्रारम्भ ही किया था तो मेरे साथ उनकी फिल्में बड़ी हिट रहीं। मुझसे कहा जाता था कि नए कलाकारों के साथ मेरा होना वरदान साबित होगा और यह बात अन्धविश्वास एवं विश्वास दोनों ही का विषय बन गयी।

'गदर : एक प्रेम कथा' में फिर राजनैतिक महत्त्वाकांक्षा लिए पिता अपनी बेटी को पुनर्विवाह करने के लिए विवश करता है। वह उसे पाकिस्तान की आने वाले समय की प्रधान मंत्री के रूप में प्रस्तुत करना चाहता है। परन्तु साथ ही वह एक भावुक, स्नेहमयी पिता है, जो उसे खोजता फिरता है और उसके लिए बेहतरीन चाहता है। वह नहीं चाहता कि उसके साथ कुछ गलत घटित हो इसलिए वह इतना चिन्तित है। परन्तु जब वह सुनिश्चित करता है कि उसके नाती को वीज़ा न मिले तो वह खलनायक प्रतीत होता है क्योंकि वही उस चरित्र का स्वरूप है। यह वास्तव में एक ऐसे चरित्र अभिनेता की भूमिका थी जिसे विविध रंगों के

साथ निभाया जाना था। मैं मात्र एक बार तब मुस्कुराता हूँ जब बहुत गहराई से गाने वाले शास्त्रीय गायक की तुलना में एक गायक बहुत सपाट और प्रभावहीन ढंग से गाता है। गायन की जटिलताएँ गायक को महान बना देती हैं। मैंने एक पाकिस्तानी की भाँति दिखाई देने का भरपूर प्रयास किया और मैं विभाजन के समय से भी वाकिफ था।

'गदर' ज़ी फ़िल्म्स की पहली फिल्म थी। हम लखनऊ में हजरतगंज में जहाँगीराबाद पैलेस में शूटिंग कर रहे थे। विभाजन काल को दर्शाते हुए ऐसा लगा मानो समय थम गया हो। देश घृणा की अग्नि में जल रहा है और तब दो युवाओं में प्यार हो जाता है। अनिल शर्मा ने यह सुनिश्चित किया था कि किसी भी कलाकार की प्रतिभा से न्याय करने के लिए प्रभावशाली पटकथा की आवश्यकता होती है और यह कहानी विभाजन के समय की मनःस्थिति को पकड़ पाई थी। शूटिंग स्थल पर बहुत गहमा-गहमी थी, बड़ी-बड़ी लाइटें थीं। ओवर हैड कैमरा थे, ट्रॉली, मैटाडोर और कारों का काफिला था। परन्तु गर्मी ने समस्त कैमरामैन के लिए स्थिति को और भी विकट कर दिया था। इतना ही अभी पर्याप्त नहीं था कि अचानक लाइट चली गयी, हम सब उमस भरी गर्मी में पसीने से तर-बतर हो गये। पैलेस के विशाल दरवाज़ों में हमारी आवाज़ें गूँजती थीं और बाहर पुलिसकर्मियों को प्रतिक्षा कर रही उत्साही भीड़ को नियन्त्रित करने के लिए कड़ा संघर्ष करना पड़ रहा था। मुझे बाद में बताया गया कि कुछ युवकों ने पैलेस के सामने वृक्ष की चोटी पर चढ़कर अपने अभिनेताओं की झलक पाने का प्रयास किया था। ला मार्टिनेयर कॉलेज की ईमारत पर पाकिस्तानी झंडा फहरा रहा था। उर्दू की लाइसेंस प्लेट लगी विंटेज कारें व ट्रक तथा पठानों की वेशभूषा में स्टंटमैन लाहौर का-सा वातावरण प्रस्तुत कर रहे थे।

मैंने लखनऊ की गलियों और संस्कृति को फिल्मों और चित्रों में देखा—पढ़ा हुआ था। परन्तु एक सप्ताह तक वहाँ रहकर मैं बाहर नहीं जा पाया था। स्टार का दर्जा, मैं सोचता हूँ कि बहुत बड़ी बाधा बन जाता है। जहाँ तक लोगों का सम्बन्ध हैं वे बहुत अधिक जिज्ञासु हैं। मैं थोड़ी देर के लिए मीडिया के लोगों से मिलने के लिए बाहर आया। उनके साथ बातचीत में मैंने राज्य की नई फिल्म नीति की बहुत प्रशंसा की जिसमें फिल्म क्षेत्र को उद्योग का दर्जा दिया गया था और फिल्म निर्माताओं को अनेक लाभ दिये गये थे। ये नीति-निर्माता भी मार्गदर्शन के लिए मेरे पास आये कि बॉलीवुड के फिल्म निर्माताओं को कैसे आकृष्ट किया जाए। मैंने उनसे कहा कि यदि वहाँ एक अच्छी फिल्म की शूटिंग होती है तो मुझे वहाँ फिर आना बहुत अच्छा लगेगा और फिर मुझे लखनऊ न आकर स्विटज़रलैंड क्यों जाना चाहिए?

परन्तु मेरे वे वक्तव्य बहुत विडम्बनापूर्ण लगे क्योंकि 'गदर' ने एक बार फिर प्रमाणित कर दिया कि आजादी के पचास वर्षो से अधिक समय के बाद भी भारतीय मानसिकता अभी भी धार्मिक आधार पर विभाजित है। हमारी क्रू को इमामबाड़ा परिसर में शूटिंग को विवश होकर रोकना पड़ा। वे उनके साथ हुए व्यवहार से दुखी थे अतः उन्हें किसी अन्य शूटिंग स्थल की तलाश करनी पड़ी। मज़े की बात तो यह है कि विख्यात निर्देशक मुजफ्फर अली इन परिसरों में अपनी दो फिल्मों 'वासिकेदार पैंशनर्स ऑफ अवध' और 'अंजुमन' की शूटिंग पहले कर चुके

थे। क्रू का कहना था कि उनके पास इमामबाड़ा में शूटिंग की अनुमति है जबकि ज़िला मेजिस्ट्रेट कहता था कि ज़िला प्रशासन ने कभी ऐसी कोई अनुमति नहीं दी। उसके अनुसार इसकी अनुमति भारतीय पुरातात्विक सर्वेक्षण और हुसैनाबाद ट्रस्ट देता है। दीपा मेहता के साथ वाराणसी में 'वाटर' की शूटिंग के दौरान जो हुआ था, उसके मद्देनज़र हमारा निर्देशक बहुत सतर्क था। दीपा को एक भी शॉट लिये बिना वहाँ से पैकअप कर देना पड़ा था। परन्तु वास्तव में मुझे जिस बात ने विचलित किया, वह यह थी कि यह फिल्म यद्यपि एक कॉर्पोरेट ने बनायी थी और इससे इतना पैसा कमाया परन्तु उन्होंने फिल्म की सफलता में अथवा इसके सिल्वर जुबली समारोह में प्रोडक्शन स्टाफ को शामिल नहीं किया। पूरा धन निर्देशक बोर्ड को मिला अतः हमारे उद्योग की रचनात्मकता का कार्पोरेट के नियमों के साथ मेल नहीं बैठ सकता। हम हालांकि फिल्म क्षेत्र को उद्योग का दर्जा दिलाने के लिए संघर्ष करते रहे हैं परन्तु व्यावहारिक रूप से इसका कोई लाभ नहीं।

मैं अब षडयन्त्रकारी पिता के विभिन्न स्वरूपों पर लौटता हूँ। 'रिश्ते' फिल्म में देखिए यह चरित्र कैसे उभरता है। फिल्म में बेटी (करिश्मा) एक ट्रक ड्राइवर (अनिल कपूर) से प्यार कर बैठती है और करोड़पति पिता की इच्छा के विरुद्ध विवाह कर लेती है। पिता इस सम्बन्ध से नफरत करता है। वह ऐसा षडयन्त्र रचता है कि बेटी विश्वास करने लगती है कि उसके पति के जीवन में कोई अन्य लड़की है और उसने उसे धोखा दिया है। अतः पिता में खलनायक और खलनायक में पिता हो सकता है। फिल्म के अन्त में पिता के भीतर का इनसान जागता है और तब यह व्यक्ति परिवर्तित हो जाता है। यह चरित्र नेगेटिव और सीमित भी है परन्तु इसमें स्नेह और प्रेम की छायाएँ हैं। यह एक मिश्रित चरित्र है लेकिन अन्ततः यह एक काल्पनिक और लिखा हुआ चरित्र है, जिसे प्रदर्शित किया जाता है। जब तक लिखित कहानी में ऐसी छायाएँ नहीं होंगी तो आप उन्हें पर्दे पर कैसे ला सकते हैं। वास्तविक जीवन में भी आपको ऐसे चरित्र मिल जाते हैं और मैं तो यह मानता हूँ कि पूरी फिल्म में एक छोटा-सा इशारा अथवा संकेत भी प्रभाव छोड़ जाता है। परन्तु यह इस बात पर निर्भर करता है कि उस स्कैच को पूरे दृश्य में कहाँ और कैसे रखा गया है। निर्देशक को ही इसे इस भाँति लेना होता है कि कलाकार भी उसके महत्त्व को उकेर सके। यह सब संयोगवश होता है हालाँकि हम प्रयत्न करते हैं कि यह अचानक न हो, सहज ढंग से हो। वातावरण के कारण यह प्रासंगिक हो जाता है परन्तु सहज अभिव्यक्ति भली प्रकार से सोची-समझी गयी प्रक्रिया होती है, संयोगपूर्ण अथवा आकस्मिक नहीं।

अभिनेता के लिए वास्तव में भीतरी प्रयास, मानसिक योगदान महत्त्वपूर्ण होता है। आप चरित्र को जितनी अच्छी तरह से समझते हैं, उतनी अच्छी तरह से यह उभरता है। वह यदि कर लिया जाये तो इससे कोई अन्तर नहीं पड़ता कि आपने क्या पहना है क्योंकि वह चरित्र को वैसा दिखाने के लिए उसका बाह्य स्वरूप होता है। आप उन विशेषताओं में कितनी विश्वसनीयता, भावनात्मक गहराई ला पाते हैं—यह सब इस बात पर निर्भर करता है कि सामग्री कितनी प्रोत्साहनजनक है। यदि आप उत्तेजित हो जाते हैं तो आप और अधिक जानने का

प्रयास करते हैं कि विस्फोट के लिए और कितना गोला बारूद है। सामग्री कहानी का भाग होती है। कलाकार कितना ही प्रतिभाशाली क्यों न हो, जब तक उसके पास करने को ही कुछ न हो तो उसका कोई लाभ नहीं होता। मैं नेगेटिव अथवा पोज़िटिव भूमिका जैसे कोई भेद नहीं करता। यदि आपकी भूमिका स्पष्ट ही नहीं है तो यह छाप नहीं छोड़ पाएगी, तब आप चाहे नायक हों या नायक विरोधी। आप जो करते हैं उसे प्रसन्नता से करना चाहिए, तभी यह सहज और अनायास हो पाता है। मुझे यदि कुछ पसन्द नहीं आता तो मैं उसमें परिवर्तन का सुझाव देता हूँ परन्तु एक बार जब मैं उस चरित्र में डूब जाता हूँ तो वह मेरे लिए एक बहुत गंभीर प्रयास होता है। मैं उसके विषय में सोचता रहता हूँ और उसकी याद अगले दिन तक भी मेरा पीछा करती रहती है।

मुझे वास्तव में यह बात बहुत परेशान करती है कि पोज़िटिव भूमिकाओं वाली अनगिनत फिल्में करने के बाद भी मेरा परिचय उद्योग के सबसे बड़े खलनायक के रूप में करवाया जाता है और मुझे अपनी खलनायकी की तुलना में चरित्र भूमिकाओं के लिए अधिक अवार्ड मिले हैं। इससे कदाचित् यह प्रमाणित होता है कि लोग बुरे चरित्रों की ओर अधिक आकृष्ट होते हैं और खलनायक की भूमिका को जीवन्त बनाने में कहीं अधिक शक्ति लगती है। अच्छे आदमी की कल्पना आप बहुत आसानी से कर लेते हैं परन्तु वास्तव में बुरा आदमी बनने के लिए अधिक श्रम करना पड़ता है, घृणापूर्ण काम करने और उसका कुशल अभिनय करने के लिए अतिरिक्त प्रतिभा की आवश्यकता होती है। आपको उस पात्र को इतना वास्तविक दिखाना होता है कि दर्शक उससे घृणा करें, यही खलनायक की विशेषता होती है। कुछ लोग सोचते हैं कि 'अर्थपूर्ण सिनेमा' से शुरू करने के बाद ऐसी भूमिकाएँ करना विश्वासघात था। मैं इस आरोप का दृढ़ता से खण्डन करता हूँ। मैं नहीं सोचता कि मैंने विश्वासघात किया। मैं पेशेवर कलाकार और मनोरंजन करने वाला हूँ और फिर मैं लीक से हट कर सिनेमा और रंगमंच में अपनी सन्तुष्टि प्राप्त करता रहता हूँ।

और सबसे अधिक तो वास्तविकताओं का क्या करें? आज व्यावसायिक सिनेमा ही केवल सिनेमा है। उस दृष्टि से आप कह सकते हैं कि समानान्तर सिनेमा की हानि ही व्यावसायिक सिनेमा का लाभ बन गया है और दर्शकों को पर्दे पर इतने विविध प्रकार की दुष्टता देखने को मिलती है। कला फिल्म की तुलना में व्यावसायिक फिल्मों के अधिक चलने का प्रमुख कारण यह है कि ये फिल्में स्वप्नों को लिये होती हैं। हाँ, मुझे विश्वास है कि प्रत्येक व्यक्ति स्वप्न देखना चाहता है और यदि आप स्वप्न नहीं देखते तो आप वास्तविकता को नहीं जान सकते। यदि मैंने 19 वर्ष की आयु में शीशे के सामने खड़े होकर अभिनेता बनने अथवा मर्सिडीज़ खरीदने के स्वप्न देखे थे तो आज भगवान की कृपा से मैं उन्हें साकार कर सका। वह स्वप्न वास्तविकता बन गया है।

तो बुरे नायकों की श्रेणी की वाहवाही क्यों न की जाये? वे अच्छाई की कहीं अधिक स्पष्ट परिभाषा प्रस्तुत करते हैं और आज तो खलनायक का ही दबदबा है। हाँ, यह अनेक बार प्रमाणित हो चुका है कि खलनायकों के हिस्से में प्रायः बेहतर लाइनें और संवाद आते हैं और

किसी फिल्म में खलनायक की वास्तविक सफलता यह होती है कि उसे दर्शकों से कितनी गालियाँ मिलती हैं। यदि वह ऐसा नहीं कर पाता तो खलनायक की खलनायिकी व्यर्थ है। यहाँ मुझे 1992 के दशक के मध्य की 'जय विक्रान्त' फिल्म की याद आ रही है जिसमें मुझे सबकी तुलना में कहीं अधिक काम करना पड़ा और एक सच्चे कलाकार की भाँति मैंने किया। ठाकुर बलवन्त सिंह के रूप में मैं गुर्राता हूँ, बहकाता हूँ, षडयन्त्र बनाता हूँ, गाता हूँ और कुछ दृश्यों में नाचता भी हूँ, यह एक प्रकार की मनोरंजनप्रद खलनायकी है जो तीन घण्टे की फिल्म को तेज़ी से दौड़ती घड़ी बना देती है और ऐसे ही आप स्वयं को पुनः-पुनः गढ़ते रहते हैं।

मैं एक अभिनेता हूँ, खलनायकी मेरे कौशल का एक भाग है। मैं विविध भूमिकाएँ कर सका, मुझे स्वयं को जीवित रखने के लिए अपने आपको एक साँचे में नहीं ढाल देना पड़ा। मुझे अपनी कुशलता पर विश्वास था। मैं मानता हूँ कि दोष निर्माताओं का होता है जो कोई जोखिम न उठाते हुए प्रायः घिसे-पिटे चरित्रों और टाइप अभिनेताओं को लेना पसन्द करते हैं। एक प्रकार की भूमिकाओं पर जब मेरी पकड़ हो गयी तो मेरे जहन में 'आर्टलैस मोनोटनी' (कला-विहीन नीरसता) का शब्द आया। हाँ, प्रारम्भ में कभी-कभी मन में रोष पैदा होता था। परन्तु मैं एक व्यावसायिक कलाकार हूँ और अन्यथा दावा नहीं करता। निश्चित सीमाओं में यदि मेरा स्वरूप बदलता रहता है और फिर भी मैं दूसरों के आकर्षण का केन्द्र बन जाता हूँ तो बहुत अच्छा है और इससे मुझे बहुत प्रसिद्धि भी मिलती है जो कई बार मुझे चकित कर देती है। यह एक कार के समान है, जिसे कई बार स्मगलिंग के लिए भी प्रयुक्त किया जा सकता है। अब इसमें क्या कार का दोष है। कार का काम एक स्थान से दूसरे स्थान पर ले जाना है। परन्तु क्या ले जाने के लिए इसका प्रयोग किया जाता है, यह इसके हाथ में नहीं है। दर्शकों के अधिक विवेकवान होते जाने से कलाकारों की किस्मत एक फिल्म से दूसरी फिल्म तक बदलती रहती है। किसी भी समय पर मुझे ऐसा नहीं लगा कि मुझमें बासीपन आ रहा है अथवा मेरी गति अवरुद्ध हो रही है। 'आप जब खाना खाते हैं तो कब सोचकर खाते हैं कि कल मैंने ये खाया था तो आज नहीं खाना चाहिए', ठीक उसी तरह हमारी फिल्में देखने वालों का अन्दाज होता है, स्वादिष्ट खाने और दर्शकों को क्या आकृष्ट करता है—के बीच यह उपमा काफी उपयुक्त है।

मुझसे प्रायः यह पूछा जाता है कि दृश्य को फिल्म में कैद कर लिये जाने और विग हटा दिये जाने के बाद और इस दुष्टता में ढ़लने और अभिनय का कार्य पूरा हो जाने के बाद क्या होता है, दूसरे शब्दों में जब मैं स्वप्नलोक से वास्तविकता में लौट आता हूँ तो मुझे कैसा लगता है, मैं कहता हूँ कि मैं पिघली हुई प्लास्टिक में डुबायी गयी एक छड़ के समान हूँ। प्लास्टिक उतर जाने के बाद भी छड़ वैसी ही रहती है। सेट से लौट आने के बाद मैं उस प्लास्टिक के लेप को उतार देता हूँ। भूमिका की गंभीरता के अनुसार उससे मुक्त होने में थोड़ा समय लगता है। लेकिन कलाकारों के रूप में हमें तटस्थ रहने का प्रशिक्षण दिया जाता है, नहीं तो हम अब तक भावनात्मक स्तर पर बहुत असन्तुलित हो गये होते। मैं अनिवार्य रूप से एक सामान्य व्यक्ति हूँ जिसे अपने आसपास के वातावरण से प्रेरणा लेनी होती है। परन्तु कोई मतिभ्रम नहीं

होता क्योंकि मैं उसमें डूबता नहीं। मैं नई फिल्म में काम शुरू करते हुए पुरानी का प्रभाव अपने साथ ले कर नहीं चलता। मेरा काम मुझ पर शारीरिक प्रभाव छोड़ सकता है परन्तु भावनात्मक नहीं। एक भावपूर्ण दृश्य करने के बाद आप दस दिन तक रोते नहीं रहते। निजी रूप से उससे मुक्त होने के लिए आपको स्वयं को शान्त करना पड़ता है, विश्राम देना होता है। कई बार उसके प्रभाव से मुक्त होने में दस मिनट का समय लगता है और कभी-कभी उस प्रभाव से मुक्त होने में आधा दिन तक लग जाता है। अतः इस प्रकार से आप स्थितियों का सामना करते हैं और यदि आप सामान्य नहीं हो पाते तो इसका अर्थ है कि आपके साथ कुछ ठीक नहीं है, इसका तात्पर्य है कि आप दृश्य में डूब जाते हैं और आप खतरे में हैं। आपको स्विच ऑन और स्विच ऑफ करना पड़ता है। यह धीरे-धीरे सीखने की बात है।

अतः जब कोई दो पूर्णतः भिन्न निर्देशकों और भिन्न भूमिकाओं—जहाँ एक में आप अन्तर्राष्ट्रीय डॉन हैं और दूसरे में पक्के देशभक्त हैं—में काम करने की बात करते हैं तो आप स्वयं को भिन्न परिस्थितियों के अनुसार ढालते हैं। ऐसे क्षणों में कलाकार के रूप में आपका प्रशिक्षण महत्त्वपूर्ण होता है। क्योंकि आप यदि जीवन में एक सन्तुलित व्यक्ति हैं जहाँ आप घर में पिता, पति, भाई होते हैं अथवा स्कूल में अध्यापक अथवा गाड़ी में एक यात्री होते हैं तो आप एक दिन में अनेक भिन्न भूमिकाओं को निभाते हैं। हम दैनिक जीवन में जैसे सन्तुलन का यह काम करते हैं, ठीक वैसे मैं कलाकार के रूप में अपने कार्य को सन्तुलित करता हूँ। जैसे आपको सड़क पर एक सौ रुपये का नोट पड़ा मिले तो आप उसे उठा लेते हैं और एक क्षण के लिए आप पता लगाने का प्रयत्न करते हैं कि यह किसका नोट है परन्तु उसी क्षण आप उसे शायद अपने पास रख भी लेते हैं। एक ही दिन में, एक ही समय में आप विभिन्न मानवीय गुणों की अभिव्यक्ति करते हुए ईमानदार, बेईमान और विचारशील भी हो जाते हैं। इसी प्रकार हम कलाकार भी भिन्न-भिन्न भूमिकाओं में स्वयं को ढाल लेते हैं। जैसे यह केवल संयोगवश हुआ कि मैंने क्रॉस ओवर फिल्म 'आउट ऑफ कंट्रोल' में काम किया। इसके दो संस्करण हैं—एक हिन्दी और दूसरा छोटे गीतों के साथ अंग्रेजी। इसे 'क्रॉस ओवर' की संज्ञा इसलिए दी गयी कि फिल्म की शूटिंग मुख्यतः न्यूयार्क में हुई और फिल्म का नायक रीतेश देशमुख 'बेवॉच' की ब्रांडे रॉड्रिक के प्रेम में पड़ जाता है, उसकी यह पहली बॉलीवुड फिल्म है।

अतः आपको अपनी प्रतिभा को सँवारना और निखारना होता है क्योंकि कलाकार बिना तराशे हीरे की भाँति होता है। यह जौहरी, निर्देशक ही होता है जो पहचानता है कि इस कार्बन से अच्छा हीरा मिलेगा। प्रकृति ने ही हीरे और अन्य कीमती पत्थरों की रचना की है। इसीलिए समय से पहले बड़ा हो गया पाँच वर्ष का बच्चा तबला बजा लेता है, कविता लिख लेता है और कम्प्यूटर पर काम कर लेता है। यह समस्त प्रतिभा प्रकृति का वरदान है। परन्तु आप यदि दो कलाकारों को अभिनय सिखाते हैं तो दोनों से भिन्न परिणाम मिलेंगे क्योंकि दोनों भिन्न हैं। कलाकार अभिनय करने से पहले समझता है। इसमें कोई दुविधा नहीं। आप कुछ या तो जानते हैं या नहीं जानते।

सबसे पहले मैं स्वयं अपनी सहमति लेना चाहूँगा, तभी मैं दूसरों की सहमति प्राप्त करने के विषय में सुनिश्चित हो सकता हूँ। यदि मैं स्वयं अपने प्रति ईमानदार नहीं हूँ तो दूसरों के साथ कैसे हो सकता हूँ। यदि मुझे स्वयं ही अपनी भूमिका पसन्द नहीं तो दूसरे इसे कैसे पसन्द करेंगे। यह स्वयं को सुनने और अपने सुर को समझने की योग्यता है। मैं यदि इसे ही नहीं समझता तो मैं "सरगम" कैसे गाऊँगा। जब एक राग गाया जाता है तो उसमें 'रा,' 'सा' और 'गा' से भिन्न होता है। समझने की बात एक्टर में है। कई बार ऐसा सुनने में आता है कि कवि ने एक कविता लिखी है जिसे वह सोचता है कि उसने नहीं लिखा, वह दैवी प्रेरणा होती है। अभिनय के सन्दर्भ में आप में उसी प्रकार की भावना होती है जो एक कृत्रिम अथवा सहज अभिनेता से स्वाभाविक अभिनेता को पृथक् करती है, ये कोई खाला जी का घर है कि आप लड्डू उठा कर मुँह में डाल लेंगे और आपको एक्टिंग आ जाएगी। आपको अभिनय कला पर निरन्तर काम करते रहना पड़ता है। नायक और नायिकाएँ आकर चले गये हैं और यह चरित्र भूमिकाओं का अद्भुत सम्मान है कि आयु कभी बाधा नहीं बनती।

जीवित रहने की कला

कई बार मैं चकित होता हूँ कि स्टारडम इतना प्रभावित क्यों करता है। शायद लोग कलाकारों से अभिभूत होते हैं और इतने दीवानेपन के पीछे छिपा सत्य यह है कि वे हमारी भूमिकाओं में स्वयं को देखते हैं। सिनेमा हॉल से निकलते हुए लोग हमारे स्थान पर होने की कामना करते हैं। हम सफल लोगों की सदा यह कहकर प्रशंसा करते हैं कि 'काश मैं ऐसा होता'। विश्व भर में कलाकारों की छवि बहुत विशाल होती है इसीलिए लोग उन्हें निकट से देखना चाहते हैं। पर्दे पर उनकी छवियों को क्योंकि बड़ा करके प्रस्तुत किया जाता है, दर्शक उनके प्रति जिज्ञासु हो जाते हैं। परन्तु वे जो प्रभाव ग्रहण करते हैं, वह वास्तविक से बहुत भिन्न हो सकता है।

प्रत्येक व्यक्ति स्वप्नों को साकार करना चाहता है परन्तु उसके लिए कठोर श्रम किये जाने की आवश्यकता होती है। मैं फिल्मों के प्रतियोगी जगत में स्वयं को बनाये रख सका, इसका अर्थ यह नहीं कि मैंने प्रारम्भ में कष्ट नहीं झेले। मुझे धीरे-धीरे, सन्तुलित, उद्देश्यपूर्ण ढंग से सफलता मिली है—ठीक मेरे व्यक्तित्व के अनुरूप। असफलताओं से शिक्षा मिली परन्तु सफलता भयभीत कर देने वाली थी। बहुत विचित्र बात है कि हम श्रेष्ठ होना चाहते हैं लेकिन फिर भी सफलता के प्रति हमारी प्रतिक्रिया बहुत भयपूर्ण होती है। हर बार जब मेरी कोई फिल्म हिट होती है, मेरे भीतर चेतावनी की एक लहर दौड़ जाती है। तब मुझे लगता है कि उस गति को बनाये रखने के लिए मुझे और अधिक एकाग्रता एवं शक्ति की आवश्यकता होगी। बिना भय के आप अपना श्रेष्ठ नहीं दे सकते क्योंकि चुनौती स्वयं ही एक डर है। आप में आत्मविश्वास हो सकता है परन्तु भय होना कलाकार के लिए एक अच्छा लक्षण है। कहावत है 'कि गीध का शिकार करने जाओ तो शेर के शिकार की तैयारी करके जाओ' क्योंकि आपको नहीं मालूम कि आगे क्या हो सकता है।

मुझसे जब भी पूछा जाता है कि मेरे लिए सफलता का अर्थ क्या रहा है तो मैं कहता हूँ 'दिमाग ठिकाने पर है।' सतर्क, भद्र और विनम्र हृदय रहना बहुत महत्त्वपूर्ण है। मैं एक ऐसा व्यक्ति हूँ जो कोई शिकायत नहीं करता, दिखावा नहीं करता, स्टारों वाले नखरे नहीं दिखाता और देर रात तक चलने वाली पार्टियों में नहीं जाता। आपकी व्यस्तता और स्टार शक्ति आपके घटिया अभिनय और गैर पेशेवर व्यवहार के कारण नहीं बनने चाहिए। मैंने सदा विख्यात अभिनेता बनने की इच्छा पाली थी परन्तु मैंने अपने सपनों में भी दूर-दूर तक यह

नहीं सोचा था कि मुझे इतनी भारी सफला मिलेगी। इसीलिए मैंने जुहु में अपने बंगले का नाम 'वरदान' रखा है। किसी भी समय आप यह नहीं कह सकते कि आप अपने कार्य से सन्तुष्ट हैं, बिल्कुल भी नहीं। मैं अपनी फिल्में कभी भी पूरी नहीं देख सकता क्योंकि मैं उनमें अपनी कमियों को जानता हूँ। मैं अभी भी अपनी प्रतिभा को निखार रहा हूँ। मेरे जीवन का आधारभूत दर्शन यह है कि धैर्य का फल सदा मीठा होता है अतः कभी भी स्वयं से धोखा न करो। मैंने अपने जीवन में तो यही सीखा है कि तमाम प्रतिकूलताओं के बावजूद यदि आप अपने लक्ष्यों के प्रति दृढ़ रहते हैं तो देर-सवेर आपको अपना लक्ष्य प्राप्त हो ही जाता है और कठोर परिश्रम से प्राप्त सफलता का कोई सानी नहीं है।

कार्य करने और उत्कृष्ट की प्राप्ति के लिए उस कार्य की आलोचनात्मक समीक्षा करने की भीतरी क्षमता हमारा बल होता है। आप यदि पीछे कुछ छोड़कर जाते हैं तो वह होता है आपका नाम, आपकी सद्भावना और अन्यों को प्रेरणा देने के लिए आपका अनुभव। यदि मैं वह करने में सफल हो जाता हूँ तो वह इस व्यापक विश्व को मेरा छोटा सा योगदान होगा। मैंने अपने अनुभव से सीखा है कि धैर्य का फल मिलता है और फिल्मों के क्षेत्र में तो यह बात और भी खरी उतरती है। कलाकार यदि प्रतिभावान और प्रशिक्षित भी हो तो भी दूसरों को उसे पहचानने में कुछ समय लगता है। यह 'कुछ समय' 'बहुत लम्बा समय' भी हो सकता है। इसीलिए मैं कहा करता हूँ कि धैर्य ही उभरते कलाकारों की सफलता की कुंजी है। मुझे याद है कि एक बार मुझे प्रेमनाथ ने कहा था कि सदा तीन 'Ps' : Patience (धैर्य), Perservance (दृढ़ प्रतिज्ञा) और Persistence (हठ) को याद रखो और उनका अनुसरण करो। उनकी यह सलाह मेरे मस्तिष्क में अंकित हो गयी और मैं जब-तब इसे याद कर बैठता हूँ। मैंने अत्यधिक अविश्वास के साथ, सन्देह के साथ शुरुआत की, आज भी मुझमें वह कटुता है क्योंकि मैं नहीं जानता कि मैं किस दिशा में जा रहा हूँ। जीवन एक निरन्तर बढ़ता भ्रम है। चारों ओर बहुत भ्रांति, बहुत उलझन है क्योंकि आप मुझे सफल व्यक्ति मानते हैं परन्तु मैं स्वयं इसे नहीं जानता। मुझे अभी भी यह एहसास होता है कि उद्योग में मुझसे भी अधिक प्रतिभाशाली लोग हैं और मैं स्वयं को अनेक प्रकार से असक्षम पाता हूँ। अतः सबसे पहले इनसान बने रहना बहुत महत्त्वपूर्ण है। मेरा जीवन बहुत कठोर रहा है और यदि किसी को इसमें ऐसा कुछ मिल जाता है जिससे वह स्वयं को जोड़कर देख सके और मेरे अनुभवों से सीख पाए तो मेरे इस संस्मरण का कुछ लक्ष्य प्राप्त हो जायेगा। वह 'श्रेष्ठ' कभी हाथ नहीं आता अतः मेरा उत्कृष्ट काम भी अभी होना है। कब और कहाँ, किस रूप में—मैं नहीं जानता।

परन्तु इसे मैं अपना सौभाग्य समझता हूँ कि मुझे समझौता नहीं करना पड़ा क्योंकि मैं कभी अपने इस विश्वास से विचलित नहीं हुआ कि तुनुकमिज़ाजी एक बहुत बड़ा गुण है और उसका परिणाम यह रहा कि मैंने उपलब्ध कम-से-कम समय में अधिकतम घण्टे काम किया। वास्तव में मैं तो यह कहूँगा कि मैं जितना काम करता रहा हूँ वह एक इनसान के लिए असम्भव तो नहीं परन्तु सामान्य से बहुत अधिक है। उद्योग में किसी प्रकार की चालें चलने की न तो मेरी मंशा थी और न उसकी आवश्यकता ही थी। यदि आप अपनी कला को तराश लेते हैं तो

आपको चतुराई करने की आवश्यकता नहीं होती। मैं कभी प्रसिद्धि के पीछे नहीं भागता, न ही अपने निर्माताओं की रातों की नींद उड़ाई और न कभी तिथियों का कोई घालमेल किया। निर्माता सीधे मुझसे बात करते हैं और मेरी फीस के बावजूद उनके पास मेरी शिकायत करने को बहुत कुछ नहीं था। मेरी फीस भी रातों-रात ऊपर चढ़ने वाले नायक-नायिकाओं की तुलना में बहुत अधिक नहीं है। मेरा कोई सेक्रेटरी और चमचे नहीं हैं। मैं कोई आडम्बर नहीं करता। मैं अपने टेलीफोन खुद सुनता हूँ और डेट्स की डायरी भी स्वयं ही रखता हूँ। मेरे लिए अपनेपन की एक झलक से अधिक महत्त्वपूर्ण कुछ नहीं। प्रारम्भ में अन्य कलाकार चकित होते थे कि मैं यह सब स्वयं कैसे व्यवस्थित कर पाता हूँ परन्तु धीरे-धीरे उनमें से कई इस आसान से होमवर्क को सीख गये। उन्होंने भी अपने सेक्रेटरी हटा दिये जो प्रायः काम को सरल बनाने के स्थान पर समस्याएँ ही अधिक खड़ी करते हैं। मुझे विश्वास है कुछ सेक्रेटरियों ने अपनी नौकरी के अवसर खो जाने पर मुझे अभिशाप दिये होंगे। मुझे अपने निर्माताओं, निर्देशकों और किसी से भी अधिक अपने दर्शकों को जो देना है, उसके लिए मैं स्वयं को जवाबदेह हूँ, स्वयं के प्रति उत्तरदायी हूँ। मूर्खतापूर्ण गलतियाँ करने से बचने के लिए आपको अपने सिर को अपने मजबूत कंधों पर टिकाए रखना होता है। मेरी जो भी उपलब्धियाँ रहीं, मैं उनसे सन्तुष्ट हूँ हालाँकि और अधिक करने की इच्छा तो सदा ही बनी रहेगी। परन्तु वांछित को अप्राकृतिक साधनों और ज़बरदस्ती साधनों से प्राप्त करने की मेरी कोई इच्छा कभी नहीं रही। काम प्राप्त करने की इच्छा से लोगों को प्रसन्न करने के मैंने कभी कोई असमान्य प्रयास नहीं किये। अतः स्वयं को इतना बढ़िया बना लो कि लोग आपके पीछे आयें और थाली पर रखकर आपको काम परोसें। निःसन्देह क्वालिटी और ईमानदारी से किया गया काम और अधिक काम दिलवाता है।

आप कितने ही लाखों रुपये क्यों न बना लें, आपके व्यवहार में सादगी होनी चाहिए। मेरे पास तो एक वॉकी-टॉकी भी नहीं है। अतः जब मैं सुनता हूँ कि दूसरे कलाकारों के पास कारों का काफिला है, चापलूसों का जमावड़ा है और नौकरों की पूरी सेना है तो मुझे डर लगता है। मुझे तो बस अभिनय की लत है। मैं जितना अधिक अभिनय करता हूँ, उतनी ही अधिक यह लालसा बढ़ती जाती है। मैं एक नशाखोर, एक व्यसनी की भाँति काम करता रहता हूँ—जितना अधिक काम करना चाहता हूँ, उतना ही अधिक काम मेरे पास आता रहता है। अधिकांशतः दिन में 16-16 घण्टे काम करते हुए मैं दूसरे लोगों का जीवन ही जीता रहता हूँ, सो उसके बाद क्या शेष बचता है? आप और क्या कर सकते हैं? किसी भी कलाकार को जरा सा भी अनुमान नहीं होता कि अगली फिल्म में उसकी भूमिका क्या होगी परन्तु एक मंझे हुए वॉयलिन वादक की भाँति वह भूमिका करने के लिए तैयार रहता है। वॉयलिन वादक की केवल एक चिन्ता होती है कि उसका वाद्य सही ट्यून में होना चाहिए, उसके तार कसे होने चाहिए। प्रत्येक फिल्म एक नया युद्ध होता है और आप नहीं जानते कि उसका परिणाम क्या होगा? युद्ध के इस मैदान में अप्राकृतिक ढंग से पकाए गये फल अस्वास्थ्यकारी होते हैं और उनमें प्राकृतिक मिठास का अभाव होता है। सफलता धीरे-धीरे प्राप्त होनी चाहिए, आपको इसे

महसूस करते रहना चाहिए, इसे सोखते-पचाते रहना चाहिए अन्यथा आप जान ही नहीं पाएँगे कि क्या हो रहा है? मेरे विचार में मेरी सफलता एक घनीभूत प्रयास था। आप वास्तव में भविष्य की योजना नहीं बना सकते। मैं नहीं सोचता कि कैरियर की योजना बनायी ही जा सकती है। मैं जब फिल्मों में आया तो मैंने शायद किसी का अनुसरण करने अथवा किसी का स्थान लेने का प्रयास नहीं किया। इसी प्रकार किसी के लिए भी मेरा स्थान लेना कठिन होगा क्योंकि अभिनय बहुत व्यक्तिपरक होता है, बहुत निजता लिये हुए होता है। प्रत्येक कलाकार की अपनी छाप होती है, अपनी शैली होती है, क्योंकि उसका व्यक्तित्व भिन्न होता है और वह सदा एक तनी हुई रस्सी पर चल रहा होता है। सन्तुलन बनाये रखकर ही वह स्वयं को जीवित रख पाता है। उत्कृष्टता तक पहुँचने की यात्रा अन्तहीन है। आप मिट्टी से अनेक प्रतिमाएँ बना सकते हैं और रचनात्मकता कलाकार की कसौटी होती है। अपने भीतर के अभिनेता से मैंने सदा न्याय करने का प्रयास किया है। मैंने कभी उसका तिरस्कार नहीं किया, कभी उसे अपमानित नहीं किया, ठेस नहीं पहुँचाई क्योंकि मैं जानता हूँ कि यदि मेरे भीतर का कलाकार जीवित है तो मैं जीवित रह सकता हूँ। मेरे भीतर के कलाकार ने ही मुझे वह बनाया है, जो आज मैं हूँ।

और समस्त प्रकार के दबावों का सामना करने के लिए एक कलाकार के पास सहायता तन्त्र होना बहुत महत्त्वपूर्ण है—परिवार, मित्रों और पेशेवर सम्पर्कों से नैतिक समर्थन की आवश्यकता होती है। आप स्वयं में एक द्वीप नहीं है, जिस क्षण आप अकेले हो जाते हैं, वह आपके व्यक्तित्व के लिए बहुत घातक होता है। आपको प्रत्येक कदम पर साहस के दो शब्दों की आवश्यकता होती है। इससे आपको सही उत्साह मिलता है। इसीलिए अपने सम्बन्धों को संभाल कर रखना अनिवार्य है क्योंकि मनुष्य एक सामाजिक प्राणी है। पशुओं में भी यह सहायता तंत्र बहुत महत्त्व रखता है और उस समस्त लीपा-पोती के पीछे मैं एक पति, पिता, दादा और मित्र हूँ और जीवन एक ऑर्केस्ट्रा है तो परिवार तबला है जो समय-समय पर सितार के संगीत के बावजूद पृष्ठभूमि में लगातार बजता रहता है। हमारे परिवार में राष्ट्रीय एकता देखी जा सकती है। मेरी पत्नी उर्मिला कोंकणी है, मेरा दामाद शिरिश बागवे महाराष्ट्री है जबकि मेरी बहु मीना गुजराती है।

मैं इस सहायता तंत्र को बनाये रखने के लिए सभी सम्भव प्रयास करता हूँ। मैंने अपने सम्बन्धों को सदा संजोकर रखा है, वे मेरी सफलता से सदा अप्रभावित रहे हैं। यह आपके पालन-पोषण का प्रभाव होता है कि आप सामान्य रूप से व्यवहार करते हैं और कभी दिखावा नहीं करते। अन्ततः दिन ढले उद्योग में सब लोग मात्र सहकर्मी होते हैं। मेरे मित्र उस समय से मुझे जानते हैं जब मैं स्टार नहीं था और वे मुझसे अत्यधिक सामान्य व्यवहार करते हैं। मेरा स्टार का दर्जा मेरी दोस्ती के आड़े आये तो मुझे बहुत बुरा लगेगा। यदि मैं कभी गलत होता हूँ तो मुझे वे मेरे सामने स्पष्ट रूप से सीधे-सीधे बता सकते हैं कि मुझे कहाँ सुधार की आवश्यकता है। इन सम्बन्धों को सहेज कर रखना बहुत महत्त्वपूर्ण है। आज समस्या यह है कि प्राथमिकताएँ निश्चित नहीं की जातीं और बहुत गलत फहमियाँ हैं। इससे स्वार्थ भावना

आती है, पहले तो कोई नहीं सोचता परन्तु जब पश्चाताप करते हैं तो बहुत देर हो चुकी होती है। पारिवारिक प्रसन्नता के बिना प्रसन्नता कोई प्रसन्नता नहीं। यदि आप भीतर से सन्तुष्ट नहीं तो आपकी सन्तुष्टि अधूरी है। आपके आस-पास सब सामान्य और सन्तोषजनक होने पर ही यह भीतर की खुशी आती है। विश्व के अनेक सफल और प्रसिद्ध लोग भीतर कहीं अप्रसन्न रहे हैं। जीवन में ऐसे अनेक लोग मिलते हैं, अनेक करोड़पति होते हैं, जिनके परिवार नहीं और वह अभाव उनके जीवन में सदा बना रहता है अथवा जो अपने परिवारों की उपेक्षा करते हैं, वे कभी कहीं नहीं पहुँच पाते। यह उपेक्षा केवल उनके अपने जीवन में ही असन्तुलन पैदा नहीं करती अपितु परिवार के सदस्य भी भिन्न-भिन्न दिशाओं में भटक जाते हैं। अति-महत्त्वाकांक्षा ऐसी अप्रिय परिस्थितियों को उत्पन्न करती है। मैं सदा उस अनिवार्य सन्तुलन को बनाये रखने का प्रयास करता रहा हूँ। आपको कितनी ही प्रसिद्धि और धन मिल जाये, आपको अपने पैर जमीन पर जमाए रखने चाहिए।

मेरा परिवार मेरा किला है। मेरे प्यारे नाती-पोते साची, हर्ष, कृश और शान्तनु मुझे बहुत प्रिय हैं। उनके साथ समय बिता कर मुझे आनन्द की अनुभूति होती है। मुझे याद है कि एक बार 'हारमनी' पत्रिका ने मेरा साक्षात्कार लिया। इसमें अंग्रेजी उपन्यासकार गोरे विडाल की एक खूबसूरत कहावत है, "नेवर हैव चिल्ड्रन बट ग्रांड चिल्ड्रन", मैं दो बार नाना और दादा बन चुका हूँ। मैंने सदा इस बात का ध्यान रखा कि कुछ घण्टे मैं उनके साथ ज़रूर बिताऊँ। हम मिलकर खेल खेलते हैं। ऐसा शायद इसलिए होता है कि धन कमाने की चक्की में पिसते हुए, परिवार का पालन-पोषण करते और अपना कैरियर बनाते आप अपने बड़े होते बच्चों के कुछ सर्वाधिक महत्त्वपूर्ण क्षणों को खो देते हैं। परन्तु दादा-नाना के रूप में स्थिति पूरी तरह से परिवर्तित हो जाती है। आप आराम से बैठकर उन्हें बड़े होते, उनके द्वारा उठाए जाने वाले प्रत्येक नये कदम को देख सकते हैं, उनकी उपलब्धियों पर गर्व कर सकते हैं। उन्हें बार-बार परियों की कहानियाँ सुनाते, उनके कभी समाप्त न होने वाले प्रश्नों का जवाब देते और उन्हें छुट्टियाँ बिताने ले जाकर आप वास्तव में उनके साथ बहुत हल्का महसूस करते हैं। यह दादा-दादी के कुछ साधारण परन्तु सार्वभौमिक सुख होते हैं। छोटे बच्चों को दादा-दादी, नाना-नानी की भाँति कोई लाड नहीं लडा सकता। मैंने दादा-नाना बनने पर वैसे विचित्र परिवर्तन को, भावों को स्वयं अनुभव किया है। मेरा अपने बच्चों के साथ व्यवहार बहुत कठोर और रोबीला था क्योंकि मेरे पिता बहुत रौब वाले थे परन्तु अपने नाती-पोते के साथ मेरा व्यवहार जैसा लाडपूर्ण हो गया, उससे मैं स्वयं चकित रह गया। शायद वृद्धावस्था में क्योंकि आप अपने एक प्रकार से दूसरे बचपन से गुज़र रहे होते हैं तो आप अपने बच्चों की सन्तान के माध्यम से अपने भीतर के बच्चे को खोजना चाहते हैं।

मुझे याद है जब मेरी बेटी नम्रता और पुत्र राजीव बच्चे थे तो उनके मित्र प्रायः मुझे देखकर भाग जाते थे और अब ये बच्चे इतने चतुर हैं कि जानते हैं पर्दे पर जो वे देखते हैं, वह एक कल्पना है और मैं वास्तव में फिल्मों में दिखाई देने जैसा बुरा आदमी नहीं हूँ। केवल बड़े ही अपने मस्तिष्क में ये छवियाँ बनाते हैं कि मैं जैसा पर्दे पर दिखाई देता हूँ, वैसा हूँ। कुछ

बच्चे तो मेरे पक्के भक्त हैं। वे आपको विशाल हृदय वाले लाड़-प्यार करने वाले दादा के रूप में देखते हैं। वे अपने 'दादू' की भाँति मेरे गिर्द मँडराते हैं। फिल्मों में मेरे चरित्रों ने हमारे सम्बन्धों को प्रचलित नहीं क्रिया है और 'दादा' व 'पोता-पोती' के बीच यह सम्बन्ध कई बार 'पिता-पुत्र' और 'बेटा-बेटी' से कहीं अधिक मज़बूत होता है। बच्चे अपनी इच्छाओं को अपने दादा-दादी के सामने अधिक आसानी से व्यक्त कर सकते हैं और इससे उन्हें बड़े सुन्दर ढंग से बड़ा होने में सहायता मिलती है। बड़ों की उपस्थिति से सदा बच्चों के उपयुक्त पालन-पोषण में सहायता मिलती है और ऐसे बच्चे बड़े होकर अपने बच्चों को वही देते हैं जो उन्हें अपने माता-पिता से मिला। लापरवाह उच्च समाज में स्थिति ठीक इसके विपरीत होती है। हमें बहुत शर्म के साथ इस बात को स्वीकार कर लेना चाहिए कि राष्ट्र के रूप में हमारा ह्रास हो रहा है। भ्रष्टाचार बहुत हो गया है, जीवन अधिकाधिक जटिल होता जा रहा है। शायद यही बात पचास वर्ष पूर्व हमारे माता-पिता और दादा-नाना ने कही थी। मैंने देखा है कि संसार बहुत तेज़ी से बदल रहा है।

एक बैडमैन की भूमिका करते हुए यद्यपि पर्दे पर मुझे शराब और औरतों की ललक रही है परन्तु दोनों में से किसी की भी मुझे बहुत अधिक चाह नहीं रही। मेरी अनेक महिला प्रशंसक हैं परन्तु वे मेरे बहुत निकट नहीं आती। मुझे सजी-धजी महिलाओं से नफरत होती है। मुझे पुतले नहीं, महिलाएँ देखना पसन्द है। मैं अपने निजी सम्बन्धों के विषय में बहुत सावधान रहा हूँ जिससे मेरी पत्नी उर्मिला में असुरक्षा की भावना न आये। मैंने अपनी भावनाओं को यद्यपि खुलकर कभी व्यक्त नहीं किया है परन्तु उसका कहना है कि मैं अभी भी रोमांटिक स्वभाव का हूँ। वह बहुत साधारण व शान्त स्वभाव की है और उसने मुझे ऐसे क्षेत्र में काम करने दिया, जिसका कार्य समय इतना अनिश्चित है। यह पूर्णतः भिन्न संसार है। आज यदि मैं सफल हूँ तो इसका बहुत श्रेय मेरी पत्नी को जाता है। वह मेरी महिला मित्रों से कभी अप्रसन्न नहीं हुई और बहुत अच्छे से उनसे निभाया क्योंकि वह जानती है कि सदा एक सीमा रेखा रहती है—वे आती हैं, मेरी प्रशंसा करती हैं और वह उन सबके साथ बहुत शिष्टता का व्यवहार करती है। उसने मेरी निजता का ध्यान रखा है और शायद सोच-विचार कर ऐसा किया है। जब मेरी लोकप्रियता सौ गुणा भी बढ़ गयी तो भी वह जानती थी कि मैं उसे उतना ही चाहता हूँ।

घर के शान्त वातावरण ने मुझे अपना काम अच्छे से करने में बहुत सहायता की। मेरे कैरियर को बनाने में उसके अमूल्य सहयोग का बहुत योगदान है। उसने हमारे बच्चों का इतने अच्छे से पालन-पोषण किया कि वे मेरे कार्य की प्रकृति को समझने लगे। शूटिंग के लिए जब मैं शहर अथवा देश से भी बाहर होता हूँ तो मैं उनके साथ सम्पर्क बनाये रखने में कोई चूक नहीं करता। घर में इधर-उधर मँडराते रहना, अपने हाथों से कुछ ठीक करना, चाहे वे नाती-पोते के हाइटेक खिलौने ही क्यों न हों, मुझे बहुत अच्छा लगता है क्योंकि उसके लिए कौशल और एकाग्रता की आवश्यकता होती है। हम पार्टियों बहुत कम में जाते हैं और दूरी बनाये रखने का प्रयास करते हैं। मेरे परिवार को भी चर्चा में आना पसन्द नहीं है। मैं उन्हें जितना ज़रूरत

हो, उतना समय उनके साथ बिताता हूँ। सब समय तो वे मुझे सहन नहीं करेंगे इसलिए मुझे लगता है कि मेरा काम उन्हें सही अवकाश देता है। मेरा फिल्मों में होना अब 'गाइड' फिल्म में देवानन्द की भूमिका की भाँति हो गया है। 'मुझे एक्टर हमेशा बनना ही पड़ता है।' मुझे भारतीय शास्त्रीय संगीत और विशेष रूप से पण्डित जसराज, भीमसेन जोशी, वसन्त राओ, देशपाण्डे और गुलाम अली को सुनना बहुत भाता है। संगीत मेरे जीवन को एक प्रकार की लय देता है, मैं अपने मनोरंजन के लिए गाता हूँ और मैं मानता हूँ कि मैं बाथरूम सिंगरों से तो निश्चित ही अच्छा हूँ। पण्डित जसराज मुझे बहुत पसन्द हैं। जब इस विख्यात गायक से पूछा गया कि राष्ट्रीय नेटवर्क पर अपने कार्यक्रम का परिचय वे किससे करवाना पसन्द करेंगे तो उन्होंने मेरा नाम लिया, मैंने बहुत गौरवान्वित अनुभव किया। मैं पढ़ता तो बहुत नहीं हूँ परन्तु खड़े होकर आस-पास लोगों को आते-जाते देखना मुझे बहुत अच्छा लगता है। इससे मुझे अभिनय में भी सहायता मिलती है, मुझे नए-नए अनुभव प्राप्त होते हैं। मैं बुद्धिजीवी नहीं परन्तु एक बहुत ही व्यावहारिक व्यक्ति हूँ जो अपने ज्ञान को किसी के साथ भी बाँटने के लिए तत्पर है।

यह भी बहुत विशेष अनुभव रहा है कि मैंने मुख्य अभिनेताओं की दो पीढ़ियों के साथ काम किया है—पिता, माता और अब उनकी स्टार सन्तानों के साथ। यह आपको भिन्न बना देता है, आपको बहुत प्रसन्नता होती है कि आपके कैरियर का जीवन काल कहीं अधिक है क्योंकि स्टार तो आते हैं और चले जाते हैं परन्तु अभिनेता बने रहते हैं। हमारी काबिलियत को कहीं अधिक स्थायी होना होता है क्योंकि हमें हमारी योग्यता ही टिकाती है। मुझे अमिताभ बच्चन और अभिषेक, धर्मेन्द्र और सन्नी-बॉबी देयोल, राजेन्द्र कुमार और कुमार गौरव, जितेन्द्र और तुषार कपूर, बबिता और करिश्मा व करीना कपूर, नूतन और मोहनिश, प्रेम नाथ और प्रेमकिशन व मोंटी, राकेश रोशन और रितिक, जीवन और किरण कुमार, मनोज कुमार और कुणाल गोस्वामी, सुनील दत्त और संजय, माला सिन्हा और प्रतिभा सिन्हा, तनुजा और काजोल, जयन्त और अमजद खान, विनोद खन्ना और अक्षय, जगदीप और जावेद, फिरोज खान और फरदीन, संजय खान और जायद—दोनों-दोनों के साथ काम करने का असाधारण अवसर प्राप्त हुआ।

यह आम बात है कि स्टार्ज़ के बेटे-बेटियाँ स्वयं को उतना ही कुशल अभिनेता मानना अपना जन्मसिद्ध अधिकार समझते हैं। आनुवांशिकता का यह एहसास इतना प्रबल होता है कि स्टार अपने बच्चों को भी उसी कैरियर में धकेलने के लिए विवश हो जाते हैं। प्रतिभा जन्मजात होती है, इसे अधिकार नहीं माना जा सकता। फिर भी यह सम्भव है कि चूँकि इन बच्चों का पालन-पोषण स्टारडम के वातावरण में होता है तो अभिनय की कुछ क्षमता का उनमें संचार हो ही जाता है और वे ये मानने लगते हैं कि वे बहुत सक्षम हैं। निःसन्देह उस दिशा में कुछ प्रशिक्षण उन्हें कुछ व्यावसायिक योग्यता प्राप्त करने में सहायता कर सकता है। परन्तु हमने अधिकांशतः देखा है कि ऐसे केवल दस प्रतिशत बच्चे ही स्टार बनते हैं। मेरे बेटे राजीव ने भी अपनी 18 वर्ष की आयु में अभिनेता बनने की इच्छा व्यक्त की थी। मैं जानता था कि

यह विवेकपूर्ण निर्णय नहीं है। उसके नाक-नक्श बहुत तीखे हैं, कद अच्छा है, चेहरा बहुत फोटोजेनिक है परन्तु मुझे विश्वास था कि वह इस क्षेत्र के लिए उपयुक्त नहीं है। मैंने उसे रोकने का प्रयत्न किया क्योंकि फिल्में एक प्रकार का 'धन्धा' हैं—सब कुछ अवसर पर निर्भर करता है। मैंने उसे समझाया कि अभिनय एक नियमित कैरियर नहीं है। यह तो केवल चांस लेने की बात है। मैं स्वयं अभिनेता होने के बावजूद उसे मुख्य भूमिकाएँ दिलवाने में सहायता नहीं कर सकूँगा। छोटी, महत्त्वहीन भूमिकाओं से शुरुआत करना समझदारी नहीं थी क्योंकि निश्चित ही वह उसी खाँचे में ही फिट हो जायेगा। मैंने उसे बताया कि मैं लगभग दस वर्षों तक रंगमंच पर काम करने के बाद फिल्मों में आया था। मुझे रंगमंच से उठाकर फिल्मों में लाया गया था और उस पूरा समय मैं एक सरकारी नौकरी करता रहा था। मैंने उसे कोई और कैरियर चुनने की सलाह दी। मदन भाई का बड़ा बेटा प्रवेश चूँकि पहले ही मर्चेंट नेवी में था, मैंने उससे पूछा कि क्या वह मर्चेंट नेवी में जाना चाहेगा, उसने कुछ विवेक से काम लिया और मान गया। मैंने उसे डायरेक्ट कैडेट के रूप में सिंधिया शिपिंग में भिजवा दिया। वह दस वर्ष तक वहाँ जहाज़ पर रहा और 'चीफ ऑफिसर' के लिए चुन लिया गया। नेवी में सच ही बहुत अच्छा लगा और विश्व भर की यात्रा करके वह एक समझदार उत्तरदायी व्यक्ति के रूप में उभरा। जीवन को निभाने में वह और योग्य हो गया। विवाह के पश्चात वह परिवार छोड़कर लगातार महीनों तक समुद्र में नहीं रहना चाहता था। तब उसने कोई अन्य काम करने की इच्छा व्यक्त की। तब तक सौभाग्य से मेरी आर्थिक स्थिति काफी अच्छी हो गयी थी और मैंने उसकी निर्माण और रीयल एस्टेट का व्यवसाय शुरू करने में सहायता कर दी।

दो पीढ़ियों के बीच जहाँ तक किसी समानता की बात है, बबिता की बेटियाँ करिश्मा और करीना मेरे विचार में अधिक प्रतिभाशाली हैं। करिश्मा जब फिल्म उद्योग में आई तो बहुत अनजान थी और मैं उसको शाबाशी देता हूँ कि बाद में उसने स्वयं को इतना निखारा कि एक आकर्षक और जिन्दादिल लड़की के रूप में उभरी। जबकि करीना को अपनी बहन से बहुत कुछ सीखने का लाभ मिला और वह सदा से ही प्रखर अभिनेत्री थी। उसमें अपने लिए बहुत अच्छा स्थान बना लेने के लक्षण हैं। दोनों बहनें मुझे अंकल पुरी कहकर बुलाती हैं और मैं इसका बुरा नहीं मानता। समकालीन होने के कारण मैंने तनुजा के साथ भी काम किया है, मुझे लगता है कि उनकी बेटी काजोल अधिक अच्छी कलाकार है। उसने विवाह के बाद भी अपने उस आकर्षण को बरकरार रखा हुआ है। धर्मेन्द्र और उनके दोनों बेटों सन्नी और बॉबी देयोल के साथ काम कर लेने के बाद मैं तो कहूँगा कि पिता और बेटों में इसके अतिरिक्त कोई समानता नहीं है कि वे एक समान रूप से लोकप्रिय हैं। धर्मेन्द्र आज भी इतने सुन्दर लगते हैं। उन्हें चूँकि सब धर्म पाजी कह कर पुकारते हैं, इससे पता चलता है कि आपको उद्योग में कैसे स्नेहपूर्वक स्वीकार किया जाता है। परन्तु जैसी ख्याति धर्मेन्द्र को अपने कैरियर में मिली वैसी सफलता उनके बेटों को अभी प्राप्त करनी है। हालाँकि सन्नी पिछले कुछ वर्षों में बहुत तेज़ी से ऊपर चढ़े हैं और एक चीज़ जो वास्तव में पिता-बेटों में एक समान है कि वे बड़ों का सम्मान करना जानते हैं। वे बहुत विनम्र और शिष्ट हैं।

'रेशमा और शेरा' दत्त साहब के साथ मेरी पहली फिल्म थी और दशकों बाद मैंने उनके बेटे संजय दत्त के साथ काम किया। दत्त साहब बहुत सहज अभिनेता थे, वे किसी स्टाइल का सहारा नहीं लेते थे। संजय दत्त ने एक भिन्न स्तर से काम शुरू किया क्योंकि वह पहले ही नशे का आदी हो चुका था। इससे उसकी शक्लो-सूरत भी प्रभावित हुई थी। मैंने उसके साथ छह-सात फिल्मों में काम किया है और उसमें बहुत सुधार हुआ है। पहले वह बहुत शर्मीला सा था। नहीं, कैमरे से तो उसे कोई संकोच नहीं था परन्तु न जाने क्यों उसमें आत्मविश्वास नहीं दिखाई देता था। 'खलनायक' फिल्म ने उसे प्रसिद्ध कर दिया। अब उसके व्यक्तित्व में निखार आ गया है। दत्त साहब बहुत मेहनती और स्वाभाविक कलाकार थे। एक बिन्दु पर वे सदा अपना नियंत्रण स्वयं करते और उनका संवाद बोलने का ढंग भी बहुत प्रभावी था। दोनों में जैसे भी तुलना की जाये, मुझे पिता-पुत्र में कोई समानता नहीं दिखाई देती। परन्तु हाँ, कभी-कभी संजय के व्यक्तित्व में दत्त साहब की झलक ज़रूर दिखाई देती है।

1990 के प्रारम्भ में जब मैं संजय के साथ मॉरीशस में 'महन्त' फिल्म की शूटिंग कर रहा था तो संजय पर बम्बई में हुए सीरियल बम्ब विस्फोट में शामिल होने का सन्देह किया जा रहा था। एक रात शूटिंग के दौरान कोई फोन आया और वह घबरा कर रोने लगा। उसके बहुत निकट होने के कारण मैंने उसे ढाढस बँधाया। हमें सूचना मिली कि शूटिंग के बाद जैसे ही वह बम्बई हवाई अड्डे पर पहुँचेगा, उसे खुफिया अधिकारियों द्वारा पूछताछ के लिए पुलिस हिरासत में ले लिया जायेगा। उस समय कोई भी इस मामले के बारे में वास्तव में कुछ नहीं जानता था और सबको उसके प्रति बहुत सहानुभूति थी। उसे गिरफ्तार करके जेल भेज दिया गया। दत्त साहब का चूँकि बहुत आदर-सम्मान था और वे संसद के सदस्य थे, फिल्म उद्योग मुख्य रूप से इस कारण उसके प्रति सहानुभूति दर्शा रहा था और उसके लिए समर्थन जुटा रहा था। एक बार जेल से छूट जाने के बाद संजय ने अपना काम शुरू कर दिया और वह बहुत व्यस्त हो गया। इन समस्त घटनाओं ने उसे अधिक जिम्मेदार, गंभीर, बुद्धिमान और बेहतर कलाकार बना दिया था। पीड़ा व्यक्ति को सदा अधिक सुसंस्कृत और परिपक्व बना देती है। किसी न किसी पीड़ा को सहन करने के बाद अनेक लोगों में ऐसा परिवर्तन दिखाई दिया है। विशेष रूप से फिल्मों में यह प्रभाव बहुत स्पष्ट दिखाई देता है। दुर्भाग्य और सौभाग्य अपनी भूमिका निभाते हैं, किसी के भी कैरियर में ऐसे झटके बहुत अनिवार्य हैं। इससे आपको एहसास होता है कि घास सदा हरी नहीं रहती और आप सन्तुलित बने रहते हैं। किसी भी उपलब्धि अथवा सफलता से आप को अस्थिर अथवा असन्तुलित नहीं होना चाहिए। मैं कभी इस बात को नहीं भूलता कि भगवान सन्तुलित करने का यह कार्य करने वाला है।

मैंने अभिषेक बच्चन के साथ 'शरारत' और 'ढाई अक्षर प्रेम के' में काम किया है। वह अपने पिता अमिताभ की भाँति लम्बा है परन्तु इस छिपी हुई प्रतिभा को अभी उभरना है। उसमें अपने पिता के व्यक्तित्व की झलक दिखाई देती है। परन्तु उसकी आवाज़ उन जैसी नहीं है। वह प्रतिभाशाली कलाकार है और अपने पाँव जमाने के प्रयास कर रहा है। पिता और पुत्र में तुलना करने का कोई मतलब नहीं क्योंकि यह अनुचित है। वे दोनों अपनी-अपनी तरह के

कलाकार हैं। अमिताभ भी कुछ प्रारम्भिक फिल्मों में ध्यान नहीं आकृष्ट कर पाए थे। अनेक फिल्में करने के बाद उन्हें सुपर-स्टार का दर्जा मिला था। अभिषेक ने अभी कुछ ही फिल्में की हैं। मुझे उसमें एक प्रकार की सम्भावना दिखाई देती है और यदि वह स्वयं को गंभीरता से लेगा और ऐसी फिल्में करेगा जिनमें उस जैसे व्यक्तित्व की अपेक्षा होगी तो वह निश्चित ही एक छाप छोड़ेगा। उस दृष्टि से उसकी सम्भावनाओं को अभी खोजा जाना है।

'रेशमा और शेरा' से प्रारम्भ करके मैंने विनोद खन्ना के साथ अनेक फिल्में की हैं और उनके पुत्र तक के साथ 'ताल' और 'डोली सजा के रखना' में काम किया। छोटा खन्ना एक मँझा हुआ कलाकार है। उसे विश्वास है कि निकट भविष्य में उसे बहुत प्रसिद्धि मिलेगी। विनोद ओशो रजनीश के प्रभाव में आने से पहले अमिताभ के समकक्ष थे। वे नौ वर्ष तक फिल्मों से दूर रहे और फिर फिल्मों में लौट आये। अपनी प्रतिभा और व्यक्तित्व के बल पर वे एक बार फिर प्रसिद्ध हो गये। फिर उन्होंने राजनीति में जाने का निर्णय किया और बीजेपी उम्मीदवार के रूप में पंजाब से चुनाव लड़े। हम दोनों की घनिष्ठता के मद्देनज़र मैं उनके लिए प्रचार करने गुरदासपुर और पठानकोट गया। प्रचार के दौरान फिल्मी डायलॉग बोलना और गीत गुनगुनाना अपने आप में एक अनुभव था। मैं चूँकि पठानकोट का रहने वाला हूँ अतः मैंने जनता पर उसे वोट डालने का दबाव डाला और उन्हें बताया कि मैं विनोद को 30 वर्षों से जानता हूँ और उनके कठोर परिश्रम व न्यायप्रियता का विश्वास दिलाता हूँ। इस प्रकार उन्हें ज़िला गुरदासपुर से सांसद चुन लिया गया और उन्हें मंत्री पद भी मिला। हमारे उद्योग के लिए यह कितने गर्व की बात है।

कई बार मैंने देखा है कि हल्के-फुल्के विषय भी सफल हो जाते हैं। कौन जानता था कि 'मुझे कुछ कहना है' जैसी फिल्म को दर्शक इतने अच्छे से लेंगे। हर कोई पूछता था कि यह फिल्म क्यों बनायी जा रही है और उन्होंने जितेन्द्र के बेटे तुषार कपूर का हीरो के रूप में चयन क्यों किया है। यह सत्य है कि तुषार का व्यक्तित्व बहुत प्रभावशाली नहीं है और न ही वह हीरो जैसा दिखाई देता है परन्तु फिल्म चली और सुपर हिट रही। कई बार सब कुछ हाथ में होते हुए भी आप नहीं जानते कि आप क्या बना रहे हैं। दुर्भाग्य से हमारे उद्योग में लोग यह सोच कर आते हैं कि यह विश्व का सबसे सरल और एक ऐसा व्यवसाय है जिसके लिए किसी शैक्षिक योग्यता अथवा प्रशिक्षण की आवश्यकता नहीं होती। ये लोग या तो हिट हो जाते हैं या निशाना चूक जाते हैं। हिन्दी में एक कहावत है, 'तीर नहीं तो तुक्का', कुछ सौभाग्शाली लोगों के लिए यह तीर बन जाता है और वे बैल की आँखों को बेध लेते हैं और दुर्भाग्यशाली लोगों के लिए यह तुक्का बन जाता है और वे एक फिल्म का चमत्कार बन कर रह जाते हैं। परन्तु हमें यह भी नहीं भूलना चाहिए कि हमें इन युवाओं को ऊँचा उठाने में सहायता करनी है।

आप अतीत में जीवित नहीं रह सकते। हम चाहे किसी भी पीढ़ी के कलाकारों के साथ काम कर रहे हों, हमें वर्तमान की घटनाओं के साथ जुड़ना होता है। परन्तु इस नई सहस्राब्दि में कलाकारों के बीच वह सम्बन्ध और भाईचारा समाप्त हो गया है। प्रत्येक व्यक्ति वैयक्तिक

स्तर पर काम करता है, लोग एक-दूसरे की परवाह नहीं करते। यदि शिफ्ट सुबह 9 बजे की होती है तो स्टार दोपहर 2 बजे पहुँचते हैं। इससे निर्माताओं को नुकसान उठाना पड़ता है। फिल्म उद्योग में हमारे कुछ कलाकारों को ऐसा रोग लगा हुआ है। समय की पाबन्दी का यह अभाव और अनुशासनहीनता का व्यवहार अपराधिक है। परन्तु सब लोग उन्हीं पर पूरा ध्यान देते हैं और हम जैसे लोगों की ओर कोई नहीं देखता जो 30 वर्षों से फिल्म उद्योग में बने हुए हैं और हमारा योगदान ऐसा है कि यदि वह न रहे तो फिल्म औंधे मुँह गिर जाए। तो फिर ऐसे अभिनेताओं की इस प्रकार की 'मस्काबाजी' क्यों। जिन्हें पहले समय पर न आने के लिए गालियाँ निकालते हैं, जैसे ही वह व्यक्ति पहुँचता है, सबका सुर बदल जाता है। तब आपको आश्चर्य होता है कि किसी का दर्जा क्या है? अनुशासित होने का क्या लाभ? उन्हें भी अनुशासनहीनता के लिए फटकार पड़नी चाहिए। जब ऐसा नहीं होता तो आपको अफसोस होता है। तब आपको एहसास होता है कि यह पैसे का संसार है। केवल फिल्मों में ही पूर्णतः बहानेबाज़ी का संसार नहीं है अपितु वातावरण ही बहानेबाज़ी का है।

तब मैं अपने मन में विचार करता हूँ कि यदि ये लोग स्वयं के प्रति भी ईमानदार नहीं है तो अस्तित्व कैसे बचा पायेंगे। वे अपने भ्रम और मोह-माया के संसार में रहने की बजाय चीज़ों को अपने वास्तविक स्वरूप में क्यों नहीं देखते। प्रत्येक व्यक्ति के लिए दूसरों पर विश्वास करने के स्थान पर स्वयं यह जानना आवश्यक है कि उसका महत्त्व क्या है। तथापि मेरे लिए स्वयं को वर्तमान परिदृश्य में ढालना बहुत कठिन नहीं रहा क्योंकि प्रारम्भ हुए परिवर्तन की गति बहुत धीमी थी। यह ठीक वैसे है कि आप धीरे-धीरे रैम्प पर जा रहे हैं और आपको जब तक झटका नहीं लगता आपको नहीं पता होता कि आगे अच्छा या बुरा क्या है। मैं हवा के साथ बहने अथवा जिस प्रवाह में मैं फँसा हूँ, उसके साथ बहने के इलावा कुछ नहीं कर सकता। मैं प्रवाह के विरुद्ध नहीं जा सकता और जाने की आवश्यकता भी नहीं और न ही मेरी कभी ऐसी मंशा रही है। मैंने एक समय पर एक कदम उठाया और इसे बहुत सावधानी से दायित्व एवं विवेक से उठाया।

समारोह आते हैं, चले जाते हैं, आप अतीत और बीते वर्षों में आपने जो किया है, उसके सम्बन्ध में बात करते रह सकते हैं। परन्तु मैं 'अब' में विश्वास करता हूँ, समय में विश्वास करता हूँ जो निरन्तर बदल रहा है। समय किसी की प्रतीक्षा नहीं करता, वह चाहे कोई भी हो, कितना ही महान, शक्तिशाली और सफल हो। आपको स्वयं को तेज़ी से बदलते समय के लिए तैयार करना है, ऐसा समय जिसमें संवेदनाओं, प्रतिभा और मौलिकता का स्थान तेज़ी से इन्स्टैंट मनोरंजन, इंस्टैंट कहानियाँ और इंस्टैंट संवाद ले रहे हैं। मैं जानता हूँ और भारतीय सिनेमा में रुचि रखने वाले सब लोगों को जानना चाहिए कि आने वाला समय बहुत कठोर है। हमें छिछोरापन दिखाने की बजाय उन चुनौतियों का सामना करने के लिए तैयार होना है। यह सब चिल्लाहट और क्रोध अन्ततः कुछ महत्त्व का नहीं होता, विशेष रूप से एक अभिनेता, एक रचनात्मक अभिनेता के लिए, जिसे प्रत्येक कदम, प्रत्येक क्षण और प्रत्येक मोड़ पर उसका मार्गदर्शन करने के लिए प्रकाश को ढूँढना होता है। वह यह भी जानता है कि वह

अचानक और यों ही लड़खड़ाकर गिर जायेगा।

इसमें कोई सन्देह नहीं कि फिल्म जगत में समय रेतछड़ियों से मापा जाता है। हमें पतन के लिए मानसिक रूप से तैयार रहना पड़ता है, इससे कष्ट पहुँचेगा परन्तु मैं जानता हूँ कि हर चीज़ का समय होता है। आपको सम्मानजनक ढंग से हट जाना चाहिए। यदि मेरे अभिनय में कमज़ोरी आती है तो फिर भी काम करते रहना मेरे लिए गलत होगा। जिस दिन मुझे अपनी योग्यताओं पर सन्देह होने लगेगा मुझे लगता है कि तब सजीवता के अभाव में भी डींगे बघारते रहना व्यर्थ होगा। आखिरकार हर वस्तु का कभी-न-कभी ह्रास होता है। सम्भव है कि किसी चरण पर मुझे एहसास हो कि मेरे कार्य में पहले जैसी सम्भावनाएँ नहीं हैं और यह मेरे अपने ही सन्तुष्टि के स्तर से निम्न स्तर का हो गया है तो मैं स्वयं ही काम करना बन्द कर दूँ। कैसे, कब और कहाँ, मैं स्वयं भी यह नहीं जानता!

यह युवा पीढ़ी को भी ज़रूर सीखना चाहिए क्योंकि वह बहुत आत्मलीन है। जब आप दूसरों को अपने घेरे से निकाल कर केवल मैं, मैं और मैं बन जाते हैं तो यह बाधक बन जाता है। मेरे विचार में ऐसा करना बहुत मूर्खता है। आखिरकार हम जीवन में प्रसन्नता के लिए एक-दूसरे के साथ मेल-मिलाप रखते हैं। मैं संबंध तोड़ने की बजाय बनाना अधिक पसन्द करूँगा। आप लोगों से जितना अधिक मिलते हैं उतना ही अधिक जीवन के विषय में सोचते हैं। आप लोगों से जितना अधिक बातचीत करेंगे, उतना ही अपकी जानकारी बढ़ेगी। लोग यदि अपनी यादें और अनुभव ही पीछे नहीं छोड़ जायेंगे तो आखिर यह जीवन है ही क्या? परन्तु हमारे फिल्म उद्योग के तौर-तरीके बहुत विचित्र होते जा रहे हैं। मैं देख रहा हूँ कि इन दो पीढ़ियों की सोच और कार्य के प्रति दृष्टिकोण में ही अत्यधिक परिवर्तन आ गया है। मुझे लगता है कि पहली पीढ़ी के लोग अपने काम के प्रति अधिक समर्पित थे, उनकी काम के प्रति इतनी निष्ठा थी कि वे सिनेमा के लिए ही जिए। उन्होंने जीवन का यद्यपि भरपूर आनन्द उठाया परन्तु उनमें बचत की कोई अवधारणा नहीं थी। परिणामस्वरूप उनमें से कुछ को बहुत गरीबी में जीवन बिताना पड़ा। उन्होंने पहले यह नहीं सोचा कि वृद्धावस्था में वे जब गुमनामी में खो जायेंगे तो उनकी पैसे की आवश्यकता को पूरा करने वाला कोई नहीं होगा। और उन्हें अपने जीवन के अंतिम दिनों में अपने कुछ शुभचिन्तक सहकर्मियों पर आश्रित होना पड़ा। परन्तु अब सोच बदल गयी है, आज का कलाकार धन के प्रति कहीं अधिक सचेत और व्यावहारिक हो गया है।

वह तो छोड़िए, आज अभिनय में निपुणता के स्थान पर स्टारडम पर अधिक बल दिया जाता है। फिल्म निर्माण का कार्य हाई-टैक हो गया है। मुझे पुराने दिनों की बहुत याद आती है और मैं सोचता हूँ कि काश वे समर्पित कलाकार आज भी हमारे बीच होते तो अभिनय में एक नया आयाम दिखाई देता क्योंकि अभिनय अन्ततः विभिन्न अभिनेताओं और पात्रों के बीच पारस्परिक क्रिया ही तो है। आज सिनेमा बहुत अधिक व्यापार उन्मुख हो गया है। निःसन्देह जीवन के प्रत्येक पक्ष में, जीवन शैली, प्रस्तुति के ढंग में बहुत अधिक व्यावसायिकता आ गयी है और जो भी रुचिकर प्रतीत होता हैं भूमिका बन जाता है। जब मैं आजकल के

नायकों को मांसपेशियाँ बनाते देखता हूँ तो मुझे लगता है कि वे बहुत गलतफहमी में हैं कि अच्छे शारीरिक गठन से अच्छे अभिनेता बनते हैं। इन कलाकारों ने अभिनय के सम्बन्ध में सोचना और बात करना बन्द कर दिया है और अपनी नवीनतम कारों और नवीनतम महिला मित्रों के सम्बन्ध में अधिक चिन्तित हैं। परन्तु नई पीढ़ी की एक चीज़ जो मुझमें आशा जगाती है, वह है उनके नए विचार। यह युवा पीढ़ी अधिक उदार सोच की है, वे अपने लक्ष्यों के प्रति अधिक स्पष्ट हैं अतः वे अपने जीवन में जो चाहते हैं, उसके लिए अधिक केन्द्रित प्रयास करते हैं। परन्तु उनके दृष्टिकोण का चिन्ताजनक पक्ष यह है कि वे नहीं जानते कि क्षमताओं की दृष्टि से वे कहाँ तक पहुँचे हुए हैं और वे बहुत आत्मलीन हैं।

मैं जब सोचता हूँ तो मुझे लगता है कि हमारे उद्योग का चेहरा निरन्तर परिवर्तित हो रहा है। पिछले पचास से अधिक वर्षों में फिल्म उद्योग में इससे जुड़े लोगों, तकनीशियनों अथवा मशीनों की क्वालिटी की दृष्टि से एक क्रांति हुई है। मैंने यद्यपि 1930 और 40 के दौरान के फिल्म निर्माण को नहीं देखा है परन्तु मुझे यह मानना पड़ता है कि वे बहुत अधिक ईमानदारी से बनायी जाती थीं। कैमरे चाहे कितने ही पुराने थे, तकनीशियन चाहे कितने ही अनजान थे परन्तु वे चौबीसों घण्टे अपने काम में डूबे रहते थे। कलाकार भी प्रत्येक क्षण अपनी भूमिका के विषय में सोचते रहते थे। इसकी आज की फिल्मों से तुलना करें तो आज सब कुछ कहीं अधिक यांत्रिक हो गया है और यद्यपि उच्च तकनीक वाली मशीनें हैं तथा कम्प्यूटर की सहायता से फिल्मों का तकनीकी पक्ष मज़बूत हो गया है परन्तु फिर भी फिल्मों में आत्मा और भावना के स्थान पर तड़क-भड़क और चमक ही अधिक है। ऐसा नहीं कि प्रतिभा समाप्त हो गयी है अथवा अच्छी फिल्म के निर्माण की क्षमता नहीं रही परन्तु समय बीतने के साथ-साथ इन समस्त विशेषताओं को काम में लाने का ढंग बदल गया है। अभिनय अब पार्ट-टाइम नौकरी बन गया है, लोगों में प्रतिबद्धता का अभाव है।

1950 और 60 के दशक के दौरान अभिनेताओं सहित फिल्म निर्माता फिल्मों को कला के एक रूप में अपनाते थे। उनमें से अधिकतर नियमित वेतन पाते थे। सुपर स्टार के इलावा किसी के लिए कॉन्ट्रेक्ट की व्यवस्था नहीं थी। मैं अपने भाइयों के साथ प्रायः शूटिंग पर जाया करता था और वहीं मैं काम करने के उस वातावरण को देख पाया। अभिनेता और निर्देशक के बीच गुरु-शिष्य का सम्बन्ध हुआ करता था। निर्देशक की बात अंतिम वाक्य होती थी। नए हीरो-हीरोइन यदि अपने काम पर ध्यान केन्द्रित नहीं करते थे अथवा निर्देशक की अपेक्षानुसार शॉट नहीं दे पाते थे तो निर्देशक उन्हें थप्पड़ तक जड़ देते थे। अभिनेता स्टूडियो में शूटिंग के लिए पहुँचते थे, उस दिन चाहे उनका कोई दृश्य फिल्माया जाना हो या नहीं। यह सब बहुत सौहार्दपूर्ण वातावरण में होता था, बड़े अथवा छोटे की कोई जटिलताएँ नहीं थीं। यह एक बड़ा भाईचारा था जिसका एक मात्र लक्ष्य कठोर श्रम करना होता था। इस वातावरण से काम की क्वालिटी भी बेहतर होती थी। बहुत स्पष्ट है कि इसीलिए उन दशकों में बनी फिल्में कहीं बेहतर थीं और उन्हें सही मायने में 'सिनेमा' कहा जा सकता है। उस समय तकनीक चाहे इतनी उन्नत नहीं थी परन्तु वे विश्वसनीय फिल्में थी और उन्होंने उस समय

उपलब्ध मशीनों की सहायता से जो भी बनाया, वह अद्‌भुत था। आप उन प्राचीन फिल्मों में कहानी के स्पर्श को अनुभव कर सकते हैं। यह बहुत सौभाग्य की बात है कि टेलीविजन के आ जाने से हम इन पुरानी फिल्मों को देख सकते हैं और उनसे कुछ सीख सकते हैं। आप इन फिल्मों को देखकर अनुमान लगा सकते हैं और देख सकते हैं कि उन्हें बनाने में कितना कठोर श्रम लगा होगा। आज प्रतिभा की कोई कमी नहीं परन्तु उसे ढूँढ़े जाने और सही प्रशिक्षण दिये जाने की आवश्यकता है। कुछ परिवर्तनों की केवल आशा ही कर सकता हूँ और कामना करता हूँ कि हमारा उद्योग थोड़ा अधिक नियमित, निष्ठावान और व्यवस्थित हो सके।

वर्तमान परिदृश्य को देखकर लगता है कि कहीं कुछ गलत हो गया है क्योंकि करतबबाज़ी अभिनय का पर्याय बन गयी है। पुराने समय के मुख्य स्टार और अभिनेता पर्दे पर अभिनय करने के लिए प्रयास नहीं करते थे। वे बहुत स्वाभाविक ढंग से अभिनय करते थे हालाँकि उनमें से कुछ केवल औसत दर्जे की प्रतिभा ही रखते थे। उनकी सादगी और उनकी निष्ठा चरित्र को उपयुक्त ढंग से निभाने में सहायता करती थी जबकि आज की पीढ़ी अधिकांशतः एक्शन, अत्यधिक डांस और करतबों का सहारा लेती है परन्तु परिणाम फिर भी प्रभावजनक नहीं हो पाते। मानवीय भाव परिवर्तित नहीं होते, उन्हें सीधी-सादी और बेहतर कथाओं के माध्यम से व्यक्त किया जाना होता है। सैकड़ों व्यंजनों और मिश्रणों की बजाय अभी भी साधारण और अच्छी प्रकार से पकाया गया भोजन ही शरीर के लिए अच्छा और स्वास्थ्यकारी होता है। स्टार तत्त्वों पर अधिकाधिक ध्यान दिये जाने से वास्तविक सार तत्त्व लुप्त होता जा रहा है और उन्नत प्रौद्योगिकी उसका स्थान लेती जा रही है।

तभी मुझे एहसास होता है कि ज़बरदस्त हिट फिल्में बहुत प्रभावशाली नहीं होतीं। उनमें 'कट' बहुत जल्दी-जल्दी होते हैं, बहुत अधिक तीव्रता होती है, ऐसा लगता है मानों वे जमीन को पीस कर धूल बना रहे हों। नर्गिस, मीना कुमारी, वहीदा रहमान, नूतन अथवा माला सिन्हा 300 फुट की फिल्म में आपको तीन मिनट तक सम्मोहित कर देती थीं परन्तु आज फिल्म समाप्त होने तक आप भूल जाते हैं कि हिरोइन कैसी दिखाई देती थी। मैं नहीं समझ पाता कि रोमांटिक युगल गीत में पृष्ठभूमि में कूदते-फाँदते एक सौ नर्तकों की क्या आवश्यकता होती है? जो एक युगल में बहुत निजी क्षण होना चाहिए, उसमें उनकी इतनी घुसपैठ क्यों? यह पागलपन है। हम मनोरंजन का अर्थ भूल गये लगते हैं। यह आपके हृदय को स्पर्श करने वाला, मस्तिष्क को प्रेरित करने वाला होना चाहिए, न कि कुछ ऐसा जिसे आँखें देखती रहें।

जब हम महान अभिनेताओं एवं कलाकारों को श्रद्धांजलि देते हैं तो हमें याद करना चाहिए कि वे उस विशेष स्तर पर कैसे पहुँचे और उनका योगदान कैसे समय और स्थान की सीमाओं को लाँघ सका है। मस्तिष्क से फूटने वाले अभिनय की दृष्टि से नूतन का मेरी अनुभूतियों और मानसिकता पर बहुत गहरा प्रभाव रहा है। आपका अंग संचालन आपकी सोच से चालित होता है। मैंने 1949-50 में बनी उनकी पहली फिल्म 'हम लोग' देखी, जिसमें बलराज साहनी उनके साथ थे। उनमें कुछ बहुत अधिक आकर्षक था। उनकी 'सुजाता,' 'सीमा,' 'बंदिनी,' जैसी फिल्मों को देखकर लगा कि वे अपने समय की श्रेष्ठ अभिनेत्रियों में से एक थीं। जैसी

संवेदनाएँ, जैसा नारीत्व उनमें से फूटता है, वह बहुत अधिक गरिमापूर्ण और मोहक है। उनकी श्रेणी के कलाकारों के लिए कोई शॉर्टकट नहीं थे। उनकी प्रत्येक फिल्म में उनकी खूबसूरत भूमिका थी। मैं उनकी आँखों में, उनके अभिनय में कार्य के प्रति उनकी पूर्ण एकाग्रता को देख पाया। उन्हें बिना जाने, उनसे बिना परिचित हुए मुझे उन पर 'क्रश' हो गया था। मैंने उनके साथ बात करने की कामना की थी परन्तु उस समय ऐसे विचार मूर्खता भरे लगते थे क्योंकि फिल्मों में काम करने की दूर-दूर तक भी कोई सम्भावना नहीं थी।

मुझे याद है कि मैंने उन्हें पहली बार बम्बई में होटल अम्बेसडर में एक पार्टी में देखा था। मैं फिल्म उद्योग में अभी आया ही था, मैं उनके पास गया और मदन पुरी के भाई के रूप में अपना परिचय दिया और मैंने उनसे सबसे पहले जो कहा, वह यह था कि मैंने उन्हें जब से पर्दे पर देखा है, मैं उनके साथ अभिनय करना चाहता हूँ और कि मैं उन्हें प्यार करता हूँ। वे हँस पड़ीं और नाज़ुकता से शरमा गयीं। मैंने उनके साथ विस्तार से चर्चा की कि वे भूमिका के लिए स्वयं को कैसे तैयार करती हैं। उन्होंने बहुत सादगी से कहा, "मैं जैसा अनुभव करती हूँ, ठीक वैसे भूमिका को निभाती हैं।" शायद यही कारण था कि उनमें स्वाभाविक अभिनय की यह विशेषता थी। शायद अचेतन में कहीं मैं भी, वे जो कर रही थीं, उससे सीख गया था। आज किसी से कुछ सीखते, कुछ ग्रहण भी करते हैं तो यह इस पर निर्भर करता है कि कौन कितना सीखने में और वैसे व्यक्त करने में सक्षम है। वह स्तर सदा भिन्न होता है। मैं आपको एक मोटा उदाहरण देता हूँ। एक ही पेंट लकड़ी और लोहे पर अलग-अलग दिखाई देता है। दोनों पर उसका प्रभाव कभी एक-समान नहीं हो सकता।

नूतन का कैरियर समाप्ति पर ही था कि मुझे उनके साथ 'मेरी जंग' में काम करने का अवसर मिला। मैं यह जानकर बहुत प्रसन्न था और उनके साथ कुछ दृश्य करने की उत्सुकता से प्रतीक्षा कर रहा था। परन्तु फिल्म में बहुत कम दृश्य थे। जैसे एक दृश्य में वे अपने बेटे को लेने आती हैं, मैं उन्हें खलनायक की कामुक दृष्टि से देखता हूँ। क्या अभिनेत्री और अद्भुत इनसान थीं वे। वे लगभग मेरी उम्र की थीं और उनका कैरियर शिखर पर था। मुझे यद्यपि उनकी युवावस्था की भूमिकाएँ अधिक पसन्द थीं—बहुत जीवन्त और निर्देशकों द्वारा सुन्दरता से ढाली गयीं। इकट्ठे काम करने के बाद वे मुझे आमन्त्रित करना कभी न भूलतीं। वह एक पारस्परिक सम्मान था। एक बार उन्होंने बताया कि उनके जीवन में कहीं कुछ अभाव है, वे स्वयं को उन बन्धनों से मुक्त करना चाहती हैं और मैंने महसूस किया था कि वे भीतर से प्रसन्न नहीं थी और शायद इसीलिए दुख और करुणा को इतने मर्मस्पर्शी ढंग से व्यक्त कर पाती थीं। मीना कुमारी की ही भाँति उनके स्वप्न और इच्छाएँ भिन्न रही होंगी। ऐसे कई बार अभिनेता अपने वास्तविक जीवन के अनुभवों को रूपान्तरित करते हुए हृदय को छू लेने वाला, यादगार अभिनय करते हैं।

मीना कुमारी भी सहज अभिनेत्रियों के वर्ग से थीं। यह महान अभिनेत्री भी दुखी थी क्योंकि अपने निर्माता-निर्देशक पति कमाल अमरोही के साथ उनका पारिवारिक जीवन बहुत कष्टपूर्ण था। उन्होंने अपनी पीड़ा को अपने अभिनय में कैसे व्यक्त किया है कि वे अतुलनीय और

अनुपम 'ट्रेजेडी क्वीन' बन गयीं। उन्होंने अपनी समस्त भावपूर्ण यादों को अपने काम में प्रयुक्त किया और जब वे चुप होकर गहरी, भेदती दृष्टि से देखती थीं तो वह सब उनकी अभिव्यक्ति में झलकता था। शायद वे थीं ही वैसी, वे एक विचारशील महिला, एक कवयित्री भी थीं जो किसी भी विषय पर उन भावनाओं को व्यक्त कर सकती थीं। वे या तो स्वयं ऐसी भूमिकाएँ चुन रही थीं अथवा उनके लिए ऐसी भूमिकाएँ लिखी जाती थीं। बहुत सीमा तक यह भावनाएँ उनके अपने जीवन से ही फूटती थीं। मुझे लगता है कि ऐसे ही वास्तविक जीवन पर्दे के जीवन में मिल जाता है क्योंकि किस प्रकार के चरित्र को आप निभाते हैं, यह उसके साथ घुल-मिल जाता है अथवा उसमें उसकी गूँज सुनाई देती है। इस प्रकार परिस्थितियाँ सन्दर्भ बिन्दु बन जाती हैं। परन्तु दूसरी ओर स्थिति ऐसी नहीं है। आप निभाये गये चरित्र को अपने साथ ले कर नहीं चलते, आप उसका बोझ नहीं उठाए रह सकते। परन्तु आप जो वास्तविक जीवन में हैं, उसके प्रभाव को सुगठित कर अपना अभिनय करते हैं। अनेक कलाकारों ने अपने जीवन में कष्ट झेले हैं और वे अपने जीवन के उत्तरार्द्ध में बहुत ऊँचाइयों पर पहुँचे हैं।

यदि आप ने मधुबाला को देखा होता—तो वे क्या अभिनेत्री थीं और कितना सुन्दर उनका चेहरा और मुस्कान थी। किसी भी भूमिका को वे बहुत स्वाभाविक ढंग से कर पाती थीं। उस दृष्टि से सुरैया और नर्गिस में भी स्वाभाविक प्रतिभा थी और उनकी सादगी जादुई प्रभाव लिये हुए थी। मैंने नर्गिस को राजकपूर की फिल्म 'आग' में देखा था और गंभीरता, ईमानदारी तथा कुछ करने के एहसास को मैं उनकी आँखों में देख पाया था। मुझे लगता है कि आँखें हमारी शारीरिक संरचना का सबसे महत्त्वपूर्ण भाग होती हैं। क्योंकि आँखें कभी झूठ नहीं बोल सकतीं, भीतर कुछ भी भावनाएँ उमड़ रही हों, आप व्यक्ति को उसकी आँखों से पढ़ सकते हैं। अधिकांश अभिनेत्रियों की आँखों में बहुत गहराई होती है। जब आप कुछ व्यक्त करते हैं तो आपकी आँखें बता देती हैं कि आप जो चाह रहे हैं, वह सत्य है अथवा केवल ढोंग कर रहे हैं। जो कलाकार अपनी आँखों से बात नहीं कर सकता, वह अभिनेता नहीं है। आँखें महान कलाकारों की महत्त्वपूर्ण सम्पत्ति होती हैं। पूणे में एक फोटोग्राफर अनिरुद्ध बागुल है, उसने विभिन्न मनोभावों में मेरे लगभग दो सौ चित्र लिए हैं। उन चित्रों में दिखाई पड़ता है कि कैसे आँखें और भाव चमत्कार पैदा कर सकते हैं। नर्गिस में वही क्वालिटी थी। महबूब खान ने 'मदर इण्डिया' में उनसे उत्कृष्ट अभिनय करवाया। वे बहुत विविधमुखी थीं, बाद में 'अन्दाज़' फिल्म में भी यह दर्शाया गया कि लोग पश्चिमीकरण के नाम पर कैसे भटक जाते हैं—नर्गिस ने फिल्म में केन्द्रीय भूमिका निभायी थी।

काम के प्रति निष्ठा के कारण ही नर्गिस इन फिल्मों में अमिट छाप छोड़ पाईं। मुझे उनके काम से बहुत प्रेरणा मिली और जब भी आप काम करते हैं, उस कलाकार की झलक आपके मन में कौंधती रहती है। स्मृतियों से प्रेरणा लेने के ये क्षण एक स्वचालित प्रक्रिया हैं और ये स्वयं ही घटित हो जाते हैं। आपको कई बार समझ ही नहीं आता कि यह कैसे हो जाता है परन्तु यह हो जाता है। ये गुण आज के कलाकारों में बिल्कुल भी नहीं दिखाई देते। वे उस युग की ऊँचाइयों पर नहीं पहुँच सकते वे पूर्णतः भावशून्य हैं। आप आज के अभिनेताओं की

बीते वर्षों के अभिनेताओं से तुलना नहीं कर सकते। उनकी कार्य के प्रति एकाग्रता इतनी अधिक होती थी कि अनायास ही परिणाम प्राप्त हो जाते थे। मैंने अपने आसपास अनेक नए चेहरे देखे हैं, विशेषकर आजकल, जब मैं अत्यधिक अंग प्रदर्शन करने वाली हीरोइनों के साथ डांस कर रहा होता हूँ। इस उम्र में पर्दे पर अपने अड्डों पर उनके उत्तेजनापूर्ण नृत्यों के प्रति कोई कैसी प्रतिक्रिया कर सकता है। छिपे-खजाने सदैव ढूँढ़ लिये जाते हैं, उन्हें तलाशने के लिए नक़्शे बनाये जाते हैं। परन्तु खजाने यदि आपके सामने हों तो उनका कोई महत्त्व नहीं होता, कोई आकर्षण नहीं होता। उसी प्रकार नग्नता में भी कोई आकर्षण नहीं होता। आप एक बार देखते हैं और आगे बढ़ जाते हैं, क्योंकि आप जानते हैं कि उससे आगे देखने को कुछ नहीं। केवल जो छिपा हुआ है वही रहस्य उत्पन्न करता है और मनुष्य की कल्पना को जाग्रत करता है। मानव मस्तिष्क कल्पना करके आनन्दित होता है। मैं वास्तव में इस विचार को नहीं मानता कि अश्लीलता बिकती है। यह घटिया दर्जे का मनोरंजन है, यह मस्तिष्क पर अमिट छाप नहीं छोड़ता। लोगों को आज भी 'शोला जो भड़के दिल मेरा धड़के' में गीता बाली और 'मोहे पनघट पे नन्दलाल छेड़ गयो रे' में मधुबाला के हावभाव याद हैं। परन्तु आपको आज के गानों की याद नहीं आती। खैर, वस्त्र उतारने का यह चलन बना रहेगा और केवल अंग प्रदर्शन करने वाले बदलते रहेंगे।

अब मैं एक अन्य हस्ती अशोक कुमार की बात करता हूँ। मैं उनसे पर्दे पर और अन्यथा भी बहुत प्रभावित था। हमने 1982 में अकबर खान की फिल्म 'हादसा' में इकट्ठे काम किया। प्यार से उन्हें सब दादा मुनी कहते थे। उनकी सबसे अधिक आकर्षित करने वाली बात यह थी कि वे स्वयं को सामान्यतः हाथों से अभिव्यक्त करते थे। उन्हें समझ नहीं आता था वे अपने हाथों को कैसे नियंत्रित करें इसलिए वे सिग्रेट अथवा लाठी पकड़ कर उन्हें नियंत्रित करते थे। चलने और बोलने का अपना ही स्टाइल रखने वाले कलाकार राजकुमार के विपरीत अशोक कुमार एक स्वाभाविक अभिनेता थे। वे चरित्र को समझ कर अपने ही ढंग से अभिव्यक्त करते थे। वे बहुत प्रसन्नचित्त व्यक्ति थे। उनकी अभिव्यक्तियाँ भी उतनी ही सुखद होती थीं और इसीलिए उन्हें उसी प्रकार की भूमिकाएँ दी जाती थीं। उनके इर्द-गिर्द एक आभा थी और उन्हें उद्योग के एक वरिष्ठ अभिनेता के रूप में सम्मान दिया जाता था। उनका स्वास्थ्य अच्छा था इसलिए वे अस्सी वर्ष की आयु तक काम करते रह सके। बाद में जब वे बीमार पड़ गये और एकाकी थे तो मैं प्रायः उनसे मिलने चैम्बूर जाया करता। ऐसा लगता था कि वे मुझे पसन्द करते थे। एक दिन उन्होंने कहा, "अमरीश तेरा असली नाम क्या है, तेरे स्पैलिंग क्या हैं।" मैंने उन्हें बताया कि मेरे पिता ने मेरा नाम अम्बरीश लाल रखा था, उन्होंने कहा, "नहीं, इस 'बी' को मत रखो तो यह नम्बर चार बन जायेगा जो कि शुभ है।" उन्होंने सदा इस बात को याद रखा।

उनका छोटा भाई किशोर कुमार मौज-मस्ती करने वाला युवक था परन्तु थोड़ा सनकी था। हमारा परस्पर बहुत स्नेह था। गायन के क्षेत्र की हस्ती किशोर कुमार भी एक साधारण इनसान थे। क्या शानदार गायक थे वे! मैं उनका पक्का भक्त हूँ क्योंकि उतने ही स्वाभाविक वे

अभिनेता भी थे। उनकी 'चलती का नाम गाड़ी,' 'पड़ोसन,' 'हाफ टिकट' जैसी फिल्में सदा याद की जाती हैं, मैं कोई फिल्म विरले ही दूसरी बार देखता हूँ परन्तु मैंने उनकी फिल्में तीन बार से भी अधिक देखी हैं। उनकी फिल्मों में आप देख सकते हैं कि उन्हें अभिनय में कैसा आनन्द मिलता था। मुझे याद है कि जब 1987 में वे लन्दन में अपना अंतिम शो कर रहे थे, मुझे वहाँ अपना 'मोगेम्बो' का अभिनय करना था। उन्होंने मुझे बुलाया और कहा, "अमरीश आजा गाते हैं।" मैंने कहा, "किशोर दा, ऐसा कैसे हो सकता है, आप इतने महान गायक हैं।" वे ज़िद्द करने लगे और मैंने उनका साथ दे दिया और सोचिए उन्होंने मुझसे मुख्य शो में भी गवाया। प्रोफेशनल आधार पर स्टेज शो की प्रथा प्रारम्भ करने का श्रेय उन्हें जाता है। 80 के दशक के प्रारम्भ में उन पर कर की भारी बकाया राशि थी। तब उन्होंने भारत और विदेशों में टिकट पर शो करना शुरू किया और टैक्स का भुगतान किया।

वे मेरे साथ एक फिल्म भी बनाना चाहते थे। वास्तव में लन्दन से लौटकर उन्होंने मुझे बुलाया और फिल्म की कहानी सुनाई। उनकी कल्पना बहुत ज़ोरदार थी, पूर्णतया तूफानी और यह फिल्म केवल कल्पना पर आधारित होनी थी। उनके बारे में फिल्म उद्योग में यह मज़ाक प्रचलित था कि वे अपनी रकम एडवांस में लेने के सम्बन्ध में बहुत पक्के हैं। उनका सेक्रेटरी इस काम को संभालता था। एक दिन वे एक गाने की रिकॉर्डिंग कर रहे थे और उन्हें अनेक बार 'टेक' देने पड़े। इस दौरान वे शीशे की खिड़की से बाहर भी देखते रहे। वे अपने सेक्रेटरी से भुगतान के सम्बन्ध में जानने की कोशिश कर रहे थे। उन्हें लगा था कि अभी रकम का भुगतान नहीं किया गया है इसीलिए वे बार-बार 'टेक' देते रहे। उनकी चिन्ता उन पर हावी हो गयी और अन्ततः वे अपने सेक्रेटरी से पूछने के लिए बाहर ही चले गये, उसने जवाब दिया, "दादा, यह आपकी अपनी फिल्म है। आप किस भुगतान की बात कर रहे हैं?" वे बहुत 'मूडी' थे और कई बार जब निर्माता उनसे मिलने आते तो वे अपने घर में छिप जाते। परन्तु वे ऐसा उन लोगें के साथ करते थे जिन्हें मिलना उन्हें पसन्द नहीं था।

वे थोड़े विचित्र भी थे परन्तु बहुत प्रतिभावान थे। खैर, अधिकतर रचनात्मक लोग ऐसे ही होते हैं। उन्हें भी सही 'ब्रेक' मिलने से पहले अनेक संकट और कष्ट झेलने पड़े। उनके गाये गम्भीर गानों में जो एक उदासी आपको छू जाती है और जैसे अपनी गायकी में वे पात्र को जिन्दा कर देते थे, उनकी वह क्वालिटी अनुपम थी। पार्श्व गायक के रूप में उनमें अभिनेता के स्वरूप और स्थिति के अनुसार अपनी आवाज़ को बदल लेने की बहुत बड़ी खूबी थी और बहुत लोग शायद नहीं जानते कि सहगल साहब उनके पथ प्रदर्शक थे। वे उन्हें अपना गुरु मानते थे। जुहु स्थित उनके बंगले के रियाज़ कक्ष में सहगल साहब का दस फुट ऊँचा विशाल चित्र लगा था। मन्ना डे अथवा मोहम्मद रफी की भाँति किशोर दा शास्त्रीय गायक नहीं थे। उन्होंने प्रत्येक प्रकार के गायन में प्रयोग किये। उनकी सादगी उनका सबसे बड़ा गुण थी इसलिए उन्हें गाते हुए कोई झेंप नहीं होती थी और वे गाते हुए शक्लें बनाते, हाथों को नचाते और उनका शरीर भी लहराता रहता था। मुझे उनकी मृत्यु पर गहरा दुख हुआ, पूरा संसार उनकी मृत्यु पर दुखी था। उनकी शव यात्रा में फिल्म उद्योग के इतिहास में सबसे अधिक लोग शामिल

हुए। उनकी इच्छा के अनुरूप उनके शव को उनके जन्म स्थान पर ले जाकर अंतिम संस्कार किया गया था। वे हमारे उद्योग का गौरव थे।

और जब स्वाभाविक अभिनय की बात आती है तो इससे तात्पर्य है कि आप चरित्र की आत्मा को स्वयं में जाग्रत करें। याद रखें कि यह अंशतः भगवान का दिया वरदान होता है और शेष प्रशिक्षण होता है। जैसे जब आप ध्यान लगाना सीखते हैं तो योगी अथवा स्वामी आपको प्रशिक्षण देते हैं और आपको एक निश्चित विधि का पालन करना होता है और समय बीतने के साथ-साथ आप ध्यान लगाने में पारंगत होते चले जाते हैं। अभिनय ओढ़ा नहीं जाता, आरोपित नहीं होता, जिस क्षण आप ऐसा करते हैं, यह स्पष्ट झलकने लगता है। देखने वाले तत्काल पहचान जाते हैं कि आप स्वाभाविक कलाकार नहीं है। एक बच्चा भी व्यवहार की कृत्रिमता को पहचान जाता है चाहे वह उसकी माँ का स्पर्श ही हो। बच्चा माता के स्वाभाविक स्नेह को पहचानता और उससे जुड़ता है। उन सबमें सर्वाधिक सहज मोती लाल थे, वे लाजवाब थे। उन्हें कोई भी भूमिका दे दो, वे ऐसे ढंग से बोलते थे मानो सामान्य जीवन में भी वे पात्र ही हों। सहज होने का यह अर्थ नहीं कि आपको विधिबद्ध होना होता है। नहीं, यह अध्ययन नहीं है। क्योंकि स्तर भिन्न-भिन्न होता है और उस विधि को अपने स्तर तक पहुँचाते हुए अभिनेता भिन्न-भिन्न हो जाते हैं। कुछ अभिनेता सहज होने के लिए 100 यूनिट प्रयास करते हैं जबकि अन्यों को उसी स्तर पर पहुँचने के लिए 200 यूनिट से भी अधिक का प्रयास करना पड़ता है। सो एक कलाकार को ऐसे काम करना होता है, सब समय सीखना और सब समय सृजित करते रहना होता है। आपका सीखना आग के समान होता है जिसे अनेक कार्यों के लिए प्रयोग में लाया जा सकता है। एक कलाकार के भीतर जब तक इस तरह की आग नहीं होती, इस तरह की अन्तर्दृष्टि नहीं होती, वह अभिनय नहीं कर सकता। एक बार उस आग के बुझ जाने पर कलाकार अपनी प्रतिभा पर पकड़ खो देता है, तब वह कमज़ोर पड़ जाता है। अपने समय के सबसे बढ़िया अभिनेताओं की बहुत दुखद मृत्यु हुई है। ऐसा इसलिए होता है कि एक समय इतना सृजनशील रहा मस्तिष्क रोगी होने लगता है और वे सकारात्मक गुण समाप्त होने लगते हैं।

सदा याद रहने वाले अधिकाधिक कलाकार इस श्रेणी में आते हैं और उनमें से कुछ ही स्टाइल को अपनाने वाले होते हैं। प्रत्येक कलाकार के अपने गुणों के मिश्रण होते हैं हम नहीं कह सकते कि वे दो कलाकार एक समान हैं जैसे कोई दो चेहरे एक समान नहीं होते। अनन्तनाग में अन्तर्दृष्टि उतनी नहीं थे परन्तु स्वाभाविकता बहुत थी। मोहन आगाशे भी भूमिका की माँग के अनुसार ऐसी कामुक दृष्टि से देखते थे। मैंने उनके साथ थियेटर और फिल्मों में भी काम किया है। उनमें समानताएँ हो सकती हैं परन्तु वे एक दूसरे की छायाप्रति नहीं हो सकते। यह सब बहुत तुलनात्मक है। जॉनी वॉकर स्टाइल के अभिनेता थे। लोग इन्हें खूब पसन्द करते थे और वे अपने ही तरह के अनुपम होने के कारण बहुत लोकप्रिय थे। अपनी प्रारम्भिक फिल्मों में उन्होंने संवाद बोलने का एक नया स्टाइल शुरू किया था। परन्तु वास्तव में वे ऐसे नहीं बोलते थे जैसे अपनी फिल्मों में बोला करते थे। बाद में अनेक अभिनेताओं

ने उनके स्टाइल को अपनाया। इस प्रकार का स्टाइल लिये हुए परन्तु सहज अभिनय शत्रुघन सिन्हा और ओम प्रकाश की भी विशेषता रही है। वे दोनों स्वाभाविक कलाकार थे लेकिन कभी-कभी स्टाइल का भी सहारा लेते थे। मेरा यहाँ कहने का आशय यह है कि स्टाइल वाला अभिनेता अपना ही व्यक्तित्व बना लेता है और वह विशेष स्टाइल उसका ट्रेडमार्क बन जाता है। एक बार विख्यात हो जाने पर निर्देशक ऐसे कलाकारों को उनके एक विशेष प्रकार के स्टाइल के कारण अपनी फिल्मों में ले लेते हैं।

जन्मजात, स्टाइलपूर्ण अथवा अन्तर्दृष्टि वाले अभिनेता—इन तीन वर्गों में से मैं किस श्रेणी में आता हूँ। आत्म विश्लेषण करने के बाद मैं तो यही कह सकता हूँ कि यह एक बहुत कठिन प्रश्न है। मेरे समकालीन ही शायद इस प्रश्न का अधिक उपयुक्त उत्तर दे सकते हैं जिन्होंने स्वाभाविक है, मुझे ध्यान से देखा होगा। मैं यद्यपि अधिकांशतः अपने पात्रों में गहरे डूब जाता हूँ जो शायद मैं भी नहीं जानता कि मैं कैसे कर पाता हूँ। मुझे लगता है कि मेरे भीतर किसी प्रकार की कोइ अन्तर्दर्शी शक्ति है। परन्तु मुझे उस क्वालिटी की सीमा की जानकारी नहीं जो मुझे एक पात्र को दुष्ट जैसा दिखाने में मेरी सहायता करती है और दूसरी भूमिका में मुझे बहुत स्नेही व्यक्ति दर्शाती है क्योंकि भावनाओं की इस व्यापकता का सदा अनुमान नहीं लगाया जा सकता, यह बहुत विविध होती है परन्तु आप में वह व्यापकता होनी चाहिए। एक कलाकार कैसे यह कह सकता है कि वह किसी मुकाम पर पहुँच गया है, इसका निर्णय तो दर्शकों को करना होता है। निर्णय का यह अधिकार केवल दर्शकों को होता है। जब आप हवा में अपनी उँगली उठाते हैं तो उसके बाद आप कहाँ जाते हैं, आपको नीचे आना होता है। बेहतर है कि आप शिखर से नीचे ही मँडराते रहें और शिखर पर बैठने की बजाय वहाँ अपने आस-पास अधिक देख पायेंगे—अतः आगे बढ़ते रहो और अपने अस्तित्व को बनाये रखो और ऊपर की ओर भी विस्तार करते रहो। अभिनय के सूक्ष्म पहलुओं, व्यवहार अथवा अभिनय के लचीलेपन की कोई सीमा नहीं—यदि आपका वैसा नजरिया है तो इन सब में निरन्तर सुधार होता रहता है। जहाँ तक मेरे विस्तार और विकास का प्रश्न है, मैं स्वयं को स्टाइलपूर्ण कलाकारों की श्रेणी में नहीं रखता, मैं निश्चित रूप से एक स्वाभाविक कलाकार हूँ—बहुत सीमा तक और स्वाभाविक होने के लिए आपको कठोर श्रम करना होता है। परिश्रम के बिना आप में सहजता नहीं आ सकती। ऐसे में कलाकार का प्रशिक्षण अनिवार्य होता है। उसे अपने प्रदर्शन में इतना उत्कृष्ट होना होता है कि उसे, जो पूर्णतया काल्पनिक है—उसमें स्वाभाविक दिखना होता है।

यहाँ मुझे सर लॉरेंस ओलिवियर की याद आती है। उनके जीवनी लेखक ने वर्णन किया है कि कैसे वे थियेटर करने की लालसा के विभिन्न चरणों से गुज़रे। लेखक ने उनको उद्धृत करते हुए लिखा है कि एक अभिनेता तभी अभिनेता बनता है जब उसने कम से कम दस-ग्यारह वर्ष थियेटर में काम किया हो और उसका अभ्यास किया हो। ओलिवियर में कहीं कुछ है कि मैं सदा उनका उदाहरण देता हूँ। वे इस अर्थ में भी मेरे आदर्श रहे हैं कि मैं प्रभाव की दृष्टि से पात्र के जिस प्रकार के सृजन की बात करता हूँ, उसमें उन्होंने योगदान दिया है क्योंकि आप कलाकार की आँखों में कितना कुछ पढ़ सकते हैं। मैंने उनकी 'हेमलेट' और

'मेकबैथ' दोनों देखी हैं। उनकी नज़रें बहुत विचित्र हैं जो आपको भीतर तब बेध देती हैं। मैंने उनकी चाहे केवल चार ही फिल्में देखी हैं परन्तु वह पर्याप्त हैं क्योंकि मैं उनके अभिनय से बहुत प्रभावित हुआ हूँ। वे रीतिबद्ध कलाकार थे। वे जानते थे कि अभिनय एक कौशल है, जिससे खिलवाड़ नहीं किया जा सकता। उनकी यादगार फिल्म 'द स्ल्यूथ' में उनके द्वारा शानदार वातावरण प्रस्तुत किया गया था।

और यहाँ हमें प्रतिदिन ऐसे अभिनेता मिलते हैं जिन्होंने केवल कुछ महीने का अभिनय का कोर्स किया है और कई बार तो केवल 18 दिन का क्रैश कोर्स किया होता है। कितना हास्यास्पद है यह! मानो आपने अभिनय का इंजेक्शन लगवा लिया हो और यह आपके रक्त में आ गया हो। कला के किसी भी रूप में निपुणता प्राप्त करना कठिन होता है। आपको रचनात्मक लेखकों द्वारा लिखी गयी अवास्तविक स्थितियों से जूझना होता है और अपने अभिनय से उन पात्रों को वास्तविक और सजीव बनाना होता है—यही अभिनय का सार है। आप उन्हें कैसे सजीव बनाते हैं, यह अभिनेता का काम है। जैसे प्रेम से सम्बन्धित अभिनय में आपको लैला के प्रेम में दीवाने मजनूं की तरह काम करना होता है। यदि उसमें इतनी दीवानगी न होती, जैसी उसमें थी तो उसे याद न रखा गया होता। आप जो भी करें, उसमें उसी तरह का पागलपन होना चाहिए। विश्व विख्यात चित्रकार वान-गो भी मजनूं की भाँति था। वह जिस महिला से प्रेम करता था, उसने उपहार स्वरूप उसके कान की माँग की और वान ने वास्तव में अपना कान काटकर उसे भेज दिया। निःसन्देह यह पागलपन भिन्न प्रकार का है। परन्तु उनके आश्चर्यजनक चित्रों को तो देखो जो वे अथाह गरीबी में भी बनाते रहे। कई बार तो वे बिना भोजन किये रहते और अपने पैसे रंग और केनवास खरीदने में लगा देते। आप जब ये सब उनकी जीवनी 'लस्ट फॉर लाइफ़' में पढ़ते हैं तो आपको ज्ञात होता है कि कला की किसी वस्तु की रचना के लिए कैसी लालसा, कैसे पागलपन की आवश्यकता होती है। यह सब लगन की बात होती है। 'मोहब्बत जानने के लिए मजनूं बनना पड़ेगा आपको।'

अभिनय मस्तिष्क में होता है। व्यक्ति का विवेक भी उसके अभिनय में झलकता है अतः एक सोया हुआ अभिनेता मनोभावों पर, मूड कर अपनी पकड़ बनाता है। जब किसी कलाकार को "विचारवान व्यक्ति का कलाकार" जैसे विशेषण दिये जाते हैं तो उसका अर्थ है कि अभिनेता दर्शकों को सोचने के लिए विवश कर देता है। जब आप अभिनय करते हैं तो दूसरे सिरे पर बैठा व्यक्ति दाँतों तले उँगली दबा लेता है। वह कहता है, "हे भगवान, एक ही चेहरे पर इतने भाव, उसके पीछे कितने भाव छिपे हैं।" यह केवल इसलिए होता है कि सामने वाला व्यक्ति विचारशील है। एक विचारशील और पूर्ण अभिनेता होने के कारण मैं खलनायकी की सीमाओं से परे जा पाया हूँ। ऐसा करते हुए मैं यह भी नहीं भूलता कि मुझे फिल्म निर्माता को अपना कुछ ऐसा देना है, जो बिक सके। अन्ततः सच्चाई यही है कि यह एक काम है और बेहतर होगा कि इसे अच्छे से किया जाये।

अर्नल्ड श्वाज़ेनेगर का ही उदाहरण ले लें, मेरे विचार में उनका चेहरा इस धरती पर सर्वाधिक कठोर चेहरा है। आप जो और जैसे करते हैं, उसके अनुसार आपका चेहरा स्वयं ही

अपना रूप-आकार और लोगों की स्वीकृति प्राप्त कर लेता है। एक सफल चेहरे को सदा देखा जायेगा —वह सुन्दर हो या न हो। यदि प्रतिभा बनाम सुन्दरता की बात करें तो निश्चय ही प्रतिभा की जीत होगी। अब उस अर्थ में मेरे चेहरे को भद्दा और कठोर कहकर अस्वीकृत कर दिया गया था। एन्थनी क्विन के भी असाधारण चरित्र ने मुझे प्रभावित किया। उनका अभिनय बिना किसी स्टाइल का सहारा लिए सदा बहुत स्वाभाविक रहा। वे बहुत निखरे हुए अभिनेता हैं। यदि मुझे किसी अभिनेता का वर्णन करने के लिए कहा जाता है तो मैं सदा उनके बारे में सोचता हूँ।

केवल अधिक और अधिक जानने की यह लगन ही व्यक्ति को सफलता और सौभाग्य की दिशा में आगे ले जाती है। एक अच्छी फिल्म आभूषण की भाँति होती है जिसे संभाल कर रखा जा सकता है और कभी भी पहना जा सकता है। लोग ऐसी फिल्म को देखने के लिए किसी भी मौसम में थियेटरों में चले आयेंगे। क्योंकि अच्छी फिल्म में भीड़ को आकृष्ट करने की अपनी शक्ति होती है। 1950 में बनी फिल्म 'ट्रेपीज़' को ही ले लें। यह एक एक्शन फिल्म थी और अभिनेता के अभिनय एवं शारीरिक गठन पर आधारित थी। बर्ट लेंकास्टर ने उस दृश्य में, जहाँ वह उल्टा होकर अपने हाथों के बल पर चलता है, स्टंटमैन को नहीं लिया था। आप दृश्य में, जैसे कैमरा अभिनेता के चेहरे के साथ-साथ चलता है, यह साफ देख सकते हैं। ऐसे दृश्यों को जीवन्त बनाने के लिए बहुत निपुणता और योग्यता की आवश्यकता होती है और आपको कठोर परिश्रम से उसका अभ्यास करना पड़ता है। लेंकास्टार एक महान ही-मैन कलाकार था। जब मैं ही-मैन कहता हूँ तो उसके शारीरिक गठन नहीं अपितु उसकी विख्यात विनम्रता के लिए कहता हूँ। पचास वर्ष से अधिक की आयु में की गयी उनकी फिल्म 'बर्डमैन ऑफ एल्कैट्रॉज़' से मैं बहुत प्रभावित हुआ था। एल्केट्राज़ समुद्र के किनारे एक जेल है जिसमें वह कैदी हैं। पूरी फिल्म उसके द्वारा पक्षियों की देखभाल और कैसे वह कैद के भीतर पक्षियों का विशेषज्ञ बन जाता है—पर आधारित है। आप एक ज़ख्मी पक्षी की देखभाल करते हुए उसके चेहरे पर पूर्ण एकाग्रता को देख सकते हैं। कोई 30 वर्ष पहले यह भूमिका मेरे ज़हन में अंकित हो गयी थी।

और देखिए सफल और लोकप्रिय फिल्मों के विषयों में भी कैसी भिन्नता होती है। जीवन की तुलना में विशाल फिल्में बड़े पर्दे पर देखे जाने पर भव्य दिखाई देती हैं और जब तक आप उन्हें देख रहे होते हैं, उन्हें अनुभव कर रहे होते हैं, वे एक प्रभाव छोड़ती है। दूसरी ओर ऐसी फिल्में हैं, जो जीवन के बहुत निकट होती हैं और उनमें अभिनय करना बहुत स्वाभाविक और वास्तविक जीवन के समान होता है। ऐसी परिस्थितियाँ यद्यपि लेखक की कल्पना की उपज होती हैं, वह प्रभावशाली क्षणों को इस प्रकार से बुनता है कि उसके दृश्य आपके हृदय और मस्तिष्क को बेध जाते हैं। यह प्रभावक्षमता जीवन का वर्णन करने वाली कहानी के कसाव और उसकी स्वाभाविक प्रस्तुति से सम्बन्धित होती है। कुछ ऐसे निर्देशक हैं जो सदा इस प्रकार के विषयों का चुनाव करते हैं। फिल्म एक महिला की भाँति है जो अपने सभी गहनों और मेकअप के साथ भी आकृष्ट नहीं कर पाती जबकि एक साधारण, आभूषणों से विहीन महिला आपको अत्यधिक आकृष्ट कर सकती है। यह उपमा अभिनेता और दर्शकों के लिए भी

उपयुक्त है। दर्शकों के हृदय में स्थान बनाने के लिए एक मात्र कीमत जो आपको चुकानी पड़ती है, वह है कठोर परिश्रम। फिल्म की नियति सर्कस में करतब दिखाने वाले कलाकारों की भाँति होती है। वह नहीं जानता कि वह कब गिर पड़ेगा। उसे भी तभी पता चलता है, जब वह गिर जाता है। केवल स्टार होना, अभिनेता न होना बहुत भयानक होता है और उसका जीवन भी बहुत कम होता है। मैं एक स्टार की बजाय अभिनेता कहलाना पसन्द करूँगा। दादा साहब फाल्के इसका बहुत उपयुक्त उदाहरण हैं।

इस प्रकार निपुणता और दक्षता मुझे प्रभावित करती है। मैं जब भी किसी व्यक्ति को बहुत कुशलता से काम करते देखता हूँ तो मेरे मुँह से निकलता है, 'ओह मैं भी ऐसा होता!' मैं दिलीप और अमिताभ की नकल करने वाले अभिनेताओं की आलोचना नहीं करता, मुझे तब बस यही लगता है कि वे उनसे प्रभावित अथवा प्रेरित हैं। उनकी नकल करने का प्रयास करने वाले ऐसे अनेक अभिनेता भी अपने कैरियर में सफल हुए हैं। इसका अभिप्राय है कि वे असल में नकल कर सके, उसमें कुछ अनुचित नहीं। मैंने अमिताभ और दिलीप साहब को 'शक्ति' फिल्म में इकट्ठे काम करते देखा है। मैंने उस फिल्म में स्मगलर की भूमिका की थी। उन दोनों के गुणों में मुझे एक समानता दिखाई दी, वह थी दृश्य के लिए किये जाने वाले कठोर श्रम की। उनकी एकाग्रता, प्रभाव क्षमता की सम्पूर्ण क्वालिटी और उनके काम करने के ढंग में कितनी समानता थी। दोनों ने उत्तम प्रदर्शन किया। बस इतना ही अन्तर था कि अमिताभ दिलीप से बहुत छोटे थे और उस समय अपने परिणाम तेज़ी से दे पाते थे। स्वाभाविक कारणों से उनके कार्य करने की गति तेज़ थी। वर्तमान पीढ़ी को उनसे सीखना चाहिए कि कैसे कठोर परिश्रम किया जाता है और अनुशासनबद्ध होते हैं। जो कलाकार पर्याप्त प्रतिभा के धनी हैं और निपुणता प्राप्त करने के लिए इस क्षेत्र में आये हैं, उन्हें हमारे समय के इन दो सर्वोत्तम उदाहरणों से सीखना चाहिए। उनके सामने अनुकरण के लिए ये प्रतिभाएँ हैं। उनकी सारी दुनिया उनके कार्य के गिर्द घूमती थी। आज के अभिनेताओं में उनकी तुलना में दसवाँ हिस्सा भी समर्पण नहीं है। वे तत्काल परिणाम चाहते हैं। आप जब तक ईंधन नहीं डालेंगे तो कार कैसे चलेगी? 'इंजन में तो कुछ है नहीं, बस धक्के मार रहे हैं।' और अब यहाँ यह हो रहा है कि 'चूहे को मिली हड्डी की गठरी और बन बैठा पंसारी'। किसी को छोटी-सी भूमिका मिल जाती है और प्रचार अभियान शुरू कर देता है कि वह महान अभिनेता बन गया है और फिर कोई नहीं पूछता कि उनकी दूसरी फिल्मों के साथ क्या हुआ।

इस बात से मुझे विख्यात हरध्यान सिंह की याद आती है जिनकी हॉकी खेलने की निपुणता रोमांचित कर देती थी। जब वे खेल के मैदान में जाते थे तो ऐसा लगता था मानो गेंद उनकी हॉकी के साथ चिपक गयी हो। इतनी चुम्बकीय शक्ति थी उनमें। वे गेन्द को बस स्टिक पर रखते थे। कहीं उन पर सन्देह किया गया, उनकी स्टिक को भी जाँचा गया कि उसमें क्या कुछ चुम्बकीय है और फिर उन्हें हॉकी के आकार की एक साधारण स्टिक दी गयी और वे उतनी ही फुरती से खेले। वे एक साधारण स्टिक से भी वैसा ही प्रभाव ला सके। अतः किसी भी अभिनेता में कुशलता होनी चाहिए। स्टाइल इतना विविध है कि प्रतिभा को निरन्तर

निखारते रहना होता है, इससे यह भी होता है कि आपमें घमण्ड आने की बहुत सम्भावना नहीं रहती क्योंकि आप निरन्तर निपुणता की खोज में लगे रहते हैं परन्तु कभी उस तक पहुँचते नहीं। अतः खोखले दंभ की कोई सम्भावना नहीं रहती। लोग कुछ ही मिनटों में आपको अस्वीकार कर सकते हैं। ऐसा हमारे साथ किसी भी क्षण हो सकता है। हम एक फिल्म को बनाने में एक से तीन वर्ष का समय लगाते हैं और दर्शक उसे तीन घण्टे में देखते हैं। वे हमें रद्दी कह कर बर्खास्त कर सकते हैं। हमें बहुत निराशा होती है और फिर हम यह पता लगाने का प्रयास करते हैं कि हमने क्या गलतियाँ कीं और मैं जायज़ा लेता हूँ कि मेरे योगदान में क्या त्रुटि थी अतः हम प्रत्येक चरण पर सावधान रहते हैं। आपको अपने काम की समीक्षा करते हुए भावुक नहीं, बहुत आलोचनात्मक होना चाहिए।

मैं सदा इस बात का पूरा ध्यान रखता हूँ कि मैं चाहे किसी के साथ भी काम कर रहा होऊँ, पर मेरे काम की क्वालिटी कमज़ोर नहीं पड़नी चाहिए। मेरे साथ काम करने वाला अभिनेता चाहे कितना भी प्रसिद्ध क्यों न हो, मैं केवल अपने काम पर ध्यान केन्द्रित करता। मेरा अभिनय सदा एक समान रहता था परन्तु दृश्य को प्रभावशाली बनाने में दोनों ही अभिनेताओं का अभिनय एक समान होना बहुत महत्त्व रखता है। इसीलिए निर्माता-निर्देशक अधिकांशतः मुझे मंझे हुए कलाकारों के साथ ही लेते हैं और ऐसा स्क्रिप्ट के सुदृढ़ होने पर ही हो पाता है। पुराने समय में अच्छी फिल्म बनाने की लगन, शीघ्रता से एक अच्छी फिल्म बनाने की तुलना में अधिक महत्त्वपूर्ण हुआ करती थी। वे फिल्म बनाने में अपना पूरा समय लेते थे। हमें प्रत्येक फिल्म याद रहती थी। आपको जानकर आश्चर्य होगा कि पूरी और रिलीज़ हो जाने के बाद मैंने अपनी अनेक फिल्में नहीं देखी हैं, चाहे वे हिट रहीं हों, ठीक-ठाक रही हों या फिर सुपरहिट भी हो गयी हों, आज तक मैंने अपनी अनेक फिल्में पूरी नहीं देखी हैं।

मैं जैसा हूँ, वैसा स्वयं को स्वीकार करता हूँ परन्तु आजकल की जंग में आपको अपने प्रतियोगी के समकक्ष होने के लिए अधिकाधिक समय और ऊर्जा लगानी पड़ती है। लेकिन दूसरों के अच्छे काम को देखकर आपमें स्पर्धा होनी चाहिए, ईर्ष्या नहीं। स्पर्धा एक स्वस्थ भावना है जबकि ईर्ष्या की भावना विनाशकारी होती है। एक अभिनेता उसमें प्रतिभा होने के बावजूद अचानक ही अभिनेता बनता है। परन्तु यह आवश्यक नहीं कि वह एक सम्मानजनक अच्छा इनसान भी हो। यदि एक व्यक्ति अमानवीय हो जाता है और अपने आसपास की स्थितियों और अपेक्षाओं के प्रति मानवीय ढंग से प्रतिक्रिया नहीं करता तो वह प्रतिभावान कलाकार भी नहीं रहता। अभिनेता जिस दिन यह सोच लेता है कि उसने सब प्राप्त कर लिया है, उसका विकास रुक जाता है। प्रत्येक अनुभव से मैंने सीखा है और धीरे-धीरे समझा है कि अभी बहुत कुछ और जानने की आवश्यकता है। अनिश्चितता ने ही एक अच्छे इनसान और एक अच्छे कलाकार—दोनों रूपों में मेरे विकास में सहायता की है। आप कितने भी सफल क्यों न हो, प्रत्येक अभिनेता में असुरक्षा की भावना रहती है। हमें यह भी बहुत नहीं मालूम होता कि फिल्म रिलीज़ भी होगी और कुछ अनुमान नहीं होता कि फिल्म अन्त में सफल होगी अथवा नहीं। उस प्रतिभा का क्या लाभ, जिसमें मानवता का स्पर्श न हो। मुझ में कभी बदले की भावना

नहीं रही। मैं बस भूल जाता हूँ, क्षमा कर देता हूँ और आगे बढ़ जाता हूँ। कई बार मेरा सह कलाकार मेरे साथ काम करने में सहज नहीं हो पाता परन्तु मैं यह जानते हुए भी उसे अनदेखा कर देता हूँ। जिन कलाकरों ने मुझसे एक कदम आगे होने का प्रयास किया है, वे सब मुझसे छोटे हैं। वे 'क्विक फिक्स' विधि से बस शिखर पर पहुँच जाना चाहते हैं परन्तु आवश्यक प्रशिक्षण के बिना परिणाम प्राप्त करना असम्भव होता है।

अच्छा कलाकार यदि एक अच्छा इनसान भी है तो उसे सदा चाहा जायेगा, वह सदा लोकप्रिय रहेगा। वह सदा खेल का भाग बना रहेगा और वह विशालता ही उसे दूसरों से भिन्न बना देगी। उत्कृष्टता में वह कमी सदा रह जाती है, वह घबराहट भी सदा रहेगी, असुरक्षा की भावना भी बनी रहेगी। हम बस अपनी प्रत्येक फिल्म में पहले से बेहतर होने का प्रयास कर सकते हैं। 'फिर भी वो अन्धों में काना राजा वाली बात हो जाती है।' एक क्षण आप बहुत प्रसन्न होते हैं, अगले ही क्षण हो सकता है आप उन अपेक्षाओं पर खरे न उतरें और वह बहुत उलझन में डाल देने वाली स्थिति हो सकती है। आपको बेहतरीन मानने वाले लोग ही आपका मज़ाक उड़ा रहे होंगे।

हमारे कुछ कलाकार स्वयं को यदि नरदेव समझते हैं तो वे गलती कर रहे हैं। निर्देशक भी इनसान होते हैं, जैसा व्यवहार आप उनके साथ करते हैं, वैसा व्यवहार वे आपके साथ करेंगे। मैं भी स्वयं को अपने उपयुक्त व्यवहार के कारण ही बनाये रख पाया हूँ और स्थापित कर पाया हूँ। फिल्म सबकी फिल्म होती है और उसका श्रेय सबको जाता है। सेट पर काम करने वाले सब लोगों की ओर देखो, कैसे सेट तैयार किये जाते हैं, कैसे प्रकाश व्यवस्था की जाती है, वे लोग कठोर परिश्रम करते हैं क्योंकि उन्हें वेतन मिलता है। हमें केवल कलाकार होने के कारण कॉन्ट्रेक्ट की रकम माँगने का अधिकार होता है। निर्माता भी इसलिए सहमत हो जाते हैं कि वे जानते हैं हमसे फिल्म को प्रसिद्धि मिलेगी। परन्तु कलाकार यदि विनम्र न हो अथवा दुर्व्यवहार करे तो वह अपना सम्मान खो देता है। आपकी ख्याति आपसे अधिक तीव्रता से चलती है। अतः अभिनेता बनने के इच्छुक सब लोगों को मेरी सलाह है कि वे अपने आसपास सबके साथ शालीन, सहयोगी और मानवीय व्यवहर करें। वे महान कलाकार चाहे न बन पायें, वे सफल तो होंगे ही। फिल्मों में क्योंकि वरिष्ठता क्रम है अतः आपको सम्मान अपने व्यवहार से प्राप्त करना होता है, उसकी माँग नहीं की जा सकती। आप अपने अच्छे स्वरूप और शालीन व्यवहार से स्वयं को सुदृढ़ व्यक्तित्व के रूप में स्थापित कर पाते हैं।

आपको अपने मेकअप मैन, अपने ड्रैस डिज़ाइनर के प्रति भी शालीन होना होता है वही पर्दे पर सुन्दर दिखने में आपकी सहायता करते हैं। कैमरामैन के प्रति भी आपको विनम्र रहना होता है क्योंकि यदि वह आपको पसन्द करता है तभी तो वह आपको सुन्दर दिखाएगा। यदि वह मुझे नापसन्द करता है तो संभव है कि वह मेरा शॉट अच्छे से न ले। आप जब रेस्टोरेंट में जाते हैं और वहाँ का बेयरा आपका मुस्कुरा कर आपका स्वागत करता है और आपका ध्यान रखता है तो आपको अच्छा लगता है। आपको उसकी बात सुनकर अच्छा लगता है और यदि आप भी वैसी गर्मजोशी से उत्तर देंगे तो वह आपको उदासीन और भावशून्य दृष्टि से भोजन

नहीं परोसेगा।

माँ जब बच्चे को दूध पिलाती है तो बहुत प्यार से पिलाती है। जब हमें काम करना ही है तो क्यों न अच्छे से करें। आप में यदि कृतज्ञता की भावना नहीं है तो आप जीवन के किसी भी क्षेत्र में सफल नहीं हो सकते।

अपने पाँव जमीन पर टिका कर रखें, तभी आप अहंकारी होने से बच सकते हैं। अहंकार और विनम्रता के बीच यह संघर्ष कई बार अपरिहार्य हो जाता है और कई लोग लड़खड़ा जाते हैं, फिसल जाते हैं। विनम्रता जन्मजात होती है, यह व्यावहारिक होने का प्रश्न भर नहीं है। आपको इस संघर्ष को सुलझाना होता है। मैंने अपने कुछ साथी कलाकारों में जिस प्रकार का घमण्ड देखा है, वे सब अब उद्योग से बाहर हो गये हैं। क्योंकि उन्होंने स्वयं को दूसरों पर थोपा और ऐसा करना आपको कहीं नहीं पहुँचाता। चमन भाई के फिल्म उद्योग से बाहर होने का कारण उनका अहं ही था। यदि आप निर्देशक का सहयोग नहीं करते, वह क्या चाहता है, यह नहीं समझते तो आपका उसके साथ तालमेल नहीं रहता। मुझे यदि अपनी फिल्मों में और अभिनय में सफलता मिली है तो इसका एक कारण यह भी रहा हो सकता है कि मैंने उनकी समझ पर, उनके व्यावहारिक स्तर पर भरोसा किया है। हम कलाकार केवल कठपुतलियाँ होते हैं—अच्छे से बनी हुई, आकर्षक कठपुतलियाँ।

मैं सदा एक विद्यार्थी रहा हूँ और आज भी एक विद्यार्थी हूँ। मैंने कभी 'पहुँचा हुआ' शब्द का प्रयोग नहीं किया क्योंकि मैंने कभी नहीं सोचा कि मैं पहुँच गया हूँ। जिस दिन मैं यह सोच लूँगा उसके आगे का रास्ता बन्द हो जायेगा, यह विनम्रता अनिवार्य है। प्रतियोगिता ही आप में जोश का संचार करती है। एकाधिपत्य जमाना सबसे बुरी बात है। घमण्ड निश्चय ही सफलता का विरोधी है, सभी अच्छे लोग अभिनेता नहीं होते परन्तु सभी अच्छे अभिनेताओं को अनिवार्य रूप से एक अच्छा इनसान होना चाहिए। सफलता से मेरे जीवन में कोई नाटकीय परिवर्तन नहीं हुआ है। आज भी मैं वही भोजन करता हूँ जो तीस वर्ष पहले करता था। मैंने जीवन में इस स्तर पर पहुँचने के लिए वास्तव में कुत्ते की भाँति काम किया। शिखर पर पहुँच चुके लोगों को यह नहीं भूलना चाहिए कि फिल्म उद्योग में नए आने वाले लोगों के साथ, जो सीनियर कलाकारों से सीखना चाहते हैं, कैसा व्यवहार करना है। विनम्रता आपके दिमाग की शाँति को दर्शाती है। आप जीवन में किसी भी स्तर पर पहुँचे हुए हो सकते हैं परन्तु मानवीय स्तर पर जब आप अन्य लोगों के साथ व्यवहार में कोमलता से पेश आते हैं, अपने सामाजिक स्तर को भूलकर सामान्य व्यवहार करते हैं तो वह विनम्रता होती है।

हम कलाकारों का भावनाओं, स्नेह और घृणा से वास्ता रहता है। हमें उनसे जितना अधिक दो-चार होना पड़ता है, उतना ही अधिक हम उन्हें समझते हैं। अनेक ऐसे अवसर रहे होंगे जब मैंने अपमान को सहा, मैंने उससे सबक लिया परन्तु कभी उसे अपने मन में नहीं रखा। मैं ठेठ कर्क राशि का जातक हूँ और कई बार तुनक मिज़ाज में आ जाता हूँ। परन्तु मुझ में विश्वभर का धैर्य भी है। इसीलिए मैं पूर्ण विश्वास के साथ काम करता हूँ। मुझे महाबलेश्वर में हुई फिल्म 'चोरी-चोरी चुपके-चुपके' की शूटिंग की एक घटना याद आ रही है, जब मैंने

अपना आपा खो दिया और निर्देशकों को भी गुस्सा आ गया। असिस्टेंट ने मुझे सही संवाद नहीं दिये थे और मैंने असंशोधित पंक्तियों को ही बोलना शुरू कर दिया। निर्देशक अब्बास-मस्तान ने कहा, "नहीं, नहीं ये सही लाइनें नहीं है।" मैं चिल्लाने लगा और इससे उन्होंने अपमानित महसूस किया, "तुम कहना क्या चाहते हो और तुम यह चिल्ला ही क्यों रहे हो!" सेट पर सन्नाटा छा गया। मेरा यदि स्वयं पर नियन्त्रण न होता तो स्थिति और गम्भीर हो जाती। मैंने गलती के लिए क्षमा माँग ली। ऐसा होता है और ऐसा केवल फिल्मों में नहीं होता, सामान्य जीवन में भी ऐसा होता है कि आपको अन्य व्यक्तियों के समान महत्त्व नहीं दिया जा रहा होता हालाँकि वे उसके उतने हकदार भी नहीं होते। परन्तु मैंने कभी वैमनस्य नहीं रखा। क्या हुआ और कैसे हुआ की चिन्ता करने की बजाय मैं इसे भूलकर आगे बढ़ जाता हूँ। अनेक बार निजी जीवन का व्यावसायिक जीवन पर अति विपरीत प्रभाव भी रहता है। मैं वास्तविक जीवन में जैसा व्यक्ति हूँ, मेरे भीतर का कलाकार उससे पूर्णतः भिन्न हो सकता है। आप इन विरोधाभासों से निपटना सीख जाते हैं। जब व्यावसायिक दृष्टिकोण की बात आती है तो एक कसाई पशुओं को काटता भी है परन्तु घर पर तो वह एक पिता होता है।

आप यदि मन से अच्छे नहीं तो क्षमा याचना करना, खेद प्रकट करना बहुत कठिन होता है। मैं बहुत ध्यानपूर्वक स्वयं को नियंत्रण में रखता हूँ और बहुत प्रयास से स्वयं में शान्त रहने की आदत विकसित करता हूँ और जब कभी मैं अपनी सीमाओं को पार कर जाता हूँ तो उस क्षण सुनना पड़ता है कि 'इसका दिमाग चढ़ गया है।' आपको यदि सफलता मिली है तो आपको शुक्रगुज़ार होना चाहिए। जिन लोगों पर आप चिल्लाते हैं, ये वही लोग हैं जिन्होंने आपकी सफलता में योगदान दिया है, जिन्होंने आपकी कला को पहचाना है। आप जितने अधिक सफल, प्रसिद्ध और लोकप्रिय होते हैं, उतने ही दुर्बल जो जाते हैं। एक प्रकार से आप अचेतन रूप में अपने पर 'हैंडल विद केयर' की पट्टी चस्पां कर लेते हैं। मैं जब सामान्य व्यक्ति था तो मुझे इसकी कोई चिन्ता नहीं रहती थी कि किसी ने मुझ पर कोई विशेष ध्यान दिया अथवा नहीं परन्तु अब एक स्तर पर पहुँचने के बाद यदि मुझ पर ध्यान नहीं दिया जाता तो बहुत अटपटा लगता है। अनेक लोग शायद इस बात को स्वीकार नहीं करेंगे परन्तु मैं इसलिए कहता हूँ कि इससे आपको दुख पहुँचता है। ऐसे ही एक दिन मैं एक समारोह में अधिकांश अभिनेताओं की तुलना में जल्दी पहुँच गया (उनका ऐसा मानना है कि वे जितना अधिक देरी में पहुँचते हैं, उतना ही अधिक महत्त्व उन्हें दिया जाता है)। मुझे देखकर अनेक ऑटोग्राफ लेने वालों और फोटोग्राफरों ने मुझे घेर लिया और जब मैं ऑटोग्राफ दे रहा था और फोटो खिंचवा रहा था तो एक प्रसिद्ध हीरो ने प्रवेश किया। अचानक प्रशंसक कम होने लगे और देखते-ही-देखते तीन-चार लोगों को छोड़ सब उसकी ओर चले गये। निःसन्देह यह स्वाभाविक था परन्तु मुझे वह बहुत अपमानजनक लगा। वास्तव में हममें से अनेक के साथ, अनेक प्रकार से ऐसा होता है। यह स्थिति और भी दुखदायी हो जाती है जब उस विशेष हीरो-हीरोइन ने केवल एक ही फिल्म में काम किया हुआ हो। समूह की मानसिकता बहुत विचित्र होती है और मैं इस तथ्य को जान चुका हूँ। दर्शक कई बार बहुत क्रूर हो जाते हैं। एक दिन मैंने दिल्ली

हवाई अड्डे के लांउज में अपने समय के अत्यधिक प्रसिद्ध हीरो को अकेले बैठे देखा, उसके पास एक व्यक्ति भी नहीं था। कोई उसे पलट कर भी नहीं देख रहा था। मुझे बहुत बुरा लगा और मैं मुस्कुराता हुआ उसकी ओर बढ़ा। उसके चेहरे पर रौनक आ गयी और वह मुझे अपनी प्रसिद्धि के दिनों की तुलना में बहुत अधिक गर्मजोशी से मिला।

दुर्भाग्य से जैसे-जैसे हम बड़े होते हैं, हमें बहुत कम ऐसे लोग मिलते हैं जिनकी हम प्रशंसा कर सकते हैं। तथापि साहित्य और सिनेमा हमारी आत्मा का आवश्यक विरेचन कर देते हैं परन्तु आजकल की फिल्में मसाला मिश्रण की भाँति हैं। उनमें से अधिकतर एक इमारत की भाँति बनायी जाती हैं कि 'भई इतना सीमेंट डालो, इतना पानी डालो और बिल्डिंग बन जाएगी, कभी-कभार मैं गुरुदत्त की 'कागज़ के फूल' जैसी कोई पुरानी हिट फिल्म देख लेता हूँ। 'साहब, बीवी और गुलाम' जैसी शानदार फिल्म बनाने वाले इस निर्देशक की निष्ठा का मैं सदा प्रशंसक रहा हूँ। कैसी संवेदनशीलता से उन्होंने ये फिल्में बनायी हैं। अपने विचारों में काव्यात्मक होकर ही कोई उन्हें कागज़ अथवा पर्दे पर उतार सकता है। हृषिकेश मुखर्जी उनके बहुत समतुल्य थे। मैंने उनके साथ काम किया है, वे भी काव्यमय हैं परन्तु भिन्न प्रकार से और उस कल्पना को उन्होंने बहुत स्टाइल से पर्दे पर उतारा है। उन फिल्मों की ब्लैक एण्ड व्हाइट क्वालिटी इतनी बढ़िया थी कि आप उन दो आधारभूत रंगों में सब रंग देख सकते हैं। उस समय ऐसे निर्देशक, नृत्य निर्देशक और अन्य लोग हुआ करते थे जो तीन-चार शॉट में पूरा गाना फिल्मा लेते थे और कई बार तो एक ही शॉट में कर लिया जाता था। आज के दर्शकों की याद बहुत अल्पकालीन होती है जबकि उस युग की फिल्मों का आज भी आनन्द लिया जाता है। जब मैं अपनी बातों में उस युग में पहुँच जाता हूँ तो मुझमें अपनेपन का भाव जाग्रत होता है। जब मैं किसी विचारहीन आध्यात्मिकता से तालमेल नहीं बिठा सकता तो मैं उन यादों के आधार पर अपने काम की गति को बनाये रखना चाहता हूँ।

मुझे गुरुदत्त से मिलने का दुर्लभ सौभाग्य प्राप्त हुआ परन्तु उस समय मैं कुछ नहीं था। मैं चूँकि मदन भाई के साथ रह रहा था तो मुझे उनके साथ फिल्म स्टूडियो में जाने का अवसर मिलता। उन दिनों पार्टियाँ और सामाजिक समारोह इतने प्रचलित नहीं थे, फिल्मों के 'मुहूर्त' ही मिलन स्थल हुआ करते थे। 1970 तक मुहूर्त और प्रीमियर बहुत महत्त्वपूर्ण समारोह हुआ करते थे। फिल्म उद्योग के सब लोग उनमें उपस्थित रहते। निर्माता सदा यह याद रखते थे कि कौन नहीं आया। मुहूर्त बहुत धार्मिक निष्ठा से उपयुक्त पूजा के साथ किया जाता था। आज लोग ऐसे बड़े समारोहों से बहुत भयभीत रहते हैं क्योंकि अगले ही दिन उनके पास धन के लिए फोन आ जायेगा। जब ऐसे खतरे बढ़ने लगे तो लोग अपनी समृद्धि का प्रदर्शन करने से कटने लगे। उन्होंने मुहूर्त और प्रीमियर बहुत खामोशी से करने शुरू कर दिये और कई बार तो इन्हें सुरक्षा कारणों से किया ही नहीं जाता। वे अब इसका दिखावा नहीं करते कि कहीं अंडरवर्ल्ड की नज़रों में न आ जायें। टेलीविजन पर अनेक 'प्रोमो' होते हैं, बड़े-बड़े बोर्ड भी लगते हैं परन्तु लैम्प पोस्टों पर पोस्टर लगने बन्द हो गये हैं।

बीते वर्षों में अंडरवर्ल्ड का स्वरूप भिन्न प्रकार का था—इसमें फिरौती नहीं स्मगलिंग होती

थी। उन्हें समाज विरोधी समझा जाता था और फिल्मों में भी उन्हें 'बॉस' के रूप में दिखाया जाता था परन्तु वे फिल्म निर्माण में कभी हस्तक्षेप नहीं करते थे। यह गड़बड़ी तब प्रारम्भ हुई, जब अंडरवर्ल्ड ने तथाकथित सुरक्षा राशि की माँग करनी शुरू की और वह रकम नहीं दी जाती थी तो आपको खत्म कर दिया जाता था। जैसा कि हम सब जानते हैं कि माफिया की अवधारणा इटली की देन है। अमरीका में भी माफिया था। जैसे-जैसे फिल्म उद्योग का विकास हुआ, उनकी माँग बढ़ गयी। एक समय पर तो अंडरवर्ल्ड ने फिल्मों की मार्किटिंग के प्रादेशिक अधिकार माँगना प्रारंभ कर दिया था। जब इस प्रकार की ब्लैकमेलिंग शुरू हुई तो कुछ निर्माता फिल्मों में पैसा लगाने के लिए आगे आने से हिचकिचाने लगे थे। परिणामतः कुछ फिल्मों में अंडरवर्ल्ड ही पैसा लगाने लगा था। कहा जाता है, 'घर का भेदी लंका ढाये,' यही फिल्म उद्योग में भी हुआ। अनेक लोगों ने अंडरवर्ल्ड के गन्दे धन में अपने हाथ गन्दे कर लिये और अंडरवर्ल्ड को अपना पैसा वसूल हो गया। जिसे भी फिल्म निर्माण के लिए पैसों की ज़रूरत होती, वह इन गुंडों से सम्पर्क करता। इस प्रकार उद्योग के दरवाज़ों में अंडरवर्ल्ड की घुसपैठ शुरू हो गयी। इससे केवल स्थिति ही नहीं बिगड़ी, फिल्म निर्माताओं की निष्ठा और ईमानदारी पर भी बुरा प्रभाव पड़ा। वे अब अभिनेताओं को बड़ी राशि देते थे जिससे बाज़ार में असन्तुलन पैदा हो गया हालाँकि लेखा किताबों में दर्ज रकम भिन्न होती थी। 'चोरी चोरी चुपके चुपके' का ही उदाहरण ले लें, सलमान खान, रानी मुखर्जी, प्रीटी जिंटा, प्रेम चोपड़ा और मुझे ले कर यह फिल्म भव्य स्तर पर बनायी गयी थी। फिल्म काफी समय तक डिब्बा बन्द पड़ी रही क्योंकि निर्माता को अंडरवर्ल्ड के साथ सम्पर्क के कारण पकड़ लिया गया था।

परिणामतः उद्योग को अंडरवर्ल्ड के गुरगे अबु सलेम से गंभीर खतरा पैदा हो गया था। उसने कम से कम 12 अभिनेताओं को धमकियाँ देकर 10 करोड़ रुपये से अधिक की रकम की माँग की। अप्रैल 2001 में जब मुझे भी इस डॉन से टेलीफोन पर धमकियाँ मिलने लगी तो मैंने बहुत मानसिक पीड़ा सही। राजीव राय, मनमोहन शेट्टी, राकेश रोशन जैसे लोगों पर पहले हमले हो चुके हैं जबकि टी सीरीज के गुलशन कुमार की गोली मार कर हत्या कर दी गयी। मैंने तो उस मामले की सूचना राज्य पुलिस को दे दी थी और मुझे सुरक्षा के लिए सुरक्षा गार्ड उपलब्ध करवाये गये थे जिनके लिए भुगतान मैंने किया था। तब वह समय था जब फिल्म उद्योग इस अनुचित दबाव को नियंत्रित नहीं कर पाया था परन्तु अब निर्माता ईमानदारी का बिज़नेस करना चाहते हैं और अब तो छोटे अभिनेता भी धन का पुनः निवेश करके दौलत इकट्ठी कर रहे हैं। धन बाज़ार में लगाया जा रहा है और अन्ततः फिल्म उद्योग को उद्योग का दर्जा दे दिया गया है। लेकिन अब एक महान रचनात्मक फिल्म बनाने का प्रयास करने के स्थान पर मिलने वाले लाभ पर अधिक ध्यान दिया जा रहा है, रचनात्मकता कहीं खो गयी है। सम्पूर्ण दृष्टिकोण ही बदल गया है परन्तु फिर भी ऐसे लोग हैं जो अपनी दिलदारी से कहीं भी अपना स्थान बना लेंगे। 30-40 करोड़ के विशाल बजट की फिल्मों के बीच अपनी ही प्रकार की फिल्में बना लेंगे।

ईमानदारी की बात करूँ तो जुलाई 2000 में आयकर विभाग ने मुझे 'सम्मान पत्र' देकर

सम्मानित किया क्योंकि मैं भारत की व्यावसायिक राजधानी में सर्वाधिक आयकर का भुगतान करने वाले प्रथम 20 लोगों में था और इसका श्रेय मेरे योग्य अकाउण्टैंट जय प्रकाश को जाता है। सर्वाधिक आयकरदाताओं में सम्मानित करने के लिए मुम्बई आयकर सर्कल द्वारा आयोजित इस समारोह में प्रस्ताव रखा गया कि ऐसे ईमानदार नागरिकों को प्रतिवर्ष गणतन्त्र दिवस पर सम्मानित किया जाया करे। उस समय आयकर विभाग ने बहुत न्यायसंगत बात की कि आयकर विभाग अधिक आय की घोषणा करने वाले लोगों के मामलों की जाँच में आय की जानकारी न देने वाले लोगों की तुलना में अधिक समय लगाता है। अतः दो माह बाद 26 सितम्बर को जब उसी अधिकारी ने मुझ पर सन्देह करके मेरे घर और कार्यालय पर व्यापक छापे मारे तो मुझे बहुत दुख हुआ। कुछ नहीं मिला उन्हें, परन्तु यह एक दुस्वप्न था। भारत में सफल आदमी को सदा निशाना बनाया जाता है चाहे फिर वह अंडरवर्ल्ड बनाये या आई. टी. अधिकारी। कितना दुख होता है कि ख्याति प्राप्त करने के लिए आप पूरा जीवन श्रम करते हैं और इस प्रकार आपको निशाना बनाया जाता है। मैं हालाँकि पंजाब का रहने वाला हूँ परन्तु मैंने अपने अर्थपूर्ण जीवन के पचास वर्ष महाराष्ट्र में बिताये हैं। मुझे अब मुम्बई हो चुकी बम्बई में रहने और वहाँ प्राप्त अपनी उपलब्धियों पर दोगुना गर्व है। महाराष्ट्र सरकार ने जब 1992 में मुझे 'महाराष्ट्र गौरव पत्र' और एक लाख रुपये का नकद पुरस्कार देकर सम्मानित किया तो मैं केवल इतना ही कह पाया 'जय महाराष्ट्र'।

और अब मुझे यह कहने में कोई संकोच नहीं कि आयकर विभाग में तालमेल के अभाव में मेरे यहाँ छापे मारे गये और फिर अखबारों में मेरी फीस एक करोड़ रुपये होने की बड़ी-बड़ी खबरें दी गयीं। मैंने लोगों को समझाने की कोशिश की कि मैं प्रोजेक्ट के अनुसार पैसा लेता हूँ कि निर्माता फिल्म में कितना कैसा निवेश कर रहा है और यह सब अनुमान पर आधारित होता है। संक्षेप में फिल्म उद्योग मेरे काम की क्वालिटी के कारण मेरे स्तर से प्रभावित था। उन्हें मेरी आवश्यकता थी और इसलिए वे मुझे दूसरों से अधिक भुगतान करते थे। परन्तु धन के कारण मैंने कभी अच्छी फिल्म में काम करने के अवसर को हाथ से नहीं जाने दिया। मैंने कभी सीमातीत माँग नहीं की क्योंकि मैं जानता था कि मुझे अपनी रकम मिल जाएगी। परन्तु निर्माता इसके भुगतान में सक्षम होना चाहिए और उसे फिल्म से लाभ होना चाहिए। मैं यहाँ यह भी स्वीकार करता हूँ कि फिल्म उद्योग में क्या हो रहा है, कोई कितना पैसा लगा रहा है अथवा उसे हमसे कितना लाभ हो रहा है अथवा कैसे समझौतों और शर्तों पर फिल्में बेची जाती हैं—इन सब अर्थों में मुझे मार्किट के खेल की अधिक जानकारी नहीं, मैंने फिल्म के अर्थशास्त्र को जानने का प्रयत्न कभी नहीं किया।

उस प्रकार से तो ईमानदारी की सैकड़ों परिभाषाएँ की जा सकती हैं। परन्त पूर्ण ईमानदारी बर्फ की भाँति श्वेत होती है और वह वास्तविक जीवन में नहीं होती। मैं स्वयं के प्रति ईमानदार रहा हूँ। यद्यपि हो सकता है कि मैं दूसरों के प्रति बेईमान रहा होऊँगा, मेरे भीतरी आवाज़ कहती है कि आगे बढ़ो, तुम यह कर सकते हो। यह मेरी ईमानदारी का स्तर है। मैं किसी भी तरह पूर्ण ईमानदार नहीं हूँ परन्तु फिर भी मैं दूसरों से अधिक ईमानदार हूँ क्योंकि मैं भी इनसान

हूँ जो जानता है कि मुझे अपने लाभ के लिए दूसरों को नुकसान नहीं पहुँचाना चाहिए। मैं अपनी प्रवृत्तियों का अनुसरण करने का प्रयत्न करता हूँ और मेरी प्रवृत्तियों को मेरी चेतना चालित करती है। अन्तर बस इतना ही है कि अभिनेता तड़क-भड़क वाला जीवन जीता है और राजनेताओं की भाँति सदा लोगों की नज़र में रहता है। हम सबमें मानवीय कमजोरियाँ होती हैं, इस धरती पर कोई भी पूरी तरह से अच्छा अथवा बुरा आदमी नहीं है। मैंने लोगों को निजी लाभ के लिए नहीं, स्थिति की माँग के अनुसार कूटनीतिपूर्ण झूठ बोले हो सकते हैं। यह उन आधारभूत सिद्धान्तों में से एक है जिनका मैंने अपने जीवन में पालन किया है। यह सब आपके पालन-पोषण और चेतना पर निर्भर करता है।

अभिनेताओं पर एक अन्य आरोप उनके व्यभिचारी होने का लगाया जाता है। उस दृष्टि से तो महिलाओं पर भी पुरुषों का पीछा करने का आरोप लगाया जा सकता है। अतः यह मानवीय प्रवृत्ति है और यह विशेषता विभिन्न लोगों में विभिन्न स्तर की होती है, क्यों? क्योंकि भगवान ने स्वभाव को वैसा ही बनाया है। स्वभावतः ही एक शेर के साथ सदा तीन-चार मादा शेर होते हैं। एक नर हिरण के साथ लगभग दस मादा हिरणों का समूह होता है। नर सील मछली के साथ बीसियों मादा सील होती हैं। एक समूह एक ओर धूप सेंकता है तो दूसरा दूसरे किनारे पर बैठा होता है। यदि एक मादा सील अपने समूह को छोड़कर दूसरे समूह में चली जाये तो झगड़ा हो जाता है। इस प्रकार हमारे सम्माननीय राजाओं का भी बड़ा हरम होता था। उन दिनों उस पर कोई आरोप नहीं लगाता था। 'राजा दशरथ की तो तीन पत्नियाँ थीं और हम सब पूजते हैं उनको, कुरान भी एक से अधिक विवाह की अनुमति देती है परन्तु उसके लिए औचित्य होना चाहिए। इस प्रकार यह केवल सिनेमा तक ही सीमित नहीं है, जीवन के प्रत्येक क्षेत्र में ऐसे लोग हैं जो अपने जीवन में एक से अधिक महिला नहीं चाहते, वे वैसे ही बने हुए हैं। आप हिमाचल प्रदेश में चले जायें, वहाँ आज भी यह व्यवस्था है कि सभी भाई एक ही महिला से विवाहित होते हैं। यह आर्थिक आवश्यकता है, यह सोचा-समझा निर्णय है क्योंकि वे परिवार में विभाजन नहीं चाहते। अब आप उस महिला को तो वेश्या नहीं कहते।

अब अनेक विख्यात अभिनेता विलासी रहे हैं। परन्तु कोई उँगली नहीं उठाता क्योंकि उनका उच्च सामाजिक स्तर है। अनेक महिलाएँ मेरे व्यक्तित्व की ओर आकृष्ट हुई थीं परन्तु मैं बहुत सावधान रहा हूँ। ये आपके शारीरिक हावभाव होते हैं। यदि आप दूसरों को आकृष्ट कर रहे होते हैं तो यह इस पर निर्भर करता है कि आप इसमें से कितने आकर्षण का प्रयोग कर रहे हैं। आपकी कंडिशनिंग बहुत महत्त्वपूर्ण भूमिका निभाती है। दो चीजें होती हैं—पारिवारिक छवि और सामाजिक छवि। मैंने सोच-समझ कर अपनी छवि को सुरक्षित रखने का निर्णय लिया है, यद्यपि मैं अपनी कुछ असफलताओं को भी स्वीकार करता हूँ। किसी भी समय पर कोई प्रत्यक्ष गलती अथवा असवाधानी नहीं हुई क्योंकि अभी भी मेरे पास कुछ बातें अपने तक सीमित रखने का अधिकार है। यह बात नहीं कि मुझे अनैतिक करार दिये जाने का डर है क्योंकि मैं जानता हूँ कि मैं अपना आदर करता हूँ और दूसरों का कितना आदर करता हूँ। अतः कुछ बातें मैं अपने तक सीमित रखूँगा।

आप जानते हैं कि कई बार डाकू भी दयालु हृदय के रोबिनहुड होते हैं। फिल्म उद्योग में कहावत है कि सभी खलनायक अपने वास्तविक जीवन में अच्छे इनसान और भद्र पुरुष होते हैं। ऐसा इसलिए कहा जाता है क्योंकि 'बैडमैन' की भूमिका करते-करते आपके भीतर के सभी बुरे विचार नजले की भाँति बाहर आ जाते हैं और आप अच्छे और बुरे के बीच भेद करना सीख जाते हैं। यह आपके व्यवहार में दिखाई देता है। मान लो कि आपको जंगल में एक कसाई मिलता है जो गाय को मारने का प्रयास कर रहा है। वह आपसे आकर पूछता है कि आपने गाय को किस दिशा में जाते देखा है। बहुत सम्भव है कि आप उसे गलत दिशा बता देंगे। आप झूठ बोलते हैं परन्तु एक दयापूर्ण उद्देश्य के लिए। अतः अच्छाई के लिए इस प्रकार के धोखे की अनुमति होती है, जैसे कहते हैं कि प्यार और लड़ाई में सब जायज़ है। परन्तु सफलता क्षणिक होती है और हमारे व्यवसाय में आपका व्यवहार, आपका दृष्टिकोण और अनेक अन्य मानवीय गुण बहुत महत्त्व रखते हैं। हम इस काम की तुलना उपभोक्ता वस्तुओं के व्यवसाय से नहीं कर सकते। हमारा वास्ता सदा इनसानों से पड़ता है। एकमात्र गम्भीर समस्या, जिसका हमें सामना करना पड़ता है, वह है निजी स्वतन्त्रता और एकान्तता व गोपनीयता का अधिकार, हम अपनी प्रसिद्धि की कीमत अपनी आजादी से चुकाते हैं।

जीवन एक रिले दौड़ के समान है। हम सब समय दौड़ते रहते हैं परन्तु आपको अगले धावक के लिए ट्रैक छोड़ना होता है और वह फिर अगले धावक को ट्रैक देता है। भागने की क्षमता और स्पीड सबकी भिन्न-भिन्न होती है परन्तु दौड़ जारी रहती है। दौड़ सदा से जारी है, बस प्रतिभागी बदलते रहते हैं। बढ़ती उम्र में आपकी प्रतिक्रियाएँ धीमी पड़ जाती हैं। मानसिक स्तर पर यदि आप सक्रिय भी हों, मस्तिष्क यद्यपि उतना ही तेज़ी से दौड़ रहा हो परन्तु शरीर उसके समान गति पर नहीं आ सकता। मैंने जैसी भूमिकाएँ बीस वर्ष पहले की थीं, यदि वही भूमिकाएँ मुझे आज करने का अवसर मिले तो बीते वर्षों के समान फुरतीलेपन और तेज़ी से नहीं कर पाऊँगा और यदि मुझे उस काम के लिए बहुत अधिक तैयारी करनी पड़े तो उससे कोई लाभ नहीं होगा। परन्तु कार्य के प्रति मेरी अनुशासनबद्धता का मुझे लाभ मिला है। क्योंकि मेरे पास आज भी उतनी ही भूमिकाएँ आ रही हैं जितनी पिछले तीन दशकों से भी अधिक समय से आती रही थीं और यह सत्तर वर्ष से भी अधिक का व्यक्ति बिना झुके सीधा खड़ा हो सकता है। अब मुझमें उतनी तत्परता नहीं है और न ही उतना ऊर्जावान जोश है परन्तु और अधिक सफलता की भावना, उत्साह और महत्त्वकांक्षाएँ अभी भी है। मैं पुरानी मर्सिडीज़ की भाँति हूँ जिसमें छिटपुट मरम्मत हुई है परन्तु यह अभी भी चल रही है। आपका शरीर बिलकुल एक कार की भाँति होता है जिसका इंजन यदि अच्छा है तो यह देर तक चलती रहेगी। परन्तु बहुत बढ़िया वाहनों का भी आपको ध्यान रखना होता है। मुझे जो भगवान-प्रदत्त है, मैं बस उसे बनाये रखने का प्रयास करता हूँ। स्वयं को दुलारता हूँ और अपने शारीरिक गठन की देख-रेख करता हूँ क्योंकि मुझे कैमरे के सामने उसे उघाड़ना होता है।

स्टारडम बहुत बहुत बोझिल मामला है। जब आप कई-कई घण्टों तक शूटिंग और सफर की जमीनी वास्तविकताओं का सामना करते हैं तो इसमें आपकी सारी रचनात्मक शक्ति रिस

जाती है। और एक सुख, जिसका मैं कभी आनन्द नहीं उठा पाया, वह है पत्नी अथवा किसी असिस्टेंट से पैकिंग करवाना। मुझे चाहे भारत में ही अथवा विदेश यात्रा पर जाना हो, मैं अपनी पैकिंग हर हाल में स्वयं करूँगा। मैं साथ ले जाई जाने वाली वस्तुओं की कुछ दिन पहले ही सूची बनाना शुरू कर देता हूँ और एक रात पहले मेरा बैग पूरी तरह से तैयार होता है। अँधेरे में भी मैं बैग में अपना सामान तलाश लेता हूँ। मैं पैकिंग के लिए दूसरे पर विश्वास कर ही नहीं सकता। वास्तव में मुझे यह करके सुख मिलता हूँ—चाहे वह कमीज़ पर बटन टाँकना हो या फिर जूते पॉलिश करने का काम हो। ऐसे छिटपुट काम करके मैं एक कलाकार के रूप में स्वयं को प्रशिक्षित कर रहा होता हूँ।

अनेक बार ऐसा हुआ है कि मेरी देर रात मुम्बई में शूटिंग होती है और अगला काम अगले दिन सुबह चेन्नै में नई फिल्म की शूटिंग का होता है। आप बहाना नहीं बना सकते कि आप थके हुए हैं इसलिए काम पर मन को एकाग्र नहीं कर सकते। क्योंकि काम की क्वालिटी पर इसका प्रभाव नहीं पड़ना चाहिए। आपको अपना ध्यान केन्द्रित करने के लिए अपनी शक्तियों को जुटाना पड़ता है और उसके लिए बहुत प्रयास की आवश्यकता होती है। हम सब अभिनेता इसी प्रकार के दबाव से गुज़रते हैं। जब आप विदेश भी जाते हैं तो आप चाहे जैटलैग से अथवा रात भर जागते रहने से परेशान हों, आपको तत्काल काम शुरू कर देना होता है। शारीरिक व मानसिक, दोनों स्तरों पर स्वास्थ्य को बनाये रखना बहुत कठिन होता है। हमारा शरीर एक उपकरण होता है, जिससे अनेक काम करने होते हैं। यदि शरीर स्वस्थ्य नहीं, मस्तिष्क विचलित है तो कुछ नहीं किया जा सकता। थकान का सामना करने के लिए मैं प्राणायाम करता हूँ और अपने भोजन को नियंत्रित रखता हूँ। दिन में जब भी मौका मिले, गप्पबाजी करने की बजाय मैं झपकी ले लेता हूँ।

सत्तर वर्ष से अधिक की आयु में स्वास्थ्य समस्याएँ होना बहुत स्वाभाविक है परन्तु मैं उनसे संघर्ष करता रहता हूँ क्योंकि सेवानिवृत्त होने का विचार मुझे स्वीकार नहीं होता। मेरी सेवानिवृत्त होने की कोई योजना नहीं है, कभी नहीं! मुझे अपने व्यवसाय की विविधता में आनन्द मिलता है। अभी मैं थका नहीं हूँ क्योंकि इनसानी मशीनरी से जितना काम लिया जाये, उतना ही यह ठीक चलती है। जैसे एक बार रूसी करंजिया ने 'ब्लिट्ज' में सेक्स के विषय में कहा था 'यूज़ इट और लूज़ इट,' अतः मुझे अपने शरीर को प्रयोग करते रहना होता है। परन्तु चक्कर आने की मेरी यह समस्या बचपन से रही है। मैं पहाड़, समुद्री अथवा हवाई यात्रा भी सहन नहीं कर सकता था। यह समस्या कुछ अन्तरालों पर सदा मेरे साथ रही है। कान के ड्रम के भीतर एक सन्तुलन प्रणाली होता है और यदि वह अनियन्त्रित हो जाये तो आप लड़खड़ा जाते हैं, इसके लिए दवाओं की आवश्यकता होती है। मैं इस समस्या को नियंत्रित करने के लिए लगभग 20 वर्ष तक दवाएँ लेता रहा हूँ। इसने प्रारम्भ में, जब मुझे मालूम नहीं था कि क्या हो रहा है, मेरे काम को प्रभावित किया। कान की इसी समस्या के कारण 2001 में मेरा ऑप्रेशन हुआ था क्योंकि झिल्ली के पीछे कुछ द्रव्य इकट्ठा हो गया था और यदि आप उस स्थिति में हवाई यात्रा करते हैं तो खून के थक्के सुनने की क्षमता को कम कर देते हैं। इस ऑप्रेशन से चक्कर

आने और बढ़ गये और मैं बुरी हालत में रहा।

एक बार मैसूर में एक कन्नड़ फिल्म की शूटिंग के दौरान मुझे यह समस्या हो गयी। गुफा के शिखर पर एक छेद था और मेरे सहकलाकारों को मुझे एक रस्सी से बहुत ही फिल्मी ढंग से मुझे खींचना था। उस दौरान रस्सी में बल पड़ गये और मेरा जी मिचलाने लगा। शूटिंग के दौरान तो मैं चुप रहा परन्तु दृश्य पूरा हो जाने के बाद मैंने उनसे तत्काल मुझे ज़मीन पर सीधा खड़ा करने के लिए कहा। उन्होंने मुझे बताया कि मैं सीधा ही खड़ा हूँ जबकि मुझे ऐसा लग रहा था कि मैं किसी दीवार पर पसरा हुआ हूँ। तब मैंने अपनी दवा ली और आधे घण्टे में सामान्य हो गया। इस समस्या से एक्शन सीन करने में कुछ बाधा पड़ी, फिर भी मैंने उन्हें करना जारी रखा। यदि आप काम में पूरी तरह से खो जायें तो दूसरी समस्याएँ स्वतः ही भाग जाती हैं। मैंने बहुत अधिक और जमाव बिन्दु के तापमान पर भी काम किया है। मैं जानता था कि यदि मैं अपनी श्रेष्ठ प्रस्तुति नहीं दे पाया तो निर्माता को हानि होगी। निजी जीवन की आपकी जो भी समास्याएँ हों, आपको काम करते रहना होता है।

ऐसा एक बार फिर हुआ जब हम बंगलौर के निकट फिल्म 'जान' की शूटिंग कर रहे थे। वहाँ विशाल झरने हैं जहाँ दूर-दूर से लोग आकर मालिश करने वालों से मालिश करवा कर झरनों के नीचे नहाते हैं। क्रू सहित समस्त अभिनेता भी मालिश करवाकर 200 फुट ऊँचाई से गिरते झरने के नीचे नहाना चाहते थे। पानी बहुत ज़ोर से गिरता था और लोग ऐसी ऊँचाई से गिरने वाले पानी से पैदा होने वाली सनसनाहट से बहुत प्रसन्न होते थे। मैंने भी मालिश करवाई और झरने के नीचे चला गया। पानी सीधा प्रहार कर रहा था कि अचानक मुझे लगा कि मैं नियन्त्रण खो रहा हूँ। पानी का प्रहार मेरे सिर पर शायद किसी संवेदनशील स्थान पर हुआ था। मैं जान गया कि कुछ गलत हो गया है। मैं सबके साथ चलकर होटल लौटा, इसमें हमें आधा घण्टा लग गया परन्तु मैं नहीं जान पा रहा था कि मैं कहाँ चल रहा हूँ। होटल पहुँच कर मुझे अपना कमरा नम्बर भूल गया। कुछ देर के लिए मैं पूरी तरह से नियन्त्रण खो चुका था। मैंने उनसे मुझे अपने कमरे में ले कर चलने के लिए कहा। मेरे पास दवा थी, जो मैं चक्कर आने की समस्या के लिए ले रहा था। मैंने वह दवा ली और सो गया और फिर मुझे रात के खाने के लिए जगाया गया। मैं नीचे भोजन करने गया परन्तु अभी भी मैं खोया-खोया सा अनुभव कर रहा था। अगले दिन हम विमान से बम्बई लौटे तो आप विश्वास करेंगे कि मैं अपने घर का फोन नम्बर याद नहीं कर पाया। मैं अपने घर पर सम्पर्क करना चाह रहा था। यह सब बहुत भयावह था और मैं डर गया था कि क्या मैं अपनी याद्दाश्त चले जाने की समस्या से उबर भी पाऊँगा। मेरे होमियोपैथी डॉक्टर ने मुझे पाँच दिन की दवा दी। हालाँकि मैं शूटिंग पर जा रहा था, सामान्य रूप से काम कर रहा था परन्तु फिर भी मुझे लगता था कि कुछ ठीक नहीं है। चक्कर आपको इतने अचानक आते हैं कि आप असहाय हो जाते हैं परन्तु उस उपचार से मैं इतने वर्षों तक जीवित रह पाया और अपना काम कर पाया हूँ।

हमारे काम में कुछ अपरिहार्य तनावपूर्ण क्षण भी होते हैं जब आपको कठिन और क्लाइमैक्स के दृश्य करने होते हैं। मेरे काम में तो एक्शन भी बहुत रहता था। या तो मैं किसी

को पीट रहा होता था या कोई मुझे पीट रहा होता। वे बहुत खतरनाक क्षण होते हैं क्योंकि तब आप स्वयं जख्मी हो सकते हैं अथवा दूसरे को जख्मी कर सकते हैं। उन क्षणों में क्रू भी तनाव में आ जाता है और जब हमें भावपूर्ण दृश्य करने होते हैं, वे मस्तिष्क पर बोझ डालते हैं और आपको लगता है मानों आपकी सारी शक्ति चुक गयी हो। हमारे लिए वह समय परीक्षा देने जैसा होता है। शूटिंग के दौरान जब वास्तव में ऐसे जोखिमपूर्ण दृश्य किये जाते हैं तो हमें हर बार सही-सही अनुमान लगाना होता है और सुनिश्चित करना होता है कि सामने वाले व्यक्ति को चोट न पहुँचे। जैसे 'सोने के हाथ' फिल्म के एक दृश्य में संजय खान को मुझ पर लोहे का एक हथौड़ा फेंकना था। कैमरे का कोण ऐसा था कि यह हथौड़ा यदि दस फुट परे भी फेंका जाता तो ऐसा दिखाई देता मानो मुझ पर फेंका गया हो। संजय खान का अनुमान थोड़ा सही नहीं रहा और यह हथौड़ा मेरे सिर पर आकर लगने में बस ज़रा सा चूक गया। यदि यह मेरे सिर पर लग गया होता है तो मैं आज जीवित न होता। संजय ने बहुत खेद व्यक्त किया।

फिर भी लड़ाई के दृश्य वास्तव में करना इस व्यवसाय का सर्वाधिक रोमांचकारी पहलू है और इसने मुझे सदा ही आकर्षित किया है। मैं जब कमर्शियल फिल्में नहीं भी कर रहा था तो मैं सदा सोचा करता था कि इन एक्शन दृश्यों को करना कैसा लगता होगा। इसलिए जब वास्तव में इसका अवसर मिला तो मैं अपने उत्साह को नियंत्रित नहीं कर सका और शुरू में ही मैंने वे दृश्य करने की हठ की। बासु भट्टाचार्य की फिल्म 'डाकू' के लिए हम ग्वालियर के निकट भिंड गये। यह दूर जंगलों में डाकुओं से भरा क्षेत्र है। वास्तव में हम उनके बीच रहे। वे प्रायः हमारे पास आते और पूछते कि हमें किसी सहायता की आवश्यकता तो नहीं। हमने घुड़सवारी का बहुत अभ्यास किया था। फिल्म में सह-अभिनेता कबीर बेदी के साथ मेरा तीन मिनट का एक हाथापाई का दृश्य था। तापमान लगभग 42 डिग्री सें. था और हम चार-पाँच इंच गहरी धूल में धँसे थे। मेरा दम घुट रहा था परन्तु शॉट देने की उत्सुकता मुझे बेहतरीन प्रदर्शन के लिए प्रेरित कर रही थी। सिनेमाफोटोग्राफर अशोक मेहता समस्त सम्भव कोणों से शूटिंग कर रहे थे। दृश्य खत्म हुआ और हम हाँफते व ज़ख्मी होकर निढाल गिर पड़े। हमारे मुँह, कान और नाक धूल से भरे थे। उन कठिन परिस्थितियों में यह अनुभव हमारे लिए एक बड़ा सबक था।

'गंगा, जमुना, सरस्वती' फिल्म में भी मेरे और अमिताभ के बीच हाथापाई के दृश्य थे। इस दृश्य में शूटिंग स्थल पर, जहाँ जनता स्टॉल में बैठकर देख रही थी, एक बड़ा एलिगेटर बाँधा गया था। लड़ाई का दृश्य बहुत अच्छी तरह से नियोजित था। एक बिन्दु पर मुझे ठोकर मारनी थी और अमिताभ को अचानक नीचे गोता लगाकर बच जाना था। टाइमिंग का अभ्यास करने के लिए हमने चार-पाँच बार रिहर्सल की। जब वास्तव में शॉट लिया जाना था तो मुझे नहीं मालूम कि मेरा समय का गणित चूक गया अथवा अमिताभ गोता नहीं लगा सके, मेरा पैर सीधा उनके जबड़े पर जाकर लगा, मैंने लम्बे जूते पहने हुए थे, उनके नाक से तेज़ खून बह निकला। वे 'कुली' के सेट पर हुई दुर्घटना के बाद लम्बी बीमारी से अभी सँभले ही थे।

निर्देशक मनमोहन देसाई बुरी तरह से घबरा गये और जिस प्रकार से सब मेरी ओर देख रहे थे, मैं स्वयं को और भी अपराधी महसूस कर रहा था। मैंने अमिताभ से क्षमा माँगी। वे वास्तव में बहुत बढ़िया इनसान हैं। उन्होंने स्पष्ट किया कि उनकी अपनी ही गलती थी। मैं उनके द्वारा दिखाई गयी वह दयालुता और सोच को कभी नहीं भूलूँगा। खैर, खून का बहना नियंत्रित कर लिया गया और उनके हठ करने पर एक घण्टे के बाद शूटिंग फिर शुरू हुई।

फिल्म 'कसम पैदा करने वाले की' में लड़ाई का एक और ज़ोरदार दृश्य था। मिथुन चक्रवर्ती और स्मिता पाटिल मुख्य भूमिकाओं में थे। दृश्य बंगलौर के निकट रामनगर की चट्टानों के बीच फिल्माया गया, इसमें मिथुन को मेरे चेहरे पर ऐसे मारना था कि वह मुझे छुए नहीं परन्तु मुझे ज़ोरदार बदले का अभिनय करना था और कुछ ऐसा हुआ कि मिथुन का पाँव फिसल गया और उसकी ठोकर मेरे चेहरे पर जाकर लगी। मैं गिर पड़ा और लगभग बेहोश हो गया। सौभाग्य से मेरे चेहरे पर कोई दिखाई देने वाला ज़ख्म नहीं हुआ था और हमने आधे घण्टे के अन्तराल के बाद काम फिर शुरू कर दिया।

कई बार स्थितियाँ भी बेकाबू हो जाती हैं। मुझे ऐसा ही 'सौदागर' फिल्म का क्लाइमैक्स दृश्य भी याद है जब दिलीप साहब बैठे हैं और अत्यधिक असहाय लग रहे हैं और राजकुमार मुझे गलियारे में खींचते हुए उनके सामने पटक देते हैं। राज को मेरी छाती पर मारना था। वे मुझे एक साइड में भी मार सकते थे क्योंकि मेरी छाती पर्दे पर नहीं दिखाई जानी थी परन्तु उनके जूते की एड़ी मेरी छाती पर लगी। मैं फुरती से वहाँ से हट गया तो मेरा बाल-बाल बचाव हो गया। जब मैं चिल्लाया तो उन्होंने कहा, "जानी, हमने तो कुछ नहीं किया, ना ही तो पाँव रखा", वे अपनी किसी बात के लिए कभी माफी नहीं माँगते थे। उन्हें लगता था जो हो गया सो हो गया। मैं फिर भी उनका सम्मान करता था। फिल्म 'मशाल' में दिलीप साहब ने अखबार के सम्पादक की भूमिका की है, वह मेरे खिलाफ लिखता है। मैं एक अमीर आदमी की भूमिका में हूँ जो खामोशी से उसके लिए खतरा बना हुआ है और अन्त में हममें मारपीट होती है। वह दृश्य बम्बई में 'टाइम्स ऑफ इण्डिया' के कार्यालय में फिल्माया गया था। उन्हें मुझे कॉलर से खींचना था और मेरा सिर प्रिंटिंग मशीन की नुकीली छड़ों के नीचे था। नुकीली छड़ें मेरी विग को छेदती हुई मेरे सिर में चुभ गयी और खून बहने लगा। दिलीप साहब ने बहुत माफी माँगी। दो वरिष्ठ अभिनेताओं का दृष्टिकोण कितना विपरीत है।

फिरोज़ खान की फिल्म 'दयावान' में मैंने एक भ्रष्ट सिपाही की भूमिका की है। फिल्म में विनोद खन्ना को चाल और झोंपड़ियों में मेरा पीछा करते हुए मुझे गन्दे पानी तथा गोबर वाले कीचड़ में घसीटते हुए मेरी हत्या करनी थी। मेरा सिर उस बदबूदार पानी के नीचे था। अन्ततः वे पानी की सतह पर कुछ बुलबुले उठते हुए दिखाते हैं और वह खलनायक का अन्त होता है। मैं आज भी उस बदबू को नहीं भूला हूँ। इसी प्रकार खंडाला में 'बादल' फिल्म की शूटिंग में भी पुलिस अधिकारी की भूमिका में मुझे एक छोटे से होटल पर छापा मारना है जो गन्दे कामों का अड्डा है। जैसे ही मैं अपराधियों को पकड़ने के लिए कमरे में भागा तो मेरा पैर फिसल गया और मैं पीठ के बल गिर गया। मेरा सिर बाथरूम के दरवाजे पर लगे मोटे

शीशे से टकराया। मेरी विग में से खून बहने लगा। इसे तुरन्त उतारा गया और डॉक्टर को बुलाया गया। मेरा प्राथमिक उपचार किया गया, विग को ठीक करवाया गया और एक घण्टे के भीतर शूटिंग पुनः शुरू हो गयी। अतः अभिनय फूलों की सेज बिलकुल नहीं है, बल्कि ऐसे साहसिक ढंग से बनती हैं हमारी फिल्में।

और एक बार फिल्म 'चन्न परदेसी' की पटियाला में शूटिंग के दौरान मुझे घोड़े से भी गिरा दिया गया था। जमींदार की भूमिका में मुझे घोड़े पर सवार होकर अपने फार्म हाउस की ओर आना था और यह सामान्य दौड़ का घोड़ा नहीं था अपितु बोझा ढोने वाला घोड़ा था जो रह-रहकर अपनी सनक में आ जाता। जैसे ही मैं फार्म हाउस की ओर बढ़ा, उसने तूफानी रफ्तार पकड़ ली और मेन गेट में प्रवेश करके भी रुका नहीं, सीधे अस्तबल की ओर जाने लगा। यदि मैंने अपना सिर न झुकाया होता और अपने दायें हाथ से प्रवेश द्वार के फ्रेम को न पकड़ा होता तो निश्चय ही घातक दुर्घटना हो गयी होती। सौभाग्य से मैं चारपाई पर गिरा।

अनेक फिल्मों ने मुझे शूटिंग के लिए मॉरीशस, श्रीलंका, सिंगापुर, हांगकांग, न्यूज़ीलैंड, मालदीव, स्विटज़रलैंड, स्कॉटलैंड, ताशकंद, मास्को, याल्टा, अमरीका और कनाडा सहित विश्व की सैर करवा दी है। चीन और दक्षिण अमरीका को छोड़कर शायद मैं सब जगह गया हूँ। सबसे पहले मैं 1977 में मॉरीशस गया। मॉरीशस में पर्यटन को बढ़ावा देने के लिए अरुणा विकास देसाई की एयर इण्डिया पर लघु फिल्म की शूटिंग वहाँ होनी थी। मैं जेम्स बॉण्ड जैसे एक गुप्त एजेंट की भूमिका कर रहा था जो शरारती तत्त्वों का पीछा करते हुए कोने-कोने में जा रहा था। इस प्रकार से मॉरीशस के समस्त प्रमुख एवं सुन्दर स्थानों तथा समुद्र तटों को दिखाया गया था। यह विज्ञापन फिल्म बहुत सफल रही होगी क्योंकि उसके तुरन्त बाद अनेक हिन्दी और अन्य भाषाओं की फिल्मों की वहाँ शूटिंग हुई।

लन्दन में मैं पहली बार 1979 में गया। वहाँ फिल्म 'दोस्ताना' के कुछ अंश फिल्माये गये थे। राज खोसला द्वारा निर्देशित इस फिल्म में अमिताभ बच्चन, शत्रुघन सिन्हा और प्रेम चोपड़ा मुख्य भूमिकाओं में थे। विदेश में शूटिंग के प्रति मेरा उत्साह स्वाभाविक था। मैंने अपने चार्टर्ड अकाउण्टेंट जय प्रकाश से किसी शिव चौधरी के लिए एक चिट्ठी ले ली। वे वहाँ योर्कशायर में एक भारतीय रेस्तां 'आकाश' चला रहे थे। जब भी मैं उनसे मिलने जाता, वे बहुत स्नेहपूर्वक स्वादिष्ट खाना खिलाते और कच्ची बैरल बीयर पीने को देते। बाद में हम घनिष्ठ पारिवारिक मित्र बन गये। वे बाद में अमरीका में मियामी चले गये। वे बहुत उदार हृदय व्यक्ति थे। मुझे उनकी बहुत याद आती है। यात्रा करते हुए दूसरे देशों में कुछ दोस्तियाँ हो जाती हैं। आप एक व्यक्ति से मिलते हैं और पूरी कड़ी बन जाती है।

इस फिल्म के क्लाइमैक्स की शूटिंग लन्दन में होनी थी क्योंकि भारत में हवाई जहाज और हेलीकॉप्टर उड़ाने की हवाई अड्डे से अनुमति नहीं मिली थी। शूटिंग चाहे लन्दन में हुई थी परन्तु वास्तव में घटना स्थल भारत ही माना जाता था। लन्दन से 40 किलोमीटर दूर एक छोटे हवाई अड्डे के लिए हमें सुबह 7 बजे रवाना होना होता था। सुबह ठीक 6.55 पर अमिताभ लॉबी में गाड़ी की प्रतीक्षा कर रहे होते। कई बार तो वे स्वयं रोल्स रॉयस चला कर

जाते जो उनके मित्र की ही थी। वे मुझे और प्रेम चोपड़ा को भी साथ ले जाते परन्तु शत्रुघ्न सिन्हा सुबह तड़के कभी हमारे साथ नहीं गये। वे भारत में देरी से पहुँचने के लिए विख्यात थे और यहाँ भी उन्होंने अपना वही स्टाइल कायम रखा। वे कभी दोपहर 12 बजे से पहले नहीं पहुँचते थे। परन्तु वे बहुत सक्षम थे, शीघ्रता से अपने सीन को समझ जाते और अपने संवाद को, चाहे कितना भी लम्बा हो, कुशलता से याद कर लेते। विश्वास मानिए, अमिताभ ने कभी इसके लिए शिकायत नहीं की, वे बस मुस्कुरा देते और कहते कि वे दूसरे कलाकारों के आने तक प्रतीक्षा करेंगे। मैं इस घटना का वर्णन एक कलाकार की प्रशंसा करने और दूसरे को नीचा दिखाने के लिए नहीं कर रहा हूँ। परन्तु मैंने सीखा (चूँकि यह मेरी सफलता की शुरुआत थी) कि जो भी हो जाये, जीवन का आधारभूत नियम यह है कि आप जो भी करें, उसमें अनुशासित एवं समय के पाबन्द रहें। मैंने समय और व्यवहार के महत्त्व को जाना और आज तक इस सत्य को भली-भाँति जानता हूँ और बहुत सतर्क हूँ कि अमिताभ इतने दशकों के बाद भी इस सिद्धान्त का पालन करते चले आ रहे हैं। शत्रुघ्न सिन्हा ने पुणे फिल्म इंस्टिट्यूट से प्रशिक्षण प्राप्त करने के बाद फ़िल्मों में बहुत धमाकेदार प्रवेश किया था। अपनी विख्यात चुहलबाज़ियों के साथ उनकी विनोदवृत्ति प्रशंसनीय है और अपने समस्त व्यवहार में वे बहुत सज्जन व्यक्ति हैं। समय की पाबन्दी का अभाव उनकी एकमात्र कमज़ोरी है। वे इसे स्वीकार करते हैं और इसे सुधारने का वायदा करते रहते हैं।

'दोस्ताना' फिल्म की शूटिंग के दौरान भी एक दुर्घटना घटी। अमिताभ और मेरे बीच लकड़ी के एक पुल पर दृश्य को फिल्माया जाना था। उन्हें सही मायने में मेरी टाँग खींचनी थी, जिससे कि मैं अपना सन्तुलन खो बैठूँ और गिर जाऊँ। परन्तु उन्होंने इतनी ज़ोर से टाँग को खींचा कि मेरा सिर पुल के जंगले से जा टकराया और मैं बाँस के बेड़े पर गिर गया। मेरी विग उड़कर दूर जा गिरी और मुझे बुरी तरह से चोट आ गयी लेकिन किसी तरह से मैं बच गया। अमिताभ को बहुत दुख हुआ परन्तु यह सब अनजाने में हो जाता है। अभिनेताओं के रूप में हमें नई चुनौतियों का सामना करते रहना पड़ता है, नए क्षेत्रों में, कार्यों में कदम रखते रहना होता है। मेरे विचार में जब तक आप नई संभावनाओं को नहीं तलाशते, नए प्रयास नहीं करते तो आप कभी विकास नहीं कर सकते।

फिल्म 'रुख़सत' की अमरीका में शूटिंग के दौरान भी तैरने के एक दृश्य में मुझे मार्क ज़ुबेर को पानी के नीचे उसके सिर को पकड़कर उसे ऊपर न आने देना तथा उसे पानी में डुबाने का प्रयास करना था। यह दृश्य पानी के नीचे प्रयुक्त होने वाले कैमरे की सहायता के बिना नहीं हो सकता था। अतः ध्रुवीय भालू के लिए एक चिड़ियाघर में तालाब की व्यवस्था की गयी, उसमें एक शोकेस विंडो थी जिसमें से लोग उसे तैरते हुए निकट से देख सकते थे। भालू को पानी से निकाल कर तालाब को ताज़े पानी से भरा गया। फिर शॉट उस खिड़की से लिए गये जो लगभग 15 फुट की गहराई पर थी। हमें एक्शन के लिए लौटकर खिड़की के पास आना पड़ता था। तालाब के अन्दर पेंट की हुई चट्टानें थीं। जब भी हम उनके निकट से गुज़रते, हमारे शरीर पर खरोंचें पड़ जातीं। उनसे सच ही बहुत ज़ख्म हो गये थे।

शशि कपूर ने 1980 के दशक के अन्त में जब भारत-रूसी मल्टीस्टार फिल्म 'अजूबा' का निर्माण और निर्देशन किया तो इसके भारतीय संस्करण का निर्देशन शशि ने और रूस के गेन्नाड़ी वासिलेव ने किया था। भारत के प्रमुख कलाकारों में अमिताभ, ऋषि कपूर, शम्मी कपूर, डिम्पल कपाड़िया, दिलीप ताहिल और सईद जाफरी थे। फिल्म से अधिक फिल्म बनाने की सम्पूर्ण प्रक्रिया ही बहुत रोचक थी, उसकी योजना बहुत बड़े पैमाने पर तैयार हुई थी। कलाकारों का चयन जुहु में पृथ्वी कॉटेज में किया गया था। यह फिल्म उद्योग में अपनी तरह की सबसे बड़ी खबर थी और हर कोई इस फिल्म का हिस्सा बनकर रूस की यात्रा करना चाहता था। उदार हृदय शशि 150 से अधिक कलाकारों और तकनीशियनों को एरोफ्लोट की प्रथम श्रेणी से रूस ले कर गये। फिल्म के निर्देशन से भी अधिक शशि ने सबकी मेहमाननवाज़ी और सुविधा का पूरा खयाल रखा। आज तक सब रूस में बिताए यादगार दिनों की प्रशंसा करते हैं। उस समय गार्बोचोव राष्ट्रपति थे और बड़े पैमाने पर राजनैतिक हलचल होने को थी।

हमने मास्को में लगभग दो सप्ताह तक शूटिंग की। यहाँ पहाड़ की चोटी पर एक विशाल सेट खड़ा किया गया और स्थानीय अभिनेताओं और तकनीशियनों की विशाल भीड़ वहाँ सदा जमा रहती मानो कोई बड़ा उत्सव चल रहा हो। तीन रूसी लड़कियाँ दुभाषिए के रूप में रखी गयी थीं और वे तीनों शुद्ध हिन्दी बोलती थीं। उनमें से दो—टीना और इरा जुड़वाँ थीं। हममें से अनेक लोग बातचीत के कुछ आधारभूत शब्द सीख गये थे और हमने कुछ मित्रताएँ कर ली थी।। परन्तु कार्य की गति सन्तोषजनक नहीं थी। अमिताभ और अन्य अभिनेताओं को भी अपने काम की बारी आने की प्रतीक्षा करनी पड़ती। जून का महीना था और दिन 22 घण्टे के होते थे। रात, दो बजे से सुबह चार बजे तक केवल दो घण्टे की होती। रात डेढ़ बजे सूर्यास्त को देखना मेरे लिए 'अजूबा' था। मुझे अपनी अन्य फिल्मों की चल रही शूटिंग के लिए बम्बई लौटना पड़ा। यूनिट वहाँ शूटिंग करती रही और वे बाद में याल्टा चल गये। यह ब्लैक सी के निकट एक ऐतिहासिक नगर है। वहाँ 1945 में द्वितीय विश्व युद्ध को समाप्त करने की संधि पर हस्ताक्षर करने के लिए अमरीका, इंग्लैंड और सोवियत यूनियन सरकारों के प्रमुखों के बीच प्रमुख युद्धकालीन बैठक हुई थी। बाद में मेरी बेटी नम्रता भी मेरे साथ रूस गयी और हम समुद्र तट पर स्थित होटल याल्टा में ठहरे।

दुर्भाग्य से फिल्म तैयार होकर कोई प्रभाव नहीं छोड़ पाई और यह दूसरे अर्थों में 'अजूबा' हो गया। 1991 में रिलीज़ के बाद यह कोई भी चमत्कार कर पाने में असमर्थ रही। बॉक्स ऑफिस पर अनेक फिल्में असफल हो जाती हैं परन्तु जब फिल्म रिलीज़ होने से पहले इतना शोर हो और जब इतने श्रम और इतने प्रभाव के बाद कोई फिल्म न चल पाए तो निराशा होती है। शशि को भारी नुकसान हुआ और उन्होंने उसे गरिमापूर्ण ढंग से स्वीकार किया। मुझे बताया गया कि प्रत्येक कलाकार ने या तो निःशुल्क काम किया अथवा नाममात्र को पैसा लिया। परन्तु मैंने ऐसा नहीं किया। मुझे पूर्ण विश्वास था कि मेरी माँग उचित थी। यदि आप सेब खरीदने निकलते हैं तो आलुओं पर समझौता नहीं करते। कुछ स्थितियों में मैं अपनी फीस आधी तक कर देने के लिए तैयार हो जाता हूँ परन्तु उससे अधिक नहीं। आप वास्तव में मुझे शार्क नहीं

कह सकते लेकिन निश्चित ही मैं मुझे किये गये वायदे के अनुसार अपना हिस्सा लेने का प्रयत्न करता हूँ। हाँ, यदि वास्तव में ही कोई कठिनाई हो तो मैं बाद में भुगतान ले लेता हूँ। नायकों की तुलना में खलनायकों के साथ शायद बुरा व्यवहार किया जा सकता है। परन्तु यदि आप अपना सम्मान करते हैं तो कोई आप से अपमानजनक व्यवहार नहीं करेगा।

आज सिनेमा में चरित्र अभिनेता बहुत दृढ़ता से उभरे हैं और उनका बहुत सम्मान किया जाता है इसलिए आप अपनी कीमत की माँग कर सकते हैं। यदि दूसरे दस रुपये लेते हैं तो मैं एक सौ रुपये लेता हूँ और मुझे मिलते हैं। यह अपने हृदय का ऑप्रेशन करवाने के लिए किसी विशेष सर्जन के पास जाने के समान है। परन्तु शायद आप केवल ऐसे सर्जन के पास जायेंगे जिसकी फीस अधिक है क्योंकि आप जानते हैं कि वह सही काम करेगा। आखिरकार आप चाहते हैं कि आपका ऑप्रेशन सफल हो। मैं एक स्पष्टवादी व्यक्ति हूँ। मैंने अनेक बार फीस का अपना हिस्सा छोड़ा है। भाईचारे में हमें सब बातों का ध्यान रखना पड़ता है। उसकी क्षतिपूर्ति केवल यह होती है कि आपके पास अधिक निर्माता आते हैं, वे इस तथ्य पर विश्वास करते हैं कि मैं विश्वसनीय हूँ। आप धन गँवा देते हैं और सद्भावना अर्जित कर लेते हैं और अन्ततः सद्भावना ही मायने रखती है। कौन अपने साथ धन ले कर जाता है—केवल सद्भावना ही तो साथ रहती है।

उस समय शायद शशि ही ऐसे अभिनेता थे जो अंधाधुंध फिल्में साइन कर रहे थे और उनके पास 50 से अधिक फिल्में थीं। वे अत्यधिक अनुशासित होकर और दिन में तीन-चार शिफ्टों से भी अधिक काम करके ऐसा कर पाए। तीन फिल्मों के सेट एक ही स्टूडियो में लगाए जाते थे और वे एक सेट से दूसरे सेट पर जाते रहते और कभी-कभी तो वे अपनी कमीज़ भी दूसरे सेट पर जाते हुए रास्ते में बदल लेते। वे शारीरिक रूप से बिलकुल स्वस्थ थे और इसका श्रेय उनकी बरतानवी पत्नी जैनिफर को जाता है जो उन्हें आवश्यकता से अधिक नहीं खाने देती थी। उन्हें दही चावल का हल्का खाना दिया जाता। उनकी सफलता के पीछे उनकी पत्नी का ही हाथ था। परन्तु इसके बाद वे निष्क्रिय हो गये और बाद में जो उनका वज़न इतना अधिक हो गया, वह उनके परिवार में आनुवांशिक मोटापे के कारण था।

फिर मैं 'मुजरिम' फिल्म की शूटिंग के लिए मिथुन और नसीरुद्दीन के साथ ताशकन्द गया। मिथुन यहाँ विशेष रूप से विद्यार्थियों में बहुत लोकप्रिय थे। हमें एक कॉलेज के हॉस्टल में आमंत्रित किया गया। वहाँ लड़कों-लड़कियों ने मिथुन पर फिल्माये गये गाने गाए और नाचे। उनके गीतों के बोल, डांस स्टैप पूर्णतः सही थे जबकि वे एक भी शब्द का अर्थ नहीं समझते थे। ऐसी सनक थी हिन्दी गानों की। यह चलन रूस में राजकपूर की हिन्दी फिल्मों के साथ शुरू हुआ था। फिल्म की शूटिंग योजना अनुसार पूरी हो गयी क्योंकि निर्देशक उमेश मेहरा पहले भी ताशकन्द आये हुए थे। उन्हें भाषा भी अच्छी तरह से आती थी और निःसंकोच बातचीत कर लेते थे। वहाँ सर्वाधिक आकर्षक दृश्य सुन्दर ग्लेडियोलस फूलों का था जिनके लंबे तने और खूबसूरत रंग थे। दिल्ली में मेरी बहन चन्द्रकान्ता को फूल बहुत अच्छे लगते हैं। अतः दिल्ली लौटने के दिन मैंने इनका एक बड़ा गुच्छा खरीद कर विमान के कोल्ड स्टोर

में रखवा दिया। दिल्ली से मुझे विमान से ही बम्बई जाना था। उसमें अभी चार घण्टे का समय था। अतः मैं फूलों का आधा गुच्छा ले कर उसके घर पहुँच गया। वे एक सप्ताह से भी अधिक समय तक चले। ऐसी सुन्दर और पुष्पमय यादें!

मुझे 'मालदीव' में की गयी 'समन्दर' फिल्म की शूटिंग की भी याद आती है, जहाँ 2000 छोटे-छोटे द्वीप थे। एक द्वीप से दूसरे तक स्पीड बोट से जाना पड़ता है। समुद्र इतना गहरा नीला है कि यह लगभग काला ही दिखाई देता है। समुद्र की उग्र लहरें नाव को लगभग 6-8 फुट तक ऊँचे उठा कर झटके से नीचे फेंक देती है। यह बहुत भयानक अनुभव होता है, आपके हृदय की धड़कन रुक जाती है। हम जब भी एक द्वीप से दूसरे पर जाते तो निर्देशक राहुल रवेल सच ही डर से चिल्लाने लगते। 1980 के इस दौरे के दौरान अनुपम खेर भी वहाँ अपने लम्बे चल रहे हनीमून पर थे। हमें ऐसे अशान्त समुद्र में फिल्म के क्लाइमेक्स को फिल्माना था जिसमें मुझे एक बच्चे का अपहरण कर एक स्पीडबोट में फरार हो जाना था। मैं उसके स्टीयरिंग पर था, सनी देयोल को दूसरी नाव से आकर मेरी नाव में कूदना था और मुझे स्टीयरिंग से हटाया जाना था। काफी समय तक नाव इतनी तेज़ गति से चलती रही और स्टीयरिंग पर कोई नहीं था। तब कुछ भी हो सकता था। यह बीच-समुद्र में पलट भी सकती थी। नाव अनियंत्रित हो गयी परन्तु हमें नाव चालक ने अन्ततः बचा लिया। किसी भी आपात स्थिति के लिए उसे छिपा कर रखा गया था। सभी ने कुछ साहसिक स्टंट बहुत कुशलता से किये और दर्शकों को एक्शन सदा उत्तेजित करता है। आज भी जब मैं उन नौकाओं की डरावनी यात्रा को याद करता हूँ तो काँप जाता हूँ। बाथरूम में नहाने के लिए के लिए रखा गया बारीश का जमा पानी भी मैं कैसे भूल सकता हूँ—बुरी तरह से बदबूदार और असहनीय। पीने के लिए होटल बोतलबन्द पानी देता था। मैं स्टाफ को रिश्वत देकर कुछ अतिरिक्त बोतलें ले लेता जिससे मेरा मिनी स्नान हो सके। होटल बीच के आस-पास समुद्र का पानी शीशे की तरह साफ था कि हम उसमें तैर भी सकते थे। इतनी ही यादगार थी प्रधानमंत्री द्वारा केवल 4×2 किलोमीटर क्षेत्र में फैली राजधानी माले में दी गयी पार्टी।

एक बार हम लॉस एंजिल्स के मालिबू बीच पर 'जुर्रत' फिल्म के क्लाइमेक्स की शूटिंग कर रहे थे। इसके निर्माता राजेन्द्र कुमार और निर्देशक डेविड धवन थे, जो अभी उभर ही रहे थे। कुमार गौरव का लड़ाई का दृश्य हेलीकॉप्टर में दर्शाया जाना था और बीच में मुझे नीचे समुद्र में जाना था। यह भाग मेरे डुप्लिकेट ने किया। परन्तु शेष लड़ाई में मुझे समुद्र के ऊपर घसीटा जा रहा था, तभी हेलिकॉप्टर से रस्सी की एक सीढ़ी फेंकी जाती है। मुझे उस सीढ़ी को पकड़कर हेलिकॉप्टर तक पहुँचना था। जैसे ही मैंने सीढ़ी का सिरा पकड़ा, मेरा पैर गहरी दलदल में फँस गया और मेरा आगे बढ़ना थम गया। मुझे या तो सीढ़ी को छोड़ देना था या फिर मेरी टाँग मेरे शरीर से अलग हो जाती। मैंने सीढ़ी को छोड़ दिया और समुद्र में गिर गया। जब ऐसे जोखिम उठाए जाते हैं तो उस क्षण हम परिवार के विषय में नहीं सोचते। सहायता के लिए चिल्लाने तक मैं स्वयं को समुद्र पर तैरता रख सका। ऐसी स्थिति के लिए वहाँ नावें और जीवन रक्षक पहले से तैयार रखे गये थे। राजेन्द्र कुमार के साथ अपने सम्पर्क के दौरान

परदेस में : मैं अपने देश से अथाह प्रेम करता हूँ। शाहरुख खान ने इस फिल्म में बहुत शानदार अभिनय किया था।

सज़ा-ए-काला पानी में शिवाजी गणेशन के पुत्र प्रभु के साथ दुष्ट व्यक्ति के रूप में अपनी श्रेष्ठ भूमिका में।

गदर में अमिषा पटेल के पिता की भूमिका बुराई की भयानक छायाएँ लिए हुए थी।

अपने नाती-पोतों कृश, शांतनु, साचि और हर्ष के साथ। हम एक ऊँचे लैम्प पोस्ट की तरह हैं और हमारे नाती-पोते हमसे शक्ति और चमक प्राप्त करते हैं।

शरारत में : युवा पीढ़ी को यह फिल्म देखनी चाहिए, जिससे कि उन्हें अहसास हो सके कि उन्हें बुजुर्गों के साथ क्यों नहीं करना चाहिए, क्योंकि ये युवा भी एक दिन बूढ़े होंगे।

चन्न परदेसी में अपने षड्यन्त्रकारी मुनीम ओम पुरी के साथ : मैं इसे आज तक की श्रेष्ठ पंजाबी फिल्म मानता हूँ और इसे राष्ट्रपति अवार्ड भ प्राप्त हुआ था।

तेलुगु फिल्मों के बच्चन चिरंजीवी के साथ फिल्म *कोण्डावेत्ती डोंगा* में।

कन्नड़ फिल्म *सुब्बी सुब्क्का सुवालल्ली* में मुख्य भूमिका में। विभिन्न भाषाओं की फिल्में करते हुए मेरी अभिनय क्षमता की बहुत बढ़िया परीक्षा हुई।

अत्यधिक लोकप्रिय कन्नड़ निर्देशक पुत्तन कनगल की फिल्म *फलितमाशा* में आदिल शाह की भूमिका में।

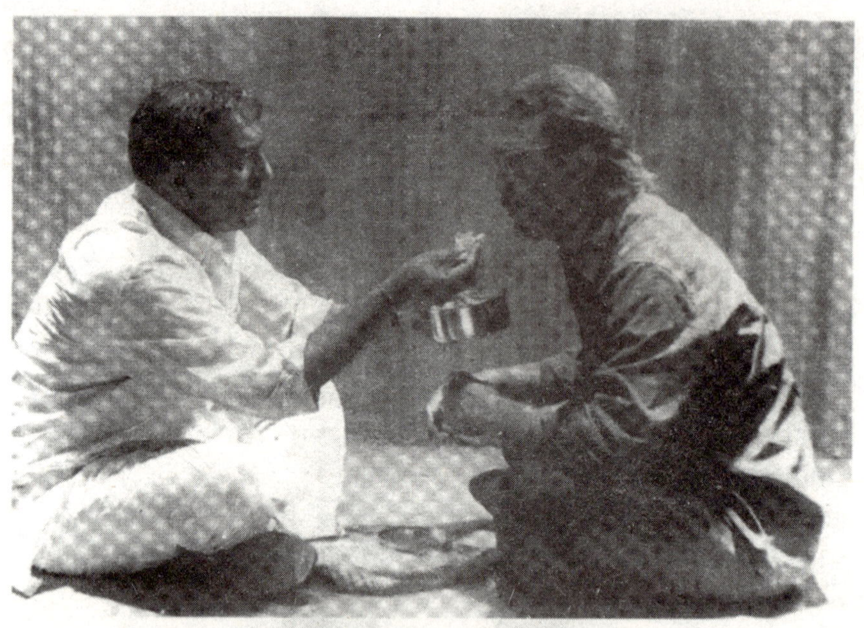

प्रियदर्शन ने *गर्दिश* फिल्म में मुझे जैकी श्रॉफ के साथ एक भूमिका दी थी, उसे याद कर मैं आज भी भावुक हो उठता हूँ।

विरासत में कुलीन सामन्त की भूमिका करते हुए मैंने बाऊ जी का अनुसरण किया, उनका व्यक्तित्व बहुत भव्य था।

युवा निर्देशक आदित्य चोपड़ा ने अपनी पहली ही फिल्म *दिलवाले दुल्हनिया ले जाएँगे* में लंदन और भारत के एक गाँव में फिल्माए गए कबूतरों के दृश्यों में जादू-सा रच दिया था। इसमें भी मेरी पोशाक और आचार-व्यवहार बाऊ जी की तरह ही था।

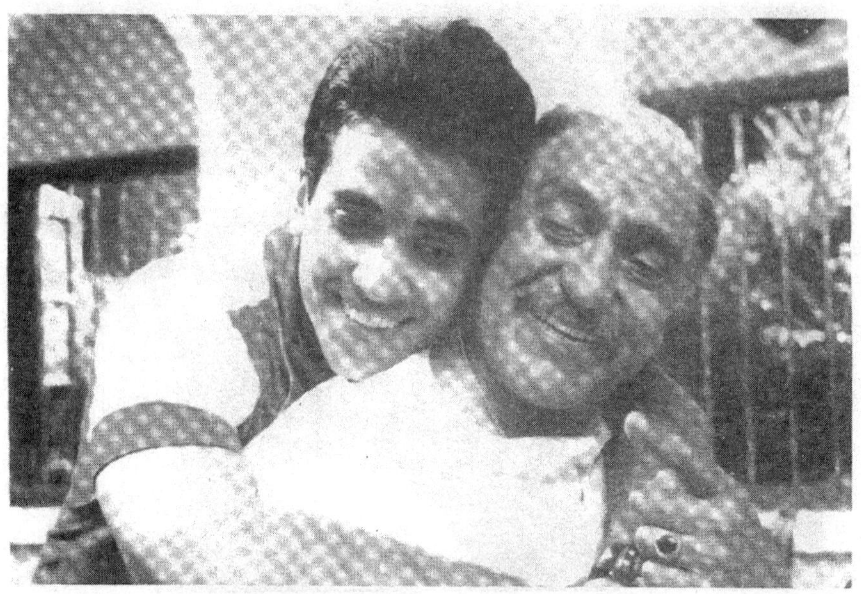

फिल्म *मुझे कुछ कहना है* में तुषार कपूर के साथ खुशमिजाज़ मामा की भूमिका में। कौन जानता था कि ऐसा हल्का-फुल्का विषय चमत्कार उत्पन्न कर देगा।

मास्को और येल में फिल्माई गई भारत-रूसी बहु-सितारा फिल्म *अजूबा* में। यह फिल्म प्रभाव छोड़ने में असफल रही, फिल्म रिलीज़ से पहले फिल्म के बारे में जो बड़ी-बड़ी बातें की गईं, उनका कोई लाभ नहीं हुआ।

भूमिपुत्र राज कपूर के साथ संबंध। पंजाबी एसोसिएशन द्वारा 80 के दशक के अंत में आयोजित किए गए एक समारोह में हमारे समय के श्रेष्ठ शो मैन से ट्रॉफी प्राप्त करते हुए। राज साहिब के साथ काम न कर पाने का मुझे सदा अफसोस रहेगा।

मैंने विनोद खन्ना के लिए गुरदासपुर में चुनाव अभियान किया और हमारा हीरो मंत्री बन गया।

हिन्दी कविता के प्रति मेरे गहन प्रेम के चलते डॉ. धर्मवीर भारती की *कनुप्रिया* का सस्वर पाठ एक अविस्मरणीय अनुभव रहा है।

आमने-सामने – आखिरकार कोई भी अभिनय स्वयं अपने से ही एक मुलाकात होता है

वर्ष 2001 में मुम्बई में डॉ. धर्मवीर भारती की जयंती के अवसर पर अमिताभ बच्चन के साथ। बच्चन का प्रशंसनीय आत्मविश्वास सदा उनके व्यक्तित्व की खूबी रहा है।

देवानंद को दादा साहेब फाल्के पुरस्कार प्राप्त होने पर प्राण साहिब के साथ उन्हें मुबारकबाद देते हुए

मेरी रंगमंच यात्रा पर आधारित सत्यदेव दूबे के नाटक *बस इत्ता सा* में युवा प्रतिभाशाली अभिनेता राजेश सिंह, जिसने मेरी ओर से संवाद बोले थे। मैंने कुछ नाटकों के स्मरणीय अंशों को पुनः अभिनीत किया, जैसे कि *डेढ़ इंच ऊपर* का एक चित्र। क्या स्वगतकथन था!

प्रो. वसन्त देव के नाटक *अरण्य* में कृष्ण, बलराम और नंद की बहु-भूमिकाओं में। इस नाटक में अनुच्छेदों के मेरे द्वारा गायन से मैं स्वयं प्रभावित हो गया था।

रतन टाटा के साथ टाटा इंडिका को लॉन्च करते हुए। मुझे टाटाज़ द्वारा एसैम्बल की गई पहली मर्क प्राप्त करने का सुअवसर भी प्राप्त हुआ।

बाबा साहेब ठाकरे ने मुझे एक स्मृति चिह्न प्रदान किया।

जम्मू-कश्मीर के मुख्यमंत्री डॉ. फारुख अब्दुल्ला से वर्ष 1998 में श्रीनगर में सम्मान प्राप्त करते हुए

मुम्बई में एमएएमआइ उत्सव 2000 के उद्‌घाटन के अवसर पर महाराष्ट्र के मुख्यमंत्री विलासराव देशमुख के साथ। उन्होंने मुझसे पूछा कि नायक फिल्म में मैं खलनायकनुमा मुख्यमंत्री की भूमिका इतने सुंदर ढंग से कैसे कर पाया था।

मैंने निर्माता के रूप में उसकी भूमिका में उसमें स्पष्ट अन्तर देखा। अभिनेता के रूप में वह निर्देशक से पैसा ऐंठ रहा था और अब 'यह फिल्म बहुत महँगी है' जैसे व्यर्थ के बहाने करके उतनी राशि का भुगतान करने को तैयार नहीं था। इस फिल्म में भी कुछ राशि का भुगतान बकाया रह गया था जो मुझे फिर कभी नहीं मिला।

कई बार घर की याद भी आती है। न्यूज़ीलैंड में 'जाल' फिल्म की शूटिंग के दौरान हम भारत से अपने रसोइये ले गये थे। हमने वहाँ पर एक वैन किराए पर ले ली जो दोपहर का भोजन देने के लिए लोकेशन पर आ जाती। हम जब से यहाँ पहुँचे थे गेहूँ का आटा खा रहे थे जो उनकी भाषा में 'मैदा' होता है, आटा नहीं। परन्तु मुझे 'क्लीन्ज़ टाउन' में एक सरदार जी के रेस्त्रां में दोपहर के भोजन के लिए आमंत्रित किया गया। मैं अपने साथ सात-आठ लोगों को ले गया। 'वहाँ का जो खाना खाया' हमने वहाँ आटे से बनी तन्दूरी रोटियाँ खाई। अगले दिन मैंने रसोइये से पूछा कि वह हमें आटा रोटी क्यों नहीं दे रहा, मैदा रोटी क्यों दे रहा है। उसने बताया कि आटा मिलता नहीं। हमने इस बाबत जब उस रेस्त्रां से पूछा तो हमें बताया गया कि "तुम गेहूँ का आटा 'व्हीट फ्लोर' मत माँगो अपितु 'रफ फ्लोर' माँगो तभी वे जानेंगे कि आटा क्या है।" इसके बाद ठीक प्रकार की रोटी मिलने से सभी सन्तुष्ट हो गये।

तत्पश्चात 'जाल' की कुछ शूटिंग भारत में कुल्लू मनाली में हुई। आपको मालूम है कि 70 वर्ष की उम्र पार कर जाने के बाद भी मुझसे कुछ ऐसी भूमिकाएँ करवाई जाती हैं जो 50 वर्ष की आयु में की जाती हैं और दर्शक यह मान बैठते हैं कि मैं उतनी ही उम्र का रहा होऊँगा। जहाँ तक शारीरिक स्वास्थ्य के स्तर की बात है तो निर्देशक को यह देखना है कि मुझसे कितना काम करवाना है और गुड्डू धनोआ ने मुझे पुलिसकर्मी के रूप में फौजी कुत्तों के साथ पगडण्डी पर दौड़ाया। दौड़ते हुए अचानक लगा कि उम्र अपना प्रभाव दिखा रही है। परन्तु मैं पात्र और उसकी आयु के अनुसार दौड़ता जिससे कि पर्दे पर यह उपयुक्त लगे। मुझे उतना ही दौड़ना चाहिए, उससे अधिक नहीं। यदि मैं धावक की तरह दौड़ता तो बहुत अटपटा लगता।

इस दृश्य के बाद हमें रोहतांग पास जाना था और वहाँ 10 अक्टूबर, 2001 को मेरे साथ यह भयानक दुर्घटना हुई। आज भी मैं उसे याद कर थरथरा जाता हूँ और सोचता हूँ कि मुझे उस तारीख को नया जीवन मिला था। यदि घटनाएँ जैसे घटित हुई, वैसे न हुई होतीं, यदि मैं गलत स्थान पर टकराता तो शायद मैं जीवित न बचता। इस दृश्य में पिता और पुत्र (पुत्र की भूमिका में सनी देयोल था) एक मोटरसाइकिल पर होते हैं और सनी ऐसे ढंग से चलाता है कि मैं डर जाता हूँ। वास्तव में यह एक खेल है जो आगे के दृश्य में जारी रहता। इसमें मैं सनी को पीछे बैठाकर उससे भी तेज़ चलाता जिससे वह, जितना उसने मुझे डराया, उससे भी अधिक डर जाता। परन्तु यह दृश्य का पहला भाग था जिसमें वह मोटरसाइकिल चला रहा था। चूँकि क्लोज़अप लिया जाना था, मोटरसाइकिल को एक वैन के साथ बाँधा गया था और कैमरामैन फाइट मास्टर और स्टंट निर्देशक टीनू वर्मा के साथ वैन पर खड़ा था। मोटरसाइकिल को किसी अन्य वाहन के साथ बांधे बिना ऐसे दृश्य कर पाना बहुत कठिन होता है। हमने कुछ शॉट रोहतांग पास की सड़क के सबसे ऊपर से लिए थे परन्तु टीनू के अनुसार वे बहुत

अच्छे नहीं आये थे क्योंकि यह सड़क बहुत ऊबड़-खाबड़ होने के कारण कैमरा स्थिर नहीं रह पाया था। अतः कुछ शॉट लेने के बाद निर्णय लिया गया कि कुछ शॉट और लेने होंगे। अतः हम रोहतांग पास से दस किलोमीटर नीचे आ गये जहाँ सड़क समतल तो थी परन्तु यह ढलान और बहुत घुमावदार थी। मैं सच ही बहुत डरा हुआ था और टीनू को ये शॉट किसी ओर प्रकार से लेने के लिए कहना चाहता था। परन्तु मैं ये बात ऐसे कड़े शब्दों में नहीं कहना चाहता था। टीनू ऐसा फाइट मास्टर है जो बहुत जोखिम भरे शॉट ले कर कलाकारों को खतरे में डाल देता है। परिणाम चाहे बहुत शानदार होते हैं परन्तु कलाकार छुरे के नीचे आ जाता है।

अतः मोटरबाइक पर रोहतांग पास से नीचे आते हुए हम एक-दूसरे से बात करते हुए अपने संवाद बोल रहे थे। इस दौरान स्पीड बढ़ती रही और एक बिन्दु पर वैन को ढलान पर यू-टर्न लेना था। अब मोटरसाइकिल चूँकि वैन के सामने के पहियों की कीली से बंधी थी, इसका पीछे का, जहाँ मैं बैठा था, सन्तुलन खो गया और यह एक ओर झुक गया। मैंने अचानक पाया कि बाइक दायें ओर झुक रही थी। सनी ने मोटर साइकिल पकड़ा हुआ था और मैं सनी को थामे था। मोटरसाइकिल दाईं ओर गिर गयी। वैन के रुकने तक हम सड़क पर घिसटते गये। मैं तो तुरन्त गिर गया परन्तु सन्नी तो और भी आगे तक घिसटता रहा। मुझे वास्तव में याद नहीं कि मैं कैसे गिरा परन्तु चारों ओर सब इकट्ठे हो गये, उन्होंने मुझे पकड़कर उठाने का प्रयास किया और मुझे ढाढस बँधाया कि सब ठीक हो जायेगा। परन्तु मेरे सिर और बाईं आँख से तेज खून बह रहा था। मैं होश में था। तभी मुझे एहसास हुआ कि मैं बहुत भयानक ढंग से गिरा था। मुझे तुरन्त जीप में डाला गया और जो दूरी सामान्यतः डेढ़ घण्टे में पूरी होती है, वह लगभग 45 मिनट में तय कर ली गयी। टीनू मेरी आँख पर रुमाल रख कर बैठा था। रुमाल खून से भीग गया था। अब मेरी याद और होश खोता जा रहा था और बार-बार पूछ रहा था कि क्या हुआ और मैं जीप अथवा क्या चला रहा था। मेरी याददाश्त खोती जा रही लग रही थी।

रास्ते में एक सैनिक अस्पताल था। परन्तु हमें बताया गया कि वहाँ पर्याप्त सुविधाएँ नहीं हैं। तब हम मनाली के मिशन अस्पताल की ओर रवाना हो गये। मैं स्वयं जीप से उतरा और एमरजेंसी रूम तक गया। वहाँ डॉ. वर्घीस ने मुझे देखा। मेरा सिर सूज गया था। मेरे मेकअपमैन गोविन्द ने जब मेरी विग उतारी तो उसके नीचे बड़ा कट था। सौभाग्य से मैं जिस ओर गिरा, उस ओर घाटी नहीं थी, नहीं तो मैं सदा के लिए गिर गया होता। मैं अपने सिर पर टांके लगाया जाना महसूस कर रहा था परन्तु डॉक्टर मेरे प्रश्नों का जवाब नहीं दे रहा था। मैं जानना चाहता था कि कितनी चोट लगी है। मैं बस इतना ही जान पाया कि दाईं आँख की चोट बहुत गम्भीर है। मेरे चश्मे के प्लास्टिक फ्रेम के एक टुकड़े ने कॉर्निया को ज़ख्मी कर दिया था और ऊपरी भाग के तीन टुकड़े हो गये थे। मेरी आँख पर भी टाँके लगाए गये। सनी जब अस्पताल में मुझे देखने आया तो उसके पूरे दाईं ओर खरोंचे थीं। उसकी चमड़ी भी छिल गयी थी। शूटिंग पैकअप कर दी गयी और पूरी यूनिट मुझे देखने हस्पताल पहुँच गयी।

निर्देशक गुड्डू धनोआ का मुझ पर बहुत स्नेह था, मेरी स्थिति को देखकर वे अपनी रुलाई

नहीं रोक सके। अगले दिन सुबह साढ़े नौ बजे हम विमान से दिल्ली के लिए रवाना हो गये और दोपहर में बम्बई की फ्लाइट ले ली। मुझे होश तो था परन्तु बहुत दर्द हो रहा था। हम साढ़े चार बजे बम्बई पहुँचे। मुझे आँखों के विशेषज्ञ डॉक्टर चन्देरिया के पास ले जाया गया। उन्होंने पहले मेरा मोतिया का ऑप्रेशन भी किया था। उन्होंने केवल इन्जेक्शन लगाए, टाँके अगले दिन खोले जाने थे क्योंकि उनसे ट्रिश्यू को नुकसान पहुँच सकता था। मेरी बहु मीना स्वयं एक फिज़ियोथैरेपिस्ट है। उसी शाम उसने जनरल सर्जन से समय ले कर मेरी सिर की चोट उन्हें दिखाई, मैं एक प्रकार से जड़ हो गया था और हैरान था कि ठीक होने के बाद भी मैं क्या सामान्य हो पाऊँगा। सब कुछ सन्देहास्पद था क्योंकि मैं नहीं जानता था कि क्या हो रहा है। मेरे निर्माता हरीश़ और विनोद शाह बहुत चिन्तित थे, उन्हें समझ नहीं आ रहा था कि क्या करें।

यह दुर्घटना केवल हमारे फाइट मास्टर के आवश्यकता से अधिक आत्मविश्वास का परिणाम थी। मैं तो इसका कोई और कारण नहीं समझ पाता। वैन को सड़क के ऐसे खतरनाक मोड़ों पर ले जाया ही नहीं जाना चाहिए था क्योंकि अपकेन्द्री बल से मोटरबाइक को बाहर की ओर गिरना ही था। जहाँ तक सीधी सड़क थी, ठीक था। टीनू ने अन्य फिल्मों में भी ऐसे दृश्य किये होंगे परन्तु मोड़ों पर और फिर ढलान पर क्या हो सकता है, उसे समझना चाहिए था। मैंने केवल उसकी लापरवाही के कारण कष्ट उठाया, वह बार-बार माफी माँग रहा था और जो हुआ, उस पर शर्मिंदा था परन्तु उससे क्या लाभ। एक तकनीकी व्यक्ति को अपनी तकनीक की पूरी जानकारी होनी चाहिए जिससे कि उसके अभिनेता जख्मी न हों अन्यथा ऐसे दृश्य कैसे किये जा सकते हैं। हमें प्रयोग में लाए जा रहे उपकरणों की तकनीक की भी जानकारी होनी चाहिए। वह यद्यपि एक अवार्ड प्राप्त एक्शन निर्देशक है परन्तु यहाँ वह फेल हो गया था। यदि वह अपने अभिनेताओं के साथ ही ऐसे जोखिम उठा लेता है तो ऐसे पुरस्कारों का क्या लाभ। आपको अधिक जानकार और सुरक्षा के प्रति सावधान होना चाहिए। दुर्घटना दुर्घटना होती है और यह दुर्घटनावश हो जाती है। परन्तु कई बार ऐसी दुर्घटनाओं के लिए ज़िम्मेदार व्यक्ति की असावधानी इसका कारण बनती है और तब हमें लगता है कि यदि पूरा ध्यान रखा गया होता तो उसे रोका जा सकता था।

सनी मुझे देखने आया। वह बहुत दुखी दिखाई दे रहा था, उसे इस सम्पूर्ण घटनाक्रम पर बहुत अफसोस था। मैं उससे अत्यधिक प्रभावित था कि बम्बई पहुँचते ही अपने घर जाने से पहले वह सीधे मुझे मिलने पहुँचा। अब हमें पता चला कि दाईं आँख का ऑप्रेशन होना था क्योंकि भीतर एक टुकड़ा कट कर निकल गया था और कॉर्निया में खाली जगह हो गयी थी। उससे आँख कालिमा लिए लाल हो गयी थी और बहुत भयानक लगती थी। जिस दिन मेरी पट्टियाँ खोली गयीं, तुरन्त बाद मुझसे पूछा जाने लगा कि मैं कब काम करना शुरू कर सकूँगा। मैं इस चिन्ता को समझता था क्योंकि मुझे इन्द्र कुमार की फिल्म 'रिश्ते' की शूटिंग करनी थी। इसे मैं पहले ही साइन कर चुका था। अपनी स्थिति को देखकर मैंने उनसे कह दिया था कि यदि वे किसी और को लेना चाहें तो ले सकते हैं और वह बहुत स्वाभाविक था परन्तु उन्होंने

स्पष्ट रूप में कहा, "नहीं, हम ऐसा नहीं करेंगे और कुछ रास्ता ढूंढेंगे।" 45 दिन के भीतर मैंने शूटिंग फिर शुरू कर दी और तब मैंने उन्हें रंगीन चश्मा प्रयोग करने का सुझाव दिया जिससे कि आँख बहुत अधिक खुली नहीं रहेगी। उन्हें यह व्यावहारिक नहीं लगा क्योंकि तब मेरी आँखों के भाव दिखाई नहीं दे सकते थे। परन्तु सौभाग्य से मेरे पास ऐसा चश्मा था जिनमें से आँखें दिखाई देती थीं अतः मैंने वह चश्मा लगाकर शूटिंग की और जब हमने कुछ सीन देखे तो बिल्कुल ठीक दिखाई दे रहे थे। दाईं आँख के सामान्य होने में कुछ समय लगा और तब तक मैंने चश्मा पहन कर शूटिंग की।

पीछे मुड़कर देखूँ तो इस दुर्घटना ने जिस प्रकार मुझे मानसिक स्तर पर प्रभावित किया था, उससे अपने कैरियर में उतार-चढ़ाव के मेरे दृष्टिकोण में बहुत परिवर्तन हुआ था। कुछ समय के लिए इसने मुझे विकलांग बना दिया था और मुझे सन्देह था कि यदि आँख सामान्य न हुई तो शायद मैं अब और काम नहीं कर सकूँगा। परन्तु परमात्मा की कृपा से सब कुछ मेरे अनुकूल हुआ और इसने मुझे सब कुछ का सामना करने का साहस दिया। इस समय मैंने देखा कि मेरा परिवार मुझसे कितना स्नेह करता है, वे सब मेरा कितना ध्यान रखते हैं, कितना प्यार करते हैं और मैं अपने सब नाते-पोती को आसपास पाकर भावविभोर हो गया था। उनसे मुझे बहुत नैतिक बल मिला और यह प्रमाणित हो गया कि ऐसी स्नेहपूर्ण देखभाल से व्यक्ति कैसे अत्यधिक गम्भीर चोटों का भी सामना कर जाता है। उससे सब प्रकार के अभाव समाप्त हो जाते हैं। यह घटना मुझे बार-बार याद आती क्योंकि इससे मेरे चलने-फिरने पर बहुत प्रभाव पड़ा और मुझे व्यायाम और फिज़ियोथैरेपी से धीरे-धीरे अपनी शक्ति के स्तर को बढ़ाना पड़ा। इस प्रकार हम सदा समय-समय पर होने वाली ऐसी दुर्घटनाओं से समझौता करते रहते हैं।

और जब शूटिंग के लिए स्थान के चुनाव की बात आती है तो काश्मीर की भाँति स्विटज़रलैंड को भी धरती का स्वर्ग माना जाता है। रोमांटिक गानों को फिल्माने के लिए हमारे फिल्म निर्माता सदैव शानदार प्राकृतिक दृश्यों के इस देश में जाते हैं और यश चोपड़ा स्विस स्थलों की सुन्दरता का प्रयोग करने के लिए विख्यात हैं। वास्तविकता तो यह है कि स्विस सरकार फिल्म यूनिटों को शूटिंग के लिए आने हेतु खुले रूप से प्रोत्साहित करती है और सब सम्भव सुविधा प्रदान करती है। दिसम्बर, 2002 में यह स्विटज़रलैंड का काम के सिलसिले में मेरा दूसरा दौरा था। वहाँ थ्रिलर फिल्म 'द हीरो' का क्लाइमेक्स फिल्माया जाना था। फिल्म में मेरी पूर्णतः नेगेटिव भूमिका है और सनी देओल उसे बचाने का प्रयास करता है, जिसे मैं नष्ट करना चाहता हूँ। इससे पहले हम मार्च-अप्रैल में टोरेंटो और मॉन्ट्रियल में शूटिंग कर चुके थे और अब 125 से अधिक सदस्यों का विशाल दल ऐसे मौसम में ज्यूरिख आया था। भीषण ठण्ड थी और काम करना बहुत कठिन था।

हमें एक ऐसे होटल में ठहराया गया था जो जंगफ्राउ में हमारी लोकेशन से डेढ़ सौ किलोमीटर दूर था। सर्दी के कारण सब होटल बन्द हो चुके थे। हमें ग्रिंडलवाड में ग्रंड रेलवे स्टेशन पर पहुँचने के लिए सुबह पाँच बजे बस से रवाना होना होता था। वहाँ से हम पहले स्टेशन क्लेन शिज़ के लिए एक गाड़ी लेते और फिर जंगफ्राउ पहुँचने के लिए गाड़ी बदलते।

इसमें कुल मिलाकर हमें साढ़े तीन घण्टे लग जाते और चूँकि दिन बहुत छोटे थे हमें चार बजे तक काम पूरा करके वापिसी की यात्रा शुरू कर देनी होती थी। जंगफ्राउ यूरोप का सबसे ऊँचा स्थान है जिसकी समुद्र तल से ऊँचाई 11,000 फुट है और यह पूरा वर्ष बर्फ से ढका रहता है। विश्व भर से लाखों लोग उस स्थान को देखने जाते हैं और वहाँ हजारों प्रेमी जोड़े देखे जा सकते हैं। हमारी अधिकांश शूटिंग बर्फ में हुई। हमने जमी हुई झील के निकट भी शूटिंग की, जहाँ तक हमारे कॉस्ट्यूम का सम्बन्ध है, हम अच्छी तरह से लामबन्द थे। परन्तु –15° से. तापमान के चलते भीषण सर्दी थी। गाड़ी और उसके बाहर भेद डालने वाली ठण्ड में क्लाइमेक्स के अंतिम भाग की शूटिंग करना बहुत कष्टदायी था। मेरे हाथ जब बर्फ़ से छूते तो पूरी तरह सुन्न हो जाते मानो हों ही नहीं। शीतदंश के कारण मेरे पैरों में गेंग्रीन जैसा कुछ हो गया और मैं एक माह तक उससे परेशान रहा।

परन्तु अनिल शर्मा के कठोर निर्देशन में काम करना, फिल्म निर्माण का अपना ही अनुभव था। वे अपना पूरा समय लेते हैं और खर्च की चिन्ता नहीं करते। यह बहुत महँगी फिल्म थी परन्तु क्या खूबसूरत दृश्य थे! एक दृश्य में मुझे सनी को ईमारत की चोटी से 2000 फुट नीचे फेंकना था। जब पहले दिन तैयारियाँ पूरी कर ली गयीं तो सनी ने इस छलाँग को स्थगित कर दिया। उसके बाद यह दृश्य किसी साफ मौसम वाले दिन को ही फिल्माया जा सकता था। मैं बहुत तनाव में था और जब सनी को ऊपर खींचा गया तो मैंने भावुक होकर उसे गले लगा लिया। सिनेमा के रंग ढंग भी निराले होते हैं। फिल्म में हम दोनों एक दूसरे के पक्के दुश्मन हैं और यहाँ मैं उसके लिए इतना चिन्तित था। हेलिकॉप्टरों की सहायता से यह दृश्य सफलतापूर्वक हो गया। परन्तु उसे देखकर बहुत डर लगता था। यद्यपि सभी सावधानियाँ बरती गयी थीं लेकिन फिर भी उसमें बहुत खतरा था। मुझे सदा चुनौतीपूर्ण काम की प्रतिक्षा रहती है, चाहे उसके लिए असुविधा के अर्थ में कितनी भी कीमत क्यों न चुकानी पड़े। जब आपको बिना रुके तीन सप्ताह तक लगातार काम करना पड़े तो प्रतिदिन सुबह चार बजे उठना और लगभग सात बजे काम से लौटना सरल नहीं होता। परन्तु असाधारण काम करने से मिलने वाली प्रसन्नता और सन्तोष को सोचें। इसमें पूर्णता की, सन्तोष की भावना होती है इस उम्र में यह करना हालाँकि दोगुना कठिन है परन्तु मैं सदा व्यस्त रहना चाहता हूँ और काम करते-करते ही मृत्यु को प्राप्त करना चाहता हूँ। अतः मैं पूरे जोश से काम करता हूँ और परिणाम 'उस' पर छोड़ देता हूँ। केवल वही जानता है कि आपके भाग्य में क्या लिखा है।

यदि कोई अभिनेता असाधारण कार्य कर रहा है तो विश्वास मानिए वह स्वयं को शारीरिक और मानसिक स्तर पर बनाये रखने के लिए सब कुछ कर रहा है और उसमें कितना प्रयास करना पड़ता है कोई नहीं जानता। परन्तु दूसरी ओर उत्कृष्टता के उस स्तर पर पहुँचने के लिए उस प्रकार का धैर्य होना बहुत आवश्यक है। कई बार जो लोग अभिनेता बनने के बहुत इच्छुक होते हैं, वे इसमें लगने वाले कठोर श्रम को देखकर अपना मन बदल लेते हैं अथवा बीच में ही छोड़कर चले जाते हैं।

मेरा फिटनैस कार्यक्रम शिमला की पहाड़ियों में प्रकृति की गोद में रहने, सब समय घाटियों

में ऊपर-नीचे दौड़ते रहने के दिनों से शुरू हो गया था। इसके अतिरिक्त मेरी खेल गतिविधियाँ और स्कूल-कॉलेज के दिनों की लम्बी पैदल यात्राएँ तो थी हीं। प्रकृति को प्रकृति माँ क्यों कहा जाता है? माँ जैसे बच्चे को जीवन के सम्बन्ध में सब कुछ सिखाती है वैसे ही प्रकृति भी हमें जीवन के ढंग सिखाती है। फूल हमें जीवन में मुस्कुराना और रंगीन होना सिखाते हैं। नदियों-नहरों में जल का प्रवाह हमें, कोई भी बाधाएँ आयें, निरन्तर आगे बढ़ने के लिए प्रेरित करता है। पानी स्थितियों के अनुसार अपना मार्ग बदल लेता है परन्तु बड़ी लहरों अथवा समुद्र से मिलने के अपने लक्ष्य को नहीं छोड़ता। पानी का प्रवाह जिस क्षण रुक जाता है, यह गंदला हो जाता है। वनस्पति हमें पोषण की शिक्षा देती है और हमारे जीवन में ताज़गी लाती है। वृक्ष हमें आकाश को छूना सिखाते हैं। पर्वत और चट्टानें हमें कठोरता, साहस एवं शक्ति के भाव की शिक्षा देते हैं। मौसम, सूर्य के प्रकाश और आसमान के लिए भी बहुत कुछ कहा जा सकता है। मैंने माँ प्रकृति से जो भी सीखा, उसे सकारात्मक परिणाम प्राप्त करने के लिए अपने जीवन में लागू करने का प्रयास किया है।

इन सबसे अधिक प्रकृति हमें यह भी सिखाती है कि हमारे जीवन कितने अनिश्चित होते हैं। एक बार मैं सिन्धु दर्शन उत्सव में भाग लेने लद्दाख गया था। सिंधु नदी तमाम भिन्नताओं के बावजूद भारत की एकता की प्रतीक है। वहाँ से आकर मैं मुख्यमंत्री डॉ. फारुख अब्दुल्ला के साथ उनके जहाज़ में श्रीनगर से दिल्ली लौट रहा था। उप-प्रधानमंत्री एल.के. आडवाणी भी विमान में थे। विमान सुबह 8 बजे उड़ा। बादल छाए हुए थे और 15-20 मिनट में ही बिजली चमकने लगी। चारों तरफ चमकती बिजली दिखाई दे रही थी। परन्तु पायलट बहुत आत्मविश्वास से विमान को उड़ाता रहा। फारुख साहब को लन्दन की फ्लाइट लेनी थी। सब कार्यक्रम बिगड़ जाने की पूरी सम्भावना थी। जहाज़ गरजते बादलों के बीच काँप रहा था। मैंने अपने अंतिम क्षणों की तैयारी लगभग कर ली थी और अंतिम प्रार्थना भी कर ली थी कि शायद यह मेरे जीवन की अंतिम उड़ान थी। परन्तु फारुख साहब और पायलट में मैंने जैसा आत्मविश्वास देखा, उससे इस भावना को पुनः बल मिला कि हमें सदा आशावादी होना चाहिए और हम सुरक्षित दिल्ली उतर गये। फिर भी, उस उड़ान ने मुझे बहुत घबरा दिया था।

इसीलिए मैं ध्यान लगाता हूँ और मेरे भीतर व आसपास जो चल रहा है उस पर स्वयं से सवाल करता हूँ। इससे मुझे शांति मिलती है और मैं जीवन में साधारण चीजों में छिपे आनन्द को खोज पाता हूँ और उस पर चकित होता हूँ और तब मैं चकित होता हूँ कि क्या है जो हवा को सुन्दर ढंग से हल्का बना देता है कि यह हमें गुदगुदाती हुई निकल जाती है। फिर भी इसमें इतनी शक्ति और इतना क्रोध छिपा है कि जब चाहे बर्बादी ला देती है। मुझे एकमात्र उत्तर यह मिलता है कि ऊपर कोई है जो यह सब करवाता है। मनुष्य ने उसे 'भगवान' का नाम दिया है। हाँ, मैं उसमें और 'उसकी शक्ति' में विश्वास करता हूँ। मैं जानता हूँ कि जो भी हो जाये, कुछ चीजें सदा अवर्णनीय होंगी क्योंकि 'वह' उन्हें ऐसा ही चाहता है। यह जीवन उसकी इच्छा का स्वरूप है। उसके हाथ में घड़ी है और वह निर्णय करता है कि कौन आयेगा और जायेगा। आध्यात्मिक होने के लिए हमें 'उसके' साथ बात करने का प्रयत्न करना चाहिए।

भगवान के साथ मेरा सम्बन्ध मेरा अपना है। मैं स्वयं ही उसे परिभाषित करता और उसका अनुभव करता हूँ। मैं अनावश्यक भजन-कीर्तन नहीं करता। आध्यात्मिकता एक बहुत निजी अनुभव है और विश्वास जीवन का महान अवलंब है। आपको यदि उस रचयिता पर विश्वास है तो 'वह' आपके भीतर रहता है, बस अपनी आँखें बन्द करो और तुम उसके पास होते हो। मैं जब भी सम्भव हो तीर्थ यात्रा पर जाना पसन्द करता हूँ—चाहे वह मन्दिर, मस्जिद, गिरजाघर अथवा गुरुद्वारा हो। यह सब मैंने अपने माता-पिता से सीखा।

मेरा यह भी दृढ़ विश्वास है कि सादा जीवन, उच्च विचार स्वस्थ जीवन का मूल मंत्र है। स्वस्थ सोच अनिवार्य रूप से आपको स्वस्थ बनाती है। मैं सामाजिक समारोहों में जब अपने मित्रों और अन्य लोगों से मिलता हूँ तो वे प्रायः कहते हैं, "तुम बहुत स्वस्थ दिखाई देते हो। तुम क्या करते हो? नियमित व्यायाम और योगा करते हो? तुम्हारा भोजन कैसा है? कृपया हमें भी बता दो।" वास्तविकता तो यह है कि मैंने नियमित रूप से व्यायाम करना तो बहुत पहले छोड़ दिया था। मुझे बॉडी बिल्डिंग का बहुत शौक था। 1960 और 70 में मेरे मसल्ज़ बन गए थे। मेरा विश्वास था कि यदि आपका शरीर स्वस्थ है तो आपकी सोच, आपका मस्तिष्क और आपका दृष्टिकोण भी स्वस्थ होगा। मैंने वर्षों पहले जो कियाश अब उसके लाभ प्राप्त कर रहा हूँ। कभी-कभी मैं योगा करता हूँ और बस सावधान रहकर बहुत व्यस्त दिनचर्या के बावजूद मैं ठीक रहता हूँ। एक बार हम 'इनाम दस हजार' फिल्म की मड आइलैंड में शूटिंग कर रहे थे। मैंने संजय दत्त से पूछा, "तुम इतना अच्छा कद होने के बावजूद 'मसल' क्यों नहीं बनाते?" उसने बहुत असहाय मन से कहा, "कैसे अंकल?" तब मैंने उसे व्यायाम आदि के सम्बन्ध में बताया। उसकी रुचि जाग्रत हो गयी और देखो बाद में उसका शारीरिक गठन कैसा अच्छा हो गया है। मैं फिल्मों में आने के इच्छुक लोगों को भी बताना चाहूँगा कि इस व्यवसाय के तनावपूर्ण जीवन का सामना करने के लिए उन्हें बहुत स्वस्थ होना चाहिए।

सबसे पहली और सबसे महत्त्वपूर्ण बात जो मैंने सीखी है, वह यह है कि आपको बहुत कम खाने की आदत डालनी चाहिए। हम जितना खाते हैं, शरीर को उसके बस एक-तिहाई की आवश्यकता होती है। मुझे भी किसी भी ठेठ पंजाबी पुरुष की भाँति भोजन पसन्द है। परन्तु मैं उनसे थोड़ा भिन्न हूँ। मैं एक औसत खन्ना अथवा कपूर की भाँति पेटू नहीं हूँ और अपने पेट से कूड़ेदान की भाँति व्यवहार करने से मुझे घृणा है। फिर एक अभिनेता के लिए तो उसका शरीर ही उसका साधन है। यदि आप स्वस्थ नहीं हैं तो आपको कौन लेगा? बेढ़ब बनो ही क्यों और फिर स्वास्थ्य क्लब और डायटीशियन के पास भागते फिरो, पैसा और समय दोनों खराब करो। यदि आप अपने डॉक्टर की सलाह ले कर अपना पूरा ध्यान रखते हैं तो शेष सब उपाय अनावश्यक हो जाते हैं। अतः जो लोग अच्छे स्वास्थ्य का राज़ जानना चाहते हैं, उन सबको मेरा यही उत्तर है कि स्वस्थ सोचो और स्वस्थ ढंग से काम करो। यह सब आपके हाथ में है। कई बार मैं भी पटरी से उतरता हूँ परन्तु मैं सही मार्ग पर लौट आता हूँ क्योंकि आपकी सोच और जीवन शैली का अनुशासित होना बहुत ज़रूरी है। यदि आपको कुछ प्राप्त करना है तो आपको कुछ मानदण्डों का पालन करना होगा।

पूरा समय मैं इसके प्रति बहुत सतर्क रहा कि धूम्रपान और मद्यपान सिस्टम को नुकसान पहुँचाते हैं हालाँकि कॉलेज में कुछ मित्रों ने तो चोरी-छिपे मुझे दोनों का स्वाद चखा दिया था। उन दिनों तक हम अपने बड़ों के सामने यह सब खुलकर करने का साहस नहीं कर पाते थे जबकि आज ऐसे कोई संकोच नहीं हैं। परन्तु मुझे नहीं मालूम था कि जब भी मैं सिग्रेट अथवा शराब पीता तो एक बहुत भिन्न-सा एहसास क्यों होता था। ऐसा समय भी था जब मैं किसी भी क्षण सिगरेट पीने लगता था और एक दिन में लगभग 25-30 सिग्रेट फूँक डालना कोई मज़ाक नहीं था। जब हमारे पास पैसे न होते तो हम कभी-कभी बीड़ी पी लेते। जब पैसा आने लगा तो स्वाभाविक है कि बड़े ब्रांड पीने शुरू किये। थियेटर में तो यह चलन रहा है। अथवा बीते वर्षों में कलाकार और तकनीशियन विश्राम करने और थकावट मिटाने के लिए शराब पीने के आदी होते थे क्योंकि माहौल ही वैसा होता था। परन्तु मैं समय-समय पर इसे छोड़ देता। अतः उस लालसा के सामने हार जाना और उसे नियंत्रित करना एक मानव परीक्षा थी। और कोई 20 वर्ष पहले मैंने यह सब पूरी तरह से छोड़ दिया। मैं स्वयं को प्रमाणित करना चाहता था कि एक अभिनेता होने के लिए ये व्यसन आवश्यक नहीं हैं। इन आदतों की व्यर्थता को समझने में मुझे बहुत समय—25 वर्ष लम्बा समय लगा, चाहे इनसे मेरी छाती जकड़ी जाती थी। 1984 में मैं एक बार ब्रिटिश एयरवेज़ की फ्लाइंग क्लब क्लास में लन्दन से लौट रहा था। मेरी सिग्रेट खत्म हो गयी थी तथा मैं और सिग्रेट के लिए बेचैन हो गया था। अतः मैंने एयर हॉस्टेस से कहा, वह सिग्रेट की ट्रे ले आई। मैंने चार पैकेट उठा लिए। मैं सिग्रेट सुलगाने ही वाला था कि मुझे ज़ोरदार खाँसी आई। मैंने एक क्षण को सोचा, केवल सिग्रेट के लिए मैं यह क्या कर रहा हूँ। मुझे ऐसा क्यों करना चाहिए। अन्ततः मुझे सद्बुद्धि आई और मैंने सभी पैकेट कुचल दिये। मैंने फिर कभी सिग्रेट न पीने की प्रतिज्ञा की। बम्बई पहुँचने में अभी चार घण्टे शेष थे और मैं अपने निर्णय पर अटल था। मैंने दृढ़ संकल्प से काम लिया और तब से मैंने कभी सिग्रेट नहीं पी है। जहाँ तक शराब का प्रश्न है केवल कुछ चुनिन्दा जर्मन अथवा फ्रांसीसी वाइन अथवा कभी-कभार कॉगनेक ले लेता हूँ। परन्तु अब मैं केवल समारोहों में ही शराब लेता हूँ, मेरी आवश्यकताएँ बहुत साधारण हैं।

परन्तु कई बार मुझे फिल्मों में विशेष दृश्यों के लिए बीड़ी, सिगार से ले कर हुक्का तक पीना पड़ा है। दृश्य पूरा होने के बाद मैं उन्हें फेंक देता, उन्हें जारी रखने की कोई इच्छा न होती। फिल्म 'दिव्य शक्ति' में मुझे कार में बैठकर सिगार पीने का शॉट बार-बार देना पड़ा। परिणामस्वरूप आधे घण्टे के बाद मुझे चक्कर आने लगे। स्थिति यहाँ तक पहुँच गयी कि डॉक्टर को बुलाना पड़ा और उसने मुझे इन्जेक्शन दिया। पुनः काम शुरू करने से पहले मैंने कुछ देर के लिए आराम किया। चिकित्सा कारणों से मैंने विरले ही शूटिंग रोकी है। ऐसे बहाने मुझे बहुत तुच्छ लगते हैं। तत्काल सफलता प्राप्त कर लेने वाले ये नए और उभर रहे अभिनेता बड़े सामन्तों के समान व्यवहार करते हैं और शूटिंग न करने के लिए ऐसे विभिन्न बहाने करते हैं।

मैंने यह भी अनुभव किया है कि मानव शरीर में समय-समय पर स्वयं को नियंत्रित करने

की कितनी आश्चर्यजनक क्षमता होती है। युवावस्था में सब कुछ करने के लिए टनों ऊर्जा, फुर्ती, गति और जोश होता है। अधेड़ावस्था में भी मैं यह सब कर सका था परन्तु उसके लिए प्रयास अधिक करना पड़ा था। बढ़ती उम्र के साथ आपकी जीवन शैली, खान-पान सम्बन्धी आदतें, व्यवहार आदि सब बदल जाते हैं। भिन्न और कई आदतें बन जाती हैं, आपके घुटनों में गठिया हो जाता है और आप लंगड़ाने लगते हैं। बाहर से आप पूरी तरह स्वस्थ लगते हैं। ऐसा न हो तो उससे आपका काम प्रभावित होने लगेगा। अतः आप सीधे चलने का प्रयत्न करते हैं। फिर आपके कुछ दाँत गिर जाते हैं और आप अपने खान-पान की नई आदतों से तालमेल स्थापित करते हैं और फिर बाल भी झड़ जाते हैं। यह स्थिति विशेष रूप से फिल्मों में हमारे तथाकथित नायकों के लिए बहुत चिन्ताजनक हो जाती है। तब वे विवश होकर कृत्रिम बालों का प्रयोग करते हैं और माइक्रोवेफटिंग करवाते हैं। वे नहीं चाहते कि दूसरों को इसका पता चले। परन्तु उन्हें अच्छे से ज्ञात होता है कि सब जानते हैं। अतः यह बात देर तक गोपनीय नहीं रहती और एक बिन्दु पर वे स्वयं को यह कह कर आश्वासन देते हैं, "यदि अमरीश अपने गंजेपन के साथ स्वयं को बनाये रख सकता है तो मैं क्यों नहीं कर सकता?" मेरा अनुसरण करने वाले बहुत प्रसन्न हैं और उन्होंने अपनी आयु एवं परिस्थितियों के साथ समझौता कर लिया है।

और एक बार मुझे जुहु में पाम ग्रुव होटल में हुए डॉक्टरों के सम्मेलन में बुलाया गया था, जहाँ मैंने "चालीस के बाद स्वास्थ्य" पर भाषण दिया था। मुझे आश्चर्यपूर्ण प्रसन्नता हुई थी कि कैसे डॉक्टर मुझसे बोलने की अपेक्षा कर रहे थे जबकि वे स्वयं कहीं अधिक जानकारी रखते थे और योग्य थे। खैर मैंने हिम्मत जुटा कर मुख्य बिन्दु लिखे और 200 डॉक्टरों को सम्बोधित किया। मैंने जो कहा, वह इस प्रकार से था :

> *मेरे लिए जीवन चालीस वर्ष की अवस्था में आरम्भ हुआ। यह वह समय था जब मैंने अपनी नियमित नौकरी छोड़ दी और व्यावसायिक रूप से फिल्मों में आ गया। तब से समय इतनी शीघ्रता से बीता है कि मुझे एहसास ही नहीं हुआ कि मैं साठ वर्ष का हो गया हूँ। मैं बहुत कठोर परिश्रम करता रहा हूँ परन्तु उससे मुझ पर कोई बोझ नहीं पड़ा। मैं अपने काम से इसकी समस्त सीमाओं के बावजूद प्यार करता हूँ और जीवन कभी फूलों की सेज नहीं रहा है और न ही होता है। वह मेरे मामले में भी इतना ही सत्य है। मेरी जिन्दगी में भी उतार-चढ़ाव, खामियाँ और आँसू, सम्मान और अपमान रहे हैं। मुझे अन्य चीज़ों के साथ-साथ जीवन के प्रति अपने दृष्टिकोण से अत्यधिक सहायता मिली।*
>
> *मनुष्य जो भी करे, उसमें सकारात्मक सोच से जीवन में बहुत सहायता मिली है। अतः यह सब जीवन में आपके दृष्टिकोण पर निर्भर करता है। यदि आपको लगता है कि चालीस वर्ष की आयु में युवावस्था समाप्त हो जाती है तो फिर ऐसा ही होगा। परन्तु यदि आप सोचते हैं कि चालीस*

की अवस्था दूसरी युवावस्था है तो आप बीस वर्षीय युवक के समस्त उत्साह से परिपूर्ण हो जायेंगे। वास्तव में चालीस वर्ष की आयु में आप 20 वर्षीय युवक की तुलना में बेहतर होते हैं क्योंकि तब तक आप कहीं अधिक परिपक्व हो चुके होते हैं, अनुभव से अधिक बुद्धिमान और धनी हो चुके होते हैं। मैं इस अवस्था में अपेक्षाकृत अधिक शान्त था। यह वह समय होता है जब आप कुछ लाभदायक, रचनात्मक शक्ति विकसित कर सकते हैं अथवा सामाजिक कार्य कर सकते हैं। यह बुरी आदतों से छुटकारा पाने और कुछ स्वस्थ लक्ष्य प्राप्त करने का समय होता है। मैंने सिग्रेट और शराब पीना छोड़ दिया और मैं आज भी इन दोनों से परहेज़ करता हूँ और इससे मुझे स्वस्थ रहने में बहुत सहायता मिली है। मेरे लिए स्वास्थ्य मनोदैहिक है। शारीरिक स्वास्थ्य मानसिक स्वास्थ्यक के बिना सम्भव नहीं।

आप यदि दृढ़ता से विश्वास करें कि आप स्वस्थ हैं तो आप स्वस्थ होते हैं। शरीर मस्तिष्क के निर्देशों को मानता है। स्वस्थ शरीर के लिए स्वस्थ मस्तिष्क की आवश्यकता होती है। मस्तिष्क को स्वस्थ बनाने के लिए तत्काल असर करने वाली कोई गोली नहीं होती। परन्तु यह गोली पारिवारिक स्नेह एवं सहायता के रूप में हो सकती है। अतः उनके साथ समय बिताना अनिवार्य है। अपने पुराने मित्र से ही मिलो और अपनी पुरानी मित्रता को पुनः जाग्रत करो। संगीत जैसे किसी शौक में स्वयं को व्यस्त रखो जो आपके दैनिक जीवन के तनाव को दूर कर दे। शेष के लिए उपयुक्त आहार, व्यायाम, अच्छी नींद और जीवन में नियमितता की आवश्यकता होती है परन्तु मैं उनका पालन नहीं कर सकता। मेरे व्यवसाय में किसी कार्य का कोई निश्चित समय नहीं है। हमारा जीवन बहुत अनियमित होता है। अतः मैं वास्तव में नहीं जानता कि मेरे स्वास्थ्य ने मुझे सफलता दिलाई अथवा मेरी सफलता ने मुझे स्वस्थ रखा। परन्तु स्वास्थ्य के लिए निश्चित रूप से चार 'एफ' की आवश्यकता होती है। फैमिली (परिवार), फ्रेंड्स (मित्र), फिल्मस (फिल्में) और एफ...!

शारीरिक स्वास्थ्य अनुशासन का ही दूसरा नाम है। सामान्यतः हम अपनी शक्लो-सूरत, अपने वस्त्रों के विषय में ही अधिक चिन्तित रहते हैं। परन्तु अपने स्वास्थ्य को भूल ही जाते हैं, उसे अनदेखा कर देते हैं। इससे बाद में गंभीर समस्याएँ हो सकती हैं। दिन में 15 घण्टे तक शूटिंग करने की थका देने वाली दिनचर्या के बावजूद मैं अपने भोजन पर नियंत्रण रखता था। 1988 में विशेष रूप से मेरी 29 फिल्में रिलीज़ हुईं और प्रत्येक फिल्म में मेरी मुख्य खलनायक की भूमिका थी और प्रत्येक फिल्म के लिए मुझे

कम-से-कम 25 शिफ्टें देनी होती थीं। खैर मैंने जो भी और जैसे भी किया, मैं उससे प्रसन्न और सन्तुष्ट हूँ, कोई पश्चात्ताप नहीं। उसी से ही मैं वो बन सका जो आज हूँ। निःसन्देह बढ़ती उम्र के साथ मैंने अपने काम की मात्रा को कम कर दिया है और मैं बहुत चुनकर फिल्में करने लगा हूँ। मैं जो भी कर सकता हूँ, वह मैं करूँगा और जब तक मेरा स्वास्थ्य विवश न करे, मैं हाथ पर हाथ रखकर नहीं बैठूँगा। विश्व की समस्त दौलत भी स्वास्थ्य को नहीं खरीद सकती। एक निर्धन स्वस्थ व्यक्ति एक धनवान परन्तु अस्वस्थ व रोगी मनुष्य की तुलना में सुखी होता है। आखिरकार मनुष्य को जीवित रहने के लिए साधारण भोजन की ही तो आवश्यकता होती है। जीवन यात्रा के अन्त में सब खाली हाथ ही तो जाते हैं।

और सबसे महत्त्वपूर्ण बात तो यह है कि आशावादी होकर आधी जंग तो जीत ली जाती है। मैं सदा यह सोचता हूँ कि मेरे साथ कुछ महान होने वाला है अतः सदा अच्छा सोचा। जब आप अपने हृदय की गहराई में किसी वस्तु के लिए प्रार्थना करते हैं तो वह हो जाती है। यदि आपसे सकारात्मक एवं सत्य संकेत मिलें तो दूसरे आपकी ओर आकृष्ट होते हैं। प्रथम दृष्टि में प्यार क्या है? जब एक समान तरंगों वाले दो व्यक्ति विश्व के किसी भी कोने में एक दूसरे से मिलते हैं तो घंटियाँ बजने लगती हैं और दूसरे के प्रति चाह के द्वार पूरे खुल जाते हैं।

प्रत्येक कैरियर में उतार-चढ़ाव आते हैं। परन्तु जब रुचि हो, तब मैं थका हुआ भी होता हूँ तो परिणाम असाधारण होते हैं। रचनात्मकता कभी एक समान नहीं होती। कार्य और अभिनय की क्वालिटी सदा भिन्न होती है। यह अथक भावना होती है क्योंकि मानव जीवन में अनेक घटक काम कर रहे होते हैं। कार्य में मेरी रुचि और मेरा उत्साह कभी कम नहीं हुआ। जबकि कई अन्य लोग कहते हैं, "मैं अभिनय करके ऊब गया हूँ और अब मैं और अधिक अभिनय नहीं कर सकता। मैं अब आराम करना चाहता हूँ।" मैंने अपनी सीमाएँ निर्धारित कीं जो कि बहुत उपयुक्त रहीं। इसके अतिरिक्त प्रतियोगिता की भावना सदैव आपको बेहतरीन बनाती है। जब कुछ गलत हो जाता है तो मैं रुक कर सोचता हूँ कि वह घटना विशेष क्यों घटित हुई। ऐसा करने के बाद मैं आगे बढ़ जाता हूँ। किसी विषय पर अनावश्यक रूप से सोचते रहना बुद्धिमत्ता नहीं। हमें जीवन का सहज रूप से सामना करना चाहिए। अच्छे-बुरे, लेन-देन, सुख-दुख के बीच बकाया इस जीवन में ही पूरा हो जाता है। लोगों ने मानसिक शांति के विषय पर व्यापक चर्चा की है। मैं मानता हूँ कि यह आपके दृष्टिकोण पर निर्भर करता है। यह जीवन जीने का ढंग है और यदि आपमें इच्छा शक्ति है तो मानसिक शांति प्राप्त की जा सकती है। इस लम्बी यात्रा में अपने हिस्से के सभी उतार-चढ़ाव आये परन्तु किसी तरह मेरे जीवन में घटनाएँ वैसे ही घटीं जैसा कि मैं उन्हें चाहता था। शायद मैं सही समय पर सही स्थान पर था और मुझे स्वयं को प्रमाणित करने के प्रचुर अवसर मिले।

सर्वाधिक उपयुक्त ही जीवित रहता है। किसी समय पर आप चाहे कितने ही ऊँचे स्तर पर क्यों न पहुँचे हों, अपने अच्छे दिनों में चाहे आप कितने ही बड़े अभिनेता क्यों न रहे हों, यह उद्योग किसी का पक्षपात नहीं करता। आज आपको उसका कोई भी श्रेय नहीं दिया जाता। यदि आपकी आवश्यकता नहीं है तो आपकी आवश्यकता नहीं है। आप इसके लिए चाहे कितना कठोर प्रयास भी क्यों न कर लें परन्तु यदि आपकी आवश्यकता है तो वे आपको आपकी कब्र से भी निकाल लाएँगे और आपसे काम करवाएँगे। अनेक महान कलाकार आकर चले गये और केवल कुछ ही लोगों को याद किया जाता है। आप उन्हें उँगलियों पर गिन लो और आप जान जायेंगे कि क्यों व कैसे?

जब आपके घनिष्ठ लोगों का स्वर्गवास होता है तो यह आपको भी याद दिलाता है कि आप भी अपनी अन्तिम यात्रा के निकट पहुँच रहे हैं। 90 के दशक के अन्त में चमन भाई का देहान्त हो गया और दो बहुत ही प्रिय मित्रों की असामयिक, अपने समय से बहुत पहले ही—मृत्यु हो गयी। अशोक रामपाल का लन्दन में कैंसर से देहान्त हो गया। वे वहाँ बी बी सी के साथ काम कर रहे थे। हम बी.एम. कॉलेज, शिमला में गहरे दोस्त थे और हमने जितेन्द्र सेठ द्वारा लिखित व निर्देशित नाटक 'तस्वीर' में इकट्ठे काम किया था। जितेन्द्र सेठ की भी दिल्ली में कैंसर से मृत्यु हो गयी। उसका हम सबसे पहले 1952 में होशियारपुर में विवाह हुआ था, अभी उसकी कॉलेज की पढ़ाई भी पूरी नहीं हुई थी। हम सब उसकी शादी में गये थे और फिर महान जीनियस निर्देशक विजय (गोल्डी) आनन्द की फरवरी, 2004 में हार्ट अटैक से मृत्यु हो गयी। गोल्डी में अनुपम प्रतिभा थी। उसकी यह असाधारण प्रतिभा 'गाइड,' 'तीसरी मंजिल,' 'जॉनी मेरा नाम,' 'ज्यूल थीफ,' 'तेरे घर के सामने' फिल्मों में स्पष्ट दिखाई देती है। वे यद्यपि एक वर्ष के लिए सेंसर बोर्ड के अध्यक्ष थे परन्तु इस अंधे फिल्म उद्योग द्वारा उपेक्षित एक दुखी व्यक्ति के रूप में उनकी मृत्यु हुई क्योंकि उनकी अद्भुत योग्यताओं को प्रयोग में लाने के लिए कोई आगे नहीं आया। देवानन्द के साथ उनकी अंतिम फिल्म 'जाना न दिल से दूर' रिलीज़ नहीं हो सकी। मैं उन्हें 1952 से जानता था जब वे शिमला आये थे और हम इकट्ठे 'तत्ता पानी' गये थे। बाद में बम्बई में हममें गहरी मित्रता हो गयी थी। मुझे उनका हिन्दी संवाद लिखने का ढंग उन्हें बोलने की दृष्टि से बहुत बढ़िया लगा था। सेंट जेवियर कॉलेज में उनके द्वारा निर्देशित नाटक कर चुके दुबे साहब गोल्डी की प्रतिभा की सदा बहुत प्रशंसा करते थे।

मैंने गुजराती रंगमंच के विख्यात अभिनेता, निर्माता और निर्देशक, अपने प्रिय कांति मढ़िया को भी खो दिया। उन्हें भी 15 जून 2004 को कोलकाता में दिल का दौरा पड़ा था। उनकी मृत्यु से थियेटर जगत को अपूरणीय क्षति हुई थी। वे कोलकाता में थियेटर वर्कशाप करने के लिए केवल चार दिन पहले ही बम्बई से गये थे। जाने से पहले वे बीते वर्षों के विख्यात नाटक 'बाणशैया' के अंक I के हिन्दी अनुवाद की फाइल छोड़ गये थे। यह नाटक 1986-87 में गुजराती और मराठी—दोनों भाषाओं में मंचित हुआ था। और वे एक प्रकार से गुजराती रंगमंच के पुरोधा थे और 1960 के मध्य में उन्होंने मेरे साथ तीन हिन्दी नाटकों में

अभिनय भी किया था। वे 6 अप्रैल को मेरे घर पर मुझसे यह पूछने आये थे कि क्या मैं उनके इस सुंदर नाटक में काम करने के लिए तैयार हूँ क्योंकि वे सोचते थे कि हिन्दी में इस नाटक का व्यावसायिक महत्त्व भी होगा। मैं थोड़ा झेंप रहा था क्योंकि व्यावसायिक रंगमंच पर काम करना एक बहुत बड़ा दायित्व था और फिल्मों की शूटिंग में व्यस्त रहते हुए मुझ इस नाटक को करने के लिए कितना समय मिलेगा। उन्होंने विश्वास दिलाया कि यदि मैं सहमत हो जाता हूँ तो वे मेरी उपलब्धता के अनुसार इसका कार्यक्रम बनाएँगे। मैंने उनसे सोचने के लिए कुछ समय देने को कहा और फिर 18 मई को उन्हें फोन करके पूछा कि क्या वे अगले दिन सुबह आ सकते हैं। हम अगले दिन मिले और उन्होंने नाटक की गुजरती स्क्रिप्ट मुझे सुनायी। मैंने जो सुना मुझे अच्छा लगा और मैंने अपनी स्वीकृति दे दी। मैंने उन्हें सुझाव दिया कि वे स्वयं ही नाटक का अनुवाद करें क्योंकि वे इसे अच्छी तरह से जानते-समझते थे।

उन्होंने 9 जून को मुझे यह सूचित करने के लिए फोन किया कि उन्होंने प्रथम अंक का अनुवाद कर लिया है और कलकत्ता रवाना होने से पहले वे फाइल मुझे दे जायेंगे और अगले दिन वे क्योंकि बहुत जल्दी में थे, मुझसे बिना मिले फाइल मेरे सुरक्षा गार्ड को दे गये। मैंने इस नाटक के सम्बन्ध में दुबे साहब से बात की और उन्होंने भी इसे पास कर दिया। 15 जून की शाम जब मैं नाटक का हिन्दी अनुवाद पढ़ रहा था तो मुझे अपने सेल फोन पर दुबे साहब का सन्देश मिला, "कांति इज़ नो मोर" (कांति नहीं रहा)। मेरे हाथ से फोन गिर गया और कुछ देर के लिए मैं सुन्न हो गया। उनके शव को चन्दनवाड़ी मैरीन लाइन्स में अंतिम संस्कार के लिए विमान द्वारा कलकत्ता से मुम्बई लाया गया। उन्हें अंतिम श्रद्धा सुमन अर्पित करने के लिए उनके प्रशंसकों की भारी भीड़ जमा हुई। चौथे दिन भारतीय विद्या भवन में हुई शोक सभा 'उठाला' में लोगों ने उनकी भूरि-भूरि प्रशंसा की। मैंने अपनी श्रद्धांजलि अर्पित करते हुए घोषणा की कि यदि कोई अन्य निर्देशक इस नाटक को करने के लिए आगे आये तो मैं अभी भी इस नाटक में मुख्य भूमिका करना चाहूँगा। जीवन इतना अनिश्चित है।

इसके तत्काल बाद 26 जून को यश जौहर का गले और फेफड़ों की गंभीर इन्फैक्शन से देहान्त हो गया। धर्मा प्रोडक्शन की स्थापना करने वाले ये विख्यात फिल्म निर्माता हमारे फिल्म उद्योग के कुशल प्रोडक्शन नियंत्रकों में से एक हैं। मैं उन्हें 1951 में शिमला के दिनों से और फिर नवकेतन फ़िल्म्ज़ के प्रोडक्शन नियंत्रक के दिनों से जानता हूँ। उन्होंने ही भारत में एम जी एम की 'माया' सीरीज़ के लिए मेरा चयन किया था। वे एक महान इनसान थे और कोई भी सहायता करने अथवा किसी भी समस्या में सहयोग देने के लिए सदा तत्पर रहते थे। अपने शालीन व्यवहार के चलते उन्हें फिल्म उद्योग में सब बहुत स्नेह से याद करते हैं।

अब मेरे भीतर यह भावना दिन-प्रतिदिन बढ़ती जा रही थी कि मेरे जीवन का शेष समय बहुत सीमित है और मुझे इसे श्रेष्ठ सम्भव ढंग से प्रयुक्त करना चाहिए। मुझे अपनी फिल्मों की संख्या सीमित कर अपने फिल्म उद्योग की सेवा में अपना समय लगाना चाहिए। अतः मैं सिने एण्ड टेलीविजन आर्टिस्ट एसोसिएशन (सी. आइ. एन. टी. ए. ए.) से जुड़ गया। मुझे इसके चुनाव लड़ने के लिए बहुत फुसलाया गया और यह दबाव निरन्तर बढ़ता ही रहा। मैं

पूर्ण बहुमत से लगातार दो सेवाकालों के लिए सी. आइ. एन. टी. ए. ए. का अध्यक्ष चुन लिया गया। यह दायित्व एक सम्मान होने के साथ-साथ एक बड़ी चुनौती भी है। मुझे अपनी दिनचर्या को नए सिरे से व्यवस्थित करना पड़ा तथा इसके लिए और अधिक समय निकालना पड़ा। जब आपको कुछ करना अच्छा लगता है तो आप उसके लिए समय निकाल ही लेते हैं। जैसे कि कहावत भी है कि केवल व्यस्त व्यक्ति के पास ही समय होता है। अपने कार्यकाल के दौरान मैंने प्रत्येक चरण पर मेरी सहायता करने वाले अत्यन्त कुशल अन्य समिति सदस्यों की सहायता से अनेक परिवर्तन करने के प्रयास किये। इसके 2500 सदस्य हैं। कठिन समय से गुज़र रहे वृद्धावस्था की ओर अग्रसर अभिनेताओं व बुज़ुर्ग कलाकारों की समास्याओं का समाधान करना बहुत सन्तोषजनक अनुभव था।

मैं सिने आर्टिस्ट वेल्फेयर ट्रस्ट का सचिव भी बन गया, इस पद पर काम करते हुए राज्य सरकार से ट्रस्ट को कुछ ज़मीन आबंटित करने के लिए निरन्तर आग्रह करता रहा जिससे कि उस पर बिल्डिंग बनाकर हमारे वर्तमान एवं वृद्ध अभिनेताओं, जिन्हें चिकित्सा सहायता, पुस्तकालय और अन्य मनोरंजनात्मक कार्यक्रमों की आवश्यकता है, के लिए वहाँ विभिन्न गतिविधियाँ प्रारम्भ की जा सकें। अथक प्रयासों के बाद हमें अन्ततः ज़मीन आबंटित कर दी गयी है। अब इमारत बनाने के लिए धन जुटाने का प्रश्न है। मैं स्वयं अग्रणी अभिनेताओं के पास गया कि वे निजी योगदान देकर भी एंटरटेनमेंट शो की व्यवस्था करके धन इकट्ठा करने में सहयोग दें। मैं आज जिस स्थान पर हूँ, मुझे वहाँ पहुँचाने वाले उद्योग को मुझे अपनी सेवाएँ प्रदान करनी थीं और अनेक योग्य प्रतिभाएँ मेरे पास सहायता के लिए आती हैं। वे लोग सोचते हैं कि मेरा बहुत प्रभाव और दबदबा है। मुझे ऐसे पत्र मिलते हैं जिनमें लिखा रहता है, “मैं आपके घर आकर सब काम करूँगा, आप मुझे एक्टर बना दीजिए।” मैं उन्हें बस यही सलाह दे सकता हूँ कि निर्माता और निर्देशक मेरी सिफारिशों पर गौर नहीं करेंगे और यह सब सत्य नहीं है क्योंकि कोई भी किसी को आगे बढ़ाने में वास्तव में सक्षम नहीं होता। हममें से प्रत्येक को अपने लिए लड़ना होता है और सही अवसर आने तक प्रतीक्षा करनी होती है।

मैं एक इनसान होने के नाते जहाँ तक सम्भव हो अपने भीतर की आवाज़ को सुनता हूँ। आपके मार्ग में आने वाले प्रलोभन आपको विचलित करते हैं परन्तु जिस क्षण आप निकट आते अन्त के विषय में सोचते हैं, यह खुशी लुप्त हो जाती है। इसीलिए विस्मरणशीलता, भुलक्कड़पन मनुष्य को एक अद्‍भुत वरदान है। कितनी बार हमें यह याद आता है कि एक दिन हमारा अस्तित्व समाप्त हो जायेगा। अच्छा है कि हम याद नहीं करते अन्यथा तो जीवन का प्रत्येक दिन मृत्यु होगा। समस्त ज्ञान, समस्त कौशल, समस्त विवेक भी व्यक्ति के साथ चल जाता है। इसे किसी को विरासत के रूप में नहीं दिया जा सकता। एक मात्र वस्तु जो शेष बचती है—वह है आपका नाम। अतः नाम कमाना ही अच्छे जीवन यापन की एकमात्र सान्त्वना है और वह सरल नहीं है। इसे समस्त धन खर्च करके भी नहीं कमाया जा सकता। इसे छोटी-छोटी किश्तों में कमाना होता है। और एक बार प्राप्त हो जाने के बाद उसे सुरक्षित

बनाये रखना होता है, एक गलत काम से यह सब खो जाता है। मैं जानता हूँ मैंने उसे कैसे अर्जित किया है और इसे सुरक्षित रखने में दोगुनी मेहनत लगती है।

मैंने यह भी देखा है कि जैसे-जैसे हम बूढ़े होते हैं, सम्बन्धियों एवं भौतिक वस्तुओं से अनासक्ति की भावना बढ़ती रहती है और एक प्रकार से यह अच्छा भी है। कई बार आपको इन बंधनों में इतना जकड़े भी नहीं रहना चाहिए क्योंकि वृद्धावस्था का सामना करना ही इतना कठिन होता है। कई बार ऐसे निराशाजनक विचार आते हैं। अगले ही क्षण जब परिवार में कुछ आनन्दित होने, कुछ समारोह मनाने, बहादुरी भरे क्षण, कुछ प्रसन्नता के क्षण आते हैं तो ये समस्त अनुभूतियाँ आपकी निराशा को भुला देती हैं। इसीलिए विस्मरणशीलता इतना बड़ा वरदान है।

एक बार किसी सामाजिक संगठन के आग्रह पर मैं विले पार्ले में टाटा मेमोरियल अस्पताल में कैंसर से पीड़ित प्यारे-प्यारे और भोले-भाले बच्चों से मिलने गया। अपने मुँह पर पट्टियाँ लगाए ये बच्चे वार्ड में इधर-उधर खेल रहे थे। उनकी देखभाल के लिए वहाँ नर्सें थीं। कुछ माताएँ अपनी आँखों में इस आशा को लिये अपने बच्चों को उठाए थीं कि किसी दिन उनका बच्चा ठीक हो जायेगा और उनकी खुशी लौट आयेगी। डॉक्टरों और नर्सों के साथ बातचीत करके पता चला कि ये वे बच्चे थे जिनके ठीक होने की कोई आशा शेष नहीं थी और वे कुछ ही दिन के मेहमान थे। मेरा दिल दुख से भर गया और उन्हें खुश करने के लिए मैं ऊपर से मुस्कुरा रहा था और वे खुश थे, उनमें से कुछ ने तो मुस्कुराते हुए यह भी कहा, 'मोगेम्बो खुश हुआ'। आप जब अस्पतालों में जाते हैं, तभी आपको अथाह पीड़ा, दुख, वेदना और निराशा का पता चलता है। हमें बड़े होते बच्चों के लिए अवश्य कुछ करना चाहिए क्योंकि वे राष्ट्र का भविष्य हैं। कुछ दिन पहले मैं नेशनल एसोसिएशन ऑफ द ब्लाइण्ड के पदाधिकारियों से मिला। मैंने उन्हें कहा कि मैं इन दृष्टिहीन बच्चों को सुनाने के लिए कुछ महान कवियों की कुछ कविताएँ रिकॉर्ड करवाना चाहूँगा। कोई नहीं जानता कि कब अंतिम बुलावा आ जायेगा। अतः हमें जीवन में किसी न किसी रूप में अवश्य लौटना चाहिए। मैं जानता हूँ कि एक दिन मुझे इस संसार से जाना है परन्तु वह दिन आने से पहले मैं अपने सब अनकिये और अधूरे काम पूरे करना चाहता हूँ। जीवन की मृत्यु से तुलना करते हुए जो सबसे अच्छी बात मैं सोच सकता हूँ, वह अपने काम के माध्यम से जीवित रहने की आशा है। यदि आप इतिहास रचना चाहते हैं और चाहते हैं कि सच ही ऐसा हो तो केवल आपका काम ही बोलेगा। अतः मैं कभी अपना काम करना बन्द नहीं करूँगा, केवल मृत्यु ही परदा गिराएगी। मैं जब तक काम को अपनी परीक्षा के रूप में कर सकूँगा, करता रहूँगा।

अतः 70 वर्ष की आयु के बाद भी जीवन एक बड़ी पार्टी हो सकता है। मेरे सिर पर चूँकि एक भी सफेद बाल नहीं है, वास्तव में एक भी बाल है ही नहीं अतः मेरी वास्तविक आयु बता पाना कठिन होता है। मुझसे लोग प्रायः कहते हैं कि मैंने गंजेपन को भारत में फैशन बना दिया है। स्वाभाविक ही, मुझे अपने बालों का स्टाइल पसन्द है जिसके लिए किसी तेल की, किसी कंघे की आवश्यकता नहीं और फव्वारे से मेरे गंजे सिर पर सीधा पड़ता पानी वास्तव

में मेरे दिमाग को शान्त रखता है। इसका सबसे बड़ा लाभ तो यह है कि किसी भी हेयरलाइन की विग मेरे सिर पर फिट बैठती है। इससे मैं किसी भी प्रकार की शक्लो-सूरत बना सका। वास्तव में निर्माता राकेश कुमार ने मुझे अपनी फिल्म 'दिल तुझ को दिया' में दादा की केन्द्रीय भूमिका के लिए अपना सिर मुंडवा देने के लिए फुसलाया। 80 के दशक में बनी इस फिल्म में कुमार गौरव, रति अग्निहोत्री और माला सिन्हा थे। मैं यह सोचकर तैयार गया कि मैं नई शक्लो-सूरत प्राप्त कर सकूँगा। मेरे सिर पर घने बाल थे। मुझे कहा गया कि फिल्म डेढ़ माह में बनकर तैयार हो जाएगी। परन्तु इसे पूरा होने में डेढ़ वर्ष लगा। इस दौरान मैं इस गंजे सिर का आदी हो गया और मुझे आश्चर्य इस बात का होता है कि लोग मेरे गंजे सिर के विषय में कैसी भी बात पूछ लेते हैं परन्तु मेरी शोभा को बढाने वाले साधन—मेरे हैट के विषय में कुछ नहीं पूछते। वे मेरे पास आकर कहते हैं, "हैट्स ऑफ टू यू" जबकि इस अनुपम वस्तु को मैंने पहना हुआ है।

विरले ही कभी किसी ने मेरे टोप पर ध्यान दिया है। सब लोग बस इसके नीचे जो है, उसमें रुचि रखते हैं। अच्छी भूमिकाओं के प्रति मेरी लालसा का एक ही साथी है और वह है—टोप के प्रति मेरा स्नेह। लगभग तीन दर्जन टोपों के अपने बेशकीमती खजाने की संभाल मैं बड़ी कोमलता से करता हूँ। हाँ, मुझे अच्छी भूमिका के समान कुछ लुभाता है तो वह है सुन्दर हैट। यह मेरी पहचान, मेरा ट्रेडमार्क बन चुका है। यह लगाव मुझे तब हुआ जब सिर मुँडवाने के बाद मुझे मेरी परिवर्तित शक्लो-सूरत और गंजे होने की अनेक सुविधाएँ अच्छी लगने लगीं। उसके बाद मैंने अपने बाल कभी नहीं बढ़ाए और जब-जब सूर्य की गर्मी मेरे सिर पर चोट करती तो मैं बहुत परेशान हो जाता। अतः मैंने सिर को अगली सबसे अच्छी वस्तु हैट से सजा लिया। मुझे बताया गया कि इसे पहनकर मैं बहुत सुन्दर दिखाई देता हूँ। अतः मैंने पहले एक हैट खरीदा, फिर अगला और फिर अगला। ज़रूरी नहीं कि यह सब पर सुन्दर लगे। परन्तु मैं खुश था कि यह मेरे व्यक्तित्व को और बेहतर बना रहा था। अतः मैं प्रायः हैट पहनने लगा—सब प्रकार के आकारों के हैट पहनकर देखता। भारत में चूँकि फेल्ट हैट नहीं मिलते अतः जब भी मैं विदेश जाता—रूस से ले कर इंग्लैंड तक, अफ्रीका से अमरीका तक, जर्मनी से इटली तक, तो मेरी खरीददारी की सूची में सबसे ऊपर हैट होते। मैं जिस भी देश में गया वहाँ से हैट खरीदे। एक बार मैंने अमरीका से सात हैट खरीदे। मैं वहाँ 'हीरो' फिल्म की शूटिंग करने गया था। मेरे पास 'इण्डियाना जोन्स' हैट भी है जो मैंने फ्लोरिडा में देखा था और वो हैट मुझे सबसे अधिक पसन्द है, उसकी कीमत 400 अमेरिकी डॉलर है। यह अनूठा हैट मुझे न्यूजर्सी में मिला, इसका आकार भी विचित्र है और इस पर विशेष पंख लगे हुए हैं। मैं इसे बहुत विशेष अवसरों पर पहनता हूँ। भिन्नता और क्वालिटी की दृष्टि से सबसे बढ़िया हैट अमरीका और रूस में मिलते हैं। मेरे हैट संग्रह की वस्तु नहीं हैं। वे पूर्णतः मेरे निजी प्रयोग के लिए हैं। 1940 के दशक में अनेक फिल्मी हीरो हैट पहनते थे क्योंकि इसे तब भद्र पुरुष का प्रतीक माना जाता था। जबकि खलनायक उनके साथ सिगार और बो टाई का प्रयोग करते। 'परदेस' और कुछ अन्य फिल्मों में मैंने अपने हैट

पहने हैं। ऐसा मैंने उनका दिखावा करने के लिए नहीं किया अपितु वह दृश्य की माँग थी। मैं प्रायः भूरे, काले अथवा क्रीम और धूसर रंगों के हैट खरीदता हूँ। कुछ हैट घुड़सवारों के समान घुटनों तक जूतों और जीन के साथ बहुत अच्छे लगते हैं। मैं बहुत श्रमपूर्वक अपने कपड़ों व अवसर के अनुसार हैट का चुनाव करता हूँ।

और मेरा टोप मेरा सम्मान है। कोई भी मुझसे उसे उतारने के लिए कहने का साहस नहीं कर सकता। एक बार हैदराबाद हवाई-अड्डे पर ऐसा हुआ था। सुरक्षाकर्मी ने मेरी पूरी तलाशी ली मानो मैं कोई विस्फोटक ले जा रहा होऊँ। फिर उसने मुझे हैट उतारने के लिए कहा। मैंने कहा कि तुम्हारी ऐसा कहने की हिम्मत कैसे हुई। मुझे उसका "अपना हैट उतारो,' कहने का ढंग पसन्द नहीं आया था। मैंने कहा, "मैं नहीं उतारूँगा और यदि चाहो तो अपने उपकरण से जाँच लो।" उसके अन्य सहकर्मियों ने महसूस किया कि उसने गलती की है और मैं ठीक कह रहा हूँ। आप सुरक्षा जाँच के लिए व्यक्ति के कपड़े नहीं उतारते। अतः उसने अपना उपकरण मेरे सिर पर घुमाया। हैट के अतिरिक्त जूते और घड़ियाँ इकट्ठी करने का मुझे शौक रहा है। मेरे पास जूतों के 40 से अधिक जोड़े हैं और मेरे विचार में भारतीय जूते सबसे अच्छे होते हैं। परन्तु मेरे साइज़ के जूते ढूँढ़ना बहुत कठिन है। मेरा कॉस्ट्यूम डिज़ाइनर सदा इसकी शिकायत करता रहता है। अतः एक बार जब मैं आगरा गया तो मैंने 65 जोड़े खरीद कर उसे दे दिये। यह स्टॉक जल्द ही खत्म हो गया। अतः जब मैं अगली बार ताजमहल के निकट से गुज़रा तो मैंने 30 जोड़े और खरीद लिए। मुझे यदि शूटिंग के दौरान जूतों की कोई जोड़ी विशेष रूप से पसन्द आ जाये तो मैं निर्माता को उसे मुझे उपहार में देने के लिए मना लेता हूँ।

मुझे कई बार कुछ अकादमियाँ और नेशनल स्कूल ऑफ ड्रामा भी विज़िटिंग सेक्रेटरी के रूप में बुलाते हैं। परन्तु मैं उन्हें भाषण देने के बजाय उनसे बातचीत करना अधिक पसन्द करता था। मैं पारस्परिक संवाद में विश्वास रखता हूँ। मुझे मुम्बई के ही कुछ कॉलेजों में अभिनेता बनने के इच्छुक युवाओं से बातचीत करने का अवसर मिला। उनके थियेटर ग्रुप हैं और इन युवा अभिनेताओं की प्रतिभा को तराशा जाता है। मैंने बंगलौर में त्रिभाषीय अन्तर कॉलेज थियेटर उत्सव 'विभिन्न 98' का उद्घाटन किया था। यहाँ मैं खलनायक के अपने बेहतरीन रूप में था, मैं कुछ दर्शकों को स्टेज पर गरजते हुए गालियाँ दे रहा था क्योंकि उन्होंने आपस में बातचीत कर खुशी पर मेरे द्वारा सुनाई जा रही कविता में बाधा डाली थी। मैंने लाल-पीला होते हुए कहा, "जिस व्यक्ति को शिष्टाचार नहीं आता और जो किसी शो अथवा जब कोई बोल रहा हो तो बीच में बोले, वह अपराध कर रहा होता है।" शब्दों की यह बौछार, 'निकल जाओ' (गेट आउट)" पर समाप्त हुई। मुझे दुख था कि मुझे उन पर चिल्लाना पड़ा। परन्तु आपको इतनी दूर से आपके लिए आये अभिनेताओं एवं कलाकारों का मंच पर सम्मान करना होता है। प्रस्तुति अच्छी, बुरी अथवा साधारण थी—इसका निर्णय शो के अन्त में किया जा सकता है परन्तु उसे अनिवार्यता ध्यान से सुनना चाहिए। निर्देशक एस. एस. सथ्यू के साथ मैंने पाया कि 60 और 70 के दशक के दौरान रंगमंच की गतिविधियों में दिखाई देने

वाला जोश अब नदारद था। तब थियेटर आन्दोलन शुरू करने की इच्छा होती थी और आशा बंधती थी कि यह त्रिभाषायी उत्सव, जिसमें गिरीश कर्नाड, विलियम्स, एंटन चेखव, विजय तेन्दुलकर, भारतेन्दु हरिश्चन्द्र और श्री लंकेश जैसे उच्च कोटि के लेखकों के कन्नड़, हिन्दी और अंग्रेजी नाटक कॉलेज विद्यार्थियों द्वारा प्रस्तुत किये जायेंगे, निश्चित ही अन्य स्थानों पर भी ऐसे कार्यक्रमों के लिए प्रेरणा बनेगा।

इन युवाओं द्वारा पूछे जाने पर मैंने उन्हें बताया कि मेरी कोई प्रिय भूमिकाएँ नहीं है। मैं तो मुझे जो भी भूमिका दी जाये, उसमें डूब जाता हूँ। अभिनेताओं के लिए कोई श्रेष्ठ भूमिका नहीं होती। यह तो बस कुछ अभिनेताओं द्वारा भूमिकाएँ कुशलता से कर दी जाती हैं। मैंने रंगमंच के भविष्य पर विस्तार से चर्चा की और बताया कि कैसे आज टेलीविजन के तेज़ रफ्तार के युग में हमारे पास थियेटर को पहचानने का समय नहीं है। परन्तु शीघ्र ही समय आयेगा, जब यही लोग मंच पर सजीव प्रस्तुतियाँ देखना चाहेंगे।

थियेटर मेरा सीखने का मैदान रहा है, मेरी मार्गदर्शक शक्ति रहा है। रंगमंच से फिल्मों में आना एक समझौता नहीं परन्तु आवश्यकता थी। तथापि धन का लालच मुझे रंगमंच से दूर नहीं कर रहा था। जब मैं पीछे मुड़ कर देखता हूँ तो मेरे लिए यह विश्वास करना कठिन हो जाता है कि थियेटर की मेरी बेहतरीन प्रस्तुतियों को प्रायः याद नहीं किया जाता। यह सत्य है कि मुझे गौरवपूर्ण संगीत नाटक अकादमी अवार्ड प्राप्त हुआ था। परन्तु व्यक्ति को अतीत से भावनात्मक पोषण की आवश्यकता भी होती है और विडम्बना यह है कि थियेटर की प्रकृति ही उसके अस्तित्व के परिवर्तनशील पहलू को व्यक्त करती है। व्यक्ति कुछ पुरानी फोटो और समीक्षाओं से ही उन मिटती यादों को ताज़ा कर सकता है जो दुर्भाग्य से फुटलाइट के उस उत्साहपूर्ण वातावरण को, जिसमें व्यक्ति अमरीश के रूप में मेरा व्यक्तित्व मेरे द्वारा प्रदर्शित किये जाने वाले व्यक्तित्व में विलीन हो जाता था, पुनःसृजित नहीं कर सकतीं।

और अक्टूबर 2003 में संगीत नाटक अकादमी के स्वर्ण जयन्ती वर्ष समारोहों में थियेटर फेस्टिवल के दौरान जब मैं मंच पर लौट पाया तो मुझे बहुत प्रसन्नता हुई। मुझे निर्मल वर्मा के नाटक 'डेढ़ इंच ऊपर' में अभिनय करने का अवसर मिला। इसके विचार भर से मैं बहुत उत्साहित था क्योंकि मैं पहले 1978 में इस नाटक को कर चुका था। 25 वर्ष के बाद नाटक को करना अत्यधिक आह्लादित कर देने वाला था और मैंने इसके प्रत्येक क्षण का आनन्द उठाया। मैं यद्यपि फिल्मों में बहुत व्यस्त था फिर भी मैंने इस नाटक को किसी तरह तैयार किया और दिल्ली में इसका मंचन किया। हम सब निर्मल की साहित्यिक रचनाओं के महान प्रशंसक थे। यह नाटक उनके 'तीन एकान्त' से लिया गया था, यह उनकी इसी शीर्षक से तीन नाटकों की एक पुस्तक है। वर्मा ने इस नाटक में अपने पूर्वी यूरोप के अनुभवों को आधार बनाया था और दूसरे विश्व युद्ध के दौरान नाज़ियों के समय को दर्शाया गया था। इस नाटक में दर्शाया गया है कि कैसे पति जान जाता है कि नाज़ियों द्वारा गिरफ्तार की गयी उसकी पत्नी क्या कर रही है और अन्ततः उसे मार डाला गया है। अभिभूत कर देने वाला यह स्वगत भाषण मैंने किया—इसका यहाँ अनुवाद दे रहा हूँ।

आप एक ही समय पर खामोश रह सकते हैं और बातें भी कर सकते हैं। मैंने अपना पूरा जीवन यही किया है। हम अपने साथ अकेले रह सकते हैं। शालीनता से बूढ़े होना सम्मानजनक होता है। बूढ़ा होना एक कला है, आपको इसे बहुत कुशलतापूर्वक सीखना होता है। मेरे लिए कौन प्रतीक्षा कर रहा है अथवा मैं किसी की प्रतीक्षा कर रहा हूँ। यदि आप प्रतीक्षा करना बन्द कर देते हैं तो आप जीना बन्द कर देते हैं। बिल्लियाँ औरतों की तरह होती हैं—उनमें आपको आकर्षित करने की आसाधारण शक्ति होती है। आप महिला की ही भाँति बिल्ली को भी नहीं पहचान सकते। आपमें दरवाज़ा खोलने का साहस नहीं होता। भय पैदा करने वाली वस्तुएँ आपको आकर्षित करती हैं।

लोगों को ज़मीन से डेढ़ इंच ऊपर उठना चाहिए। कुछ लोग कठोरता से ज़मीन पर बने रहना चाहते हैं। वास्तविक जागरूकता तब आती है जब हम उस जागरूकता से परे चले जाते हैं, इस आशा में जीने लगते हैं कि कुछ चीज़ों को न जानना जीवन जीने का सुरक्षित ढंग है। यह शतरंज के खेल के समान है जो आपके प्रतिद्वंद्वी के सामने अनगिनत रास्ते खोलती है। चुनाव की स्वतन्त्रता से बड़ी कोई वेदना नहीं है।

प्रत्येक व्यक्ति को अपने जीवन जीने के ढंग और शराब का चयन करने की स्वतन्त्रता है। अतः दो जीवन होते हैं—एक जो आपने व्यतीत किया है, एक जो आपने जीया है। मैं स्वयं में समाप्त नहीं हो गया हूँ। पेंशनभोगियों का अपना जीवन होता है मेरे पास एक बिल्ली है जो दरवाज़े पर आँखें लगाए प्रतीक्षा कर रही है परन्तु मैं दरवाज़े से किसी के भीतर आने की कल्पना नहीं कर सकता।

इसके साथ कुछ और उत्साहजनक भी जोड़ दिया गया था। उसी दिन कोलकाता के श्यामानन्द जालान मोहन राकेश के 'आधे-अधूरे' और बादल सरकार के 'एवम् इन्द्रजीत' के अंशों की प्रस्तुति भी कर रहे थे। मैं वर्षों पहले ये दोनों नाटक कर चुका था। जालान ने सुझाव दिया

कि मुझे कोलकाता प्रोडक्शन्स में शामिल करके हम दर्शकों को अचम्भित कर देंगे। मैंने दुबे साहब के साथ इस पर चर्चा की और वे सहमत हो गये। अतः मैंने पहले 'एवम् इन्द्रजीत' का एक अंश प्रस्तुत किया और फिर 'आधे-अधूरे' का प्रारम्भिक दृश्य किया। इस 'सरप्राइज आइटम' सम्बन्धी घोषणा ने मुझे बहुत प्रफुल्लित कर दिया और मैंने बहुत प्रसन्नचित्त होकर अपनी प्रस्तुति की। दर्शकों के लिए भी यह अनुपम अनुभव था। चूँकि मुझे लम्बे अन्तराल के बाद मंच पर अभिनय करना था अतः मैं बहुत घबराया हुआ था। मैं किसी भी प्रकार से अपने अभिनय की क्वालिटी को प्रभावित नहीं होने देना चाहता था। इस घबराहट के परिणामस्वरूप मैंने रिहर्सल में सत्य ही कड़ी मेहनत की और इसके परिणाम भी बहुत अच्छे रहे। मुझे एहसास हुआ कि मैंने बहुत शान्त मन से अभिनय किया है। शायद इसका कारण बहुत स्पष्ट था—इन वर्षों के दौरान फिल्मों में रचनात्मक कार्य करते हुए मेरा विकास हुआ था। थियेटर के अनुभव ने फिल्मों में मेरी सहायता की और फिल्मों में की गयी विभिन्न भूमिकाओं से मुझे रंगमंच पर बेहतर प्रस्तुति देने में सहायता मिली।

चरित्र किस दिशा में जा रहा है—हमें थियेटर में इस पर सोचने और ध्यान केन्द्रित करने के लिए बहुत समय मिलता है। कुछ सप्ताह की रिहर्सल के बाद थियेटर पर आपकी प्रस्तुति और अभिनय आपके गहन अध्ययन का परिणाम होते हैं। परन्तु फिल्मों में आपको आधे घण्टे के भीतर संवाद याद करके अपना शॉट देना होता है। वहाँ आपको अपनी चेष्टाओं, अपने एक्शन और अपने संवादों का ध्यान रखना पड़ता है। ऐसे मापदण्डों पर मैं आज भी स्वयं को खरा नहीं पाता। मैं निरन्तर प्रयत्न करता रहता हूँ परन्तु प्रत्येक अंतिम शॉट के बाद मुझे पश्चाताप होता है कि मैं बेहतर कर सकता था। दूसरी ओर जब भी थियेटर में काम करता हूँ तो मैं जानता हूँ कि मुझे अपने अभिनय को उपयुक्त बना सकने के लिए बहुत समय मिलेगा। इसीलिए थियेटर में मेरे काम की क्वालिटी इतनी आश्चर्यजनक रही है। हम केवल अभिनय पर ध्यान केन्द्रित करते हैं और यदि सामने वाला कलाकार सही प्रतिक्रिया दे तो ही चरित्र सही प्रकार से उभर कर सामने आ सकता है। यदि वह सही फीडबैक नहीं देता तो मैं भी वैसी प्रतिक्रिया नहीं कर सकता। मैं अपने बल्ले से गेंद को तभी तो उछाल सकता हूँ यदि वह दूसरी ओर से मेरे पास आयेगी। आप शून्य में बल्ला नहीं मार सकते। इसीलिए हम इसे खेल कहते हैं।

थियेटर शब्दों का खेल और अन्योन्य क्रिया है। हम एक दूसरे के साथ खेल रहे होते हैं। एक दूसरे के प्रति क्रिया कर रहे होते हैं। मैं किसी दूसरे के कथन पर कैसे प्रतिक्रिया करता हूँ यदि कोई आकर मुझसे कहता है कि तुम्हारे पिता का देहान्त हो गया है तो मैं इस खबर को सुनकर कैसे व्यवहार करूँगा? अतः पारस्परिक क्रिया का यह कौतुक केवल रंगमंच पर होता है, फिल्मों में नहीं, वहाँ हम टुकड़ा-टुकड़ा करके शूटिंग करते हैं और फिर उसे अंश-अंश करके ए बी सी डी के क्रम में लगाया जाता है। किसी राग को कहीं बीच में से चुनकर गाना कितना कठिन होता है, यह बहुत परेशान करता है। परन्तु वही सुसंगतता बनाये रखना ही फिल्मों की चुनौती है और आपको अनिवार्य रूप से याद रखना चाहिए कि बीते शॉट में आपने

कहाँ छोड़ा था। वह दस दिन अथवा एक महीना पहले भी फिल्माया गया हो सकता है, आपको वहीं से उठाना पड़ता है। मान लो दृश्य में मुझे एक कमरे से निकलकर दूसरे में प्रवेश करना है और बाहर निकलने का दृश्य एक माह पहले फिल्माया गया था और अब एक माह बाद उसी पोशाक और केश सज्जा में कमरे में प्रवेश के दृश्य में मुझे एक माह पहले की मनोस्थिति में आना होता है। थियेटर में मैं लगातार दो घण्टे तक अभिनय कर रहा होता हूँ और पूरा समय अभिनय में डूबा होता हूँ। इसमें प्रत्येक शो के साथ हमारा अभिनय बेहतर होता चला जाता है। फिल्मों में एक अच्छी बात यह होती है कि आप अनेक बार शॉट देकर अपनी गलती को सुधार सकते हैं। रंगमंच पर जो हो जाता है सो हो जाता है। परन्तु इसके साथ ही आप प्रारम्भ से अन्त तक गाने की मनःस्थिति में होते हैं। मैं स्टेज पर शब्दों को तोड़ नहीं सकता, बीच में नहीं छोड़ सकता। मुझे निरन्तर प्रवाह में रहना होता है और उस प्रवाह के दौरान जब आप एकाग्रता के चरम पर पहुँच जाते हैं तो आपको बस पात्र होना होता है। उसकी मनःस्थिति एवं सोच के साथ मंच पर अभिनय करते हुए ऐसी उत्कृष्टता प्राप्त करना बहुत महत्त्वपूर्ण होता है। अतः दोनों माध्यमों के अपने लाभ और हानियाँ हैं। परन्तु कला के वास्तविक प्रदर्शन पर लौटते हुए, थियेटर से अधिक चमत्कारिक कुछ नहीं होता।

थियेटर इतना कठोर, इतना भिन्न और इतना गहन है और वास्तविक अन्तर यह है कि थियेटर बुद्धिजीवी और साहित्यिक सोच के लोगों के अधिक निकट होता है। यह समाज के किसी वर्ग में अभिव्यक्ति का बहुत विवेकशील माध्यम है। यह व्यक्ति के मस्तिष्क के परिदृश्यों को खोलता है और इस प्रकार से और अधिक सुसंस्कृत और अनुभवपूर्ण जीवन प्रदान करता है। यह लोगों को सोचने पर विवश करता है। परन्तु आज का दर्शक बहुत अधिक नहीं सोचना चाहता इसलिए सरल मार्ग को चुनता है। हाँ, यदि आप थियेटर करने के अभ्यस्त हैं तो आपके लिए फिल्मों के भिन्न माध्यम में उतनी ही कुशलता प्राप्त करना कुछ सीमा तक आसान हो जाता है क्योंकि आप कम-से-कम ये तो जानते हैं कि "सुर कौन सा है, सा धा पा कौन सा है। आपने कौन से सुर पर छोड़ा था पहले और कहाँ पकड़ना है।" मैं चुनौती देकर कह सकता हूँ कि बहुत कम लोग ऐसे हैं जो रंगमंच से आने वाले लोगों की तुलना में बेहतर अभिनय कर सकते हैं और मुझसे सदैव गुर बताने का आग्रह करने वाले युवा एवं नए कलाकारों को यह सुझाव है कि 'यह एक कला है और इसे अनिवार्य रूप से थियेटर के माध्यम से सीखा जाना चाहिए। कुछ वर्ष तक थियेटर करने के बाद ही आप जान पायेंगे कि आपके अभिनय में कितना सुधार हुआ है। प्रत्येक काम अभ्यास से आता है, आपको सम्भव है तैरना आता हो परन्तु प्रतिदिन के नियमित एवं अनुशासित अभ्यास के बिना आप चैम्पियन बनने की आशा नहीं कर सकते। आप गा सकते हैं परन्तु नियमित रियाज़ करके ही गायक बन सकते हैं।'

मेरे गुरु दुबे साहब ने मुझ पर एक जीवनीपरक लेख लिखा 'बस इत्ता सा'। यह एक प्रकार का संस्मरण है। वह चाहते थे कि मैं जल्द से जल्द तैयारी कर के प्रस्तुति दूँ। मानसिक तौर पर मैं यह सोच कर बहुत सहज नहीं था कि दो घण्टे तक मैं अपनी डफली बजा रहा

होऊँगा। मैं बहुत संकोच कर रहा था और कहानी पर काम करने से आनाकानी कर रहा था। दो वर्ष से अधिक प्रतीक्षा करने के बाद दुबे साहब मुझसे इतने नाराज हो गये कि अन्ततः बहुत चतुराई से काम किया। उन्होंने अपने एक अन्य प्रिय अभिनेता राजेश सिंह को थियेटर में मेरे कैरियर की कथा सुनाने और मेरी ओर से वे सब संवाद बोलने के लिए तैयार कर लिया और मुझसे उन्होंने मेरे द्वारा लगभग एक दशक तक किये गये सब नाटकों के महत्त्वपूर्ण अंशों की प्रस्तुति करवाई। यह बहुत सफल रहा। परन्तु ऐसा करना स्वीकार करने और इसके लिए सहमत होने से पहले मैंने उन्हें बताया कि, 'उठेंगे तो तूफान बनकर उठेंगे, अभी हमने उठने की ठानी नहीं है।' उन्होंने मुस्करा कर कहा, "सच्चाई यह है तुम अभी उठे नहीं हो।" अतः 31 दिसम्बर, 2003 को हमने अपने पुराने बैनर 'थियेटर यूनिट' के तत्त्वावधान में जुहु के पृथ्वी थियेटर में शाम 6 बजे और 9 बजे दो शो किये। सभागार पूरी तरह से भरा था। अपने जीवन को पुनः जीना और मंच पर उन सभी यादों को पुनः प्रस्तुत करना—यह सब बहुत अविश्वसनीय था। ऐसे और अनेक शो करने की योजना बनायी जा रही थी। मैं पुनः अपने मूल रूप में आ गया था।

थियेटर आपकी ऊर्जा का नवीकरण करने, नई ऊर्जा का संचार करने एवं प्रतिपूर्ति करने की शाश्वत कार्यशाला है। यह सदा ही ऐसी रही है। जब हमने 'अन्धा युग,' 'सखाराम बाइण्डर,' 'ययाति' जैसे कुछ पुराने एवं पूरी अवधि के नाटकों को पुनः तैयार किया तो उनमें से कुछ के तो 400, 500 तक शो हुए। परन्तु हर बार मेरी प्रस्तुति भिन्न होती—कभी बेहतर तो कभी पहले से खराब रहती। इसे प्रभावित करने के अनेक कारण हो सकते हैं। यह आपकी मनोदशा पर भी निर्भर करती है। आपकी मनोदशा अच्छी न होने पर भी आपको इसे भूलना पड़ता है, एक व्यावसायिक अभिनेता को इसमें समस्या नहीं होनी चाहिए। उसे उन्हें एक ओर कर देना पड़ता है। हृदय का एक सर्जन ऑप्रेशन करते हुए अपनी समस्याओं के विषय में नहीं सोच सकता क्योंकि यदि आप ध्यान केन्द्रित नहीं कर पाते तो इसका अर्थ है कि कछ गलत है और मुझे अपने अगले शो में इसकी प्रतिपूर्ति करनी होगी। इस प्रकार से थियेटर फिल्मों से भिन्न है।

मुझे केवल एक ही पश्चात्ताप है कि मेरे पास थियेटर के लिए पर्याप्त समय नहीं था क्योंकि किसी भी समय शूटिंग के लिए जाना पड़ता। मैं अब भी 'हैमलेट,' 'लास्ट डेज़ जर्नी इन्टू द लाइट,' 'मैकबेथ,' 'किंग लीयर' 'ऑल माइ सन्स' में पिता और 'लस्ट फॉर लाइफ़' में चित्रकार...की भूमिका करना चाहूँगा। इनसे ही मैं अपनी प्रेरणा प्राप्त करता हूँ। जब आपके भीतर एवं आसपास सब कुछ बहुत उपयुक्त हो तो वह प्रेरणा एक चमत्कारिक क्षण होता है। प्रेरणा ईंधन की भाँति होती है जो ऊर्जा उत्पन्न करने के लिए प्रयुक्त की जा सकती है और इस ऊर्जा से सब काम होते हैं। कई बार मैं इतना प्रेरित होता हूँ कि कविता के साथ एकाकार हो जाता हूँ। यह परमात्मा के साथ एकाकार होने जैसा होता है। एक शाम मैं बम्बई विश्वविद्यालय में हिन्दी विभाग के तत्कालीन विभागाध्यक्ष प्रो. वसन्त द्वारा लिखित नहीं वरन् रचित कविता 'नन्द' को गा एवं अभ्यास कर रहा था। दुबे साहब को यह कविता इतनी अच्छी

लगी थी कि उन्होंने कुछ और स्वगत कथन लिखने के लिए उन पर प्रभाव डाला तथा 1978 में इसे नाटक 'अरण्य' की कहानी में बदल दिया। कृष्ण के सौतेले पिता नन्द अपने बेटे कृष्ण के प्रेम में पूर्णतः डूबी अपनी पत्नी यशोदा के विषय में क्या चाहते और सोचते हैं। यशोदा के कृष्ण के प्रति प्रेम से नन्द ने यशोदा से प्राप्त होने वाले प्रेम को खो दिया था, वे अपनी पत्नी का ध्यान पाना चाहते थे परन्तु वंचित बने रहे। वह पूरी तरह से कृष्ण में खोई थीं।

जब मैं स्वयं यह कविता पढ़ रहा था तो मुझे लगा कि मैं नन्द हूँ और बेताल की भाँति आकर समस्त भावनाएँ मुझ पर प्रहार करने लगीं। मैंने देखा है कि जब मैं वास्तव में मंच पर अभिनय करता हूँ तो विरले ही उस स्तर की भावनाएँ और एहसास मुझमें आते हैं। वह करिश्मा कदाचित् फिर कभी नहीं होगा। यह प्रेरणा का परिणाम होता है। कवि ने जब 'नन्द' कविता लिखी तो वह कितना प्रेरित रहा होगा। अभिनेता को उस जादू को पुनः-पुनः ढूँढ़कर, जुटा कर उसे मंच पर पुनः-पुनः प्रस्तुत करना होता है, यह सब करना ही अभिनेता होना है। मेरे विचार में इस नाटक के निम्नलिखित रसपूर्ण उद्धरण ने मुझे भी प्रभावित किया :

गिनता हूँ गिनता ही रहता हूँ वर्ष, मास, सप्ताह, दिवस,
पल, विपल गिनती भूल गया हूँ गिनते-गिनते
इन उँगलियों के सिरे घिसते ही जाते हैं ठूँठ रह जाएगे
एक दिन-कोढ़ी जैसे क्या जीना होगा ब्रह्म राक्षस
बनकर? अपनी ही गौरीली आँखों की अंधी बावड़ी में
धंस कर? फिर भी गिनता हूँ, गिनता रहता हूँ...

हमने डॉ. धर्मवीर भारत के काव्य संग्रह 'कनुप्रिया' से भी कुछ पंक्तियाँ ली थीं। उनमें से प्रत्येक कविता 13 पृष्ठों की है। उन्होंने बलराम और कृष्ण के सम्बन्ध में भी लिखा है। यह सम्पूर्ण संग्रह कृष्ण पर कृष्ण के विचारों का, स्वयं पर बोलते हुए और बलराम के विषय में कृष्ण के विचारों का है। बलराम कृष्ण के सम्बन्ध में क्या सोचते हैं और रुक्मणी तथा गांधारी कृष्ण के सम्बन्ध में क्या सोचती है? और फिर कृष्ण के सौतेले पिता उनके विषय में क्या सोचते हैं। मैंने नन्द, बलराम और पैर में बाण लगने के बाद मृत्यु की घड़ी में भगवान कृष्ण की भूमिका की है। परन्तु शो के बाद हमें प्रतिक्रिया मिली कि यह सामान्य जनता के लिए बहुत ऊँचे स्तर का और गहरा था। परन्तु हिन्दी कविता के रसिक स्वयं मेरे लिए यह एक अविस्मरणीय अनुभव रहा।

यह बहुत कठिन नहीं था क्योंकि यह कविता रूप में था और मैंने उस एक दिन बम्बई के तेजपाल हॉल में एक समारोह में तीन नाटक किये। सुबह मैंने 'आधे-अधूरे' किया, शाम को 'सारी रात' किया और रात में 'हयवदन' किया। इतना ही नहीं, ऐसा भी समय था जब मैं लगातार छह-सात नाटक कर लेता था। मुझे एहसास हुआ कि किसी प्रस्तुति में पंक्तियों को याद करने का अद्भुत गुण अथवा बिना तालमेल किये पंक्तियों को याद कर सकना ही महत्त्वपूर्ण नहीं होता अपितु उन पंक्तियों के अर्थ को याद रखना अधिक महत्त्वपूर्ण होता है। मैं यदि पात्र को उन शब्दों के सही अर्थ में चित्रित नहीं करता तो शब्द कुछ नहीं, अर्थ को

दर्शकों तक सम्प्रेषित किया जाना होता है। पंक्तियों को याद करना उतना समस्या नहीं है, समस्या है उन पंक्तियों में छिपे अर्थ को समझना और पकड़ना।

तब इसके ठीक 20 वर्ष बाद मुझे बम्बई में नेशनल गैलरी ऑफ माडर्न आर्ट के डॉ. सरयू दोशी ने उस कविता पाठ के लिए बुलाया, अवसर था रंगमंच की एक अन्य हस्ती गिरीश कर्नार्ड द्वारा स्वर्गीय डॉ. भारती के संग्रह के नौ खण्डों को जारी करने का। इसमें हिन्दी साहित्य की वास्तव में महान हस्तियाँ बहुत तल्लीनता से सुन रही थीं। मैं एक ऐसे व्यक्ति को श्रद्धांजलि देन के लिए, जिसके लेखन ने मुझे अभिनेता बनने के लिए प्रेरित किया था, अपनी जड़ों–थियेटर की ओर लौट रहा था। मैंने भगवान कृष्ण के लिए राधा के पौराणिक प्रेम को सजीव करने के लिए अपनी वागृतन्त्रियों की सहायता ली। मैं अपनी आवाज़ के माध्यम से राधा की विभिन्न मनोदशाओं, भावनाओं एवं निरीहता को व्यक्त करने, कृष्ण के प्रति राधा की आसक्ति को व्यक्त करने और डॉ. भारती की वास्तव में सुन्दर काव्य पंक्तियों को व्यक्त करने के लिए सच ही बहुत उत्साहित था। जैसे एक कविता स्नान करती राधा और उसकी भावनाओं के सम्बन्ध में है :

ये जो दोपहर के सन्नाटे में
अपने सारे वस्त्र किनारे रख
मैं जो घण्टों जल में निहारती हूँ।
तुम क्या समझते हो
कि इसमें अपने आपको देखती हूँ?
नहीं मेरे साँवरे...

बाद में वह कहती है, "मैं तुम्हें अनुभव करती हूँ, तुम्हें देखती हूँ और यहाँ तक कि चारों ओर पानी देख मुझे लगता है मानो तुम मुझे अपने गले लगा रहे हो। मैंने इसे बहुत कठिनाई से याद किया और हमने इस काव्य संग्रह को मंच पर प्रस्तुत किया। यह नाटक काव्य रूप में था, वन-मैन शो (एकल प्रदर्शन) था जिसमें मैंने प्रत्येक पात्र की भूमिका की और डेढ़ घण्टे तक नाटक को किया और वह याद करने का कठिन काम वास्तव में परीक्षा थी क्योंकि उसका लक्ष्य इसके सही अर्थ को समझना था। मुझे वह सब याद है और मैं बिना रुके घण्टों तक उसका पाठ कर सकता हूँ। उन में से कुछ पंक्तियों ने मुझ पर बहुत गहरा प्रभाव डाला और जब मैं अकेला होता हूँ तो उन्हें अपने आप को सुनाता रहता हूँ।"

मैं 2002 में 'प्रभात खबर' द्वारा आयोजित 'कनुप्रिया' के पाठ के लिए राँची गया। मैं तब चूँकि कुल्लू-मनाली में शूटिंग कर रहा था अतः पहले मैं दिल्ली आया और फिर राँची गया। इस कविता की भावनात्मक क्वालिटी और गहनता इतनी अधिक थी कि मैं अपने कानों पर विश्वास नहीं कर पा रहा था। मैं पाठ के दौरान रोया। एक बच्चे की रोने की आवाज़ को छोड़कर जो सब समय रोता रहा था, हॉल में सन्नाटा था। मैंने दो-तीन बार दूसरे लोगों की श... श...श की आवाजें सुनीं। मैं अत्यधिक आनन्दित था और इसके रिव्यू बहुत बढ़िया थे। आखिरकार कवि अभिव्यक्ति में सर्वोच्च होता है और दस पृष्ठों के इस कविता पाठ में प्रत्येक

पंक्ति आपको सोचने को विवश करती है। यह सर्वाधिक घनीभूत रचनात्मक स्वरूप है और इसने मुझे सिखाया कि अभ्यास से ही उत्कृष्टता प्राप्त की जा सकती है। विमान से लौटते हुए भी मैं सुन्न था और अभी भी आश्चर्यचकित था। बाद में मैं सोच पाया कि इस कविता को मैं इतने भावनात्मक ढंग से केवल इसलिए प्रस्तुत कर सका कि मैंने उसे बार-बार पढ़ा था, उसे बहुत अच्छी तरह समझा था और शब्दों में छिपे अधिकाधिक अर्थों का खोज पाया था। इसलिए हम इतना श्रम करते रहते हैं, जैसा कि हम करते हैं, समय-समय पर हम स्वयं को तैयार करते रहते हैं ताकि जब प्रस्तुति का समय आये तो हम लगभग उत्कृष्ट हों क्योंकि उत्कृष्टता का स्वर परिवर्तित होता रहता है। इसकी कोई सीमा नहीं है, यह इतना गहन भी हो सकता है कि कलाकार और दर्शक–दोनों की आँखों में आँसू ला दे।

इससे मुझे भवानी प्रसाद मिश्र की चार-पाँच पृष्ठ की लम्बी कविता 'सन्नाटा' में अद्भुत खामोशी की भी याद आ रही है। हम नाटकों के अन्तराल के दौरान इन कविताओं को पढ़ते रहते। मैं प्रायः दुबे साहब से कहता कि यह बहुत कठिन है परन्तु एक दिन मैंने इसे बहुत मन से पढ़ा। उसे फिर पढ़ने पर मैंने जाना कि यह कविता गहन अन्तर्दृष्टि से परिपूर्ण है। जंगलों में, विशाल महलों एवं बंगलों के खण्डहरों में इतनी खामोशी होती है कि गिरते पत्ते अथवा इक्का-दुक्का भागती गिलहरी की आवाज़ भी सुनाई देती है। यह खामोशी स्वयं अपने विषय में बोलती है कि यह क्या है :

तो पहले अपना नाम बता दूँ तुमको
फिर चुपके चुपके धाम बता दूँ तुमको
तुम चौंक नहीं पड़ना
अगर धीमे धीमे कोई काम बता दूँ तुमको
कुछ लोग भ्रांतिवश मुझे शाँति कहते हैं
निस्तब्ध बताते हैं, चुप रहते हैं–
मैं शान्त नहीं, निस्तब्ध नहीं, फिर क्या हूँ
मैं मौन नहीं, मुझमें स्वर रहते हैं
कभी-कभी कुछ मुझमें चल जाता है
कभी कभी कुछ मुझमें जल जाता है
जो चलता है, शायद है मेंढक वो
वो जुगनु है जो तुमको छल जाता है
मैं सन्नाटा हूँ फिर भी बोल रहा हूँ
मैं शान्त हूँ फिर भी डोल रहा हूँ...
तुम देख रहे हो मुझको, मैं जहाँ खड़ा हूँ
तुम देख रहे हो मुझे, जहाँ गड़ा हूँ
मैं ऐसे ही खण्डहर चुनता फिरता हूँ
मैं ऐसी ही जगहों में पला बड़ा हूँ...

विडम्बना यह है कि लोग इस अचम्भित कर देने वाली खामोशी से सावधान रहते हैं परन्तु यह खामोशी स्वयं अपनी कहानी पर चकित रहती है। मैं भूल जाऊँ, उससे पहले मिश्र की एक और 'सुख-दुख' शीर्षक कविता का उल्लेख करना चाहूँगा :

सुख का दुख! मगर सुख के भी दुख होते हैं
जिन्दगी में कोई बड़ा सच नहीं है।
इस बात का मुझे बड़ा दुख नहीं है
क्योंकि मैं छोटा आदमी हूँ
बड़े सुख आ जायें तो घर में कोई ऐसा कमरा नहीं
जिसमें उन्हें टिका दूँ, ये इक बात
उससे बड़ी बात कि बड़े सुखों को देखकर
मेरे बच्चे सहम जाते हैं
मैंने देखा है कभी बड़ा सुख उन्हें मिल गया
रास्ते में, बाज़ार में, या किसी के घर
तो उनकी आँखों में खुशी की चमक तो आयी है
लेकिन साथ-साथ डर भी आ गया है
बल्कि यूँ कहना चाहिए कि खुशी छलकी है
डर छा गया है।
उनका उठना, उनका बैठना, कुछ भी स्वाभाविक नहीं रह पाता
और मुझे देखकर इतना दुख होता है कि कुछ कह नहीं पताा।
मैं उनसे कहना चाहता हूँ कि बच्चों
यह सच है, आगे बढ़ कर इसे छू लो
इस झूले की पींग निराली है, इसपे झूलो
मगर नहीं, वे दूर-दूर खड़े तकते हैं
बड़े बड़े सुखों की इच्छा जाने कब से मैंने छोड़ दी है
कभी उन्हें जमा करने के लिए इक गागर लाया था
मैने अब फोड़ दी है

यह कविता एक प्रकार से मेरे जीवन को भी सारगर्भित ढंग से व्यक्त करती है। मैं किसी कुण्ठा अथवा निराशा की भावना से पीछे मुड़कर नहीं देखता क्योंकि मेरा एकमात्र प्रयास प्रत्येक प्रस्तुति को स्मरणीय बनाना था और मेरी गुप्त इच्छा? इस संसार को नए सिरे से पुनः खोजना! जीवन इसी का ही तो नाम है, एक अन्तहीन खोज। अतः अन्तिम शब्द दुबे साहब के अतिरिक्त और किसका हो सकता है जिनके साथ मैंने प्रारम्भ किया था। निम्नलिखित शब्द उन्होंने 'बस इत्ता सा' में लिखे हैं :

> बात इतनी सी है कि विभाजित होकर मैं किसी न किसी अंश में आप में से हर एक व्यक्ति हूँ, और यही कारण है कि नाटक के बाहर हो या

अन्दर, मेरी कोई भी भूमिका नहीं है। कारण इतना है कि वो व्यक्ति अभिनेता बन गया और आप दर्शक—आप से जुड़े रहने के लिए कितने वर्ष यह अभिनेता मंच पर तड़पता रहा। आपका ही आशीर्वाद रहा होगा कि ये अभिनेता एक जाना-माना स्टार बन गया—पर उस रंगीन, फिल्मी दुनिया में पीछे मुड़कर देखने लायक कुछ भी नहीं हैं—आगे ही देखना होता है—आगे का फ्यूचर ही सोचना होता है—सीढ़ियाँ चढ़ तो जाता है इनसान पर चढ़ने के बाद हर सीढ़ी रेत पर बने पड़े चिह्नों की तरह लोप हो जाती है। पीछे मुड़कर देखने में भी डर लगता है—सिर्फ बियाबान आकाश है पीछे—पाँव टेकने की; सुस्ताने की जरा भी गुंजाइश नहीं, इसके विपरीत थियेटर वो बीज है जो भाड़ बन मीठे फल तो खिला गया—पर अभी भी अपनी छाँव में दम लेने की—बीते अनुभवों को दोहराने की आजादी देता है।

शब्द में से अनुभव याद आते हैं...अनुभवी वृद्ध के निचोड़े हुए अनुभव, जो उसके हिसाब से जिन्दगी की बुनियाद है। बेचारा युवक! वो क्या जाने, ये जीव लाखों वर्ष लगाकर आगे बढ़ा है। वो क्या जाने ये जीव लाखों बरसों के अनुभव के सहारे टिका है?...अनुभव के बिना सफलता नहीं, कोरे उत्साह से सफलता नहीं मिलती...।

ऐसा आत्मविश्लेषण, दर्शन-पर्यावलोकन और समीक्षा एक निरन्तर चलने वाली प्रक्रिया है। कठोर श्रम सफलता का दूसरा पहलू है। उद्यम, नियति और किस्मत दूसरा स्वरूप हैं और 'द ऐक्ट ऑफ लाइफ' इसी के सम्बन्ध में है—'बस इत्ता-सा' बस इतना-सा और वही है! मैंने थियेटर और सिनेमा के संसार को अपना यह योगदान दिया है। यह बस इतना ही है और मुझे इसके बदले में क्या मिला? केवल इतना-सा!!!

परिशिष्ट

नाटक

वर्ष	नाटक	लेखक
1961	ए व्यू फ्रॉम द ब्रिज (अंग्रेजी)	आर्थर मिलर
1961	बिच्छू	मोलियर
1962	अन्धा युग	डॉ. धर्मवीर भारती
1963	इंकलाब (क्वीन ऑफ द रेवेल्स)	उगो बेनी
1964	आषाढ़ का एक दिन	मोहन राकेश
1964	नाटक तोता मैना	लक्ष्मी नारायण लाल
1965	बन्द दरवाज़े (नो एग्ज़िट)	ज्यां पॉल सार्त्र
1965	आफ्टर द फॉल	आर्थर मिलर
1966	प्रेत (घोस्ट्स)	हैन्रिक इब्सन
1966	मैन विदआउट शैडोज़	ज्यां पॉल सार्त्र
1967	ए पैसेज टू इण्डिया (अंग्रेजी)	ई एम फोस्टर
1967	ययाति	गिरीश कर्नाड
1968	शुतुरमुर्ग	ज्ञानदेव अग्निहोत्री
1968	चुप कोर्ट चालू है	विजय तेन्दुलकर
1968	मिथ मैकर्स	दीना मेहता
1969	आधे-अधूरे	मोहन राकेश
1969	मैं सूअर हूँ	नन्द किशोर मित्तल
1970	अच्छा एक बार और	मोहित चटर्जी
1970	एवम् इन्द्रजीत	बादल सरकार
1971	पगला घोड़ा	बादल सरकार

1972	स्टील फ्रेम	विनायक पुरोहित
1972	हयवदन	गिरीश कर्नाड
1972	सारी पत	बादल सरकार
1973	सखाराम बाइण्डर	विजय तेन्दुलकर
1974	एक और गार्बो	महेश एल्कुंचवार
1975	बेबी	विजय तेन्दुलकर
1979	आरक्षण	महेश एल्कुंचवार
1979	अप्रत्याशित	सत्यदेव दुबे
1981	बन्द दरवाज़े (पुनः प्रस्तुति)	ज्यां पॉल सार्त्र
1983	अरण्य (कृष्ण कविताएँ)	प्रो. वसन्त देव
1985	तीन एकान्त	निर्मल वर्मा
2000	कनुप्रिया	डॉ. धर्मवीर भारती
2003	बस इत्ता सा	सत्यदेव दुबे

फ़िल्मों का कालक्रम

	नाम	निर्देशक	रिलीज़ होने का वर्ष
1.	माया एडवेंचर्स (टीवी सीरीज़)	एलन (एम.जी.एम. प्रोडक्शंस)	1967
2.	प्रेम पुजारी	देवानन्द	1970
3.	रेशमा और शेरा	सुनील दत्त	1970
4.	खिलौनेवाला	एस सुखदेव	1970
5.	द सन राइज़िस इन द ईस्ट	फ्रांसुआ विलिये	1970
6.	हलचल	ओ.पी. एल्हन	1970
7.	नई इमारत	राम पाहवा	1972
8.	सोने का हाथ	पी.डी. शिनॉय	1973
9.	शान्त! कोर्ट चालू आहे	सत्यदेव दुबे	1973
10.	हिन्दुस्तान की कसम	चेतन आनन्द	1974
11.	आहट	किशोर	1974
12.	काडू (कन्नड़)	गिरीश कर्नाड	1974
13.	निशान्त	श्याम बेनेगल	1975
14.	अमर मिलन	— —	रिलीज़ नहीं
15.	वतन	— —	अधूरी
16.	छत्र भंग (सूत्रधार)	नीना शिवदासानी	1976
17.	सलाखें	ए. सलाम	1976
18.	डाकू	बासु भट्टाचार्य	1976
19.	मन्थन	श्याम बेनेगल	1976
20.	फलितम्शा (कन्नड़)	पुत्तन कणगल	1976
21.	ज्ञानी जी	यमन पिल्लै/प्रेमनाथ	1977
22.	भूमिका	श्याम बेनेगल	1977

23.	अलीबाबा मरजीना	केदार कपूर	1977
24.	ईमान धर्म	देश मुखर्जी	1977
25.	बन्दी	आलू सरदार	1978
26.	हंगामा बॉम्बे इस्टायल	सिराज आयशा सयानी	1978
27.	कोन्डूरा	श्याम बेनेगल	1978
28.	इकरार	कैलाश अडवाणी	1979
29.	लखन	दिनेश-रम्नेश	1979
30.	जानी दुश्मन	राजकुमार कोहली	1979
31.	हमारे तुम्हारे	उमेश मेहरा	1979
32.	नैया	प्रशान्त नन्दा	1979
33.	सावन को आने दो	कनक मिश्रा	1979
34.	आक्रोश	गोविन्द निहलानी	1980
35.	गहराई	अरुणा-विकास देसाई	1980
36.	कुरबानी	फिरोज़ खान	1980
37.	पत्थरे से टक्कर	गुलाब मेहता	1980
38.	दोस्ताना	राज खोसला	1980
39.	हम पाँच	बापू	1980
40.	बेशक	काशी नाथ	1980
41.	मान-अभिमान	हिरेन नाग	1980
42.	क्रोधी	सुभाष घई	1981
43.	नसीब	मनमोहन देसाई	1981
44.	कलयुग	श्याम बेनेगल	1981
45.	गन्दाभिरून्द (कन्नड़)	एस.वी. राजेन्द्र सिंह	1981
46.	चन्न परदेसी (पंजाबी)	चितरार्थ	1981
47.	अशांति	उमेश मेहरा	1982
48.	अय्याश	शक्ति सामन्त	1982
49.	मैं इन्तकाम लूँगा	टी. रामा राव	1982
50.	शक्ति	रमेश सिप्पी	1982
51.	जॉनी आई लव यू	राकेश कुमार	1982
52.	विधाता	सुभाष घई	1982
53.	आदत से मजबूर	अम्बरीश संगल	1982
54.	अपना बना लो	जे. ओम प्रकाश	1982
55.	सिम्हेदि मारे सेन्या (कन्नड़)	एस. वी. राजेन्द्र सिंह	1982
56.	तकदीर का बादशाह	बी. सुभाष	1983

57.	गाँधी	सर रिचर्ड एट्नबरो	1982
58.	विजेता	गोविन्द निहलानी	1982
59.	एक और संग्राम	आर. पी. स्वामी	1983
60.	अन्धा कानून	टी. रामा राव	1983
61.	बेखबर	केदार कपूर	1983
62.	हादसा	अकबर खान	1983
63.	अर्ध सत्य	गोविन्द निहलानी	1983
64.	कुली (अतिथि कलाकार)	मनमोहन देसाई	1983
65.	हीरो	सुभाष घई	1983
66.	सुब्बी सुब्बक्का सुवललि (कन्नड़)	धनंजय	1983
67.	मण्डी	श्याम बेनेगल	1983
68.	सत्ता	इकबाल खान	1983
69.	विंग्स ऑफ फायर (अंग्रेजी)	सायरस बरुचा	1983
70.	निशान	सुरेन्द्र मोहन	1984
71.	दुनिया	रमेश तलवार	1984
72.	जागीर	प्रमोद चक्रवर्ती	1984
73.	गंगुआ	राज किशोर	1984
74.	झूठा सच	इस्माइल श्राफ	1984
75.	आवाज़	शक्ति सामन्त	1984
76.	कसम पैदा करने वाले की	बी. सुभाष	1984
77.	मशाल	यश चोपड़ा	1984
78.	पार्टी	गोविन्द निहलानी	1984
79.	ये देश	टी. रामा राव	1984
80.	ज़ख्मी शेर	डी. नारायण राव	1984
81.	इण्डियाना जोन्स एण्ड द टैम्पल ऑफ डूम (अंग्रेजी)	स्टीवन स्पिलबर्ग	1984
82.	बन्द होंठ	—	रिलीज़ नहीं
83.	गर्जना	—	रिलीज़ नहीं
84.	पहली नज़र में	—	रिलीज़ नहीं
85.	फांसी के बाद	हर्मेश मल्होत्रा	1985
86.	दिल तुझको दिया	राकेश कुमार	1985
87.	आघात	गोविन्द निहलानी	1985
88.	मेरी जंग	सुभाष घई	1985

89. कर्म युद्ध	स्वरूप कुमार	1985
90. मोहब्बत	बापू	1985
91. ज़बरदस्त	नसीर हुसैन	1985
92. निशान	सुरेन्द्र मोहन	1985
93. वफादार	डी. नारायण राव	1985
94. तेरी मेहरबानियाँ	विजय रेड्डी	1985
95. रिकी	अशोक भूषण	1985
96. पत्थर दिल	सुरेन्द्र मोहन	1985
97. आज के शोले	एम. वी. राजेन्द्र सिंह	1985
98. पैसा ये पैसा	सोहन लाल कंवर	1985
99. बेगाना	अम्बरीश संगल	1985
100. जांबाज़	फिरोज़ खान	1986
101. आप के साथ	जे. ओम प्रकाश	1986
102. नसीब अपना अपना	टी. रामा राव	1986
103. कांच की दीवार	एस. एन. यासीन	1986
104. एक और सिकन्दर	भाष्कर शेट्टी	1986
105. समन्दर	राहुल रवेल	1986
106. सल्तनत	मुकुल आनन्द	1986
107. प्यार हो गया	गिरीश मनुकान्त	1986
108. मेरा धर्म	बापु	1986
109. असली नकली	सुदर्शन नाग	1986
110. दोस्ती दुश्मनी	टी. रामा राव	1986
111. नगीना	हर्मेश मल्होत्रा	1986
112. खून और सज़ा	हरि प्रसाद रेड्डी	1986
113. आग का दरिया	एस.वी. राजेन्द्र सिंह	रिलीज़ नहीं
114. इंसाफ की पुकार	टी. रामा राव	1986
115. लोहा	राज एन. सिप्पी	1987
116. दादागिरी	दीपक शिवदासानी	1987
117. जवाब हम देंगे	विजय रेड्डी	1987
118. इनाम दस हज़ार	ज्योतिन गोयल	1987
119. मददगार	रमेश पुरी	1987
120. मिस्टर इण्डिया	शेखर कपूर	1987
121. डान्स डान्स	बी. सुभाष	1987
122. इंसाफ कौन करेगा	सुदर्शन नाग	1987

123. हवालात	सुरेन्द्र मोहन	1987
124. कौन जीता कौन हारा	राकेश कुमार	1987
125. सड़क छाप	अनिल गांगुली	1987
126. शेर शिवाजी	राम गबले	1987
127. परम धरम	स्वरूप कुमार	1987
128. प्यार करके देखो	डी. राजेन्द्र बाबू	1987
129. आग और तूफान	—	रिलीज़ नहीं
130. आखरी कारतूस	—	पूरी नहीं हुई
131. हम फरिश्ते नहीं	जतिन कुमार	1988
132. शहंशाह	टीनू आनन्द	1988
133. वारिस	रविन्दर पीटर	1988
134. मोहब्बत के दुश्मन	प्रकाश मेहरा	1988
135. रुख्सत	सिमी ग्रेवाल	1988
136. कमाण्डो	बी. सुभाष	1988
137. हमारा खानदान	अनवर पाशा	1988
138. दयावान	फिरोज़ खान	1988
139. मेरा फर्ज़	के. राघवेन्द्र राव	1988
140. मर मिटेंगे	केवल शर्मा	1988
141. जन्म जन्म	विजय सदाना	1988
142. साज़िश	राजकुमार कोहली	1988
143. गंगा जमुना सरस्वती	मनमोहन देसाई	1988
144. मिल गयी मंज़िल मुझे	मोइन अहमद	1988
145. जिगरवाला	स्वरूप कुमार	1988
146. वक्त का सिकन्दर	यासिन खान	1988
147. भारत एक खोज	श्याम बेनेगल	1988
148. देवा	—	पूरी नहीं हुई
149. हिस्सेदार	—	पूरी नहीं हुई
150. आखिरी पोरतम (तेलुगु)	के. राघवेन्द्र राव	1989
151. रुद्र	—	पूरी नहीं हुई
152. अटल इरादा	—	रिलीज़ नहीं
153. कोण्डाविट्टी डोन्गा (तेलुगु)	कोडण्डाराम रेड्डी	1989
154. फर्ज़ की जंग	आर. पी. स्वामी	1989
155. सूर्या	इस्माइल श्रॉफ	1989
156. यतीम	जे. पी. दत्ता	1989

157. नफरत की आंधी	मेहुल कुमार	1989
158. दो कैदी	अजय कश्यप	1989
159. दाता	सुल्तान अहमद	1989
160. त्रिदेव	राजीव राय	1989
161. बंटवारा	जे. पी. दत्ता	1989
162. हिसाब खून का	सुरेन्द्र	1989
163. इलाका	अज़ीज सेजवाल	1989
164. मुजरिम	उमेश मेहरा	1989
165. जादूगर	प्रकाश मेहरा	1989
166. निगाहें	हरमेश मल्होत्रा	1989
167. मिल गयी मंज़िल मुझे	मोहन अमजद	1989
168. आग से खेलेंगे	भाष्कर शेट्टी	1989
169. जुर्रत	डेविड धवन	1989
170. राम लखन	सुभाष घई	1989
171. नाइन्साफी	मेहुल कुमार	1989
172. विद्रोही	हरमेश मल्होत्रा	1989
173. तमस	गोविन्द निहलानी	1989
174. जीने दो	राजेश सेठी	1990
175. दूध का कर्ज़	अशोक गायकवाड़	1990
176. हातिम ताई	बाबू भाई मिस्त्री	1990
177. नाकाबंदी	शिबु मित्रा	1990
178. मुकद्दर का बादशाह	टी. रामा राव	1990
179. घायल	राजकुमार सन्तोषी	1990
180. आज का अर्जुन	के. सी. बोकाडिया	1990
181. तेजा	रमनेश पुरी	1990
182. तुझे नहीं छोड़ूँगा	इकबाल खान	1990
183. कयामत की रात	पप्पू	1990
184. कर्णम	रंजती	1990
185. किशन कन्हैया	राकेश रोशन	1990
186. जगदिक वीर्दू अतिलोक सुन्दी (तेलुगु)	के. राघवेन्द्र राव	1990
187. बजरंग	—	पूरी नहीं हुई
188. इरादा	इन्द्रजीत सिंह	1991
189. बेनाम बादशाह	के. रविशंकर	1991

190. कोहराम	कुकु कोहली	1991
191. मस्त कलन्दर	राहुल रवेल	1991
192. धर्म संकेत	एन. डी. कोठारी	1991
193. अजूबा	शशि कपूर	1991
194. नम्बरी आदमी	स्वरूप कुमार	1991
195. आदमी और अप्सरा	के. राघवेन्द्र राव	1991
196. जिगरवाला	स्वरूप कुमार	1991
197. सौदागर	सुभाष घई	1991
198. शिकारी	उमेश मेहरा	1991
199. त्रिनेत्र	हैरी बवेजा	1991
200. अदित्य 369 (तेलुगु)	एस. श्रीनिवास राव	1991
201. फूल और कांटे	कुक्कु कोहली	1991
202. तलपती (तमिल)	मणि रत्नम	1991
203. वंश	पप्पू वर्मा	1992
204. विश्वात्मा	राजीव राय	1992
205. आइ लव यू	प्रकाश वर्मा	1992
206. दीवाना	राज कंवर	1992
207. तहलका	अनिल शर्मा	1992
208. मुस्कुराहट	प्रियदर्शन	1992
209. जिन्दगी एक जुआ	प्रकाश मेहरा	19923
210. अश्वमेधम (तेलुगु)	के. राघवेन्द्र राव	1992
211. चलो मेमसाहिब	–	पूरी नहीं हुई
212. दिव्य शक्ति	समीर मल्कान	1993
213. कुंदन	के. सी. बोकाडिया	1993
214. दामिनी	राजकुमार सन्तोषी	1993
215. संग्राम	लारेंस डीसूजा	1993
216. गर्दिश	प्रियदर्शन	1993
217. निप्पु रव्वा (तेलुगु)	कोडंडाराम रेड्डी	1993
218. सूरज का सातवां घोड़ा	श्याम बेनेगल	1993
219. मेजर चन्दकान्त	के. राघवेन्द्र राव	1993
220. एलान	गुड्डू धनोआ	1994
221. तेजस्विनी	एन. चन्द्रा	1994
222. महाशक्तिशाली	के. पप्पू	1994
223. परमात्मा	बापू	1994

224. पहला पहला प्यार	मनमोहन सिंह	1994
225. कर्ण अर्जुन	राकेश रोशन	1995
226. जय विक्रान्त	सुल्तान अहमद	1995
227. मैदान-ए-जंग	के. सी. बोकाडिया	1995
228. राम जाने	राजीव मेहरा	1995
229. प्रेम	सतीश कौशिक	1995
230. पापी देवता	हरमेश मल्होत्रा	1995
231. द्रोहकाल	गोविन्द निहलानी	1995
232. हलचल	अनीस बाज़्मी	1995
233. ओह डार्लिंग! ये है इण्डिया	केतन मेहता	1995
234. गुण्डा राज	गुड्डु धनोआ	1995
235. कर्त्तव्य	राज कंवर	1995
236. दिल वाले दुल्हनिया ले जायेंगे	आदित्य चोपड़ा	1995
237. हकीकत	कुक्कू कोहली	1995
238. स्मगलर	अजय कश्यप	1996
239. बेकाबू	एन. चन्द्रा	1996
240. विजेता	के. मुरली मोहन राव	1996
241. तू चोर मैं सिपाही	गुड्डु धनोआ	1996
242. जान	राज कंवर	1996
243. जीत	राज कंवर	1996
244. दिलजले	हैरी बवेजा	1996
245. घटक	राजकुमार सन्तोषी	1996
246. सज़ा-ए-काला पानी	प्रियदर्शन	1997
247. सिन्दूर की कीमत	चितरार्थ	1997
248. हिमालय पुत्र	पंकज पराशर	1997
249. कोयला	राकेश रोशन	1997
250. महानता	अफज़ल खान	1997
251. विरासत	प्रियदर्शन	1997
252. इतिहास	राज कंवर	1997
253. खिलाड़ी न. 1	ए. के. राम रेड्डी	1997
254. तराजू	विमल कुमार	1997
255. परदेस	सुभाष घई	1997
256. सरदारी बेगम	श्याम बेनेगल	1997
257. ढाल	समीर मल्कान	1997

258. चाची 420	कमल हसन	1997
259. निर्णायक	अनिल वासिया	1998
260. सलाखें	गुड्डु धनोआ	1998
261. बारूद	प्रमोद चक्रवर्ती	1998
262. श्याम घनश्याम	अशोक घई	1998
263. झूठ बोले कौआ काटे	हृषिकेश मुखर्जी	1998
264. डोली सजा के रखना	प्रियदर्शन	1998
265. चाइना गेट	राजकुमार सन्तोषी	1998
266. ढूँढ़ते रह जाओगे	कुमार भाटिया	1998
267. आहट	—	रिलीज़ नहीं
268. टकराव	—	रिजीज़ नहीं
269. मोहब्बतों का सफर	—	रिलीज़ नहीं
270. गैर	अशोक गायकवाड	1999
271. जय हिन्द	मनोज कुमार	1999
272. आरज़ू	लारेंस डीसूज़ा	1999
273. शहीद उधम सिंह	चिनरार्थ	1999
274. लाल बादशाह	के. सी. बोकाडिया	1999
275. जुल्मी	कुकु कोहली	1999
276. काला साम्राज्य	दीपक बाहरी	1999
277. बादशाह	अब्बास मस्तान	1999
278. ताल	सुभाष घई	1999
279. तक्षक	गोविन्द निहलानी	1999
280. बादल	राज कंवर	2000
281. ढ़ाई अक्षर प्रेम के	राज कंवर	2000
282. मोहब्बतें	आदित्य चोपड़ा	2000
283. एक अजूबा	सुनिल अडवाणी	2000
284. सैंसर	देवानन्द	2001
285. गदर-एक प्रेम कथा	अनिल शर्मा	2001
286. चोरी चोरी चुपके चुपके	अब्बास मस्तान	2001
287. जुबैदा	श्याम बेनेगल	2001
288. नायक	शंकर	2001
289. मुझे कुछ कहना है	सतीश कौशिक	2001
290. यादें	सुभाष घई	2001
291. सिक्सर	दिलबहार सिंह	2001

292. बदमाश नं.1	बी. मेनन	2001
293. शरारत	गुरदेव भल्ला	2002
294. रिश्ते	इन्द्र कुमार	2002
295. बधाई हो बधाई	सतीश कौशिक	2002
296. जानी दुश्मन	राज कुमार सन्तोषी	2002
297. बाब (तमिल)	कृष्णा	2002
298. खुशी	सूर्या	2003
299. कश्मीर हमारा है	–	रिलीज नहीं
300. सूर्या	पार्थो घोष	2003
301. द हीरो	अनिल शर्मा	2003
302. जाल	गुड्डु धनोआ	2003
303. आउट ऑफ कंट्रोल	टोनी	2003
304. दिल परदेसी हो गया	सावन कुमार	2003
305. वो तेरा नाम था	कुक्कु कोहली	2004
306. लक्ष्य	फरहान अख्तर	2004
307. गर्व	पुनीत इस्सर	2004
308. मुझसे शादी करोगी	डेविड धवन	2004
309. एतराज़	अब्बास मस्तान	2004
310. टार्जन (द वंडर कार)	अब्बास मस्तान	2004
311. हलचल	प्रियदर्शन	2004
312. देव	गोविन्द निहलानी	2004
313. पुलिस फोर्स	दिलिप शुक्ला	2004
314. अब तुम्हारे हवाले वतन साथियो (सूत्रधार)	अनिल शर्मा	2004
315. किसना-द वरीयर पोयट	सुभाष घई	2005
316. नेताजी सुभाष चन्द्र बोस-द फोरगॉटन हीरो	श्याम बेनेगल	2005

पुरस्कार एवं सम्मान

1. महाराष्ट्र राज्य नाटक प्रतियोगिता	1968
2. थियेटर के लिए संगीत नाटक अकादमी अवार्ड (प्रेंज़िडेंट अवार्ड)	1979
3. श्रेष्ठ सह कलाकार 'मेरी जंग', फिल्म फेयर अवार्ड	1986
4. महाराष्ट्र राज्य गौरव पुरस्कार	1991
5. श्रेष्ठ अभिनेता, 'सूरज का सातवाँ घोड़ा' सिडनी फिल्म समारोह	1994
6. श्रेष्ठ अभिनेता, 'सूरज का सातवाँ घोड़ा,' सिंगापुर फिल्म समारोह	1994
7. श्रेष्ठ सह कलाकार 'घटक,' फिल्म फेयर अवार्ड	1997
8. श्रेष्ठ सह कलाकार 'विरासत' फिल्म फेयर अवार्ड	1998
9. श्रेष्ठ सह कलाकार 'विरासत' स्क्रीन वीडियोकोन अवार्ड	1998

निम्नलिखित द्वारा श्रेष्ठ खलनायक और सह-कलाकार घोषित

1. लॉयन्स क्लब, मुम्बई (4 बार)
2. लॉयन्स क्लब, दिल्ली (2 बार)
3. आशीर्वाद अवार्ड, मुम्बई (4 बार)
4. सिने गोयर्स अवार्ड, मुम्बई (5 बार)
5. मूवी जर्नलिस्ट अवार्ड, लखनऊ (3 बार)
6. आन्ध्र प्रदेश जर्नलिस्ट अवार्ड, हैदराबाद (2 बार)
7. पंजाबी कला संगम अवार्ड, दिल्ली (4 बार)

मरणोपरान्त प्रदान किये गये पुरस्कार

1. सी.आइ.एन.टी.ए.ए. लाइफटाइम अचीह्वमेंट अवार्ड, मुम्बई, 2005
2. सिने गोयर्स अवार्ड, मुम्बई, 2005

□□□